JN440464

주석 상법

[회사 1]

(제6판)

§ 169 ~ § 287

편집대표

권 순 일

韓國司法行政學會

머리말(제 6 판)

주석 상법(회사편)이 처음 발간된 지도 어언 40 년 이상이 지났다. 그동안 주석 상법(회사편)은 4 차례 개정되면서 상법 개정 현황, 새로운 판례, 학계의 다양한 논의를 충실하게 전달하는 지침서 역할을 하여 왔고, 이를 통해 회사법 실무에 종사하는 법률가들의 기본서로 자리 잡았다. 그런데 우리 경제의 역동적인 발전과 사회의 급격한 변동에 따라 회사법 관련 거래와 법률적 분쟁이 날로 복잡해지고 고도화되면서 전혀 새로운 유형의 법률적 분쟁도 발생하고 있으며, 그 결과 회사법 분야의 연구와 판례, 실무도 질적·양적으로 괄목한 만한 진전을 보이고 있다. 그러나 기존 주석서는 전통적 논의에는 충실하였으나 변화된 법률적 분쟁의 양상을 제대로 반영하지 못한 면이 있었다. 이에 새로운 시대감각에 맞고 실용적인 체계와 내용으로 주석서를 재구성할 필요가 있어 주석 상법(회사편) 제 6 판을 새로 펴내게 되었다.

이번 개정판은 회사법 실무에 종사하는 법률가의 실제수요에 부응하여 이론과 판례, 실무가 조화와 균형을 이루고 회사법의 적용 대상이 되는 기업현실을 반영하여 실무적으로 도움이 될 길라잡이 역할을 할 수 있도록 수준 높은 주석서를 집필하는 것을 목표로 하였다. 이에 기존 주석서 내용에 구애 받지 않고 완전히 새로운 주석서를 편집, 발간한다는 마음가짐으로 개정에 임하였다. 또 온라인 전자책으로의 효율적인 활용에도 초점을 맞추었다.

우선 집필자가 대폭 바뀌어 새로 집필에 참여하였다. 현재 수준 높은 연구실적을 인정받고 학문적 성과를 한창 꽃 피우고 있는 중견 학자들과 회사법 분야에서 다년간 풍부한 실무경험과 실력을 갖춘 중견 판사들을 중심으로 집필진을 재편하여 기존의 논의뿐만 아니라 새로운 법률적 분쟁과 쟁점에 대하여 참신하고 명쾌한 설명을 제시하는 주석서를 발간하고자 하였다.

지난 주석 상법(회사편) 제 5 판 발간 이후 이루어진 크고 작은 상법 개정의 내용을 반영하였고, 특히 시간적 제한이 있었지만 다중대표소송제도 도입 등을 포함하여 이번 개정판 발간 직전에 이루어진 2020 년 12 월 개정 상법도 최대한 반영하였다. 2021 년 2 월 선고된 이사회 결의를 거치지 않은 대표이사 행위의 효력에 관한 대법원 전원합의체 판결을 포함하여 그동안 축적된 판례를 소개하고, 실무례도 제시하였다. 학설은 회사법 분야의 값진 연구 성과를 분석, 종합하되, 다만 이 책의 보다 효율적인 활용을 고려하여 구체적 내용은 통설 위주로 서술하고 다양한 학설에 대한 한층 더 깊은 연구를 필요로 하는 독자를 위하여 각주에 학설들의 출처를 표시하였다. 이처럼 회사법 분야의 각종 법률적 쟁점과 주요 논점에 관한 판례, 실무, 이론을 효율적으로 소개, 제공함으로써 변화된 경제 상황에 걸 맞는 상법 해석의 지침이 되고자 하였다. 이를 위해 경우에 따라서는 쟁점에 대한 집필자의 견해를 유보하거나 생략한 경우도 있음을 양해 바란다. 반면 실제 발생하는 법률적 분쟁과는 동떨어진 이론적 사항이나 최근의 논의 상황에 맞지 않거나 실무에서의 활용도가 낮은 부분은 과감하게 제외하였고, 오래된 일본 판례의 소개도 가급적 지양하였다.

체계상으로는 각 편, 장 또는 절마다 총설을 붙여 그 내용을 개괄적으로 소개하여 회사법 전체 틀 속에서 각 조문의 위치를 조망할 수 있도록 하였다. 특히 이번 개정판은 전통적인 종이책 형태는 물론 온라인을 통한 전자책 형태로도 제공됨을 고려하여 컴퓨터 모니터를 통하여 읽기에 편리하도록 체계와 내용을 구성하였다. 그래서 온라인 전자책에서 가독성이 떨어지는 각주는 가급적 판례, 문헌 특정을 위한 용도로만 사용하였고, 참고문헌은 해당 화면만으로도 출처 전체를 확인하도록 중복되더라도 각주마다 완전한 인용의 형태를 취하였다.

아무쪼록 이번 개정판이 1977 년 초판 발간 이후 법조 실무가와 학자는 물론 기업현장에서 필수적인 주석서 역할을 해 온 주석 상법(회사편)의 전통과 역할을 이어나가고 회사법 분야 실무계에 충실한 안내자 역할을 하며 최고 권위의 주석서로 다시 자리매김하기를 기대한다. 그리고 상법의 올바른 해석과 적용을 통해 궁극적으로는 건전한 시장경제의 발전에 기여할 것을 희망한다.

이번 주석 상법(회사편) 제 6 판의 발간은 귀한 시간을 내어 옥고를 작성해 주신 집필자들의 헌신과 노고가 있었기에 가능하였다. 집필자 여러분에게 감사를 드리고, 집필자들이 앞으로 회사법의 발전에 크게 기여할 것을 기대한다. 아울러 바쁘신 중에도 편집 총괄간사와 간사를 맡아 수고하신 오영준 대법원 수석재판연구관님, 고홍석 부장판사님, 어려운 출판 여건 속에서도 이 책의 출판을 맡아 주시고 성원을 아끼지 않으신 한국사법행정학회 이종균 회장님과 발간 과정에서 갖은 궂은일을 도맡아 주신 이형한 부장님을 비롯한 관계자 여러분께 깊은 감사를 드린다.

2021. 4.

편집대표 권순일

머리말(제 5 판)

이번에 주석 상법 회사편 제 5 판을 새로 펴내게 되었다. 2002 년에 주석 상법 제 4 판을 상재한 때로부터 어언 12 년이 지났다. 이처럼 오랜 세월이 걸린 이유는 그 동안 상법의 개정작업이 꾸준히 추진되어 왔기 때문이다.

2007 년에는 해상편을 완전히 개정하였고, 2010 년에는 상법총칙·상행위편을 개정하여 신종 상행위에 관한 규율을 보완하였으며, 2011 년 4 월에는 회사편을 손질하여 우리나라의 회사제도를 거의 쇄신하는 정도의 대폭적인 개정을 하였고, 2011 년 5 월에는 항공운송편에 관한 규정을 신설하였으며, 2014 년 5 월에는 회사편과 항공운송편에 대한 일부 개정이 있었다. 아울러 상사관련특별법도 대폭 개정되었으니, 자본시장과 금융투자업에 관한 법률의 제정과 증권거래법의 폐지, 여러 차례에 걸친 독점규제 및 공정거래에 관한법률, 주식회사의 외부감사에 관한 법률, 기업회계기준 등의 개정 등이 그것이다.

이러한 연속적인 개정의 결과 우리 상법은 초창기인 1960 년대의 모습과는 완전히 달라졌고, 학자는 물론 실무가도 크게 달라진 새 상법의 연구와 이해를 위한 노력을 게을리 할 수 없게 되었다. 이번 개정판은 위에서 말한 실정 상법 회사편의 개정 결과를 반영하는 것을 제 1 차적 목표로 하고 있지만, 이 기회에 그 동안 대법원과 하급심법원에서 나온 새로운 판결례를 소개하고 아울러 상법 학계에서 발표된 여러 연구결과를 분석·종합함으로써 우리의 변화된 경제환경에 걸맞은 상법 해석의 길잡이가 되고자 꾀하였다.

1977 년 주석 상법 초판이 간행된 이래 주석 상법은 법조실무가와 학자는 물론 기업현장의 실무가에게도 필수적인 주석서 겸 해설서로 자리 잡아 왔는데, 제 5 판도 이 전통을 굳건히 이어나갈 수 있기를 기대한다.

2013 년 주석 상법 총칙·상행위편을 간행하였으나, 집필진의 사정과 2014 년 상법 회사편의 개정 등의 사유로 인하여 회사편의 출간이 늦어진 점 양해를 구한다. 출간은 늦어졌으나, 2014 년 개정법의 내용을 반영할 수 있게 된 것을 다행으로 생각한다.

이번 회사편의 개정작업을 함에 있어서는 상법총칙 ·상행위편의 개정 시와 마찬가지로 각 분야의 전문가로 편집위원회를 구성하고 편집위원회의 결의를 거쳐 편집의 체재를 결정하고 집필자를 선정하였다. 총칙·상행위 편은 성균관대학교의 정 경영 교수, 회사 편은 연세대학교의 홍 복기 교수와 서울대학교의 송 옥렬 교수, 보험 편은 고려대학교의 박 세민 교수, 해상 편은 고려대학교의 김 인현 교수, 항공운송편은 성균관대학교의 최 준선 교수, 어음·수표법은 고려대학교의 정 찬형 교수 등이 편집위원으로 수고하여 주셨다. 그리고 이와 별도로 한국외국어대학교 최 완진 교수께서 상법 전체에 걸친 편집과 집필을 도와 주셨다.

제 3 판을 상재할 때에 공동 편집대표로 활약하셨던 손 주찬 전 대한민국 학술원 회원께서 2005 년 서거하시어 유명을 달리하게 된 것을 애도하며 명복을 빈다. 상법의 각 편을 맡아 집필자의 선정과 원고 수합에 수고하여 주신 여러 편집위원님과 전체 작업을 돌보아 주신 최 완진 교수님께 감사를 드리며, 아울러 이번 제 5 판의 집필을 맡아주신 학자와 실무가 여러 분께도 고마움을 표한다. 그리고 척박한 출판계의 어려움을 극복하고 선진 제국에서도 이룩하지 못한 법률 전 분야의 주석서 완간이라는 대업을 성취하신 한국사법행정학회 이 종균 회장님에게 깊은 감사와 존경의 마음을 표하며, 이번 제 5 판 출간을 위하여 진력한 한국사법행정학회 이 형한 부장님의 노고를 치하하는 바이다.

2014. 11. 2.

편집대표
고려대명예교수
대한민국학술원 회원
정 동 윤 삼가 씀.

머리말(제 4 판)

1997 년 말 IMF 사태 이후에 생겨 난 급격한 경제적 변화를 반영하여 수년간에 걸쳐 여러 번 상법전이 개정되었고 또 많은 상사특별법이 제정 또는 개정되었으며, 새로운 대법원 판례도 다수 출현하였다. 또한 기업지배구조모범규준이 작성되어, 기업의 지배구조(corporate governance)를 선진화하여 주주의 이익을 보호하기 위한 노력이 다각도로 추진되어 왔다. 그리고 상법에 관하여 많은 저서와 논문이 새로 발표되었다. 뿐만 아니라 미국, 일본, 도이칠란트 등 많은 나라에서 회사법이 크게 개정되었고, 새로운 실무관행도 많이 생겨났다. 이러한 이유로 이번에 주석 상법 중 회사 편을 전면적으로 손질하여 새로운 모습으로 내어놓게 되었다.

그동안 주석 상법은 법조인, 기업인 및 학자 등 각계각층으로부터 많은 사랑을 받아 왔는데, 이번 개정을 통하여 더 충실한 내용을 담게 된 것을 기쁘게 생각하며, 앞으로 더 많은 이용이 있기를 기대한다. 집필을 하여 주신 여러 선생님께 감사를 드리며, 수십 년에 걸쳐 주석서 시리즈를 완성하신 한국사법행정학회 이 종균 회장님의 높은 뜻과 노고에 대하여 진심으로 경의를 표하는 바이다. 우리 집필자들은 주석 회사법이 더 충실하고 믿음직한 주석서로 성장할 수 있도록 계속 노력하여 나갈 것을 다짐한다. 독자들의 질정을 바라 마지않는다.

2003. 3. 5.

편집대표 학술원 회원 손 주 찬

고려대 법대 교수 정 동 윤

머리말(제 3 판)

이 책은 원래 1970 년대 초에 상법의 전편에 걸친 註釋書로 기획되었던 것인데, 일부 공동집필자의 원고지연으로 1977 년 6 월에 상법총칙으로부터 회사편 중간까지를 「學說·判例 註釋 商法(上)」으로 펴내는데 그치고 그 나머지인 하권은 끝내 출간되지 못하는 불운을 겪었다. 그 후 1984 년에 상법이 개정됨에 즈음하여 필진을 바꾸어 다시 작업에 착수한 결과 1988 년부터 1989 년에 걸쳐 상법총칙·상행위편을 「註釋 商法 I」로, 회사편의 전반부를 「註釋 商法 II」로, 그 후반부를 「註釋 商法 III」으로 고쳐 펴냄으로써, 드디어 상법총칙·상행위편과 회사편 전반에 걸친 주석서가 완성되었었다. 그런데 1995 년에 다시 상법회사편이 대폭 개정되고, 이어 1996 년에 증권거래법이 회사제도에 관하여 많은 새로운 제도를 도입하여 이 주석서의 改稿가 불가피하게 된 까닭에, 이번에 이를 다시 손질하여 세상에 내놓게 된 것이다.

이처럼 오랜 세월이 흐르는 동안에 우리의 경제는 비약적인 발전을 거듭하였고, 전쟁의 폐허 위에서 신생국으로서 겨우 걸음마를 시작하였던 우리 나라는 이제 세계 10 위권의 경제대국으로 성장하였다. 이러한 경제의 발전은 불가피 하게 그에 따르는 법률문제도 量産하였으니, 그 결과로 상법에 관하여는 많은 판례가 쌓였고, 또 학자와 실무가에 의한 연구업적도 다량 발표되었다. 이 책은 두 번에 걸친 상법 개정의 내용을 해설·소개함과 아울러, 지금까지의 판례와 학문적 연구의 성과를 종합적으로 소개하고 또 분석한 것으로서, 이 분야에 종사하는 실무가와 연구자에게 좋은 길잡이가 되리라고 확신한다. 회사의 실무는 수시로 변화하고 새로운 문제를 야기한다. 會社의 管理(Corporate Governance), 企業의 買受(M&A)와 電子商去來(Electronic Commerce) 등은 그 대표적인 예라고 할 수 있다. 이러한 새로운 현상을 법적으로 어떻게 합리적으로 규율할 것인가 하는 문제는 우리 법학자에게 부과된 중요하고도 시급한 과제이다. 이 책에서는 이러한 첨단의 문제도 상세하게 다루었다. 그러나 아직 부족한 점이 적지 않다고 생각한다. 강호 제현의 지도와 편달을 바라 마지 않는다.

20 여년의 세월은 이 책의 執筆者에게도 많은 변화를 가져왔다. 그리하여 과거의 집필자 중의 일부는 이미 他界하시어 幽明을 달리 하셨고, 새로운 집필자가

다수 보강되었다. 이미 타계하신 분들에 대하여는 이 자리를 빌어 명복을 빌며, 과거부터 계소갈여 집필하신 분과 새로이 보강된 집필자에 대하여는 바쁘신 시간을 쪼개어 집필에 협력하여 주신 것을 진심으로 감사드린다. 또한 어려운 여건하에서도 법률문화의 창달을 위하여 이 주석서의 간행을 맡아주신 韓國司法行政學會 李鍾均 會長님께 경의를 표하는 바이다.

1999 년 1 월

編輯代表 孫珠瓚·鄭東潤

머리말(제 2 판)

商法典의 條文別 解說 및 그와 관련되는 一般理論을 國內外 文獻과 判例등을 참조하여 編章節順으로 엮어냄으로써 實務 및 理論研究에 보탬이 되고자 韓國司法行政學會를 통해서 처음으로 刊行한 것이 學說·判例 註釋 商法(上)이었다(1977 年 6 月). 第 1 條부터 第 415 條까지를 車洛勳博士(前高麗大總長)·徐廷甲博士(前東國大總長)·安秉洙辯護士(前大法院判事) 등 여러 先生님과 함께 共著로 먼저 펴낸 것이었으며, 이어 나머지 部分을 下卷으로 계속할 예정이었으나 一部 共著者의 사정으로 原稿가 모두 갖춰지지 못하여 결국 햇빛을 보지 못한 상태에서 商法改正作業이 시작되고 말았다. 1984 年에 會社編을 中心으로 한 大幅改正이 있었으나, 그 準備作業은 이미 1981 年 法務部內에 民商法改正特別審議委員會가 구성된 때 본격적으로 착수된 것이며, 사실은 다시 그 數年前부터 韓國商事法學會 등의 몇몇 團體에서 改正問題가 거론되어 온 것이다. 1975 年에 法務部의 法務諮問委員會가 特別分科委員會를 설치한 것도 商法改正問題를 논의하기 위한 것이었으므로 1984 年의 改正은 약 10 年 동안이나 거론되어 온 것의 所産이라 할 수 있는 것이다.

이리하여 위의 上卷은 商法改正問題가 거론되는 가운데 出版된 셈이며, 下卷이 곧 뒤를 따르지 못한 이유의 하나는 여기에도 있었던 것이다.

1982 年 12 月 9 日 國務會議에서 法務部의 위의 特別審議委商法分科委가 작성한 改正案을 政府案으로 통과시키고, 1983 年 1 月 5 日에 國會에 제출, 國會는 1984 年 3 月 17 日 第 121 回 臨時國會에서 原案에는 변경을 가하지 않고, 株式相互保有規制에 관한 규정만을 추가하여 이를 통과시킨 것이다. 이것이 1984 年 4 月 10 日字 官報로서 法律 第 3724 號로 公布되고 同年 9 月 1 日부터 施行되어 온 것이다.

1984 年 改正에 따라 위의 上卷은 자연히 絕版이 되고, 改正法의 註釋書에 착수하게 되었으나, 編輯部의 요청으로 執筆者와 分擔部分을 바꾸게 된 것이다. 商法典 전체를 4 分하여 總則, 商行爲(1 조~168 조)를 第 1 卷, 會社編의 通則·合名會社·合資會社 및 株式會社의 計算까지(169 조~468 조)를 第 2 卷, 社債·解散·清算·有限會社·外國會社·罰則(469 조~637 조)을 第 3 卷, 保險·海商(638 조~874 조)을 第 4 卷으로 편성하기로 하였으며, 執筆者의 사정으로 第 3 卷을 여기 먼저 내

놓게 되었다. 保險·海商編은 法改正準備中에 있으므로 改正後가 되지 않을 수 없으나, 나머지는 곧 뒤를 이을 것으로 보인다. 執筆의 內容에 있어서는 이제까지 거론되어 온 문제는 가급적 망라하고, 判例도 最高審判決로서 필요한 것은 최근에 이르기까지 모두 인용하기로 하였으나, 집필이 먼저 끝난 部分은 미리 組版하였으므로 늦게 脫稿된 部分과는 時期的인 범위에 다소의 차이가 없지 않을 것으로 생각된다. 즉, 최근의 判例·文獻이 인용되지 않은 部分은 그 이전에 組版에 착수한 것으로 校正過程에서 補完을 꾀하였으나, 인용되지 않은 部分이 있을지도 모른다. 學說上 견해의 차이는 執筆者에 따라서 그대로 나타나기 마련이며, 더불어 讀者諸賢의 諒解를 바라마지 않는다.

第 3 卷의 內容中 「有限會社」部分은 故朴元善博士(前延世大敎授)께서 먼저 生前에 執筆하신 것이며, 그렇게도 出版되는 날을 苦待하시다가 끝내 이 冊을 받아보지 못하시고 他界하신 朴博士님에게 共著者의 한 사람으로서 罪悚스러움을 금할 길이 없으며, 삼가 영전에 이 책을 송구스러운 마음으로 바치고자 한다. 貴稿가 된 朴博士님의 執筆部分은 組版後 李楨漢博士(延世大敎授)께서 補完해 주셨다. 따라서 이 부분은 두 분의 共同執筆로 이루어진 셈이 된다. 李博士의 勞苦에 대하여 謝意를 표하여 마지 않는다. 끝으로 執筆者의 여러 가지 사정으로 예정보다 너무 늦게 모두의 原稿가 갖추어지게 되었음을 韓國司法行政學會 李鍾均會長님에게 미안하게 생각되며, 일부 補版狀態에서 다음 原稿를 오래도록 참을성있게 기다리고 校正 등의 수고를 맡아주신 編輯部 여러분의 협조에 감사의 말씀을 드린다.

1987. 12.

孫 珠 瓚 謹識

머리말(제 1 판)

우리는 商法典이 施行된지도 滿 14年이 되었으니 어떤 商事問題에 관하여 한 卷의 책만으로 모든 것을 網羅的·客觀的으로 설명하여 安心하고 信賴할 수 있는 解答을 얻었으면 한다. 光復한 지 32年의 세월이 지났고 日帝와 軍政의 舊法令을 정리하여 우리 自身의 商法을 갖고 이를 갈고 닦은 지, 많은 세월이 흘렀는데도 한 卷의 책으로써 모든 學說과 判例를 알기 쉽게 찾아보고 그 論據를 밝혀 주는 著作物을 갖지 못하고 있다는 것은 실로 아쉬운 일이 아닐 수 없다. 가까운 日本은 말할 것도 없고 우리 商法典에 대하여 크게 영향을 주고 있는 獨逸商法이나 佛蘭西商法에 대하여는 각종의 코멘타르가 나와 通說·多數說·少數說을 網羅하여 그 出典을 밝히고 그 論據를 제시하는 동시에 各級法院의 判例를 최대한 引用하고 있는데 우리는 무엇 때문에 아직도 大部分의 저서가 學說과 判例를 綜合的으로 다루고 있지 못하는 것일까. 그 동안의 理由야 여러 가지를 지적할 수 있겠지만 이제 우리의 現實은 綜合的이고 客觀的인 商法註釋書를 刊行할 수 있는 단계에 이르렀다고 생각되는 것이다. 國內 여러 大學에서는 商法을 강의하고 있는 훌륭한 敎授들이 많이 계시고, 實務에 종사하고 있는 法官들도 商事問題에 대하여 一家見을 가진 專門家들이 훌륭한 業績을 내 놓고 있는 것이다. 특히 최근에 와서 商法敎科書나 解說書가 多數 出刊되었고 論文集에도 깊이 있는 論文들이 많이 發表되고 있으며 大法院의 商事判例도 엄청나게 蓄積되어 있을 뿐 아니라 이 方面에 종사하고 있는 사람들의 外國事情과 文物에 대한 見聞도 그 幅이 매우 넓어지고 있는 것이다. 여기서 뜻을 같이 하는 商法敎授들과 實務에 종사하고 있는 法官들은 韓國司法行政學會에서 企劃하고 있는 學說·判例 註釋法律全集 刊行事業에 기꺼이 參與하여 우리나라에서는 처음으로 綜合的이고 客觀的인 商法 코멘타르를 엮어 내기로 하였던 것이다.

本書는 처음에 單券으로 出刊하려고 計劃하였으나 그 分野가 너무 넓고 說明할 分量이 많아 商法中 總則編과 商行爲編, 會社編(第 3 節 會社의 機關까지)을 한데 묶어 上卷으로 하고, 會社編中 新株發行부터 保險編과 海上編을 下卷으로 하여 결국 2 卷으로 나누어 發刊하기로 하였다. 參考文獻과 學說·判例의 引用과

取扱態度 등에 관한 一般的 指針은 各 執筆委員들이 步調를 맞추도록 하였는데 특히 學說은 國內의 모든 著書를 빠짐없이 引用하고, 각종 刊行物에 發表된 論說도 최대한으로 다루도록 하였을 뿐 아니라, 外國文獻은 日本, 獨逸, 英美 것까지 引用하기로 하였다. 또 判例에 있어서는 우리의 大法院判決을 빠짐없이 引用하도록 힘썼으며 下級審判決이나 日本, 獨逸, 英美의 判例도 우리 나라에서 參考로 할만한 價値가 있다고 생각되는 것은 특별한 關心을 가지고 引用하도록 하였다.

執筆委員들이 모두 自身의 일에 바쁘신 분들이기 때문에 豫想했던 것 보다는 반드시 뜻대로 되었다고 할 수 없으나 滿 4年이라는 오랜 時間에 걸쳐 여러 가지 隘路를 克復하고 脫稿한 것인 만큼 여러 委員들의 獻身的인 努力의 보람이 충분히 나타나 있다고 생각된다. 뜻대로 되지 않은 部分이 있다고 하면 編別마다 執筆委員이 다르기 때문에 全員이 자주 會同하여 議論을 하였다고는 하나 統一된 學說을 토대로 하여 全體를 論理一貫하게 설명하기 어려운 面도 不無하였다는 점을 먼저 지적할 수 있을 것이다. 이러한 事情은 多數의 執筆者가 참여하는 共同著作物에서는 부득이한 일이라고 할지 모르지만 다음 機會에는 補完될 것으로 기대하고 있다. 이 점에 대하여 讀者諸賢의 諒解가 있으시기를 바란다.

各 委員들의 執筆分擔內容은 다음과 같다. 즉 總說과 第1編 總則(§1-§45)은 安秉洙 大法院判事님이, 第2編 商行爲(§46~§168)는 東國大學校 徐廷甲 教授님이 각 分擔 執筆하셨고, 第3編 會社編中 第1章 通則(§169~§177)과 第2章 合名會社(§178~§267) 部分은 高麗大學校 車洛勳 總長님이 分擔 執筆하였으며, 合資會社(§268~§287) 部分은 漢陽大學校 李炳泰 教授님이 執筆해 주셨다. 그리고 마지막으로 第4章 株式會社(§288~§415) 部分은 中央大學校 法科大學의 孫珠瓚 學長님께서 分擔執筆해 주시었다.

本人이 이 글을 쓰게 된 것은 韓國司法行政學會의 간곡한 요청도 있었지만 다른 委員들의 훌륭하신 점들을 고려하여 代表執筆委員을 내세우지 않기로 한 方針에 따라 年長者가 맡기로 한 理由 때문이며, 이 점은 다른 執筆委員들의 諒解가 있었다고 하여 받아들인 것이다. 끝으로 本書가 刊行된 데는 法書의 出版이 매우 어려운 우리 나라의 與件속에서도 經營上의 隘路를 초월하여 오로지 우리 나라 法律文化의 向上과 學界 및 實務界를 위하여 奉仕하겠다는 韓國司法行政學會 李鍾均 會長의 意志와 編輯同人들의 숨은 뜻이 담겨 있다는 것을 밝혀 두고 싶다. 위의 여러분들에게 뜨거운 謝意를 드리는 바이다.

1977 년 6 월

高麗大學校 總長 車 洛 勳

주석 상법 [회사] 집필자

고홍석 서울중앙지방법원 부장판사

공도일 서울고등법원 고법판사

구자헌 서울고등법원 고법판사

권창환 대법원 재판연구관(판사)

김상훈 서울중앙지방법원 부장판사

김신영 한국법학원 연구위원(법학박사)

김용철 서울남부지방법원 법원장

김홍기 연세대학교 법학전문대학원 교수

노미리 동아대학교 법학전문대학원 교수

박세화 충남대학교 법학전문대학원 교수

백숙종 서울고등법원 고법판사

송오섭 법원행정처 사법지원총괄심의관(고법판사)

송옥렬 서울대학교 법학전문대학원 교수

심활섭 변호사

안수현 한국외국어대학교 법학전문대학원 교수

양민호 인천지방법원 부장판사

(2021. 4. 30. 현재)

주석 상법 [회사] 집필자

윤영신 중앙대학교 법학전문대학원 교수
이상주 서울남부지방법원 부장판사
이영선 대구지방법원 부장판사
이완희 서울고등법원 고법판사
이원석 서울중앙지방법원 부장판사
이창열 법원행정처 기획총괄심의관(부장판사)
임영철 대구지방법원 포항지원 부장판사
임정하 서울시립대학교 법학전문대학원 교수
정대익 경북대학교 법학전문대학원 교수
정지영 변호사
진상범 서울북부지방법원 부장판사
천경훈 서울대학교 법학전문대학원 교수
최문희 강원대학교 법학전문대학원 교수
현낙희 성균관대학교 법학전문대학원 교수
황재호 대법원 재판연구관(부장판사)
황현영 대법원 재판연구관(법학박사)

(2021. 4. 30. 현재)

[주석 상법 제3편 회사 분권 현황표]

1권 §169 ~ §287	제1장 통칙(§§169 ~ 177) 제2장 합명회사(§§178 ~ 267) 제3장 합자회사(§§268 ~ 287)
2권 §287의2 ~ §360의26	제3장의2 유한책임회사(§§287의2 ~ 287의45) 제4장 주식회사 제1절 주식회사의 설립(§§288 ~ 328) 제2절 주식(§§329 ~ 360) [후론: 주식의 전자등록] 제2절 주식(§§360의2 ~ 360의26)
3권 §361 ~ §415의2	제4장 주식회사 제3절 회사의 기관 [주식회사 지배구조론] 제3절 회사의 기관(§§361 ~ 375) [전론: 주주총회결의 하자] 제3절 회사의 기관(§§376 ~ 415의2)

4권 §416 ~ §468	제4장 주식회사 제4절 신주의 발행(§§416 ~ 432) 제5절 정관의 변경(§§433 ~ 437) 제6절 자본금의 감소(§§438 ~ 446) 제7절 회사의 회계(§§446의2 ~ 468)
5권 §469 ~ §542의13	제4장 주식회사 제8절 사채(§§469 ~ 516의11) 제9절 해산(§§517 ~ 521의2) 제10절 합병(§§522 ~ 530) 제11절 회사의 분할(§§530의2 ~ 530의12) 제12절 청산(§§531 ~ 542) 제13절 상장회사의 특례(§§542의2 ~ 542의13)
6권 §543 ~ §637의2	제5장 유한회사(§§543 ~ 613) 제6장 외국회사(§§614 ~ 621) 제7장 벌칙(§§622 ~ 637의2)

[범 례]

Ⅰ. 서술방식

1. 원고는 횡서체로 하고 한글 전용을 원칙으로 한다. 다만 법령명이나 의미 전달에 혼란이 있는 경우 한자를 괄호안에 병기하였다.

2. 타이틀은 다음과 같이 구분하였다.

Ⅰ.
1.
가.
1)
가)
(1)
(가)
①
㉮

3. 조문은 집필당시의 개정법률을 근거로 하며 그 내용은 종합법률정보(http://glaw.scourt.go.kr)에 수록된 법령에 준하였다.

4. 조문 하단에는 집필하려는 조문과 관련된 관련조문이나 비교조문을 나열하였고, 해당 조문의 목차를 두었다.

5. 각 조문별로 주석을 서술하였고 별면으로 처리하였다. 각주의 일련번호는 각 편, 장, 절, 관, 조문별로 새롭게 번호를 부여하였다.

Ⅱ. 법령 표기

1. 법령의 인용시에는 원칙적으로 약어를 사용하지 않았다.

2. 본문속에 법령을 표기할 때에는 본문의 법령인용은 원문 그대로 사용하며 제○조 제○항 제○호 등으로 기재하였다.

※ 예) 상법 제208조 제1항, (민법 제289조의2 제1항)

Ⅲ. 판례 표기

1. 판례의 표기는 다음과 같은 방법에 따른다.

▷ 대법원 1996. 4. 26. 선고 96다1078 판결.

▷ 대법원 1992. 5. 26. 선고 92다84 판결, 대법원 1993. 10. 26. 선고 93다6409 판결, 대법원 1996. 6. 14. 선고 96다46374 판결.

▷ 대법원 1996. 11. 16.자 95마252 결정.

▷ 대법원 1995. 11. 16. 선고 94다56852, 56853 전원합의체 판결.

☞ 사건번호는 병합, 반소, 참가 사건 구분 없이 '94다56852, 56853'과 같이 나열하였다.

▷ 부산지방법원 동부지원 2000. 1. 18. 선고 2000가합10574 판결.

▷ 헌법재판소 1994. 7. 29. 선고 92헌바49, 52 결정.

2. 외국 판결은 그 나라의 표준적인 표시방법에 따라 표시할 수 있다. 다만, 일본판결의 경우에 선고일자는 서기연도로 기재하며, 일본연호는 사용하지 않았다.

▷ 일본대심원 대정 9년 12월 20일 판결

☞ 日大判 1920. 12. 20.

▷ 일본최고재판소 소화 34년 6월 19일 판결

☞ 日最判 1959. 6. 19.

3. 판례 출처는 검색이 가능한 판례의 경우는 출처를 밝히지 않았다. 하지만 그 외의 경우는 출처를 밝히기 위한 약어는 다음과 같다. 약어로 표기된 출처는 괄호

(공1988, 623)안에 넣어 표기한다.

▷ 법원공보 1988년 4월 15일 제822호 623면 → 공1988, 623

▷ 법원공보 1993년 7월 15일 제948호 1697면 → 공1993하, 1697

☞ 법원공보가 상, 하로 분리된 1993년부터는 상, 하를 구분하여 표시하였다.

▷ 판례공보 1996년 2월 1일 제3호 461면 → 공1996상, 461

▷ 대법원판례집 제43권 2집 민사편 230면 → 집43-2, 230

☞ 다만, 대법원판례집 제31권 6집까지는 편별로 면수가 독립되어 있으므로 '집31-6, 민149'와 같이 편별 표시를 하였다.

▷ 대법원판결요지집 민사·상사편 Ⅰ-2집 680-2면 65번 판결 → 요민Ⅰ-2, 680- 2(65)

☞ 형사 · 군사편은 '요형', 특별편은 '요특'으로 표시하였다.

▷ 각급법원(제1,2심) 판결공보 2005년 2월 10일 제18호 215면 → 각공18, 215

▷ 고등법원판례집 1970년 형사·특별편 20면 → 고집1970, 형특20

▷ 하급심판결집 1984년 제2권 229면 → 하집1984-2, 229

▷ 헌법재판소판례집 제3권 569면 → 헌집3, 569

▷ 헌법재판소공보 제3호 255면 → 헌공3, 255

▷ 사법논집 제25집 311면 → 사법논집(25), 311

▷ 사법연구자료 제21집 153면 → 사법연구(21), 153

▷ 재판자료 제61집 364면 → 재판자료(61), 364

▷ 대법원판례해설 1995 하반기(통권 제24호) 151면 → 판례해설(24), 151

Ⅳ. 기타 인용 표기

1. 판결, 문헌 인용시 약어는 사용하지 않으며 해당 페이지에 대한 "면", "쪽" 등의 글자 표시는 생략하였다.

2. 참고문헌의 표기는 다음과 같이 하였다.

▷ 이시윤, 민사소송법(신정보판), 박영사(1995), 232.

▷ 주석 민법, 물권편(2)(제4판), 한국사법행정학회(2011), 98(박삼봉).

▷ 민법주해 Ⅷ, 채권(1), 박영사(1995), 159(송덕수).

3. 저자가 2명 이상인 경우 '/ '를 사용하여 2명의 이름을 모두 밝히되, 3명 이상인 경우에는 '○○○ 외 2인' 등으로 표기하였다.

4. 논문이나 단행본, 월간지, 기타 논문집의 인용은 다음과 같이 하였다.

▷ 김기정, "집합건물의 집행을 둘러싼 몇 가지 법률문제에 대한 고찰", 사법논집(27), 5.

▷ 윤진수, "토지 임차인의 매수청구권 행사와 법원의 석명의무", 인권과 정의 236호(1996. 4.), 133-139.

5. 외국 문헌은 그 나라의 인용례에 따르는 것을 원칙으로 하되, 책 이름에 이탤릭체나 밑줄 등을 사용하지 아니하고 논문 제목에 "　" 표시를 하였다.

▷ Walter E. May, "International Equipment Leasing: The UNIDROIT Draft Convention," 105 Harv. L. Rev. 80(1991).

▷ 植田勝博, "ユ-ザ-からみた リ-ス契約の 問題點", 金融法務事情 1101號(1985. 10.), 24.

▷ 南部二三雄, リ-スの 實務, 東京: 東洋經濟新報社(1973), 178.

6. 인터넷 자료는 다음과 같이 표기하였다.

▷ 저자명, 자료제목(2009. 9. 1. 방문), <http://www.scourt.go.kr/seminar/ d-3.htm>

[목 차]

* 삭제 조문

[찾아보기]

제 1 권

제 3 편 회사

[총설]

[관련조문] 상법 제1조(상사적용법규), 제29조(상업장부의 종류·작성원칙), 제34조(통칙), 제78조(의의), 제86조의2(의의), 제169조(회사의 의의), 제184조(설립무효, 취소의 소), 제197조(지분의 양도), 제212조(사원의 책임), 제227조(해산원인), 제269조(준용규정), 제305조(주식에 대한 납입), 제320조(주식인수의 무효 주장, 취소의 제한), 제331조(주주의 책임), 제344조(종류주식), 제376조(결의취소의 소), 제380조(결의무효 및 부존재확인의 소), 제399조(회사에 대한 책임), 제401조(제삼자에 대한 책임), 제427조(인수의 무효주장, 취소의 제한), 제429조(신주발행무효의 소), 제513조(전환사채의 발행), 제516조의2(신주인수권부사채의 발행), 제553조(사원의 책임), 제571조(사원총회의 소집); 주식회사 등의 외부감사에 관한 법률 제5조(회계처리기준), 공공기관의 운영에 관한 법률 제4조(공공기관), 독점규제 및 공정거래에 관한 법률 제7조(기업결합의 제한), 동양척식주식회사법(東洋拓植株式會社法), 민법 제1조(법원), 제703조(조합의 의의), 제706조(사무집행의 방법), 민사소송법 제52조(법인이 아닌 사단 등의 당사자능력), 제423조(상고이유), 사회적기업 육성법 제2조(정의), 한국가스공사법 제18조(다른 법률과의 관계), 한국도로공사법 제19조(다른 법률과의 관계) 등.

[참고문헌] 권기범, 현대회사법론(제7판), 삼영사(2017); 김건식 외 2인, 회사법(제3판), 박영사(2018); 김정호, 회사법(제5판), 법문사(2019); 김홍기, 상법강의(제4판), 박영사(2019); 송옥렬, 상법강의(제9판), 홍문사(2019); 안강현, 상법총칙·상행위법(제5판), 박영사(2015); 이범찬 외 3인, 회사법(제2판), 삼영사(2018); 이철송, 회사법강의(제27판), 박영사(2019); 임재연, 회사법 Ⅰ(개정6판), 박영사(2019); 장덕조, 회사법(제4판), 법문사(2019); 정찬형, 상법강의(상)(제22판), 박영사(2019); 주석 상법, 회사편(1)(제5판), 한국사법행정학회(2014); 최기원, 신회사법론(제14대정판), 박영사(2012); 최준선, 회사법(제14판), 삼영사(2019); 홍복기/박세화, 회사법강의(제7판), 법문사(2019); 김교창, "회사편에 대한 발표의견", 상법(총칙·상행위·회사편)개정안 해설, 법무부(1995. 9); 김홍기, "대표이사의 반세기와 주식회사 기관구조의 개편방안", 이사회제도의 재조명, 법문사(2018); 김홍기, "현행 주식회사의 감사시스템과 감사제도의 개선방안", 증권법연구 제20권 제2호, 증권법학회(2019); 김홍기, "회사지배구조의 이론과 바람직한 운용방안", 상사판례연구 제26집 제3권, 한국상사판례학회(2013. 9); 남기윤, "주식회사법의 특질", 주식회사법대계 Ⅰ(제3판), 한국상사법학회 편, 법문사(2019); 박길준, "주식·주주권에 관한 개정상법 해설", 고시계 제44권 제3호, 고시계사(1999); 박세화, "회사법에 있어서 강행법규 체계의 역할과 한계 - 미국 회사법과의 비교법적 검토를 중심으로-", 상사판례연구 제20집 제3권, 한국상사판례학회(2007); 손주찬, "기업의 사회적 책임", 법학논문집 제5집, 중앙대학교 법학연구소(1978); 손주찬, "한국상법개정의 회고", 상사법연구 제10권 0호, 한국상사법학회(1992); 송옥렬, "회사법의 강행법규성에 대한 소고 -대법원 2011.3.24. 선고 2010다85027 판결 평석", 상사판례연구 제24집 제3권, 한국상사판례학회(2011); 송종준, "회사법상 기업지배구조법제의 동향과 평가", 상사판례연구 24집 1권, 한국상사판례학회(2011. 3); 안택식, "기업의 사회적 책임", 주식회사법

대계 Ⅰ(제3판), 한국상사법학회 편, 법문사(2019); 안택식, "회사의 본질에 관한 담론", 법과 기업연구 제4권 제1호, 서강대 법학연구소(2014); 원용수, "프랑스의 회사법의 개정방향과 시준점", 상장협연구 제54호, 상장협(2006); 이철송, "회사법 개정논리의 검토", 상법개정에 관한 연구, 한국증권업협회(1994); 임재호, "회사법의 변천사", 주식회사법대계 Ⅰ(제3판), 한국상사법학회 편, 법문사(2019); 임홍근, "상사법제의 변천 -그 평가와 전망-", 법제연구 제15호, 한국법제연구원(1998); 정희철, "한국상법의 특색", 사회과학 제10권 제1호, 성균관대학교 사회과학연구소(1971); Adam Smith, An Inquiry into the Nature and Causes of the Wealth of Nations(London, George Routledge & Sons, 1776); Adolph A. Berle & Gardiner C. Means, The Modern Corporation and Private Property(New York, MacMillan, 1932); Berle, "Corporate Powers as Powers in Trust", 44 No. 7. Harv. L. Rev. 1049(1931); Christen Boye Jacobsen, "An Introduction to Modern EU Company Law", RGSL Working Papers No. 28, RIGA(2005); Clyde Summers, "Codetermination in the United States: A Projection of Problems and Potentials", 4 J. Comp. Corp. L. & Sec. Reg. 155(1982); Dodd, "For Whom are Corporate Managers Trustees: A Note," 45 Harv. L. Rev. 1365(1932); European Commission Internal Market and Services, Report of the Reflection Group on the Future of EU Company Law, Brussels(April 2011); Hetherington, "Fact and Legal Theory: Shareholders, Managers and Corporate Social Responsibility", 21 Stan. L. Rev. 248(1969); Charles E. Freedeman, "Joint-Stock Business Organization in France, 1807-1867", Vol. 39, No. 2 The Business History Review 184(Summer, 1965); Ingeborg Schwenzer, Pascal Hachem, Christopher Kee, Global Sales and Contract Law, OUP Oxford(2012); Hon Pierre Crabitès, Napoleon and the French Commercial Code, 16. No. 14 ABA Journal 258(April, 1930); L. Gower, The Principles of Modern Company Law, London, Stevens(3d ed. 1969); Katharina Pistor, Yoram Keinan, Jan Kleinheisterkamp & Mark D. West, "The Evolution of Corporation Law : A Cross-country Comparison", 23 U. Pa. J. Int'l Econ. L. 791(2002); Martin Gelter, The Dark Side of Shareholder Influence: Managerial Autonomy and Stakeholder Orientation in Comparative Corporate Governance, 50 Harv. Int'l L.J. 129(2009); M. K. Chin, Donald C. Hambrick, and Linda K. Trevino, "Political Ideologies of CEOs: The Influence of Executives' Values on Corporate Social Responsibility", 58 Administrative Science Quarterly 197(2013); Marjorie Fine Knowles and Colin Flannery, "The ALI Principles of Corporate Governance Compared with Georgia Law", 47 Mercer Law Review 1(1996); Michael C. Jensen &William H. Meckling, Theory of the Firm: Managerial Behavior, Agency Costs and Ownership Structure, 3 J. Fin. Econ. 305 (1976); Milton Friedman, The Social Responsibility of Business Is to Increase Its Profits, The New York Times Magazine(Sep. 13, 1970); Robert Daines, "Does Delaware Law Improve Firm Value?", 62 J. FIN. ECON. 525(2001); Ronald H. Coase, The Nature of the Firm, 4 Economica 386(1937); Tina Huber-Purtschert, "Introduction to Swiss Law Block 2: Private Law of Obligations"(Sep. 2017); Turner, John D, The development of English company law before 1900, QUCEH Working Paper Series, No. 2017-01(Queen's University Centre for Economic History, Jan. 2017); V. G. Venturini, "The Limited Liability Company Under French Law", Vol. 7, No. 1 Malaya Law Review 127(National University of Singapore, July 1965); Z. Jill Barclift, Corporate Governance and CEO Dominance, 50 Washburn L.J. 611(spring, 2011); 高田晴仁, 日本商法の源流·ロェスレル草案, 早稲田大学比較法研究所叢書 41, 早稲田大

学比較法研究所(2014); 青竹正一, 新会社法(第4版), 信山社(2015).

Ⅰ. 회사의 의의와 중요성

회사는 다수인이 일정한 사업 목적을 설정하고 경제적 이익을 추구하는 공동기업의 전형적인 형태이며, 자본주의 시장경제에서 핵심적인 역할을 한다. 회사 제도를 통해서 충분한 재화의 생산과 유통이 가능하게 되었고, 인류는 절대적인 빈곤에서 벗어나는 등 세상을 변화시킨 많은 일이 이루어졌다. 특히, 자본의 조달과 집중이 수월하고 사원(주주)이 유한책임을 부담하는 주식회사는 오늘날 글로벌 자본주의 시장경제에서 지배적인 기업 형태를 이루고 있다.

회사 제도는 시장경제의 발전에 커다란 공헌을 하였지만 그로 인하여 야기되는 폐해 또한 심각하다. 불법한 목적에 회사 제도가 이용되거나, 거품을 발생시켜 금융위기를 초래하거나, 지나친 과잉생산으로 환경을 파괴하거나, 사회의 부는 증가하였지만 사회 구성원 간의 빈부격차를 심화시키는데 기여한다는 비판을 받고 있다. 소유와 경영이 분리된 대규모 공개회사에서는 경영진의 권한 남용으로 주주의 이익이 침해되고, 이해관계의 충돌로 대주주와 소수주주 간에 갈등이 야기되기도 한다.

위와 같이 회사 제도는 우리 생활에 커다란 영향을 미치고 있지만, 국가와 사회, 개인의 사정에 따라서 그 영향은 다르게 나타난다. 저개발의 개발도상국에서는 환경에 대한 우려보다는 빈곤의 탈출이 우선이고, 경제위기의 상황에서는 거품이나 재무건전성 보다는 기업의 생존이 우선이 된다. 결국, 회사는 경제활동을 위한 수단이나 제도일 뿐이고, 어떻게 활용할 것인지는 우리에게 달려있다. 따라서 회사법의 논의에서는 무엇보다도 우리나라의 사회·경제적 사정을 고려하여야 한다. 회사의 부정적 측면을 억제하고 긍정적 측면을 살릴 수 있도록 노력하고, 회사와 회사법이 가지는 의미와 기능을 정확하게 이해하여야 한다.

여기에서는 회사의 법적인 논의에 앞서서, 기업과 회사의 관계, 공동기업으로서의 회사, 회사의 의의와 기능을 살펴본다.

1. 기업과 회사

"기업(企業, enterprise)"은 상인이 영리를 목적으로 인적요소(인력)와 물적요소(자본)를 유기적으로 결합해 조직한 경제적 단체이다. 기업은 사회가 필요로 하는 재화나 서비스를 생산·공급하며 이윤을 추구하면서 영리활동을 하는 점에서, 소비경제의 단위인 가계나 주로 공적인 기능을 하는 정부와 구별된다.

기업은 그 주체에 따라서 개인기업과 공동기업으로 구분할 수 있고, 영위하는 사업의 목적에 따라서는 사기업과 공기업으로 구분할 수 있는데, '회사'는 다수인이 관여하는 전형적인 공동기업이고 동시에 영리를 추구하는 사기업에 해당한다.

가. 개인기업과 공동기업

기업은 '기업을 운영하는 주체'에 따라서 개인기업과 공동기업으로 분류할 수 있다. 수적으로는 개인기업이 많으나 그 규모나 영향력은 공동기업이 크다.

"개인기업(個人企業)"은 특정한 개인(자연인)이 자신의 위험 부담으로 사업에 필요한 자본을 마련하고 스스로 경영을 담당하는 기업 형태로서 소유, 지배, 경영 전부를 개인 기업주가 관장한다. 그 결과 의사결정은 빠르지만 기업활동으로 인한 손실과 이익이 모두 개인 기업주에게 귀속되고 실패에 따른 위험도 크다. 소유와 경영이 기업주 개인에게 집중되어 있어서 투자자(개인기업주)와 경영자(개인기업주) 사이에 이해관계 충돌(이른바 대리인 문제, agency problem)이 발생할 여지가 없다. 그러나 개인이 조달할 수 있는 자본에는 한계가 있고 필요 자금의 상당 부분을 차입에 의존할 수밖에 없으므로 영세성을 면하기 어렵다. 기업의 흥망이 기업주 개인의 역량에 달려 있어서, 기업주의 사망 등 개인적인 사정이 생기면 기업의 존속이나 활동이 어렵게 된다.

"공동기업(共同企業)"은 특정한 사업을 영위하기 위해서 자본의 형성과 경영에 다수인이 참여하고, 경영활동의 위험도 다수인에게 분산되는 기업 형태이다. 자본을 조달하고 경영에 참여하는 방법은 공동기업의 형태에 따라서 달라지는데, 가장 기본적으로는 단체성의 강도에 따라서 '조합형 공동기업'과 '회사형 공동기업'으로 구분할 수 있다. "조합형 공동기업"에는 민법상의 조합(민법 제703조 내지 제724조), 상법상의 익명조합(상법 제78조 내지 제86조), 합자조합(제86조의2 내지 제86조의9) 등이 있지만, 이러한 기업들은 소규모의 사업에 적합할 뿐이고 법인격도 부여되어 있지 않으므로 앞서 살펴본 개인기업의 단점을 완전히 제거하지 못한다. 반면에 "회사형 공동기업"은 인력과 자본이 합리적으로 결합된 영리 단체로서, 기업의 독자적인 생존성을 높이고 유지하기 위한 가장 적합한 형태이다. 완비된 형태의 공동기업을 원할 때는 조합형 보다는 회사형 기업의 형태를 취해야 한다.[1] 그 밖의 공동기업에는 각종 협동조합, 보험업법상의 상호회사(보험업법 제2조 제7호), 특별법상의 각종 특수목적회사 등이 있다.

나. 사기업과 공기업

기업은 '사업을 영위하는 목적'에 따라서 사기업과 공기업으로 구분할 수 있는데, 회사는 영리를 추구하는 사기업에 해당한다.

"사기업(私企業, private enterprise)"은 사인(私人), 즉 민간인이 '영리를 목적'으로 특정한 사업을 하기 위하여 출자하여 경영하는 기업을 말한다. 공기업·국가기업과 대립하는 개념이며 가장 일반적인 기업 형태이다. 출자자가 1명일 경우를 개인사기업, 여럿일 경우를 공동사기업이라고 한다. 사기업은 폐쇄성을 가지는 경우가 많지만, 사기업이라고 하더라도 그 지분의 양도는 자유로울 수 있으므로 폐쇄회사와는 차이가 있다.

1 이철송, 회사법강의(제27판), 박영사(2019), 6.

"공기업(公企業, public enterprise)"은 사기업이 담당하기 어렵거나 곤란한 거액의 고정자본이 소요되는 공익적·공공적·독점적 성질이 강한 사업분야에서 생산·유통 또는 서비스를 공급할 목적으로 운영되는 기업을 가리킨다. 국가 또는 지방자치단체, 공공단체의 자본이 투입되며, 거액의 투자가 요구되면서도 이익을 기대할 수 없어서 사기업이 담당하기 어려운 분야를 보완하여 준다. 공기업의 사업목적은 이윤의 창출이 아니라 사기업이 담당하기 어려운 분야에서 재화를 생산하거나 서비스를 공급하는 것에 있다. 이처럼 공기업은 공익성이 요구되지만, 다른 한편으로는 관료주의와 비능률을 피하고 정부 등 행정조직으로부터의 독립을 위해서 독립채산제가 필요하다. 행정조직이 아니므로 공익성과 재정적 독립성이 상충하는 경우에는 재정적 독립이 우선하여야 한다.

공기업의 형태에는 ①국가 또는 공공단체의 행정조직에 편입되어 행정관청의 일부로서 운용되는 국영기업 또는 공영기업과, ②행정조직에 편입되지 않고서 법인으로서 형식적 독립성을 가지는 법인공기업이 있다. 공기업의 관료화와 정부의 재정적 부담을 줄이고 독립채산 기업으로서 자주성을 높이기 위해서 법인공기업의 형태가 많아지고 있으며 그 전형적인 것이 공공기업체이다. 산업은행(한국산업은행법), 수출입은행(한국수출입은행법) 등 개별적인 특별법이 존재하는 공기업도 있으며, 일부 특별법은 상법 중 주식회사에 관한 규정을 준용하기도 한다(한국가스공사법 제18조 제3항, 한국도로공사법 제19조 등).

한편 공공기관의 운영에 관한 법률은 "정부가 100분의 50 이상의 지분을 가지고 있거나 100분의 30 이상의 지분을 가지고 임원 임명권한 행사 등을 통하여 해당 기관의 정책 결정에 사실상 지배력을 확보하고 있는 기관"(공공기관의 운영에 관한 법률 제4조 제1항 제3호)을 공공기관으로 지정할 수 있도록 하고, 공공기관으로 지정되는 경우에는 상법(회사편)에 추가하여 특별한 규제를 가하고 있다.

2. 회사의 의의

"회사(會社)"는 가장 전형적인 공동기업이며, 자본과 인력의 결합을 통해서 개인기업이 수행하기 어려운 사업을 영위한다. 연혁적으로 합명회사, 합자회사, 주식회사의 순서로 발전했으며, 근래에 들어서는 소규모·폐쇄적인 형태인 유한회사가 나타났다. 우리나라는 회사의 90% 이상이 주식회사의 형태를 취하는 등 주식회사의 비중이 압도적으로 높은 편이다.

합명회사·합자회사는 구성원인 사원(社員)의 인적 특성이 중요한데, 그 구성원의 인적인 특성이 중시된다는 의미에서 강학상 인적회사로 분류된다. 구성원 간의 인적신뢰를 바탕으로 성립하므로 사원의 노력을 결합함에서는 장점이 있지만, 자본을 집중하고 위험을 분산하는 기능은 상대적으로 약하다. 반면에 물적회사인 주식회사와 유한회사는 구성원의 인적 특성보다는 자본 등 물적 요소가 중시된다. 다수의 출자자로 구성되므로 자본의 집중과 위험의 분산에는 유리하지만 구성원의 노력을 결합하는 기능은 상대적으로 약하다.

2011년 상법 개정에서는 인적회사와 물적회사의 성질을 함께 가지는 유한책임회사 제도가 도입되었다. 유한책임회사의 도입으로 비슷한 실질을 가지는 유한회사의 존치는 의미가 없을 것이라는 견해[2]도 있지만, 1인에게 1의결권이 부여되고(상법 제287조의11, 제287조의18, 제195조, 민법 제706조 제2항), 지분 양도에 다른 사원의 동의가 요구되는(제287조의8 제1항) 등 인적 성격이 강한 유한책임회사와는 달리, 유한회사는 그 지분의 양도가 상대적으로 자유롭고(제556조), 지분에 따른 의사결정(제575조) 등 자본단체의 성격이 강하며, 실무상으로도 널리 사용되고 있어서 유한회사를 존치할 의미는 크다고 본다.

한편, 개인기업, 조합, 회사를 비롯한 다양한 기업의 형태 중에서 어느 것을 선택할 것인지는 기업가의 판단에 맡겨져 있다. 기업가는 사업 영위에 필요한 자본, 노동, 기술, 책임의 정도, 경영 참여의 방식, 세금 등의 여러 가지 요소를 종합하여 적절한 기업의 형태를 선택하면 된다.

[해설] 우리나라 회사의 종류와 숫자(국세청 법인세 신고 기준)

2018년 말 기준 국세청에 법인세 신고를 한 법인은 주식회사 667,672개, 유한회사 33,169개, 합자회사 3,164개, 합명회사 884개, 비영리법인 33,599개, 외국법인 1,727개이다. 종전의 통계와 비교하면, 주식회사와 유한회사의 숫자는 꾸준히 증가하고 있으나 합자회사의 숫자는 줄었고 합명회사의 숫자는 비슷하다. 유한책임회사의 통계는 보이지 않는다. 이 통계는 국세청의 법인세 신고회사가 대상이고,[3] 법원의 상업등기부에 등기된 회사를 기준으로 하면 그 숫자는 2배 가까이 증가한다.

2 주석 상법, 회사편(1)(제5판), 한국사법행정학회(2014), 33(정동윤).

3 국가통계포털<http://kosis.kr/index/index.do>(2020.6.30. 방문).

3. 회사의 기능

가. 긍정적 측면

회사, 특히 주식회사는 다수인이 출자한 자본과 수많은 사람의 노력으로 창설되며, 자본과 노력의 결합을 통해서 생산과 이윤을 확대하고, 사원의 유한책임을 통해서 거대한 투자에 수반하는 위험을 분산한다. 회사에 대해서는 우려의 목소리도 있지만, "주식회사에 의하여 일국이 창립되고 해양을 헤치고 산을 캐내어서 큰길을 닦고 지구가 변하였으며 생산이 수천 배로 증가하였다."(Heinrigh Denburg, 1829-1907)는 문구에서 알 수 있듯이, 자본과 노력을 결합하고, 대규모의 경제활동에 수반하는 위험을 분산하고 제한할 수 있는 효율적인 수단으로서 회사의 긍정적인 측면은 더욱 크다.[4]

서구에 비교해서 시장경제의 역사가 짧은 우리나라는 회사 제도의 긍정적 기능을 최대한 살릴 수 있도록 노력하여야 한다. 현대의 경제환경 하에서는 개인 단위의 소규모 경제활동만으로는 국가경제의 발전과 국민의 풍요로운 삶을 추구하기가 어렵기 때문이다. 따라서 건전하고 유연한 회사 제도를 통해서 창의적이고 혁신적인 기업가 정신을 함양시키고 경제발전을 도모하여야 한다. 아래에서는 회사 제도의 긍정적인 측면을 살펴본다.

1) 자본과 노력의 결합

기업이 제대로 활동하고 성장하기 위해서는 원활하게 자본을 조달하고 여러 사람의 노력을 결합할 수 있어야 하는데, 회사 제도는 이를 가능하게 함으로써 개인기업이 하기 어려운 대규모의 사업을 영위할 수 있게 한다.

개인기업도 타인의 자본을 차입할 수 있지만 기업활동의 성과에 관계없이 약속한 이자를 지급하지 않으면 안 되고, 투자자는 투자한 개인기업의 성과가 아무리 좋아도 일정한 이자밖에 받을 수 없다. 그러나 회사는 지분(주식)의 발행을 통해서 대규모의 자금을 조달할 수 있고, 투자자는 회사의 구성원이 되어서 경영에 참여하거나 회사의 성장으로 인한 이익을 누릴 수 있다. 최근에는 각종의 종류주식(상법 제344조 이하), 전환사채(제513조), 신주인수권부사채(제516조의2) 등 회사의 자금조달 수단이 다양화되고 있어서 자본 조달을 위한 회사 제도의 효용은 더욱 커지고 있다.

4 김홍기, 상법강의(제4판), 박영사(2019), 282.

회사 제도는 자본조달 외에 다른 사람의 노력을 이용하거나 결합하기에도 유리하다. 개인기업은 종업원을 고용할 수 있지만 영업의 성과에 관계없이 약속한 보수를 지급하여야 하고, 종업원은 자신이 일하는 기업의 실적이 아무리 좋아도 일정한 보수밖에 받을 수 없어서 근로의 동기가 떨어진다. 이에 반하여 회사에서는 임직원과 종업원에 대한 주식매수선택권의 부여, 퇴직연금 등 다양한 방법을 통하여 사람들의 노력을 결합하고 근로의 의욕을 높일 수 있으며, 이를 통해 대규모의 회사로 성장할 수 있다.[5]

다만, 회사의 종류에 따라서는 자본과 노력을 결합하는 정도에는 차이가 있다. 인적회사인 합명회사와 합자회사는 사람들의 노력의 결합에 중점이 있으나, 물적회사인 주식회사와 유한회사는 자본의 조달에 중점이 있다.[6] 예를 들어, 인적회사인 합명회사에서는 사원들이 회사의 채무에 대해서 연대하여 책임을 지고, 지분양도에 다른 사원 전원의 동의가 필요하며, 보유하는 지분의 크기에 관계없이 1인 1의결권을 행사하는 등 구성원인 사원들의 신뢰와 협력이 중요하지만 물적회사인 주식회사에서는 사원(주주)의 인적 속성보다는 자본충실을 위한 주금의 전액 납입, 투자금을 회수하기 위한 주식양도의 자유 보장, 보유 지분에 따른 의결권의 행사 등 자본을 결합하는 측면이 더욱 중요하다.

2) 위험의 분산 및 제한

기업이 성장하면 그에 수반하여 위험도 커지는데, 이러한 위험은 개인기업에서는 기업가인 개인이 혼자서 부담하지만, 다수인의 자본과 노력이 결합되는 회사에서는 기업 활동에서 초래되는 위험까지도 다수의 사원에게 분산된다.[7] 다만, 회사의 구성원이 많아지고 위험이 분산될수록 구성원의 지분 비율과 그 영향력도 줄어들 수밖에 없다.

적극적인 기업활동을 촉진하기 위해서는 회사 구성원의 책임을 제한하는 것도 중요하다. 주식회사의 채무에 관하여는 회사만이 책임을 지고 각 사원(주주)은 그가 가진 주식의 인수가액을 한도로 책임을 부담할 뿐(상법 제331조) 회사 채권자에 대하여는 아무런 책임을 지지 않는다. 유한회사와 유한책임회사의 사원도 출

5 주석 상법, 회사편(1)(제5판), 한국사법행정학회(2014), 34(정동윤).
6 주석 상법, 회사편(1)(제5판), 한국사법행정학회(2014), 34(정동윤).
7 주석 상법, 회사편(1)(제5판), 한국사법행정학회(2014), 34(정동윤); 이범찬 외 3인, 회사법(제2판), 삼영사(2018), 31.

자금액을 한도로 책임을 지므로(제553조, 제287조의7) 기업활동으로 인하여 부담하는 위험은 현저하게 제한된다.[8] 이러한 사원의 유한책임이 회사를 통한 대규모의 자본조달과 적극적인 기업활동을 가능하게 하는 것이다.

그러나 위험의 분산과 제한의 기능은 인적회사인 합명회사에서는 기대하기 어렵다. 합명회사는 대외적인 법률관계를 간명하게 하기 위해서 법인격이 부여되지만(상법 제169조), 회사가 보유하는 재산보다는 사원 개인의 자력이나 신용이 회사 신용의 기초가 되는 회사로서 실질적으로는 조합의 성격을 가지기 때문이다(제212조). 이는 합자회사의 무한책임사원도 마찬가지이다(제269조). 따라서 법조문의 적용이나 해석에 있어서는 회사의 종류에 따라서 그 실질을 반영할 수 있도록 주의하여야 한다.

3) 기업의 유지와 존속

기업의 활동을 촉진하기 위해서는 기업이 그 구성원인 사원과 독립적으로 존재하고 유지될 수 있어야 한다. 구성원 개인의 사정 때문에 기업활동이 영향을 받아서는 아니 되기 때문이다. 이를 위해서 상법은 회사는 법인으로 하고(상법 제169조), 회사의 상호는 등기하도록 하는(제34조, 제180조 제1호) 등 기업의 독립성을 확보하기 위한 각종 제도를 두고 있다. 그 결과 개인기업에서는 기업가의 사망 등 개인적인 사정이 기업의 존속과 활동에 영향을 미치지만, 회사는 구성원인 사원의 개인적 사정에 의하여 받는 영향이 적으므로 기업의 영속성을 확보할 수 있다.[9]

다만, 회사와 구성원 사이의 관계는 회사의 종류에 따라서 차이가 있다. 합명회사와 합자회사에서는 회사와 구성원 사이의 관계가 밀접하지만, 주식회사와 유한회사에서는 출자금액의 납입과 자본금 충실이 중요하고 누가 사원(주주)인지는 그다지 중요하지 않다. 예를 들어, 사원의 속성이 중요한 합명회사에서는 사원이 1인으로 된 때에는 해산하고(상법 제227조 제3호), 사원은 다른 사원의 동의를 얻지 아니하면 그 지분을 양도하지 못하지만(제197조), 자본단체인 주식회사에서는 구성원(주주)의 속성이 중요하지 않으므로 사원이 1인이 된 때에도 해산사유가 되지 않으며(제571조) 사원(주주)의 주식양도도 자유롭다.

8 주석 상법, 회사편(1)(제5판), 한국사법행정학회(2014), 34(정동윤).
9 주석 상법, 회사편(1)(제5판), 한국사법행정학회(2014), 35(정동윤).

나. 부정적 측면

회사 제도는 장점만을 가지는 것은 아니다. 회사 제도에 대해서는 ①개인의 책임을 면하기 위해서 회사의 법인격이 이용되거나(법인격 남용), ②불법목적에 이용하기 위하여 회사를 설립하거나, ③거품(bubble) 등 금융위기를 초래하거나, ④소유와 경영의 분리로 인하여 소수주주와 채권자의 이익이 침해될 수 있다는 비판[10]이 제기된다.

영국의 경제학자인 애덤 스미스(1723-1790)는 '국부론'에서 "주식회사는 고용된 이사들에 의해 경영되는데 ~ 이사회는 주주총회(general court of proprietors)의 통제를 받지만 주주 대부분은 회사의 업무에 관여하지 않으며, 이사들이 적절하다고 생각해서 주는 배당금을 6개월, 1년 단위로 받는 것으로 만족한다. 남해회사(South Sea Company)의 영업 자본은 한때 33,800,000파운드 이상에 달했으나, 주식회사의 이사들은 자기 자신의 돈이 아닌 다른 사람들 돈의 관리자이기 때문에, 합명회사의 경영자(partners in private copartnery)가 자기의 돈을 관리하는 만큼의 주의력으로 주주의 돈을 관리하기를 도저히 기대할 수 없었다. 부자의 집사(stewards of a richman)처럼 그들(이사)은 주인의 명예가 아니라 부수적인 이익에만 관심을 가지고 작은 일에 집착하는 경향이 있다. 따라서 주식회사의 업무처리에서는 항상 태만과 낭비가 따른다."[11]고 하면서 주식회사 제도를 비판하였다.

"이사들이 부자의 집사처럼 행세한다."는 국부론의 언급은 오늘날에도 통렬하게 들린다. 주식회사에서는 주주가 주인이고 이사는 대리인에 불과하지만, 이사(대리인)가 주주(본인)의 이익을 침해하면서 자신들의 이익을 도모하는 경우가 많기 때문이다. 회사법은 이러한 대리인 문제를 해결하기 위해서 마련되었다.

[해설] 남해회사 거품사건

남해회사(The South Sea Company)는 1711년경 위기에 빠진 영국 재정을 살리기 위하여 설립되었다. 처음에는 아프리카의 노예를 수송하고 이익을 얻는 것이 주된 목적이었으나, 무역업은 생각처럼 되지 않았고, 남해회사는 금융회사로서의 변신을

10 최기원, 신회사법론(제14대정판), 박영사(2012), 4.

11 Adam Smith, An Inquiry into the Nature and Causes of the Wealth of Nations (London, George Routledge & Sons, 1776), pp.582-583.

꾀하게 된다.
남해회사는 과도한 국채발행으로 인하여 어려움에 처한 영국 정부에 매력적인 제안을 한다. 원하는 가격에 남해회사의 주식을 발행할 수 있게 해준다면 낮은 이자인 연 5%에 3,200만 파운드의 국채를 인수하겠다고 한 것이다. 남해회사는 1720년경 왕의 재가를 통해 3,200만 파운드의 주식 발행을 허가 받고 다음과 같이 이윤을 창출하려고 했다. ①남해회사의 발행주식과 정부의 국채를 시가로 교환한다. 예를 들어, 시장가격이 20파운드인 국채 1개를 가져오면 시장가액이 20파운드인 남해회사의 주식 1주(액면가 10파운드)를 교환해 준다. ②남해회사는 교환금액(20파운드)만큼 주식을 발행할 수 있다. 예를 들어, 남해회사는 시장가격이 20파운드인 국채 1개를 교환하기 위해서 액면가 10파운드인 주식 2주를 발행할 수 있다. ③이에 따르면 남해회사는 시장가격 20파운드인 국채 1개를 주식 1주(시장가격 20파운드)로 교환해 주어도 수중에는 1개의 주식이 남게 되는데, 이것을 시장에 매물로 내 놓으면 그 시장가격인 20파운드는 그대로 남해회사의 이익이 된다. ④위의 방법으로 남해회사의 이익이 올라가면 당연히 주가가 상승한다. ⑤다시 ①의 순서로 돌아간다. 이러한 단계를 반복하면 주가는 무한 상승하고, 남해회사는 이익을 얻고 주식보유자는 순식간에 부자가 되는 것이 남해계획이었다.
남해회사의 본업인 무역업은 지지부진했지만 금융회사로 변신하면서 몇 개월 동안 주가가 10배나 상승했고, 귀족, 서민 계층을 불문하고 충분한 금융 지식이 없는 사람들이 주식을 매수하면서 전무후무한 투기 열풍이 일어났다. 남해회사 주식의 1주당 가격은 1720년 1월 100파운드였던 것이 5월에는 700파운드가 되었고, 6월 24일에는 최고치인 1,000파운드로 치솟았다. 거품의 징조가 커지자 영국 정부는 6월 24일에 '거품회사 규제법(Bubble Act)'을 제정하였으나 모든 주가가 폭락하는 위기에 빠졌다. 불과 몇 개월 만에 주가는 제자리로 돌아왔고 많은 사람이 파산했으며 자살이 속출했다. 과학자 아이작 뉴턴도 남해회사 주식으로 7,000파운드를 벌었지만, 이후의 폭락으로 20,000파운드의 손해를 봤다.

위와 같은 거품 사태는 주식회사에 대한 규제가 필요하다는 인식을 확산시켰고, '거품 경제(bubble economy)'라는 단어가 탄생하는 계기가 되었다. 영국 의회는 남해회사를 조사하여 그 결과를 보고서로 발간하였는데, 이것이 세계 최초의 회계감사 보고서이고 회계감사 제도 탄생의 기원이 되었다.[12] 그후 100년이 넘는 기

12 김홍기, 상법강의(제4판), 박영사(2019), 284.

간 동안 주식회사 제도는 영국 기업의 선택 범위 밖에 존재했고, 1844년 주식합자회사법(Joint Stock Company Act 1844),[13] 1862년에는 기존의 법률들을 통합한 회사법(Companies Act)이 제정되고서야 다시 활성화되었다.

Ⅱ. 회사법의 의의와 특징

앞에서는 회사의 의의와 중요성을 경제적 측면에서 살펴보았다. 여기에서는 법률적 측면을 중심으로 회사법이란 무엇인지, 다른 법률에 비교하여 어떠한 특징이 있는지를 살펴본다.

1. 회사법의 의의

회사법은 회사의 조직과 활동을 규율하는 법규이다. 회사법은 실질적 의의의 회사법과 형식적 의의의 회사법으로 구분할 수 있다.

가. 실질적 의의의 회사법

"실질적 의의"의 회사법은 그 명칭에 관계없이 회사의 법률관계를 규율하는 일체의 법규를 가리킨다. 그런데 어디까지가 회사의 법률관계인지는 분명하지 않기 때문에 실질적 의의의 회사법의 범주에 대해서는 그 견해가 나뉜다. 회사에 관한 사법적 법규만이 규제의 대상이라는 견해[14]도 있고, 회사법은 이해관계자들의 이익을 조정하기 위한 법이라는 시각에서 공정거래법, 은행법, 법인세법 등 각종 규제법을 제외하는 견해[15]도 있다.

그러나 회사법은 단순히 사법적 법규라기보다는 규제법규의 성격도 가지고 있고, 입법례에 따라서는 포함되는 내용들도 차이가 있다. 따라서 지나치게 좁게 볼 필요는 없으며, 회사의 설립, 조직, 사원의 권리와 의무, 의사결정 절차와 방식, 대표기관의 구성, 기업재편, 해산·청산·소멸을 비롯한 회사의 조직과 활동에 관한

13 이전에는 국왕의 허가(royal charter) 또는 특별법(private act)에 의해서만 회사의 설립이 가능하였으나, 1844년 주식합자회사법(Joint Stock Company Act 1844)이 제정되면서, 회사설립의 특권이나 특정한 제정법상의 근거가 없이 일정한 절차에 따라 회사를 설립할 수 있게 되었다. 일단 주식합자회사로 등록하면 '사원의 유한책임(limited liability)'을 제외하고는 현대 회사(modern company)가 누릴 수 있는 혜택을 받을 수 있었다. Turner, John D, The development of English company law before 1900, QUCEH Working Paper Series, No. 2017-01, Queen's University Centre for Economic History, Jan. 2017, p. 17. 사원이 무한책임을 진다는 점에서 주식회사보다는 합자회사에 가까워 '주식합자회사'로 하였다.

14 임재연, 회사법 Ⅰ(개정6판), 박영사(2019), 4.

15 김건식 외 2인, 회사법(제3판), 박영사(2018), 19.

법규라면 모두 실질적 의의의 회사법에 해당한다고 볼 것이다.[16] 이러한 의미에서 회사법은 조직법이고, 사법상의 거래법규인 민법 및 상거래법과 구별된다. 즉, 회사법의 대부분은 사법적 규정이지만, 회사의 조직과 활동을 규제하기 위해서는 사법적 규정과 유기적 관계에 있는 중소기업에 대한 지원정책, 탄소배출권 등 환경규제, 최저임금 등 노동규제, 회사에 관한 소송절차·벌칙을 비롯한 공법적 규정도 실질적 의의의 회사법에 포함시키는 것이 타당하다.[17]

그렇다면 경제법은 실질적 의의의 회사법에 포함되는가? 회사법은 자본주의 경제체제를 뒷받침하는 기업사법이고, 경제법은 독점자본주의의 폐해를 시정하기 위하여 등장한 법질서로서 국민경제의 전체적인 차원에서 기업활동의 한계를 설정하는 기업공법인 바, 회사법과 경제법은 규제대상은 같지만 이념에는 차이가 있으므로 분리하여 설명하는 것이 타당하다.[18] 다만, 우리나라의 독점규제 및 공정거래에 관한 법률 제3장은 기업결합의 제한 및 경제력 집중의 억제에 대해서 규정하는데(독점규제 및 공정거래에 관한 법률 제7조 이하) 이 중 기업결합의 제한은 회사의 결합에 관한 법률관계를 규제하는 것으로서 실질적 의의의 회사법에 해당한다고 볼 것이다.

나. 형식적 의의의 회사법

"형식적 의의"의 회사법은 '회사'라는 명칭을 가지는 독립적인 성문법 또는 특정한 법률의 편, 장을 가리킨다. 그 내용이 회사에 특유한 것인가에 관계없이 오로지 규제형식에 착안한 개념이다. 주로 사법적 법규로 구성되어 있으나 소송법적 규정, 벌칙 규정 등을 포함하고 있다.

미국(Delaware General Corporation Law 등), 영국(UK Companies Act 2006), 일본(일본 회사법 2005), 독일[1937년 주식법(AktG)], 중국(중국 공사법) 등에서는 회사법이 별도의 단행법률로 되어 있으나, 상법전에 포함되어 있거나(프랑스 상법전 제2권), 민법전에 포함되어 있는 국가(스위스 채무법, Obligationenrecht, Swiss Code of

16 권기범, 현대회사법론(제7판), 삼영사(2017), 55; 이범찬 외 3인, 회사법(제2판), 삼영사(2018), 33; 장덕조, 회사법(제4판), 법문사(2019), 4; 최기원, 신회사법론(제14대정판), 박영사(2012), 5.

17 같은 취지로는 권기범, 현대회사법론(제7판), 삼영사(2017), 55; 이범찬 외 3인, 회사법(제2판), 삼영사(2018), 34; 이철송, 회사법강의(제27판), 박영사(2019), 7; "회사의 법률관계를 규율하기 위해서는 사법적 규정과 유기적인 관계에 있는 형법, 세법, 소송법, 비송사건절차법 등의 공법적 규정도 실질적 의의의 회사법에 포함된다고 할 것이다." 최기원, 신회사법론(제14대정판), 박영사(2012), 5.

18 김홍기, 상법강의(제4판), 박영사(2019), 7.

Obligations)도 있다. 우리나라에서는 상법전 제3편 회사편이 형식적 의의의 회사법에 속한다.

2. 회사법의 특징

회사법은 상법의 일부로서 상법이 가지는 영리법적 성질 이외에 다수의 이해관계인을 규율하기 위해서 단체법적 성질, 강행법적 성질을 가진다. 여기에서는 회사법의 영리법적, 강행법적, 단체법적인 성질을 살펴본다. 사단성, 법인성 등에 관련된 내용은 상법 제169조(회사의 의의)의 설명에서 살펴본다.

가. 영리법적 성질과 사회성, 공공성의 반영 여부

회사는 본질적으로 구성원인 사원의 경제적 이익을 목적으로 조직된 영리단체이므로 회사관계를 규율하는 회사법은 영리법적인 성격을 가진다.[19] 이를 반영하여 회사법 곳곳에는 이익배당청구권, 잔여재산분배청구권, 지분의 양도 등 사원의 경제적 이익을 반영하는 규정들이 있으며, 회사 제도를 인정하는 이상 이러한 권리는 전면적으로 제한하지 못한다고 볼 것이다.

그러나 회사가 영리단체라고 하여서 영리추구행위가 제한 없이 허용되는 것은 아니다. 회사는 사회의 구성원이고, 그 활동은 사회적으로 용인되는 범위 내에서 허용되기 때문이다. 특히, 오늘날에는 회사의 사회·경제적 영향력이 커지면서 영리 추구에만 급급할 것이 아니라 사회 전체의 이익도 고려하지 않으면 안되는 것으로 인식되고 있다. 이 점에서 회사법은 널리 당사자의 자치를 인정하는 상행위법과 뚜렷한 차이를 보인다.

한편, 최근에는 기후변화, 환경보호, 저개발국의 노동력 착취 등 사회적, 공공적인 문제들이 잇따라 불거지면서, 회사가 지나치게 이익만을 추구하지 않았는지 반성이 있었다. 그리하여 회사의 운영에서는 환경(Environment), 사회(Social) 및 지배구조(Governance), 이른바 'ESG'를 고려할 것이 요구되고 있으며, 실제로 사회적 책임투자를 목적으로 하는 ESG 채권이 발행되고 있다. 소수주주나 노동자, 여성 등의 경영 참여를 회사법에 반영할지도 논의되고 있다.

그러나 위와 같은 논란에도 불구하고, 그 탄생 배경에서 알 수 있듯이 회사는 영업활동을 통하여 이익을 창출함으로써 사회에 기여하는 단체이고, 회사법은 회사를 둘러싼 이해관계자들의 이익을 공평하고 합리적으로 조정해주는 데 그 존

19 최기원, 신회사법론(제14대정판), 박영사(2012), 7.

재가치가 있음을 잊어서는 아니 될 것이다.[20]

회사의 영리성에 관한 좀더 자세한 내용은 상법 제169조(회사의 의의)에서 살펴본다.

나. 단체법적 성질

회사, 특히 주식회사는 다수의 출자자로 구성되며 그 영업을 영위하는 과정에서 수많은 관계가 생긴다. 모든 구성원의 의사를 일일이 반영할 수 없기 때문에 회사의 의사는 다수결의 원칙, 사원(주주)평등의 원칙, 1주 1의결권 원칙 등을 통해서 획일적으로 결정하며, 혼란을 방지하기 위해서 회사법상 각종 법률행위에 하자가 있으면 그 무효나 취소를 주장할 수 있는 시기는 제한하고 소송(訴訟)을 통해서만 다투도록 하며, 판결에 대해서는 대세적 효력을 인정하는 등 각종 특칙을 두고 있다. 이러한 의미에서 회사관계의 법리는 사적자치와 자기책임을 위주로 하는 개인법의 원리와는 크게 다르고, 단체법적 성질을 가지며, 오히려 국가 또는 지방자치단체의 조직법인 헌법 또는 행정법과 유사한 측면이 있다.[21] 아래에서는 회사의 단체법적 성질이 나타나는 몇 가지 대표적인 사례들을 살펴본다.

1) 일정한 기간 경과 후에는 무효나 취소의 주장 제한

민법에서는 법률행위에 하자가 있으면 그 소멸시효 완성 전까지는 다양한 방법으로 무효나 취소의 주장이 가능하다.

그러나 다수인이 관여하는 회사 관계에서는 회사의 설립, 신주의 발행, 주주총회의 결의 등 회사법상 법률행위에 하자가 있다고 하더라도 언제까지나 기다리거나 개별적인 해결에 맡겨둘 수가 없다. 따라서 회사법은 단체적인 법률관계의 조속한 안정을 위해서 회사법상 각종 법률행위에 하자가 있다면 일정한 기간 내에만 다툴 수 있도록 하고 있다. 예를 들어, 주식회사의 설립 시에 주식의 인수인은 회사성립 후에는 주식청약서의 흠결을 이유로 그 인수의 무효를 주장하거나, 사기, 강박 또는 착오를 이유로 하여 그 인수를 취소하지 못하고(상법 제320조 제1항), 주식회사의 설립 후에도 신주의 인수인은 신주발행의 변경등기를 한 날로부터 1년을 경과한 후에는 주식청약서 또는 신주인수권증서 요건의 흠결을 이유로 하여 그 인수의 무효를 주장하거나 사기, 강박 또는 착오를 이유로 하여 그 인수

20 권기범, 현대회사법론(제7판), 삼영사(2017), 58-59.

21 권기범, 현대회사법론(제7판), 삼영사(2017), 565; 최기원, 신회사법론(제14대정판), 박영사(2012), 7.

를 취소하지 못한다(제427조). 주식의 인수는 모두 계약에 해당하므로 만일 그 과정에 하자가 있으면 소멸시효 완성 전까지는 무효나 취소를 주장할 수 있는 것이 민법상의 원칙이지만, 단체적인 회사 관계에서는 주식의 인수 과정에서 무효나 취소의 사유가 있었다고 하더라도 소멸시효 완성 전까지 자유롭게 다툴 수 있도록 하는 것은 회사 관계의 불확정한 상황을 장기간 방치하는 것으로서 바람직하지 않고 모두에게 불이익할 수 있기 때문이다.

2) 법률행위의 일부에 무효사유가 있어도 전체에 영향을 미치지 않음

민법 제137조는 "법률행위의 일부분이 무효인 때에는 그 전부를 무효로 한다. 그러나 그 무효부분이 없더라도 법률행위를 하였을 것이라고 인정될 때에는 나머지 부분은 무효가 되지 아니한다."고 규정하면서, 법률행위의 일부에 무효사유가 있으면 원칙적으로 그 전부를 무효로 하고 있다.

그러나 회사법에서는 단체관계의 안정을 위해서 법률행위의 일부에 무효나 취소의 사유가 있다고 하더라도 다른 부분에는 영향을 미치지 않는 것이 원칙이다. 예를 들어, 은행(회사)이 단기간에 자기자본비율을 높이기 위해서 직원들에게 유상증자의 참여를 독려하면서, 인수 후의 주가가 인수가액보다 낮을 경우에는 손실보전을 하여주기로 약정하였다면, 이러한 손실보전약정은 다른 주주들에게는 인정되지 않는 우월적 권리를 부여하는 것으로서 강행법규인 주주평등의 원칙에 위반하여 무효이다(대법원 2007. 6. 28. 선고 2006다38161, 38178 판결). 그런데 법률행위의 일부에 무효가 있으면 그 전부를 무효로 하는 민법 제137조의 법리를 그대로 적용하면, 위법한 손실보전약정 외에도 그와 동시에 이루어진 신주인수약정까지도 전부 무효가 되고, 회사는 직원들이 유상증자에 참여하여 납부한 신주인수대금을 부당이득으로 반환하여야 한다. 그러나 이렇게 해석하면, 이미 납부된 신주인수대금을 반환하는 것이 되어서 주식회사의 자본충실에 어긋나고, 주가가 인수가격보다 하락하는 경우에는 주주의 선택(무효 주장)에 따라서 신주인수대금을 반환하는 결과가 되어서 부당하며, 회사가 파산하는 경우에는 다른 주주들과는 달리 해당 주주들에게만 투하자본의 회수를 보장하여 주는 셈이 되어 '손실보전약정'을 무효로 하는 취지에 명백히 반하는 결과가 초래된다. 따라서 손실보전약정이 무효가 된다고 하여서 신주인수약정까지 무효가 된다고 보아서는 아니 된다(대법원 2007. 6. 28. 선고 2006다38161, 38178 판결, 대법원 2005. 6. 10. 선고 2002다63671 판결, 대법원 2004. 6. 11. 선고 2003다1601 판결 등). 이 경우 은행(회사)이 주주

평등원칙에 어긋나는 손실보전약정을 체결하면서까지 유상증자에 참여하도록 직원들을 유인한 행위는 불법행위를 구성하므로, 직원들은 회사를 상대로 손해를 배상받을 수 있을 것이다. 이처럼 같은 계약의 법리라고 하더라도 단체적인 회사관계에서는 일반적인 민사거래에서의 해석과 차이가 생기게 된다.

3) 소송의 방법으로만 다툴 수 있으며 판결에는 대세적인 효력이 있음

민법에서는 계약을 비롯한 법률행위에 무효 또는 취소 사유가 있는 경우에는 당사자 간에서만 그 효력이 미치고, 소멸시효가 완성되기 전까지는 소송 또는 소송 외의 다양한 방법으로 다툴 수 있다.

그러나 다수인이 관여하는 회사법상의 법률관계는 획일적인 획정이 필요하므로, 해당 법률행위의 직접적인 당사자가 아니라도 영향을 받을 수 있으며, 실제로 같은 입장에 있는 당사자들은 동일하게 취급해야 한다. 예를 들어, 일부 주주에 대해서만 주주총회의 소집통지가 누락되었어도 해당 소집통지의 하자는 전체 주주총회 결의의 효력에 영향을 미칠 수 있고, 일부 주주에 대한 신주발행절차에 하자가 있더라도 그 하자가 중대하다면 전체 신주발행이 무효가 될 수 있다. 회사의 법률관계는 획일적으로 확정할 필요가 있기 때문이다.

한편, 회사관계의 단체적인 성질상 회사법상 법률행위에 무효나 취소 등의 하자가 있더라도 민법상의 소멸시효가 완성할 때까지 무한정 다투도록 할 수 없고, 법률관계의 획일적 획정을 위해서는 일정한 기간 내에 소송의 방법으로만 다투도록 하며, 원고가 승소하는 경우에는 소송에 관여하지 않은 자들에게도 판결의 효력이 미치도록 할 필요가 있다(대세적 효력). 회사법의 곳곳에는 이러한 내용을 반영한 규정들이 있다. 예를 들어, 상법(회사편)은 회사설립에 무효나 취소의 사유가 있으면 회사설립무효·취소의 소를 제기하고(제184조), 주주총회결의에 취소의 사유가 있으면 주주총회결의 취소의 소를 제기하며(제376조), 신주발행에 무효의 사유가 있으면 신주발행무효의 소를 제기하도록 하면서(제429조), 원고가 승소할 경우에는 소송을 제기한 원고 외에 다른 이들에게도 그 판결의 효력이 미치도록 하고 있다. 같은 법률관계에 놓인 사람들에게 소송에 참여하지 아니하였다고 하여서 그 적용을 달리하면 혼란이 초래되기 때문이다.

대법원은 전환사채의 발행이나 신주인수권부사채의 발행에 하자가 있으면, 명문의 규정이 없는 경우에도 신주발행무효의 소(상법 제429조)를 유추 적용하여 전환사채발행 무효의 소를 제기하거나(대법원 2004. 8. 20. 선고 2003다20060 판결

등), 신주인수권부사채발행 무효의 소를 제기하도록 하고 있다(대법원 2015. 12. 10. 선고 2015다202919 판결 등). 원래는 민법상의 법리에 따라 소멸시효 완성 전까지 소송 또는 소송 외의 방법으로 다툴 수 있어야 하지만, 그 법률관계가 신주발행무효의 소와 비슷하고 다수의 이해관계인 간의 법률관계를 획일적으로 처리할 필요성은 동일하므로, 신주발행무효의 소에 관한 법리를 준용하는 것이다.

4) 민법 및 민사소송법의 원칙이 적용되는 상황

주의할 것은 회사법상의 모든 법률행위에 대해서 회사법에 특칙이 있는 것은 아니라는 점이다. 예를 들어, 주식회사의 주주총회결의에 하자가 있는 경우에 주주총회결의 취소, 무효의 소를 제기할 수 있는 것과는 달리, 이사회결의에 하자가 있는 경우에는 회사법에는 그 하자를 다투기 위한 별도의 규정이 없으므로 민법과 민사소송법의 일반법리에 의하여 그 무효나 취소를 다투어야 한다.

회사법에 특칙이 있더라도 그 특칙이 적용되지 않는 부분은 민법과 민사소송법의 일반적인 법리가 적용된다. 예를 들어, 주주총회결의에 무효나 부존재의 사유가 있다면 주주총회결의 무효확인의 소 또는 부존재확인의 소를 제기하여야 하지만(상법 제380조), 2개월의 제소기간을 규정하는 주주총회결의취소의 소와는 달리 주주총회결의 무효 및 부존재 확인의 소는 제소기간을 규정하고 있지 않으므로 확인의 이익이 인정되는 이상 민법과 민사소송법의 원칙에 따라서 제한 없이 제소할 수 있다. 물론 회사 관계의 불확정성이 장기화되는 것은 바람직하지 않으므로 주주총회결의 무효확인의 소나 부존재확인의 소는 매우 제한적으로 운용되어야 할 것이다.

회사법의 규정들은 주로 회사의 단체적 관계를 규율하지만, 개인적인 거래관계를 규율하는 것들도 있다. 예를 들어, 주식 및 사채의 양도에 관한 규정 등은 단체법적 성질과 함께 개인법적 성질도 아울러 가진다. 이러한 법률관계에서는 거래의 안전과 외관의 신뢰 등 개인법상의 원리가 지배한다.[22]

다. 강행법적 성질

회사법은 영리법적 성질, 단체법적 성질과 함께 강행법적 성질도 가진다.[23] 이해관계인이 많을 뿐만 아니라 구성원 사이에서 인적 신뢰관계가 부족한 주식회사에서는 자율적인 결정에만 맡기면 이해관계인들 사이의 다툼으로 인하여 의사

22 주석 상법, 회사편(1)(제5판), 한국사법행정학회(2014), 43(정동윤).

23 주식회사법의 강행성에 대해서는 남기윤, “주식회사법의 특질”, 주식회사법대계 Ⅰ(제3판), 한국상사법학회 편, 법문사(2019), 61 참조.

결정이 어렵게 되고 회사 제도의 효용을 달성하지 못할 수 있다. 이사의 전횡이나 대주주의 압박으로부터 일반주주의 이익을 보호할 필요도 있다. 따라서 회사법의 많은 규정은 당사자의 의사에도 불구하고 강제로 적용된다.

대표적인 강행법규로는 주주평등의 원칙이 있다. 주주평등원칙은 강행성을 가지므로 법령이 정하는 경우 외에는 정관이나 주주총회 또는 이사회결의 등에 의하여 침해될 수 없고, 만일 이를 위반하여 회사가 일부 주주에게만 복수의 의결권을 부여하거나, 이익배당이나 신주인수 시에 우월한 권리나 이익을 부여하였다면 특별한 사정이 없는 한 그러한 약정은 주주평등원칙에 위반하여 무효가 된다(대법원 2018. 9. 13. 선고 2018다9920, 9937 판결). 독일 주식법 제53a 조는 "주주는 같은 요건 아래에서는 동등하게 취급되어야 한다."고 하면서 주주평등의 원칙을 명시적으로 규정하고 있다.

그렇다면 회사법은 어느 범위까지 강행성을 가지는가? 이에 대해서는 주주평등의 원칙과 이에 기초한 회사법 자체를 강행법규로 보아서 정관규정에 따라 특수관계인의 의결권을 제한하는 주주총회결의를 무효로 본 판결(대법원 2009. 11. 26. 선고 2009다51820 판결[24])도 있고, 주주평등원칙 자체를 강행규정이라고 보아서 그에 위반한 손실보전약정을 무효로 본 판결(대법원 2007. 6. 28. 선고 2006다38161, 38178 판결[25])도 있으며, 회사법의 특정한 개별조항인 상법 제391조 제1항의 본문의 "이사회의 결의는 이사 과반수의 출석과 출석이사의 과반수로 하여야 한다"는 규정을 강행규정으로 보아서, 동 규정이 요구하고 있는 결의 요건을 갖추지 못한 이사회결의는 효력이 없다는 판결(대법원 1995. 4. 11. 선고 94다33903 판결)도 있다.

생각건대, 회사법의 강행성은 단체법규로서 회사법의 성격을 논하는 것으로서 회사법의 모든 조항을 강행규정으로 볼 수는 없고, 1주 1의결권원칙, 상법 제393조 제1항 이사회의 결의방법 등 획일적이고 강행적인 적용이 필요한 특정한

24 "주주평등의 원칙과 1주 1의결권 원칙의 취지, 주식회사법을 강행법규로 한 이유 ~ 등에 비추어 이 사건 정관조항은 강행법규에 위배되고 ~ 피고 회사가 이 사건 정관조항에 따라 원고 및 그 특수관계인 등의 의결권을 제한한 것은 위법하여 이 사건 결의는 결의방법에 법령에 위반한 하자가 있는 경우에 해당한다". 대법원 2009. 11. 26. 선고 2009다51820 판결.

25 "회사가 직원들을 유상증자에 참여시키면서 퇴직시 출자 손실금을 전액 보전해 주기로 약정한 경우, 직원들의 신주인수의 동기가 된 위 손실보전약정이 주주평등의 원칙에 위배되어 무효라는 이유로 신주인수까지 무효로 보아 신주인수인들로 하여금 그 주식인수대금을 부당이득으로서 반환받을 수 있도록 한다면 이는 사실상 다른 주주들과는 달리 그들에게만 투하자본의 회수를 보장하는 결과가 되어 오히려 강행규정인 주주평등의 원칙에 반하는 결과를 초래하게 될 것이므로, 위 신주인수계약까지 무효라고 보아서는 아니 된다." 대법원 2007. 6. 28. 선고 2006다38161, 38178 판결.

조항들만이 강행성을 가진다고 볼 것이다. 결국 회사법 규정을 위반하였다고 하여서 모두 무효가 되는 것은 아니고, 강행성이 인정되는 규정의 위반행위만이 무효가 된다. 또한 앞서 직원에 대한 유상증자와 손실보전약정, 그 위반으로 인한 부당이득 반환청구 사건(대법원 2007. 6. 28. 선고 2006다38161, 38178 판결)에서 살펴본 것처럼, 강행성이 인정되는 경우에도 그 위반행위를 전부 무효로 하는 경우 강행성을 인정하는 취지에 오히려 반하는 결과가 초래된다면 그 범위 내에서는 강행성이 인정되는 범위를 축소하여 해석하여야 한다.

최근에는 회사법의 임의법규화를 긍정적으로 검토하여야 한다는 견해[26]나, "회사법이 일반적으로 강행법규라는 것은 설득력이 없으며, 부분적으로 강행법규로 보아야 할 필요가 있다."는 견해,[27] 정관에 의한 자치나 선택을 허용하는 임의법규가 증가하는 현상에 주목하는 견해[28] 등 회사법의 강행성과 그 정도에 의문을 제시하는 견해가 증가하고 있는데, 이 또한 개별적인 조항에 따라서 강행성의 여부를 판단해야 한다는 뜻으로 보인다.

[해설] 회사법 제정의 필요성과 회사법 이론

자유시장경제의 이론에 의하면 회사의 법적 관계도 자유로운 계약에 의해서 설정하면 되는데, 왜 회사법을 제정하여 그 조직과 활동을 강제적으로 규율하는가? 이에 대한 본격적인 논의는 경제학에서 시작되었다.

1. 대리인이론

대리인이론(agency perspective)은 주주와 그 대리인인 경영진(이사) 사이에는 대리인비용(agency cost)[29]이 존재하며, 회사법은 주주와 경영진 사이에 불가피하게 존재하는 대리인비용을 감소시키기 위해서 제정되었다는 이론이다. 버얼과 민즈는 1932년 미국의 대규모 공개회사를 대상으로 주주의 소유와 이사의 경영 사이에는 강력한 분리가 있고 이로 인하여 대리인비용이 발생함을 증명했다.[30] 또한 젠슨과

26 박세화, "회사법에 있어서 강행법규 체계의 역할과 한계 - 미국 회사법과의 비교법적 검토를 중심으로-", 상사판례연구 제20집 제3권, 한국상사판례학회(2007), 418, 438.

27 송옥렬, "회사법의 강행법규성에 대한 소고 - 대법원 2011. 3. 24. 선고 2010다85027 판결 평석", 상사판례연구 제24집 제3권, 한국상사판례학회(2011), 20.

28 남기윤, "주식회사법의 특질", 주식회사법대계 I (제3판), 한국상사법학회 편, 법문사(2019), 62.

29 회사에 있어서 주주(본인)와 이사(대리인) 사이의 상충되는 이해관계로 인하여 이사가 주주의 이익을 희생시키고 자기의 이익을 우선함으로 인하여 발생하는 비용을 말한다. 대표적 대리인 비용으로는 감시비용(monitoring costs), 잔존손실(residual loss) 등이 있다.

30 Adolph A. Berle & Gardiner C. Means, The Modern Corporation and Private Property (New York, MacMillan, 1932), pp.119-126.

맥클링은 1976년 발표한 논문에서, 회사의 본질은 계약의 망(nexus of contracts)이고, 회사와 채권자, 종업원 등 이해관계인 사이의 관계는 계약으로 설정되지만, 회사의 주인인 주주와 그 대리인인 경영진(이사) 사이에서는 계약구조에 의해서 제거될 수 없는 대리인비용이 존재하고 그 비용을 줄이기 위해서는 강행법규인 회사법의 개입이 필요하다고 주장하였다.[31]

따라서 대리인이론에 기초한 회사법은 계약으로 자신의 이익을 보호할 수 있는 근로자나 채권자 보다는, 회사의 주인이지만 자신을 보호할 수단이 마땅치 않은 주주의 보호에 초점을 맞추게 된다. 주주는 회사의 주인이지만 자신(회사)과 계약을 체결할 수 없고, 소유와 경영도 분리되어 충분히 보호받을 방법이 없다고 생각하기 때문이다.[32] 이를 반영하여 소유자인 주주와 경영자인 이사 사이에서 대리인비용이 발생하지 않도록 주주총회, 이사회는 어떠한 권한을 가져야 하는지, 그리고 감사는 어떠한 권한을 가지고 경영진인 이사를 감시해야 하는지를 중심으로 기관구조를 설계한다. 이러한 대리인이론에 바탕한 기관구조는 현대 회사법의 기초가 되었고[33] 지금의 회사법에서도 유지되고 있다.

2. 특정투자이론

1937년 코즈(Coase)는 특정투자(firm-specific investments)의 개념을 주장하였다.[34] 주주 외에도 회사와 다른 이해관계자들과의 계약도 불완전할 수 있고 이 때문에 비용이 발생하는데 이를 해결하기 위해서는 회사법이 개입하여야 한다는 것이다. 예를 들어, 오늘날 근로자들은 특정한 회사의 근무에 필요한 기술이나 전문성을 습득하기 위해서 시간과 비용을 투자하는데, 이러한 투자는 해당 회사의 생산성을 높이고 효율적인 업무수행을 위해서 필요하지만, 근로자는 투자비용을 넘어서는 이익을 기대하는 때에만 기술과 전문성을 습득하기 위하여 시간과 노력을 투입할 것이므로 만일 근로자가 회사법에 의하여 보호받을 수 없다면 회사에 필요한 투자를 하지 않을 것이다.[35] 그러나 이러한 투자가 없다면 회사의 총수익은 줄어들고 회사와 주주도 손실을 입게 된다. 따라서 회사법 및 회사지배구조는 근로자 등의 특정한 투자비용을 염두에 두고 주주 이외의 이해관계인이 배려될 수 있도록

31 Michael C. Jensen &William H. Meckling, Theory of the Firm: Managerial Behavior, Agency Costs and Ownership Structure, 3 J. Fin. Econ. 305, at I.1.5 General Comments on the Definition of the firm(1976).

32 주주는 의결권, 이익배당청구권 등을 가지지만 이는 회사법 규정에 의하여 인정되는 것이지 계약상 보장되는 우선적인 권리가 아니다.

33 김홍기, 상법강의(제4판), 박영사(2019), 288.

34 Ronald H. Coase, The Nature of the Firm, 4 Economica 386(1937).

35 Martin Gelter, The Dark Side of Shareholder Influence: Managerial Autonomy and Stakeholder Orientation in Comparative Corporate Governance, 50 Harv. Int'l L.J. 129, 140(2009).

설계되어야 한다. 결국 특정투자이론은 이해관계인중심주의의 시각으로 연결되고,[36] 주주 외에도 근로자를 비롯한 이해관계인의 보호와 배려도 중시하게 된다.

Ⅲ. 회사법의 법원

"회사법의 법원(法源)"이란 회사법의 인식근거 내지 존재형식을 말한다. 회사법의 법원에는 제정법·관습법·자치법규 등이 있다.

1. 제정법

"제정법(制定法)"은 회사법의 법원 중 가장 중요하며, 국회 등 입법기관에서 제정하는 법을 말한다. 우리나라에서는 상법전 제3편과 회사에 관한 특별법령들을 가리킨다. 주요한 특별법령으로는 상법시행법, 자본시장과 금융투자업에 관한 법률, 은행법, 보험업법, 독점규제 및 공정거래에 관한 법률, 채무자 회생 및 파산에 관한 법률, 주식회사 등의 외부감사에 관한 법률 등이 있다.

가. 상법전 제3편 회사

회사의 법원 중 가장 중요한 것은 '상법전 제3편 회사'이다. 우리나라의 상법전은 1962년 1월 20일 법률 제1000호로 제정되어 1962. 12. 12. 공포, 1963. 1. 1.자로 시행되었으며, 상법전 중에서도 제3편 회사편은 제1장 통칙, 제2장 합명회사, 제3장 합자회사, 제3장의2 유한책임회사, 제4장 주식회사, 제5장 유한회사, 제6장 외국회사, 제7장 벌칙으로 되어 있다.

상법 회사편은 1984년 4월 10일 법률 제3724호, 1995년 12월 29일 법률 제5053호, 1998년 12월 28일 법률 제5591호 등에 의하여 대폭 개정되었다. 1997년말 IMF 사태 이후에는 더욱 빈번하게 개정되었고, 2011년 4월 14일 상법 개정(법률 제10600호)에서는 다양한 종류주식과 자기주식 취득의 허용 등 250여 개에 이르는 많은 조문이 변경되거나 신설되었다. 2017년 10월 31일 상법 개정(법률 제14969호)에서는 '주식·사채등의 전자등록에 관한 법률'이 시행되면서 전자등록 관련 조항이 정비되었고, 비교적 최근인 2020년 12월 29일 상법 개정(법률 제17764호)에서는 다중대표소송제도가 도입되고, 상장회사에 있어서 소수주주권의 선택적 행사가 허용되었다.

36 김홍기, 상법강의(제4판), 박영사(2019), 289.

나. 회사에 관한 특별법령

회사에 관한 특별법령은 수없이 많지만 중요한 것은 다음과 같다.

① 상법전을 시행하고 구체화하기 위한 부속법령으로 상법 시행법(시행 1963. 1. 1. 법률 제1213호, 1962. 12. 12., 제정), 상법 시행령(1984. 8. 16. 대통령령 제11485호), 상업등기처리규칙(시행 1962. 1. 20. 대법원규칙 제99호, 1962. 1. 20., 제정) 등이 있다.

② 상법전을 보충, 변경하기 위한 독립한 특별법령으로는 주식회사 등의 외부감사에 관한 법률(시행 2018. 11. 1. 법률 제15022호, 2017. 10. 31., 전부개정), 자본시장과 금융투자업에 관한 법률(시행 2009. 2. 4. 법률 제8635호, 2007. 8. 3., 제정), 독점규제 및 공정거래에 관한 법률(시행 1981. 4. 1. 법률 제3320호, 1980. 12. 31., 제정), 채무자 회생 및 파산에 관한 법률(시행 2006. 4. 1. 법률 제7428호, 2005. 3. 31., 제정), 담보부사채신탁법(시행 1962. 1. 20. 법률 제991호, 1962. 1. 20., 제정), 공사채등록법(시행 1970.1. 1. 법률 제2164호, 1970. 1. 1., 제정), 외국인투자촉진법(시행 1998. 11. 17. 법률 제5559호, 1998. 9. 16., 제정), 법인세법(시행 1949. 11. 7. 법률 제62호, 1949. 11. 7., 제정) 등이 있다.

③ 특정한 종류의 영업을 목적으로 하는 회사를 위하여 제정된 특별법령으로는 은행법(시행 1950. 5. 5. 법률 제139호, 1950. 5. 5., 제정), 보험업법(시행 1962. 1. 15. 법률 제973호, 1962. 1. 15., 제정), 여신전문금융업법(시행 1998. 1. 1. 법률 제5374호, 1997. 8. 28., 제정) 등이 있다. 자본시장과 금융투자업에 관한 법률은 금융투자업에 관한 특별법이면서, 그와 동시에 금융투자상품(증권과 파생상품)의 발행과 유통, 금융시장에서의 불공정거래행위를 규제하는 일반법이기도 하다.

④ 특정한 회사만을 위하여 제정된 특수회사법으로는 한국산업은행법(시행 1953. 12. 30. 법률 제302호, 1953. 12. 30., 제정), 한국수출입은행법(시행 1969. 7. 28. 법률 제2122호, 1969. 7. 28., 제정), 중소기업은행법(시행 1961. 7. 1. 법률 제641호, 1961. 7. 1., 제정) 등이 있다.

2. 회사에 관한 조약

헌법에 의하여 체결·공포된 조약과 일반적으로 승인된 국제법규는 국내법과 같은 효력을 가진다(헌법 제6조 제1항). 따라서 조약이 체약국민 상호 간의 회사에 관한 권리의무를 규정하는 경우에는 회사법의 법원이 된다.

회사관계에서는 국제거래법이나 해상법에서와 같은 국제적인 통일조약은 없고, 상법 제621조에서 "외국회사는 다른 법률의 적용에서는 법률에 다른 규정이 있는 경우 외에는 대한민국에서 성립된 동종 또는 가장 유사한 회사로 본다."는 규정이 있을 뿐이다. 그런데 상법 제621조는 외국회사에 적용되는 특칙이라기보다는 외국회사에 대한 차별을 금지하는 취지에 불과하므로, 외국회사에 대한 별도의 규정이 없으면 외국회사의 국내 지점 등에 대해서는 국내법의 일반적인 원칙이 적용된다. 따라서 외국회사(법인)가 직접 당사자가 되어서 국내에서 소송을 제기하는 경우에는 소송당사자의 자격이 인정되지만, 본사가 직접 소송을 제기하지 아니하고, 외국회사(법인)의 국내지점 또는 국내영업소의 이름으로 소송을 제기하였다면 소송 당사자능력을 인정받지 못한다(대법원 1982. 10. 12. 선고 80누495 판결). 그러나 외국회사(법인)의 국내지점 또는 국내영업소가 국내에서 독자적으로 사단이나 재단의 형식을 갖추고 대표자 또는 관리인이 있으면 그 이름으로 소송당사자가 될 수 있다(민사소송법 제52조).

3. 회사에 관한 상관습법

"관습법"은 성문법령으로서의 형식은 구비하고 있지 않지만 인간의 행동을 규율하는 규범으로서 관습에 의하여 형성된 법을 말한다. 관습법은 민법이나 상법의 법원으로는 중요하지만, 회사법의 법원으로서는 큰 의미는 없다. 회사법의 성격상 필요한 사항은 대부분 제정법에 규정되어 있기 때문이다.

"상관습법"은 회사를 비롯한 상거래 분야의 관습법을 말한다. 민사분야와는 달리 회사에 관한 상관습법으로 인정될만한 것은 거의 없다. 과거에 주금납입영수증(현재는 주식청약증거금납입영수증)에 의한 주식양도가 상관습법의 사례로 제시되기도 하였으나, 현재에는 주금납입절차에 관한 세밀한 규정들이 시행되고 있어서 상관습법으로 보기는 어렵다.

금융위원회의 승인을 얻어서 실무계에서 널리 사용되는 '기업회계기준'을 관습법으로 드는 견해,[37] 공정·타당한 기업회계관행(상법 제29조 제2항)을 관습법으로 드는 견해[38]도 있으나, 지금은 기업의 회계관련 규정들이 국제회계기준(IFRS), 일반기

37 최준선, 회사법(제14판), 삼영사(2019), 53.
38 이철송, 회사법강의(제27판), 박영사(2019), 9.

업회계기준, 특수분야회계기준, 중소기업회계기준, 비영리조직회계기준 등으로 성문화[39]되어 있어서 관습법으로 보기는 어렵다. 현재 기업회계기준은 금융위원회가 증권선물위원회의 심의를 거쳐서 정하되 구체적인 업무는 한국회계기준원(KAI)에 위탁하고 있다(주식회사 등의 외부감사에 관한 법률 제5조 제4항, 동법 시행령 제7조 제1항).

4. 자치법규(정관)

"자치법규(自治法規)"란 회사의 자치에 관한 법규이다. 회사의 조직과 운영에 관하여 자주적으로 제정한 자치법규는 회사법의 법원이 된다. 가장 대표적인 자치법규는 회사의 정관(定款)이고, 정관에서 위임된 주주총회 규칙, 이사회 규칙, 그 밖의 업무규정 등도 자치법규에 해당한다.

정관의 법적 성질에 대해서는 계약으로 보는 견해[40]가 있으나, 정관의 내용에 반대한 사원 및 장래에 사원의 지위를 취득하는 자에게도 획일적으로 구속력이 미치고, 1인회사에서는 계약설의 근거를 찾기 어렵다는 점을 고려하면, 회사의 내부적 문제에 관하여 법규범적 효력을 가지는 법원(法源)으로 볼 것이다.[41]

대법원은 비영리법인에 관한 것이기는 하지만 정관을 자치법규로서 보고 있다(대법원 2016. 5. 12. 선고 2013다49381 판결 등). 즉, 정관은 법규범에 해당하므로 분쟁 당사자의 의사에 관계없이 그 문언 및 입법취지에 따라서 해석해야 하고, 정관의 규범적 내용과는 다른 해석이 사원총회의 결의에 의하여 표명되더라도 그 결의는 구속력이 없으며(대법원 2000. 11. 24. 선고 99다12437 판결), 정관에 위반하는 활동은 원칙적으로 허용되지 않는다(대법원 2016. 5. 12. 선고 2013다49381 판결 등). 따라서 정관의 내용이 구성원의 의사에 맞지 않는다면 정관을 개정해야 한다. 다만, 자치법규인 정관도 강행법규의 테두리 안에서만 효력이 인정되는 것이므로 강행법규에 위배된 정관의 규정은 구속력이 없다(서울중앙지방법원 2008. 9. 24. 선고 2008가합49481 판결).

5. 판례

"판례"는 회사에 관하여 법원의 판결에 의하여 정립된 이론이나 법칙을 말한다. 영미법계에서는 선례구속의 원칙(doctrine of stare decisis)에 따라 판례를 통하

39 자세한 내용은 한국회계기준원 홈페이지<http://www.kasb.or.kr>(2020. 7. 10. 방문) 참조.
40 주석 상법, 회사편(1)(제5판), 한국사법행정학회(2014), 46(정동윤).
41 이범찬 외 3인, 회사법(제2판), 삼영사(2018), 37; 이철송, 회사법강의(제27판), 박영사(2019), 9.

여 나타난 법원칙이 법원(法源)으로 인정되지만, 우리나라를 비롯한 대륙법계 국가에서는 상급법원의 재판에서의 판단은 해당 사건에 관하여 하급심을 기속할 뿐(법원조직법 제8조) 판결의 구속력이 정면으로 인정되지는 않으므로 그 법원성을 부정하는 견해[42]가 많다.

그러나 우리나라에서도 법원 판결은 구체적 사건에 있어서 사실상 해당 법령에 대한 창조적·수정적 역할을 하는 경우가 많다. 특히 대법원 판결은 관련법령이 개정되더라도 그 취지가 유지되는 경우가 많고, 대법원 판례위반은 상고이유(민사소송법 제423조)[43]는 아니지만 사실상 중요한 상고이유로서 심리가 되고 있다. 이러한 측면에서 상사에 관한 대법원 판례에 대해서는 상법의 인식이나 존재근거로서의 법원성을 인정하는 것이 타당하다.[44]

6. 조리

"조리(條理)"는 사물자연의 이치로서 건전한 사회인의 절대 다수가 인정하는 객관적인 원리 또는 법칙을 말한다. 조리는 법령과 계약의 해석에 있어서 기준이 되며, 민사에 관하여 법률이 없는 경우에는 재판의 준거가 된다(민법 제1조).

그렇다면 조리는 회사법의 법원(法源)에 해당하는가? 조리의 법원성은 부정하는 것이 타당하다.[45] 왜냐하면 조리는 사물자연의 이치를 나타내는 이념으로서 법의 존재형식으로 보기는 곤란하고, 민법 제1조의 "민사에 관하여 법률에 규정이 없으면 관습법에 의하고 관습법이 없으면 조리에 의한다"는 규정은 재판의 원칙을 밝힌 것이지 조리 자체를 법원으로 규정한 것은 아니기 때문이다.

7. 법원의 적용 순서

회사의 법률관계는 특별법 우선의 원칙에 따라서 회사 특별법령, 상법전(회사편)의 순서로 적용되며, 상관습법이 민법에 우선하여 적용된다(상법 제1조). 그리고 사적자치의 원칙상 자치법규인 정관이 특별법령이나 상법전에 우선하여 적용된다. 결국 강행규정에 반하지 않는 한 회사의 법률관계에서는 ①회사의 정관, ②회

42 권기범, 현대회사법론(제7판), 삼영사(2017), 79; 안강현, 상법총칙·상행위법(제5판), 박영사(2015), 35; 최기원, 신회사법론(제14대정판), 박영사(2012), 13.
43 민사소송법 제423조(상고이유)는 "상고는 판결에 영향을 미친 헌법·법률·명령 또는 규칙의 위반이 있다는 것을 이유로 드는 때에만 할 수 있다."고 규정하고 있고, 판례를 상고이유로 열거하고 있지 않다.
44 김홍기, 상법강의(제4판), 박영사(2019), 10.
45 최기원, 신회사법론(제14대정판), 박영사(2012), 14.

사특별법령, ③상법전, ④상관습법, ⑤민법의 순서로 적용된다.

그렇다면 상법에 규정이 없다면 곧바로 민법을 적용할 것인가? 회사법은 다수인이 관여하는 회사의 단체관계를 규율하는 자족적인 법규이므로 구체적인 사안에 있어서 상법의 규정이 없다고 하여서 바로 민법이나 민사소송법을 적용하기 보다는 같은 성격을 가지는 상법상의 조문을 준용하는 등 잠재적인 규범의 발견에 노력하여야 한다.[46] 이러한 회사법의 성격을 반영하여, 대법원은 전환사채의 발행이나 신주인수권부사채의 발행에 하자가 있는 경우에는 그 하자를 다투는 상법상의 명시적인 규정이 없다고 하더라도 신주발행무효의 소를 준용하여 전환사채발행 무효의 소를 제기하거나(대법원 2004. 8. 20. 선고 2003다20060 판결 등), 신주인수권부사채발행 무효의 소로서 다투도록 하고 있다(대법원 2015. 12. 10. 선고 2015다202919 판결 등).

상법 제542조의2 이하에 있는 상장회사에 대한 특례규정들은 상법 제3편 제4장 주식회사의 다른 절에 우선하여 적용된다(제542조의2 제2항). 구체적인 내용은 해당 조문의 설명에서 살펴본다.

Ⅳ. 회사의 사회적 책임

회사는 영리활동을 하는 경제적 조직체이지만 사회구성원으로서의 역할과 책임도 중요하다. 여기에서는 회사의 사회적 책임(CSR, Corporate Social Responsibility)이 가지는 의미와 속성을 살펴본다.

1. 사회적 책임의 의의

자본주의 발전에 수반하여 나타나는 부의 불균형, 회사의 무분별한 이익 추구 등과 관련하여, 회사의 사회적 책임이 중요한 문제로 부각되고 있으나 그 정확한 개념은 규정된 바가 없다. 종전에는 공해, 환경오염, 수질오염에 대한 회사의 책임을 사회적 책임으로 논의하였으나,[47] 이제는 더 나아가 지역사회에 대한 배려까지 요구하는 폭 넓은 개념이 되었다. 지금은 회사의 사회적 책임은 상당한 규모의 대규모 회사를 대상으로 논의되며, 회사는 주주의 이윤 추구에만 전념할 것이 아니라, 임직원, 소비자, 거래업체, 지역사회, 더 나아가 국민 전체 등의 이익도 균형 있게 고려하고, 영업활동으로 얻은 이익을 사회에 환원할 필요가 있다는 추상

46 주석 상법, 회사편(1)(제5판), 한국사법행정학회(2014), 45-47(정동윤).

47 공해, 수질오염, 소음진동으로 인한 피해를 위주로 기업의 사회적 책임을 논하고 있는 글로는 손주찬, "기업의 사회적 책임", 법학논문집 제5집, 중앙대학교 법학연구소(1978), 35 참조.

적인 의미로 쓰이는 경우가 많다.[48]

그렇다면 회사의 사회적 책임은 법적 책임인가, 아니면 윤리적 책임에 불과한가? 1970년대까지만 하더라도 회사의 사회적 책임은 도덕적 또는 윤리적 책임에 머물렀고, 1980년대 이후에는 법적인 책임인지의 논의가 나타나기 시작하였으나,[49] 아직까지 대부분의 견해는 회사의 사회적 '책임'이란 법적 구속력을 뜻하는 것은 아니고 기업이 생존을 위하여 정치적 타협을 모색하는 수사학적 언변에 불과하다고 보거나,[50] 사회적 책임의 입법화는 불가능하고 기업의 자율적인 노력이 필요하다고 서술하는 정도에 그치고 있다.[51]

생각건대, "회사의 사회적 책임"이란 회사는 주주의 이윤 추구에만 전념할 것이 아니라, 임직원, 소비자, 거래업체, 지역사회, 더 나아가 국민 전체 등의 이익도 균형 있게 고려하여야 하고, 영업활동으로 인하여 얻은 이익이 있으면 기부행위 등을 통하여 그 일부를 사회에 환원할 수 있다는 '사회구성원으로서의 추상적인 의무'에 따른 책임으로 볼 것이다.[52] 따라서 회사가 사회구성원으로서의 추상적인 행위 규범을 위반하였다고 하여서 곧바로 법적인 책임을 지는 것은 아니다. 다만, 회사의 사회적 책임에 위반한 행위가 구속력이 부여되는 법령 위반에 해당하거나, 이사의 주의의무 위반을 촉발하거나 또는 그에 준하는 위법성이 인정된다면 법적 책임을 부담할 가능성을 배제할 수는 없을 것이다.

2. 사회적 책임의 논쟁

가. 1920년대 독일 라테나우 교수의 기업자체 사상

회사의 사회적 책임론은 1920년대 독일에서 라테나우(Rathenau) 교수가 이른바 '기업자체사상'을 주장한 것에서 비롯되었다. "기업자체사상(Unternehmen and sich)"이란 기업은 단순히 사적인 경제조직체가 아니라 국민경제의 요소이므로 국민경제적 입장에서 보호되어야 하고, 그에 상응하는 책임도 부담하여야 한다는

48 주석 상법, 회사편(1)(제5판), 한국사법행정학회(2014), 37(정동윤).

49 안택식, 기업의 사회적 책임, 주식회사법대계 I (제3판), 한국상사법학회 편, 법문사(2019), 211; "법학에서 사회적 책임의 초점은 결국 기업의 새로운 책임 형태로서 입법에 반영할 것인가, 또는 회사의 법적 책임에 관한 해석상의 지도원리로 삼을 수 있는가이다." 이철송, 회사법강의(제27판), 박영사(2019), 65.

50 이철송, 회사법강의(제27판), 박영사(2019), 70.

51 최준선, 회사법(제14판), 삼영사(2019), 46.

52 김홍기, "회사지배구조의 이론과 바람직한 운용방안", 상사판례연구 제26집 제3권, 한국상사판례학회(2013. 9), 47 이하.

생각이다.[53] 기업은 구성원으로부터 독립하여 존재하며 구성원의 자의로부터 벗어나서 국민경제 전체의 입장에서 그 보호 유지를 꾀하지 않으면 안된다고 한다.

이러한 사상에 영향을 받아 구 독일주식법 제70조 제1항은 "이사는 자기의 책임으로 주주와 직원의 이익뿐만 아니라 국가·국민의 공동이익이 요구하는 바에 따라 회사를 운영하여야 한다."[54]고 규정하였으나, 이 규정에 표현된 지도자원리는 나치의 경제정책과 일치하였기 때문에 제2차 세계대전 후 독일 주식법 제76조 제1항은 "이사는 자기의 책임으로 회사를 운영하여야 한다."는 문구로 개정되었다.[55] 그러나 기업 경영에서 관련 집단의 이해관계까지도 고려하여야 한다는 생각은 지금까지도 독일의 입법에 상당한 영향을 미치고 있으며, 회사를 단순히 사원의 이익을 추구하기 위한 기구가 아니라 환경과 소비자의 보호, 사회적 배려 등 사회 전체의 이익도 고려하는 단체로 보려는 생각과 연결되어, 노동자의 감사회 참여와 노무이사 제도로 구체화되고 있다.[56]

나. 1930년대 미국에서의 버얼리 교수와 더드 교수의 논쟁

1930년대 미국에서는 경제위기에 따라서 거대 기업의 문제점이 대두되었고, "이사는 누구에게 의무를 지는가?"는 주제에 관한 버얼리 교수와 더드 교수의 논쟁을 통해서 회사의 사회적 책임이 주목을 받기 시작하였다.

버얼리(Adolf A. Berle) 교수는 1931년 '신탁된 권한으로서의 회사의 권한(Corporate Powers as Powers in Trust)'[57]이라는 논문에서 이사의 권한은 회사의 구성원인 주주들의 이익을 보호하기 위하여 신탁된 것이므로 언제나 주주의 이익을 위하여 행사되어야 한다는 견해를 표명하였다. 반면에 더드(E. Merrick Dodd) 교수는 1932년 '회사의 경영진은 누구를 위한 수탁자인가(For Whom are Corporate Managers

53 이 사상은 라테나우(Rathernau)의 저서(Vom Akienwesen, 1917, S. 41)에서 표현되었고, 이를 하우스만(Haussmann)이 소개하면서 '기업자체(Unternehmen and sich)'란 용어를 사용하면서 알려졌다. Haussmann, Vom Akiensesen und vom Aktienrecht, 1928, S. 27 ff.). 이철송, 회사법강의(제27판), 박영사(2019), 67에서 재인용.

54 Aktiengesetz §70.
(1) Der Vorstand hat unter eigener Verantwortung die Gesellschaft so zu leiten, wie das Wohl des Unternehmens unter Berücksichtigung der Interessen der Aktionäre und der Arbeitnehmer sowie des öffentlichen Interesses es erfordert.
(2) 생략

55 안택식, "회사의 본질에 관한 담론", 법과 기업연구 제4권 제1호, 서강대 법학연구소(2014. 6), 34.

56 독일 주식법 제76조 제1항은 "이사회는 2인 이상으로 구성할 수 있다. ~ 노무이사의 선임에 관한 규정은 영향을 받지 아니한다."고 하면서, 노무이사의 선임을 요구하고 있다.

57 Berle, "Corporate Powers as Powers in Trust," 44 No. 7. Harv. L. Rev. 1049 (1931).

Trustees?)'라는 논문[58]에서 회사는 그 소유자인 주주의 이익만을 추구하는 것이 아니라 근로자, 소비자 및 일반대중에 의한 사회적 책임을 수행하여야 하며, 이사에게는 이러한 요청에 따라서 행동할 수 있는 의무가 존재한다고 주장하였다.

이 논쟁은 버얼리 교수가 1932년 현대회사와 사유재산(The Modern Corporation and Private Property)에서 "회사는 사적기업의 도구로서 단계를 넘어서 사회적 기구의 성격을 가지게 되었다. ~ 이사는 여러 집단의 주장을 조화시키고 각 집단에서 소득의 흐름을 배분하는 중립적인 경영자의 역할을 하여야 한다."[59]고 하면서 회사의 사회적 책임을 수용하고, 1945년에 펴낸 '20세기 자본주의 혁명(The 20th Century Capitalist Revolution)'이라는 논문집에서 더드 교수의 주장을 수용함으로써 일단락되는 듯하였으나, 최근에 버얼리 교수의 입장을 지지하는 프리드만 교수의 주장이 제기되는 등 논란이 끊이지 않으면서[60] 이 논쟁은 회사법상의 영원한 숙제로 남을 가능성이 있다.

다. ALI 회사지배구조원칙 및 모범회사법(MBCA) 상의 관련규정

미국법률협회(ALI)가 마련한 기업지배구조의 원칙(Principles of Corporate Governance) 제2.01조도 "비록 회사나 주주의 이익 증진에 직접적인 관계가 없더라도, 회사는 그 영업을 수행하면서 ~ 해당 업무의 수행에 있어서 적절한 책임감을 가지고 도덕적인 고려를 하여야 하고[ALI §2.01(b)(2)], 공공의 이익, 교육 등에 적절한 금액을 투자할 수 있다[ALI §2.01(b)(3)]"[61]고 하면서 회사의 사회적 책임을

58 Dodd, "For Whom are Corporate Managers Trustees: A Note," 45 Harv. L. Rev. 1365 (1932).

59 Adolph A. Berle & Gardiner C. Means, The Modern Corporation and Private Property (New York, MacMillan, 1932), pp.220-232.

60 Milton Friedman, The Social Responsibility of Business Is to Increase Its Profits, The New York Times Magazine, Sep. 13, 1970.

61 ALI, Principles of Corporate Governance: Analysis and Recommendations (1994) Section 2.01. The Objective and Conduct of the Corporation
(a) [With some exceptions regarding directors' obligations with respect to unsolicited tender offers], a [business] corporation should have as its objective the conduct of business activities with a view to enhancing corporate profit and shareholder gain.
(b) Even if corporate profit and shareholder gain are not thereby enhanced, the corporation, in the conduct of its business:
(1) Is obliged, to the same extent as a natural person, to act within the boundaries set by law;
(2) May take into account ethical consideration that are reasonably regarded as appropriate to the responsible conduct of business; and
(3) May devote a reasonable amount of resources to public welfare, humanitarian, educational, and philanthropic purposes.

반영하고 있다. 약간은 다르지만 모범사업회사법 제3.02조는 "회사는 ~ 공공복지, 자선 및 과학과 교육을 위한 기부를 할 수 있다"[MBCA §3.02(13)]고 규정하고 있다.

3. 사회적 책임의 당사자

회사의 사회적 책임을 인정하는 경우에도 누가 책임을 부담하는지, 누구에게 책임을 지는지는 충분한 논의도 없었고 통일된 견해가 없다. 사회적 책임 자체가 추상적인 개념일뿐만 아니라 관련 법령의 내용도 차이가 크기 때문이다.

가. 회사의 사회적 책임은 '누가' 부담하는지

회사는 의제된 존재이므로 회사의 사회적 책임은 이사의 책임을 의미하지만, 다른 한편으로 회사의 기관인 이사회의 결정에 대해서는 회사가 책임을 부담하고 이사 개인은 책임을 부담하지 않는 것이 원칙이다. 다만, 이사가 그 직무의 수행과 관련하여 주의의무 위반이 인정되면 회사의 책임과는 별도로 이사는 회사 및 제3자에게 책임을 부담한다. 예를 들어, 회사가 법령이 요구하는 공해방지시설 설치의무를 이행하지 않은 경우에는 회사가 과태료 등을 납부할 책임을 부담하지만, 공해방지시설을 설치하지 않기로 한 결정에 이사의 주의의무 위반이 인정되고 그로 인하여 회사 또는 제3자가 손해를 입었다면 해당 이사는 회사 또는 제3자에게 손해배상책임을 부담한다(상법 제399조, 제401조). 결국 누가 회사의 사회적 책임을 부담하는지는 실익이 없는 논란에 불과하고, 실제로 회사의 사회적 책임이 문제되는 경우에는 민법과 회사법의 구조 하에서 이사의 책임 여부를 판단하는 것이 불가피하다.

나. 회사의 사회적 책임은 '누구에게' 부담하는지

위에서는 회사 또는 이사 중에서 누가 사회적 책임을 부담하는지를 살펴보았는데, 누구에게 사회적 책임을 부담하는지도 문제가 된다. 아무리 추상적인 책임이라고 하더라도 사회구성원 모두에게 책임을 부담한다고 보기는 어렵기 때문이다. 따라서 회사나 이사의 법적 책임이 인정된다고 하더라도 그 대상은 회사가 사업을 하면서 어느 정도 이해관계를 가지게 되는 범위의 사람들, 즉 주주, 채권자, 종업원, 소비자, 지역 주민 등으로 한정할 수 밖에 없다.[62]

62 안택식, 기업의 사회적 책임, 주식회사법대계 I (제3판), 한국상사법학회 편, 법문사(2019), 214.

4. 사회적 책임의 동향과 미래

가. 사회적 책임의 추상성과 한계

위에서 살펴본 것처럼 회사의 사회적 책임은 매우 다양한 내용들을 포함하고 있어서 그 개념이 명확하지 못하고, 경영진(이사)에게 책임을 묻는데 사용되기 보다는 주주에 의한 감독을 회피하기 위한 구실로 이용하거나, CEO 의 개인적 성향에 따라 달라질 수도 있다.[63] 이렇듯 추상적인 사회적 책임을 내세워 이윤의 포기를 요구하는 것은 회사의 활동에 대한 지나친 개입이 될 수 있으므로 조심스럽게 접근하여야 한다.[64]

비슷한 시각에서 "회사의 사회적 책임을 회사법이 수용하였을 때 자칫하면 회사법 구조를 점차 공익적으로 변색시켜 갈 것이며 ~ 회사의 영리성을 제어하는 구실이 될 수 있다."는 견해,[65] "회사의 사회적 책임론은 회사의 영리성을 너무 단기적, 경제적 측면에서만 파악하여 주주이익의 개념을 협소하게 이해하는 것에 대한 주의환기 정도로 이해하면 충분하다."는 견해[66] 등도 있다.

나. 회사법의 해석원리로서의 가능성

위와 같이 생각하면 기업의 사회적 책임이란 실효성이 없는 드높은 이상(lofty ideal)에 불과할지도 모른다. 그러나 회사의 사회·경제적 영향이 커지면서 회사의 사회적 책임이 중요한 화두가 되고 있는 현실을 감안하면 회사의 사회적 책임이 가지는 역할과 가치를 완전히 부정하기는 어렵다.

세계적으로도 국제연합(UN), 국제협력개발기구(OECD) 등을 중심으로 회사의 윤리강령의 제정, 환경파괴, 인권유린과 같은 비윤리적 행위의 여부, 국가나 지역사회에 대한 공헌, 제품 결함에 대한 잘못의 인정과 보상 등에 관한 회사의 사회적 책임(Corporate Social Responsibility, 이른바 'CSR'로 약칭되고 있다)이 강조되고 있으며, 실제로 국제표준화기구(ISO)는 환경경영, 정도경영, 사회공헌을 기준으로 하

63 자유주의적 CEO가 보수주의적 CEO 보다 회사의 사회적 책임(CSR)을 강조한다고 한다. M. K. Chin, Donald C. Hambrick, and Linda K. Trevino, "Political Ideologies of CEOs: The Influence of Executives' Values on Corporate Social Responsibility", 58 Administrative Science Quarterly 197 (2013).

64 Hetherington, "Fact and Legal Theory: Shareholders, Managers and Corporate Social Responsibility", 21 Stan. L. Rev. 248, 280 (1969).

65 이철송, 회사법강의(제27판), 박영사(2019), 69-70.

66 송옥렬, 상법강의(제9판), 홍문사(2019), 708.

여서 회사의 사회적 책임(CSR)을 표준화한 ISO 26000의 국제 규격을 제정하였다(ISO 26000:2010 Guidance on social responsibility).[67]

최근 한국거래소(KRX)는 자본시장의 투자문화를 개선하고 시장활성화를 지원하기 위해서 2015년 12월 21일부터 한국거래소 사회적책임지수(KRX ESG Leaders 150)를 발표하고 있다. 사회적책임(ESG) 지수는 2010. 1. 4.을 기준일(기준지수 1,000P)로 하여 시가총액 가중방식(유동주식수 기준)으로 산출된다.[68] 또한 정부는 기업의 사회적 책임의 이행을 장려하기 위하여 2007년 사회적기업 육성법(시행 2007. 7. 1. 법률 제8217호, 2007. 1. 3., 제정)을 제정하였다. 동법 제2조 제1호는 "사회적기업이란 취약계층에게 사회서비스 또는 일자리를 제공하거나 지역사회에 공헌함으로써 지역주민의 삶의 질을 높이는 등의 사회적 목적을 추구하면서 재화 및 서비스의 생산·판매 등 영업활동을 하는 기업으로서 제7조(사회적기업의 인증)에 따라 인증받은 자를 말한다."고 규정하고 있다.

회사의 사회적 책임은 현실적인 문제가 되고 있으며 앞으로도 그 중요성은 더해질 것이다. 회사법의 지도이념 내지 해석원리로서의 사회적 책임은 법령의 해석에 있어서 다음과 같이 영향을 미칠 수 있다.

첫째, 이사의 선관의무 또는 충실의무를 판단함에 있어서 회사의 사회적 책임을 준수하였는지의 여부가 판단 요소의 하나가 될 수 있다. 따라서 주주들은 이사의 사회적 책임과 선관주의의무 위반을 주장하면서 이사를 해임하거나 손해배상을 청구할 수 있다.[69]

둘째, 회사의 사회적 책임을 고려하면 회사의 영리활동에서 주주의 이익만을 고려하는 것은 점차 설득력을 잃게 될 것이다. 따라서 경영진인 이사는 주주 외에도 채권자, 종업원 등의 이익도 고려해야 한다. 다만, 영리단체인 회사의 의사결정 구조에 종업원, 지역주민 등 주주 외의 자를 본격적으로 참여시키는 것은 오히려 혼란을 초래할 수 있다. 이들의 권리는 환경법, 노동법 등을 통해서 보장할 수 있다.

67 ISO 홈페이지<https://www.iso.org> 참조.
68 한국거래소 홈페이지<http://index.krx.co.kr/board/MKD01040000/bbs#view=439> (2020. 7. 15. 방문) 참조. ESG 지수의 발표에 따라, 활용이 저조해진 사회적책임투자(SGI) 지수의 산출은 중단되었다.
69 주석 상법, 회사편(1)(제5판), 한국사법행정학회(2014), 40(정동윤).

[해설] 회사의 기부행위와 사회적 책임

회사의 사회적 책임은 교육기관, 자선단체, 병원 등에 대한 기부행위의 효력을 둘러싸고, 회사의 기부행위가 회사의 영리성에 반하는 것인지, 이사의 선관주의의무에 위반하는 것인지의 논쟁으로 전개되고 있으므로 살펴본다.

생각건대, "회사는 영리를 목적으로 설립된 단체"로서 영리성이 본질이지만, 그렇다고 하여서 오로지 이윤의 추구를 위한 영리활동에만 종사하여야 한다는 뜻은 아니다. 궁극적으로 이익이 사원에게 귀속되면 되므로 회사가 영리사업에 부수하여 부속 학교나 병원을 경영하거나 학술목적의 연구소를 운용하거나, 장학사업을 수행하는 것은 영리성에 반하는 것은 아니다.[70] 같은 맥락에서 회사가 각종 기부행위를 하는 것도 영리성에 반하지 않는다.[71] 다만, 기부의 절차나 결정 과정, 금액 등이 해당 회사의 능력에 비교하여 과도하면 이사는 선관주의의무 위반으로 책임을 질 수 있다.

한편, 우리 상법은 기부행위에 관하여 명문의 규정을 두고 있지 아니하여 논란이 되고 있는데, 최근 선고된 대법원 판례(대법원 2019. 5. 16. 선고 2016다260455 판결)는 이사회가 주주 중 1인에 대한 기부행위를 결의하면서 기부금의 성격, 공익에 미치는 영향, 기부금 액수 등에 관해 합리적인 정보를 바탕으로 충분한 검토를 거치지 않았다면, 기부결의에 찬성한 이사는 선관주의의무에 위반하여 손해배상책임을 부담한다고 판시하면서, 기부행위와 관련한 선관주의의무의 판단기준을 제시하고 있어서 관심을 끌고 있다.

[해설] 주주중심주의와 이해관계인중심주의

회사의 사회적 책임 문제는 회사의 운영에 관한 주주중심주의 및 이해관계인 중심주의의 시각과도 연결되어 있다. 이해관계인 중심주의의 시각에서 회사법을 바라보면 회사의 사회적 책임이 더욱 중시될 가능성이 높기 때문이다.

1. 주주중심주의

"주주중심주의(shareholder oriented approach)"는 주주의 보호를 중심으로 회사관계를 설명하며 미국과 영국 및 경제학 분야에서 일반적이다.[72] 미국과 영국에서는 주식 소유가 널리 분산되어 있는데, 이러한 상황이 반영되어 이사 등 경영진은 주주의 대리인이며, 주주의 이익을 위해서 회사를 운영하여야 한다는 생각이 강하

70 권기범, 현대회사법론(제7판), 삼영사(2017), 86.

71 홍복기/박세화, 회사법강의(제7판), 법문사(2019), 25.

72 영국의 회사지배구조모범규준은 경영진으로부터 주주의 보호에 초점을 맞추고 있다. The UK Corporate Governance Code, Section E: Relations with shareholders(sep. 2012), p. 24.

다. 주의할 것은 주주중심주의가 근로자 등 다른 이해관계인을 배제하는 취지는 아니라는 것이다. 근로자의 이해관계는 노동법 등에 의해서 보호된다. 환경문제는 환경법 등에 의하여 규제된다.[73]

2. 이해관계인중심주의

회사지배구조는 전통적으로 주주와 경영진(이사) 사이의 긴장을 중심으로 논의되어 왔으나, 최근 들어서는 근로자, 채권자, 하청업체, 소비자 등의 이익을 고려할 것인지가 논의되고 있다. 이른바 이해관계인중심주의(stakeholder approach)의 시각인데, 이를 지지하는 학자들은 주주 외에도 근로자, 채권자, 지역사회 등 이해관계인을 회사의 의사결정에 관여시키고 그 역할을 보장하여야 한다고 주장한다.

고어(Gower)는 근로자는 회사의 필수적인 구성원이며, 회사를 위해서 성심성의껏 일하는 것은 주주보다는 근로자들이라고 한다.[74] 섬머(Summers)는 회사는 사업에 필요한 생산요소를 결합한 조직체인데, 주주는 자본을 공급하는데 그치지만 근로자는 노동력을 공급하고 자신의 생활에 연결되므로 보다 큰 이해관계를 가진다고 한다.[75] 특히, 유럽대륙에서는 경영진은 특정 주주가 아니라 회사의 전체 구성원을 위해서 일해야 한다는 생각이 강하다. 독일에서는 노동이사의 이사회 참여가 보장되는 등 이해관계인 중심주의가 보다 강화되어 있다.[76] 우리나라에서도 이해관계자 중심주주의의 목소리가 점차적으로 높아가고 있다.[77]

3. 금융위기와 수렴화 경향

최근에는 회사가 사회적, 경제적으로 미치는 영향력이 확대되면서 이해관계인중심주의의 시각이 확산되고 있다. 그런데 이해관계인중심주의를 폭 넓게 적용하면 해당 회사에 이해관계를 가지는 모든 자들이 회사의 의사결정에 참여할 자격이 생기게 된다. 이러한 주장에 경청할 점이 있지만 영리추구를 위한 경제적 조직체인 주식회사의 본질적 속성에는 맞지 않는다. 회사, 특히 주식회사는 그 탄생부터 영리목적으로 설립·운영되는 경제적 조직체이지 이해관계인의 의사를 반영하는 사회단체가 아니기 때문이다.

그러나 전통적인 주주중심주의도 수정될 측면이 많다. 특히 대규모 공개회사에서

73 김홍기, 상법강의(제4판), 박영사(2019), 284.

74 L. Gower, The Principles of Modern Company Law, London, Stevens(3d ed. 1969), pp.10-11.

75 Clyde Summers, “Codetermination in the United States: A Projection of Problems and Potentials”, 4 J. Comp. Corp. L. & Sec. Reg. 155, 170(1982).

76 독일 주식법 제76조 제1항은 “이사회는 2인 이상으로 구성할 수 있다. 300만 유로를 초과한 자본금을 가진 회사의 경우에는 이사회는 적어도 2명으로 구성되어야 한다. 다만, 정관에서 이사회는 1인으로 구성한다는 것을 정한 경우에는 그러하지 아니하다. 노무이사의 선임에 관한 규정은 영향을 받지 아니한다.”고 노무이사의 선임에 관하여 규정하고 있다.

77 장덕조, 회사법(제4판), 법문사(2019), 9.

는 다양한 이해관계인이 관여하고, 그 결정이나 영업활동이 사회·정치·경제적으로 커다란 영향을 미치므로, 더 이상 경제적 조직체라는 이유만으로 사회적 관심과 역할을 소홀히 할 수 없다.[78] 금융회사는 더욱 특별한 측면이 있다. 은행, 보험, 증권회사를 비롯한 금융회사는 비록 영리법인이지만 예금자, 보험계약자, 투자자의 재산을 관리·운영하고 국가의 경제질서에 커다란 영향을 미치므로 주주의 이익만을 고려하여 사회적 책임을 소홀히 할 수는 없기 때문이다. 세계적으로도 대규모 공개회사나 중요한 금융기관 등의 경우에는 주주중심주의와 이해관계인중심주의가 서로 수렴하는 경향이 확실하게 나타나고 있다.[79] [80]

V. 회사법의 법계와 연혁

회사관련 법령은 다양하게 존재하지만, 세계적으로 두드러진 회사법의 법계(法系)는 독일법계, 프랑스법계, 영미법계로 구분할 수 있다.

1. 독일법계

가. 독일

독일은 1861년 일반독일상법전(ADHGB, Allgemeines Deutsches Handelsgesetzbuch 1861; General German Commercial Code)에서 회사에 관한 규정을 도입하였다.

1892년에는 유한회사법(GmbHG, Gesetz betreffend die Gesellschaften mit beschränkter Haftung, Limited Liability Company Act)[81]이 제정되어 유한회사 제도가 도입되었다.[82]

78 이는 회사의 사회적 책임론으로 나타난다. 회사의 사회적 책임론은 환경, 기업지배구조, 지역사회에서의 역할 등 다양한 요소를 포함하는데 세계적으로 그 논의가 확산되고 있다.

79 같은 취지로는 송종준, "회사법상 기업지배구조법제의 동향과 평가", 상사판례연구 24집 1권, 한국상사판례학회(2011. 3), 8.

80 김홍기, 상법강의(제4판), 박영사(2019), 285.

81 Gezetz betreffend die Gesellschaften mit beschränker Haftung vom 20. April 1892(RGBI. S. 477).

82 독일 유한회사법 Section 13 (Legal person; commercial company)
(1) A limited liability company as such has independent rights and obligations; it may acquire ownership of and other rights in real property, and may sue and be sued in court.
(2) The company assets alone shall serve to discharge the company's obligations vis-à-vis its creditors.
(3) The company is deemed to be a commercial company within the meaning of the Commercial Code.

1897년 개정된 상법전(HGB, Handelsgesetzbuch für das Deutsche Reich) 제2편에서는 일반사업조합(OHG, Offene Handelsgesellschaft, General Partnership, 독일 상법전 제105조), 합자사업조합(KG, Kommanditgesellschaft, Limited Partnership, 독일 상법전 제161조), 익명조합(Stille Gesellschaft, Silent Partnership 또는 Dormant Partnership, 독일 상법전 제230조), 주식회사(Aktiengesellschaft), 주식합자회사(Kommanditgesellshcaft auf Aktien)를 두었으나,[83] 1937년 나치 정권 하에서는 상법전 중에서 회사 부분을 분리하여 주식회사와 주식합자회사에 관한 법률[(Aktiengesetz), 이하 '1937년 주식법(AktG)'이라고 한다]이 제정되면서 상법전 중 주식회사와 주식합자회사에 관한 규정이 주식법으로 이관되었다.

결국 독일은 상법(HGB), 주식법(AktG), 유한회사법(GmbHG)이 공존하는데, ① 일반사업조합(OHG, Offene Handelsgesellschaft, General Partnership, 독일 상법전 제105조),[84] ②합자사업조합(KG, Kommanditgesellschaft, Limited Partnership, 독일 상법전 제161조),[85] ③익명조합(Stille Gesellschaft, Silent Partnership, 독일 상법전 제230조)[86]은 상법전(HGB)에 규정되어 있고, ④주식회사(Aktiengesellschaft, 독일 주식법

83 독일상법전 영문본<https://www.gesetze-im-internet.de/englisch_hgb/englisch_hgb.pdf>(2020. 7. 1. 방문) 참조.

84 독일 상법전 Section 105 (General Partnership)

(1) A partnership formed for the purpose of carrying on a commercial business under a joint business name is a general partnership if no partner's liability is limited vis-àa-vis the partnership's creditors.

(2) A partnership, whose commercial enterprise is not deemed to be a commercial business pursuant to Section 1 subsection (2), or which manages only its own assets, is a general partnership if the business name of the enterprise is registered in the Commercial Register. Section 2, second and third sentences, shall apply mutatis mutandis.

(3) Unless this Part provides otherwise, the provisions of the Civil Code concerning a partnership shall apply to the general partnership.

85 독일 상법전 Section 161 (Limited Partnership)

(1) A partnership formed for the purpose of carrying on a commercial business under a joint business name is a partly limited partnership if the liability of one or more of the partners is limited vis-àa-vis the partnership's creditors to the amount of a specific contribution of assets (limited partners), while the other partners have unlimited liability (general partners).

(2) Unless this Part provides otherwise, the provisions applicable to the general partnership shall apply to the partly limited partnership

86 독일상법전 Section 230 (Silent Partnership)

(1) Whoever participates as a silent partner by means of a contribution of assets in a commercial business carried on by another person shall make the contribution such that it is transferred to the assets of the owner of the commercial business.

(2) Solely the owner shall have rights and obligations arising from transactions concluded in the operation of the business.

제1조)[87]와 ⑤주식합자회사(Kommanditgesellshcaft auf Aktien, 독일 주식법 제278조)[88]는 주식법(Aktiengesetz)에 규정되어 있으며, ⑥유한회사는 유한회사법(GmbHG, Limited Liability Companies Act)에서 규정되어 있다.

제2차 세계대전 후인 1965년에는 주식법을 개정하면서 노동자의 경영참가, 결합기업(Dritter Buch: Verbundene Unternehment)에 관한 규정이 추가되었다(독일 주식법 제291조 이하).[89] 최근에는 EU 지침(EU Directives)의 국내입법화 및 글로벌 경향을 반영하여 빈번한 개정이 이루어지고 있다.

나. 스위스

독일, 프랑스와 달리 스위스는 민주적인 법률평등사상에 의하여 상인 계급에 관한 특별법의 제정이 바람직하지 못한 것으로 판단하고, 사법의 단일법전 체계인 채무법(Obligationenrecht)에 회사법을 포함시켰다.[90]

스위스 채무법(Obligationenrecht, Swiss Code of Obligations)은 계약법과 회사법 등 사법관계를 규율하는 스위스 국내법 체계의 두 번째 파트(SR/RS 2 of the internal Swiss law)이자, 민법전의 제5편(fifth book of the Swiss Civil Code)에 편제되어 있다. 기본적으로 스위스 채무법은 민법전(Civil Code)의 일부이고 민법의 법리가 적용되므로 같이 읽어야 한다.[91] 다만, 스위스 채무법은 민법전에 편제되어 있으나 조문번호는 별도로 시작된다.

스위스 채무법은 일반조항(스위스 채무법 제1조 내지 제183조), 계약관계의 유형(동법 제184조 내지 제551조), 상업단체와 협동조합(동법 제552조 내지 제926조), 상업장부, 상호 및 회계(동법 제927조 내지 제964조), 유통증권(동법 제965조 내지 제1186

87 독일 주식법 제1조(주식회사의 본질)
① 주식회사는 고유한 법인격을 가진 회사이다. 회사의 채무에 대하여는 회사재산만이 채권자에게 책임을 진다.
② 주식회사는 주식으로 분할된 자본을 가진다.

88 독일 주식법 제278조(주식합자회사의 본질)
① 주식합자회사는 적어도 1인의 사원이 회사채권자에 대하여 무한책임을 지고(무한책임사원), 그 밖의 사원이 주식으로 분할된 자본에 참가하고 회사의 채무에 대하여 인적으로 책임을 지지 아니하는(합자주주) 고유한 법인격을 가진 회사이다.
② 무한책임사원 상호 간의 법률관계와 합자주주 전체에 대한 법률관계 및 제3자에 대한 법률관계, 특히 무한책임사원의 업무집행 및 회사대표의 권한은 합자회사에 관한 규정에 따라 정한다. <생략>

89 이범찬 외 3인, 회사법(제2판), 삼영사(2018), 42; 최기원, 신회사법론(제14대정판), 박영사(2012), 16.

90 최기원, 신회사법론(제14대정판), 박영사(2012), 18.

91 Ingeborg Schwenzer, Pascal Hachem, Christopher Kee, Global Sales and Contract Law, OUP Oxford(2012), 19.

조)의 5개 부분으로 나뉘는데, 기업(company)[92]의 관계 법규는 3번째 부분에 규정되어 있다. 사업단체의 형태로는 조합(partnership)[93]에 해당하는 ①조합(simple partnership, 동법 제530조 내지 제551조), ②일반사업조합(general partnership, 동법 제552조 내지 제593조), ③유한사업조합(limited partnership, 동법 제594조 내지 제619조)이 있고, 독자적인 법인격을 가지는 회사(corporation)에 해당하는 ④주식회사(public limited company, German AG, 동법 제620조 내지 제763조), ⑤유한책임조합(partnership limited by shares, 동법 제764조 내지 제771조), ⑥유한회사(private limited company, Ltd. or German GmbH, 동법 제772조 내지 제827조), ⑦협동조합(cooperative, 동법 제828조 내지 제926조)이 있다. 그 내용은 대체로 독일과 같다.

다. 일본

일본에서 회사에 관한 최초의 규정은 독일 학자인 헤르만 뢰슬러(Hermann Rösler)가 기초한 1890년의 구상법이었다.[94] 구상법은 프랑스법계의 영향을 많이 받았고 합명회사, 합자회사, 주식회사 3가지 종류의 회사를 규정하였다. 그 후 1899년에는 독일의 1897년 상법전(HGB)을 모델로 신상법이 제정되었는데, 신상법은 준칙주의에 의하면서, 주식합자회사(株式合資會社, Kommandit gesellschaft auf Aktien, limited partnership by shares)[95]를 추가하여 합명회사, 합자회사, 주식회사, 주식합자회사의 4가지 종류의 회사를 규정하였다. 이 법이 한일합방에 따라 우리나라에 의용된 의용상법이다.[96]

유한회사에 관하여는 1938년 유한회사법(有限会社法, 法律 第74号)을 별도로 제

92 스위스법상 "회사(company)"란 공동의 목적을 추구하는 계약관계에 있는 사람들의 단체(An association of persons on a contractual basis pursuing a common purpose)를 의미한다. Dr. Tina Huber-Purtschert, "Introduction to Swiss Law Block 2: Private Law of Obligations", Sep. 2017. 43.

93 스위스에서 partnership은 별도의 법인격이 없는 사람들의 단체(association of persons without separate legal existence)를 말한다.

94 高田晴仁, 日本商法の源流·ロェスレル草案, 早稲田大学比較法研究所叢書 41, 早稲田大学比較法研究所(2014), 175.

95 주식합자회사(株式合資会社)는 물적회사의 일종이다. 주식회사와 합자회사의 중간 형태이며, 무한책임사원과 주주로 구성된다. 무한책임사원과 유한책임사원이 존재한다는 점에서 2018년 현재 일본의 회사법의 합자회사와 유사하고, 유한책임사원의 사원권에 대해서 주식의 형태를 부여하여 유동성을 높인 점에서 주식회사와 유사하다.
일본에서는 1951년에 상법의 일부를 개정하는 법률(1950년 법률 제167호)에 의해 폐지되었으나, 유럽에서는 지금도 주식합자회사 제도를 존치하고 있는 나라도 많다. 영미법에서는 합자사업조합(limited partnership)의 지분에 유통성을 부여한 형태에 가깝다. 또한 회사에 대한 지배권을 살펴보면, 무한책임 사원의 지분이 황금주, 기타 출자자의 주식이 보통주이다.

96 권기범, 현대회사법론(제7판), 삼영사(2017), 74; 최기원, 신회사법론(제14대정판), 박영사(2012), 19.

정하였다.

일본은 제2차 대전 후인 1950년 상법 개정 시에는 미국 회사법의 수권자본제, 무액면주식, 이사회 제도를 도입하여 독일법과 미국법을 절충하였다.[97] 1951년 상법개정 시에는 주식합자회사를 폐지하였다. 1981년에는 상법 중 특히 주식회사 편이 개정되었고, 이어서 1990년, 1993년, 1997년, 2000년, 2002년에 걸쳐 큰 개정이 있었다.

2005년에는 상법전에서 회사편을 분리하여 모두 979개의 조문에 달하는 방대한 회사법(会社法, 平成十七年法律第八十六号)을 새로 제정하였다. 종래의 회사에 관한 규정인 "상법 제2편", 별도의 법률로 되어 있던 "유한회사법", "주식회사의 감사등에 관한 상법의 특례에 관한 법률" 등을 하나의 법전(会社法)으로 통합하면서 사회경제적 변화에 따른 각종 변화를 반영하였다.

통합된 2005년 일본 회사법상 "회사"에는 주식회사·합명회사·합자회사 또는 합동회사가 있다(일본 회사법 제2조 제1호). 종래의 주식회사와 유한회사를 ①'주식회사(株式會社)'로 통합하여 제2편 주식회사에서 규정하였고, 새로운 회사 형태로 합동회사(合同會社)를 창설하여 합명회사·합자회사와 함께 제3편 지분회사(持分會社)에서 규정하였다. 즉, 회사의 종류는 주식회사·합명회사·합자회사·합동회사의 4개이지만, 합명회사·합자회사·합동회사는 지분회사로 묶어서 크게는 주식회사와 지분회사의 2가지 유형으로 구분하고 있다.[98] ②'합명회사(合名會社)'는 무한책임사원만으로 구성되고(일본 회사법 제576조 제2항), ③'합자회사(合資會社)'는 무한책임사원과 유한책임사원으로 구성되며(일본 회사법 제576조 제3항), ④'합동회사(合同會社)'는 유한책임사원만으로 구성되는데(일본 회사법 제576조 제4항, 우리나라의 '유한책임회사'에 해당한다), 이들 ②,③,④의 합명회사, 합자회사, 합동회사는 주식회사와는 달리 사원의 개성이 중시되지만 지분을 가진다는 의미에서 "지분회사(持分會社)"로 통칭된다. 다만, 개별 회사의 명칭에서는 반드시 주식회사, 합명회사, 합자회사 또는 합동회사의 문자를 사용하여야 한다(일본 회사법 제6조 제2항).

한편, 가장 중요한 주식회사에서는 소규모와 대규모의 여부, 주식의 양도성 여부에 따라서 적합한 기관구조를 제시하고 회사가 선택할 수 있도록 하였다. 주

97 高田晴仁, 日本商法の源流·ロェスレル草案, 早稲田大学比較法研究所叢書41, 早稲田大学比較法研究所(2014), 187.
98 권기범, 현대회사법론(제7판), 삼영사(2017), 74.

주총회와 이사만을 필수기관으로 하고 대표이사는 필수기관에서 제외하였으며, 공동대표이사제도를 폐지하고, 회계참여제도를 신설하는 등 기관구조를 대폭 개편하였다.

[표] 일본 회사법상 주식회사의 기관구조

<table>
<tr><th colspan="2" rowspan="2">주식회사의 분류</th><th colspan="7">주식회사의 기관</th></tr>
<tr><th>주주총회</th><th>이사</th><th>이사회</th><th>감사</th><th>감사회[99]</th><th>회계감사인[100]</th><th>회계참여[101]</th></tr>
<tr><td rowspan="2">공개회사[102]</td><td>대회사(○)[103]</td><td rowspan="6">필수
(제295조)</td><td rowspan="6">필수
(제326조)</td><td rowspan="2">필수[104]
(제327조 제1항)</td><td rowspan="2">필수[105]
(제327조 제2항)</td><td>필수[106]
(제328조 제1항)</td><td>필수
(제328조 제1항)</td><td rowspan="6">임의</td></tr>
<tr><td>대회사(X)</td><td>임의</td><td>임의</td></tr>
<tr><td rowspan="3">공개회사가 아닌 회사[107]</td><td>대회사(○)</td><td rowspan="3">임의[108]
(제326조 제1항)</td><td>필수
(제327조 제3항)</td><td rowspan="3">임의[109]</td><td>필수
(제328조 제2항)</td></tr>
<tr><td>대회사(X)
(회계감사인 설치)</td><td>필수[110]
(제327조 제3항)</td><td>설치 시</td></tr>
<tr><td>대회사(X)
(회계감사인 미설치)</td><td>임의[111]
(제327조 제2항)</td><td>미설치 시</td></tr>
<tr><td colspan="2">지명위원회등설치회사[112]</td><td>필수[113]
(제2조 제12호)</td><td colspan="2">설치불가[114]
(제327조 제4항)</td><td>필수
(제327조 제5항)</td></tr>
</table>

김홍기, “대표이사의 반세기와 주식회사 기관구조의 개편방안,” 이사회제도의 재조명, 법문사(2018), 238.

99 감사역회설치회사의 경우에 감사는 3인 이상이어야 하고, 그중 과반수 이상은 사외감사(社外監査役)이어야 한다(일본 회사법 제335조 제3항). 감사회는 감사 중에서 상근감사를 선정하여야 한다(제390조 제3항).

100 회계감사인은 주식회사의 기관 중 하나이며, 회사의 재무제표 등 회계감사를 주된 직무· 권한으로 한다. 공인회계사 또는 감사법인만이 자격이 있다(일본 회사법 제337조). 1974년 상법개정에서 회계감사인 제도가 창설되었다.

101 회계참여는 일본법에서, 이사 등과 공동으로 회계서류 등을 작성하는 주식회사 및 그 밖의 법인의 기관이다. 주주총회, 이사, 이사회, 감사 등과 나란히 주식회사, 상호회사 및 특정목적회사의 내부기관의 하나이다. 2005년 회사법에서 신설되었다.

102 공개회사(公開会社)는 그 발행주식의 전부 또는 일부에 대해서 정관에 주식양도 제한 규정이 없는 회사를 말한다(일본 회사법 제2조 제5호). 즉, 공개회사는 주식양도제한이 없는 회사를 말하며, 상장기업 또는 주식이 공개된 회사를 가리키는 것이 아니다.

라. 중국

중국에서 "회사"란 공사법에 따라 중국 경내(境內)[115]에 설립된 ①유한책임공사(有限責任公司, 한국의 유한회사)와 ②고분유한공사(股份有限公司, 한국의 주식회사)를 말한다(중국 공사법 제2조).[116] 즉, 중국 회사법(공사법)상의 회사(공사)에는 유한

103 대회사(大会社)는 최종사업연도의 대차대조표상 자본금액이 5억엔(五億円) 이상이거나, 또는 부채의 합계액이 200억엔(二百億円) 이상인 회사를 가리킨다(일본 회사법 제2조 제6호). 대회사에서는 업무의 적정성을 확보하기 위하여 이사회의 의무적 설치 등 기관체계의 정비가 요구되고 있다.

104 공개회사, 감사역회설치회사, 감사등위원회설치회사, 지명위원회등설치회사는 이사회를 설치하여야 한다(일본 회사법 제327조 제1항).

105 이사회설치회사(감사위원회설치회사 및 지명위원회설치회사는 제외한다)는 감사를 두어야 한다. 다만, 공개회사가 아닌 회계참여설치회사에 대해서는 그러하지 아니하다(일본 회사법 제327조 제2항).

106 대회사(공개회사가 아닌 회사, 감사위원회설치회사 및 지명위원회설치회사는 제외한다.)는 감사회 및 회계감사인을 두어야 한다(일본 회사법 제328조 제1항). 공개회사가 아닌 대회사는 회계감사인을 두어야 한다(동조 제2항).

107 공개회사가 아닌 주식회사(公開会社でない株式会社)는 주식양도제한을 두고 있는 회사를 가리킨다. '비공개회사' 또는 '주식양도제한회사'라고도 한다.

108 공개회사가 아닌 주식회사는 1인 또는 2인 이상의 이사를 두면 되고(日会 제326조 제1항), 이사회를 설치하거나, 대표이사를 두어야 할 필요는 없다. 대표이사, 그 밖에 주식회사를 대표할 자를 정하지 않은 경우에는 이사가 주식회사를 대표한다(일본 회사법 제349조 제1항).

109 공개회사가 아닌 회사는 이사회 및 감사회의 설치 여부는 임의이다. 그러나 감사회를 설치할 경우에는 이사회를 두어야 한다(일본 회사법 제327조 제1항 제2호).

110 회계감사인설치회사(감사위원회설치회사 및 지명위원회설치회사를 제외한다)는 감사를 두어야 한다(일본 회사법 제327조 제3항).

111 "이사회 설치회사는 감사를 두어야 한다. 다만, 공개회사가 아닌 회계감사인설치회사는 그러하지 아니하다."(일본 회사법 제327조 제2항). 즉, 공개회사가 아니고 대회사도 아닌 회사가 이사회를 설치한 경우에는 감사 또는 회계감사인 중 하나를 두어야 한다.

112 "지명위원회등설치회사"는 지명위원회, 감사위원회 및 보수위원회('지명위원회등')를 설치한 회사를 말한다(일본 회사법 제2조 제12호). 공개회사·공개회사가 아닌 회사, 대회사·대회사가 아닌 회사의 어느 회사라도 위원회설치회사가 될 수 있다. 2014년 회사법 개정에서 회사법 제정 시의 위원회등설치회사의 명칭을 지명위원회등설치회사로 변경하였다. 회사법 제정 시에는 대회사 또는 간주대회사(みなし大会社)가 있었는데 간주대회사는 폐지하고, 모든 회사는 정관에 정함에 의해서 지명위원회등설치회사가 될 수 있도록 규정하였다(일본 회사법 제326조 제2항). 青竹正一, 新会社法 第4版, 信山社(2015), 199.

113 지명위원회등설치회사는 이사회, 회계감사인, 집행역(執行役)·대표집행역(代表執行役)을 두어야 한다(일본 회사법 제327조 제1항 제2호 내지 제4호, 제5항, 제402조 제1항, 제420조 제1항). 감사와 감사회는 설치할 수 없으며, 감사위원회가 그 역할을 한다.

114 감사등위원회설치회사 및 지명위원회등설치회사는 감사를 둘 수 없다(일본 회사법 제327조 제4항).

115 "경내(境內)"란 홍콩, 마카오 및 대만을 제외한 중화인민공화국 영토를 가리킨다. 오일환/서의경 역, 중국회사법 및 관련법령, 법무부(2017), 5.

116 중국의 공사법(公司法)은 1993년 12월 29일 전국인민대표회의 상무위원회를 통과하였고 1994년 7월 1일부터 시행되고 있다.

책임공사(有限責任公司, 유한회사)와 고분유한공사(股份有限公司, 주식회사)의 2가지 종류가 있다.

"유한책임공사(有限責任公司)"의 설립은 준칙주의에 의하고(중국 공사법 제23조), 사원은 50인 이내이어야 한다(제24조[117]). 유한책임공사의 사원 간에는 그 전부 또는 일부의 지분을 상호 양도할 수 있다. 그러나 사원 이외의 자에게 지분을 양도하는 경우에는 다른 사원의 과반수의 동의를 받아야 한다(제71조). 이는 우리나라의 2011년 개정전 상법의 유한회사와 비슷하다. 우리나라의 개정전 상법 제545조(사원총수의 제한)는 유한회사의 사원 총수를 50인 이하로 제한하였으나 2011년 상법 개정 시에 제545조를 삭제하였고, 개정전 상법 제556조 제1항은 사원총회의 결의가 있은 때에 한하여 그 지분의 전부 또는 일부를 타인에게 양도할 수 있도록 하였으나 2011년 상법 개정 시에 지분의 전부 또는 일부를 자유롭게 양도할 수 있도록 하되 정관으로 지분의 양도를 제한할 수 있도록 하였다.

"고분유한공사(股份有限公司)"의 설립을 위해서는 2인 이상 200인 이하의 발기인이 있어야 하며 그중 반수 이상의 발기인은 중국 경내(境內)에 주소가 있어야 한다(중국 공사법 제78조). 우리나라의 주식회사의 설립 시에 발기인의 숫자에 제한을 두지 않는 것에 비교하면 차이가 있다(상법 제288조). 고분유한공사의 자본은 주식으로 나누고 매 1주의 금액은 같다(중국 공사법 제125조). 주주가 보유하는 주식은 법에 따라 양도할 수 있다(제137조). 주주가 그 주식을 양도하는 경우에는 법에 따라 설립된 증권거래소에서 진행하거나 국무원이 규정한 방식에 따라서 진행하여야 한다(제138조). 한편, 고분유한공사의 주주총회는 고동대회(股東大會)라고 하는데 전체 주주로서 구성되는 최고의 의사결정기관이고 그 권한은 매우 방대하다(제98조). 이사회에 해당하는 기관은 동사회(董事會)인데 그 구성원은 5인에서 19인으로 한다(제108조). 이사회의 구성원 중에 회사의 종업원 대표를 둘 수 있다. 이사회 중의 종업원 대표는 회사 종업원들이 종업원 대표회의, 또는 기타 민주선거를 통하여 선출한다(제108조). 이사회는 이사장 1인을 두며, 부이사장을 둘 수 있다(제109조). 고분유한공사는 회사의 업무를 집행하고 대표하는 경리(經理)를 두며 이사회에서 선임 또는 해임한다(제113조). 우리나라의 사장에 유사하다. 중국의 모든 고분유한공사는 법정기관으로서 감사회를 설치하여야 하며, 그 구성원은 3인 미

117 중국 공사법 제24조 유한회사는 50인 이사의 사원이 출자하여 설립한다.

만이 되어서는 아니 된다(제117조). 우리나라 주식회사의 감사는 원칙적으로 독임제의 단독기관이고 자산총액이 2조원 이상인 상장회사에 대해서만 감사위원회의 설치가 의무화되는데(상법 제409조, 제542조의11 제1항, 상법 시행령 제37조), 중국에서는 처음부터 회의체의 형태의 감사회를 취하고 있다.

중국 공사법에서는 우리나라의 합명회사나 합자회사에 관한 규정은 존재하지 않는다.

2. 프랑스법계

가. 프랑스

프랑스는 1807년 나폴레옹 법전 중 하나인 상법전(Code de Commerce, '나폴레옹 상법전')에서 '재산의 취득의 서로 다른 형태'[118]를 규정하였는데, 이는 프랑스 혁명의 영업자유주의 사상에 의하여 입법화된 회사에 관한 최초의 근대적 입법으로 평가되고 있다.[119] 그 후 1867년에는 회사설립의 자유화 추세에 따라서 주식회사 및 주식합자회사에 관한 법률이 제정되어, 일정한 요건을 충족하면 자유로운 회사 설립을 허용하였다.[120] 1925년에는 유한회사법(societe a responsabilite limitee)이 제정되었다.[121]

2차 세계대전 이후에는 회사법 개혁의 논의가 무성하다가, 1966년 7월 24일에는 산재하여 있던 회사에 관한 규정들을 통합하여 상사회사법(Loi n°66-537 du 24 juillet 1966 sur les sociétés commerciales, 시행 1967. 4. 21)을 제정하였다. 프랑스 상사회사법은 독일식의 이사회 및 감사회의 제도를 도입하여 구형의 주식회사와 신형의 주식회사를 선택할 수 있도록 하였으나(프랑스 상사회사법 제89조, 제119조), 2000년 9월 18일의 상법전 입법부분에 관한 위임명령(ordonnance n° 2000-912 du 18 septembre 2000)에 의하여 폐지되고,[122] 프랑스 상법전 "제2권 상사회사 및 경제이익단체"에 편입되었다.

118 French Civil Code Book Ⅲ of The Different Modes Of Acquiring Property. Title Ⅲ of Contracts or Conventional Obligation in General. <https://www.napoleon- series.org>(2020. 7. 20. 방문).

119 나폴레옹 상법전의 제정 일화에 대해서는 Hon Pierre Crabitès, Napoleon and the French Commercial Code, 16. No. 14 ABA Journal 258 (April, 1930).

120 Charles E. Freedeman, "Joint-Stock Business Organization in France, 1807-1867" Vol. 39, No. 2 The Business History Review 184 (Summer, 1965).

121 V. G. Venturini, "The Limited Liability Company Under French Law", Vol. 7, No. 1 Malaya Law Review 127 (National University of Singapore, July 1965).

122 원용수, "프랑스의 회사법의 개정방향과 시준점", 상장협연구 제54호, 상장협(2006), 120.

프랑스 상법전 중에서 회사에 관한 내용은 제2권에 규정되어 있다. 상법전 제2권은 제1편 예비규정, 제2편 각종 상사회사의 특별규정, 제3편 각종 상사회사의 공통규정, 제4편 벌칙 규정, 제5편 경제이익단체로 구성되어 있고, ①합명회사(프랑스 상법전 제221-1조),[123] ②합자회사(프랑스 상법전 제222-1조),[124] ③유한회사(프랑스 상법전 제223-1조),[125] ④주식회사(프랑스 상법전 제225-1조),[126] ⑤주식합자회사(프랑스 상법전 제226-1조)[127] 4개의 회사 종류를 규정하고 있다.

나. 이탈리아

이탈리아는 정치적인 통일이 어느 정도 이루어진 1865년에서야 상법전(Codice di commercio italiano del 1865)이 시행되었다. 이 법전의 모범은 1807년 프랑스 상법전이었으나 비판의 목소리가 높아지자, 1942년에 공포된 민법전 제5편으로 흡수되어 현재까지 시행되고 있다.[128]

이탈리아 회사법은 원래 프랑스법을 기초로 하였지만, 지금은 독일법의 영향을 많이 받고 있다. 이탈리아는 민법전에 회사에 관한 규정을 두고 있는 것이 특징인데, 필요한 경우에는 회사에 관한 특별법을 제정하면서 회사에 관한 내용을 보완하고 있다.[129]

다. 기타 국가

기타 프랑스법계에 속하는 국가에는 스페인의 1829년 상법전(Código de Comercio), 벨기에의 1935년 상사회사법(Loi commerciale sur les sociétés) 등이 있다.

123 프랑스 상법전 제221-1조 합명회사의 사원은 모두 상인 자격을 가지며, 회사채무에 대하여 연대하여 무한책임을 진다. <생략>

124 프랑스 상법전 제222-1조 합자회사의 무한책임사원은 합명회사 사원의 지위를 가진다. 합자회사의 유한책임사원은 출자가액을 한도로 하여 회사의 채무에 대하여 책임을 진다.

125 프랑스 상법전 제223-1조 유한회사는 그들의 출자를 한도로 하여 회사의 손실에 대하여 책임을 지는 1인 또는 수인의 자연인이나 법인에 의하여 설립된다. <생략>

126 프랑스 상법전 제225-1조 주식회사는 자본이 주식으로 분할되고 사원의 출자를 한도로 하여 손실을 부담하는 사원 간에 설립되는 회사이다. 사원의 수는 7인 미만으로 하지 못한다.

127 프랑스 상법전 제226-1조 주식합자회사는 자본을 주식으로 분할하여야 하고, 상인자격이 있으면 회사채무에 대하여 연대하여 무한책임을 지는 1인 또는 수인의 무한책임사원 및 주주자격이 있으며 그 출자한도에서 손실을 부담하는 유한책임사원으로 구성된다. 유한책임사원의 수는 3인 미만으로 하지 못한다.

128 최기원, 신회사법론(제14대정판), 박영사(2012), 37.

129 이범찬 외 3인, 회사법(제2판), 삼영사(2018), 44.

3. 영미법계

영국과 미국은 모두 판례법 국가이지만, 영국은 회사에 대한 국가의 감독을 강화되는 등 대륙법에 가까워졌고, 미국은 회사법의 제정 권한이 각 주에 부여되는 등 자율권이 강화되어 있다.

가. 영국

영국은 판례법 국가이지만 회사법은 대부분 제정법의 형태로 존재한다.[130] 18세기 초 악명높은 남해회사(The South Sea Company)의 사태 이후 한동안 회사의 설립을 극단적으로 통제하였으나, 회사의 중요성이 커지면서 1844년에는 주식합자회사법(Joint Stock Company Act 1844)[131]을 제정하여 현대적인 영리회사의 설립을 가능하게 하였다. 종전까지는 국왕의 허가(royal charter) 또는 특별법(private act)에 의해서만 회사의 설립이 가능하였으나, 주식합자회사법(Joint Stock Company Act)에 따라서 영리단체인 주식합자회사(Joint Stock Company)의 일반적인 등록이 가능해진 것이다. 그러나 주식합자회사법하에서도 사원의 유한책임(limited liability)은 여전히 인정되지 않았다.

약 10년 후인 1855년에는 특정한 주식합자회사 구성원의 책임 제한에 관한 법률(Act for Limiting the Liability of Members of Certain Joint Stock Companies)이 제정되었으나 곧바로 폐지되었고, 그 다음 해인 1856년에는 주식합자회사 및 다른 단체의 설립과 규제에 관한 법률(Act for the Incorporation and Regulation of Joint Stock Companies, and other Associations)이 의회를 통과하였다. 1855년과 1856년의 2가지 법률은 회사로 등록하면 사원의 '유한책임(limited limability companies)'을 인정하는 것이 가장 큰 특징이었다.[132] 유한책임의 시대가 열린 것이다. 1855년

130 그러나 성문법만으로는 모든 문제를 해결할 수 없기 때문에 판례법의 형식으로 존재하는 회사법도 있다고 한다. Mayson/French/Ryan, p.17; 권기범, 현대회사법론(제7판), 삼영사(2017), 75면에서 재인용.

131 이전에는 국왕의 허가(royal charter) 또는 특별법(private act)에 의해서만 회사의 설립이 가능하였으나, 1844년 주식합자회사법(Joint Stock Company Act 1844)이 제정되면서, 회사설립의 특권이나 특정한 제정법상의 근거가 없이 일정한 절차에 따라 회사를 설립할 수 있게 되었다는 점에서 매우 혁명적이다. 일단 주식합자회사로 등록하면 '사원의 유한책임(limited liability)'을 제외하고는 현대 회사(modern company)가 누릴 수 있는 혜택을 받을 수 있었다. Turner, John D, The development of English company law before 1900, QUCEH Working Paper Series, No. 2017-01, Queen's University Centre for Economic History, Jan. 2017, p. 17.

132 Turner, John D, The development of English company law before 1900, QUCEH Working Paper Series, No. 2017-01, Queen's University Centre for Economic History, Jan. 2017, p. 20.

과 1856년에 일어난 회사 설립 자유화의 효과는 엄청났는데, 1856년말까지 영국에서는 약 5,000개의 유한책임회사(limited liability companies)들이 설립되었다고 한다.

1862년에는 기존의 법률들을 통합한 회사법(Companies Act)이 제정되었는데, 이 법은 수 세기에 걸쳐 논의된 회사형태의 마지막 단계이자, 미래 회사법의 원형으로 평가받고 있다.[133] 간단한 등록절차를 통해서도 사원이 유한책임을 지는 회사를 설립할 수 있게 되었기 때문이다.

그 후 산재해 있던 회사 관련법령들이 1948년 회사법(Companies Act 1948)으로 통합되었다. 1948년 회사법은 462개의 조문과 부속스케줄로 이루어져 있으며, 2006년 영국 회사법(Companies Act 2006)의 모태이기도 하다.

한편 영국은 유럽경제공동체(EEC)에 가입하면서 가맹국의 법령과의 조화를 위하여 1980년과 1981년에 회사법을 개정하였고, 1985년에는 수개의 법령을 통합하여 전문 747조의 통합된 회사법(Companies Act 1985)과 3개의 부속법률[134]로 정비하였다.

2006년에는 1985년 회사법과 회사관련법령들을 전면 통합한 2006년 회사법(Companies Act 2006)이 제정되어 2009년 10월 1일부터 시행되고 있다. 2006년 회사법은 모두 1,300여 개의 조문과 16개의 부속스케줄로 구성되어 있으며, 회사는 다음의 기준에 따라서 구분된다.

첫째, 사원이 유한책임(limited liability) 또는 무한책임(unlimited liability)을 지는지 여부이다(2006년 영국 회사법 제3조).[135] 다만, 사원이 무한책임을 지는 무한책임회사(unlimited company)는 별로 찾을 수 없다고 한다.

둘째, 회사는 정관의 규정에 따라서 공개회사(public company)와 폐쇄회사

133 Ibid.

134 3개의 부속법률은 Business Names Act 1985; Companies Securities (Insider Dealing) Act 1985; Companies Consolidation Act 1985이다.

135 2006년 영국 회사법 제3조(유한책임회사와 무한책임회사)
① 회사사원의 책임이 회사 기본규범에 따라 제한되는 회사를 '유한책임회사(limited company)'라 한다. 책임은 주식 또는 보증에 의해서 제한될 수 있다.
② 회사사원의 책임이, 사원이 보유하고 있는 미납입 주식금액으로 제한되면 '주식유한책임회사(company limited by shares)'라 한다.
③ 회사사원의 책임이 회사를 청산할 때 회사 자산에 출연하기로 약정한 금액으로 제한되면 '보증부유한책임회사(company limited by guarantee)'라고 한다.
④ 회사사원의 책임이 제한되지 않으면 '무한책임회사(unlimited company)'라고 한다.

(private company)로 나뉘는데, "공개회사(public company)"란 주식유한책임의 공개회사(public company limited by shares, 주주들은 주식인수대금 또는 인수금액 중 미납입금액에 대해서만 책임을 진다) 또는 보증유한책임의 공개회사(public company limited by guarantee, 사원들은 주주의 이름을 가지지만 주주라기보다는 구성원이고, 회사가 청산하는 경우에는 지급하기로 약속한 금액에 한하여 책임을 진다)로서, 주식자본금을 가진 법인설립증명서에 공개회사라고 기재된 회사 또는 공개회사의 등록 등에 관한 요건을 충족한 회사를 말한다(2006년 영국 회사법 제4조[136] 제2항).

공개회사는 지분의 양도가 자유로운 속성상 무한책임은 허용되지 않고 유한책임만 허용된다. 공개회사는 사원총회 특별결의에 의해서 폐쇄회사로 조직변경을 할 수 있다. 다만, 결의에 동의하지 않은 일정비율 이상의 지분을 소유한 사원 또는 50명 이상의 사원 등은 결의의 취소를 법원에 신청할 수 있다(영국 회사법 제98조 제1항).

셋째, 주식으로 분할되는(by shares) 자본을 가지는지의 여부이다. 공개회사는 지분의 양도가 자유로운 속성상 주식으로 분할되는 자본금을 가지지만, 폐쇄회사는 주식으로 분할되는 자본을 가질 수도 있고 가지지 않을 수 있다.

위와 같은 기준에 의하면 영국의 회사는 ①사원이 유한책임을 지는 '유한책임의 공개회사(public limited company)(* 공개회사는 주식으로 분할되는 자본금을 가지지만, 그 속성상 지분 양수인이 무한책임을 질 수 없으므로 유한책임의 형태만이 허용된다), ②주식분할되는 자본금을 가지고 사원이 인수한 주식에 대해서만 유한책임을 지는 '주식유한책임의 폐쇄회사(private company limited by shares)'(* 주주들은 주식인수대금 또는 인수금액 중 미납입금액에 대해서만 책임을 진다), ③주식분할되는 자본금을 가지지 않지만 사원이 약속한 금액에 대해서는 유한책임을 지는 '보증유한책임의 폐쇄회사'(private company limited by guarantee)(* 사원들은 주주라기보다는 구성원이고, 회사가 청산하는 경우에 지급하기로 약속한 금액에 한하여 책임을 진다), ④사

136 2006년 영국 회사법 제4조(폐쇄회사와 공개회사)
① "폐쇄회사(private company)"란 공개회사가 아닌 회사를 말한다.
② "공개회사(public company)"란 주식유한책임회사(company limited by shares) 또는 보증부유한책임회사(company limited by guarantee)로 주식자본금을 가진 다음 각호의 회사를 말한다.
(a) 법인설립증명서에 공개회사라고 기재된 회사
(b) 공개회사로의 등록 또는 재등록에 관하여 이 법 또는 종전의 회사 법률이 정한 요건을 해당 일자에 또는 그 후에 충족한 회사
③ <중략>
④ 폐쇄회사와 공개회사의 두 가지 중요한 차이점은 제20편(폐쇄회사와 공개회사)을 참조한다.

원이 무한책임을 지는 '무한책임의 폐쇄회사(private unlimited company)의 4가지 형태로 구분된다.[137]

위에서 ①의 유한책임 공개회사는 다시 ⓐ주식유한책임의 공개회사(public company limited by shares)와 ⓑ보증유한책임의 공개회사(public company limited by guarantee)로 구분할 수 있고(영국 회사법 제4조 제2항), ④의 무한책임 폐쇄회사는 다시 ⓐ주식분할 자본금을 가지는 무한책임의 폐쇄회사 또는 ⓑ주식분할 자본금을 가지지 않는 무한책임의 폐쇄회사가 있을 수 있으므로 이렇게 구분하면 회사의 형태는 더욱 늘어나게 된다. 이 중에서 우리나라의 비상장 주식회사에 해당하는 주식유한책임의 폐쇄회사(private company limited by shares)가 가장 선호되고 있고 그 수도 제일 많다고 한다.[138]

1890년 사업조합법(Partnership Act 1890)은 파트너십의 형태로 공동의 사업을 수행하는 사람 또는 법인을 규제한다. 파트너십은 "이익을 위해서 공동사업을 영위하는 사람들 사이에 존재하는 관계(the relation which subsists between persons carrying on a business in common with a view of profit)"[Partnership Act 1890 s.1(1)]로 정의되는데,[139] 해당 회사(firm)가 부담하는 부채와 의무에 대해서, 잉글랜드에서 파트너(조합원)들은 균분하여 책임(jointly liable)을 지며, 스코틀랜드에서 파트너들은 대해서 연대하여 책임(both jointly and severally liable)을 진다(Partnership Act 1890 s.9).[140] 한편, 사업조합법상 파트너(조합원)는 회사(firm)의 채무에 대해서도 책임을 지는 점에서는 유한책임을 부담하는 주식회사의 주주와는 차이가 있지만, 법인격의 형태에 관계 없이 균분하여 또는 연대 책임을 지는 점에서는 우리나라의 합명회사와 민법과 상법상의 조합들을 모두 포괄하고 있어서 회사만을 규율하는 법이라고는 할 수 없다.

1907년에는 합자사업조합법(Limited Partnership Act 1907)이 제정되었다. 합자사업조합(limited partnership)은 1명 이상의 일반파트너와 1명 이상의 유한책임파트너로

137 영국 정부 홈페이지<https://www.gov.uk/government/publications/incorporation-and-names/incorporation-and-names>(2020. 07. 20. 방문).

138 권기범, 현대회사법론(제7판), 삼영사(2017), 75.

139 다만, 사업조합법은 2006년 영국 회사법상 등록회사의 구성원들 사이의 관계 등은 파트너십에서 배제하고 있다. Partnership Act 1890 s.1(2).

140 Partnership Act 1890 s.9 Liability of partners. Every partner in a firm is liable jointly with the other partners, and in Scotland severally also, for all debts and obligations of the firm incurred while he is a partner (생략).<https://www.legislation.gov.uk>(2020. 7. 1. 방문).

구성된다. 일반파트너(general partner)는 해당 회사의 모든 부채와 의무에 대해서 책임을 지고, 유한책임파트너(limited partner)는 정해진 금액의 자본이나 재산에 대해서만 책임을 지는데[Limited Partnership Act 1907 s.(2A)], 이 법도 법인격의 유무에 관계 없이 사업을 영위하는 회사(firm)[141] 형태의 조직에 적용되는 것으로써(Limited Partnership Act 1907 s.3, Partnership Act 1890 s.4 Meaning of firm) 우리나라의 합자회사와 유한책임조합을 포괄하고 있어서 회사만을 규율하는 법이라고는 할 수 없다.

나. 미국

미국은 영국의 영향을 받아서 회사 설립을 통제하였지만, 산업이 발전하고 수많은 회사가 생겨나면서 회사에 대한 규제도 독자적인 경향을 보이기 시작하였다. 미국의 회사법은 연방정부가 아니라 주정부의 권한에 속하는데, 1811년 3월 22일 뉴욕주 의회를 통과한 1811 제조업을 위한 회사의 설립에 관련한 법률(The Act Relative to Incorporations for Manufacturing Purposes of 1811)은 일반 절차에 따른 회사 설립을 인정하는 최초의 법령이었다.[142] 이 법은 제조회사(manufacturing companies)에 한하여 적용되었다. 그 후에 뉴저지, 코네티컷, 캘리포니아주 등이 회사법을 제정하였고, 1883년에는 델라웨어주가 사회사에 관한 법률[Act Concerning Private Corporations, 17 Del. Laws 147 (1883)]을 제정하였다.[143] 지금 미국에서 가장 널리 채택되는 델라웨어 회사법[Delaware General Corporation Law (Title 8, Chapter 1 of the Delaware Code)]은 1899년에 제정되었다.

한편, 일부 보수적인 주를 제외하고 각 주는 가급적 많은 수의 회사를 유치하기 위해서 경영진에게 최대한 자율성을 부여하는 이른바 '아래로의 경쟁(race to bottom)'을 벌이고 있는데, 대표적인 사례가 델라웨어 회사법(Delaware General Corporation Law)이다. 이와 관련하여 강행성이 필요한 회사법의 규제 완화 경향에 대해서는 비판적인 목소리도 있지만, 델라웨어에서 설립된 회사의 주가가 다른 주에서 설립된 회사의 주가보다 높다는 분석도 있고,[144] 주주들은 경영진이 충

141 사업을 목적으로 다른 사람들과 사업조합법상 파트너십을 형성한 사람들을 통칭하여 "firm"이라고 하며, 그 이름으로 사업을 수행하는 것이 "firm-name"이다. Partnership Act 1890 s.4 Meaning of firm.

142 Katharina Pistor, Yoram Keinan, Jan Kleinheisterkamp & Mark D. West, "The Evolution of Corporation Law : A Cross-country Comparison", 23 U. Pa. J. Int'l Econ. L. 791, 798 (2002).

143 Ibid.

144 Robert Daines, "Does Delaware Law Improve Firm Value?", 62 J. FIN. ECON. 525 (2001) (presenting evidence that greater flexibility has enhanced shareholder value).

분한 권한을 가지는 회사를 선호한다는 통계도 있어서[145] 쉽게 평가하기는 어렵다.

미국의 회사법은 연방정부가 아니라 주정부의 권한에 속하므로 각 주의 회사법에 차이가 생길 수 밖에 없었고, 이 때문에 불편함이 따르자 다양한 형태의 모델법안이 마련되었다.

통일주법위원회전국회의(NCCUSL: National Conference of Commissioners on Uniform State Laws)가 마련한 1914년의 통일사업조합법(UPA, Uniform Partnership Act 1914, 48개주 채택), 1916년의 통일합자사업조합법(ULPA, Uniform Limited Partnership Act 1916, 43개주 채택)은 대표적인 모델법안이다. UPA(1997), RUPA(1997), ULPA(2001) 또는 RULPA(2001)처럼 개정연도를 괄호 안에 표시한다.

1950년에는 미국변호사협회의 회사법위원회(Committee on Corporate Laws of the Section of Business Law of the American Bar Association)가 모범사업회사법(Model Business Corporation Act)과 이를 개정한 개정모범사업회사법(Revised Model Business Corporation Act)을 마련하였는데,[146] 미국 각 주의 회사법 제정과 운용에 큰 영향을 주고 있다.

비교적 최근인 1982년에는 미국법률협회(ALI, American Law Institute)가 '회사지배구조의 원칙: 분석 및 권고(principles of corporate governance: analysis and recommendations)' 초안1(Draft Number 1)을 마련하였고, 이를 보완하여 1994년에 최종안을 완성하였는데[147] 각주의 회사법과 연방 증권법의 운영뿐만 아니라 법원의 판단에도 커다란 영향을 미치고 있다. 다만, ALI 의 회사지배구조의 원칙은 회사법의 전반적인 내용을 다루는 것이 아니고, 회사의 목적과 행위, 이사의 주의의무, 공정거래의무, 지배거래 및 공개매수에 있어서 이사 및 주주의 역할 등 지배구조에 관한 문제만을 언급하고 있다.[148]

미국에서는 사업회사(business corporation) 외에 사업조합(partnership), 합자사업조합(limited partnership)이 있고, 그 중간 형태인 주식합자회사(joint stock

145 Katharina Pistor, Yoram Keinan, Jan Kleinheisterkamp & Mark D. West, "The Evolution of Corporation Law : A Cross-country Comparison", 23 U. Pa. J. Int'l Econ. L. 791, 838, 839 (2002).
146 MBCA는 미국변호사협회(ABA)의 홈페이지에서 찾을 수 있다.<https://www.americanbar.org>.
147 Marjorie Fine Knowles and Colin Flannery, "The ALI Principles of Corporate Governance Compared with Georgia Law", 47 Mercer Law Review 1, 2 (1996).
148 이범찬 외 3인, 회사법(제2판), 삼영사(2018), 47.

company)도 있으나 많이 이용되지는 않고 있다.[149]

한편, 유한책임사업조합(LLP, Limited Liability Partnership)[150] 및 유한책임회사(LLC, Limited Liability Company)[151] 등이 새로운 형태의 영업조직으로 인정되어 인기를 얻었으나 다소 그 인기가 줄어들고 있다.[152]

주식의 발행과 유통, 불공정거래에 관한 증권관련법령도 회사 관련법령으로 중요하다. 회사법과 달리 증권법은 연방증권법과 주증권법이 따로 존재하는데, 연방증권법으로는 1933년 증권법(Securities Act of 1933), 1934년 증권거래법(Securities Exchange Act of 1934), 1940년 투자회사법(Investment Company Act of 1940) 등이 있다.

다. 기타의 영미법계 국가

영국과 미국의 회사법은 보통법(common law)에 기반하고 있지만 국가의 감독이 엄중한 점은 대륙법계와 비슷하다. 영미법계에 속하는 국가로는 호주, 스리랑카, 인도, 이스라엘, 캐나다, 말레이시아, 뉴질랜드, 파키스탄, 남아프리카공화국, 싱가포르, 수단 등이 있다.[153]

4. 유럽회사법안

가. 회사법 지침

유럽연합(EU)은 회사법의 조화를 위하여 지침(Directive)을 제정하고 지침에 따라 가맹국의 회사법 개정을 유도하고 있다. 이러한 지침들은 시장변화를 반영하여 계속하여 개정되고 있는데, 지침의 명칭을 보면 제정 주체와 연도가 표시되어 있다. 예를 들어, 제1지침(68/151/EEC)은 EEC가 1968년에 제정하였다는 뜻이다.

제1지침은 회사의 능력과 대표기관의 권한 및 공시[First Council Directive - Disclosure and the Validity of Obligations entered into by, and the Nullity of, Companies with Limited Liability (68/151/EEC)]이다. 제정 이후에도 수 차례에 걸쳐서

149 사업조합(partnership), 합자사업조합(limited partnership), 주식합자회사(joint stock company)에 대해서는 "가. 영국" 부분의 설명 참조.

150 유한책임사업조합(LLP)은 일부 또는 모든 파트너(조합원)가 유한책임을 지는 사업조합(파트너쉽)으로서, 조합(파트너십)과 회사의 성격을 포괄한다. 영국의 1890년 사업조합법(UK Partnership Act 1890)에서 각 파트너들이 균등책임(joint liability)을 지는 것과는 달리, 유한책임사업조합에서 각 파트너는 다른 파트너의 고의나 과실에 대해서 책임을 지지 않는다.

151 유한책임회사(LLC)는 유한책임사업조합과 비슷하지만 법인격의 여부에 차이가 있다.

152 주석 상법, 회사편(1)(제5판), 한국사법행정학회(2014), 50(정동윤).

153 주석 상법, 회사편(1)(제5판), 한국사법행정학회(2014), 51(정동윤).

개정되었으며, 최근에는 2012년과 2017년에 걸쳐서 개정되었다[Directive 2012/17/EU and Directive (EU) 2017/1132].

제2지침은 공개회사의 설립과 자본의 유지 및 증감[Second Council Directive - The formation of public limited liability companies and the maintenance and alteration of their capital (77/91/EEC)]이다. 2017년에 개정되었다(Directive 2017/1132/EU).

제3지침은 공개회사의 합병[Third Council Directive - Domestic mergers of public limited liability companies (78/855/EEC)]이다.

제4지침은 회사의 재무제표의 작성원칙[Fourth Council Directive - Annual accounts of companies with limited liability (78/660/EEC)]이다.

제5지침은 대규모 공개회사에서 이사 선임 등 종업원의 경영참여에 관한 것이나, 충분한 회원국의 동의를 얻지 못하여 최종적으로 채택되지는 못하였다.

제6지침은 공개회사의 분할[Sixth Council Directive - Division of public limited liability companies (82/891/EEC)]이다.

제7지침은 계열회사간의 연결재무제표 작성[Seventh Council Directive - Consolidated Accounts of Companies with limited liability (83/349/EEC)]이다.

제8지침은 감사인의 자격[Eighth Council Directive - Qualifications of persons responsible for carrying out the statutory audits of accounting documents (84/253/EEC)]이다.

제9지침은 기업집단의 법률관계 및 소액주주의 보호에 관한 내용이다. 독일은 기업집단(콘체른)을 하나의 회사처럼 취급하여 소수주주와 채권자를 보호하는데, 다른 회원국들의 동의를 얻지 못하여 채택되지 못하였다.[154]

제10지침은 회사의 역외 합병[Tenth Directive - Cross-border mergers of limited liability companies (2005/56/EC)]이다.

제11지침은 외국회사의 지점 및 공시의무[Eleventh Council Directive - Disclosure requirements in respect of branches (89/666/EEC)]이다.

제12지침은 1인회사[Twelfth Council Directive - Single-member private limited liability companies (89/667/EEC)(Directive 2009/102/EC)]이다.

제13지침은 인수합병과 공개매수[Thirteenth Directive - Takeover bids

154 Christen Boye Jacobsen, "An Introduction to Modern EU Company Law", RGSL Working Papers No. 28, RIGA, 2005, p.19.

(2004/25/EC)]이다.

이러한 지침은 계속하여 나올 전망이며 회원들 간의 회사법은 더욱 통일되어 갈 것이다.

나. 유럽회사법 규정

그러나 지침(directives)만으로는 유럽연합 회원국들의 완전한 회사법의 통일을 기대할 수 없었기 때문에,[155] 유럽연합(EU) 이사회(Council; Rat)는 공동의 준거법을 가지는 초국가적 기업 형태인 유럽회사(Societas Europaea: SE)[156]의 설립 방안을 강구하였다. 네덜란드의 피터 샌더스(Pieter Sanders) 교수가 주축이 되어서 1970년 제1차안이 마련되었고,[157] 1975년에는 이를 수정한 제2차안이 채택되는 등 수차에 걸친 수정 끝에 2001년 10월 8일에 유럽회사를 위한 법률에 관한 위원회 규정[Council Regulation (EC) No. 2157/2001 of 8 October 2001 on the Status for a European Company (SE)](이하, '유럽회사법 규정'이라고 한다)[158]이 최종적으로 채택됨으로서 유럽회사의 설립을 위한 유럽연합 차원의 근거 규정이 만들어졌다. 유럽회사법 규정은 회원국 법제의 조화(harmonization) 및 회원국 간 적용의 융통성(cross-border mobility)에 초점을 맞추고 있으며 대체로 독일과 프랑스의 회사법을 절충한 것이다.

"유럽회사(SE, Societas Europaea)"는 '유럽회사법 규정'에 따라 등록된 공개회사(public company)이다. 유럽회사법 규정에 따르면, 유럽회사(SE)의 자본은 주식으로 분할되고, 주주는 인수한 가액 이상의 책임을 부담하지 않으며(유럽회사법 규정 제1조 제2호), 모든 유럽회사(SE)는 독자적인 법인격을 가진다(동조 제3호). 유럽회사는 서로 다른 회원국에 속하는 2개 이상의 회사들이 합병을 하거나 지주회사를

155 유럽연합의 법률체계의 위계는 다음과 같다.
1. 규정(Regulation) : 모든 내용이 구속력을 가지며, 모든 회원국 내에서 직접적인 효력을 가짐.
2. 지침(Directive) : 회원국을 구속하지만, 형식과 수단의 선택은 회원국에 유보되어 있음.
3. 결정(Decision) : 모든 내용이 구속력을 가지나, 특정한 회원국 또는 특정인만을 구속함.
4. 권고(Recommendation), 의견(Opinion) : 법적 구속력 없음.

156 Societas Europaea는 라틴어이고, 영어로는 The European Company이다.

157 European Commission Internal Market and Services, Report of the Reflection Group on the Future of EU Company Law, Brussels, 5 April 2011, p.12.

158 COUNCIL REGULATION (EC) No 2157/2001 of 8 October 2001 on the Statute for a European company (SE). <https://eur-lex.europa.eu/LexUriServ/LexUriServ.do?uri=CELEX:32001R2157:EN:HTML> (2020. 7. 1. 방문).

만들거나, 자회사를 만들거나 조직변경을 하는 방법으로 설립할 수 있다(동규정 제2조).

주의할 것은 회원국의 회사법을 대체하는 별도의 유럽회사법(substantive European company law)이 존재하는 것은 아니라는 점이다. 유럽연합 내 회사에 대해서는 유럽회사법 규정을 통해서 공통적인 기준이 적용되는 것은 사실이지만, 회사의 설립이나 등록 절차에 관한 실체적인 운용권한은 각 회원국에게 맡겨져 있으므로 각 회원국은 유럽연합의 회사법 규정(regulation)이나 지침(directives)을 자국의 회사법에 반영하여 운용한다.

2018년 4월말 기준 유로스톡50 지수(Euro Stoxx 50 stock market index)에 속한 기업 중 약 18%에 해당하는 9개의 회사(Airbus, Allianz, BASF, E.ON, Fresenius, LVMH Moët Hennessy Louis Vuitton, SAP, Schneider Electric and Unibail-Rodamco)를 포함하여 약 3,000개의 회사가 유럽회사로 등록되어 있다.[159]

5. 우리나라

우리나라의 회사법은 기본적으로 독일법계에 속하지만 최근 들어서는 영미법, 특히 미국법의 영향을 많이 받고 있다. 우리나라의 회사법의 연혁과 제정, 개정 경위와 내용은 따로 살펴본다.

VI. 우리나라 상법(회사편)의 제정 및 개정의 주요내용

우리나라에서 근대적 의미의 회사법이 언제부터 시작되었는지는 논란이 있다. 학자에 따라서는 일본 상법전(1899년 일본 신상법, 이른바 의용상법) 제2편을 기원으로 보는 견해[160]도 있지만, 대한민국 정부 수립 후 1962년 법률 제1000호로 공포되어 1963년 1월 1일부터 시행되고 있는 상법 제3편을 기원으로 보는 견해[161]도 있다.

아래에서는 역사적인 측면까지 살펴본다는 의미에서 1963년 우리 상법전의 성립 이전 의용상법의 시대까지 포함하여 회사법의 변천 과정을 살펴본다.

159 이철송, 회사법강의(제27판), 박영사(2019), 21.

160 "우리 상법의 모체는 조선민사령 제1호에 의하여 우리나라에 시행되었던 일본상법전이며, 이것은 독일상법을 계수한 것이다." 손주찬, "한국상법개정의 회고", 상사법연구 제10권 0호, 한국상사법학회(1992), 26.

161 권기범, 현대회사법론(제7판), 삼영사(2017), 64.

1. 우리 상법전의 성립 이전과 의용상법의 시대

우리나라에서 근대적 의미의 회사 활동이 시작된 것은 19세기 후반이었다. 1876년 2월 26일 조선이 일본과 한일수교조약(이른바 강화도조약)을 체결한 이후 서구의 문물이 급속하게 유입되기 시작하였고, 1894년 7월 갑오경장(甲午更張)이 선포된 후에는 급진적인 제도 개혁을 표방하는 수많은 법령이 논의되었다. 당시에도 상회(商會), 상회사(商會社) 등의 이름으로 영업활동을 하는 조직이 나타났으나 법적인 근거가 있던 것은 아니었다.

우리나라에서 회사에 관한 최초의 규제는 1895년 4월 19일 농상공부고시 제1호 '각 회사(會社)로부터 관허장정(官許章程)과 상업빙표(商業憑票)를 환수(還收)하는 건(件)'이다.[162] 주식회사에 관한 최초의 규제는 1905년 12월 8일에 제정된 사설철도조례(私設鐵道條例, 光武 9년, 법률 제6호)이며, 1906년 3월 21일 칙령 제12호로 제정된 은행조례(銀行條例), 제13호로 제정된 농공은행조례(農工銀行條例)에 의해서 전국적으로 은행 및 농공은행이 설립되었다. 농공은행조례에 의해서 설립된 농공은행(農工銀行)이 최초의 주식회사라고 할 수 있다. 그 이후 1908년 8월 26일에는 일본의 입김으로 동양척식주식회사법(東洋拓植株式會社法, 법률 제22호)이 제정되었으나,[163] 일반적인 회사법은 존재하지 않았다.

그러나 오랫동안 상법전은 제정되지 못하다가, 아이러니하게도 일본의 침략과 한일합방이 진행되면서 회사법을 비롯한 상사법령의 제정이 진전을 이루게 되었다. 우리나라가 일본에 주권을 빼앗긴 1910년 이후, 일본정부는 1911년 조선에 시행할 법령에 관한 법률(朝鮮에 시행할 法令에 관한 法律, 법률 제30호)을 제정하여 우리나라의 법률은 조선총독부령(朝鮮總督府令, 소위 制令)으로 정한다는 것과 이 령에 의해서 일본법률 중 우리나라에 시행할 법률을 지정하였다. 그리하여 1912년 3월 조선총독부의 조선민사령(朝鮮民事令, 制令 제7호)이 공포되고, 동령 제1조 제8호 및 제10호에 의해 일본의 상법(1899년 신상법을 말한다), 어음법(手形法), 수표법(小切手法), 유한회사법, 기타 상법시행령 등이 우리나라에서 의용(依用)되어 시행되었는데, 이를 의용상법이라고 한다.[164]

162 이범찬 외 3인, 회사법(제2판), 삼영사(2018), 48.
163 권기범, 현대회사법론(제7판), 삼영사(2017), 67.
164 그러나 이미 공포되어 있던 회사령에서는 일본 상법상 회사설립에 관한 준칙주의를 배제하고 허가주의를 취하고 있었기 때문에, 민족자본에 의한 회사설립이 억제되고 자본주의적 공업발전이 저해되었다. 이범찬 외 3인, 회사법(제2판), 삼영사(2018), 49.

2. 1962년 상법전(회사편) 제정

가. 해방 이후 상법전(회사편) 제정의 논의

1945년 해방 이후에도 미군정령에 의하여, 일본의 상법이 우리나라에 의용되었다. 대한민국 정부가 수립된 1948년 8월 15일 이후에도 제헌 헌법 제100조의 "현행법령은 이 헌법에 저촉되지 아니하는 한 효력을 가진다."는 규정에 근거하여 일본의 상법(의용상법)이 그대로 시행되어 왔으나,[165] 1963년 1월 1일부터 우리 상법전이 시행되면서 의용상법의 시대는 막을 내리게 된다.

1947년 6월 30일 미군정의 행정명령 제3호에 의하여 "민법, 친족관계, 상업관계, 범죄의 처벌, 법률의 시행 및 사법행정에 관한 현행법에 대체하여 채용된 기초법전의 완전한 초안의 작성"을 목적으로 법전편찬위원회가 설치되었다.[166] 법전편찬위원회의 상법분과위원회의 위원은 당시 사법부장 김병로, 대검찰총장 이인이었고, 임명직 위원으로는 이상기(총칙, 상행위), 김준평(수표), 최병주(해상), 홍진기(보험, 회사) 4인의 기초위원과 이순택, 이명섭, 최태영, 김우열, 한적만, 현상윤 등 일반위원 6인이 있었다.[167]

1948년 8월 15일 대한민국 정부가 수립되자 9월 15일에 대통령령 제4호로 다시 법전편찬위원회직제(法典編纂委員會職制)가 공포되었다. 상법의 기초위원은 미군정 하에서 위원으로 임명된 분들이 그대로 임명되었고, 1948년 10월경 상법총칙, 상행위법, 회사법, 보험법, 해상법에 대한 요강이 마련되었다.

주목할 사실은 미군정 때부터 민상법 통일론이 거론되었다는 점이다. 당시 주한 미군정청 법률고문이었던 찰스 로빙기어(Charles Lobingier) 박사가 제기하였고, 한국인으로는 당시 사법부 법률조사국장으로 있던 김갑수씨가 제기하였다. 그는 상법 중 회사법, 어음법, 수표법, 보험법, 해상법 등은 각각 단행법으로 제정하고 종래의 상법총칙, 상행위에 관한 규정만을 민법 각 편에 적당하게 배열하여 민법전과 통일을 기할 필요가 있다고 하였다. 이에 대하여 당시 사법부 법률조사국

165 임재호, "회사법의 변천사", 주식회사법대계 Ⅰ(제3판), 한국상사법학회 편, 법문사(2019), 3.

166 1948년 8월 15일 대한민국 정부가 탄생한 이후 상법전의 제정을 담당한 최소의 기관은 1948년 9월 15일 대통령령 제4호에 의하여 설치된 법전편찬위원회였다. 임재호, "회사법의 변천사", 주식회사법대계 Ⅰ(제3판), 한국상사법학회 편, 법문사(2019), 4.

167 임홍근, "상사법제의 변천 -그 평가와 전망-", 법제연구 제15호, 한국법제연구원(1998), 16.

법제관인 홍진기는 우리나라는 일제 치하에서 오랫동안 대륙법계의 영향을 받아 왔으므로 독일처럼 민법과 상법을 분리하고, 국제적인 통일이 필요한 분야에서는 민법과 독립하여 법전을 제정할 필요가 있다고 하면서, 회사법, 어음법, 수표법, 보험법, 해상법은 물론이고, 상법총칙, 상행위도 민법전에 편입하지 말고 각각 단행법으로 독립시킬 필요가 있다고 주장하였다.[168]

나. 1962년 제정 상법전(회사편) 탄생의 경과

우리나라의 회사법은 1962년 제정 상법전에 포함되어 처음으로 시행되었다. 위와 같이 구성된 법전편찬위원회의 상법분과위원회는 1949년 2월 10일부터 상법 초안의 작성에 착수하였고, 6·25 동란의 와중에서도 꾸준히 작업이 진행되어 1957년 11월 21일경에는 상법 초안이 마련되었는데,[169] 그 기본골격은 의용상법과 큰 차이가 없었다. 그러나 민주당의 지배하에 있던 국회에서는 상법안(원안)은 심의에 착수하지도 못한 채 1961년 1월 1일에 파기되어 정부에 반송되었고, 정부는 1961년 1월 31일 다시 국회에 제출하였으나 5.16이 발생하여 국회가 해산됨으로써 자동적으로 폐기되고 말았다.[170]

새로 집권한 5.16 군사정부는 구법령정리사업(舊法令整理事業)에 착수하면서 1961년 연말까지 일제 및 미군정기의 법령을 모두 정리하고, 정리되지 아니한 구법령은 1962년 1월 20일부터 효력을 상실한다는 내용의 구법령정리에관한특별조치법(시행 1961. 7. 15. 법률 제659호, 1961. 7. 15. 제정)을 공포하였는데, 이에 따라 정리된 가장 큰 법령이 의용상법이었다. 5.16 군사정부가 구법령정리위원회로 하여금 상법안을 조사심사한 후에 각의를 통과시키고 국가재건최고회의에 제출한 것은 1961년 9월 18일이었다. 연말까지 3개월의 시간을 남겨 두고 상법전의 심의를 맡은 법제사법위원회는 당시 법제처 차장이었던 유민상을 위원장으로 하고 상법학자인 정희철(총칙·상행위), 서돈각(회사), 박원선(보험), 손주찬(해상), 박영화(증권), 차낙훈, 조규대의 7인을 심의위원으로 하는 상법안심의소위원회를 구성하여 심의

168 임홍근, “상사법제의 변천 -그 평가와 전망-”, 법제연구 제15호, 한국법제연구원(1998), 16-17.

169 “상법초안 작성에는 8년 9개월이라는 시일을 요하였으나, 그 동안 민법전의 심의 등으로 시간을 보낸 것으로 짐작된다. 그러나 이 상법초안에는 무슨 이유인지 입법이유가 없었다.” 손주찬, “한국상법개정의 회고”, 상사법연구 제10권 0호, 한국상사법학회(1992), 28.

170 손주찬, “한국상법개정의 회고”, 상사법연구 제10권 0호, 한국상사법학회(1992), 28; 임홍근, “상사법제의 변천 -그 평가와 전망-”, 법제연구 제15호, 한국법제연구원(1998), 17.

에 착수하였다.[171] 상법안심의소위원회의 심의대상으로 회부된 상법안은 앞의 법전편찬위원회가 1957년 11월에 기초하여 1960년 1월에 국회에 제출한 전문 제1016조 부칙 47개조로 된 상법안(원안)이었다.

상법심의소위원회는 1961년 9월 20일의 첫 회의를 시작으로 같은 해 12월 29일까지 3개월 동안 49차례에 걸쳐서 집중심의를 하였다. 시간이 걸리더라도 신중한 심의를 하자는 의견이 유력하였으나, 내각에서 제출한 원안을 무시하기가 곤란하고 법령정리특별조치법에 규정된 1961년말까지 3개월 내에 종결을 지어야만 하는 사정을 고려하여, 원안을 토대로 하여 기일 내에 심의하기로 하였다. 그리고 시간관계로 어음법과 수표법만을 단행법으로 독립시키고, 다른 부분은 단일법전인 상법전에 포함하기로 하여, 전문 874개조와 부칙 12개의 상법안(수정안)을 마련하였다.[172] 수정된 상법안에서는 법전편찬위원회의 상법안(원안)을 대폭 수정하였을 뿐만 아니라 영미회사법상의 제도를 많이 수용하였다.[173] 종전 후 최대 우방국으로 등장한 미국의 회사법이 많은 영향을 미칠 것이라고 판단하였기 때문이라고 한다.[174]

그후 법제사법위원회에서는 수정안에 맞추어 상법전의 조문을 정리하여 1962년 1월 19일 국가재건최고회의의 상임위원회에 상정하여 통과되었으며, 1962년 1월 20일 법률 제1000호로써 공포되어 상법 제정에 착수한지 13년만에 그 결실을 보았다. 상법은 1963년 1월 1일부터 시행되었다.[175] [176]

다. 제정 상법전(회사편)의 주요 내용

우리 상법전은 일본 상법을 대체로 참고하였으나 그 차이도 상당하다.[177] 우리 상법전(회사편)의 내용 중 의용상법의 내용을 크게 변경하였거나 신설한 제도는 다음과 같다.

171 손주찬, "한국상법개정의 회고", 상사법연구 제10권 0호, 한국상사법학회(1992), 29; 1961년의 법제사법위원회 상법안심의소위원회는 1948년의 법전편찬위원회사 실무가 중심으로 구성되었던 것과는 달리 위원장을 제외하고는 모두 상법학자들로만 구성되었다. 임재호, "회사법의 변천사", 주식회사법대계 I (제3판), 한국상사법학회 편, 법문사(2019), 5. 각주 6).

172 임재호, "회사법의 변천사", 주식회사법대계 I (제3판), 한국상사법학회 편, 법문사(2019), 18-19.

173 상법안(원안)과 상법안(수정안)과의 차이는 임재호, "회사법의 변천사", 주식회사법대계 I (제3판), 한국상사법학회 편, 법문사(2019), 6. 각주 13) 참조.

174 손주찬, "한국상법개정의 회고", 상사법연구 제10권 0호, 한국상사법학회(1992), 30.

175 임홍근, "상사법제의 변천 -그 평가와 전망-", 법제연구 제15호, 한국법제연구원(1998), 19.

176 한편, 어음법(법률 제1001호)과 수표법(법률 제1002호)은 독립된 법전으로 동시에 공포되었다.

177 우리나라의 제정 상법과 당시 일본 상법과의 차이는 임홍근, "상사법제의 변천 -그 평가와 전망-", 법제연구 제15호, 한국법제연구원(1998), 20-21 참조.

1) 수권자본제도의 도입

상법전 제정 당시 우리나라는 전쟁으로 황폐해진 국가경제를 재건하기 위해서 자본을 조달하고 투자를 유치하는 것이 절실하였다. 그러나 의용상법이 채택하고 있던 확정자본제도는 주식회사의 자본충실에는 부합하였지만, 자본조달에는 어려움이 있었기 때문에, 제정상법은 확정자본제도 대신에 수권자본제도를 도입하였다. 제정상법이 도입한 수권자본제도는 미국의 회사법과 비슷하지만, 미국의 주회사법은 대부분 각 발기인이 1주 이상 인수·납입한 이외의 주식은 모두 미발행주식으로 하여서 회사 성립 후의 이사회에게 그 발행을 위임하고 있지만, 제정상법은 회사설립 시에 발행하는 주식의 총수는 회사가 발행할 주식의 총수의 2분의 1 이상일 것을 요구하였다는 점(제정 상법 제289조 제1항 제5호, 제2항)에서 미국의 주회사법들과 차이가 있다. 이는 당시 우리나라의 빈약한 자본 사정과 신용도를 고려한 것으로, 수권자본제도를 통해서 자본조달의 융통성을 꾀하면서도 회사설립의 남발을 방지하기 위한 것이었다.

한편, 우리나라는 회사의 원활한 자금조달을 위하여, 1984년 상법 개정에서는 회사설립 시에 발행하는 주식의 총수를 회사가 발행할 주식총수의 2분의 1 이상 요건에서 4분의 1 이상 요건으로 완화하였으며(1984년 개정 상법 제289조 제2항), 2011년 4월 상법 개정에서는 회사설립 시 발행주식총수의 요건을 규정하였던 상법 제289조 제2항 자체를 삭제하였다. 결국 신주발행을 통한 자금조달을 수월하게 하기 위해서 미국의 수권자본제도처럼 이사회의 신주발행 권한을 크게 강화한 것이다.

2) 주금의 전액납입제도의 도입

법전편찬위원회가 상법안(원안)에서 채택한 방법은 의용상법과 마찬가지로, 회사의 설립 시 또는 신주의 발행 시에는 주식인수인은 인수한 주식의 전부가 아닌 일부만을 납입하게 하고 그 나머지는 회사가 성립한 후 또는 신주의 효력 발생 후에 분할하여 납입하는 분할납입제도였다. 그러나 제정상법은 자본조달의 기동성을 위하여 수권자본제도를 도입하였으므로 더 이상 분할납입제도를 유지할 명분을 잃게 되었다. 분할납입제도 하에서는 회사의 장래가 불안할 때에는 미납입한 주금의 징수가 어렵고, 호황일 때에는 주가의 인상으로 분할납입이 투기의 대상으로 악용되는 등 그 폐단이 적지 않았기 때문이다.[178] 이에 제정상법 제305

178 임재호, "회사법의 변천사", 주식회사법대계 I (제3판), 한국상사법학회 편, 법문사(2019), 9.

조(주식에 대한 납입) 제1항은 "회사설립 시에 발행하는 주식의 총수가 인수된 때에는 발기인은 지체없이 주식인수인에 대하여 각 주식에 대한 인수가액의 전액을 납입시켜야 한다."고 하면서 전액납입제도를 도입하였다. 이 조항은 현행 상법에서도 그대로 유지되고 있다.

3) 주주의 신주인수권 법정

의용상법은 확정자본제도를 채택하였고 신주의 발행은 주주총회의 특별결의 사항이었기 때문에 누구에게 신주를 인수시킬 것인지는 주주들이 결정하였으므로 특별히 문제되지 아니하였다. 의용상법이 주주의 신주인수권에 대해서 특별한 규정을 두고 있지 아니하였던 것도 같은 맥락에서 이해할 수 있다.

그러나 수권자본제도를 도입한 제정상법에서는 신주의 발행은 원칙적으로 이사회가 결정하였으므로, 기존주주의 이익을 보호하기 위해서는 주주의 신주인수권을 보장할 필요가 있었다. 이를 반영하여 제정상법 제418조(신주인수권의 내용)는 "주주는 정관에 다른 정함이 없으면 그가 가진 주식의 수에 따라서 신주의 배정을 받을 권리가 있다."고 하면서 주주의 신주인수권을 보장하였다.

이 조항은 2001년 7월 상법개정 시에 제418조 제2항("회사는 제1항의 규정에 불구하고 정관에 정하는 바에 따라 주주 외의 자에게 신주를 배정할 수 있다. 다만, 이 경우에는 신기술의 도입, 재무구조의 개선 등 회사의 경영상 목적을 달성하기 위하여 필요한 경우에 한한다.")이 신설되면서 일부 변경이 있었으나, 주주의 신주인수권을 인정하는 제정상법의 태도는 현재까지도 유지되고 있다.

4) 상환주식제도의 도입

의용상법에서도 정관으로 정한 경우에는 이익으로 주식을 소각하는 것이 허용되었으나, 이 경우에는 주주평등원칙이 적용되었으므로 일부의 주식만을 대상으로 하는 이익소각은 인정되지 않았다. 이를 반영하여 제정상법은 제344조(수종의 주식)에서 수종의 주식을 규정하고, 제345조(상환주식) 제1항에서 "전조의 경우에는 이익배당에 관하여 우선적 내용이 있는 종류의 주식에 대하여 이익으로써 소각할 수 있는 것으로 할 수 있다.", 제2항에서 "전항의 경우에는 상환가액, 상환기간, 상환방법과 수를 정관에 기재하여야 한다."고 하면서 이익으로 소각할 수 있는 상환주식제도를 도입하였다.

제정상법의 상환주식제도는 영미회사법상의 상환주식제도를 수용한 당시의 일본 개정상법을 참고하여 도입한 제도인데, 일본의 상법은 상환할 수 있는 주식의 종류를 제한하지 않았으나,[179] 우리 제정상법은 이익배당우선주에 한하여 상환주식으로 발행할 수 있게 하였다(제정상법 제345조 제1항).

한편, 2011년 4월 상법개정에서 수종의 주식은 종류주식으로 개편되었고, 상환주식은 주식의 상환에 관한 종류주식(상법 제345조)으로 변경되었으나 기본적인 구조와 내용은 그대로 유지되고 있다.

5) 주식의 양도성 확보

의용상법에서는 주식의 양도는 원칙적으로 자유이나 정관으로 제한할 수 있었다. 그러나 제정상법은 주식의 양도성은 주식회사의 본질적 요소라고 보고, 제정상법 제335조(주식의 양도성) 제1항 "주식의 양도는 정관에 의하여도 이를 금지하거나 제한하지 못한다.", 제2항 "주권발행 전에 한 주식의 양도는 회사에 대하여 효력이 없다."고 규정하면서, 주식양도의 자유를 절대적으로 보장하였다.

한편, 2011년 개정상법 제335조(주식의 양도성) 제1항은 "주식은 타인에게 양도할 수 있다. 다만, 회사는 정관으로 정하는 바에 따라 그 발행하는 주식의 양도에 관하여 이사회의 승인을 받도록 할 수 있다."고 하면서, 주식양도의 자유를 인정하되 정관으로 주식의 양도를 제한할 수 있도록 하였다. 그러나 정관으로 주식양도의 자유를 제한하는 경우에도 주식양도에 관한 주주의 권리를 본질적으로 침해하는 것은 허용되지 않는다.

6) 주식회사 기관구조의 변경

의용상법은 주주총회를 최고의 경영기관으로 하고 이사와 감사를 정립시킴으로써 기관 간 권한남용을 상호 견제하고 조화를 도모하였다. 그러나 제정상법은 수권자본제도 등 이사회의 권한을 강화하면서, 주주총회와 이사회의 간에 명확한 권한 분장이 필요해지자, 제361조(총회의 권한)에서 "주주총회는 본법 또는 정관이 정하는 사항에 한하여 결의할 수 있다."는 규정을 신설하여 종전까지 만능의 기관으로 되어있었던 주주총회의 권한을 대폭 축소하였다.

제정상법은 의용상법상 이사의 단독기관제를 지양하고 영미회사법의 이사회제도를 수용하여, 이사회가 주주총회의 권한 외의 사항을 대부분 결정할 수 있도록 하는 이사회 중심주의를 채택하였다(제정상법 제393조). 그리고 다수의 이사가 있는 경우에 모든 이사가 회사를 대표할 수는 없으므로 대표이사제도를 설정하여

179 임재호, "회사법의 변천사", 주식회사법대계 I (제3판), 한국상사법학회 편, 법문사(2019), 11.

회사를 대표할 권한을 부여하였다(제389조). 한편 방대한 권한을 가지게 된 이사회의 신중한 권한 행사를 위하여 "이사회의 결의는 이사전원의 과반수로 하여야 한다."(제391조 제1항)고 규정하여 이사회의 결의정족수를 엄격하게 하였다.

한편 의용상법에서 감사는 업무감사권과 회계감사권을 모두 가지고 있었으나, 제정상법 제412조 제1항은 "감사는 언제든지 회계의 장부와 서류를 열람 또는 등사할 수 있고 이사에 대하여 회계에 관한 보고를 요구할 수 있다."고 감사의 회계감사권만을 규정하면서, 업무감사권은 이사회에 넘겨주고 회계감사권만 행사할 수 있게 하였다. 감사의 권한을 회계감사권에 한정한 것은 기업경영이 복잡해졌기 때문에 평소 업무집행에서 소외되어 있는 감사에게 업무집행의 합목적성 판단을 기대하는 것은 무리라고 생각하였기 때문이다.[180]

7) 소수주주권의 강화

제정상법이 이사회 중심주의를 채택함에 따라 주주총회의 권한이 대폭 축소되었으므로, 이에 대응하여 주주가 직접 이사의 회사 경영에 대한 감독 권한을 행사할 수 있도록 주주의 위법행위유지청구권(제정상법 제402조), 대표소송제도(제403조)를 도입하였고, 회계장부의 열람권(제466조), 회사의 해산판결청구권(제520조)도 인정하여 주주의 지위를 강화하였다.

라. 제정상법의 특징

제정상법 제3편(회사)은 독일 회사법을 계수한 일본상법(의용상법)을 모델로 하면서, 미국 회사법의 일부 제도를 수용하였다. 미국 회사법의 수권자본제도를 도입하면서도 회사설립 시에 발행주식총수를 회사가 발행할 주식총수의 2분의 1 이상일 것을 요구하여 자본충실을 도모하였다(제정상법 제289조 제1항 제5호, 제2항). 감사 선임 시에는 발행주식총수의 100분의 3을 초과하는 주식을 가진 주주에게 그 초과하는 주식에 관하여 의결권을 행사하지 못하도록 하였는데(제410조 제1항) 이는 세계에서 다른 사례를 찾아볼 수 없는 우리 상법의 독특한 규정이다.

그러나 일본 상법과는 차이도 상당하다. 1950년의 일본 개정상법이 도입한 무액면주식제도, 이사 선임의 집중투표제도, 주식배당제도 등은 도입하지 아니하였으며, 준비금의 자본전입은 일본이 이사회의 권한으로 한 것을 주주총회의 권한으로 하였으며, 이사의 위법행위유지청구권도 일본이 단독주주권으로 한 것을

180 정희철, "한국상법의 특색", 사회과학 제10권 제1호, 성균관대학교 사회과학연구소(1971), 94.

소수주주권으로 하고,[181] 일본법의 특별청산제도를 없애고 회사정리법을 따로 제정하였다.[182]

3. 1984년 상법(회사편) 개정

우리 상법은 1962년 제정 당시로는 앞선 입법이었으나, 급속한 경제발전에도 불구하고 제정 후 20년 가까이 개정되지 아니하여 경제 현실과의 괴리가 극심하여 기업사회의 새로운 요구에 부합하지 못한다는 비판이 제기되었다. 이에 변화된 경제 여건과 기업의 실태를 반영하여 1984년에 상법이 개정되었다.

1975년 12월 법무부는 법무자문위원회 특별분과위원회를 구성하여 상법개정 문제를 토의하였으나 성안에는 이르지 못하였다. 정부는 1981년 7월에 이르러서야 정식으로 상법개정방침을 결정하고, 법무부 내에 검사 7인으로 민상법개정자체연구반을 편성하고 개정이 필요한 내용을 분석하기 시작하였다. 1981년 12월에는 민상법개정특별심의위원회규정(대통령령 제10643호)이 공포되었고, 법무부차관을 위원장으로 교수·법관·검사·유관기관 및 경제단체관계자 등으로 상법분과위원회를 구성하고(전문위원 신현무, 법무과장 박휴상 검사) 개정 작업에 착수하였다. 분과위원회는 손주찬, 이범찬, 박길준, 양승규, 이균성의 5명으로 소위원회를 구성하였다.[183] 처음에는 상법 전반에 걸치는 개정안을 작성하기로 하였으나, 보험과 해상편은 뒤로 미루고, 총칙과 회사편을 대상으로 하여 45개 항목 120개 조문의 시안이 만들어졌다. 상법개정안은 공청회를 거친 후 1984년 3월 17일 국회 본회의에서 상법중 개정법률(법률 제3724호)로서 통과되었다. 시행일은 1984년 9월 1일이다.[184]

1984년 개정상법 제3편 회사편의 중요한 개정 내용은 다음과 같다.

가. 수권자본비율, 사채의 발행한도 확대 등 자본조달의 편의 도모

제정상법은 자본조달의 편의를 위하여 수권자본제도를 도입하면서도 회사설립 시 발행주식총수는 회사가 발행할 주식총수의 2분의 1 이상일 것을 요구하고(제정상법 제289조 제1항 제5호, 제2항), 사채의 총액은 자본과 준비금의 총액을 초과하지 못한다(제470조 제1항)고 규정하는 등 회사의 자본 조달에 지나치게 엄격하다는 비판을 받았다.

181 임재호, "회사법의 변천사", 주식회사법대계 Ⅰ(제3판), 한국상사법학회 편, 법문사(2019), 14.
182 임홍근, "상사법제의 변천 -그 평가와 전망-", 법제연구 제15호, 한국법제연구원(1998), 20.
183 손주찬, "한국상법개정의 회고", 상사법연구 제10권 0호, 한국상사법학회(1992), 32.
184 임홍근, "상사법제의 변천 -그 평가와 전망-", 법제연구 제15호, 한국법제연구원(1998), 24.

이에 1984년의 상법 개정에서는 기업의 자금조달을 원활하게 하기 위하여, ①회사설립 시의 발행주식총수는 회사가 발행할 주식총수의 4분의 1 이상일 것으로 그 기준을 완화하였고(1984년 개정상법 제289조 제2항. 현행상법에서 상법 제289조 제2항은 삭제되었다), ②"사채의 총액은 자본과 준비금의 총액의 2배를 초과하지 못한다."(1984년 개정상법 제470조 제1항)고 개정하여 제정상법에서 자본금과 준비금의 총액 범위 내로 정하고 있던 사채의 발행한도를 2배까지로 확대하였으며, ③이익배당총액의 2분의 1 한도 내에서 주식으로도 이익배당을 할 수 있는 주식배당제도를 새로이 도입하고(1984년 개정상법 제462조의2), ④주주총회 결의사항으로 되어 있던 준비금의 자본전입을 이사회결의사항으로 변경하는(1984년 개정상법 제461조 제1항) 등 회사의 자금조달을 위한 편의를 제고하였다.

나. 명의개서대리인제도의 확대 등 투자자의 보호

기명주식의 이전은 주주명부에 취득자의 성명과 주소를 기재하여야 회사에 대항할 수 있다. 그러나 제정상법상 주주명부는 회사본점에 비치하게 되어 있었으므로(제정상법 제396조 제1항) 명의개서를 위해서는 주주가 직접 본점에 가거나 주권을 송부하여야 했는데 이는 불편할 뿐 아니라 위험이 따르는 일이었다.

1984년 개정상법은 ①기명주주의 편의를 도모하고 명의개서절차의 신속성과 안전성을 보장하기 위하여 구 자본시장육성에 관한 법률 제11조의6(명의개서대리인)에 의하여 상장법인에 한하여 인정되는 명의개서대리인제도를 상법에 도입하여 주식회사 일반에 적용되는 제도로 하였고(1984년 개정상법 제337조 제2항), ②회사성립 후 또는 신주의 납입기일 후 6월이 경과한 때에는 주권발행 전이라도 주식을 양도하여 회사에게 그 효력을 주장할 수 있도록 하였으며(1984년 개정상법 제335조 제2항), ③구 자본시장육성에 관한 법률 제11조의7(주권의 불발행)에 의하여 상장법인에 한하여 적용되던 주권불소지제도를 상법에 신설하였고(1984년 개정상법 제358조의2), ④주식의 신탁등으로 인한 주주명부상 주주와 실제주주(실질주주)가 다른 현상에 대비하여 실제주주의 이익을 보호할 수 있도록 의결권의 불통일행사를 인정하였으며(1984년 개정상법 제368조의2), ⑤신주인수권의 양도성과 신주인수권증서에 의한 양도방법을 정하였고(1984년 개정상법 제416조), ⑥불공정한 가액으로 신주를 발행하는 것을 방지하기 위하여 현저하게 불공정가액으로 주식을 인수한 자의 책임 조항을 도입하는(1984년 개정상법 제424조의2) 등 투자자와 이해관계인을 보호하기 위한 각종 조항을 신설하거나 정비하였다.

다. 주주총회 운영의 합리화

제정상법은 주주총회결의부존재확인의 소에 관하여 아무런 규정도 두지 않았기 때문에 민법과 민사소송법의 일반원칙이 적용되어, 주주총회결의부존재확인의 확정판결을 받더라도 그 효력이 제3자에게는 미치지 않았다(대법원 1969. 5. 13. 선고 69다279 판결). 이 때문에 주주총회결의부존재확인판결에 대해서도 대세적 효력을 인정하여 법률관계를 획일적으로 확정하여야 한다는 비판이 제기되었고, 대법원은 1982년 9월 "주주총회 결의부존재확인의 소송에 대해서는 결의무효확인의 소송에 관한 상법 제380조의 규정을 준용하고 그 결의부존재확인판결의 효력은 제3자에게 미치고 그 부존재확인소송에 있어서 피고가 될 수 있는 자도 회사로 한정된다."(대법원 1982. 9. 14. 선고 80다2425 전원합의체 판결)고 하면서 기존의 판례를 변경하여 주총결의부존재확인 판결의 대세적 효력을 인정하였다.

이를 반영하여 개정상법은 ①주주총회결의 무효확인의 소 외에 주주총회결의 부존재확인의 소도 회사법상의 소로 규정하였다(1984년 개정상법 제380조 후단). 그리고 ②주주의 권리행사와 관련하여 회사가 이익공여를 하는 것을 금지하고 위반자를 처벌하는 규정을 신설하였다(1984년 개정상법 제467조의2, 제634조의2).

라. 이사, 이사회의 권한 강화 등

1984년 개정상법에서는 이사회 중심의 체제를 유지하되 그 동안 운영과정에서 지적되어 온 부분들을 개선하였다.

구체적으로 ①제정상법에서는 "이사의 임기는 2년을 초과하지 못한다"(제정상법 제383조 제2항)고 되어 있었는데 너무 짧다는 비판이 많았다. 1984년 개정상법은 회사경영의 안정과 능률을 위하여 "이사의 임기는 3년을 초과하지 못한다"고 하면서 이사의 임기를 연장하였다(1984년 개정상법 제383조 제2항). ②제정상법 제393조는 "회사의 업무집행과 지배인의 선임이나 해임은 이사회 결의로 한다."고 되어 있었으나, 1984년 개정상법 제393조 제1항은 "회사의 업무집행, 지배인의 선임 또는 해임과 지점의 설치·이전 또는 폐지는 이사회의 결의로 한다."고 규정하여 지점의 설치·이전 또는 폐지를 추가하였고, 제393조 제2항 "이사회는 이사의 업무집행을 감독한다."는 규정을 추가하여 이사회의 이사에 대한 업무집행 감독권을 명문화하였으며, ③제정상법 제391조 제1항은 이사회의 결의요건을 "이사회의 결의는 이사전원의 과반수로 하여야 한다."고 규정하였으나, 1984년 개정상법 제393조 제1항은 "이사회의 결의는 이사 과반수의 출석과 출석이사의 과반수로 하여야 한다. 그러나 정관으로 그 비율을 높게 정할 수 있다."고 하면서 이사회의 결의요건을 완화하였고, ④준비금의 자본 전입을 주주총회결의사항에서 이사회결의사항으로 변경하였다(1984년 개정상법 제461조 제1항). 위와 같이 1984년에 개정된 이사회의 체계와 내용은 2020년 현재까지도 이어져 오고 있다.

마. 감사의 권한 강화와 임기 연장

제정상법은 이사회가 이사에 대한 업무감사권을 행사하고, 감사에게는 원칙적으로 회계감사권만을 인정하였으나(제정상법 제412조 제1항), 이사회가 그 구성원인 이사에 대해서 업무감사권을 행사하는 것에는 한계가 있음이 드러났고 이에 1984년 상법 개정 시에는 감사의 권한을 강화하는 각종 조치가 도입되었다.

구체적으로 감사에게 ①회계감사권 외에 업무감사권까지 부여하였고(1984년 개정상법 제412조 제1항), ②이사에 대하여 영업에 관한 보고를 요구하거나 업무와 재산상태를 조사할 권한을 부여하고(1984년 개정상법 제412조 제2항), 이사회 출석·의견진술권(1984년 개정상법 제391조의2 제1항), 회사와 이사 간 소송에 대한 회사대표권(1984년 개정상법 제394조),[185] 이사의 위법행위유지청구권(1984년 개정상법 제402조)을 인정하였으며, ③회사 설립무효의 소권(1984년 개정상법 제328조), 주주총회 결의취소의 소권(1984년 개정상법 제376조), 신주발행무효의 소권(1984년 개정상법 제429조), 회사 합병무효의 소권(1984년 개정상법 제529조) 등을 인정하고, ④감사의 임기도 1년에서 2년으로 연장하는(1984년 개정상법 제410조. 한편, 1995년 개정상법 제410조는 감사의 임기를 취임 후 3년 내의 최종결산기에 관한 정기총회의 종결시까지로 또 다시 연장하였다) 등 감사의 권한과 지위를 대폭 강화하였다.

바. 최저자본금 규정 등 회사제도의 남용 금지 조항 마련

원래 주식회사는 어느 정도 규모가 큰 기업조직에 적합하지만, 우리나라의 주식회사는 대부분 중소규모이고, 적지 않은 수의 주식회사가 개인기업 내지 가족기업으로 이용되고 있어서, 본래의 취지에 맞게 주식회사 제도를 운용하기 위해서는 최저자본금 제도 등을 도입하는 것이 바람직하다는 주장이 제기되었다.

이에 개정상법은 ①주식회사의 최저자본금을 5천만원 이상으로 정하되[186] 기

185 1962년 제정상법 제394조는 이사와 회사 간의 소에서는 이사회가 그 소에 관하여 회사를 대표할 자를 선정하도록 하였다. 다만, 그럼에도 불구하고 주주총회는 회사를 대표할 자를 선정할 수 있도록 하였다.

186 1984년 개정상법이 주식회사의 최저자본액을 5천만원으로 정하였는데(1984년 개정상법 제329조 제1항), 이는 당시 일본상법에 규정되어 있지 않은 내용이었고, 독일, 프랑스 등의 입법례를 참조한 것이다.

존 회사를 보호하기 위하여 3년간 경과기간을 두었고(1984년 개정상법 제329조 제1항. 동법 부칙 제4조, 2009년 개정상법은 최저자본금 규정을 다시 삭제하였다), ②주식의 최저권면액을 "5천환"에서 "5천원"으로, 사채의 최저권면액을 "천환"에서 "1만원"으로 각각 인상하였으며(1984년 개정상법 제329조 제4항, 제472조 제1항. 한편, 1998년 12월 개정상법 제329조 제4항은 자본규제의 완화와 주금액의 명목화에 부응하여 1주의 금액을 사회통념상 최저화폐단위인 100원 이상으로 다시 낮추었다.[187] 사채의 액면가를 제한하는 상법 제472조는 2011년 4월 상법개정 시에 삭제되었다), ③최후의 등기 후 5년을 경과한 회사에 대하여는 영업의 폐지 여부를 법원에 신고하도록 하고, 신고하지 아니한 회사는 해산된 것으로 간주하는 휴면회사의 해산의제 제도를 도입하였다(1984년 개정상법 제520조의2).

사. 상호출자의 규제

주식의 상호보유는 사실상 출자의 환급이 되어 회사의 자본충실을 해치고, 주주총회결의를 왜곡하여 회사의 지배권을 유지하는 수단으로 악용된다는 비판이 제기되었다.

이에 개정상법은 ①자회사의 모회사 주식 취득을 금지하고(1984년 개정상법 제342조의2), ②자본금의 10%를 초과하는 금액의 출자를 받은 회사가 반대로 출자회사의 주식을 소유하는 경우에는 의결권을 박탈하는 상호주 의결권 제한 규정(1984년 개정상법 제369조 제3항)을 신설하여 주식회사 간의 상호출자를 규제하였다.

아. 상업장부의 종류 변경

개정상법은 상업장부의 종류에서 일기장, 재산목록을 삭제하고, 그 대신 회계관행에 따라 회계장부에 의하여 대차대조표를 작성하도록 하였다(1984년 개정상법 제29조, 1962년 제정상법 제29조, 제30조).

4. 1995년 12월 상법(회사편) 개정

1984년 상법 개정 이후에는 WTO 체계의 출범 등 세계경제질서가 재편되면서 국제적인 경쟁이 심화되는 등 사회·경제적 여건이 급속히 변화되었다. 이에 정부는 1990년 4월 법무부 내에 손주찬 교수를 위원장으로 하는 상법개정특별분과위원회를 설치하여 상법개정안을 마련하고, 1994년 11월 상법중 개정법률안으로 국회에 제출하였다. 상법개정안은 국회 법제사법위원회에서 몇 가지 내용이 수정

187 박길준, "주식·주주권에 관한 개정상법 해설", 고시계 제44권 제3호, 고시계사(1999), 8.

되어 상법중 개정법률(시행 1996. 10. 1. 법률 제5053호, 1995. 12. 29., 일부 개정)로서 통과되었다. 1995년 개정상법에는 상법총칙과 상행위법의 내용도 일부 포함되어 있었지만, 대부분은 기업의 활성화를 도모하고, 자본시장 발전에 부응하여 주주들의 권익을 보장하기 위한 내용이었다. 회사편의 중요한 개정 내용은 다음과 같다.

가. 주식회사의 설립절차의 간소화

1995년 개정상법은 7인 이상으로 되어 있는 주식회사 발기인의 수를 3인 이상으로 축소하였다(1995년 개정상법 제288조. 2001년 개정상법은 발기인의 숫자에 대한 제한 자체를 철폐하였다). 물적회사인 주식회사의 성격상 설립 후에 1인회사로 되는 것은 어쩔 수 없지만 처음부터 1명의 발기인만으로 주식회사를 설립할 수 있도록 하는 것은 법 감정에 맞지 않고, 유한회사의 사원이 2인 이상이기 때문에 주식회사는 그보다 많아야 하는데, 발기인의 의사결정기능 등을 고려하면 이사회를 구성하는 이사의 숫자와 비슷하게 3인으로 정하는 것이 합리적이라는 의견에 근거한 것이다.[188]

개정전 상법에서는 현물출자의 과대평가 등으로 인한 폐해가 수반되는 경우에 발기인에게 책임을 묻기 위해서, 현물출자는 발기인에 한하여 할 수 있도록 규정하고 있었다(개정전 상법 제294조). 그러나 발기인만이 현물출자를 할 수 있다고 하면 필요한 경우에도 현물출자가 이루어지지 못하고, 현물출자자의 자격을 제한하는 입법례도 당시의 일본 상법 제168조 제2항 정도에 불과하였다. 이에 1995년 개정상법은 현물출자자의 자격을 발기인에 한정하는 상법 제294조를 삭제하였다.

종전에는 발기설립이든 모집설립이든 현물출자, 재산인수, 발기인의 보수 등 변태설립사항은 반드시 법원이 선임하는 검사인의 조사를 받도록 하고 있었는데(상법 제299조, 제310조), 이러한 검사인의 필수적 조사제도는 회사설립에 장애가 되고 있다는 비판이 많았다. 이에 1995년 개정상법은 상법 제299조의2(현물출자등의 증명)를 신설하여 발기인이 받을 특별이익과 설립비용, 발기인의 보수에 관하여는 공증인의 조사·보고로, 현물출자 및 재산인수에 관한 사항에 대해서는 공인된 감정인의 감정으로 법원이 선임한 검사인의 조사를 갈음할 수 있도록 하였다.

한편, 우리나라의 주식회사의 대부분은 1인 주주나 소수의 가족에 의해서 설립되고 있었기 때문에 사실상 발기설립에 해당하는 경우가 많았으나 대부분이 모

188 김교창, "회사편에 대한 발표의견", 상법(총칙·상행위·회사편)개정안 해설, 법무부(1995.9), 140.

집설립의 형식을 이용하여 왔는데, 그 이유는 발기설립 시에는 변태설립사항의 조사이든지 인수한 주금의 납입이든지에 관계없이 법원이 선임하는 검사인에 의한 조사절차를 필수적으로 거치도록 하고 있었기 때문이었다(개정전 상법 제299조 제1항 제1호, 제300조).[189] 이에 1995년 개정상법은 변태설립사항을 제외하고는 발기설립의 경우에도 법원이 선임한 검사인의 필수적 조사제도를 거치지 않고(1995년 개정상법 제299조 제1항), 이사 및 감사에 의한 설립조사절차(상법 제298조)만을 거치게 함으로써 주식회사의 설립절차를 간소화하였다.

나. 주주총회 의사정족수의 철폐 등 주주총회의 원활화

개정전 상법은 주주총회 보통결의 정족수와 관해서는 "총회의 결의는 ~ 발행주식의 총수의 과반수에 해당하는 주식을 가진 주주의 출석으로 그 의결권의 과반수로 하여야 한다."(개정전 상법 제368조 제1항)고 규정하고, 주주총회 특별결의 정족수에 관해서는 "~ 발행주식의 총수의 과반수에 해당하는 주식을 가진 주주의 출석으로 그 의결권의 3분의 2 이상의 다수로서 하여야 한다."(개정전 상법 제434조)고 규정하고 있었는데, 다수의 주주에게 주식이 분산되면서 출석율은 저조해지고 의사정족수 미달로 주주총회가 성립조차 하지 못하는 경우가 많았기 때문에, 의사정족수를 완화하자는 주장이 끊임없이 제기되었다. 이에 1995년 개정상법은 주주총회 보통결의 정족수는 "출석주주의 의결권의 과반수와 발행주식총수의 4분의 1 이상"(1995년 개정상법 제368조 제1항)로 하고, 특별결의 정족수는 "출석한 주주의 의결권의 3분의 2 이상의 수와 발행주식총수의 3분의 1 이상"(1995년 개정상법 제434조)으로 규정함으로써, 의사정족수 요건을 없애고 의결정족수만 충족하면 주주총회 결의가 가능하도록 정족수 요건을 완화하였다.

한편, 1995년 개정상법은 주주총회의 소집통지가 주주명부상의 주주의 주소지에 3년간 도달하지 않은 경우 회사는 그 주주에게 소집통지를 하지 않아도 되는 것으로 정하였다(1995년 개정상법 제363조 제1항 단서 신설).

개정상법은 제376조의 주주총회결의 결의취소의 소, 제380조의 결의무효 및 부존재확인의 소에서 소급효가 인정되는지가 논란이 되자, 제190조 단서의 적용을 배제하고 제190조 '본문'만이 준용됨을 명확하게 정함으로써(1995년 개정상법 제380조), 주주총회 결의취소, 무효와 부존재확인 판결에 소급효를 인정하는 것으로

189 이철송, "회사법 개정논리의 검토", 상법개정에 관한 연구, 한국증권업협회(1994), 106.

변경하였다.

개정상법은 주주총회 결의내용이 정관에 위반하는 경우에는 주주총회결의 무효의 소의 원인으로 하던 것을 주주총회결의 취소의 소의 원인으로 변경하는(1995년 개정상법 제376조 제1항) 등 주주총회 운영의 합리화를 도모하였다.

다. 주주등 이해당사자의 보호

1995년 개정상법은 주주 및 채권자를 비롯한 이해당사자의 이익을 보호하거나 조정하기 위하여, ①영업의 양도·양수·임대 등 주요사안에 대한 결의에 반대하는 주주에게 회사를 상대로 한 주식매수청구권을 인정하고(1995년 개정상법 제374조의2), ②절대적인 자유가 인정되던 주식양도에 대해서 정관이 정하는 바에 따라 이사회의 승인을 요구할 수 있도록 하였으며(1995년 개정상법 제335조 제1항 단서, 제2항), ③이익배당우선주에 대해서는 정관으로 최저배당율을 정하도록 하였고(1995년 개정상법 제344조 제2항. 2011년 4월 개정상법에서는 최저배당율 문구는 삭제되었다), ④전환권을 행사한 주식에 대한 이익이나 이자의 배당과 관련하여 각종 신주발행의 효력발생시기를 직전 영업연도 말로 소급하는 규정(1995년 개정상법 제350조 제3항, 제423조 제1항, 제461조 제6항, 제462조의2 제4항, 제516조 제2항, 제516조의9, 제350조 제3항) 등을 마련하였다.

라. 감사의 임기 연장과 권한 강화

앞에서 살펴보았듯이 1984년 개정상법은 감사의 임기를 1년에서 2년으로 연장하는 등 감사의 지위를 강화하였지만, 1995년 개정상법은 주식회사의 건전한 경영을 위해서 감사의 권한과 지위를 또 다시 강화하였다.

개정상법은 ①"감사의 임기는 취임 후 2년내의 최종의 결산기에 관한 정기총회의 종결시까지로 한다"(1984년 개정상법 제410조 제3항)는 규정을 "취임 후 3년내의 최종의 결산기에 관한 정기총회의 종결시까지로 한다."(1995년 개정상법 제410조)고 개정하여 감사의 임기를 연장하고,[190] ②감사에게 임시주주총회의 소집을 청구할 수 있도록 하였으며(1995년 개정상법 제412조의3), ③모회사의 자회사에

190 이사의 임기는 3년을 초과하지 못하고 다만 정관으로 그 임기 중의 최종의 결산기에 관한 정기주주총회의 종결에 이르기까지 연장할 수 있도록 되어 있는데(상법 제383조 제2항, 제3항), 이는 이사의 임기는 정관에서 1년, 2년, 3년으로 정할 수 있다는 뜻이다. 반면에 감사의 임기는 "취임 후 2년 내의 최종의 결산기에 관한 정기총회의 종결 시"까지로 되어 있었다. 즉, 이사와 달리 감사는 그 임기가 법정되어 있어서 회사가 달리 정할 수 없다. 그런데 현실은 마치 감사의 임기는 이사의 임기에 비하여 짧은 것처럼 인식되고 있었기 때문에, 이를 반영하여 감사의 임기도 3년으로 맞추었다. 김교창, "회사편에 대한 발표의견", 상법(총칙·상행위·회사편)개정안 해설, 법무부(1995.9), 155.

대한 실질적인 감사권을 보장하기 위하여 모회사 감사에게 자회사의 영업보고를 요구할 수 있도록 하고, 보고내용을 확인할 필요가 있는 때에는 자회사의 업무와 재산상태를 조사할 수 있도록 하며(1995년 개정상법 제412조의4), ④주주총회에서 감사 해임에 관하여 의견을 진술할 수 있도록 하고(1995년 개정상법 제409조의2), ⑤회사에 현저하게 손해를 미칠 염려가 있는 사실을 발견한 이사는 즉시 감사에게 보고할 의무를 부여하는(1995년 개정상법 제412조의2) 등 감사의 지위와 권한을 강화하였다.

마. 발행주식총수의 4배 초과 증자를 제한하는 규정의 삭제

개정전 상법 제437조는 "회사가 발행할 주식의 총수를 증가하는 경우에는 발행주식총수의 4배를 초과하지 못한다."는 증자 제한규정을 두고 있었으나, 1995년 개정상법은 수권자본제도의 탄력적인 운영을 위하여 제437조를 삭제하였다.

개정전 상법 제470조 제1항은 주식회사의 과도한 부채 부담을 우려하여 "사채의 총액은 자본과 준비금의 총액의 2배를 초과하지 못한다.", 동조 제2항은 "최종의 대차대조표에 의하여 회사에 현존하는 순재산액이 자본과 준비금의 총액에 달하지 못할 때에는 사채의 총액은 그 재산액의 2배를 초과하지 못한다."고 규정하고 있었는데, 1995년 개정상법 제470조 제1항은 회사의 자본조달 편의를 위해서 "사채의 총액은 최종의 대차대조표에 의하여 회사에 현존하는 순자산액의 4배를 초과하지 못한다."고 사채의 발행한도를 높이고, 순재산액과 연결시켜 사채발행을 제한하는 개정전 상법 제470조 제2항을 삭제함으로써 회사가 편리하게 타인자본을 조달할 수 있도록 하였다.

바. 회사합병절차의 간소화

주식회사가 합병을 함에 있어서는 주주총회의 승인을 얻어야 하지만, 1995년 개정상법은 회사의 합병절차를 간소화하기 위하여 ①흡수합병 시에 소멸회사의 총주주의 동의가 있거나 소멸회사의 주식 전부를 존속회사가 소유하는 경우에는 소멸회사의 주주총회 승인은 이사회의 승인으로 갈음할 수 있도록 하고(1995년 개정상법 제522조 제1항 단서), ②흡수합병 시에 존속회사의 보고총회를 유지하되 이사회의 공고로서 주주총회에 대한 보고에 갈음할 수 있도록 하였다(1995년 개정상법 제526조 제3항).

5. 1998년 상법(회사편) 개정

1997년말에는 외환위기 사태에 처하여 원활하고 합리적인 경제구조 개편의 필요성이 제기되면서 상법 특히, 회사 제도의 신속한 개정이 요구되었다. 정부는 1997년 12월 상법개정특별분과위원회를 설치하여 1998년 3월 31일까지 상법개정 요강안을 작성하였고, 1998년 7월 7일 국회에 제출하였다. 이 상법개정안은 1998년 12월 2일 국회를 통과하였고 같은 달 28일 공포 즉시 시행되었다. 1998년의 상법개정은 국제통화기금(IMF)의 자금지원을 받으면서 합의한 조건을 이행하기 위하여 이루어졌던만큼 신설된 제도가 많았다. 기업구조조정 제도, 회사분할제도 등이 과감하게 도입되었으나, 급박하게 개정이 진행되면서 그동안 꾸준히 제기되어 오던 최저자본금 제도의 폐지와 자기주식 취득의 허용 여부, 이사회 결의사항의 확대, 서면투표제도의 도입 등은 논의되지 못했다.

1998년 개정상법(시행 1998. 12. 28. 법률 제5591호, 1998. 12. 28., 일부개정)의 중요한 개정 내용은 다음과 같다.

가. 소규모합병 제도의 도입 등 회사합병절차의 간소화

개정상법은 그간 실무계에서 강하게 요청하여 오던 소규모합병 제도를 신설하고, 기업의 구조조정 및 M&A 의 활성화를 위한 제도적 장치를 마련하였다.

개정전에는 상법 제522조(합병계약서와 그 승인결의)에 포함되어 있던 간이합병을 상법 제527조의2(간이합병)를 신설하여 분리하였다. 간이합병의 기준도 완화하였다. 개정전 상법 제522조 제1항 단서에서는 "~ 합병으로 인하여 소멸하는 회사 총주주의 동의가 있거나 그 회사의 발행주식총수를 합병후 존속하는 회사가 소유하고 있는 경우에는 ~ 이사회의 승인으로 갈음할 수 있다."고 되어 있었으나, 1998년 개정상법은 제527조의2를 신설하면서 간이합병의 기준을 "~ 합병으로 인하여 소멸하는 회사 총주주의 동의가 있거나 그 회사의 발행주식총수의 100분의 90 이상을 합병후 존속하는 회사가 소유하고 있는 때에는 ~ 이사회의 승인으로 갈음할 수 있다."고 완화하였다.

개정상법에서는 소규모합병에 관한 상법 제527조의3(소규모합병)이 신설되었다. 합병 시에 존속회사가 발행하는 신주의 총수가 그 회사의 발행주식총수의 100분의 5 이하인 소규모합병의 경우에는 주주총회절차를 생략할 수 있도록 하고 (1998년 개정상법 제527조의3 제1항), 채권자의 이의제출기간을 2개월에서 1개월 이상으로 단축하였다(1998년 개정상법 제232조). 다만, 원활한 합병을 위하여 소규모합병의 경우 존속회사에서는 합병반대주주의 주식매수청구권을 인정하지 아니하였다(1998년 개정상법 제527조의3 제2항).

나. 주식분할제도 도입 및 주식최저액면액 인하

회사합병 준비 단계에서 주가의 차이를 조절하고 고가주의 유통성을 회복시키기 위하여 주주총회의 특별결의로 주식을 분할할 수 있도록 하였고(1998년 개정상법 제329조의2), 주식의 분할과 신주발행시 자금조달의 편의를 위하여 1주의 최저액면금액을 종전의 5천원 이상에서 100원 이상으로 인하하였다(1998년 개정상법 제329조 제4항).

다. 주주제안제도의 신설

주주의 적극적인 경영 참여와 경영감시를 위하여 발행주식총수의 100분의 3 이상의 주식을 가진 주주에게 이사에 대하여 주주총회일의 6주 전에 서면으로 일정한 사항을 주주총회의 목적(의제 또는 의안)으로 제안할 수 있는 권한을 부여하였다(1998년 개정상법 제363조의2).

라. 집중투표제도의 도입

소수주주의 이익을 대표하는 이사의 선임이 가능하도록 하기 위하여 2인 이상 이사의 선임 시 의결권 있는 발행주식총수의 100분의 3이상의 주식을 가진 주주의 청구가 있는 경우에는 1주마다 선임할 이사의 수만큼의 의결권을 가지도록 하고, 이를 이사후보자 1인 또는 수인에게 집중하여 투표하는 방법에 의하여 이사를 선임할 수 있도록 하였다(1998년 개정상법 제382조의2). 그러나 이사 선임 시에 집중투표를 강제하는 것은 아니고, 정관에서 달리 정하는 경우에는 집중투표에 의한 이사 선임을 배제할 수 있는 길을 열어 두었다(1998년 개정상법 제382조의2 제1항). 실제로 대부분의 회사가 정관을 개정하여 집중투표제도를 배제하였는데, 이러한 상황은 개정 당시에도 예상하였던 것으로 보인다.[191]

마. 이사의 충실의무 신설

이사의 책임 강화를 통한 건전한 회사 운영을 촉진하기 위하여 그 동안 학설상으로 논의되었던 이사의 충실의무에 관한 조항을 신설하고, 이사에게 법령과

191 "일본에서도 집중투표제도를 도입하였으나 거의 모든 회사가 정관으로 이를 배제하여 활용되지 않고 있었기에, 우리 상법에서도 회사가 선택에 따라서 집중투표제도를 배제할 수 있도록 하였으므로 거의 모든 회사가 정관을 개정하여 집중투표제도를 배제할 것으로 예상된다." 박길준, "주식·주주권에 관한 개정상법 해설", 고시계 제44권 제3호, 고시계사(1999), 15.

정관의 규정에 따라 회사를 위하여 그 직무를 충실하게 수행할 의무를 명시적으로 부과하였다(1998년 개정상법 제382조의3).

이와 관련하여 이사의 선관주의의무와 충실의무 간의 관계가 논란이 되고 있다. 이사의 충실의무를 도입하였음에도 불구하고 수임인으로서의 선관주의의무 외에 특별히 가중되거나 별도의 의무를 규정한 것으로는 보기 어렵다거나, 추상적인 선관주의의무를 구체적으로 표현한 것에 불과하다는 평가도 있으나 이사의 충실의무는 선관의무와는 차이가 있다. 선관주의의무는 경영자로서 이사의 판단에 중점을 두는 것이지만, 충실의무는 이사의 정직성(honesty)과 성실성(good faith)에 중점을 두는 것이기 때문이다. 즉, 선관주의의무는 직무수행에서 이사가 기울여야 할 '주의의 정도'에 관한 것이고, 충실의무는 개인적 이익을 얻기 위해서 이사의 지위를 이용해서는 아니 된다는 '주의의 성격'에 관한 것이므로 양자는 구별하여야 한다. 따라서 선관의무에 위반하지 않는 경우에도 충실의무에 위반하는 상황이 있을 수 있다고 본다.

바. 소규모 주식회사의 경우 이사 수의 자율화

개정전에는 소규모 주식회사까지 3인 이상의 이사를 두도록 하였는데 비현실적이라는 비판이 많았다. 1998년 개정상법은 이를 개선하여, 자본의 총액이 5억원 미만인 회사에 대하여는 1인 또는 2인의 이사를 둘 수 있도록 하고(1998년 개정상법 제383조 제1항 단서. 자본 총액 5억원 미만 기준은 2009년 5월 상법개정 시에 자본 총액 10억 원 미만으로 변경되었다), 이사가 1인 또는 2인인 회사에 대하여는 이사회의 권한사항의 대부분을 주주총회의 권한사항으로 하고(1998년 개정상법 제383조 제4항), 1인 또는 2인 이사가 단독으로 행사할 수 있는 권한을 구체적으로 열거하였다(1998년 개정상법 제383조 제6항).

사. 업무집행지시자 등의 책임 강화

사실상의 이사는 실제로는 회사의 경영에 관여하면서도 법률상의 이사가 아니라는 이유로 법적 책임을 부담하지 않아서 정의와 형평에 반한다는 지적을 받아왔는데, 1998년 개정상법은 상법 제401조의2(업무집행지시자 등의 책임)를 신설하여, ①회사에 대한 자신의 영향력을 이용하여 이사에게 업무집행을 지시한 자(1998년 개정상법 제401조의2 제1항 제1호), ②이사의 이름으로 직접 업무를 집행한 자(동항 제2호), ③이사가 아니면서 명예회장·회장·사장·부사장·전무·상무·이사 기타 회사의 업무를 집행할 권한이 있는 것으로 인정될 만한 명칭을 사용하여 회사의 업무를 집행한 자(동항 제3호)를 이사로 보고, 회사 및 제3자에 대하여 이사와 연대책임을 부담하도록 하였다.

아. 소수주주권 행사요건의 완화

개정상법은 주주들의 효율적 경영감시를 유도하고 기업경영의 투명성을 보장하기 위하여 대표소송의 당사자 요건을 발행주식 총수의 100분의 5 이상의 주식을 가진 주주에서 100분의 1 이상의 주식을 가진 주주로 낮추는 등 소수주주권의 행사요건을 완화하였다(1998년 개정상법 제403조 등).

종전까지는 소수주주권의 행사요건으로서 대체로 발행주식총수의 100분의 5 이상을 요구하였으나, 1998년 개정상법은 ①주주총회소집청구, 이사해임청구, 회계장부열람권, 업무·재산상태의 검사권, 청산인의 해임청구권의 행사를 위한 주식의 보유비율을 100분의 3으로 완화하고(1998년 개정상법 제366조 제1항, 제385조 제2항, 제466조 제1항, 제467조 제1항, 제539조 제2항), ②이사 위법행위유지청구권이나 대표소송제기권은 그 보다 낮은 100분의 1로 낮추었다(1998년 개정상법 제402조, 제403조 제1항). ③그러나 법원에 해당 회사의 해산판결을 청구하기 위한 주식 지분은 종전과 마찬가지로 100분의 10을 그대로 유지하였다(1998년 개정상법 제520조 제1항).

자. 중간배당제도의 도입

종전까지는 영업연도 말의 이익배당만 인정하여 왔으나(개정전 상법 제462조), 개정상법은 당시 구 증권거래법 제192조의3에서 상장회사에 대해서 인정하여 오던 중간배당제도를 상법에 도입하고, 년 1회의 결산기를 정한 회사는 영업연도 중 1회에 한하여 이사회의 결의로 일정한 날을 정하여 그 날의 주주에게 금전으로 이익을 배당할 수 있음을 정관으로 정할 수 있도록 하였다(1998년 개정상법 제462조의3. 다만, 금전으로 중간배당을 할 수 있다는 문구는 2011년 4월 상법개정 시 이익을 배당할 수 있다는 문구로 변경되었다).

차. 회사분할, 분할합병 제도의 도입

종전까지 상법은 회사의 합병은 인정하면서도 분할은 인정하지 않아서 실무계의 불만이 많았다. 이에 따라 개정상법은 회사의 구조조정을 지원하기 위하여 주식회사에 한하여 주주총회결의로 회사의 분할과 분할합병을 할 수 있도록 허용하였다(1998년 개정상법 제530조의2).

그 대신에 분할전 회사의 주주 및 채권자를 보호하기 위하여, 분할전 회사의 채무에 대해서 분할 또는 분할로 인하여 설립되는 회사 또는 존속하는 회사는 분할 또는 분할합병 전의 회사채무에 관하여 연대하여 변제할 책임을 지며(1998년 개정상법 제530조의9 제1항), 분할되는 회사의 이사에게 분할계획서 또는 분할합병 계약서, 분할되는 부분의 대차대조표를 일정한 기간 동안 공시할 의무를 부과하였다(1998년 개정상법 제530조의7).

6. 1999년 상법(회사편) 개정

1999년의 상법 개정은 1998년의 상법 개정의 연장선에서 이루어진 것인데, 1998년의 개정이 합병과 분할 등 회사의 구조조정에 초점을 맞추었다면 1999년의 개정은 이사회내 위원회, 감사위원회의 도입 등 회사지배구조의 개선에 초점을 맞추었다. 1998년 개정 시와 마찬가지로 IMF와 IBRD 등 외국기관의 개선권고를 많이 반영하였다. 1999년 개정상법(시행 1999. 12. 31. 법률 제6086호, 1999. 12. 31., 일부개정) 중 회사편의 중요한 개정 내용은 아래와 같다.

가. 주식매수선택권 제도의 도입

개정상법은 다양한 보수의 종류를 마련하고 업무에 대한 인센티브를 임직원에게 부여하기 위해서 주식매수선택권제도를 도입하였다. 즉, 회사는 정관이 정한 바에 따라 주주총회의 특별결의로 회사의 설립·경영과 기술혁신등에 기여하거나 기여할 수 있는 회사의 이사·감사 또는 피용자에게 미리 정한 행사가액으로 신주를 인수하거나 자기의 주식을 매수할 수 있는 주식매수선택권을 부여할 수 있도록 하였다(1999년 개정상법 제340조의2 내지 제340조의5).

나. 주식매수선택권 행사에 응하기 위한 자기주식취득 허용 등

개정상법은 주식매수선택권 제도를 도입하면서, 주식매수선택권자가 그 권한을 행사하는 경우에 회사가 그에 응하여 자기의 주식을 양도할 목적으로 취득하거나, 퇴직하는 이사·감사 또는 피용자의 보유주식을 양수할 목적으로 자기주식을 취득하는 경우에는 발행주식총수의 100분의 10을 초과하지 아니하는 범위안에서 자기의 계산으로 자기주식을 취득할 수 있도록 하였다(1999년 개정상법 제341조의2. 상법 제341조의2는 2011년 4월 상법개정 시에 특정목적에 의한 자기주식의 취득으로 확대되었다).

다. 주주총회 및 이사회의 운영방법 개선

개정상법은 주주총회 및 이사회 운영방법을 개선하고자 하였다. 개정상법은 ①주주총회의 질서유지를 위하여 주주총회장에서 고의로 의사진행을 방해하는 자에 대하여는 발언의 정지·취소 또는 퇴장을 명할 수 있는 질서유지의 권한을 주주총회 의장에게 부여하였고(1999년 개정상법 제366조의2), ②주주의 의결권 행사의 편의를 도모하기 위하여 주주는 정관이 정하는 바에 따라 주주총회에 출석하지 아니하고 서면에 의하여 의결권을 행사할 수 있도록 하였으며(1999년 개정상법 제368조의3), ③정관에서 달리 정하는 경우를 제외하고는 이사의 전부 또는 일부가 직접 회의에 출석하지 아니하고 모든 이사가 동영상 및 음성을 동시에 송·수신하는 원격통신수단에 의하여 이사회 결의에 참가하는 것을 허용하는(1999년 개정상법 제391조 제2항. 2011년 4월 상법개정에서는 "동영상과 음성을 동시에 송수신하는"이라는 문구는 "음성을 동시에 송수신하는"의 문구로 변경되었다) 등 주주총회 및 이사회의 운영방법을 개선하였다.

라. 이사회내 위원회 제도의 신설

개정상법은 이사회 내에 2인 이상의 이사로 구성되는 각종 위원회를 설치하여 이사회로부터 위임받은 권한을 행사할 수 있도록 하였다(1999년 개정상법 제393조의2). 주식회사의 업무가 전문화되어감에 따라 이사회가 모든 업무를 독점적으로 행사하는 것보다 위원회에 위임하여 결정하도록 하는 것이 더 합리적이고 효율적이라는 판단에 따른 것이다.

마. 감사위원회 제도의 도입

개정상법은 회사경영, 특히 이사의 독단적인 경영에 대한 효과적인 통제 장치를 마련할 필요성이 있다는 지적에 따라 미국 회사법상의 감사위원회 제도를 도입하였다. 회사가 감사 또는 감사위원회를 선택하여 운영할 수 있도록 하고, 감사위원회를 설치한 경우에는 감사를 둘 수 없도록 하였다. 감사에 갈음하여 감사위원회를 설치하는 경우에는 3인 이상의 이사로 구성하되, 사내이사 등이 위원의 3분의 1을 넘을 수 없도록 하였다(1999년 개정상법 제415조의2. 2009년 상법개정에서는 사외이사가 위원의 3분의 2 이상이 되도록 요건이 강화되었다).

전문성을 가지는 감사위원회가 회사의 회계 및 감사업무를 담당하는 방향은 타당하다. 그러나 감사위원회의 모델인 미국에서는 업무집행은 집행임원이 하고 감독은 이사회가 담당하여 업무의 집행과 감독 기능이 분리되어 있는데, 우리나라의 감사위원회는 감사위원회위원이 동시에 업무집행을 담당하는 이사회 구성원이 되므로 자신이 집행한 업무를 자신이 감사하는 자기감사의 문제를 내포하고 있다. 감사의 가장 중요한 덕목은 독립성이므로 업무의 집행과 감독기능을 분리하여 감사 및 감사위원회의 독립성을 확보할 필요가 있다.

바. 소규모 분할합병 요건의 완화

개정상법은 회사구조조정의 편의를 위하여 분할합병의 경우에 영업양도, 양수, 임대 등에 관한 상법 제374조 제2항, 채권자의 이의에 관한 상법 제439조 제3항, 합병반대주주의 주식매수청구권에 관한 상법 제522조의3, 간이합병에 관한 상법 제527조의2, 소규모합병에 관한 상법 제527조의3 및 채권자 보호절차에 관한 상법 제527조의5의 규정을 준용하여 분할합병 요건을 완화하였다(1999년 개정상법 제530조의11 제2항).

사. 유한회사의 대표소송 제기요건 완화 등

개정상법은 유한회사의 대표소송 제기요건을 자본총액의 100분의 5 이상에서 100분의 3 이상으로 낮추는 등 소수사원권을 강화하고(1999년 개정상법 제565조 제1항), 중간배당제도를 도입하는(1999년 개정상법 제583조 제1항, 제462조의3) 등 유한회사와 관련된 규정을 정비하였다.

7. 2001년 7월 상법(회사편) 개정

1998년과 1999년의 2년에 걸친 상법 개정을 통하여 회사의 지배구조를 개선하고 각종 구조조정 제도를 도입하였지만, 2001년 7월에도 주식의 포괄적 교환과 이전 제도의 도입 등을 위한 상법개정안이 제출되어 국회를 통과하였다.

2001년 7월의 상법 개정(시행 2001. 7. 24. 법률 제6488호, 2001. 7. 24., 일부개정)은 제3편 회사에 한정되었는데 중요한 내용은 다음과 같다.

가. 주주총회결의에 의한 주식소각

개정상법은 회사의 주가관리 등을 위하여 이익배당 한도 내에서 정기 주주총회의 특별결의에 의하여 주식을 매수하여 소각할 수 있도록 하였다(2001년 7월 개정상법 제343조의2).

나. 주식의 포괄적 교환과 이전 제도의 도입

종전까지는 경제력 집중을 방지하기 위하여 지주회사의 설립이 금지되었으나, IMF 이후 기업집단의 소유구조를 단순화할 수 있다는 이유에서 지주회사의 설립이 허용되었다. 이에 맞추어 2001년 7월 개정상법은 완전지주회사의 설립을 용이하게 하기 위하여, 회사가 주식의 포괄적 교환에 의하여 다른 회사가 발행한 주식을 모두 소유하는 완전모회사가 될 수 있고(2001년 7월 개정상법 제360조의2 내지 제360조의14), 주식의 포괄적 이전에 의하여 완전모회사를 신설할 수 있도록 하는 제도를 도입하였다(2001년 7월 개정상법 제360조의15 내지 제360조의23).

다. 영업양도 시 주주총회 특별결의가 필요한 사유의 추가

개정상법은 회사 영업의 전부 또는 중요한 일부의 양도뿐만 아니라, "회사의 영업에 중대한 영향을 미치는 다른 회사의 영업 일부의 양수"(2001년 7월 개정상법 제374조 제1항 제4호)에 대해서도 주주총회의 특별결의를 거치토록 하는 등 영업양도와 관련한 주주총회 특별결의사항을 확대하였다.

라. 주식매수가격의 청구 절차 개선

개정전에는 회사 또는 주식매수를 청구한 주주 간에 매수가액의 협의가 이루어지지 아니한 경우 회계전문가에 의한 산정을 거친 후 법원에 매수가액 결정을 청구하도록 하였으나, 개정상법은 곧바로 법원에 매수가액의 결정을 청구할 수 있도록 하였다(2001년 7월 개정상법 제374조의2 제4항 및 제5항). 매수가액에 다툼이 있는 경우에는 강제력이 없는 회계전문가에 의한 산정 가액이 별다른 의미를 가지지 못하였기 때문이다.

마. 이사회의 권한 강화 등

개정상법은 이사회의 권한을 강화하였다. 구체적으로 ①이사회의 결의사항을 "중요한 자산의 처분 및 양도, 대규모 재산의 차입, 지배인의 선임 또는 해임과 지점의 설치·이전 또는 폐지 등 회사의 업무집행은 이사회의 결의로 한다."(2001년 7월 개정상법 제393조 제1항)고 명확하게 하고, ②"이사는 대표이사로 하여금 다른 이사 또는 피용자의 업무에 관하여 이사회에 보고할 것을 요구할 수 있다."는 규정을 신설하였으며(2001년 7월 개정상법 제393조 제3항), ③이사는 3월에 1회 이상 업무의 집행상황을 이사회에 보고하도록 하였다(2001년 7월 개정상법 제393조 제4항).

바. 신주의 제3자 배정 요건 구체화

개정상법은 주주 외의 제3자에게 신주를 배정하는 경우에는 정관에 의하도록 하되 신기술의 도입, 재무구조의 개선 등 회사의 경영상 목적을 달성하기 위하여 필요한 경우로 제한함으로써 주주의 신주인수권을 강화하였다(2001년 개정상법 제418조 제2항).

사. 1인회사의 설립 인정

종전까지는 회사의 사단성을 염두에 두고 주식회사의 설립에는 3인 이상의 발기인이 있어야 한다고 하였으나, 개정상법에서는 3인 이상의 발기인을 요구하는 문구를 삭제하였다(2001년 7월 개정상법 제288조).

같은 이유로 유한회사의 경우에도 종전까지는 "유한회사의 설립에는 2인 이상의 사원이 공동으로 정관을 작성하여야 한다."고 되어 있었으나, 개정상법은 "유한회사를 설립함에는 사원이 정관을 작성하여야 한다."(2001년 7월 개정상법 제543조 제1항)는 문구로 개정하였다.

따라서 주식회사와 유한회사의 설립 시에는 1인의 발기인만으로도 설립 절차의 진행이 가능하게 되었다. 이를 반영하여 개정상법은 유한회사는 사원이 1인으로 되어도 해산사유에 해당하지 않는 것으로 하였다(2001년 7월 개정상법 제609조 제1항).

8. 2001년 12월 상법(회사편) 개정

2001년 12월에는 그동안 입법의 무관심 속에 있던 합명회사의 직무대행자 선임 등에 관한 규정을 정비하였다. 상법개정의 주된 내용은 다음과 같다.

가. 직무대행자 선임 가처분의 등기 등

주식회사 및 유한회사의 이사·감사·청산인에 관하여는 그 선임결의 무효의 소 등을 제기하면서 직무집행정지·직무대행자 선임가처분을 신청할 수 있고, 가처분명령이 있는 때에는 등기하며, 직무대행자는 가처분명령에서 정함이나 법원의 허가가 있어야만 통상의 사무를 벗어난 행위를 할 수 있도록 규정하고 있었다(상법 제407조, 제408조 등). 그러나 합명회사와 합자회사에 관하여는 분명한 규정이 없어서, 직무대행자 선임의 가처분이 허용되는지 여부와 그 업무범위를 어떻게 정할 것인가에 대하여 논란이 있어서 이를 정비할 필요성이 있었다.

이에 따라 개정상법은 합명회사에서 "사원의 업무집행을 정지하거나 직무대행자를 선임하는 가처분을 하거나 그 가처분을 변경·취소하는 경우에는 본점 및 지점이 있는 곳의 등기소에서 이를 등기하여야 한다."는 조항을 신설하였다(2001년 12월 개정상법 제183조의2).

나. 직무대행자의 권한

개정상법은 상법 제183조의2의 직무대행자는 가처분명령에 다른 정함이 있는 경우와 법원의 허가를 얻은 경우 외에는 회사의 통상업무에 속하지 아니한 행위를 하지 못하도록 하였다(2001년 12월 개정상법 제200조의2).

9. 2009년 1월 상법(회사편) 개정

위에서 살펴본 1998년, 1999년, 2001년의 상법개정은 외환위기의 상황에서 타의에 의하여 개정된 측면이 강하다. 2005년에는 우리의 회사 및 경제 사정을 반영하기 위하여 자율적으로 회사법개정특별분과위원회가 구성되어 상법개정안의 마련에 착수하였으나 통과되지 못하다가, 2009년 2월 4일부터 구증권거래법을 폐지하고 자본시장과 금융투자업에 관한 법률이 시행되면서 구증권거래법에서 규정하던 상장법인에 관한 특례 중 지배구조에 관한 규정만을 발췌하여 상법에 신설하는 상법개정법률안(시행 2009. 2. 4. 법률 제9362호, 2009. 1. 30., 일부개정)이 국회를 통과하였다. 사실상 구증권거래법 제9장 제3절의 상장법인의 특례 중 지배구조에 관한 규정만을 상법 제3편 제4장의 제13절에 옮겨 놓은 것인데 중요한 내용은 다음과 같다.

가. 상장회사의 주식매수선택권 행사에 관한 특례

개정상법은 상장회사의 경우에는 주식매수선택권을 관계회사의 이사 등에게도 부여할 수 있도록 하고, 그 부여범위도 발행주식총수의 100분의 20의 범위 내에서 대통령령으로 정하는 한도까지 확대하며, 정관으로 정하는 바에 따라서는 주주총회 결의 없이 이사회 결의만으로도 발행주식총수의 100분의 10의 범위에서 주식매수선택권을 부여할 수 있도록 하였다(2009년 1월 개정상법 제542조의3).

나. 상장회사의 주주총회 소집공고 등의 특례

개정상법은 상장회사가 ①주주총회를 소집하는 경우에는 발행주식총수의 100분의 1 이하의 주식을 소유하는 주주에게는 정관으로 정하는 바에 따라 주주총회일의 2주 전에 주주총회를 소집하는 뜻과 회의의 목적사항을 둘 이상의 일간신문에 각각 2회 이상 공고하거나 대통령령으로 정하는 바에 따라 전자적 방법으로 공고함으로써 주주총회의 소집통지를 갈음할 수 있도록 하고(2009년 1월 개정상법 제542조의4 제1항), ②이사·감사의 선임에 관한 사항을 목적으로 하는 주주총회를 소집통지 또는 공고하는 경우에는 이사·감사 후보자의 성명, 약력, 추천인, 그 밖에 대통령령으로 정하는 후보자에 관한 사항을 통지하거나 공고하도록 하였으며(2009년 1월 개정상법 제542조의4 제2항), ③주주총회의 소집의 통지 또는 공고를 하는 경우에는 사외이사 등의 활동내역과 부수에 관한 사항을 통지 또는 공고하도록 하였다(2009년 1월 개정상법 제542조의4 제3항).

다. 상장회사의 소수주주권 행사에 관한 특례

개정상법은 상장회사의 경우 주주총회 소집청구와 검사인 선임청구 등 각종 소수주주권 행사를 위한 소수주주의 지분비율을 낮추는 한편, 6개월 이상 주식을 보유한 자만 소수주주권을 행사할 수 있도록 하였다(2009년 1월 개정상법 제542조의6). 이와 관련하여 상법 제542조의6(소수주주권)이 비상장회사에 적용되는 상법 제366조(소수주주에 의한 소집청구)에 우선하는 특칙 조항인지, 아니면 선택적으로 적용되는 조항인지 논란이 있었으나, 2020년 12월 개정상법 제542조의6 제10항은 "제1항부터 제7항까지는 제542조의2제2항에도 불구하고 이 장의 다른 절에 따른 소수주주권의 행사에 영향을 미치지 아니한다."고 규정하여, 상장회사의 주주는 상장회사 특례규정에 따른 소수주주권 행사요건과 일반규정에 따른 소수주주권 행사요건을 선택적으로 주장할 수 있음을 분명히 하였다. 따라서 상장회사의 주주라고 하더라도 비상장회사의 소수주주권 행사요건을 갖추었다면 굳이 6개월의 보유기간이 요구되지 않는다.

라. 상장회사의 집중투표에 관한 특례

개정상법은 자산규모 등을 고려하여 최근 사업연도말 현재의 자산총액이 2조원 이상인 대규모 상장회사에 대해서는 집중투표 청구권의 행사요건을 발행주식총수의 100분의 3 이상에서 100분의 1 이상으로 완화하는 한편, 집중투표를 배제하거나 그 배제된 정관을 변경하려는 경우에는 의결권 없는 주식을 제외한 발행주식총수의 100분의 3을 초과하는 수의 주식을 가진 주주는 그 초과하는 주식에 관하여는 의결권을 행사하지 못하도록 하였다(2009년 1월 개정상법 제542조의7).

마. 상장회사의 사외이사 선임에 관한 특례

개정상법은 상장회사 중 소규모 벤처회사 등 대통령령으로 정하는 경우를 제외하고는 사외이사가 이사 총수의 4분의 1 이상이 되도록 하고, 최근 사업연도말 현재의 자산총액이 2조원 이상인 대규모 상장회사의 사외이사는 3명 이상으로 하되, 이사 총수의 과반수가 되도록 의무화하였다(2009년 1월 개정상법 제542조의8).

바. 상장회사의 경우 주요주주 등 이해관계자와의 거래 제한

개정상법은 상장회사는 주요주주 등 특수관계인을 상대방으로 하거나 그를 위하여 신용공여를 할 수 없도록 하되, 일정한 규모 이하의 거래나 약관 등에 의하여 정형화된 거래는 이사회 승인을 받거나 사후에 주주총회에 보고하는 방식으로 거래를 허용하고, 이를 위반하는 경우 형벌에 처하도록 하였다(2009년 1월 개정상법 제542조의9). 이 조항은 비상장회사에 적용되는 상법 제398조(이사 등과 회사간의 거래)와 관계가 논란이 되고 있다.

사. 일정규모 이상 상장회사의 상근감사 및 감사위원회 의무 설치

개정상법은 최근 사업연도말 현재의 자산총액이 1천억원 이상인 상장회사는 1명 이상의 상근감사를 두도록 하고(2009년 1월 개정상법 제542조의10 제1항), 최근 사업연도말 현재의 자산총액이 2조원 이상인 대규모 상장회사는 감사위원회를 의무적으로 설치하도록 하였다(2009년 1월 개정상법 제542조의11 제1항).

상근감사를 포함한 감사와 감사위원회의 기능은 같지만, 감사는 이사와 별도로 주주총회에서 선출되고, 감사위원회 위원은 이사회의 구성원인 점에서 차이가 있다. 자세한 내용은 해당 조문의 설명에서 살펴본다.

아. 상장회사 감사위원회의 구성 등

개정상법은 자산총액 2조원 이상인 상장회사의 경우에는 감사위원회 위원을 선임하거나 해임하는 권한이 주주총회에 있음을 분명히 하고, 선임방식을 일괄선출방식으로 통일하며, 최대주주 등이 감사위원회 위원을 선임하는 경우에는 의결권 없는 주식을 제외한 발행주식총수의 100분의 3을 초과하는 주식에 대하여는 의결권을 제한하고 있다(2009년 1월 개정상법 제542조의12).

이와 관련하여 상장회사, 비상장회사의 감사, 감사위원회 위원의 선임과 해임시에 3%를 초과하는 주식의 의결권 제한 규정, 선임과 해임의 주체가 주주총회인지 이사회인지의 규정이 혼란스럽게 되어 있는데 이를 분명히 하기 해서는 상법의 조문 정비가 필요하다.

10. 2009년 5월 상법(회사편) 개정

2009년 4월 국회 법제사법위원회는 경제활성화를 위해서 소규모 회사의 창업과 운영을 용이하게 하고, 최저자본금을 폐지하며, IT 기술을 반영하여 주주총회의 전자투표제도를 도입하는 등 기업 활동의 편의를 도모하는 데 목적을 두고 상법개정안을 제안하여 통과하였다. 2009년 5월 상법개정안(시행 2010. 5. 29. 법률 제9746호, 2009. 5. 28., 일부개정)의 주요 내용은 다음과 같다.

가. 소규모 주식회사의 발기설립 시 정관 공증의무의 면제

종전까지 회사를 설립하는 경우에는 자본금의 규모나 설립 형태를 불문하고 설립등기 시에 첨부하는 정관에 대하여 일률적으로 공증인의 인증을 받도록 강제하고 있어 창업에 불필요한 시간과 비용이 들었다.

개정상법은 자본금 총액이 10억원 미만인 회사를 발기설립하는 경우에는 창업자들의 신뢰관계를 존중하여 발기인들의 기명날인 또는 서명이 있으면 공증인의 인증이 없더라도 정관의 효력이 발생하도록 하였다(2009년 5월 개정상법 제292조 단서). 활발한 투자 여건을 조성하기 위하여 자본금이 10억 미만인 소규모 회사를 발기설립하는 경우에 정관의 공증의무를 면제한 것이다.

나. 소규모 주식회사 설립 시 주금납입금 보관증명서를 잔고증명서로 대체

종전에는 소규모 주식회사를 설립하는 경우에도 금융기관이 발행한 주금납입금 보관증명서를 제출하여야 하는데 그 발급절차가 번거로워 신속한 창업에 지장이 초래되었다.

이를 반영하여 개정상법은 자본금 10억원 미만인 주식회사를 발기설립하는 경우에는 주금납입금 보관증명서를 금융기관의 잔고증명서로 대체할 수 있도록 하였다(2009년 5월 개정상법 제318조 제3항).

다. 소규모 주식회사의 주주총회 소집절차 간소화

가족기업처럼 운영되는 소규모 주식회사에 대하여 복잡한 주주총회 소집절차의 준수를 요구하는 것은 회사 운영에 과도한 부담으로 작용하기 때문에, 소규모 주식회사의 경우에 주주총회 소집절차를 간소화하고, 주주총회 개최와 관련된 비용 및 시간을 절약할 수 있도록 하여 달라는 요청이 있었다.

이를 반영하여 개정상법은 ①자본금 총액이 10억원 미만인 회사가 주주총회를 소집하는 경우에는 주주총회일의 10일 전에 각 주주에게 서면으로 통지를 발송하거나 각 주주의 동의를 받아 전자문서로 통지를 발송할 수 있고, 무기명식의 주권을 발행한 경우에는 주주총회일의 2주 전에 주주총회를 소집하는 뜻과 회의의 목적사항을 공고할 수 있도록 하였으며(2009년 5월 개정상법 제363조 제4항), ② 자본금 총액이 10억원 미만인 회사는 주주 전원의 동의가 있으면 소집절차 없이 주주총회를 개최할 수 있고, 서면에 의한 결의로써 주주총회의 결의를 갈음할 수 있도록 하며, 결의의 목적사항에 관하여 주주 전원이 서면으로 동의한 때에는 주주총회의 결의가 있는 것으로 본다고 규정하였다(2009년 5월 개정상법 제363조 제5항).

라. 주식회사 최저자본금제도의 폐지

종래에는 주주의 유한책임 하에서 회사채권자를 보호하기 위해서는 주식회사에 최저자본금제도를 둘 필요성이 있다고 보는 것이 일반적 견해였다. 그러나 주식회사의 신용도는 자본금의 규모가 아니라 재무상태로 판단되는 것이므로 자본금의 채권자 보호기능에 의문이 제기되고 있고, 채권자 보호에 필요한 금액은 업종별로 차이가 있으므로 일률적으로 최저자본금을 정하는 것은 부적절하며, 아이디어나 기술만을 가진 사람이 주식회사를 설립함에 있어 최저자본금제도가 진입장벽으로 작용하여 기업활동을 위축시킬 수 있다는 최저자본금제도에 대한 회의적인 주장이 있었다.

위와 같은 최저자본금의 기능과 소규모 주식회사의 창업활성화를 이유로 2009년 5월 개정상법은 개정전 상법 제329조 제1항 "주식회사의 자본은 5천만원 이상이어야 한다."는 규정을 삭제하고 주식회사의 최저자본금 제도를 폐지하였다. 2년 후인 2011년 4월 상법개정 시에는 무액면주식이 도입되면서 상법 제329조 제1항은 "회사는 정관으로 정한 경우에는 주식의 전부를 무액면주식으로 발행할 수 있다. 다만, 무액면주식을 발행하는 경우에는 액면주식을 발행할 수 없다."는 규정으로 변경되었다.

마. 주주총회의 전자투표제 도입

정보통신 환경의 발달로 전자적 방법에 의한 주주총회 개최가 가능해졌으나 상법이 뒷받침하지 못하고 있었는데, 2009년 5월 개정상법은 주주가 주주총회에 출석하지 아니하고도 전자적 방법으로 의결권을 행사할 수 있는 전자투표제를 도입하였다(2009년 5월 개정상법 제368조의4 제1항). 주주총회의 개최비용을 절감하고, 운영방법을 개선하며, 소수주주의 참여 활성화를 기대한 것이다.

바. 소규모회사의 감사 선임의무 면제

종전까지 회사를 설립하는 경우에는 반드시 감사를 선임해야만 했고 창업에 시간과 비용이 소요되었다. 개정상법은 자본금 총액이 10억원 미만인 회사를 설립하는 경우에는 감사를 선임하지 않을 수 있도록 하고(2009년 5월 개정상법 제409조 제4항), 감사를 선임하지 않은 회사가 이사에 대하여 또는 이사가 그 회사에 대하여 소를 제기하는 경우에는 회사를 대표할 자를 선임하여 줄 것을 신청하도록 하였다(2009년 5월 개정상법 제409조 제5항).

11. 2011년 4월 상법(회사편) 개정

2005년에 활동을 시작한 회사법개정특별분과위원회가 마련한 2007년의 상법 개정안은 자동폐기되었으나, 2009년 1월에는 상장회사의 지배구조에 관한 특례가 상법에 포함되었고, 2009년 5월에는 소규모 주식회사의 특례를 위주로 상법이 개정되었다. 한편, 그 이후에도 회사법개정특별분과위원회가 마련한 상법개정법률안들이 수 차례 제안되었으나 통과하지 못하다가, 2011년 3월에는 법제사법위원회가 이들 모두를 통합하여 마련한 상법일부개정법률안이 본회의에 발의되어 3월 11일 본회를 통과하였고, 2011년 4월 14일 공포되어(법률 제10600호) 같은 해 4월 15일부터 시행되었다.

2011년 개정상법은 1962년 우리 상법이 제정된 이후 가장 큰 규모의 개정이다. 합자조합과 유한책임회사를 도입하는 등 선진 각국의 회사 종류에 맞추고, 무액면주식제도, 집행임원제도를 새로이 도입하였으며, 종류주식을 다양화하고, 배당가능이익 내에서 자기주식 취득을 원칙적으로 허용하였으며, 주식·사채(社債)의 전자등록제를 도입하고, 이사의 자기거래 승인 범위를 확대하고 이사의 회사기회 유용금지 조항을 신설하였으며, 이익배당제도와 준비금 제도를 개정하고, 기업회계기준과의 조화를 위하여 회계제도의 개선하였으며, 교부금합병과 삼각합병의 인정 등 '회사법을 제정하는 수준'이라는 평가를 받을 정도로 대규모의 개정을 하였다.

2011년 4월 상법 개정은 제1편 총칙의 내용도 일부 포함되어 있지만, 대부분은 제3편 회사에 관한 것이다. 회사의 자율성을 최대한 보장하려는 미국 회사법과 보조를 맞춘 내용이 많다. 아래에서는 회사편을 위주로 주요한 개정 내용을 살펴본다.

가. 유한책임회사 제도의 도입

개정상법은 사원에게 유한책임을 인정하면서도 회사의 설립·운영과 기관 구성 등에서 사적 자치를 폭넓게 인정하는 유한책임회사를 도입하였다(2011년 4월 개정상법 제287조의2 내지 제287조의45). 사모(私募)펀드나 벤처기업 등 회사 형태를 취하면서 내부적으로는 조합의 실질을 갖추고 외부적으로는 사원의 유한책임이 확보되는 기업 형태에 대한 수요가 있었는데 이를 반영한 것이다.

그 밖에도 상법 제2편 상행위에서는 업무집행조합원과 유한책임조합원으로 구성되는 합자조합을 신설하였다(2011년 4월 개정상법 제86조의2 내지 제86조의9). 합자조합은 합자회사와 비슷하지만 법인격이 없다.

나. 무액면주식 제도의 도입

종전까지는 상법(회사편)은 회사의 자본충실과 채권자 보호를 위해서 무액면주식은 허용하지 않고서 액면주식의 발행만을 허용했다. 그런데 액면주식 제도하에서는 액면미달 발행에 어려웠고, 이 때문에 부실기업이 액면가에 미치지 못하는 신주발행을 통하여 자기자본을 조달하는 기업회생의 방법도 원천적으로 봉쇄되었다.

이에 개정상법은 무액면주식(無額面株式) 제도를 도입하여 회사가 액면주식과 무액면주식 중에서 1가지를 선택하여 발행할 수 있도록 하였다(2011년 4월 개정상법 제291조). 무액면주식제도를 통하여 주식발행의 효율성과 자율성이 높아지고 소규모기업의 원활한 창업이 확대될 것으로 기대한 것이다. 무액면주식을 발행하는 경우에는 주식의 발행가액과 주식의 발행가액 중 자본금으로 계상하는 금액을 정하여야 한다(2011년 4월 개정상법 제291조 제3호, 제329조 제1항).

다. 자기주식 취득의 허용

회사에게 자기주식의 취득을 허용할 것인지는 주식회사의 본질과 관련된 민감한 문제이다. 주식회사는 자본이 그 존재의 기반인데 자기가 발행한 주식을 스스로 취득하는 것은 실질적으로는 출자환급에 해당하고, 회사의 자산을 감소시킴으로써 주주 및 채권자의 이익을 침해할 우려가 있기 때문이다. 이를 반영하여 우리나라는 2011년 4월 상법개정 전까지는 자기주식의 취득을 원칙적으로 금지하고 있었다.

그러나 급변하는 기업환경에 신속하게 대처하고 회사의 재무적 수단으로 자기주식이 도움이 되는 상황도 많아지는 것도 사실이다. 2011년 개정상법은 이러한 경향을 반영하여 ①배당가능이익에 의한 자기주식 취득을 허용하고(2011년 4월 개정상법 제341조), ②특정목적에 의한 자기주식 취득은 유지하되(2011년 4월 개정상법 제341조의2), 주식소각을 위한 자기주식의 취득 규정(개정전 상법 제341조 제1호)과

주식매수선택권 부여를 위한 자기주식의 취득 규정(개정전 상법 제341조의2 제1항)은 삭제하였다. 그리고 ③종전에는 자기주식 취득을 예외적인 현상으로 보고 지체 없이 처분토록 하였으나(개정전 상법 제341조의2 제3항), 2011년 개정에서는 취득한 자기주식은 원칙적으로 보유할 수 있도록 하면서 그 처분은 이사회가 재량으로 정하도록 하였다(2011년 4월 개정상법 제342조).

라. 종류주식의 다양화

상법은 주주평등원칙 및 유가증권 법정주의의 정신에 따라서 법에서 정한 주식의 발행만을 허용하고 있으나, 한정된 종류의 주식만으로는 급변하는 자본시장에서 효율적으로 자금을 조달하는 데에 어려움이 있었다. 종전까지는 이익배당이나 이자 지급 또는 잔여재산의 분배에 관하여 내용이 다른 우선주·보통주·후배주·혼합주의 발행이 인정되고 있었지만(개정전 상법 제344조 제1항), 실제로 회사가 이용가능한 주식은 보통주 이외에는 이익배당우선주 하나뿐이었기 때문에, 회사측에서 보면 그만큼 자금조달에 제한을 받고 있었다. 또한 이익배당우선주를 발행하는 경우에는 정관으로 최저배당률을 정할 것을 요구하고 있었는데(개정전 상법 제344조 제2항), 최저배당률을 높게 정하고 있는 회사는 저금리 상황에서는 우선주 발행이 불가능하다는 문제도 있었다.

이를 반영하여 개정상법은 주식회사가 특정 사항에 관하여 의결권이 제한되는 주식 등 다양한 주식을 발행할 수 있도록 하였다. 기존에 인정되고 있는 수종의 주식 중에서 이익배당과 잔여재산분배에 관한 종류주식은 별도로 규정하고(2011년 4월 개정상법 제344조의2), 건설이자의 배당에 관한 주식(개정전 상법 제463조)은 삭제하였다. 그리고 새로이 의결권의 배제·제한에 관한 종류주식(2011년 4월 개정상법 제344조의3)을 추가하고, 이에 덧붙여 종래 수종의 주식에 포함되지 않았던 상환주식과 전환주식을 주식의 상환에 관한 종류주식(2011년 4월 개정상법 제345조)과 주식의 전환에 관한 종류주식(2011년 4월 개정상법 제346조)으로 규정하여 종류주식에 포함시켰다.

마. 주식 및 채권의 전자등록제 도입

IT 기술의 발달과 유가증권 무권화의 추세에 따라 주권이나 사채 등을 실물로 발행하는 대신에 전자등록기관의 전자등록부에 등록하여 주권 등을 소지하지 않고도 권리의 양도나 입질 및 권리 행사를 가능하게 하면 실물증권의 발행과 유통에 따른 비용을 줄이고 증권시장의 효율성을 높일 수도 있다. 또한 증권의 전자

등록은 세계적인 추세이며, 주식과 사채를 전자등록한 기업은 실물 발행의 부담을 덜고, 주주나 사채권자는 손쉽게 권리행사를 할 수 있다.

이를 반영하여 개정상법은 정관으로 정하는 바에 따라 전자등록기관의 전자등록부에 주식을 등록할 수 있도록 하고(2011년 4월 개정상법 제356조의2 제1항), 전자등록부에 등록된 주식의 양도나 입질은 전자등록부에 등록하여야 효력이 발생하도록 하며(동조 제2항), 전자등록부에 주식을 등록한 자는 그 주식을 적법하게 소유한 것으로 추정하는(동조 제3항) 내용의 주식의 전자등록제도를 채택하였다. 주식의 전자등록에 관한 규정은 신주인수권 및 채권의 전자등록에 준용된다(2011년 4월 개정상법 제420조의4, 제478조 제3항).

바. 지배주주에 의한 소수주식의 전부 취득 제도의 도입

특정한 주주가 회사 주식의 대부분을 보유하는 경우에는 정상적인 동업관계를 유지하기가 쉽지 않을 뿐만 아니라, 회사로서는 소수주주의 관리비용이 들고, 소수주주로서는 정상적인 출자 회수의 길이 막히기 때문에, 대주주나 소수주주 모두에게 그 동업관계를 해소할 수 있는 길을 열어 줄 필요가 있었다.

이를 반영하여 개정상법은 발행주식총수의 95퍼센트 이상을 보유하는 지배주주가 소수주주의 주식을 공정한 가격에 매입할 수 있도록 하는 한편, 소수주주도 지배주주에게 주식매수청구권을 행사할 수 있도록 하였다(2011년 4월 개정상법 제360조의24 내지 제360조의26).

이 제도에 대해서는 회사의 주주 관리비용 절감과 경영의 효율성 향상을 기대하는 견해도 있으나, 자신의 의사에 반하여 퇴출당하는 소수주주의 입장에서는 과도한 재산권 제한이라는 비판도 있다.

사. 회사의 기회 및 자산 유용 금지제도 신설

상법은 이사의 경업금지와 자기거래를 금지하고 있으나 이에 관한 규정만으로는 이사나 지배주주가 직무상 알게 된 회사의 사업기회를 유용하여 지배력을 강화하거나 개인적인 이득을 취득하는 행위에 효율적으로 대처할 수 없었다. 이사가 회사의 사업기회를 유용하는 경우에도 포괄적이고 추상적인 선관주의의무나 충실의무 위반으로 책임을 물은 사례 또한 없었다.

이를 반영하여 개정상법은 “이사가 직무를 수행하는 과정에서 알게 되거나 회사의 정보를 이용한 사업기회” 또는 “회사가 수행하고 있거나 수행할 사업과 밀접한 관계가 있는 사업기회”를 자기 또는 제3자의 이익을 위하여 이용하여서는 아니되고, 이용하는 경우에도 이사회에서 이사 3분의 2 이상 찬성으로 승인을 받도록 하였다(2011년 4월 개정상법 제397조의2 제1항). 이를 위반하여 회사에 손해를 발생시킨 이사 및 승인한 이사는 연대하여 손해를 배상할 책임이 있으며, 이로 인하여 이사 또는 제3자가 얻은 이익은 회사의 손해로 추정한다(2011년 4월 개정상법 제397조의2 제2항).

아. 이사의 자기거래 승인대상의 확대

종전까지 이사의 자기거래 승인 대상은 이사가 회사와 거래하는 경우로 한정되어 있었기 때문에, 이사가 배우자나 직계존비속 또는 그들이 지배하는 회사를 내세워 거래하는 경우에는 실제로는 자기거래에 해당하나 형식상으로는 해당하지 않아서 이러한 형태를 취하는 탈법적 거래를 규제할 필요성이 있었다.

이에 개정상법은 이사와 회사 간 자기거래의 요건을 더욱 엄격히 규정하여 이사뿐만 아니라 이사의 배우자, 이사의 직계존비속, 이사의 배우자의 직계존비속과 그들의 개인회사가 회사와 거래하는 경우까지 이사 3분의 2 이상 찬성으로 승인을 받도록 하고, 해당 거래에 관한 중요사실은 미리 이사회에서 밝히도록 하였으며, 그에 추가하여 거래의 내용과 절차까지 공정할 것을 요구하고 있다(2011년 4월 개정상법 제398조).

자. 정관에 따른 이사의 책임 감경

유능한 경영인을 영입하여 보다 적극적인 경영을 할 수 있도록 하기 위해서는 이사의 회사에 대한 책임을 완화할 필요성이 있으나, 이사의 회사에 대한 책임은 총주주의 동의로만 면제할 수 있어서(개정전 상법 제400조) 이를 보완할 필요성이 있었다.

2011년 개정상법은 이사의 회사에 대한 책임은 원칙적으로 총주주의 동의로 면제할 수 있도록 하되(2011년 4월 개정상법 제400조 제1항), 이에 추가하여 회사는 정관으로 정하는 바에 따라 제399조에 따른 이사의 책임을 이사가 그 행위를 한 날 이전 최근 1년간의 보수액(상여금과 주식매수선택권의 행사로 인한 이익 등을 포함한다)의 6배(사외이사의 경우는 3배)를 초과하는 금액에 대하여 면제할 수 있도록 하였다(상법 제400조 제2항 본문). 다만, 이사가 고의 또는 중대한 과실로 손해를 발생시킨 경우와 상법 제397조(경업금지), 제397조의2(회사의 기회 및 자산의 유용 금지) 및 제398조(이사 등과 회사 간의 거래)에 해당하는 경우에는 그러하지 아니하다(2011년 4월 개정상법 제400조 제2항 단서).

차. 집행임원 제도의 도입

종전에도 대부분의 금융기관과 대규모 상장회사는 회사의 내규나 정관에 규정을 두고 집행임원제도를 활용하여 왔으나, 내규에서도 집행임원의 선임에 관하여만 규정하고 그 지위·직무·책임에 대하여는 명확하게 규정하지 아니하여 집행임원의 지위·책임 등과 관련하여 법률상의 다툼이 있었고, 이 때문에 집행임원을 법률상의 제도로 규정하여야 한다는 주장 또한 꾸준히 제기되어 왔다.

2011년 개정상법은 이사회의 감독 하에 회사의 업무 집행을 전담하는 집행임원에 대한 근거 규정을 마련하되, 집행임원 제도의 도입 여부는 개별 회사가 자율적으로 선택할 수 있도록 하였다(2011년 4월 개정상법 제408조의2 제1항). 집행임원의 회사 및 제3자에 대한 책임구조는 이사의 책임구조와 같게 하고(2011년 4월 개정상법 제408조의8). 집행임원에 대하여는 상법상 이사에 관한 규정을 대부분 준용하고 있다(2011년 4월 개정상법 제408조의9).

카. 상법상 회계규정과 기업회계기준의 조화

현실의 기업회계기준은 국제적인 회계규범의 변화에 맞추어 꾸준히 변화하고 있으나 기본법규인 상법은 그 속성상 회계규정의 변화와 개정을 신속히 반영할 수 없어서 기업회계기준과 상법의 회계규정 사이에는 상당한 괴리가 생기고 있다. 또한 오늘날의 자본시장은 어느 한 나라에 국한되지 않고서 국제화되는 추세에 있어서 세계적으로 단일하고 통합된 회계처리기준의 등장도 절실하였다.

2011년 개정상법은 회사의 회계는 일반적으로 공정하고 타당한 회계관행에 따른다는 원칙 규정을 신설하되(2011년 4월 개정상법 제446조의2), 그 대신에 구체적인 회계 처리에 관한 규정들, 즉 개정전 상법 제452조(자산의 평가방법), 제453조(창업비의 계상), 제453조의2(개업비의 계상), 제454조(신주발행비용의 계상), 제455조(액면미달금액의 계상), 제457조(건설이자의 계상), 제457조의2(연구개발비의 계상)는 삭제하였다. 그리고 상법에서는 대차대조표와 손익계산서만을 규정하고, 이를 제외한 회계서류는 대통령령으로 정하도록 위임함으로써(2011년 4월 개정상법 제447조 제1항) 회계규범의 변화에 신속하게 대응하도록 하였다.

타. 법정준비금 제도의 개선

상법은 종전까지는 주식발행초과금, 감자차익금 등을 자본준비금으로 구체적으로 열거하고 있었으나(개정전 상법 제459조), 열거된 항목이 기업회계기준에 따라 실제 이용되고 있는 자본잉여금 항목과 일치하지 않았으며, 자본준비금의 종류를 법률에서 구체적으로 열거하는 것은 구체적인 회계규정을 법률에 두지 않는 세계적 추세와도 맞지 않았다. 실제로도 준비금의 채권자보호 역할이 감소되고 있을 뿐만 아니라 이익준비금의 적립한도가 주요 선진국에 비하여 지나치게 높고 준비금의 운용이 지나치게 경직되어 있었다.

이에 개정상법은 ①자본준비금으로 적립하여야 할 종류를 상법에서 구체적으로 열거하지 아니하고 대통령령으로 정하는 바에 따라 규정하도록 위임하였고(2011년 4월 개정상법 제459조 제1항), ②현금배당을 하는 경우에는 당해 결산기의 이익배당액의 10분의 1 이상을 이익준비금을 적립한 후 배당가능이익을 정하여야 하나, 현금의 사외유출을 수반하지 않는 주식배당을 하는 경우에는 당해 결산기의 이익준비금의 적립을 강요할 필요가 없으므로 이를 이익준비금 적립대상에서 제외하고 배당가능이익을 정할 수 있도록 하였으며(2011년 4월 개정상법 제458조 단서), ③자본결손전보에 법정준비금을 사용할 때 이익준비금으로 자본의 전보에 충당하고 부족하면 자본준비금으로 충당하도록 순서를 정하고 있던 개정전 상법 제460조 제2항을 폐지하여 준비금의 운용을 유연화하였다. 그리고 ④회사는 적립된 자본준비금 및 이익준비금의 총액이 자본금의 1.5배를 초과하는 경우에 주주총회의 결의에 따라 그 초과한 금액 범위에서 자본준비금과 이익준비금을 감액할 수 있도록 하였다(2011년 4월 개정상법 제461조의2).

파. 이익배당 제도의 개선

종전까지 이익배당액은 정기주주총회에서만 결정할 수 있었으므로 배당기준일인 사업연도 말일부터 그 몇 개월 후에 개최되는 정기주주총회까지는 배당액이 확정되지 아니하여 투자자들이 주식가치를 판단하는데 어려움이 있었다. 이에 2011년 개정상법은 재무제표를 이사회의 결의로 확정하는 회사의 경우에는 이익배당도 이사회의 결의로 가능할 수 있게 허용함으로써(2011년 4월 개정상법 제462조 제2항 단서) 자금운용의 통일성을 기할 수 있도록 하였다.

한편, 종전까지는 주식배당 이외의 현물배당은 허용되지 않는다고 보았으나, 회사가 보유하는 자기주식, 자회사의 주식, 사채, 옵션 등과 같은 현물을 배당할 수 없는 데서 오는 불편함이 컸다. 이에 2011년 개정상법은 금전배당 외에 현물배당도 허용함으로써(2011년 4월 개정상법 제462조의4) 배당에 관한 선택의 폭을 넓힘으로써 불편을 해소하고 재무관리에 대한 회사의 자율성도 높였다.

하. 사채제도의 개선

종전까지는 사채의 총액은 회사에 현존하는 순자산의 4배를 초과할 수 없도록 제한하여 왔는데(개정전 상법 제470조 제1항), 사채의 발행한도 제한은 비현실적이라는 목소리가 컸다. 또한 상법이 허용하는 사채의 종류가 제한적이며, 수탁회사에 의한 사채관리제도는 사채권자 보호에 미흡하다는 지적이 있었다.

이러한 비판을 반영하여 개정상법은 사채의 발행총액, 사채의 모집, 사채의 금액, 권면액의 초과상환의 제한 등 사채발행에 대한 제한 규정을 폐지하고(상법 제470조 내지 제473조 삭제), 이익배당참가부사채, 교환사채, 파생결합사채 등 다양한 형태의 사채를 발행할 수 있는 법적 근거를 마련하였다(2011년 4월 개정상법 제469조 제2항). 또한 수탁회사의 권한 중 사채관리에 관한 부분을 분리하여 사채관리회사가 담당할 수 있도록 하였다(2011년 4월 개정상법 제480조의2, 제480조의3 신설). 법원의 허가 없이도 사채권자집회를 개최할 수 있게 하였고(2011년 4월 개정상법 제490조), 각 사채권자는 그가 가지는 해당 종류의 사채금액의 합계액에 따라 의결권을 가지는 것으로 하였으며(2011년 4월 개정상법 제492조), 사채권자집회에 출석하지 아니한 사채권자는 서면에 의하여 의결권을 행사할 수 있도록 하였다(2011년 4월 개정상법 제495조 제3항).

거. 합병대가의 유연화와 소규모합병 요건의 확대

종전까지는 흡수합병 시 존속회사는 합병의 대가로서 소멸회사의 주주에게 존속회사의 주식을 주는 것을 원칙으로 하고, 예외적으로 합병비율을 조정하거나 소멸회사의 최종영업연도의 배당에 대신하기 위한 경우에 한정하여 현금교부가 허용된다고 보고 있었다. 그러나 엄격한 합병대가의 지급방법은 실무상 곤란한 점이 많았고 소규모 흡수합병의 경우에는 실효성이 거의 없었다.

이에 개정상법은 합병시 소멸회사의 주주에게 그 대가의 전부를 금전이나 그 밖의 재산을 제공할 수 있도록 허용하고(2011년 4월 개정상법 제523조 제4호), 특히 소멸회사의 주주에게 제공하는 재산이 존속하는 회사의 모회사주식인 경우에는 자회사의 모회사 주식 취득 금지규정에도 불구하고 합병대가로서 지급하기 위하여 모회사 주식을 취득할 수 있도록 하였다(이른바 '삼각합병'을 허용하였다. 2011년 4월 개정상법 제523조의2). 그리고 소규모합병의 적극적 요건을 충족하기 위하여 합병후 존속회사가 합병으로 인하여 발행하는 신주의 총수의 기준을 발행주식총수의 5%에서 10%로 완화하고(2011년 4월 개정상법 제527조의3 제1항 전단), 소규모합병의 소극적 요건인 이사회의 승인만으로 가능한 합병교부금 지급가능 기준도 순자산액의 2%를 초과하지 않을 것에서 5%를 초과하지 않을 것으로 완화하였다(동항 후단).

너. 준법통제기준과 준법지원인 제도 도입

종전까지는 금융기관에는 준법감시인이 설치되어 있으나, 대규모 기업에는 준법경영을 위한 제도가 미비하였는데, 이는 윤리경영이 강화되고 있는 세계적 추세에 맞지 않는다는 지적이 있었다.

2011년 개정상법은 최근 사업연도말 현재의 '자산총액이 5천억원 이상인 상장회사'는 임직원이 그 직무를 수행할 때 따라야 할 준법통제에 관한 기준 및 절차("준법통제기준")를 마련하고(2011년 4월 개정상법 제542조의13 제1항, 동법 시행령 제39조), 준법통제기준의 준수에 관한 업무를 담당하는 준법지원인을 1명 이상 두도록 하였다(동조 제2항).

더. 유한회사에 대한 각종 제한 규정 철폐

유한회사는 폐쇄적으로 운영되는 소규모 기업을 전제하고 있으나, 폐쇄적 운영을 위한 규정들이 오히려 각종 제한으로 작용하여 유한회사의 이용에 불편을 초래하고 있었다.

이를 반영하여 개정상법은 유한회사의 사원 총수는 50인을 초과하지 못한다는 규정(개정전 상법 제545조)을 삭제하고, 사원의 지분 양도나 상속을 원칙적으로 허용하되 정관으로 지분의 양도를 제한할 수 있도록 하였으며(2011년 4월 개정상법 제556조), 사원총회 소집방법으로 서면에 의한 통지 외에도 각 사원의 동의를 받아 전자문서로 통지를 발송할 수 있도록 하고(2011년 4월 개정상법 제571조 제2항), 총사원의 일치에 의한 총회의 결의로 주식회사로 조직을 변경할 수 있도록 하되 정관으로 정하는 경우에는 사원총회의 특별결의로 할 수 있도록 하였다(2011년 4월 개정상법 제607조 제1항).

12. 2014년 5월 상법(회사편) 개정

1963년 시행된 제정 상법부터 존재한 무기명주식 제도는 발행된 사례가 없었고, 소유자 파악이 곤란하여 양도세 회피 등 과세 사각지대의 발생 우려가 있으며, 조세 및 기업 소유구조의 투명성 결여로 국가의 대외신인도를 저하시키는 원인이 되는 등 더 이상 유지할 실익이 없었다. 이에 따라 2014년 5월 상법 개정에서는 무기명주식 제도를 폐지하고 기명주식으로 일원화하였다(개정전 상법 제357조 및 제358조 등).

13. 2015년 상법(회사편) 개정

2015년 상법개정(시행 2016. 3. 2. 법률 제13523호, 2015. 12. 1., 일부개정)은 2011년

4월의 대폭적인 상법개정에 따른 운영상 미비점을 개선하고 보완하기 위하여 이루어졌다. 그 주요한 개정 내용은 다음과 같다.

가. 삼각주식교환 및 삼각분할합병 제도의 도입

2001년 7월 상법 개정에 의해서 주식의 포괄적 교환과 이전 제도가 도입되고(상법 제360조의2 내지 제360조의23), 2011년 4월 상법 개정에 의해서 삼각합병이 인정되는 등 합병대가가 유연화되고 소규모합병 요건이 완화되었으나(상법 제523조 제4호, 제523조의2, 제527조의3 제1항), 삼각주식교환 등이 허용되는지 분명하지 않았을 뿐만 아니라, 원활한 투자 활동이 가능하도록 좀더 확실하고 다양한 형태의 기업 인수·합병 방식이 필요하다는 목소리가 많았다.

이에 2015년 12월 개정 상법에서는 주식의 포괄적 교환 시에 모회사 주식을 취득하여 지급할 수 있도록 하는 '삼각주식교환'을 도입하고 이를 통해 사실상 역삼각합병이 가능하도록 하였다(2015년 개정상법 제360조의3 제6항).

삼각분할합병의 가능성에 대해서는 이전부터 논란이 있었는데, 개정상법은 제530조의6 제4항을 신설하여, "자회사의 모회사주식 취득을 금지하는 상법 제342조의2 제1항에도 불구하고 분할합병계약에 따라서 '분할회사의 주주'에게 제공하는 재산이 '분할승계회사의 모회사 주식'을 포함하는 경우에는 분할승계회사는 그 지급을 위하여 모회사 주식을 취득할 수 있다."고 규정함으로써 명시적으로 삼각분할합병을 허용하였다.

한편, 역삼각합병 제도의 도입을 위하여 상법 제523조의3(역삼각합병의 특칙)의 신설이 고려되었으나, 역삼각합병 시에 모회사의 주주총회결의 및 반대주주의 주식매수청구권이 필요한지 논란이 있었고, 삼각주식교환을 통해서 역삼각합병과 같은 효과[192]를 달성할 수 있는 등 주식의 포괄적 교환과의 정합성이 논란이 되면서, 최종안에서는 역삼각합병에 관한 상법 제523조의3은 삭제되었다.

192 실제로 삼각주식교환은 역삼각합병과 비슷한 효과를 가진다. 예를 들어, 미국의 M회사가 한국시장에 진출하기 위해서 국내에 A회사(SPC)를 설립하고 이를 통해서 국내의 B회사(대상회사)를 인수한다고 가정한다. 이 경우 A회사를 완전모회사가 되는 회사로 하여서 B회사와 주식교환을 하면서 그 대가로서 모회사인 M회사의 주식을 지급하는 경우, 대상회사인 B회사의 주주들(甲·乙·丙)은 M회사의 주주가 되고, B회사는 A회사의 100% 완전자회사가 된다(M→A→B). 그후에 A회사와 B회사가 합병하면서 B회사의 국내 인허가 등을 유지하기 위하여 B회사를 존속회사로 하고 A회사를 소멸시키면 사실상 역삼각합병이 이루어진다. 이처럼 삼각주식교환은 외국회사가 국내회사를 매수하거나, 한국기업이 외국회사를 인수하는 과정에서 유용하게 활용될 수 있다.

나. 반대주주의 주식매수청구권 제도의 정비

상법은 무의결권 주주에게도 반대주주의 주식매수청구권이 인정되는지 명확하게 규정하고 있지 아니하여 실무상 혼란을 초래할 소지가 있었고, 무의결권 주주들의 권리보호에 미흡한 측면이 있었다.

이를 반영하여 개정상법은 "~ 그 결의에 반대하는 주주(의결권이 없거나 제한되는 주주를 포함한다. 이하 이 조에서 같다)는 ~ 회사에 대하여 자기가 소유하고 있는 주식의 매수를 청구할 수 있다."(2015년 개정상법 제360조의5 제1항, 제374조의2 제1항 등)는 형식으로 무의결권 주주도 주식매수청구권을 행사할 수 있음을 명문으로 규정하고, 주식매수청구권이 인정되는 경우에는 무의결권 주주에게도 주주총회 소집을 통지하도록 규정하였다. 기업 인수·합병 과정에서 무의결권 주주의 주식매수청구권 인정 여부, 주주총회 소집통지 문제 등에 관한 법적 혼란을 해소함으로써 기업 인수·합병 거래의 안정과 반대주주 보호에 기여할 것으로 기대한 것이다.

한편, 종전까지는 반대주주의 주식매수청구와 관련하여 "회사는 주주로부터 청구를 받은 날부터 2월 이내에 그 주식을 매수하여야 한다"(개정전 상법 제374조의2 제2항)고 되어 있어서, '주주로부터 청구를 받은 날', 즉 주주의 주식매수청구권 행사일자에 따라서 회사의 주식매수기간이 달라질 수 있어서 혼란이 초래되었다. 이를 반영하여 개정상법은 "회사는 ~ '매수청구기간'이 종료하는 날부터 2개월 이내에 그 주식을 매수하여야 한다."(2015년 개정상법 제374조의2 제2항, 제1항)고 규정하면서, 매수청구기간이 종료하는 날부터 2개월 이내로 회사의 "주식매수기간"을 통일하였다.

또한 종전까지는 반대주주의 주식매수청구를 받은 날부터 30일 이내에 협의가 이루어지지 아니한 경우에는 회사 또는 주식의 매수를 청구한 주주는 법원에 대해서 매수가액의 결정을 청구할 수 있었으나(개정전 상법 제374조의2 제4항), 반대주주의 주식매수청구일에 따라서 법원에 매수가액의 결정을 청구하는 기간이 달라질 수 있어서 혼란스럽다는 지적에 따라서, 개정상법은 "주식의 매수청구기간이 종료하는 날부터 30일 이내"에 협의가 이루어지지 아니하는 경우에는 회사 또는 주식매수를 청구한 주주는 법원에 대하여 매수가액의 결정을 청구할 수 있다(2015년 개정상법 제374조의2 제4항)고 규정하였다.

다. 소규모합병의 대가에 자기주식의 이전을 포함

개정전 상법 제527조3(소규모합병) 제1항은 소규모합병의 요건에서 합병 후 존속회사가 '발행하는 신주'만을 합병의 대가로 규정하여 '자기주식'의 이전이 합병의 대가에 포함되는지가 분명하지 않았고 이 때문에 논란이 있었다.

2015년 개정상법은 소규모합병의 대가에는 존속회사가 발행하는 신주 외에도 자기주식이 이전이 포함되는 것을 분명하게 규정하였다(2015년 개정상법 제527조의3 제1항).

라. 소규모 주식교환의 요건 통일 등

2011년 4월 상법 개정(법률 제10600호)에서 소규모합병의 요건은 합병후 존속회사가 발행하는 신주의 총수 기준이 발행주식총수의 5%에서 10%로 완화되었고(개정전 상법 제527조의3 제1항 전단), 이사회의 승인만으로 가능한 합병교부금 지급가능 기준도 순자산액의 2%에서 5%로 완화되었으나(개정전 상법 제527조의3 제1항 후단), 경제적 기능과 효과가 실질적으로 동일한 소규모 주식교환의 요건은 종전 그대로 유지되고 있어서 소규모 주식교환을 활용하는 데 어려움이 있고, 합병대가로 신주를 발행하는 대신에 자기주식을 교부하는 것이 허용되는지에 대해서도 실무상 혼란이 있었다.

이에 2015년 12월 개정 상법은 상법 제360조의10 제1항에서 소규모 주식교환의 요건을 "회사가 주식교환을 위하여 발행하는 신주 및 이전하는 자기주식의 총수가 그 회사의 발행주식총수의 100분의 10을 초과하지 아니하는 경우 ~ 이사회의 승인으로 갈음할 수 있다. ~ 다만, 완전자회사가 되는 회사의 주주에게 제공할 금전이나 그 밖의 재산의 가액이 ~ 현존하는 순자산액의 100분의 5를 초과하는 때에는 그러하지 아니하다."(2015년 개정상법 제360조의10 제1항)고 하면서 상법 제527조의3 소규모 합병의 요건과 동일하게 설정하고, '신주의 발행' 외에 '자기주식의 교부'도 합병대가에 명시적으로 포함시킴으로써, 소규모 주식교환 제도를 이용한 기업 인수·합병 거래의 안정성을 도모하였다.

마. 간이한 영업양도, 양수, 임대 제도의 도입

상법상 간이합병의 요건을 충족하는 경우에 소멸회사의 주주총회 승인은 이사회의 승인으로 갈음할 수 있고(상법 제527조의2), 이러한 내용은 간이분할합병(상법 제530조의11 제2항, 제527조의2)과 간이주식교환(상법 제360조의9)에서도 인정되고 있다. 그런데 개정전 상법에서는 모회사(A 회사)가 자회사(B 회사)의 주식을 90% 이상 소유하는 경우에, 자회사(B 회사)가 그 영업을 모회사(A 회사)에게 양도하거나 반대로 모회사(A 회사)의 영업을 양수받는 경우에는 그 실질은 간이합병과 비슷함에도 불구하고 영업양도에 해당하여 여전히 자회사(B 회사) 주주총회의 특별결의가 요구되었다(상법 제374조 제1항). 그러나 이러한 경우에 자회사는 영업양수도의 상대방이 모회사이므로 주주총회의 특별결의가 당연히 예정되어 있어서 굳이 주주총회 특별결의를 요구할 필요가 없었고, 오히려 주주총회 특별결의를 요구한다면 자회사의 모회사는 특별이해관계인이 될 수 있어서 주주총회에서 의결권을 행사할 수 없다는 문제도 제기되었다.

이를 반영하여 2015년 개정상법에서는 상법 제374조의3(간이영업양도, 양수, 임대 등)을 신설하여 간이영업양도, 양수, 임대 등의 규정을 두고, 간이영업양도 등에 해당하는 경우에는 이사회 결의로 주주총회 승인을 갈음할 수 있도록 하였다.[193] 상법 제374조의3 간이영업양도 등의 규정은 상법 제527조의2 간이합병의 규정을 염두에 두고 마련되었으므로 기본적인 체계나 적용방식은 간이합병과 비슷하다. 그리고 상법 제374조의3 제1항의 "상법 제374조 제1항 각호의 어느 하나에 해당하는 행위를 하는 회사의 총주주의 동의가 있거나 그 회사의 발행주식총수의 100분의 90 이상을 해당 행위의 상대방이 소유하고 있는 경우에는 그 회사의 주주총회의 승인은 이를 이사회의 승인으로 갈음할 수 있다."는 문구에 비추면, 영업의 양도, 양수, 임대가 모두 적용대상이며 그 밖에 이에 유사한 경우도 간이영업양도 등의 적용대상이 수 있다.

주의할 것은 간이합병은 그 내용상 모회사와 자회사 간의 합병에서 자회사가 소멸하는 경우에 적용되고 모회사가 소멸하는 경우에는 적용될 수 없지만(상법 제527조의2), 간이영업양도 등에서는 자회사가 영업의 전부 또는 중요한 일부를 모회사에게 양도하거나(상법 제374조의3 제1항, 제374조 제1항 제1호), 그 반대로 자회사가 영업에 중대한 영향을 미치는 모회사의 영업의 전부 또는 일부를 모회사로부터 양수하는(상법 제374조의3 제1항, 제374조 제1항 제3호) 경우에도 적용되는 점에서 차이가 있다.

한편, 회사의 총주주가 동의하는 경우에는 반대주주가 없으므로 주식매수청

193 일본 회사법 제468조(사업양도등의 승인을 요구하지 않는 경우)도 간이영업양수도에 관한 규정을 두고 있다.

구의 문제가 생기지 않는다(상법 제374조의3 제2항 단서). 그러나 발행주식총수의 90% 이상을 상대방이 소유하는 간이영업양도 등의 경우에는 반대주주가 있을 수 있으므로 주식매수청구절차는 생략할 수 없다.

바. 회사의 분할·합병 관련 규정의 정비

종전에는 같은 의미를 가지는 분할회사, 분할되는 회사, 피분할회사 등의 용례가 혼란스럽게 사용되고 있었다.

2015년 12월 개정상법은 이러한 혼란을 정리하기 위해서 분할에 사용되는 용어를 통일하였다. 예를 들어, 분할되는 회사는 '분할회사'로 규정하고(2015년 개정상법 제530조의4), 분할에 의하여 설립되는 회사는 '단순분할신설회사'(2015년 개정상법 제530조의5 제1항 제1호), 분할합병의 상대방회사로서 존속하는 회사는 '분할승계회사'(2015년 개정상법 제530조의6 제1항 제1호), 분할합병을 하여 설립되는 회사는 '분할합병신설회사'(2015년 개정상법 제530조의6 제2항 제2호)로 용어를 정비하고, 분할시 자기주식의 이전을 허용하는 등(2015년 개정상법 제530조의7 제1항 제4호) 회사분할 관련제도를 정비하였다.

14. 2020년 12월 상법(회사편) 개정

2020년 12월 개정상법(법률 제17764호, 2020.12.29., 일부개정)은 소수주주의 권익을 보호하기 위하여 다중대표소송제도와 감사위원회위원 분리선출제도 등을 도입하였다. 주요한 개정 내용은 다음과 같다.

가. 다중대표소송제도의 도입

자회사 이사의 임무해태 등으로 자회사에 손해가 발생하는 경우, 모회사 및 모회사의 주주 또한 그에 따른 피해를 입지만, 개정전상법에서는 모회사의 주주가 자회사의 이사를 상대로 책임을 추궁할 수 있는 법적 수단이 마땅하지 않았다.

2020년 12월 개정상법은 자회사의 이사가 임무해태 등으로 자회사에 손해를 발생시킨 경우, 발행주식총수의 100분의 1 이상에 해당하는 주식을 가진 모회사의 주주가 자회사의 이사를 상대로 대표소송을 제기할 수 있도록 하는 다중대표소송제도(multiple derivative action)를 도입하였다(상법 제406조의2 신설). 다중대표소송의 허용 여부에 대해서는 오랫동안 논란이 있었는데 입법을 통하여 명시적으로 허용한 것이다.

다중대표소송제도는 모회사와 자회사 간에 적용된다(상법 제406조의2 제1항, 제

342조의2 제1항). 자회사의 소수주주가 피해를 볼 수 있다는 지적에 따라서, 처음에는 다른 회사 발행주식총수의 100%를 가진 완전모자회사 또는 그에 준하여 90%의 주식을 가진 회사만을 적용대상으로 할 것인지도 논의되었으나, 실제 입법과정에서는 발행주식총수의 100분의 50을 초과하는 주식을 가진 회사, 즉 모회사와 자회사의 기준을 충족하면 모회사의 주주에게 다중대표소송을 제기할 수 있도록 하였다.

상법 제406조의2는 '이중대표소송' 대신에 '다중대표소송'이라는 용어를 사용하고 있는데, 이를 고려하면 모회사와 자회사뿐만 아니라 모회사와 손자회사 등에 대해서도 적용된다고 볼 것이다. 따라서 당해회사(A 회사)의 이사에 대한 청구권을 '주주(A 회사의 모회사인 A1회사)'의 '주주(A1회사의 모회사인 A2회사)'의 '주주'가 대위행사하는 경우에는 '삼중대표소송'이 되고, 같은 방식으로 '사중대표소송', '오중대표소송'도 있을 수 있다. 어떠한 경우이든 행사되는 청구권은 당해 회사에 속하고, 그 법률효과도 (원고인 모회사의 주주가 아니라) 당해 회사에 귀속된다.[194]

상장회사의 경우에는 다중대표소송의 제기를 위한 원고주주의 주식보유비율은 100분의 1(1%)에서 1만분의 50(0.5%)으로 완화되어 있다. 다만, 원고주주는 6개월 전부터 계속하여 0.5% 이상의 주식을 보유하여야 한다(상법 제542조의6 제7항, 제406조의2). 상장회사의 주주는 상장회사 특례규정에 따른 다중대표소송의 행사요건과 일반규정에 따른 행사요건 중 어느 하나라도 충족하면 다중대표소송을 제기할 수 있다. 자세한 내용은 상법 제406조의2(다중대표소송)의 부분에서 설명한다.

나. 감사위원 선임이나 해임 시 의결권 제한 규정의 강화

1) 감사위원의 선임과 해임에 관계 없이 3% 제한

2020년 12월 개정상법 제542조의12 제4항은 "감사위원회위원을 선임 또는 해임할 때에는 상장회사의 의결권 없는 주식을 제외한 발행주식총수의 100분의 3(정관에서 더 낮은 주식 보유비율을 정할 수 있으며, 정관에서 더 낮은 주식 보유비율을 정한 경우에는 그 비율로 한다)을 초과하는 수의 주식을 가진 주주(최대주주인 경우에는 사외이사가 아닌 감사위원회위원을 선임 또는 해임할 때에 그의 특수관계인, 그 밖에 대통령령으로 정하는 자가 소유하는 주식을 합산한다)는 그 초과하는 주식에 관하여

194 천경훈, "다중대표소송 재론", 「법학연구」 제28권 제1호(연세대 법학연구원, 2018. 3), 78.

의결권을 행사하지 못한다."고 하고 있다. 2020년 12월 개정전 상법 제542조의12 제4항에서는 '사외이사인 감사위원회위원'을 선임하는 경우에는 3% 규정이 있었으나, 해임 시에는 3% 규정이 없어서 혼선이 있었는데, 2020. 12. 개정상법 제542조의12 제4항은 감사위원의 선임과 해임을 막론하고 모든 주주에 대해서 발행주식총수의 3% 초과주식에 관해서는 그 의결권이 제한된다는 사실을 분명히 한 것이다.

한편, 상법 제542조의12 제4항이 모든 상장회사에 적용되는지, 자산총액 2조원 이상의 상장회사에만 적용되는지 논란이 있을 수 있으나, "제1항에 따른 감사위원회위원을 선임 또는 해임할 때에는"이라고 분명히 하고 있는 점을 고려하면, 최근 사업연도 말 현재의 자산총액이 2조원 이상인 상장회사에만 적용된다고 본다.

2) 사외이사 또는 사외이사가 아닌 감사위원에 관계없이 3% 제한

2020년 12월 개정전 상법 제542조의12 제4항은 "사외이사인 감사위원회 위원을 선임할 때에는"이라고 규정하고 있어서 '사외이사가 아닌 감사위원'에 대해서도 3% 의결권 제한 규정이 적용되는지에 대해서 논란이 있었으나, 2020년 12월 개정상법 제542조의1 제4항은 선임대상이 '사외이사인 감사위원' 또는 '사외이사가 아닌 감사위원'인지에 관계없이 "감사위원회위원을 선임 또는 해임할 때에는"이라고 규정하고 있어서 사외이사 또는 사외이사가 아닌 감사위원인지에 관계없이 3% 초과 주식의 의결권을 제한하고 있다(상법 제542조의12 제4항).

다만, 최대주주가 '사외이사가 아닌 감사위원'을 선임 또는 해임할 때에는 그의 특수관계인, 그 밖에 대통령령으로 정하는 자가 소유하는 주식을 합산하여 그 3%를 초과하는 주식의 의결권이 제한된다(상법 제542조의12 제4항 괄호).

3) 감사선임 시 준용

상장회사가 감사를 선임할 때에는 상법 제409조 제2항의 비상장회사의 감사선임 시 3% 의결권 제한 규정이 여전히 적용되므로 해당 상장회사의 주주가 보유하는 3% 초과주식의 의결권은 모두 제한된다.

그런데 2020년 12월 개정상법 제542조의12 제7항은 "제4항은 상장회사가 감사를 선임하거나 해임할 때에 준용한다. 이 경우 주주가 최대주주인 경우에는 그의 특수관계인, 그 밖에 대통령령으로 정하는 자가 소유하는 주식을 합산한다."고 하면서, 상법 제542조의12 제4항의 감사위원의 선임과 해임 시 3% 초과주식의 의

결권 제한 규정을 상장회사가 감사를 선임하거나 해임할 때에도 준용하고 있다. 따라서 상장회사에서는 감사를 선임할 때뿐만 아니라 해임할 때에도 3% 초과주식의 의결권이 제한된다. 이 경우에 최대주주는 그의 특수관계인, 그 밖에 대통령령으로 정하는 자가 소유하는 주식을 합산하고 있으므로, 비상장회사에 비교하여 감사의 선임이나 해임 시 의결권이 더욱 엄격하게 제한되어 있다(상법 제541조의12 제7항).

4) 전자투표 제도 채택 시 정족수 규정의 완화

2020년 12월 개정상법에서는 상장회사 감사위원의 선임과 해임에 있어 의결권 제한이 강화되면서, 감사위원의 선임 시에 발행주식총수의 과반수 출석을 요구하는 주주총회 보통결의 정족수를 채우지 못할 수 있다는 우려가 제기되었다.

이를 반영하여 2020년 12월 개정 상법 제542조의12 제8항은 "회사가 제368조의4 제1항에 따라 전자적 방법으로 의결권을 행사할 수 있도록 한 경우에는 제368조 제1항(총회의 결의방법과 의결권 행사)에도 불구하고 출석한 주주의 의결권의 과반수로써 제1항에 따른 감사위원회위원의 선임을 결의할 수 있다."는 특칙을 규정하였다. 즉, 주주총회에서 감사위원을 선임할 때에는 발행주식총수의 4분의 1 이상의 요건을 갖추지 못하더라도 출석주주 의결권의 과반수만으로 감사위원을 선임할 수 있도록 한 것이다. 이는 전자투표를 통해서 소수주주의 주주총회 참석을 손쉽게 하기 위한 것이지만, 전자투표 제도만 채택하면 발행주식총수의 4분의 1 이상을 채우기 위하여 회사가 노력할 필요가 없게 되므로, 오히려 소수주주의 주주총회 참석률이 줄어들 가능성도 있다. 소수주주의 주주총회 참여율을 높일 수 있는 추가적인 조치가 병행되어야 할 것이다.

다. 감사위원 중 1명에 대해서는 분리선출제 도입

1) 자산총액이 2조원 이상인 상장회사

최근 사업연도말 현재 자산총액 2조원 이상인 상장회사의 경우에 감사위원을 선임하거나 해임하는 권한은 이사회가 아니라 '주주총회'에 있다(상법 542조의12 제1항). 감사위원회는 이사회 내 위원회이므로 그 구성원인 감사위원은 원래 이사회에서 선임하여야 하지만(상법 제393조의2), 감사위원의 독립성을 높이고 주주총회에서 선임하는 감사와 균형을 맞추기 위하여 주주총회에서 선임하도록 한 것이다.

2) 주주총회에서 일괄선출

감사위원을 주주총회에서 선임하는 경우에도, 주주총회에서 이사를 선임한 후 선임된 이사 중에서 감사위원을 선임하여야 한다. 즉, 감사위원 후보인 이사를 선임할 때에는 일반이사와 구분하지 않고서 주주총회에서 일괄하여 선출하고, 선임된 감사위원 후보 중에서 감사위원을 선임하는 주주총회 결의를 다시 한 번 한다(상법 제542조의12 제2항 본문, 이른바 '일괄선출방식'). 예를 들어, 주주총회에서 甲·乙·丙을 이사로 선임하고(1단계), 이사로 선임된 甲·乙·丙 중에서 다시 감사위원을 선출하는 절차(2단계)를 거친다.

3) 감사위원 중 1명은 주주총회에서 분리선출

위와 같이 감사위원을 일괄하여 선출하는 경우에는 이미 첫 번째 결의에서 대주주의 의사가 반영되어 감사위원 후보가 선임되므로 두 번째 결의에서 3% 의결권을 제한하더라도 사실상 의미가 없을 수 있다.[195] 이를 반영하여 2020년 12월 개정상법은 감사위원 중 1명(정관에서 2명 이상으로 정할 수 있으며, 정관으로 정한 경우에는 그에 따른 인원으로 한다)은 다른 이사들과 분리하여 선임하도록 하고 있다(상법 제542조의12 제2항 단서, 이른바 '분리선출'). 이 경우에 감사위원이 되는 이사는 처음부터 다른 이사들과 분리하여 선출하므로 감사위원의 선임 여부에 관하여 한 번의 주주총회 결의를 거치는 것으로 충분하다.

4) 감사위원의 해임은 주주총회 특별결의에 의함

상법 제542조의12 제1항에 따른 감사위원은 상법 제434조에 따른 주주총회의 특별결의로 해임할 수 있다(상법 제542조의12 제3항 본문). 상법 제385조의 이사의 해임 규정과 균형을 맞추어 특별결의에 의하여 해임할 수 있도록 한 것이다. 다만, 상법 제542조의12 제2항 단서에 따라서, 분리선출된 감사위원이 해임 대상인 경우에는 감사위원의 지위뿐만 아니라 이사로서의 지위도 상실한다(상법 제542조의12 제3항 단서).

라. 소수주주권에 관한 상장회사 특례규정과 일반규정의 적용 순위

2020년 12월 상법개정 전까지는 상법 제542조의2 제2항의 "이 절은 이 장 다른 절에 우선하여 적용한다."는 문구와 관련하여 상법 제3편 제13절의 상장회사

195 금융회사지배구조법은 "금융회사는 감사위원이 되는 사외이사 1명 이상에 대해서는 다른 이사와 분리하여 선임하여야 한다."(금융회사지배구조법 제19조 제5항)하면서, 분리선출방식을 규정하고 있다.

의 특례규정이 상법 제3편 회사편 일반조항의 특칙인지, 선택적 규정인지가 논란이 많았고 실제 하급심 판례도 '선택적적용설'과 '특칙설'로 나뉘어 있어서 실무상 혼란스러운 면이 많았다.

2020년 12월 개정상법 제542조의6 제10항은 "제1항부터 제7항까지는 제542조의2 제2항에도 불구하고 이 장의 다른 절에 따른 소수주주권의 행사에 영향을 미치지 아니한다."고 규정하여, 상장회사의 주주는 상장회사 특례규정에 따른 소수주주권 행사요건과 일반규정에 따른 소수주주권 행사요건을 선택적으로 주장할 수 있음을 분명히 하였다. 따라서 상장회사의 주주라고 하더라도 비상장회사의 소수주주권 행사요건을 갖추었다면 상장회사 특례규정을 적용하여 6개월의 보유기간이 요구되지 않는다.

마. 배당기준일 관련 규정 개선

2020년 12월 개정전 상법 제350조 제3항은 전환에 의하여 발행된 주식의 이익배당에 관하여는 "주주가 전환을 청구한 때 또는 제346조 제3항 제2호의 기간이 끝난 때가 속하는 영업연도 말에 전환된 것으로 본다. 이 경우 신주에 대한 이익배당에 관하여는 정관으로 정하는 바에 따라 그 청구를 한 때 또는 제346조 제3항 제2호의 기간이 끝난 때가 속하는 영업연도의 직전 영업연도 말에 전환된 것으로 할 수 있다."고 하면서, 그 다음 영업연도부터 배당하는 것을 원칙으로 하되(당기 무배당), 정관에 그 직전 영업연도 말에 전환된 것으로 한다는 규정을 두는 경우에는 곧 바로 배당할 수 있도록 하고 있었다(당기 전부배당). 개정전 상법 제350조 제3항은 주식매수선택권의 행사로 인한 신주발행(개정전 상법 제340조의5), 신주인수인의 주금납입과 신주발행(개정전 상법 제423조 제1항), 준비금의 자본전입으로 인한 신주의 발행(개정전 상법 제461조 제6항), 주식배당으로 인한 신주의 발행(개정전 상법 제462조의2 제4항)을 비롯하여 영업연도 중간에 이루어지는 각종 신주의 발행에 대해서도 준용되고 있었다.

이 때문에 대부분의 회사들은 정관으로 회사의 이익배당은 영업연도 말에 주주명부에 기재된 주주에게 지급한다는 내용으로 '영업연도 말일'과 '배당기준일'을 일치시켜 두었고, 자본시장법에 의하면 주권상장법인을 비롯한 사업보고서 제출대상법인은 각 사업연도 경과 후 90일 이내에 사업보고서를 금융위원회와 거래소에 제출하여야 했고(자본시장법 제159조 제1항), 상법에 의하면 주주명부의 폐쇄나 기준일은 3월의 초과할 수 없었기 때문에(상법 제354조 제2항), 상장법인의 정기주주총회는 영업연도 말일과 배당기준일의 효력이 미치는 3개월 내에 개최될 수밖에 없어서 3월 말 주주총회 집중현상의 주된 원인이 되었다.

2020년 12월 개정상법은 개정전 상법 제350조 제3항 자체를 삭제하였다. 2020년 12월 개정상법이 제350조 제3항을 삭제하면서 배당기준일과 영업연도 말일은 일치하여야 한다는 족쇄가 풀어졌고 정기주주총회 개최일의 유연화에는 기여할 것으로 생각된다. 그러나 개정전 상법 제350조 제3항에서 규정되어 있었던 전환으로 발행되는 신주식에 대한 당기무배당, 정관에 규정을 두는 경우에는 당기 전부배당을 할 수 있다는 규정이 없어져서, 사업연도 중간에 주식의 전환이 이루어지는 경우에 다른 주주와 동등하게 배당할 것인지(동등배당), 아니면 전환의 효력발생일을 기준으로 하여서 일할배당을 할 것인지는 다시 애매하게 되었다.

Ⅶ. 회사법의 향후 과제

1962년 1월 20일, 우리나라의 상법전이 제정된 이후 오늘에 이르기까지 여러 차례에 걸쳐서 상법이 개정되었고 경제 관계의 기본법규로서 상법 특히 회사법의 중요성은 더욱 커지고 있다. 한일합방에 따른 의용상법(일본 상법)의 시행, 5.16. 군사정부 하에서의 상법 제정, 1990년대 후반 외환위기의 시절에 타의에 의한 상법 개정의 역사에서 알 수 있듯이 우리 상법전의 제·개정은 우리나라의 가슴 아픈 역사를 반영하고 있다. 그러나 상법의 내용은 당시의 세계적인 조류를 반영하였고 제·개정을 거치는 동안 우리나라의 경제의 비약적인 발전이 있었기에 위로가 된다. 2000년 이후에 이루어진 상법개정들을 우리 정부와 학계, 실무계 상법 개정의 필요성에 공감하여 자발적으로 이루어진 것으로 의미가 크지만 여전히 한계가 느껴진다. 여기에서는 우리나라 상법, 특히 회사편의 향후 과제를 살펴본다.

1. 회사법의 단행법전화

가장 시급한 과제는 회사법 단행법전화이다. 미국, 영국, 독일, 일본, 중국 등 대부분의 국가에서 회사법은 상법과 분리되어 단행법전으로 편제되어 있다. 영국과 미국은 처음부터 단행의 회사법을 마련하였고, 독일과 일본은 상법전의 일부로서 회사법을 운용하여 오다가 이를 분리하여 단행법화하였다. 중국도 1993년 공사법(公司法)을 제정하여 운용하고 있다. 스위스, 프랑스는 사법체계의 통일성을 고려하여 민법이나 상법에 회사법을 편제하고 있으나, 소수의 입법례에 불과하고 회사법의 중요성, 독자적인 체계와 자족적인 성격, 경제환경의 변화를 반영하는 신속한 개정의 필요성 등을 고려하면 회사법은 단행법전으로 독립시킬 필요가 있다.

그런데 정부와 학계, 실무계 모두가 회사법의 단행법전화에 찬성하면서도 실제로 진행되지 못하는 이유는 무엇일까? 단행 회사법 제정의 원칙에는 찬성하지만, 세부적인 사항에 들어가면 상장회사와 비상장회사를 포괄하여 적용할 것인지, 대규모 회사와 소규모 회사를 분리할 것인지, 정부의 주무부서를 어디로 할 것인지 등 민감한 사항에 대하여 입장에 차이가 생기기 때문이다. 회사법 제정의 필요성에 공감하였다면, 각자 입장의 차이는 제정 과정에서 논의하더라도 더 이상 미루지 말고 제정 작업을 시작할 필요가 있다.

2. 대소회사의 구분과 규제의 세분화

1962년 처음으로 상법전이 제정된 이후 60년이 지나는 동안 일부 회사는 세계적 회사로 성장하였으며, 회사의 규모, 종류, 사원(주주)의 구성 등도 다양해졌다. 따라서 그 동안 경제와 기업 현실의 변화를 반영하여 탄력적이고 현실적인 회사 제도의 개편이 필요하다. 우리 상법(회사편)은 기본적으로 소규모의 비상장회사를 염두에 두고 5가지 종류의 회사형태를 열거하고 있는데, 복잡한 경제상황을 반영할 수 있으려면, 시장참가자의 수요를 충분하게 반영할 수 있는 세분화된 회사법제가 필요하다. 예를 들어, 영국처럼 공개회사와 폐쇄회사로 구분하여 규제할 것인지, 아니면 일본처럼 대회사와 소회사, 공개회사와 공개회사가 아닌 회사로 구분하여 규제할 것인지를 논의해야 한다.

개인적으로는 우선 대규모 회사와 소규모 회사로 구분하여 규제를 시작할 필요가 있다고 생각한다. 우리나라에서는 수 십만개를 넘는 회사가 있지만 그 규모에 따른 차이가 너무 커서 규모에 관계없이 동일한 규제를 적용받는 것은 적절하지 않기 때문이다.

폐쇄적이거나 가족적인 소규모 주식회사에서는 능동적으로 회사 경영에 참여하기를 희망하는 주주가 많을 것이므로 주주의 직접적인 경영참여를 확보할 수 있는 조직구조가 필요하다. 소규모 회사에서는 비용이 부담이 클 것이므로 비용부담을 줄이려면 이사회 등 회사의 기관을 간소화하고, 가급적 많은 사항을 주주총회에서 직접 논의하여 결정할 필요가 있다. 이를 고려하면 소규모 회사에서는 주주총회 외에 회의체 기관인 이사회의 설치나 대표이사 제도를 강제함으로써 의사결정절차를 이중으로 할 필요가 없다.

소규모 주식회사와는 달리, 다양한 이해관계인이 관여하는 대규모 회사에서는 효율적인 의사결정, 경영의 전문성, 준법경영, 독립적인 감시체계 등 각종 상충되는 요구사항과 이해관계인의 목소리를 반영할 수 있도록 다양한 기관의 설치가 필요하다. 주주총회와 이사회는 필수적으로 설치하되, 기관제도를 유연화하는 취지에서 대표이사 또는 집행임원 제도는 선택할 수 있도록 한다. 한편, 대규모 회사에는 수많은 주주가 있는데 이들이 모두 경영에 참여하는 것은 비효율적이며 바람직하지도 않다. 소유와 경영을 분리하여, 이사회의 의사결정 권한을 강화시키고 업무집행기관에 대한 감시·감독에 집중하되, 주주총회는 이사·감사의 선임 등 중요한 사항의 결의를 통해서 주주의 이익을 지킬 수 있도록 한다. 신속한 의사결정을 위해서 경영진에게 권한을 집중할 필요가 있지만, 지나친 권한의 집중으로 주주의 이익이 훼손되지 않도록 독립성을 가지는 별도의 기관에 의해서 감시와 감독기능이 작동될 수 있도록 하여야 한다.의사결정기관과 업무집행 기관을 분리하여 특정한 기관에게 권한이 집중되는 것을 방지하고, 이사회는 회의체의 역할과 업무집행기관에 대한 감시·감독에 집중하는 것이 타당하다.

그렇다면 소규모 회사와 대규모 회사는 어떻게 구분하는가? 자본금의 규모, 주주의 숫자, 주식양도의 자유 등 다양한 기준이 있을 수 있는데, 일본 회사법은 자본금액 또는 부채를 기준으로 최종사업연도의 대차대조표상 자본금액이 5억엔(五億円) 이상이거나, 또는 부채의 합계액이 200억엔(二百億円) 이상인 회사를 대회사로 구분하고 있다(일본 회사법 제2조 제6호). 우리나라는 자산 및 자본금의 규모, 상장 여부 등에 따라서 각종 특례를 규정하고 있는데, 이는 상장회사 또는 금융회사에 대한 특례이고 일반적인 대소회사의 구분 기준으로는 적절하지 않다. 일본의 입법례를 참고하여 자산과 부채를 기준으로 소규모 회사와 대규모 회사를 구분하는 것이 합리적이라고 본다.

3. 주식회사 기관구조의 개편

가. 대표이사 제도의 개선

1962년 제정 상법은 일본을 통해서 미국의 이사회제도를 도입하여 경영기관으로 삼았으나 그 토대라고 할 수 있는 집행임원제도는 도입하지 않았고, 그 대신 종래 실무에서 이용되던 대표이사를 필수적인 대표기관으로 설정하였다. 원래 대표이사를 비롯한 회사의 대표는 대표한 법률행위의 효과를 회사에 귀속시키고 회사의 결정을 대표하는 의미 이상이 포함되어 있지 않다. 따라서 대표기관 또는 업무집행기관은 주어진 기능에 충실해야 하며 이사회의 의사결정 기능을 침해하여서는 아니 된다. 그런데 도입 당시 이사회의 하위 기관으로 생각하였던 대표이사 제도는 우리나라의 상명하복적 조직문화와 융합되면서 당초 의도하였던 이상의 강력한 권한을 행사하고 있다. 이러한 현상은 우리 상법이 모델로 하였던 일본에서도 마찬가지로 발생하였는데, 대표이사 제도가 실패했다는 비판이 많았고, 2005년 회사법 제정 시에는 대폭적인 기관구조의 개편이 이루어졌다.

결국 우리 상법상 대표이사의 권한이 막강하게 된 현실은 당초 대표이사 제도를 설정한 입법취지와 상치되며, 이사회의 기능을 훼손하고 있다.[196] 따라서 업무집행기관 본래의 취지를 살리기 위해서는 이사회의 구성원인 이사들에게 직접 대표권을 부여하거나, 이사회 밖에 위치하면서 이사회의 결정을 충실히 집행할 수 있는 집행임원 제도를 활성화할 필요가 있다. 다만, 대표이사 제도의 전면적 폐지는 충격이 클 것이므로 경과규정을 두는 방안이 타당하다.[197]

나. 감사 및 감사위원회 제도의 개선

감사 및 감사위원회를 비롯한 감사시스템은 그 본연의 감사기능이 충분히 확보할 수 있도록 설계되어야 한다. 폐쇄적인 소규모 회사에서는 주주의 숫자는 적지만 경영에 참여하기를 원하는 주주가 많기 때문에 주주총회를 활성화하여 주주의 의견을 반영함으로서 감사기능을 보완할 필요가 있고, 주주의 직접적인 참여가 가능하므로 감사와 감독절차를 복잡하게 할 필요가 없다. 그러나 다양한 이해관계인이 관여하는 대규모 회사에서는 소유와 경영의 분리, 경영진에 대한 지나친 권한의 집중으로 인하여 주주의 이익이 훼손되지 않도록 감사와 감사위원회의 감사기능과 권한은 보다 강화할 필요가 있다.

우리나라처럼 일원적 이사회를 채택한 경우에는 독립기관인 감사를 폐지하고 이사회 내에 감사위원회를 설치하는 것은 주식회사의 기관 간 권한분배질서에 부합하지 않는다. 따라서 상장회사 또는 외부감사대상회사에 대해서는 감사위원회의 설치 여부에 관계없이 독립 감사를 두거나, 감사위원회의 독립성을 확보하기

196 미국에서도 CEO의 지배적인 지위에 대해서는 긍정, 부정론이 있다. 지나치게 강력한 CEO의 지배력은 회사지배구조에서 부패 등을 초래한다. Z. Jill Barclift, Corporate Governance and CEO Dominance, 50 Washburn L.J. 611, 617 (spring, 2011).

197 자세한 내용은 김홍기, “대표이사 제도의 반세기(半世紀)와 주식회사 기관구조의 개편방안”, 이사회 제도의 재조명: 홍복기 교수 정년퇴임기념논문집, 법문사(2018), 247-249.

위해서 감독기능과 업무집행기능을 분리하고 감사위원의 업무집행을 금지할 필요가 있다. 구체적으로는 ①독일처럼 감독이사회와 경영이사회를 분리하고 감독이사회 내에 감사위원회를 설치하는 방안, ②미국처럼 이사회와 집행임원을 분리하되 이사회 내에 감사위원회를 설치하는 방안, ③일본처럼 다양한 주식회사의 형태를 제시하되,[198] 대규모의 위원회설치회사에서는 집행임원(執行役)을 의무적으로 두는 방안, ④중국처럼 단독 감사가 아니라 회의체 형태의 감사회를 운영하는 방안이 있는데, 각 안별로 장단점이 있지만 전면적인 상법개정이 부담스럽다면 현행 상법의 체제인 ②안을 기본으로 하되, 일정규모 이상의 회사에 대해서는 ③안처럼 집행임원제도를 강행적으로 시행하는 것도 대안이다.[199]

위와 같은 생각은 현재의 상법에도 반영되어 있다. 실제로 우리나라는 2011년 집행임원제도를 도입하였지만, 이를 강제하지 않고서 회사의 선택에 맡겼기 때문에(상법 제408조의2 제1항) 집행임원제도를 선택하는 회사가 거의 없어서 사실상 사문화되어 있다. 기업의 자율성은 존중되어야 하지만, 다수의 이해관계인이 존재하고 사회·경제적으로 영향력이 큰 회사는 업무집행기능과 감독기능을 분리할 필요가 있다. 다만, 급격한 변경에 대한 충격을 감안하여 그 시행을 일정기간 유예하거나, 선택을 허용하되 도입하는 회사에 대해서는 인센티브를 주는 방안은 고려할 수 있을 것이다.

4. 노동자 등 이해관계인의 경영 참여 여부

회사의 사회적 책임에 대한 관심이 높아지면서, 노동자, 소비자 등 이른바 이해관계인의 이익을 고려할 것을 요구하는 목소리가 높아지고 있고, 이에 따라 노동자 등 이해관계인의 경영참여 여부, 참여의 범위나 방법 등도 문제가 되고 있다. 독일에서는 이른바 공동결정제도를 통하여 노동자의 경영참가를 실현하고 있고 이에 따르는 나라도 있다. 이에 반하여 영미에서는 노동조합이라는 제도를 통하여 노동자의 권익을 신장하는 방법을 택하고 있다.

198 일본 회사법에서는 사외이사를 과반수로 하는 위원회를 설치하는 위원회설치회사에서는 1인 또는 2인 이상의 집행임원(執行役)을 의무적으로 두도록 하고 있다(일본 회사법 제402조 제1항). 중국 회사법(中國 公司法)도 주식회사에서는 경리(經理, 집행임원)를 의무적으로 두도록 하고 있다(중국 공사법 제113조). 독일은 감독이사회가 경영이사회의 이사를 임명하고 있어서 자연스럽게 권한 분리가 이루어지고 있다. 미국의 경우에는 이사회와 임원(officer)을 분리하는 것이 정착되어 있다.

199 자세한 내용은 김홍기, "현행 주식회사의 감사시스템과 감사제도의 개선방안", 증권법연구 제20권 제2호, 증권법학회(2019), 3 이하 참조.

어느 방법이 적절한 것인지는 그 나라의 경제적 여건과 역사적 상황에 반영하여 신중하게 결정할 것이지만, 회사의 사회적 책임을 고려하면 회사의 영리활동에서 주주의 이익만을 고려하는 것은 점차 설득력을 잃게 될 것이다. 따라서 경영진인 이사는 주주 외에도 채권자, 종업원 등의 이익도 고려해야 한다. 그러나 회사가 사회적 책임을 다하는 것과 다양한 이해관계자가 경영에 참여하는 것은 다른 문제이다. 영리단체인 회사의 의사결정구조에 종업원, 지역주민 등 주주 외의 자를 본격적으로 참여시키는 것은 오히려 혼란을 초래할 수 있다. 이들의 권리는 환경법, 노동법 등을 통해서 보장할 수 있다.

제1장 통칙

[총설]

[관련조문] 기업활력제고를 위한 특별법 제15조(소규모 분할에 대한 특례), 민법 제275조(물건의 총유), 제278조(준공동소유), 제756조(사용자의 배상책임), 비송사건절차법 제118조(법원의 감독), 상법 제169조(회사의 의의), 제170조(회사의 종류), 제172조(회사의 성립), 제173조(권리능력의 제한), 제174조(회사의 합병), 제176조(회사의 해산명령), 제184조(설립무효, 취소의 소), 제210조(손해배상책임), 제227조(해산원인), 제230조(합병의 결의), 제234조(합병의 효력발생), 제242조(조직변경), 제245조(청산 중의 회사), 제247조(임의청산), 제250조(법정청산), 제286조(조직변경), 제288조(발기인), 제520조의2(휴면회사의 해산), 제527조의2(간이합병), 제527조의3(소규모합병), 제530조의2(회사의 분할·분할합병), 제530조의12(물적분할), 채무자회생 및 파산에 관한 법률 제294조(파산신청권자) 등.

[참고문헌] 권기범, 현대회사법론(제7판), 삼영사(2017); 김정호, 회사법(제5판), 법문사(2019); 김홍기, 상법강의(제4판), 박영사(2019); 이기수/최병규, 회사법(제10판), 박영사(2015); 이범찬 외 3인, 회사법(제2판), 삼영사(2018); 이철송, 회사법강의(제27판), 박영사(2019); 정찬형, 상법강의(상)(제22판), 박영사(2019); 주석 상법, 회사편(1)(제5판), 한국사법행정학회(2014)(정동윤); 지원림, 민법강의, 홍문사(2003); 최기원, 신회사법론(제14대정판), 박영사(2012).

상법 제3편 제1장 회사법 통칙은 제169조에서 제177조까지, 회사의 의의(상법 제169조), 회사의 종류(제170조), 회사의 주소(제171조), 회사의 성립(제172조), 권리능력의 제한(제173조), 회사의 합병(제174조, 제175조), 회사의 해산명령(제176조), 등기기간의 기산점(제177조) 등 9개의 조문으로 구성되어 있다.

이들 조항들은 상법 제3편에서 규정하고 있는 합명회사·합자회사·유한책임회사·주식회사·유한회사에 공통되는 일반적인 사항을 정한 것이다. 여기에서는 회사의 의의, 종류, 능력, 설립, 합병, 분할, 조직변경, 해산, 청산 등 각종 회사에 공통되는 내용을 살펴본다. 법인격부인론 등 직접적인 규정은 없더라도 판례나 학설에 의하여 형성된 회사법의 통칙적인 법리도 여기에서 살펴본다.

Ⅰ. 회사의 의의

상법에서 "회사"란 상행위나 그 밖의 영리를 목적으로 하여 설립한 법인을 말한다(상법 제169조). 즉, 회사는 일정한 사업을 영위하기 위하여 설립된 '영리단체'이며, 사람들로 구성된 사단이고 독자적인 법인격을 가지는 법인이다.

"영리성"은 회사의 존재를 규정짓는 본질적인 요소이다. 회사가 '영리를 목적으로 한다'는 것은 회사가 영업활동으로 얻은 이익을 그 구성원인 사원에게 배분하는 것을 궁극적인 목적으로 한다는 뜻이다.

상법은 회사를 법인으로 하고 있다. "법인(法人, legal person)"이란 권리의무의 주체가 될 수 있는 자격을 가리키는데, 우리 상법은 모든 회사에 대해서 법인격을 부여하고 있으므로(상법 제169조), 회사는 그 구성원인 사원으로부터 독립하여 권리를 취득하고 의무를 부담한다. 회사의 법인성과 관련해서는 법인격부인론이 논의되고 있다.

한편, 상법 제169조에는 나타나 있지 않지만 회사는 사람들의 단체인 '사단'의 성격도 가지고 있다. 그러나 회사의 사단성은 필수적인 것은 아니다. "사단(社團)"이란 일정한 목적을 위하여 설립된 사람들의 단체를 가리키는데,[1] 주식회사 등 물적회사는 자본단체로서의 성격이 강하게 나타나므로 그 구성원인 사원(주주) 간의 결합이나 사원의 숫자는 중요하지 않기 때문이다. 이를 반영하여 상법은 1인 주식

1 사단 중에서 법인격(권리능력)을 취득한 것이 '사단법인'이고 그렇지 않은 것이 '권리능력없는 사단'이다.

회사의 설립을 허용하고(상법 제288조),[2] 주주가 1인이 된 경우를 해산사유에 포함하지 않고 있다(제517조).

회사의 영리성, 법인성, 사단성에 대한 자세한 내용은 상법 제169조(회사의 의의)의 설명에서 살펴본다.

Ⅱ. 회사의 종류

우리 상법은 회사를 합명회사, 합자회사, 유한책임회사, 주식회사와 유한회사의 5가지 종류로 구분하고 있다(상법 제170조). 의용상법(한일합방 후 1962년 우리 상법이 제정되기까지 시행되던 일본의 상법을 말한다)은 주식합자회사를 인정하고,[3] 유한회사는 독립한 특별법으로 정하였으나, 우리 상법은 주식합자회사를 폐지하고, 유한회사를 상법전에 포함하여 규정하고 있다.

우리 상법이 규정하는 5가지 회사의 종류는 주로 사원의 책임(유한·무한 책임, 직접·간접 책임), 기관의 구성방식(소유와 경영의 분리 여부), 지분 양도에 대한 다른 사원의 동의 여부 등에 따른 것이다. 그 밖에 인적회사와 물적회사, 모회사와 자회사, 내국회사와 외국회사, 상장회사와 비상장회사, 공개회사와 폐쇄회사로 분류하기도 한다.

자세한 내용은 제170조(회사의 종류)에서 살펴본다.

Ⅲ. 회사의 능력

회사는 법인이므로 자연인과 마찬가지로 권리를 취득하고 의무를 부담할 수 있는 자격, 즉 권리능력을 가진다. 그러나 스스로 물리적인 행위를 할 수 없으므로 기관을 통하여 그 의사를 결정하고 대표한다. 적법한 영업활동을 위하여 성립된 회사가 불법행위능력도 가지는지는 논란이 있다.

1. 회사의 권리능력

회사는 법인이므로 자연인과 마찬가지로 권리를 가지고 의무를 부담할 수 있는 자격, 즉 일반적인 권리능력을 가진다. 그러나 천부적으로 모든 권리능력이 인

2 개정전 상법 제288조는 "주식회사의 설립에는 3인 이상의 발기인이 있어야 한다."고 규정하였으나, 2001년 7월 개정상법 제288조는 "주식회사를 설립함에는 발기인이 정관을 작성하여야 한다."고 하면서 1인회사의 설립도 인정하고 있다.

3 일본은 1951년 상법개정 시 주식합자회사를 폐지하였다.

정되는 자연인과는 달리, 회사는 법률에 의하여 의제되는 존재이므로 그 권리능력에는 한계가 있을 수밖에 없다. 어느 정도까지 회사의 권리능력을 제한할 것인지는 각국의 입법 정책에 속하는데, 우리 상법 제173조는 회사는 다른 회사의 무한책임사원이 되지 못하도록 하고 있다. 만일 회사가 다른 회사의 무한책임사원이 된다면 독자적인 법인격을 가지고 영업을 하는 회사 본연의 기능을 다 할 수 없고, 상법이 인정하지 않는 새로운 형태의 회사 종류도 탄생할 수 있기 때문이다. 다만, 각종 특별법에서는 예외가 있다.[4]

회사는 법인이므로 그 성질상 자연인을 전제로 하는 권리의무는 향유할 수 없다. 예를 들어, 회사는 자연인을 전제로 하는 생명이나 신체에 대한 권리, 친족이나 상속에 대한 권리는 가지지 못한다.

한편, 상법상 영리법인인 회사에 대해서 민법 제34조를 유추적용하여 회사의 권리능력이 정관상 목적에 의하여 제한을 받는지는 논란이 있다. 자세한 내용은 상법 제173조(권리능력의 제한)에서 살펴본다.

2. 회사의 의사능력, 행위능력

회사는 스스로 의사를 결정하고 행위할 수 있는 자연인과는 달리 법률에 따라 의제된 존재이므로 그 의사를 결정하거나 행위를 하기 위해서는 자연인의 도움을 받을 수밖에 없다. 예를 들어, 주식회사의 의사는 주주총회, 이사회에 의해서 결정되고, 결정된 의사는 대표이사를 통해서 집행된다. 그렇다면 회사는 자연인과 동일한 의사능력과 행위능력을 가지는가? 이에 대해서는 회사를 바라보는 시각에 따라 차이가 있을 수 있다.

법인의제설은 회사는 실체가 아니라 법률관계의 정리·귀속의 편의를 위하여 법률에 따라서 의제된 것에 불과하다고 보는 견해인데, 이 입장을 엄격하게 유지하면 회사는 의사능력이나 행위능력을 가질 수 없으며, 대리를 통해서만 법률행위를 할 수 있다고 보게 된다. 반면에, 법인실재설은 회사는 사회·경제적 활동을 수행하는 실체라고 보는 견해인데, 회사는 스스로 판단하고 행위할 수 있는 의사능력과 행위능력을 가지며, 그 기관인 주주총회, 이사회, 감사 등을 통하여 회사의 의사가 실현된다고 본다. 회사는 대표를 통해서 법률행위를 하게

4 투자합자회사는 업무집행사원 1인 외의 무한책임사원을 둘 수 없다. 이 경우 업무집행사원은 상법 제173조에 불구하고 집합투자업자이어야 한다(자본시장과 금융투자업에 관한 법률 제214조 제1항). 즉, 회사인 집합투자업자는 다른 회사(투자합자회사)의 무한책임사원이 된다.

된다.[5]

생각건대, 위와 같은 견해의 차이는 회사가 가지는 여러 가지 측면 중에서 그 일부만을 보는 것이다. 회사는 법률에 의해서 의제된 존재이지만, 동시에 사회·경제적으로 실재하는 존재이기 때문이다. 회사의 규모나 종류에 따라서 일률적으로 말하기 어려운 측면도 있다. 따라서 법인의제설을 취하든, 법인실재설을 취하든 실제 사례에서는 해당 사안의 내용과 법체계를 고려하여, 그 배후의 주주나 채권자 등 실체를 중시할 것인지, 아니면 그 회사가 가지는 독자적인 법인격을 중시할 것인지를 결정하여야 한다. 예를 들어, 투자를 위해서 설립한 특수목적회사의 실체는 배후의 주주이고, 법인격은 투자를 위한 기술적 장치에 불과하더라도 단순히 서류상의 존재로만 보기는 어렵고 독자적인 권리의무의 주체가 된다. 그러나 해당 특수목적회사가 근거법령이 허용하는 범위를 넘어서 탈법적인 목적으로 운영되고 있고, 법인격을 남용하는 경우에는 실체를 중시하여 배후의 주주에게 책임을 물을 수 있다.

회사는 자연인과 같은 무능력제도가 없으므로 언제나 행위능력자이다. 회사의 기관 구성원이 무능력자이더라도 회사는 능력자이다. 따라서 회사의 권리능력과 행위능력은 일치한다.[6]

3. 회사의 불법행위능력

회사의 불법행위능력은 그 기관인 대표이사(또는 업무집행자)의 행위가 실정법에 위반하였을 때 주로 문제되는데, 이 경우 대표이사에게 개인적인 불법행위책임을 묻는데 그칠 것인지, 아니면 회사의 불법행위책임까지 인정할 것인지가 문제가 된다.

법인의제설에 의하면 회사는 의제된 존재이고 정관에 규정된 적법한 행위만을 할 수 있으므로 회사의 불법행위 능력과 책임이 부인될 가능성이 높다. 반면에 법인실재설에 의하면 회사 기관의 행위는 회사의 행위가 되고 대표이사를 비롯한 회사의 기관이 '그 업무와 관련하여' 불법행위를 하면 회사의 불법행위책임이 인정될 가능성이 높다.

상법은 회사의 불법행위능력에 대한 논란을 방지하고 채권자를 보호하기 위

5 정찬형, 상법강의(상)(제22판), 박영사(2019), 487.
6 이범찬 외 3인, 회사법(제2판), 삼영사(2018), 97.

하여, "회사를 대표하는 사원이 그 업무집행으로 인하여 타인에게 손해를 가한 때에는 회사는 그 사원과 연대하여 배상할 책임이 있다."(상법 제210조, 제269조, 제389조 제3항, 제567조)고 하면서, 대표사원의 업무집행으로 인하여 타인이 입은 손해에 대해서는 회사가 불법행위책임을 진다는 사실을 분명히 하고 있다. 이 경우 회사와 대표사원은 공동불법행위 책임을 진다(대법원 2013. 6. 27. 선고 2011다50165 판결, 대법원 2013. 4. 11. 선고 2012다116307 판결,[7] 대법원 2007. 5. 31. 선고 2005다55473 판결 등).[8] 상법 제201조는 불법행위에 적용되는 조항이므로, 대표사원의 업무집행에 관한 것이라도 채무불이행으로 상대방이 입은 손해에 대해서 회사만이 채무불이행책임을 지고 회사의 대표사원이 책임을 지는 것은 아니다(대법원 2013. 2. 14. 선고 2012다77969 판결).[9]

대표이사가 아니라 사용인이 회사의 사무를 집행함에 있어서 제3자에게 손해를 끼친 때에는 회사는 불법행위책임을 부담하는 것이 아니고, 사용자로서 불법행위에 대한 손해배상책임을 부담한다(민법 제756조).

Ⅳ. 회사의 설립

1. 설립절차의 개관

회사는 정관작성 → 사원확정 → 출자이행 → 기관구성을 통해서 실체가 형성되고, 그 이후 설립등기를 통해서 설립절차가 종료된다.

가. 실체의 형성

합명회사와 합자회사 등 인적회사는 사원 전원이 작성하는 정관에 의해서 실

7 갑 주식회사가 건물 신축공사를 하면서 인접한 을 소유 건물에 피해를 줬다며 을이 갑 회사의 대표이사 병을 상대로 민법 제750조 또는 상법 제389조 제3항, 제210조에 따른 불법행위책임을 구한 사안에서, 갑 회사의 시공상 잘못에 관하여 병이 대표이사로서 선관주의 의무 등을 위반하여 의사결정을 하는 등 과실이 있는지 심리·판단하지 않은 채 을의 청구를 기각한 원심판결에 법리오해 등 위법이 있다고 한 사례.

8 공동불법행위책임을 인정하는 판례의 태도에 대해서는 비판도 있다. 상법 제210조는 회사의 채권자를 보호하기 위한 것이나 법이론상 회사를 불법행위자로 보는 한 회사의 도구적 성격에 불과한 대표기관이 독립적인 불법행위책임을 진다는 것은 논리적이지 않다고 한다. 이철송, 회사법강의(제27판), 박영사(2019), 82.

9 상법 제210조는 법인의 불법행위능력에 관한 민법 제35조의 특칙이므로, 피고1이 원고에 대하여 불법행위로 인한 손해배상책임이 아니라 소송위임계약상의 채무불이행으로 인한 손해배상책임을 부담할 뿐이라면, 그 대표변호사이자 담당변호사인 피고2에 대하여 상법 제210조에 기한 연대책임을 물을 수는 없다(대법원 2013. 2. 14. 선고 2012다77969 판결).

체가 형성되고, 회사의 설립등기 전에 반드시 출자이행을 할 필요도 없어서 설립절차가 비교적 간단하다. 사원(무한책임사원)이 회사채권자에게 연대·무한·직접책임을 지므로 누가 사원인지를 정하는 것이 중요하지 실제로 약정한 자본금이 납입되었는지는 덜 중요하기 때문이다.

그러나 물적회사인 주식회사와 유한회사는 설립절차가 엄격하다. 특히 모집설립의 방법으로 주식회사를 설립하는 경우에는 ①발기인의 정관작성에서 시작하여 ②주주모집, ③주식의 청약·배정, ④주금납입, ⑤검사절차, ⑥창립총회를 거치는 복잡한 절차를 거쳐야 한다. 사원(주주)의 책임이 출자금액에 한정되기 때문에(주주유한책임), 자본금에 상응하는 금액이 실제로 납입되었는지 여부를 엄격하게 조사할 필요가 있기 때문이다(자본금 충실).

각 회사의 설립절차에 대해서는 해당 부분의 설명에서 살펴본다.

나. 설립의 등기

회사는 정관작성, 사원(주주)확정, 출자이행, 기관구성을 거쳐서 그 실체가 형성되면, 본점소재지에서 설립등기를 함으로써 성립한다(상법 제172조). 즉, 설립등기는 회사 설립에 있어서 최종적인 절차이며, 회사는 설립등기에 의하여 법인격을 취득한다. 이 점에서는 같은 인적 결합이라고 하더라도 조합계약의 체결만으로 성립하는 민법상의 조합(민법 제703조 이하)이나 상법상의 익명조합(상법 제78조 이하)과는 다르다.

회사의 설립등기의 효력은 매우 강력하다. 대법원은 "회사는 본점 소재지에서 설립등기를 함으로써 성립한다(제172조). ~ 회사설립등기는 다른 상업등기와 달리 창설적 효력이 있고 그에 관한 규정은 강행규정이다. ~ 사원 등 그 설립에 관여하는 사람이 가지는 회사설립의 의도나 목적 등 주관적 사정만으로는 회사설립에 관해 상법 등에서 정하는 요건과 절차가 갖추어졌는지 여부를 달리 평가할 수 없(으며), 이러한 사정을 이유로 ~ 회사설립등기에 따른 회사 성립의 효력을 함부로 부정할 수 없다."(대법원 2020. 3. 26. 선고 2019도7729 판결, 대법원 2009. 4. 9. 선고 2007두26629 판결 등 참조)고 하면서, 설립등기에 강력한 창설적 효력을 인정하고 있다.[10] 따라서 회사의 설립등기가 있기 전에는 법률상 회사의 존재는 인정되지 않고, 실체를 알고 있는 제3자와의 관계도 설립 중의 회사와의 관계로서 처리

10 최기원, 신회사법론(제14대정판), 박영사(2012), 101.

될 뿐이다.

또한 대법원은 "~ 상법에 정한 회사설립절차에 따르더라도 회사설립 시에 회사로서의 인적·물적 조직 등 영업의 실질을 갖추는 것까지 요구된다고 볼 근거도 없(으며), 회사설립등기를 한 다음에 비로소 회사로서의 실체를 형성하는 것이 불가능하다고 볼 이유가 없고, 회사설립 시에 정관에 기재된 목적에 따라 영업을 개시할 것도 반드시 요구되지 않는다."(대법원 2020. 3. 26. 선고 2019도7729 판결)고 하면서, 실체형성 → 설립등기의 순서가 필수적인 것은 아니라고 한다. 대법원의 판단에는 찬성하지만, 설립등기 후에야 회사의 실체가 형성되는 경우는 예외적인 상황으로서 회사의 설립절차는 실체형성 → 설립등기의 절차로 진행되며, 만일 회사의 설립절차에 하자가 있고 그 하자가 중대하다면 회사의 설립무효, 취소의 소의 대상이 될 수 있다고 본다.

2. 설립중의 회사와 사실상의 회사

"설립중의 회사"는 '정관작성 또는 주금납입 등 이후 설립등기 이전의 미완성 회사'를 말한다. 이에 비교하여 설립등기 이후의 회사를 성립후의 회사라 한다. 설립중의 회사의 법적 성질은 '권리능력없는 사단'[11]이다.

설립중의 회사와 성립후의 회사는 동일한 단체라고 볼 것이다(동일성설).[12] 따라서 회사설립을 위해서 발기인이 취득한 권리의무는 설립중의 회사에 총유적으로 귀속하였다가(민법 제275조, 제278조), 회사가 성립하면 별도의 절차 없이 성립후의 회사에 이전된다. 다만, 그 효과가 발생하기 위해서는 발기인이 그 권한범위 내에서 행위하여야 한다. 발기인이 그 권한을 넘어서서 개인적으로 한 행위나 발기인조합이 취득한 권리의무에 대해서는 별도의 이전절차를 거쳐야 한다. 이 부분은 주식회사의 설립 부분에서 살펴본다.

설립중의 회사와 구분할 개념으로 사실상의 회사, 회사의 부존재, 회사의 불성립 등이 있는데, 적용되는 법률관계가 달라질 수 있으므로 정확하게 구분하여

11 사단은 구성원인 사원의 교체(가입과 탈퇴)에 관계없이 존속하며, 장기적인 목적을 가지고 그 사단을 위하여 행동하는 특별한 기관을 가진 인적결합체(단체)이다. 이러한 사단으로서 설립절차를 밟아 권리능력(법인격)을 획득한 것이 사단법인이고, 그렇지 아니한 것이 권리능력없는 사단이다. 즉 권리능력 없는 사단이란 사단의 실질을 가지고 있지만 아직 권리능력을 취득하지 못한 것을 말하며, 종중이나 교회가 그 대표적인 예이다. 지원림, 민법강의, 홍문사(2003), 98.

12 김홍기, 상법강의(제4판), 박영사(2019), 346; 이기수/최병규, 회사법(제10판), 박영사(2015), 109; 최기원, 신회사법론(제14대정판), 박영사(2012), 102.

야 한다.

"사실상의 회사"는 설립등기는 되었으나, 회사설립의 하자[13]로 인하여 '설립무효 또는 취소판결이 선고된 회사'를 말한다.

"회사의 부존재"는 회사의 설립등기는 되었으나 실체가 전혀 없는 회사를 말한다. 회사설립부존재 확인의 소의 대상이 된다.

"회사의 불성립"은 실체형성 절차는 착수하였으나 설립등기에도 이르지 못한 것을 말한다. 발기인은 주식회사가 성립하지 못한 경우에 그 설립에 관한 행위에 대하여 연대책임을 진다(상법 제326조).

3. 회사설립무효·취소의 소

회사의 설립절차는 법률행위(합동행위)[14]의 일종이므로 하자가 있다면 민법상 무효나 취소의 법리에 따라서 다툴 수 있다.[15] 그러나 다수인이 관여하는 회사관계의 특성과 거래의 안전을 고려하면 민법상의 법리를 그대로 적용하기는 곤란하다. 이에 상법은 회사 설립절차의 하자에 대해서는 '회사설립의 무효·취소의 소'만으로 주장할 수 있도록 하고, 당사자, 제소기간, 판결의 효력 등에 대하여 특칙을 두고 있다(상법 제184조 이하).

주의할 것은 설립 서류의 위조 등으로 설립등기는 되어 있으나 설립행위의 실체가 전혀 없는 경우인데, 이는 회사의 설립절차에 하자가 있는 것이라기 보다는 회사의 실체가 존재하지 않는 것이므로, 회사설립의 무효·취소의 소가 아니라 민사소송법상 '회사설립 부존재 확인의 소'를 제기하여야 한다.

회사의 설립무효 및 취소의 소에 대해서는 상법 제184조에서 살펴본다.

[해설] 회사 설립의 입법례

회사설립에 관한 입법태도에는 자유설립주의, 특허주의, 허가(면허)주의, 준칙주의 등이 있다. "자유설립주의"는 말 그대로 복수인이 동업을 위하여 사단의 실체를 형성하면 자유롭게 회사로 인정하는 입장이다. 법률관계의 불안정을 조장할 수 있어

13 "회사설립의 하자"란 회사가 설립등기를 마쳐서 외관상 회사로서 유효하게 성립하고 있으나 그 설립절차, 특히 실체형성절차에 중대한 하자가 있는 경우를 말한다.

14 "합동행위(合同行爲)"는 서로 대립하지 않고 방향을 같이 하는 둘 이상의 의사표시가 합치함으로써 성립하는 법률행위를 말한다. 회사의 설립행위의 법적 성질에 대하여는 단독행위설, 계약설, 합동행위설 등이 있으나, 사원 간에 새로운 단체의 창설이라는 단일·공동의 목적으로 행하는 복수의 의사표시가 합치되는 '합동행위(合同行爲)'로 볼 것이다.

15 최기원, 신회사법론(제14대정판), 박영사(2012), 100.

서 그 사례를 찾아보기 어렵다. "특허주의"는 회사의 설립에는 군주의 특허가 있거나 특별입법이 있어야 한다는 입장이다. 회사의 설립을 부당하게 제한한다는 이유에서 오늘날에는 그 사례를 찾아보기 어렵다. "면허주의"는 일정한 요건을 갖춘 때에 법인격을 인정하는 것이다. 대부분의 국가는 금융업 등을 영위하기 위해서는 면허나 인가 등을 요구하고 있다. "준칙주의"는 회사의 설립을 위한 요건을 미리 정하여두고 이 요건을 구비하여 설립등기를 하면 법인격을 인정한다. 자유설립주의와 특허주의 또는 면허주의에 의한 국가의 간섭을 절충한 것이다.

오늘날에는 다양한 경제주체가 회사제도를 이용할 수 있도록 준칙주의에 따라 회사설립은 쉽게 하되, 그 부작용을 막기 위해서 발기인, 이사 등의 책임은 가중하는 추세이다. 우리 상법도 기본적으로 준칙주의에 따라 회사설립절차를 규율하고 있다. 즉 상법 규정에 따른 요건과 절차를 준수하여 이에 따라 회사를 설립한 경우에 회사의 성립을 인정한다(대법원 2020. 3. 26. 선고 2019도7729 판결). 특히, 주식회사와 유한회사의 설립은 상대적으로 엄격한 엄격준칙주의에 의한다. 은행이나 보험회사를 비롯한 특정한 회사에 대해서는 면허를 요구하고 있는데, 실제에서는 해당 분야를 담당하는 정부부서의 판단이 매우 중요하다.

V. 회사의 합병

상법상 합병에 관한 규정은 다소 산만하다. 제3편 제1장 회사법 통칙에서는 상법 제174조(회사의 합병), 제175조(동전-설립위원)의 2개의 조문을 두고, 상세한 합병 절차는 회사별로 규정하고 있다. 여기에서는 합병의 의의와 종류를 위주로 기본적인 내용을 살펴보고, 자세한 내용은 상법 제174조를 비롯하여 회사별 해당 조문에서 설명하기로 한다.

1. 합병의 의의

"회사의 합병"이란 두 개 이상의 회사가 상법의 규정에 의하여, 청산절차를 거치지 않고서 신회사를 설립하거나(신설합병) 또는 그중의 한 회사가 다른 회사를 흡수함으로써(흡수합병), 소멸회사의 재산과 사원(주주)이 신설회사 또는 존속회사에 법정 절차에 따라 이전·수용되는 효과를 가져오는 행위를 말한다.[16] 회사는 합병을 통하여 경영합리화, 영업비 절감, 사업 확장 등의 목적을 달성할 수 있으

16 정찬형, 상법강의(상)(제22판), 박영사(2019), 507.

며, 청산 절차의 생략, 각종 재산 이전에 수반하는 세법상의 부담이나 영업권 상실로 인한 불이익을 피할 수 있다.[17]

합병은 상법의 규정에 따라서 해야 한다. 따라서 회사가 합병절차를 거치지 않고서, 해산과 청산절차를 통해서 사원에게 회사재산을 배분하고 각 사원이 배분받은 재산을 출자하여 신회사를 설립하거나, 회사가 영업 전체를 현물로 출자하여 신회사를 설립하고 자신은 해산하면서 현물출자의 대가로 받은 신회사의 주식을 사원에게 배분하는 것은 합병과 동일한 효과를 가져오지만 합병이 아니다. 합병절차에 따른 것이 아니기 때문이다. 이것을 '사실상의 합병'이라고 부른다.[18]

2. 합병의 성질

합병의 성질에 관하여는 크게 인격합일설, 현물출자설, 재산합일설이 있다. "인격합일설"은 합병은 두 개 이상의 회사가 하나의 회사로 되는 조직법상의 특별한 계약으로서 합병되는 것은 회사 자체이고 회사 재산의 포괄승계는 그 결과에 지나지 않는다고 보는 견해[19]이다. "현물출자설"은 합병은 해산하는 회사의 영업 전부를 현물출자하여 행하는 존속회사의 자본증가(신주발행) 또는 신회사의 설립이고, 다만 현물출자의 목적이 회사의 전재산이라는 점이 보통의 현물출자와 다를 뿐이라고 한다. "재산합일설"은 합병에 있어서 사원의 수용이라는 사단법적 측면과 재산의 합일이라는 재산법적 측면이 있는데, 재산의 합일은 어떠한 경우에도 제외될 수 없기 때문에 합병의 본질은 재산의 합일에 있다고 한다. 한편, 합병의 본질론은 채무초과회사의 합병의 허부, 해산회사 주주에 대한 합병신주의 배정 등 합병과정에서 발생하는 문제들을 해결하기 위한 것이었는데 2011년 및 2015년의 상법개정에서 교부금 합병이 허용되면서 합병신주의 배정이 없이 교부금만을 지급할 수 있게 된 현재에는 합병의 성질(본질론)에 대한 논의는 아무런 실익이 없다는 견해[20]도 제기되고 있다.

3. 합병의 종류

합병은 그 기준에 따라서 흡수합병(merger)과 신설합병, 간이합병과 소규모합병, 수평적 합병과 수직적 합병 등 다양하게 구분할 수 있다.

17 김홍기, 상법강의(제4판), 박영사(2019), 321.
18 주석 상법, 회사편(1)(제5판), 한국사법행정학회(2014), 145(정동윤).
19 정찬형, 상법강의(상)(제22판), 박영사(2019), 510.
20 권기범, 현대회사법론(제7판), 삼영사(2017), 141-142.

가. 흡수합병과 신설합병

"흡수합병(merger)"은 수개의 합병당사회사 중에서 하나의 회사만이 존속하고 나머지 회사는 모두 소멸하며, 존속회사가 소멸회사의 권리와 의무를 포괄적으로 승계하고 사원을 수용하는 방법이다.[21] 합병회사(존속회사)는 정관을 변경하여 존속하고 피합병회사는 해산한다.

"신설합병(consolidation)"은 합병당사회사가 전부 소멸하고, 이들에 의해서 신설된 회사가 소멸회사의 권리의무를 포괄적으로 승계하고 사원을 수용하는 방법이다.[22]

어느 방법이든 소멸회사의 권리의무의 포괄적 승계와 사원의 수용이 이루어지는 점에서는 같지만, 실제로는 흡수합병이 많이 사용되고 있다. 신설합병을 하게 되면 주무관청의 인허가를 다시 받거나, 주식의 상장절차를 반복하는 등 번거로움이 생기기 때문이다.

나. 간이합병과 소규모합병

합병은 간이합병과 소규모합병으로 분류되기도 한다. "간이합병"(상법 제527조의2)은 '소멸회사'를 기준으로, "소규모합병"(제527조의3)은 '존속회사'를 기준으로 주주총회 특별결의를 거치는 대신에, 이사회의 승인으로 주주총회의 결의를 갈음할 수 있는 경우이다. 간이합병이나 소규모합병 제도는 주식회사의 합병을 용이하게 하도록 주주총회결의를 이사회결의로 대체할 수 있도록 한 것인데, 소주주주의 보호와 관련하여 문제가 없는 것도 아니다.[23]

다. 삼각합병과 역삼각합병

합병에는 삼각합병과 역삼각합병도 있다. "삼각합병"이란 합병 시에 소멸회사의 주주에게 존속회사의 모회사 주식을 교부하는 방식을 말한다. "역삼각합병"이란 삼각합병의 일종으로서 대상회사를 존속회사로 하여서 합병하는 것을 말한다. 종전까지는 역삼각합병은 허용되지 않는다는 것이 일반적인 해석이었고, 지금도 그 허부에 대해서는 견해가 나뉘지만, 2015년 개정상법은 삼각주식교환을 통해 사실상 역삼각합병이 가능하도록 하였다.[24]

21 이철송, 회사법강의(제27판), 박영사(2019), 119.
22 이철송, 회사법강의(제27판), 박영사(2019), 119.
23 정찬형, 상법강의(상)(제22판), 박영사(2019), 508.
24 김홍기, 상법강의(제4판), 박영사(2019), 740.

4. 합병의 절차

회사의 합병은 신회사를 설립하거나 다른 회사로 흡수된다는 의사표시를 불가결의 요소로 하는 법률요건으로서, 법률에 의하여 인정되는 것이므로 법률에 정해진 절차를 따라야 한다. 각종 회사의 합병에서 공통되는 절차는 ①합병계약, ②합병승인결의, ③반대주주의 주식매수청구절차, ④채권자보호절차, ⑤합병의 등기이다.

5. 합병등기

회사의 합병은 합병등기를 함으로써 그 효력이 생긴다(상법 제234조, 제269조, 제287조의41, 제530조 제2항, 제603조). 즉, 합병 절차는 합병등기에 의하여 종료되며, 이러한 의미에서 합병등기는 합병의 성립요건인 동시에 효력요건이다.[25]

6. 합병의 효과

합병 이후 존속회사 또는 신설회사는 소멸하는 회사의 재산·조직·영업 등의 권리의무를 포괄적으로 승계한다. 합병이 가지는 중요성을 고려하면 적절한 법적 규율이 요구되는데, 상법 제174조는 각종 회사의 합병에 공통되는 원칙을 정하고 있으며, 합병의 절차 및 효과 등에 관하여는 각종 회사별로 별도의 규정을 두고 있다(상법 제230조, 제522조, 제598조 등).

자세한 내용은 상법 제174조(회사의 합병)를 비롯하여 해당 조문의 설명에서 살펴본다.

VI. 회사의 분할

회사의 분할은 합병의 반대 현상이다. 조직구조의 원리에 따르면 모든 회사는 분할을 할 수 있으나, 우리 상법은 분할은 합병과 달리 '주식회사'에 대해서만 도입하고 있다(상법 제530조의2 이하). 여기에서는 분할의 기본적인 내용을 살펴보고, 자세한 내용은 상법 제530조의2 내지 제530조의12에서 설명한다.

1. 의의 및 기능

"회사의 분할(分割)"이란 회사가 그 영업을 둘 이상으로 분리하고, 분리된 영업재산을 신설된 회사에 포괄승계시키거나(신설분할), 다른 회사에 포괄 양도하거

25 권기범, 현대회사법론(제7판), 삼영사(2017), 168.

나(흡수분할), 다른 회사와 합병하는(분할합병) 회사법상의 제도를 말한다.

회사의 분할은 합병과 함께 가장 대표적인 조직개편의 방법이다. 회사는 특정한 사업을 분리해 경영의 전문화와 효율화를 도모할 수 있고, 위험도가 높은 사업부문을 분할하여 위험부담을 한정시킬 수 있다. 입법례에 따라서는 사업규모나 내용이 독점규제법에 저촉될 때에는 행정명령으로 분할되기도 한다.

회사분할에 대해서는 1966년의 프랑스 상사회사법이 분할에 관한 규정을 둔 것이 입법의 효시이고, 그후 유럽연합에서 1982년 회사분할에 관한 제6지침(공개회사의 분할)[26]이 제정된 이후 다수의 국가에서 분할제도를 도입하였다.

우리나라는 1998년 개정상법에서 회사의 구조조정을 지원하기 위하여 주식회사에 한하여 주주총회결의로 회사의 분할과 분할합병을 할 수 있도록 허용하였다. 모든 회사는 분할할 수 있으나, 합명회사와 합자회사는 무한책임사원이 존재하므로 분할 시에는 사원의 책임 문제가 따르고, 유한책임회사 및 유한회사는 그 규모가 적으므로 현실적인 분할의 필요성이 크지 않다고 본 것이다. 따라서 상법은 '주식회사'에 대해서만 분할제도를 도입하였다(상법 제530조의2 이하).

우리나라에서 회사분할은 짧은 도입기간에도 불구하고 회사의 구조조정 수단으로 많이 이용되고 있다.

2. 분할의 종류

가. 단순분할·분할합병·혼합분할합병

이는 회사의 분할이 합병과 관련되는지에 따른 분류인데, 합병에 관련되지 않은 분할을 단순분할이라 하고, 합병과 결합된 분할을 분할합병이라고 한다.

"단순분할(單純分割)"이란 분할회사가 분할에 의하여 1개 또는 수 개의 회사를 설립함으로써 2개 이상의 회사로 되는 것을 말한다(상법 제530조의2 제1항). 예를 들어, A 회사가 분할에 의하여 B 회사와 C 회사로 되는 경우이다.

"분할합병(分割合併)"이란 분할회사가 분할에 의하여 1개 또는 수개의 존립 중의 회사와 합병하는 것을 말한다(상법 제530조의2 제2항). A 회사가 분할에 의하여 일부는 그대로 존속하고, 다른 일부는 B 회사와 합병하는 경우이다.

"혼합분할합병(混合分割合併)"이란 분할회사가 분할에 의하여 1개 또는 수개의 회사를 설립함과 동시에 1개 또는 수개의 존립 중의 회사와 합병하는 것을 말한

26 EU Sixth Council Directive - Division of public limited liability companies (82/891/EEC).

다(상법 제530조의2 제3항). 분할합병의 일종이지만 1개 또는 수개의 회사를 설립하고, 그와 동시에 분할합병이 이루어지는 점에서 단순한 분할합병과는 차이가 있다. 예를 들어, A 회사가 분할하여 일부는 새로이 B 회사를 설립하고, 다른 일부는 존립 중의 C 회사와 합병하는 경우이다.

나. 흡수분할·신설분할

이는 분할된 영업 부분을 양수하는 회사가 기존회사인가 또는 신설회사인가에 따른 분류이다. 분할된 영업 부분을 기존의 회사가 양수하면 "흡수분할(吸收分割)"이고, 신설회사가 양수하면 "신설분할(新設分割)"이다.

다. 소멸분할·존속분할

이는 분할회사가 분할 후에 소멸하는지 존속하는지에 따른 구분이다.

"소멸분할(消滅分割)"이란 분할회사(A)가 '영업재산 전부'를 둘 이상의 기존회사(B) 또는 신설회사(C)에게 포괄적으로 양도한 후에 소멸하고, 분할회사의 주주(甲·乙·丙)는 기존회사(B) 또는 신설회사(C)의 주식을 취득하여 그 회사의 주주가 되는 경우이다. 분할회사(A)의 법인격이 소멸하므로 소멸분할이라고 한다.

"존속분할(存續分割)"이란 분할회사(A)가 '영업재산 일부'를 기존회사(B) 또는 신설회사(C)에게 포괄적으로 양도하고, 분할회사(A) 또는 분할회사의 주주(甲·乙·丙)는 기존회사 또는 신설회사의 주식을 취득하는 경우이다. 분할회사 영업재산 중에서 일부만이 이전되므로 분할회사의 법인격은 여전히 존속한다. 대부분의 회사분할은 존속분할의 형태로 이루어지고 있다.

라. 인적분할·물적분할

이는 분할 지분이 누구에게 양도되는지에 따른 분류인데, 분할부분에 해당하는 지분(신주)이 분할 전 회사의 사원(주주)에게 양도되면 인적분할이고, 분할전 회사에게 양도되면 물적 분할이다.[27]

"인적분할(人的分割)"이란 분할회사(A)가 영업재산을 기존회사(B) 또는 신설회사(C)에게 포괄적으로 양도하고, 그 대가로 받은 기존회사 또는 신설회사의 주식을 '분할회사(A)의 주주(甲·乙·丙)'에게 부여하는 방식이다. 지배구조 또는 지분의 왜곡이 생길 가능성이 있어서 인적분할을 금지하는 국가도 있다.

"물적분할(物的分割)"이란 분할회사(A)가 영업재산을 기존회사(B) 또는 신설회사

27 정찬형, 상법강의(상)(제22판), 박영사(2019), 530.

사(C)에 포괄적으로 양도하고, 그 대가로 받은 기존회사 또는 신설회사의 주식을 '분할회사(A)'에게 부여하는 방식이다. 분할의 대가(주식등)가 분할회사의 주주가 아니라 분할회사 자체에게 부여되는 점에서 인적분할과 차이가 있다.

상법상으로는 인적분할과 물적분할이 모두 허용되는데(상법 제530조의5 제1항 제5호, 제6호, 제530조의12), 인적 분할에 비교하여 물적분할이 많이 이용되고 있다.[28]

마. 삼각분할합병

"삼각분할합병"이란 분할합병의 상대방 회사로서 존속회사("분할승계회사")가 분할회사의 주주에게 분할승계회사의 모회사 주식을 제공하는 합병 방식을 가리킨다(상법 제530조의6 제4항, 제1항 제4호, 제1호).

우리 상법은 "'분할회사'의 주주에게 지급하는 주식이 '분할승계회사'의 모회사 주식을 포함하는 경우에는, 상법 제342조의2(자회사에 의한 모회사주식의 취득) 제1항에도 불구하고, 분할승계회사는 그 지급을 위하여 모회사주식을 취득할 수 있다."(상법 제530조의6 제4항)고 규정하면서 명시적으로 삼각분할합병을 허용하고 있다. 예를 들어, A 회사(분할회사)가 분할하고 그 일부가 B 회사와 합병하여 B 회사(분할승계회사)가 존속하는 경우에, A 회사의 주주에게 지급하는 주식이 B 회사의 모회사(M 회사) 주식을 포함하는 경우에는, 상법상 자회사의 모회사주식 취득 금지 규정에도 불구하고, B 회사는 합병대가의 지급을 위하여 M 회사의 주식을 취득할 수 있다. 이 경우 B 회사(분할승계회사)는 취득한 M 회사(모회사)의 주식을 분할합병 후에도 계속 보유하고 있는 경우 분할합병의 효력이 발생하는 날부터 6개월 이내에 그 주식을 처분하여야 한다(상법 제530조의6 제5항).

3. 분할의 절차

가. 합병에 관한 규정의 준용

회사의 분할은 법률에 의하여 인정되는 것이고 법률에 정해진 절차를 따라야 한다. 회사의 분할과 분할합병에 공통되는 절차는 ①분할계획서의 작성(상법 제530조의5), ②분할대차대조표의 공시(제530조의7) 및 분할승인결의(제530조의3), ③분할의 등기(제530조의11 제1항, 제528조) 등이다. 분할합병의 경우에는 추가적으로 ④분할 반대주주의 주식매수청구권(제530조의11 제2항, 제522조의3), ⑤채권자보호절

28 정찬형, 상법강의(상)(제22판), 박영사(2019), 530.

차(제530조의11 제2항, 제527조의5)를 거쳐야 한다.

상법은 합병의 효력발생(상법 제234조), 흡수합병의 보고총회(제526조), 간이합병(제527조의2)을 비롯한 합병에 관한 다수의 규정을 분할과 분할합병에 준용하고 있다(제530조의11).

나. 소규모합병 또는 간이합병 규정의 준용 여부

회사의 합병처럼 회사 분할의 경우에도 분할당사회사들의 주주총회 특별결의에 의한 승인이 요구된다(상법 제530조의3 제1항 후단, 제2항). 그렇다면 소규모합병이나 간이합병처럼 이사회의 승인만으로 주주총회 특별결의를 갈음할 수 있는가? 이는 분할합병과 단순분할을 구분하여 살펴보아야 한다.

분할합병의 경우에는 소규모합병 또는 간이합병의 규정이 준용된다(상법 제530조의11 제2항, 제527조의2, 제527조의3). 분할 후에 다시 합병절차를 거치는 것이므로 합병의 속성을 가지기 때문이다.

단순분할의 경우에는 소규모합병 또는 간이합병에 관한 규정은 준용되지 않는다. 단순분할은 분할회사가 분할에 의하여 1개 또는 수 개의 회사를 설립하는 것으로서 상대방회사의 존재를 전제로 하는 소규모분할이나 간이합병의 규정을 적용하기가 적절하지 않기 때문이다. 그러나 기업활력 제고를 위한 특별법[29]에 의하여 사업재편계획의 승인을 받은 기업('승인기업')이 사업재편계획에 따라 물적분할을 하는 경우, 분할에 의하여 설립되는 회사의 총자산액이 승인기업의 총자산액의 100분의 10에 미달하는 때에는 승인기업의 주주총회의 승인은 이사회의 승인으로 갈음할 수 있다(기업활력 제고를 위한 특별법 제15조 제1항). 다만, 동법상 승인기업에 대한 '소규모분할의 특례'는 사업재편계획기간 중 한 차례만 적용된다(동조 제2항). 동법은 시행 당시에는 시행일(2016.8.13.)부터 3년간 효력을 가지고 있었으나, 2024년 8월 12일까지 그 기간이 연장되었다(동법 부칙 제2조).

4. 분할의 효과

"단순분할신설회사, 분할승계회사 또는 분할합병신설회사는 분할회사의 권리와 의무를 분할계획서 또는 분할합병계약서에서 정하는 바에 따라 승계한다."(상법 제530조의10). 이는 법률에 따른 권리의무의 '포괄승계'로서 승계되는 영업재산

29 기업활력 제고를 위한 특별법, 법률 제14030호, 2016. 2. 12. 제정. 이 법은 2016. 8. 13.부터 시행되며, 시행일로부터 3년간 효력을 가진다(부칙 제2조).

에 대해서 개별적인 이전절차가 요구되지 않는다. 이 점에서 개별적인 이전절차가 요구되는 현물출자 또는 영업양수도와 차이가 있다.

5. 분할의 무효

회사의 분할 또는 분할합병에 무효의 원인이 있는 경우에는 회사의 분할 또는 분할합병 무효의 소를 제기할 수 있다. 회사의 분할 또는 분할합병의 무효는 소(訴)로써만 주장할 수 있으며, 합병무효의 소에 관한 규정이 준용된다(상법 제530조의11 제1항, 제529조). 제소권자, 제소기간, 무효의 원인, 무효판결의 효력 등은 합병무효의 소에서 살펴본 바와 같다.

6. 사실상의 회사분할

상법에는 ①타회사에 대한 영업양도, ②자회사의 설립과 영업양도, ③순수지주회사로의 전환, ④현물출자·재산인수·사후설립 등 회사분할과 유사한 경제적 기능을 하는 제도들이 있다. 회사분할처럼 영업재산을 포괄적으로 양도할 수 없고 개별적인 재산 이전절차를 밟아야 하는 불편이 따르지만 그 특성에 따라 개별적으로 이용되고 있다.

그 밖에 분할에 관한 자세한 내용은 상법 제530조의2 내지 제530조의12 조문의 설명에서 살펴본다.

[해설] 분할의 용어

종래에는 같은 의미를 가지는 분할회사, 분할되는 회사, 피분할회사 등의 용례가 혼란스럽게 사용되고 있었는데, 2015년 개정상법에서는 혼란을 정리하기 위해서, 분할되는 회사는 '분할회사'(상법 제530조의4), 분할에 의하여 설립되는 회사는 '단순분할신설회사'(제530조의5 제1항 제1호), 분할합병의 상대방회사로서 존속하는 회사는 '분할승계회사'(제530조의6 제1항 제1호), 분할합병을 하여 설립되는 회사는 '분할합병신설회사'(제530조의6 제2항 제2호)로 용어를 통일하였다.

[해설] '자산'만의 회사분할이 가능한지 여부

회사의 분할은 조직재편의 일종이며 실제로는 분할된 영업의 양수도를 통한 권리의무의 포괄승계로 진행된다. 그런데 우리 상법은 분할의 대상을 '영업'이 아니라 '재산'[30]으로 규정하고 있어서(상법 제530조의5 제1항 제7호, 제530조의6 제1항 제

30 여기서 분할대상으로서의 '재산'은 개별재산이라기 보다는 분할전회사의 적극·소극적인 '일체의 재산'을 의미한다고 보는 데에는 별다른 논란이 없다.

6호, 제530조의6 제2항 제4호), 분할전회사의 재산을 영업단위로만 분할하여 양도하여야 하는 것인지, 아니면 영업을 구성하는 개별자산의 단위로도 분할하여 승계할 수 있는지가 논란이 되고 있다.
이에 대해서는 상법이 영업과 재산의 용어를 구별하고 있고, 개별자산만의 분할을 금지하는 규정도 없으므로 개별자산만의 회사분할도 가능하다는 견해[31]도 있으나, 개별자산 단위의 회사분할은 불가능하다고 생각한다.[32] 회사 분할은 회사의 영리기능을 분리하여 수행하기 위한 수단으로서 실질적인 분할의 대상은 영업이고, 재산을 영업으로 보지 않으면 '재산'이라는 용어의 해석과 관련하여 더욱 복잡한 문제가 발생할 수 있다. 따라서 독립된 사업을 영위할 수 있는 기초 없이 단순히 개별자산만을 분할하여 새로운 회사를 세우거나 다른 회사와 합병하는 것은 회사분할의 속성에 반하는 것이므로 허용되지 않는다고 볼 것이다(같은 취지로 법무부 2004. 3. 11. 법무심의관실-995 상법상 분할합병관련 질의에 대한 회신). 실제로 회사가 '개별자산' 만의 회사분할을 시도하는 이유는 개별자신을 양수도하는 방법이 아니라 분할합병의 방법으로 이전함으로써 절세를 하거나 권리의무를 포괄양도하려는 측면이 강하고 그 밖에 개별자산만의 회사분할을 인정할만한 필요성을 찾기도 어렵다.

Ⅶ. 회사의 조직변경

1. 의의 및 기능

"회사의 조직변경"이란 회사가 법인격의 동일성을 유지하면서 그 법률상의 조직을 변경하여 다른 종류의 회사로 되는 것을 말한다.[33] 회사가 다른 종류의 회사로 변경하려는 경우에 조직변경제도를 이용하면 기존회사를 해산하고 새로이 회사를 설립하는 번잡함과 경제적 손실을 피할 수 있다.[34]

조직변경 전후를 불문하고 법률상의 권리의무의 주체에 동일성이 유지되는 까닭에 어느 회사가 다른 회사의 권리의무를 포괄적으로 승계하는 합병이나, 회

31 권기범, 현대회사법론(제7판), 삼영사(2017), 189.
32 이철송, 회사법강의(제27판), 박영사(2019), 1074-75.
33 김정호, 회사법(제5판), 법문사(2019), 658.
34 델라웨어 회사법에서는 주외회사의 주내회사로의 변경(§ 265 Conversion of other entities to a domestic corporation), 주내회사의 주외회사로의 변경(§ 266 Conversion of a domestic corporation to other entities) 등 조직변경보다도 훨씬 과감한 제도를 두고 있는데, 법인기업과 비법인 기업간에도 conversion이 가능하고, 심지어는 영리기업과 비영리기업 사이에서도 conversion이 가능하다. Del. Gen. Corp. Law §265, 266.

사를 해산하여 청산절차를 밟고 그 사원과 재산으로 종류가 다른 회사를 설립하는 '사실상의 조직변경'과는 구분된다.[35] 이를 반영하여, 상법은 조직변경의 경우 편의상 등기의 기술적 처리를 위하여 변경 전의 회사는 해산등기를 하고, 변경 후의 회사는 설립등기를 하도록 하고 있다(상법 제243조, 제286조 제3항, 제287조의44, 제606조, 제607조 제5항).

2. 조직변경의 종류

인적회사와 물적회사는 사원의 책임과 내부조직이 전혀 다르므로 이들 상호 간에 조직변경을 인정할 경우에는 그 동일성을 유지하는데 어려움이 있다. 그래서 상법은 인적회사 상호 간, 물적회사 상호 간에서만 조직변경을 인정한다(상법 제242조, 제286조, 제604조 제1항, 제607조 제1항). 2011년에 신설된 유한책임회사는 인적회사와 물적회사의 성격을 겸비하고 있지만, 조직변경에서 최대의 고려사항인 사원의 책임문제에 있어서는 물적회사와 같으므로 주식회사와의 상호 조직변경을 허용한다(제287조의43). 즉, 상법은 그 성격이 유사한 ①합명회사와 합자회사, ②주식회사와 유한회사, ③주식회사와 유한책임회사 간에서만 조직변경을 허용한다. 합명회사와 합자회사는 무한책임사원 위주로 구성되어 있고, 주식회사, 유한회사, 유한책임회사는 유한책임사원으로 구성되어 있어 그 성질이 비슷하기 때문이다. 결국 현행 상법상으로는 6가지의 조직변경이 가능하다.[36]

가. 합명회사와 합자회사 간의 조직변경

합명회사는 '총사원의 동의'로 일부사원을 유한책임사원으로 하거나 유한책임사원을 새로 가입시켜 합자회사로 변경할 수 있다(상법 제242조 제1항). 다만, 합명회사 사원으로서 조직변경에 의해서 유한책임사원이 된 자는 조직변경의 등기를 하기 전에 생긴 회사채무에 대하여는 등기 후 2년내에는 무한책임사원의 책임을 면하지 못한다(제244조).

합자회사는 '사원전원의 동의'로 그 조직을 합명회사로 변경하여 계속할 수 있다(상법 제286조 제1항). 이 경우에는 유한책임사원은 무한책임사원이 된다. 유한책임사원 전원이 퇴사한 경우에도 무한책임사원은 그 전원의 동의로 합명회사로

35 이철송, 회사법강의(제27판), 박영사(2019), 132.

36 조직변경을 이렇게 제한할 필요가 있는지 의문을 표시하는 견해도 있다. 독일처럼 개인기업이나 인적회사도 자본회사로 조직변경할 수 있도록 하는 것이 바람직하다는 견해도 있다. 이기수/최병규, 회사법(제10판), 박영사(2015), 105.

변경하여 계속할 수 있다(동조 제2항).

조직변경절차에 하자가 있는 경우에는 회사 설립무효나 취소의 소에 관한 규정을 유추하여 해결할 수 있을 것이다(상법 제269조, 제184조).

나. 주식회사와 유한회사 간의 조직변경

1) 주식회사에서 유한회사로의 조직 변경

주식회사는 '총주주의 일치'에 의한 총회의 결의로 그 조직을 변경하여 이를 유한회사로 할 수 있다(상법 제604조 제1항 본문). 이 경우에는 회사에 현존하는 순재산액보다 많은 금액을 자본금의 총액으로 하지 못한다(동조 제2항).

상법은 조직변경의 하자에 대해서 조직변경 무효의 소 등 별도의 소송절차를 두고 있지 않으나 유한회사의 설립무효나 취소의 소에 관한 상법 제552조의 준용이 불가피하다.[37] 변경될 새로운 회사형태에 대해서는 설립등기를 해야 하므로(상법 제606조, 제549조 제2항) 회사설립의 하자에 준한다고 볼 수 있기 때문이다. 만일, 조직변경무효 또는 취소의 소가 인정되고, 그 소송에서 원고가 승소하더라도 판결의 효력은 소급하지 않고 제3자에게도 미친다고 보아야 할 것이다(제552조 제2항, 제190조).

2) 유한회사에서 주식회사로의 조직 변경

유한회사는 '총사원의 일치'에 의한 총회의 결의로 주식회사로 조직을 변경할 수 있다. 다만, 회사는 그 결의를 정관으로 정하는 바에 따라 사원총회의 특별결의로 할 수 있다(상법 제607조 제1항). 특이한 것은 정관이 정하는 바에 따라 사원총회의 특별결의에 의해서도 주식회사로 변경할 수 있는데, 이는 유한회사에서 주식회사로 조직변경이 되어도 대외적인 책임에는 변경이 없고, 유한회사의 사원의 책임이 주식회사의 주주의 책임보다 상대적으로 엄격하기 때문에 총사원의 동의가 없어도 크게 불합리하지 않기 때문이다.

이 경우에도 조직변경에 하자가 있으면 주식회사의 설립무효의 소에 관한 상법 제328조를 유추적용할 것이며, 조직변경무효의 소에서 원고가 승소해도 판결의 효력은 소급하지 않고 제3자에게도 미친다고 볼 것이다. 조직변경무효의 판결이 확정되면 조직변경 전의 유한회사로 복귀한다.[38]

37 김정호, 회사법(제5판), 법문사(2019), 660.
38 김정호, 회사법(제5판), 법문사(2019), 661.

다. 주식회사와 유한책임회사 간의 조직변경

주식회사는 총회에서 '총주주의 동의'로 결의한 경우에는 그 조직을 변경하여 유한책임회사로 할 수 있다(상법 제287조의43 제1항). 유한책임회사는 '총사원의 동의'에 의하여 주식회사로 변경할 수 있다(동조 제2항).

이 경우에는 합명회사의 조직변경에 관한 채권자보호절차(상법 제232조) 및 유한회사와 주식회사 간의 조직변경에 관한 규정(제604조 내지 제607조)이 준용된다(제287조의44).

3. 조직변경의 효력

회사는 조직변경의 전후를 불문하고 법인격의 동일성이 유지되므로 대외적인 권리의무 관계에는 변경이 없다. 이와 관련하여 합명회사는 일부사원을 유한책임으로 하면서 합자회사로 변경할 수 있어서(상법 제242조 제1항) 채권자가 피해를 입을 수 있으나, 이에 대비하여 상법은 합명회사 사원으로서 조직변경에 의해서 유한책임사원이 된 자는 조직변경의 등기를 하기 전에 생긴 회사채무에 대하여는 등기 후 2년내에는 무한책임사원의 책임을 부담하도록 하고 있다(제244조). 다만, 유한책임사원이 된 자의 자력이 해당 합명회사 신용의 기초가 되어 있고, 채권의 소멸시효가 2년 이상인 경우에는 채권자가 손해를 볼 수 있어서 채권자보호를 위한 조치 등이 필요하다고 본다.

조직변경을 할 경우 본점소재지에서는 2주간 내, 지점소재지에서는 3주간 내에, 변경전의 회사는 해산등기를, 변경 후의 회사는 설립등기를 하여야 한다(상법 제243조, 제286조 제3항, 제287조의 44, 제606조, 제607조 제5항). 그리고 조직변경 전의 회사가 소유하던 부동산은 변경 후의 회사 앞으로 이전등기가 아니라 등기명의인표시의 변경등기를 하면 된다(부동산등기법 제52조 제1호, 대법원 등기예규 제612호, 회사의 조직변경으로 인한 등기명의인의 표시변경등기 제정 1986. 4. 1).[39]

조직변경의 효력은 언제 발생하는가? 조직변경의 효력은 '현실적인 조직변경이 있을 때' 발생한다고 보는 견해가 있으나, 현실적인 조직변경의 시기를 판단함

39 유한회사를 주식회사로 조직변경한 경우에도 권리주체로서의 동일성은 유지되지만 등기의 기술적 처리를 위한 편의상 전자에 있어서는 해산의 등기, 후자에 있어서는 설립의 등기(본래의 의미의 설립등기는 아님)를 하여야 하며, 전자 명의의 부동산에 관하여는 후자 명의로 소유권이전등기신청을 할 것이 아니라 조직변경을 등기원인으로 하여 소유권의 등기명의인표시 변경등기신청을 하여야 한다(회사의 조직변경으로 인한 등기명의인의 표시변경등기 제정 1986. 4. 1. 등기예규 제612호).

에 어려움이 있으므로 '등기시점'을 기준으로 효력이 발생한다고 볼 것이다(등기시설).[40] 조직변경은 새로운 회사의 형태를 창출하는 것으로서 외형상 새로운 회사의 설립과 다름이 없기 때문이다.

4. 조직변경의 무효 등

상법은 조직변경의 하자에 대해서는 조직변경 무효의 소 등 별도의 소송절차를 두고 있지 않으나, 단체적인 회사관계에서는 이해관계인들 사이에 획일적인 처리가 필요하고, 조직변경에 의하여 변경될 새로운 회사형태에 대해서는 설립등기를 해야 하는(상법 제606조, 제549조 제2항) 등을 고려하면, 조직변경절차에 하자가 있는 경우에는 회사설립의 무효·취소에 관한 소를 준용할 것이다.[41] 그러나 조직변경의 무효나 취소 판결이 확정되면 회사설립의 무효나 취소와는 달리 해산에 준하여 청산할 것이 아니라 등기 전의 회사로 복귀한다.[42]

조직변경에 관한 자세한 내용은 상법 제242조(조직변경)를 비롯한 해당 조문에서 살펴본다.

Ⅷ. 회사의 해산

1. 의의

"회사의 해산(解散)"이란 회사의 법인격 소멸의 원인이 되는 법률요건을 말한다.[43] 자연인과 달리 회사는 상속이 없기 때문에 해산 후에 곧바로 소멸하는 것은 아니고, 청산이 종료된 후에 소멸한다. 즉, 회사는 해산 후에는 영업활동은 할 수 없지만 청산의 목적범위 내에서 존속하다(상법 제245조, 제269조, 제287조의18, 제542조, 제613조). 청산중의 회사는 청산인이 대표한다.

해산후에 존속하는 청산중의 회사의 법적 성질은 ①특별한 청산회사라는 견해, ②청산의 목적 범위 내에서 존속하는 의제된 회사라는 견해, ③해산 전의 회사와 동일한 회사라는 견해[44] 등이 있는데, ③의 견해(동일성설)가 타당하다. 청산

40 송옥렬, 상법강의(제9판), 홍문사(2019), 1317; 이기수/최병규, 회사법(제10판), 박영사(2015), 108; 이철송, 회사법강의(제27판), 박영사(2019), 135.

41 이철송, 회사법강의(제27판), 박영사(2019), 135.

42 이철송, 회사법강의(제27판), 박영사(2019), 136.

43 정찬형, 상법강의(상)(제22판), 박영사(2019), 548; "법인격 소멸의 원인이 되는 법률사실"이라는 서술도 있다. 최기원, 신회사법론(제14대정판), 박영사(2012), 102; 이기수/최병규, 회사법(제10판), 박영사(2015), 109.

44 이기수/최병규, 회사법(제10판), 박영사(2015), 109; 최기원, 신회사법론(제14대정판), 박영사(2012), 102.

중의 회사는 해산 전의 회사와 동일한 회사이고 다만 그 목적이 청산범위 내로 축소된 것에 불과하기 때문이다.

여기에서는 각종 회사의 해산에 공통적인 내용을 살펴보고 자세한 내용은 각 회사의 해산에 관한 조문에서 설명한다.

2. 해산사유

회사의 해산사유는 회사의 종류에 따라 차이가 있으므로 자세한 내용은 각종 회사의 해산사유에서 설명하고 여기에서는 각종 회사에 공통되는 내용을 위주로 살펴본다.

가. 합명회사의 해산사유

합명회사는 ①존립기간의 만료 기타 정관으로 정한 사유의 발생, ②총사원의 동의, ③사원이 1인으로 된 때, ④합병, ⑤파산, ⑥법원의 명령 또는 판결에 의해서 해산한다(상법 제227조).

합명회사는 사원 1인이 되면 해산하는데(상법 제227조 제3호) 이는 인적결합체로서 합명회사의 사단적 성격을 반영한 것이다.

합병에 의하여 해산하는 경우(상법 제227조 제4호)에는 합병후 존속회사 또는 신설회사에 권리능력이 포괄적으로 승계되므로, 해산의 형식을 취하더라도 다른 해산사유에서처럼 청산절차가 개시되는 것은 아니다.

나. 합자회사의 해산사유

합자회사에 대해서는 합명회사에 관한 규정이 준용되며(상법 제269조, 제227조), 해산사유는 기본적으로 합명회사와 같다.

합자회사는 무한책임사원 또는 유한책임사원의 전원이 퇴사한 때에도 해산한다(상법 제285조 제1항). 이 경우에는 무한책임사원과 유한책임사원으로 구성되는 합자회사가 유지될 수 없기 때문이다.

다. 유한책임회사의 해산사유

유한책임회사는 ①존립기간의 만료 기타 정관으로 정한 사유의 발생, ②총사원의 동의, ③합병, ④파산, ⑤법원의 명령 또는 판결에 의해서 해산한다(상법 제287조의38 제1호).

유한책임회사는 '사원이 없게 된 경우'(상법 제287조의38 제2호)에 해산한다. 즉, 합명회사와 합자회사와는 달리 사원이 1인이 된 경우는 해산사유가 아니다.

사원이 1인인 유한책임회사의 적법성을 인정하는 취지이고, 사원의 숫자보다는 자본의 분할성을 중시하는 자본단체의 성질을 가진다는 뜻이다.

라. 주식회사의 해산사유

주식회사는 ①존립기간의 만료 기타 정관으로 정한 사유의 발생, ②합병, ③파산, ④법원의 명령 또는 판결, ⑤회사의 분할 또는 분할합병, ⑥주주총회의 특별결의에 의해서 해산한다(상법 제517조, 제518조).

합명회사, 합자회사와는 달리 사원(주주)이 1인이 된 때를 해산사유로 하고 있지 않은데, 이는 사원의 숫자보다는 자본의 충실성 등 자본단체로서의 주식회사의 성질을 반영한 것이다.

주식회사는 주주총회의 특별결의(상법 제517조 제2호, 제518조)에 의해서도 해산할 수 있는데, 해산을 위해서 총사원의 동의가 필요한 합명회사, 합자회사, 유한책임회사와 다르고, 유한회사와 같다.

영업활동이 없이 최후의 등기후 5년을 경과한 주식회사에 대해서는 휴면회사의 해산 의제제도가 인정된다(상법 제520조의2). 주식회사가 영업활동을 종료한 때에는 해산절차를 밟아야 하지만 현실적으로 많은 회사들이 해산절차를 밟지 않고 있고, 해산절차를 강제할 마땅한 수단이 없으며, 해당 주식회사가 등록한 상호 사용의 어려움이 계속되어서 마련한 제도이다.

마. 유한회사의 해산사유

유한회사는 ①존립기간의 만료 기타 정관으로 정한 사유의 발생, ②합병, ③파산, ④법원의 명령 또는 판결, ⑤사원총회의 특별결의에 의해서 해산한다(상법 제609조).

유한회사의 해산사유는 주식회사와 비슷하다. 같은 물적회사인 주식회사처럼 사원이 1인이 되어도 해산사유가 아니다(상법 제609조 제1항 제1호).

주식회사와는 달리 유한회사에서는 분할 제도가 없으므로 분할 또는 분할합병이 해산사유로 규정되어 있지 않고, 그 숫자도 적어서 휴면회사의 의제제도를 두고 있지 않다.

3. 해산명령과 해산판결

가. 해산명령

"해산명령(解散命令)"이란 '공익상' 회사의 존속을 허용할 수 없는 일정한 경우에 법원이 이해관계인이나 검사의 청구에 의하여 또는 직권으로 회사의 해산을 명하는 재판이다(상법 제176조 제1항). 회사의 존재 내지 활동이 사회적 이익을 해치는 등 회사 제도가 남용되는 경우에 공익적 견지에서 회사의 법인격을 박탈하는 제도이다.

합명회사의 해산명령에 관한 규정(상법 제176조)은 합자회사(제269조), 유한책임회사(제287조의38), 주식회사(제517조), 유한회사(제609조)에 대해서도 준용된다.

해산명령의 절차, 효과를 비롯한 자세한 내용은 상법 제176조(해산명령)에서 살펴본다.

나. 해산판결

"해산판결(解散判決)"이란 '사원의 이익을 보호'하기 위하여 '사원의 청구'에 의하여 법원의 판결로서 회사를 해산시키는 제도이다(상법 제241조).

해산명령과 해산판결의 차이는 무엇인가? 해산명령은 공익을 위하여 회사의 법인격을 박탈하는 제도이나 해산판결은 회사가 자치능력을 상실한 경우에 사원의 이익을 보호하기 위하여 인정되는 제도이고,[45] 해산명령은 이해관계인 또는 검사가 청구하나 해산판결은 사원이 청구하며, 해산명령은 비송사건이나 해산판결은 소송사건인 점에서 차이가 있다.

합명회사의 해산판결에 관한 규정(상법 제241조)은 합자회사(제269조), 유한책임회사(제287조의42)에 준용된다. 주식회사(제520조), 유한회사(제613조 제1항)에 대해서는 해산판결에 관한 별도의 규정이 있다.

해산판결의 절차, 효과 등 자세한 내용은 상법 제241조(해산판결)의 설명에서 살펴본다.

4. 휴면회사의 해산의제

가. 의의

법원행정처장이 최후의 등기 후 5년을 경과한 회사에 대해서 본점의 소재지를 관할하는 법원에 아직 영업을 폐지하지 아니하였다는 뜻의 신고를 할 것을 관보로써 공고한 경우에, 공고한 날로부터 2월 이내에 대통령령이 정하는 바에 의하여 신고를 하지 아니한 때에는 그 회사는 그 신고기간이 만료된 때에 해산한 것으로 본다. 그러나 그 기간 내에 등기를 한 회사에 대하여는 그러하지 아니하다

45 주석 상법, 회사편(1)(제5판), 한국사법행정학회(2014), 154(정동윤).

(상법 제520조의2 제1항).

휴면회사의 해산의제 제도는 장기간 아무런 활동을 하지 않는 휴면회사를 정리하기 위한 제도이다. 이들 회사는 사실상 영업활동이 없음에도 불구하고 상호의 선점 등으로 인하여 다른 이들에게 피해를 줄 수 있고, 영세한 경우가 대부분이어서 정식의 해산과 청산절차를 기대하기 어려우며, 연락조차 되지 않는 경우가 많기 때문이다.

법원행정처장이 영업을 폐지하지 아니하였다는 뜻을 신고할 것을 공고한 날로부터 2월 이내에 대통령령이 정하는 바에 의하여 신고를 하지 아니하거나 등기를 하지 아니한 회사는 신고기간이 만료된 때에 해산한 것으로 본다(상법 제520조의2 제1항 본문, 동법 시행령 제28조).

나. 회사계속의 특별결의

휴면회사의 해산의제 규정에 의하여 해산한 것으로 본 회사는 그 후 3년 이내에는 주주총회의 특별결의에 의하여 회사를 계속할 수 있다(상법 제520조의2 제3항). 상법상 기업 유지의 정신을 반영하여 해산의제 후에도 3년 내에는 주주총회 특별결의로 해산 전의 회사로 복귀할 수 있도록 한 것이다. 이 경우에는 계속등기를 하여야 한다(제521조의2, 제229조 제3항).

다. 청산종결의 의제

휴면회사의 해산의제 규정에 의하여 해산한 것으로 본 회사가 회사계속의 규정에 의하여 회사를 계속하지 아니한 경우에는 그 회사는 그 3년이 경과한 때에 청산이 종결된 것으로 본다(상법 제520조의2 제4항). 휴면회사의 해산을 의제한 제도의 취지를 반영하여 일정한 날에 청산이 종결된 것으로 보고 해당 회사의 법인격을 소멸시키도록 한 것이다.

그러나 대법원은 여전히 회사에 어떤 권리관계가 남아 있어 현실적으로 정리할 필요성이 있으면 그 범위 내에서는 법인격이 완전히 소멸하지 아니한다고 보고 있다(대법원 1991. 4. 30.자 90마672 결정). 이 경우에는 그 회사의 해산 당시의 이사는 정관에 다른 규정이 있거나 주주총회에서 따로 청산인을 선임하지 아니한 경우에 당연히 청산인이 되고, 그러한 청산인이 없는 때에는 이해관계인의 청구에 의하여 법원이 선임한 자가 청산인이 된다(대법원 1994. 5. 27. 선고 94다7607 판결).

Ⅸ. 회사의 청산

회사의 청산에 관한 규정은 상법 곳곳에 흩어져 있다. 각종 회사에 공통되는 사항은 합명회사의 청산규정인 상법 제245조부터 제267조까지에 있으며, 다른 회사들에게도 준용되고 있다(상법 제269조, 제287조의45, 제542조 제1항, 제613조 제1항). 여기에서는 청산의 기본적인 내용을 살펴보고, 자세한 내용은 각 회사별 조문에서 설명하기로 한다.

1. 청산의 의의

"회사의 청산(清算)"이란 합병 또는 파산 이외의 사유로 인하여 해산한 경우에 '회사의 법률관계를 정리하여 회사의 법인격을 소멸시키는 절차'를 말한다.

회사가 해산하면 청산절차를 밟게 된다. 그런데 '합병'이나 '파산' 시에는 해산절차를 밟지만 청산절차를 거치지는 않는다. 합병의 경우에는 권리의무가 포괄적으로 이전되므로 청산절차가 필요하지 않고, 파산의 경우에는 별도의 파산절차가 규정되어 있기 때문이다(채무자회생 및 파산에 관한 법률 제294조).

해산에 의해서 회사의 권리능력은 '청산의 목적범위내'로 축소된다(상법 제245조). 청산의 목적 외의 행위를 한 경우에는 권리능력 없는 자의 행위로 무효가 된다.

회사의 청산은 법원의 감독을 받는다(비송사건절차법 제118조 제1항).

2. 청산의 방법

가. 임의청산

"임의청산"은 '정관 또는 총사원의 동의'로 해산된 회사재산의 처분방법을 정하는 것을 말한다(상법 제247조 제1항). 임의청산에서도 채권자보호절차를 거쳐야 하고(제247조 제3항, 제232조), 사원의 지분을 압류한 자가 있는 때에는 그 동의를 얻어야 한다(제247조 제4항).

물적회사에서는 임의청산이 인정되지 않는다(상법 제542조, 제613조에서는 임의청산에 관한 제247조를 준용하고 있지 않다). 물적회사에서는 사원(주주)이 유한책임을 지는데, 임의적인 방법으로 회사재산의 처분방법을 정하도록 허용하면 채권자가 피해를 입을 수 있기 때문이다. 유한책임회사가 해산한 경우에도 임의청산이 허용되지 않는다(제287조의45).

나. 법정청산

"법정청산"은 청산인이 '법률에 정해진 절차'에 의하여 하는 청산절차를 말한다(상법 제250조). 정관 또는 총사원의 동의로 회사재산의 처분방법을 정하지 아니한 때, 즉 임의청산을 선택하지 않은 경우에는 법정청산절차를 따라야 한다(제250조, 제251조 내지 제265조, 제287조의45).

주식회사와 유한회사에 대해서는 법정청산이 강제된다(상법 제531조, 제613조 제1항). 사원(주주)이 유한책임을 지므로 임의로 회사재산의 처분방법을 정하도록 허용하는 것은 곤란하기 때문이다.

합명회사와 합자회사도 사원이 1인이 된 때 또는 법원의 명령 또는 판결로 해산하는 경우에는 청산의 공정을 위하여 법정청산을 하여야 한다(상법 제247조 제2항, 제269조).

3. 청산인

가. 선임·해임

합명회사의 경우에는 총사원의 과반수의 결의로 청산인을 선임하며, 청산인이 없는 때에는 '업무집행사원'이 청산인이 된다(상법 제251조). 합자회사의 청산인은 무한책임사원 과반수의 의결로 선임한다(제287조). 유한책임회사에 대해서는 합명회사의 규정을 준용한다(제287조의45). 즉, 자치적으로 청산인을 선임하는 것이 우선이고, 그렇지 않으면 회사의 업무집행기관이 청산기관이 된다. 청산인의 지위는 업무집행사원의 지위와 유사하다.

주식회사 및 유한회사의 경우에 회사가 해산한 때에는 합병·분할·분할합병 또는 파산의 경우를 제외하고는 '이사'가 청산인이 된다. 다만, 정관에 다른 정함이 있거나 주주총회에서 타인을 선임한 때에는 그러하지 아니하다(상법 제531조 제1항, 제613조 제1항). 청산인·청산인회·대표청산인의 지위와 의무에 관하여는 이사·이사회·대표이사에 관한 규정이 준용된다(제542조, 제613조). 청산시에는 청산인·청산인회가 이사·이사회의 역할을 대신하고, 주주총회나 감사는 그대로 존속한다.

사원이 1인으로 되어 해산하거나, 법원의 해산명령이나 해산판결에 의하여 해산한 경우에는, 법원이 사원(주주) 기타 이해관계인이나 검사의 청구에 의하여 또는 직권으로 청산인을 선임할 수 있다(상법 제252조, 제269조, 제287조의45, 제542조 제1항, 제613조 제1항).

나. 청산사무

청산인은 ①현존사무의 종결, ②채권의 추심과 채무의 변제, ③재산의 환가처분, ④잔여재산의 분배 등의 직무를 수행한다(상법 제254조 제1항, 제269조, 제287조의45, 제542조 제1항, 제613조 제1항).

청산인은 취임한 후 지체없이 회사의 재산상태를 조사하고 재산목록과 대차대조표를 작성하여 각 사원에게 교부하여야 하며, 사원의 청구가 있는 때에는 언제든지 청산의 상황을 보고하여야 한다(상법 제256조).

주식회사의 청산인은 위의 사무 외에도 법원에 대한 신고(상법 제532조), 회사재산의 조사보고의무(제533조), 주주총회소집(제542조 제2항), 대차대조표의 제출·감사·비치의무(제534조) 등의 업무를 수행한

청산인은 청산사무를 종료한 때에는 지체없이 계산서를 작성하여 각 사원 또는 사원총회(주주총회)에 보고하여 승인을 얻은 후 '청산종결의 등기'를 하여야 한다(상법 제263조, 제264조, 제269조, 제287조의45, 제542조 제1항, 제613조 제1항). 그러나 청산등기를 하였더라도 실제로 청산사무가 종결되지 않으면 그 등기에는 공신력이 없고 청산의 범위 내에서는 회사의 권리능력은 존속한다(대법원 1982. 3. 23. 선고 81도1450 판결,[46] 대법원 1968. 6. 18. 선고 67다2528 판결[47]). 이 점에서 등기에 의해서 회사 설립의 창설적 효력이 인정되는 설립등기와는 차이가 있다.

휴면회사의 해산의제 규정(상법 제520조의2 제1항)에 의하여 해산한 것으로 본 회사가 회사계속 규정에 의하여 회사를 계속하지 아니한 경우에는 그 회사는 그 3년이 경과한 때에 청산이 종결된 것으로 본다(제520조의2 제4항).

자세한 내용은 상법 제245조(청산 중의 회사)를 비롯하여 각 회사에 규정된 조문에 대한 설명에서 살펴본다.

X. 회사의 등기

회사는 본점소재지에서 설립등기를 함으로써 성립하고(상법 제172조), 등기할

46 피고인 회사의 청산종료의 등기가 경료되었다 하더라도 그 피고사건이 종결되기까지는 피고인회사의 청산사무는 종료되지 아니하고, 형사소송법상 당사자능력도 그대로 존속한다(대법원 1982. 3. 23. 선고 81도1450 판결).

47 청산법인이 청산종결의 등기를 하였더라도, 채권채무가 남아있는 이상, 청산은 종료되지 아니한 것이므로, 그 한도에 있어서 청산법인은 당사자 능력을 가진다(대법원 1968. 6. 18. 선고 67다2528 판결).

사항으로서 관청의 허가 또는 인가를 요하는 것에 관하여는 그 서류가 도달한 날로부터 등기기간을 기산한다(제177조).

그 밖에 등기사항, 등기기간, 등기의 효력 등 실체법적 내용은 각종 회사마다 별도로 정하고 있다. 한편, 회사등기의 절차적 규정은 상업등기법, 상업등기규칙, 비송사건절차법에서 정하고 있다.

XI. 회사법 통칙과 비교법제

상법은 회사에 관하여 9개 조문의 통칙규정을 두고 있다. 상법상 인정되는 5개 종류의 회사에 모두 적용되는 조항인데, 다른 국가들도 대부분 통칙 또는 통칙에 준하는 규정들을 두고 있다.

독일 1965년 주식법은 전체의 통칙 규정은 없지만, 제1편 주식회사 제1장에서 모두 22개 조문의 통칙 규정을 두고 있다. 제2편 주식합자회사에 대해서는 통칙 규정을 두고 있지 않다. 주식합자회사는 조문 자체가 13개에 불과해서 별도의 통칙 규정을 둘 필요는 없었기 때문으로 보인다.

일본의 2005년 회사법은 제1편 총칙 제1장 통칙에서 5개의 조문을 두고 있다. 제1조(취지)는 회사의 설립, 조직에 대한 일반적인 조항이다. 제2조(정의)에서는 모두 34개에 이르는 각종 용어를 정의하고 있다. 제3조(법인격)는 회사는 법인임을 규정하고, 제4조(주소)는 회사의 주소는 본점소재지에 있다고 규정한다. 제5조(상행위)는 회사가 영업으로 하는 행위 및 영업을 위하여 하는 행위는 상행위로 한다고 규정하고 있다.

중국은 공사법(中國公司法) 제1장 총칙은 모두 22개의 통칙적 규정을 두고 있다. 다른 나라에 비교하여 통칙 규정이 많은 편인데, 중국 공사법 제19조는 "회사 내에 중국공산당규약에 근거하여 중국공산당의 조직을 설립하고 당의 활동을 전개한다. 회사는 당조직의 활동을 위하여 필요한 조건을 제공하여야 한다."는 규정을 두고 있는 것이 흥미롭다.

프랑스 상법전 제2권[48] 제1편 예비규정에서는 모두 9개의 통칙적인 규정이 있다. 프랑스 상법전 제210-1조는 "합명회사, 합자회사, 유한회사, 주식회사와 주식합자회사는 상사회사이다."고 규정한다. 제210-2조는 "회사의 형태, 상호 등은

48 프랑스는 2001년에 1966년 상사회사법을 폐지하고 회사에 관한 규정들을 상법전 제2권에 편입하였다.

정관에서 정한다.", 제210-3조는 "본점이 프랑스 영토에 소재하는 회사는 프랑스 법의 적용을 받는다.", 제210-4조는 "회사설립 시 또는 설립 후의 행위에 요구되는 공시절차는 프랑스 최고행정법원의 명령에 의하여 정한다.", 제210-5조는 "민상사공보에 공시할 사항은 그 공시일로부터 15일 이내에 행하여진 주식회사 등의 활동에 관하여는 선의의 제3자에게 대항하지 못한다." 제210-6조는 "상사회사는 상업등기부에 등기한 날로부터 법인격을 취득한다.", 제201-7조는 "회사설립의 적법성을 심사할 권한이 있는 법원서기국에 확인한 후에 회사의 설립등기를 해야 한다.", 제210-8조는 "발기인은 회사의 설립절차를 적법하게 이행하지 아니함으로 인하여 회사 또는 제3자가 입은 손해를 연대하여 배상할 책임이 있다.", 제210-9조는 "회사를 대표할 자의 선임이 적법하게 공시된 때에는 제3자는 그 채무를 면하기 위해서 당해 대표자의 선임이 적법하지 아니함을 주장할 수 없다."고 규정하고 있다.

영국의 2006년 회사법은 제1편 총칙에 6개의 조문을 두고 있다. 제1조(회사), 제2조(회사법)는 회사와 회사법의 개념과 적용범위 등을 규정하고 있다. 제3조(유한책임회사와 무한책임회사)는 회사의 종류를 유한책임을 부담하는 회사와 무한책임을 부담하는 회사로 구분하고, 유한책임회사 중에서 '주식유한책임회사'와 '보증부유한책임'회사의 개념을 정의하고 있다. 제4조(폐쇄회사와 공개회사)에서는 폐쇄회사와 공개회사의 개념과 기준을 정의하고 있다. 제5조(주식자본금을 가진 보증부유한책임회사)에 대해서 규정하고 있다. 제6조(공동이익회사)는 공동이익회사(Community interest companies)에 대해서 규정하고 있다.

미국 모범회사법(MBCA)은 제1장에서 총칙(General provisions) 규정을 두고 있다. 제 A 절(약칭 및 권한 보유), 제 B 절(문서의 편철), 제 C 절(국무부장관), 제 D 절(정의)이다. 반면에 가장 널리 채택된 델라웨어주 회사법은 통칙 규정을 두고 있지 않다. 델라웨어주 회사법(Delaware General Corporation Law)은 처음부터 제101조(설립) 회사의 설립에 관한 조문으로 시작된다.

제169조 [회사의 의의]

이 법에서 "회사"란 상행위나 그 밖의 영리를 목적으로 하여 설립한 법인을 말한다.

[전문개정 2011.4.14]

[관련조문] 민법 제2조(신의성실), 제31조(법인성립의 준칙), 제703조(조합의 의의), 제704조(조합재산의 합유), 상법 제4조(당연상인), 제5조(의제상인), 제178조(정관의 작성), 제184조(업무집행정지가처분), 제195조(준용법규), 제197조(지분의 양도), 제212조(사원의 책임), 제223조(지분의 압류), 제227조(해산원인), 제269조(준용규정), 제276조(유한책임사원의 지분양도), 제287조의6(준용규정), 제289조(정관의 작성, 절대적 기재사항), 제293조(발기인의 주식인수), 제328조(설립무효의 소), 제331조(주주의 책임), 제335조(주식의 양도성), 제365조(총회의 소집), 제383조(원수, 임기), 제398조(이사 등과 회사 간의 거래), 제552조(설립무효, 취소의 소).

[참고문헌] 권기범, 현대회사법론(제7판), 삼영사(2017); 김정호, 법인격부인, 주식회사법대계 Ⅰ(제3판), 한국상사법학회 편, 법문사(2019); 김정호, 회사법(제5판), 법문사(2019); 김홍기, 상법강의(제4판), 박영사(2019); 송옥렬, 상법강의(제9판), 홍문사(2019); 유주선, 1인회사, 주식회사법대계 Ⅰ(제3판), 한국상사법학회 편, 법문사(2019); 이기수/최병규, 회사법(제10판), 박영사(2015); 이범찬 외 3인, 회사법(제2판), 삼영사(2018); 이철송, 회사법강의(제27판), 박영사(2019); 임재연, 회사법 Ⅰ(개정6판), 박영사(2019); 장덕조, 회사법(제4판), 법문사(2019); 정찬형, 상법강의(상)(제22판), 박영사(2019); 주석 상법, 회사편(1)(제5판), 한국사법행정학회(2014)(정동윤); 최기원, 신회사법론(제14대정판), 박영사(2012); 최준선, 회사법(제14판), 삼영사(2019); 홍복기/박세화, 회사법강의(제7판), 법문사(2019); Hackney & Benson, "Shareholder Liability for Inadequate Capital"; 43 U. Pitt, L. Rev. 837(1982); Smith, Stone & Knight Ltd v Lord Mayor, Aldermen and Citizens of the City of Birmingham, 4 All E.R. 116(1939).

Ⅰ. 의의

상법 제169조는 "회사란 상행위나 그 밖의 영리를 목적으로 하여 설립한 법인을 말한다."고 정의하고 있다.

"회사란 상행위나 그 밖의 영리를 목적으로 설립한 법인"이라는 문구에서 알 수 있듯이 회사는 '영리 단체'이며, 영리성은 회사의 존재와 활동을 규정하는 본질적인 요소이다. 회사의 영리성은 영리사업의 경영만으로는 부족하고, 나아가 영업활동으로 얻은 이익을 그 구성원인 사원에게 배분하는 것을 궁극적인 목적으로 한다는 뜻이다(이익배분설). 즉, 회사는 이윤의 추구와 취득한 이윤을 사원에 분배하는 2가지 요소를 모두 갖추어야 비로소 영리성을 인정받는다.

법인성은 회사의 본질적인 요소는 아니지만, 우리 상법 제169조는 모든 종류의 회사에 대해서 일률적으로 법인격을 부여하고 있다. 회사의 대외적인 법률관계를 단순화하고 하고, 업무집행사원이 회사를 대표하여 회사의 명의로 거래행위를 할 수 있도록 하기 위함이다.[1] 법인이 되면 그 구성원으로부터 분리하여 대외적으로 독립하여 권리를 취득하고 의무를 부담하기 때문에 권리의무의 귀속이나 대표관계의 대외적인 표시방법 등 법률관계가 명확해 진다.

상법 제169조는 회사의 개념에서 사람들의 단체를 의미하는 사단성은 규정하고 있지 않다.[2] 개정전 상법 제169조는 "본법에서 회사라 함은 상행위 기타 영리를 목적으로 하여 설립한 사단을 이른다."고 하면서, 회사의 사단성을 명문으로 규정하고 있었으나, 주식회사나 유한회사에서 1인회사의 설립이나 존속이 인정되는 상황을 설명하는데 어려움이 있었고, 합명회사와 합자회사의 조합적 성질과도 충돌이 있어서, 2011년 상법 개정시 상법 제169조에서 사단이란 용어 자체를 삭제하였다.[3]

그러면 사단이란 문구를 삭제한 2011년 상법개정 이후에는 회사의 단체성, 특히 사단성은 인정되지 않는가? 회사는 복수의 사원이 인적 또는 자본적으로 결합하는 사람들의 단체이므로 상법 제169조의 개정에도 불구하고 여전히 사단의 성질을 가지고 있음은 부인하기 어렵다.[4] 따라서 상법 제169조에서 회사의 개념을 설명함에 있어서는 영리성, 법인성과 함께 사단성도 같이 살펴본다.

1 최기원, 신회사법론(제14대정판), 박영사(2012), 56.
2 "사단(社團)"이란 일정한 목적을 위하여 설립된 사람들의 단체를 가리킨다. 사단 중에서 법인 설립절차를 밟아서 법인격(권리능력)을 취득한 것이 '사단법인'이고 그렇지 않은 것이 '권리능력없는 사단'이다.
3 홍복기/박세화, 회사법강의(제7판), 법문사(2019), 24.
4 홍복기/박세화, 회사법강의(제7판), 법문사(2019), 24.

Ⅱ. 입법취지 및 입법례

상법 제169조(의의) "이 법에서 회사란 상행위나 그 밖의 영리를 목적으로 하여 설립한 법인을 말한다."는 조항은 의용상법 때부터 있던 조항이다. 다만, 사단성에 대한 해석상의 다툼으로 2011년 4월 상법개정에서는 사단성의 문구를 삭제하고 "이 법에서 '회사'란 상행위나 그 밖의 영리를 목적으로 하여 설립한 법인을 말한다."는 문구로 개정하였다. 일본도 2005년 회사법을 제정하면서 사단이란 문구를 삭제하였고(일본 회사법 제3조,[5] 제2조 제1호[6]), 프랑스 상법전도 회사에 대해서는 법인성만 규정하고 사단성은 규정하고 있지 않다(프랑스 상법전 제210-6조[7]). 다른 나라도 사단성에 대해서는 크게 의미를 두는 것 같지는 않다. 다만, 1인회사에 대해서는 별도의 규정을 두는 경우가 많다.

영리성은 회사의 본질이므로 영리성이 없는 회사는 상정하기 어렵다. 일본 회사법은 이익배당이든 잔여재산의 분배이든 일체의 이익분배를 하지 않는다는 정관규정은 무효라는 규정을 두고 있다(일본 회사법 제105조 제2항[8] 참조).

회사의 종류에 조합적 성격의 단체를 포함할 것인지 여부, 회사의 종류를 몇 가지로 할 것인지, 회사에 법인격을 부여할 것인지, 나아가 회사법을 별도의 독립 법전으로 할 것인지의 여부 등은 모두 법정책적인 판단에 달려 있다. 미국, 영국, 독일 등은 조합형인 일반사업조합(General Partnership, OHG)과 합자사업조합(Limited General Partnership, KG)에 대해서는 법인격을 부여하고 있지 않지만, 우리나라와 일본, 프랑스 등은 조합적인 성격을 가지는 합명회사, 합자회사에게도 법인격을 부여하고 있다(☞ 자세한 내용은 제3편 회사 [총설] Ⅴ. 회사법의 법계와 연혁 참조).

5 일본 회사법 제3조(법인격) 회사는 법인으로 한다.

6 일본 회사법 제2조 이 법에서 용어의 정의는 다음 각호에서 규정하는 바와 같다.
1. 회사 : 주식회사, 합명회사, 합자회사 또는 합동회사를 말한다. <생략>

7 프랑스 상법전 제210-6조 상사회사는 상업등기부에 등기한 날부터 법인격을 취득한다.<중략>

8 일본 회사법 제105조(주주의 권리)
① 주주는 그가 보유한 주식에 관하여 다음의 권리 기타 이 법의 규정에 의하여 인정되는 권리를 가진다.
1. 잉여금의 배당을 받을 권리
2. 잔여재산의 분배를 받을 권리
3. 주주총회 의결권
② 주주에게 전항 제1호 및 제2호의 권리의 전부를 부여하지 아니한다는 뜻의 정관 규정은 그 효력이 없다.

Ⅲ. 영리성

1. 영리성의 개념과 입법례

"회사"는 상행위나 그 밖의 '영리를 목적'으로 하여 설립된 법인이다(상법 제169조). 즉 회사는 영리를 목적으로 설립된 단체이고, 회사의 영리성은 회사의 존재와 활동을 성격지우는 본질적인 요소이다.[9]

영리(이윤) 추구의 의사가 있으면 되고, 일시 적자가 나더라도 영리성은 인정된다.[10] 이윤추구의 의사는 외부에서 인식할 수 있어야 하고, 계속성이 있어야 한다.[11] 이윤추구의 수단으로서 영리활동은 기본적 상행위이든 보조적 상행위이든 관계가 없다.

이익분배를 하지 않는 회사는 상정하기 어렵지만, 이익배당이든 잔여재산의 분배이든 일체의 이익분배를 하지 않는다는 정관규정은 무효이다(일본 회사법 제105조 제2항[12] 참조). 민법상의 내적조합에 관한 것이지만 대법원은 "내적조합이라는 일종의 특수한 조합으로 보기 위하여는 ~ 서로 출자하여 공동사업을 경영할 것을 약정하여야 하며, 영리사업을 목적으로 하면서 당사자 중의 일부만이 이익을 분배받고 다른 자는 전혀 이익분배를 받지 않는 경우에는 조합관계(동업관계)라고 할 수 없다."(대법원 2000. 7. 7. 선고 98다44666 판결)고 하면서 같은 태도를 취하고 있다.

2. 구성원인 사원에게 이익을 배분

회사가 "영리를 목적으로 한다"는 것은 기업활동에 의하여 이익을 얻는 것, 즉 영리사업을 경영하는 것만으로는 부족하고, 나아가 회사가 대외적인 영업활동

9 정찬형, 상법강의(상)(제22판), 박영사(2019), 458. 그러나 독일주식법 제3조는 "주식회사는 기업의 목적이 상업의 영위가 아닌 경우에도 상사회사로 본다."고 규정하여 회사의 영리성을 배제하고 있다.

10 권기범, 현대회사법론(제7판), 삼영사(2017), 86.

11 권기범, 현대회사법론(제7판), 삼영사(2017), 86.

12 일본 회사법 제105조(주주의 권리)

① 주주는 그가 보유한 주식에 관하여 다음의 권리 기타 이 법의 규정에 의하여 인정되는 권리를 가진다.

1. 잉여금의 배당을 받을 권리
2. 잔여재산의 분배를 받을 권리
3. 주주총회 의결권

② 주주에게 전항 제1호 및 제2호의 권리의 전부를 부여하지 아니한다는 뜻의 정관 규정은 그 효력이 없다.

으로 얻은 이익을 그 구성원인 사원에게 배분하는 것을 궁극적인 목적으로 한다는 뜻이다(통설, 이익배분설).[13] 즉, 이윤의 추구와 사원에의 분배라는 2가지 요소를 모두 갖추어야 비로소 영리성을 인정받는다.[14]

따라서 대외적으로 영리활동을 하지 않고서 구성원 간의 대내적인 사업을 통해서 얻은 수익금을 분배하거나 배당하여도 영리성은 인정되지 않는다. 예를 들어, 대외적인 영리활동은 하지 않는 상호(相互)회사(보험업법 제34조)가 구성원 간의 대내적인 사업으로 얻은 잉여금을 구성원에게 배분하였다고 하더라도 회사는 될 수 없다.[15] 같은 이유에서 공익법인이 그 설립목적을 달성하기 위한 수단으로서 부수적으로 영리사업을 영위하더라도 구성원에 대한 이익분배가 수반되지 않으므로 회사는 아니다.[16] 이는 민법상 영리재단법인이 인정되지 않는 이유와도 일맥상통한다. 사람들로 구성되는 사단법인과는 달리, 재단법인은 일정한 목적에 바쳐진 재산으로 구성되고 구성원(사원)이 없으므로 그 활동으로 얻는 이익이 있더라도 사원에게 배분할 수 없기 때문이다.[17] 같은 맥락에서 협동조합처럼 그 구성원이 독립적인 법적 주체로서 단체 활동에 직접 참여하여 이익을 얻는 단체도 회사가 아니다.[18]

사원에게 이익이 배분되는 이상 통상적인 이익배당이든지 청산절차에서의 잔여재산 분배이든지는 상관이 없다.[19] 이익에 의한 주식소각도 사원(주주)에게 이익이 흘러가는 점에서는 이익배당이나 잔여재산의 분배와 차이가 없으므로 이익의 배분에 해당한다.[20] 일시적으로 이익배당을 정지하더라도 회사의 영리성에는 반하지 않는다. 회사는 스스로 사업을 경영하거나 관리할 필요는 없고 타인에게 경영을 위임하고 임대료만을 받는 경우에도 그 이익이 사원에게 귀속되는 이상 회사의 영리성에 반하지 않는다.

주의할 것은 상인의 영리성과 회사의 영리성의 구분이다. 상인의 영리성은

13 송옥렬, 상법강의(제9판), 홍문사(2019), 706; 이범찬 외 3인, 회사법(제2판), 삼영사(2018), 69; 정찬형, 상법강의(상)(제22판), 박영사(2019), 459; 홍복기/박세화, 회사법강의(제7판), 법문사(2019), 24.

14 권기범, 현대회사법론(제7판), 삼영사(2017), 86; 김정호, 회사법(제5판), 법문사(2019), 57; 이철송, 회사법강의(제27판), 박영사(2019), 45.

15 권기범, 현대회사법론(제7판), 삼영사(2017), 86.

16 최기원, 신회사법론(제14대정판), 박영사(2012), 44.

17 최준선, 회사법(제14판), 삼영사(2019), 67.

18 주석 상법, 회사편(1)(제5판), 한국사법행정학회(2014), 80(정동윤).

19 권기범, 현대회사법론(제7판), 삼영사(2017), 86.

20 권기범, 현대회사법론(제7판), 삼영사(2017), 87.

영리를 목적으로 대외적인 거래행위를 한다는 의미이고 얻은 이익을 구성원에게 배분할 것까지는 요구하지 않지만, 회사의 영리성은 상인의 영리성에 추가하여 대외적인 영업활동으로 얻은 이익을 회사의 구성원에게 배분한다는 뜻을 포함하고 있다.[21] 따라서 국가나 지방자치단체 또는 공법인이 영리를 목적으로 상행위를 하거나 또는 점포 기타 유사한 설비를 사용하여 상인적인 방법으로 영업을 하는 경우에는 그 범위 내에서는 상인은 될 수 있으나(상법 제4조, 제5조), 그 이익을 구성원에게 배분하는 것이 아니므로 회사는 될 수 없다.[22]

3. 기부행위 등 회사의 부수적인 행위

"회사는 영리를 목적으로 설립된 단체"로서 영리성이 단체의 본질이지만, 그렇다고 하여서 오로지 이윤의 추구에만 종사하여야 한다는 뜻은 아니다. 궁극적으로 이익이 사원에게 귀속되면 되므로 회사가 영리사업에 부수하여 부속 학교나 병원을 경영하거나 학술목적의 연구소를 운용하거나,[23] 장학사업을 수행하는 것은 영리성에 반하는 것은 아니다.[24] 같은 맥락에서 회사가 기부행위를 하는 것도 영리성에 반하지 않는다.[25]

4. 실질적으로 비영리사업만을 목적으로 하는 회사는 가능한가?

그렇다면 정관에서 영리사업을 표방하는 이상 실질적으로 비영리사업을 목적으로 하더라도 회사로 될 수 있는가? 이와 관련하여 독일 주식법 제3조 제1항[26]은 "기업의 목적이 상업의 영위가 아닌 경우에도 상사회사로 본다.", 스위스 채무법 제620조 제3항[27]은 "회사는 영리적 성격이 아닌 목표를 추구하기 위해서 설립할 수 있다."고 규정하고 있으므로, 회사가 비영리사업만을 목적으로 하더라도 상관이 없다.

21 주석 상법, 회사편(1)(제5판), 한국사법행정학회(2014), 81(정동윤).

22 권기범, 현대회사법론(제7판), 삼영사(2017), 88; 이철송, 회사법강의(제27판), 박영사(2019), 45; 정찬형, 상법강의(상)(제22판), 박영사(2019), 459; 홍복기/박세화, 회사법강의(제7판), 법문사(2019), 24.

23 주석 상법, 회사편(1)(제5판), 한국사법행정학회(2014), 80(정동윤).

24 권기범, 현대회사법론(제7판), 삼영사(2017), 86.

25 홍복기/박세화, 회사법강의(제7판), 법문사(2019), 25.

26 독일 주식법 제3조 제1항 주식회사는 기업의 목적이 상업의 영위가 아닌 경우에도 상사회사로 본다.

27 스위스 채무법 Art. 620

1. 2. <중략>

3 La société anonyme peut être fondée aussi en vue de poursuivre un but qui n'est pas de nature économique. (~ 회사는 영리적 성격이 아닌 목표를 추구하기 위해서 설립할 수 있다).

우리 상법은 명문의 규정을 두고 있지 아니하여 논란이 되고 있는데, "거래의 안전과 외관의 보호를 생각하면, 정관에서 정해진 영리사업이 아니라 실제로는 비영리사업을 하더라도 그 권리능력의 범위 내로 인정할 것이다."는 견해[28]도 있으나, 영리성은 정관상 목적의 문제라기보다는 회사의 본질에 관한 문제이므로 비영리사업만을 목적으로 하는 단체는 비록 회사의 형태를 가지고 있더라도 회사로 인정될 수는 없다고 본다. 다만, 어떤 회사가 실제로 비영리사업만을 목적으로 하는지는 정관의 정함으로 판단할 것이 아니고 제반사정을 종합하여 구체적으로 판단할 것이다.[29]

Ⅳ. 법인성

1. 회사와 법인격

"법인(法人, legal person)"이란 자연인 외에 법에 의하여 권리의무의 주체로서 자격을 부여받은 자를 가리키며, "법인격"이란 단체의 법률관계를 간명화하기 위하여 단체의 구성원과는 별개로 독자적인 권리의무의 귀속 권능을 부여하는 입법기술이다.[30] 법인이 되면 그 구성원으로부터 분리하여 대외적으로 독립하여 권리를 취득하고 의무를 부담하는 데, 이 점에서 인적 단체에서 구성원 간의 결합의 강도의 문제인 조합성, 사단성과 차이가 있다.[31] 즉, 조합이나 사단은 사람들이 공동의 목적으로 결합한 단체로서 그 차이는 단체성의 강도에 있지만, 법인은 조합이나 사단에게 독자적인 권리의무의 자격인 법인격을 부여할 것인지에 대한 법정책적인 문제이므로 적용되는 국면이 서로 다르다.

상법 제169조는 "이 법에서 '회사'란 상행위나 그 밖의 영리를 목적으로 하여 설립한 법인을 말한다."고 하면서, 모든 종류의 회사를 법인으로 하고 있다.[32] 상법이 모든 종류의 회사에게 법인격을 부여하는 이유는 ①회사를 둘러싼 복잡한 법률관계를 단순화하기 위해서는 구성원이나 업무담당자의 변동에 관계없이 독립하여 존재하는 권리의무의 주체가 필요하고, ②업무집행사원이

28 주석 상법, 회사편(1)(제5판), 한국사법행정학회(2014), 80(정동윤).
29 최준선, 회사법(제14판), 삼영사(2019), 67.
30 최기원, 신회사법론(제14대정판), 박영사(2012), 56.
31 정찬형, 상법강의(상)(제22판), 박영사(2019), 463.
32 주석 상법, 회사편(1)(제5판), 한국사법행정학회(2014), 81(정동윤).

회사를 대표하여 회사의 명의로 거래행위를 할 수 있도록 하며, ③영업주의 개인재산과 회사의 영업재산을 분리함으로써 재산의 혼용과 다툼을 방지하고 시장참가자들이 안심하고 거래하기 위한 것에 있다. 그 결과 사원의 개인적인 채권자는 독자적인 법인격을 가지는 회사 재산에 대해서는 강제집행을 할 수 없고, 이와는 반대로 회사의 채권자는 사원의 재산에 대해서 강제집행을 할 수 없다.[33]

그런데 회사의 법인성은 조합적 성격이 강한 합명회사·합자회사·유한책임회사에서는 약하게 나타난다. 예를 들어, 합명회사의 사원이나 합자회사의 무한책임사원은 회사의 채권자에 대해서 무한책임을 지므로 회사의 독자적인 법인격으로 인한 책임 분리의 효과를 누리지 못한다. 또한 이들 회사에서는 사원의 지분을 양도하기 위해서는 다른 사원의 동의가 필요하기 때문에(상법 제197조, 제269조, 제276조), 사원의 개인적인 채권자는 채무자인 사원의 지분을 압류하더라도 다른 사원의 동의가 없이는 양도나 처분을 통해서 환가할 수 없고, 채무자인 사원을 강제적으로 퇴사시키고 그 사원의 지분을 환급받는 방법으로써 채권 회수의 목적을 달성할 수밖에 없다(제223조, 제224조, 제269조, 제287조의29). 이 경우에는 사원의 개인적인 채권자가 회사의 재산에 대해서 집행하는 상황을 초래하므로 회사의 독자적인 법인격이 영향을 받게 된다.

결국 회사 중에서도 온전한 법인격의 속성을 갖추고 있는 것은 주식회사와 유한회사에 불과하다.[34] 이를 반영하여 대법원은 동일인이 그룹 산하의 계열회사들의 업무를 총괄한다고 하더라도, 특별한 사정이 없는 한 각 계열회사는 독립된 법인격을 가지고 다른 계열사의 채무에 대해서 책임이 없다(대법원 2008. 9. 25. 선고 2008다42515 판결)고 하고 있다. 당연한 내용이지만 곰곰이 생각하면 그렇지 않을 수도 있다. 이 때문에 등장한 것이 법인격 부인론이다. 즉, 회사의 독자적인 법인격이 절대적인 것은 아니고, 법인격이 형해화되거나 남용되는 경우에는 부인될 수 있다.

33 송옥렬, 상법강의(제9판), 홍문사(2019), 708; 주석 상법, 회사편(1)(제5판), 한국사법행정학회(2014), 81(정동윤); 정찬형, 상법강의(상)(제22판), 박영사(2019), 463.

34 주석 상법, 회사편(1)(제5판), 한국사법행정학회(2014), 81(정동윤); 정찬형, 상법강의(상)(제22판), 박영사(2019), 464.

2. 입법례

회사에 대한 법인격의 부여 여부는 각국의 입법정책에 달려있으며,[35] 그 단체의 실체가 사단인지 또는 조합인지와는 무관하다. 따라서 조합적 결합체라도 법인이 될 수 있다.[36]

우리나라의 상법(상법 제169조), 일본 회사법(일본 회사법 제3조[37] 제2조 제1호[38]), 프랑스의 상법(프랑스 상법전 제210-6조[39])에서는 주식회사와 유한회사뿐만 아니라 조합의 성격을 가지는 합명회사와 합자회사까지 모두 법인으로 하고 있다. 단체의 법률관계를 간명하게 처리하고 사업의 영속성을 인정하는 것이 사회적으로도 유용하다고 보았기 때문이다.

그러나 독일은 상법전상 일반사업조합(OHG, 독일 상법전 s.105), 합자사업조합(KG, 독일 상법전 s.161), 익명조합(Stille Gesellschaft, 독일 상법전 제230조)에 대해서는 법인격을 인정하지 않고, 주식회사(AG, 독일 주식법 제1조 제1항[40]), 주식합자회사(KGaA, 독일 주식법 제278조[41]) 및 유한회사(GmbH, 독일 유한회사법 제13조[42])만을 법

35 권기범, 현대회사법론(제7판), 삼영사(2017), 88; 김정호, 법인격부인, 주식회사법대계 Ⅰ(제3판), 한국상사법학회 편, 법문사(2019), 139; 송옥렬, 상법강의(제9판), 홍문사(2019), 709; 이범찬 외 3인, 회사법(제2판), 삼영사(2018), 68; 최준선, 회사법(제14판), 삼영사(2019), 68.

36 이철송, 회사법강의(제27판), 박영사(2019), 44.

37 일본 회사법 제3조(법인격) 회사는 법인으로 한다.

38 일본 회사법 제2조 이 법에서 용어의 정의는 다음 각호에서 규정하는 바와 같다.
1. 회사 : 주식회사, 합명회사, 합자회사 또는 합동회사를 말한다. <생략>

39 프랑스 상법전 제210-6조 상사회사는 상업등기부에 등기한 날부터 법인격을 취득한다. <중략>

40 독일 주식법 제1조(주식회사의 본질)
① 주식회사는 고유한 법인격을 가진 회사이다. 회사의 채무에 대하여는 회사재산만이 채권자에게 책임을 진다.
② 주식회사는 주식으로 분할된 자본을 가진다.

41 독일 주식법 제278조(주식합자회사의 본질)
① 주식합자회사는 적어도 1인의 사원이 회사채권자에 대하여 무한책임을 지고(무한책임사원), 그 밖의 사원이 주식으로 분할된 자본에 참가하고 회사의 채무에 대하여 인적으로 책임을 지지 아니하는(합자주주) 고유한 법인격을 가진 회사이다.
② 무한책임사원 상호간의 법률관계와 합자주주 전체에 대한 법률관계 및 제3자에 대한 법률관계, 특히 무한책임사원의 업무집행 및 회사대표의 권한은 합자회사에 관한 규정에 따라 정한다. <생략>

42 독일 유한회사법 Section 13 (Legal person; commercial company)
(1) A limited liability company as such has independent rights and obligations; it may acquire ownership of and other rights in real property, and may sue and be sued in court.
(2) The company assets alone shall serve to discharge the company's obligations vis-à-vis its creditors.
(3) The company is deemed to be a commercial company within the meaning of the Commercial Code.

인으로 하고 있다. 미국에서는 일반사업조합(Partnership)과 합자사업조합(Limited Partnership)에 대해서는 법인격을 인정하지 않고,[43] 주식회사(Corporation), 유한책임회사(LLC) 등에 대해서만 법인격을 인정하고 있다(Delaware General Corporation Law §106[44]). 영국도 미국과 비슷하다(☞ 제3편 회사 [총설] V. 회사법의 법계와 연혁 참조).

결국 조합의 성질을 가지는 합명회사와 합자회사에 대해서도 법인격을 인정하는 상법 제169조는 일본, 프랑스와 비슷한데, 실제로 조합에 준해서 처리하면(상법 제195조, 제269조) 형식적으로는 법인으로 처리함으로써 얻는 이익이 무엇인지가 분명치 못하다.

[해설] 법인의 본질

법인의 본질에 대해서는 법인의제설, 법인실재설, 집합이론이 있다.

① "법인의제설(artificial person theory)"은 자연인만이 법적 주체이며, 법인은 일정한 목적을 달성하기 위해서 인위적으로 의제된 것에 지나지 않는다는 견해이다. 권리의 본질은 법에 의하여 인정된 의사의 힘이고, 권리주체로서의 법인격은 의사를 갖춘 실체적인 존재를 필요로 한다. 따라서 자연인만이 권리능력을 가지고, 법인은 의제된 인격일 뿐이므로 법인 자체는 의사능력과 행위능력이 없고 '대리'에 의하여 권리를 취득하고 의무를 부담한다고 한다.

② "법인실재설(real entity theory)"은 법인을 의제된 공허물이 아니고 법인을 자연인과 같이 스스로 의사를 가지고 행위를 하는 사회적 실체로 보는 견해이다. 법인격은 법률에 의하여 인위적으로 주어진 것이지만, 그 인격화된 존재 자체는 엄연히 실재한다는 것이다. 법인은 의사능력과 행위능력이 있으며 그 기관의 '대표'에 의하여 권리를 취득하고 의무를 부담한다.

③ "집합이론(aggregate theory)"은 법인은 법령에 따른 인위적인 산물이라기보다

43 Partnership(일반사업조합)과 Limited Partnership(합자사업조합)은 단순히 사람의 결합체(an association of two of more persons)로 취급되었으나(UPA 1914, §6(1); ULPA 1976, §101(7)), 근래에는 조합원과 어느 정도 다른 실체(an entity distinct from its members, UPA 1994, §201(a); an entity distinct from its partners, ULPA 2001, §104(a))로 취급되고 있다.

44 Delaware General Corporation Law § 106 Commencement of corporate existence.
Upon the filing with the Secretary of State of the certificate of incorporation, executed and acknowledged in accordance with § 103 of this title, the incorporator or incorporators who signed the certificate, and such incorporator's or incorporators' successors and assigns, shall, from the date of such filing, be and constitute a body corporate, by the name set forth in the certificate, subject to § 103(d) of this title and subject to dissolution or other termination of its existence as provided in this chapter. (8 Del. C. 1953, § 106; 56 Del. Laws, c. 50; 71 Del. Laws, c. 339, § 6.)

는 개인들의 창조물이라고 보는 견해이다. 법인은 자유로운 계약관계에 따른 집합체이고, 그 주체인 개인들과 어떤 형태로든 구별될 수 없다고 한다. 회사는 개인들간 자유로운 계약의 산물로서 구성원과 구별되어 존재하는 것이 아니며 법인격은 기술적인 법적 장치일 뿐이라고 한다. 회사를 계약의 망(nexus of contracts)이라고 설명하는 견해도 이 범주에 속한다.

④ 오늘날 회사는 다양한 형태로 나타나므로 위의 이론 중 어느 하나로 회사의 본질을 설명하기는 어렵다. 회사의 규모, 숫자, 종류 등에 비추면 모든 회사가 일률적으로 의제 또는 실재한다고 보기는 어렵기 때문이다. 굳이 구분하자면 소규모의 회사나 특수목적회사(SPC)의 경우에는 법인격이란 법률관계의 통일적 귀속과 획일적 처리를 위하여 '독자적인 권리주체로 의제'하는 기능이 강하다. 그러나 수많은 이해관계인이 관여하고 사회경제적으로 커다란 역할을 하는 대규모 공개회사의 경우에는 회사는 단순히 의제되는 것으로만 보기는 어렵고 어느 정도 실체를 가진 '사회 경제적인 실체'로서 볼 것이다.

3. 법인격 부여의 효과

법인은 법률의 규정에 의하지 아니하면 성립하지 못한다(민법 제31조). 따라서 기업이 법인격을 취득하려면 특별법에 의하여 인정되지 않는 한 상법상 회사의 형태를 취하지 않으면 안된다. 즉, 회사의 성립과 법인격의 취득은 서로 연결되어 있으며, 이는 민법상 단체와 상법상 회사의 차이를 나타내는 증요한 지표가 된다. 여기에서는 회사의 종류별로 법인격 부여의 효과를 살펴본다.

가. 합명회사 및 합자회사의 경우

인적회사인 합명회사와 합자회사에 있어서 법인격 부여의 효과는 민법상의 조합과 비교함으로써 명확하게 알 수 있다. 즉, 합명회사와 합자회사는 실제로는 조합의 성질을 가지기 때문에 그 내부관계에 관하여는 조합에 관한 민법의 규정이 준용되지만(상법 제195조, 제269조), 형식적으로는 법인이므로 다음과 같은 특징을 가진다.

우선 합명회사와 합자회사는 법인으로서 독립한 권리의무의 주체가 되므로, 회사의 채권자는 채무자인 회사를 상대로 책임을 추궁하는 것이 원칙이고 사원을 상대로 곧바로 책임을 추궁할 수 없다. 즉, 회사의 채권자는 회사의 재산으로 회사의 채무를 완제할 수 없거나 회사재산에 대한 강제집행이 주효하지 못한 때에 한하여 각 사원을 상대로 연대책임을 청구할 수 있다(상법 제212조, 제269조). 반면에 조합은 독립된 법인격을 가지지 아니하므로 스스로 권리의무의 주체가 될 수 없고 조합원의 출자 기타 조합재산은 조합원의 합유가 된다(민법 제704조). 합명회사, 합자회사의 채권자는 회사의 채권자이지만, 조합의 채권자는 조합원의 채권자이므로 조합재산으로부터 변제를 청구하지 않고 곧바로 조합원의 개인 재산에 대하여 집행할 수 있다.

대외적인 업무집행에 있어서도 합명회사·합자회사는 독자적인 법인격을 가지므로 업무집행사원이 회사의 이름으로 회사를 대표하여 법률행위를 하지만, 조합이 법률행위를 함에 있어서는 조합의 이름이 아니라 조합원 전원의 이름으로 행하는 것이 원칙이다. 판례는 조합의 특성을 고려하여 조합대표자가 그 대표자격을 밝히고 법률행위를 하더라도 유효하며 그 대신 조합원 모두에게 효력이 미치는 것으로 보면서(대법원 1970. 8. 31. 선고 70다1360 판결 등) 마치 독자적인 법인격을 가지는 법인처럼 취급하고 있으나, 이는 편의상 인정하는 것일뿐 조합의 법적 성격이 바뀌는 것은 아니다. 또한 회사는 법인으로서 영업의 주체가 되므로 회사 자체가 상인이고 그 사원은 상인이 될 수 없지만, 조합의 경우에는 비록 조합대표자가 조합원을 대표하여 상행위를 하더라도 조합원이 상인으로 될 뿐이고 조합이 상인이 되는 것은 아니다.[45]

나. 주식회사 및 유한회사의 경우

물적회사인 주식회사 및 유한회사의 법인성은 권리능력 없는 사단과 비교함으로써 명확히 알 수 있다. 우선 회사는 법인으로서 모든 권리의무의 귀속 주체가 되지만, 종중, 문중, 그 밖에 대표자가 있는 법인 아닌 사단은 부동산등기능력(부동산등기법 제26조) 등 일부에 한하여 회사와 같은 능력이 인정되고 있다.

그렇다면 사원이 한 명뿐인 1인 주식회사나 유한회사에 대해서도 독자적인 법인격을 인정할 필요가 있는가? 1인회사에서는 사원과 회사의 경제적 이익이 사실상 동일한데, 사원과 별개로 독자적인 법인격을 인정하고 유한책임을 누리게 하는 것이 정의와 형평에 맞는지 논란이 될 수 있기 때문이다.

생각건대, 상법은 모든 회사에게 독자적인 법인격을 인정함으로써 그 구성원인 사원과 회사의 법인격을 분리하고, 회사의 채권자는 회사재산으로서만 변제를 받고 사원(주주)은 회사채무에 대하여 개인적인 책임을 지지 않도록 함으로써, 사원의 유한책임(합명회사 및 합자회사의 무한책임사원은 제외)의 원칙을 확립하고 이를

45 주석 상법, 회사편(1)(제5판), 한국사법행정학회(2014), 83(정동윤).

통해서 대규모의 자본조달을 도모하고 있다. 이러한 회사 제도의 취지는 그 구성원이 1인이라고 하여서 달라질 이유는 없으며, 1인회사에서도 1인사원(주주)과 분리하여 회사의 독자적인 법인격을 인정하는 것은 당연하다.

4. 법인격부인론

가. 의의

"법인격부인론(法人格否認論, doctrine of disregard of the corporate entity; piercing the corporate veil)"이란 회사의 법인격을 인정하는 것이 정의와 형평에 반한다고 인정되는 경우에, 회사의 독립적인 법인격을 부인하고 회사와 그 배후에 있는 주주를 동일시하여 주주에 대하여 직접 책임을 묻는 이론을 말한다.[46] 즉, 회사채권자를 보호하기 위하여 회사의 법인격과 사원(주주)의 유한책임을 부인하는 것이므로, 어떤 점에서는 '주주의 유한책임 부인론'으로 불리는 것이 보다 정확하다.[47] [48] 미국의 판례법에서 발전한 이론이지만 지금은 영국, 독일, 일본 등 대부분의 나라에서 인정되고 있다.

회사가 법인격을 남용하는 경우에 이를 규제하는 방법으로는 ①회사의 최저자본금을 법정하는 예방적인 방법, ②회사의 설립목적이 불법인 경우에 법원의 명령에 의하여 해산시키거나(상법 제176조), 회사설립의 무효의 소송을 제기하는 방법(제184조), ③법인격을 부인하는 방법 등이 있다. 그런데 ①은 예방적인 방법으로서 현행 상법이 최저자본금 제도를 폐지하고 있어서 그 한계가 있고, ②의 해산명령은 우리 상법에는 도입되어 있으나 법인격을 영원히 박탈하는 것으로서 기업유지의 이념에 반한다. 따라서 회사의 법인격이 남용되는 경우에는 특정한 상황에서 사후적으로 부분적, 일시적으로 법인격을 부인하고 그 배후의 주주에게 책임을 묻는 방법이 가장 현실적인 타당성이 있다.[49]

46 김홍기, 상법강의(제4판), 박영사(2019), 296.
47 장덕조, 회사법(제4판), 법문사(2019), 11.
48 판례를 보면 채무면탈을 위해서 새로운 회사를 설립한 경우에도 법인격의 부인을 인정하면서, "기존회사와 채권자에 대하여 두 회사가 별개의 법인격을 가지고 있음을 주장하는 것은 허용되지 않는다."(대법원 2008. 9. 11. 선고 2007다90982 판결 등)고 하는데, 이는 주주에게 무한책임을 인정하는 것만으로는 도출될 수 없다는 점에서 전형적인 법인격 부인의 법리와는 차이가 있다. 이 사례는 진정한 의미에서 새로이 설립된 회사의 법인격을 부인하는 것으로 볼 수 있다. 송옥렬, 상법강의(제9판), 홍문사(2019), 710.
49 이범찬 외 3인, 회사법(제2판), 삼영사(2018), 76; 정찬형, 상법강의(상)(제22판), 박영사(2019), 465; 최준선, 회사법(제14판), 삼영사(2019), 69.

법인격부인론은 사원유한책임제도가 확립되고 소유와 경영이 분리된 물적회사, 특히 주식회사에 대해서 발전된 이론이다. 우리 상법상 합명회사, 합자회사, 유한책임회사, 유한회사에 대해서는 사해행위 취소에 해당하는 회사 설립취소 제도가 있고(상법 제184조, 제269조, 제287조의6, 제552조), 합명회사와 합자회사의 경우에는 무한책임사원이 있어서(제212조, 제269조) 회사의 법인격이 남용될 폐단이 적지만, 주식회사에서는 이러한 제도가 없어서(제328조, 제331조) 법인격부인론이 필요하고 그 효용도 크기 때문이다.[50]

나. 근거 및 입법례

법률에 의해서 인정되는 회사의 법인격을 부인하고 그 배후자인 사원(주주)에게 책임을 묻는 법인격부인론에 대해서는 다양한 논거가 제시되고 있다.

1) 미국의 법인격부인론

미국에서 법인격 부인의 법리는 판례를 통해서 발전하여 왔는데, 회사의 베일(veil)을 벗기고 그 실체를 추궁한다는 뜻에서 'piercing the corporate veil'이란 표현이 사용되고 있다. 가장 전형적인 초창기의 사건은 U.S. v. Milwaukee Refrigerator Transit 판결[51]인데, 1905년 위스콘신 연방항소법원은 "회사는 법인으로 인정되지만, 그 법인성이 공공의 이익(public convenience)을 침해하거나, 불법을 정당화하거나, 사기를 옹호하거나, 범죄를 비호하기 위하여 이용되는 때에는 해당 회사는 법인이 아니라 복수인의 조합으로 보아야 할 것이다."고 하면서 회사의 법인격을 부인하고 그 배후자의 책임을 물을 수 있는 길을 열었다. 이 경우에 회사의 배후자는 민법상의 조합원처럼 조합(회사)의 채무에 대해서 직접 책임을 진다.

그후 1920년대와 1930년대에 이르러 법원은 회사의 법인격을 부인하고 배후자의 책임을 추궁하면서 '회사와 그 배후자는 동일체라는 이론', '회사는 대리인에 불과하고 그 배후자가 본인이라는 이론', '회사는 도구에 불과하고 그 배후자가 실체라는 이론' 등을 그 근거로 제시하기 시작하였다.

1920년 제4연방항소법원 Luckenbach S.S. Co. v. W. R. Grace & Co. 사

50 정찬형, 상법강의(상)(제22판), 박영사(2019), 465; 최준선, 회사법(제14판), 삼영사(2019), 70.

51 "when the notion of legal entity is used to defeat public convenience, justify wrong, protect fraud, or defend crime, the law will regard the corporation as an association of persons." U.S. v. Milwaukee Refrigerator Transit Co., 142 F. 247, 255 (US Circuit Court for the Eastern District of Wisconsin. 1905).

건[52]에서는 회사와 배후자는 동일체라는 논거가 제시되었는데, "두 회사가 동일하거나(identity) 또는 최소한 그들 회사의 동일성에 대한 강력한 추정(strong presumption of their identity)이 있다는 사실은 해당 회사(Euckenbach Steamship)의 계약위반에 대해서 그 배후에 있는 다른 회사(Luckenbach)도 책임이 있음이 분명하다."고 하면서, 회사와 그 배후자가 동일하다고 평가되거나 동일성에 대한 강력한 추정이 있는 경우에는 회사의 법인격을 부인하고 배후자의 책임을 추궁할 수 있다고 하였다.

1927년에는 Cordozo 판사가 Berkey v. Third Avenue Railway Co (1927) 사건[53]에서 문제된 회사가 대리인에 불과하고 그 배후자가 본인에 해당할 경우에는 배후자가 본인으로서 책임을 진다는 논리를 제시하였다. Cordozo 판사는 "모회사와 자회사 사이의 관계는 애매한 측면이 있는데, 모회사가 위장(alias) 또는 더미(dummy)의 성격을 가지는 자회사를 통해서 영업을 하고, 모회사의 자회사에 대한 지배가 완벽하고 그 관계가 두드러져서, 모회사가 본인(principal)이고 자회사는 대리인(agency)으로 보이는 경우에는 (대리인의 행위는 본인에게 귀속되는) 대리관계의 이론에 의해서 자회사의 법인격(corporate entity)을 부인하고 모회사의 책임을 추궁할 수 있다."고 하였다. 즉, 자회사의 설립이 위장에 불과한 경우에 자회사는 모회사의 대리인에 불과하다고 보아서 본인인 모회사를 상대로 책임을 추궁할 수 있다는 뜻이다.

약 10년 후인 1936년에 선고된 뉴욕연방항소법원의 Lowendahl 판결도 위의 Cordozo 판사가 제시한 논리와 비슷하다. 뉴욕연방항소법원은 Lowendahl v. Baltimore Ohio Railroad Co. 사건[54]에서 "(문제된 회사가 해당 회사를 지배한 다른

52 "We think it too plain for serious question that the facts here considered show such identity of the two corporations, or at least give rise to such a strong presumption of their identity, as warrants the conclusion that the Luckenbach Company is equally responsible with the steamship company for the breach by the latter of its contract.~" Luckenbach S.S. Co. v. W. R. Grace & Co., 267 F. 676 (Court of Appeals for the Fourth Circuit, 1920).

53 The whole problem of the relation between parent and subsidiary corporations is one that is still enveloped in the mists of metaphor. ~ We say at times that the corporate entity will be ignored when the parent corporation operates a business through a subsidiary which is characterized as an 'alias' or a 'dummy.' ~Dominion may be so complete, interference so obtrusive, that by the general rules of agency the parent will be a principal and the subsidiary an agent. Berkey v. Third Avenue Railway Co 244 N.Y. 602 (1927).

54 "L. Van Bokkelen, Inc., was a mere agent, instrumentality and dummy for the present defendants who are alleged to have completely dominated the affairs ~ The issue in this action is whether the allegations have been sustained which charge that that corporation was at the time of the fraudulent transfer the agent or instrumentality of the Baltimore and Ohio Railroad Company" Lowendahl v. Baltimore Ohio Railroad Co., 6 N.E.2d 56 (NY Court of Appeals 1936).

회사의) 단순한 대리인, 도구 그리고 더미에 불과하거나 ~ 사기적인 거래 당시에 (다른 회사의) 대리인이나 도구에 불과하였음이 밝혀졌다면 ~ (문제된 회사의 법인격을 부인하고 배후자에게 책임을 물을 수 있다)"고 하였다. 이 판결에 대해서는 법인격 부인의 새로운 논거를 제시하였다고 보는 견해도 있지만, 1927년 Berkey 판결의 대리인 논거를 보완하면서 그에 추가하여 "대리인 또는 도구에 불과하다면"이라는 문구들을 사이 사이에 넣은 것으로 큰 차이는 없다고 본다.

결국 미국에서는 법인격 부인을 위한 다양한 논거가 제시되고 있으나, 그 바탕에 있는 생각은 회사의 법인격을 주장하면서 채권자의 책임 추궁을 회피하는 행위가 신의칙(estoppel)에 위반한다면 어떻게든 그 배후자의 책임을 물을 수 있다는 것이다. 이는 회사의 배후자가 회사의 법인격을 주장하면서 책임을 회피하는 것이 신의성실원칙을 위반하거나 권리남용에 해당하는 경우에는 회사의 법인격을 부인하고 배후자에게 책임을 물을 수 있다는 우리나라 판례의 논리 구조와 비슷하다.

위와 같은 이론적 바탕하에, 미국에서 회사의 법인격 부인은 채무불이행책임 외에 불법행위책임, 채권자사해,[55] 계약상 의무회피,[56] 탈법행위,[57] 신의칙상 법인격을 인정할 수 없는 경우,[58] 1인회사,[59] 모회사가 자회사의 채권자로 등장하는 경우[60] 등 다양한 상황에서 적용되고 있다. 주로 배후자(지배주주)에 의한 회사의 완전한 지배, 회사와 배후자 간의 업무나 재산의 혼융, 저자본의 상황 등에서 적용되는데,[61] 우리나라의 판례와 비슷하다.

2) 영국의 법인격부인론

영국에서는 학설과 판례에 의하여 법인격부인론이 인정되고 있으나 아직도 찬반 의견이 대립하고 있다고 한다.[62] 법인격이 부인의 논리에 있어서도 회사를 배후자(대주주)의 대리인으로 보거나,[63] 해당 회사가 배후주주를 숨기기 위한 장

55 Booth v. Bunce 33 N.Y. 139 (1865).
56 Beal v. Chase 31 Mich. 490 (1875).
57 U.S. v. Lehigh Valley Railroad Co., 220 U.S. 257 (1911).
58 Keokuk Electric Railway & Power Co. v. Weisman, 146 Iowa 679 (1910).
59 Pepper v. Litton, 308 U.S. 295 (1939).
60 Taylor v. Standard Gas & Elec. Co. 306 U.S. 307 (1939).
61 김정호, 회사법(제5판), 법문사(2019), 20.
62 권기범, 현대회사법론(제7판), 삼영사(2017), 91.
63 "~ legal entity may be acting as the agent of an individual and may really be doing his business and not its own at all.~". Smith, Stone & Knight Ltd v Lord Mayor, Aldermen and Citizens of the City of Birmingham, 4 All E.R. 116 (1939).

치, 가면, 마스크("a device and a sham, a mask")로 보는 판례[64] 등 매우 다양하다.

3) 독일의 투시이론

독일에서는 일반적인 투시이론(Durchgriffslehre) 또는 책임 실체 투시이론(Haftungdurchgriffslehre)이란 이름으로 법인격부인론이 논의되어 왔다.[65] 1920년 제국최고법원이 회사와 1인사원의 법인격의 분리는 인정하면서도, "법적 구성 이전에 생활의 현실, 경제적인 필요, 사실의 힘을 고려하여 구체적인 법률관계에서는 사원과 회사를 동일시할 수 있다"(RGZ 99, 223)고 판시한 것이 효시이다.[66]

독일의 투시이론의 적용요건은 대체로 미국의 법인격부인론과 비슷하며 재산과 책임의 혼동, 타인(주주)의 경영조종, 유한책임제도의 남용 등을 요구한다.[67] [68] 법인격부인의 근거로 다양한 견해가 제시되고 있지만 다수설과 판례는 신의칙에 관한 민법 제242조를 법인격 부인의 근거로 하고 있다.[69]

한편, 법인격 부인에 주관적인 남용 요건이 필요한지는 논란이 있다. 이와 관련하여 1956년 "법인의 배후에 있는 힘에 투시하기 위해서는 법인격의 의도적(주관적) 남용 의사는 필요하지 않고 법인격은 그 사용이 법질서의 목적에 합치하는 범위에서만 고려된다"(BGHZ 20, 4)고 하면서 주관적 남용론을 배제하고 객관적 남용만으로 법인격을 부인한 판결이 있는데,[70] 이 판결이 주류적인 판례인지는 분명하지 않다.

4) 일본의 형해론

일본의 학설과 판례도 대체로 법인격부인론을 수용하고 있다. 법인격부인의 법리를 수용한 가장 중요한 판례는 1969년 선고된 일본최고재판소 판결[日最判 1969. 2. 27. 宣告 昭和4(オ)877; 民集 第23卷 第2號, 511頁]인데, 법인격이 형해화되거나

64 "in holding that the company was "a device and a sham, a mask" that concealed the shareholders' actions from "the eye of equity" Smith v. Hancock (1984) 2 Ch 377.

65 권기범, 현대회사법론(제7판), 삼영사(2017), 91.

66 RG 22. 6. 1920, RGZ 99, 232, 234; BGHZ 22, 226, 230; 61, 380, 383. 이철송, 회사법강의(제27판), 박영사(2019), 50 재인용.

67 이철송, 회사법강의(제27판), 박영사(2019), 51.

68 투시이론은 1955년 튜빙겐대학의 교수인 제리크(Serik)가 쓴 제법인의 법형식과 실체론(Rechtsform und Realität Juristischer Personen)이라는 논문에서 체계화되고 정비되었다. Serik, Rechtsform und Realität Juristischer Personen, 1995, 4. 참조. 이범찬 외 3인, 회사법(제2판), 삼영사(2018), 77에서 재인용.

69 권기범, 현대회사법론(제7판), 삼영사(2017), 94.

70 이범찬 외 3인, 회사법(제2판), 삼영사(2018), 78.

법인격이 남용된 경우에는 해당 회사의 법인격을 부인할 수 있다는 내용이다.[71] 법인격의 형해화와 법인격의 남용으로 구분하고 그 논리전개가 유사한 것에 비추면, 2008년 선고된 우리나라 대법원 2008. 9. 11. 선고 2007다90982 판결에도 영향을 미친 것으로 보인다.

위 판례의 내용은 다음과 같다. A(원고, 임대인)는 전기기구류판매업을 하는 B 주식회사(임차인, 피고)에게 점포를 임대하였는데, B 회사는 그 대표이사인 甲의 개인기업으로 단지 세금관리 차원에서 회사조직을 갖추고 있을뿐이었다. A 역시 상대가 회사인지, 개인인지는 신경쓰지 않았고, 이런 상태에서 임대차계약을 체결하였다. 약정한 임대차기간이 종료하였음에도 점포를 비우지 않자 A는 B 회사를 상대로 명도소송을 제기하였다. 소송계속 중 甲은 점포의 명도에 대해서 화해하였으나, 나중에는 화해당사자는 甲이므로 B 회사가 사용하는 점유 부분은 반환할 수 없다고 하였고, 이에 A가 B 회사를 상대로 명도청구소송을 제기하였다. 일본 최고재판소는 법인격의 형해화와 법인격의 남용 시 회사의 법인격 부인이 가능하다고, 이 경우 형해화란 법인이 개인이고, 개인이 법인일 정도로 동일체인 경우를 뜻한다면서, 본 사안에서는 甲(배후주주)과 B 회사(회사)는 사실상 동일체이고, A 회사와 성립한 화해가 비록 甲의 개인명의로 되어있다고 하더라도 그 행위는 B 회사의 행위이므로 甲은 A(임대인)에게 점포공간을 명도하여야 한다고 판단하였다.

5) 우리나라의 법인격부인론

가) 학설

우리나라에서는 회사의 법인격을 부인하는 근거로서 내재적 한계설, 신의칙설 등이 제시되고 있다. "내재적한계설"은 법인격부인의 실정법적 근거는 상법 제

71 日最判 1969. 2. 27. 선고 昭和43(オ)877 판결요지
1. 사단법인의 법인격이 형해에 불과한 경우 또는 법률의 적용을 피하기 위해 남용되는 경우에는 그 법인격을 부인할 수 있다(社団法人において、法人格がまつたくの形骸にすぎない場合またはそれが法律の適用を回避するために濫用される場合には、その法人格を否認することができる).
2. 주식회사의 실질이 개인기업으로 인정되는 경우에는 그와 거래한 상대방은 회사명의로 된 거래에 대해서도 이를 실제적인 배후자가 한 행위로 인정하고 그 책임을 추구할 수 있으며, 개인명의로 된 거래에 대해서도 상법 제54조에 의하지 않고 즉시 이를 회사의 행위로 인정할 수 있다(株式会社の実質がまつたく個人企業と認められる場合には、これと取引をした相手方は、会社名義でされた取引についても、これを背後にある実体たる個人の行為と認めて、その責任を追求することができ、また、個人名義でされた取引についても、商法五〇四条によらないで、直ちにこれを会社の行為と認めることができる).

169조가 회사에게 부여하는 법인격의 개념에 내재하는 한계에서 찾는 것이 타당하다고 한다. “신의칙설” 또는 “권리남용설”은 민법 제2조에서 법인격 부인의 근거를 찾는 견해[72]이다. 판례는 “비록 외견상으로는 회사의 행위라 할지라도 회사와 그 배후자가 별개의 인격체임을 내세워 회사에게만 그로 인한 법적 효과가 귀속됨을 주장하면서 배후자의 책임을 부정하는 것은 신의성실의 원칙에 위배되는 법인격의 남용으로서 심히 정의와 형평에 반하여 허용될 수 없고, 따라서 회사는 물론 그 배후자에 대하여도 회사의 행위에 관한 책임을 물을 수 있다.”(대법원 2010. 1. 28. 선고 2009다73400 판결. 비슷한 판시로는 대법원 2008. 9. 11. 선고 2007다90982 판결, 대법원 2001. 1. 19. 선고 97다21604 판결, 대법원 1988. 11. 22. 선고 87다카1671 판결 등 참조)고 하면서 민법 제2조의 신의칙 또는 권리남용에서 법인격 부인의 근거를 찾고 있다.

생각건대, 위의 견해 사이에는 실질적인 차이는 없지만 신의칙설이 타당하다고 생각한다.[73] 상법 제169조는 회사의 법률관계를 획일적으로 처리하기 위한 입법정책적이고 기술적인 성격을 가지는 규정인데 이를 법인격 부인의 근거로 보는 것은 무리가 있다. 회사에 법인격을 부여하는 이유는 회사의 독자적인 법인격을 인정하는 것이 법률관계를 간명하게 처리하고 공공의 이익에 합치되기 때문인데, 회사의 법인격이 남용되는 경우에는 회사에게 법인격을 부여하는 취지에서 벗어나고, 회사의 법인격을 내세워서 배후자의 책임을 부정하는 것은 신의성실의 원칙에 위반하고 정의와 형평에 반하여 허용될 수 없다고 볼 것이다.

위와 같이 법인격을 부인하고 배후자에게 책임을 묻는 근거가 신의칙 및 권리남용인 점에 비추면, 이사나 지배주주 등 회사의 구성원으로서 법인격의 남용에 관여한 자는 스스로 회사의 법인격 부인을 주장하면서 그에 의한 이익을 향유할 수는 없다고 볼 것이다.[74]

나) 판례의 경향

우리나라에서는 1974년에 서울고등법원이 신의칙과 권리남용금지의 법리를

72 김정호, 회사법(제5판), 법문사(2019), 19; 이범찬 외 3인, 회사법(제2판), 삼영사(2018), 79; 최기원, 신회사법론(제14대정판), 박영사(2012), 58; 홍복기/박세화, 회사법강의(제7판), 법문사(2019), 34.

73 다수설과 판례는 신의칙설의 입장이지만 신의칙설과 내재적한계설 모두 실질적으로 차이가 없고, 신의칙의 속성인 보충성을 요건으로 보는지에 따라서만 다르다. 임재연, 회사법 I (개정6판), 박영사(2019), 64.

74 최기원, 신회사법론(제14대정판), 박영사(2012), 61.

근거로 처음으로 법인격을 부인한 판결을 선고하였으나(서울고등법원 1974. 5. 8. 선고 72나2582 판결), 대법원은 법인격부인론의 수용 여부는 판단하지 않고 회사의 형해화가 인정되지 않는다는 이유로 원심을 파기하였다(대법원 1977. 9. 13. 선고 74다954 판결).

1988년에 이르러 편의치적 선박과 관련하여 법인격을 부인한 대법원 판례가 처음으로 등장하였다(대법원 1988. 11. 22. 선고 87다카1671 판결). 사안을 보면, 홍콩인 두 형제가 해운업을 하기 위해 3개의 회사를 설립하면서, A 회사와 B 회사는 편의치적을 위해서 리베리아에 설립하고 C 회사는 홍콩에 설립하였는데, A 회사와 B 회사는 실체가 전혀 없는 회사로서, 대외적으로 사용하는 주소, 전화번호 등도 C 회사와 같았다. 홍콩인 형제는 A 회사 명의로 선박을 취득하고, A 회사가 B 회사에게 선박관리를 위임하고, 다시 B 회사가 C 회사에게 위임하여 C 회사가 선박을 운행하였다. 이후 C 회사가 우리나라의 현대미포조선에서 선박을 수리하였으나 대금지급을 게을리하여 현대측이 선박을 가압류하자 선박의 형식상 소유자인 A 회사가 제3자 이의의 소를 제기하였다. 이 사건에서 대법원은 A 회사와와 B 회사는 단지 편의치적을 위해서 설립된 회사에 불과하고, 실제 선박의 소유자는 C 회사이므로 A 회사가 선박의 소유자임을 주장하는 것은 채무면탈이라는 불법 목적을 달성하려는 것이므로 신의칙상 허용될 수 없다고 하면서, A 회사의 법인격을 부인하였다. 그후 2001년에는 채무불이행 사건에서도 법인격부인이 인정되었다(대법원 2001. 1. 19. 선고 97다21604 판결).[75]

법인격부인론의 성격상 회사의 법인격을 부인하는 것이 쉽지 않겠지만, 생각보다 법인격을 부인한 판례는 찾아보기가 쉽지 않다.[76] 법인격부인론의 요건을 충족하지 못하였다고 하면서 그 적용을 부정한 판결들로는 대법원 2008. 2. 1. 선고 2007다43337 판결, 대법원 2008. 8. 21. 선고 2006다24438 판결, 대법원 2008. 9. 11. 선고 2007다90982 판결, 대법원 2010. 1. 28. 선고 2009다73400 판결, 대법원 2010. 2. 25. 선고 2007다85980 판결, 대법원 2013. 2. 15. 선고 2011다103984 판결 등이 있다.

다. 유형

우리나라 판례에서 법인격이 부인되는 상황은 다양하게 나타나지만 기본적으

75 송옥렬, 상법강의(제9판), 홍문사(2019), 710.
76 장덕조, 회사법(제4판), 법문사(2019), 13.

로는 ①회사의 법인격이 형해화되었는지, ②법인격의 형해화에 이르지는 아니하였어도 회사의 배후자가 회사의 법인격을 남용하였는지의 2가지로 구분할 수 있다.[77] ③해당 회사의 자본불충분도 유형 중 하나로 제시될 수 있으나,[78] 별개의 항목으로 구분하기 보다는 법인격 형해화 또는 법인격 남용의 판단 요소 중 하나로 취급하면 충분하다고 본다. 아래에서는 법인격 형해화와 법인격 남용으로 구분하여 법인격부인론의 적용 여부를 살펴본다.[79]

1) 법인격이 형해화된 경우

가) 의의

법인격이 부인되는 가장 전형적인 상황은 해당 회사의 법인격이 형해화된 경우이다. 법인격의 형해화(形骸化)는 회사가 법인이라고 하여도 이름뿐이어서 실질적으로는 주주의 개인기업에 지나지 않거나 또는 모회사 영업의 일부분에 지나지 않는 상태로 된 경우를 말한다. 다만, 1인주주와 회사는 서로 다른 법적 주체이므로 1인회사라고 하여서 반드시 법인격이 형해화되었다고 볼 수는 없다.

법인격의 형해화는 법인격 남용과는 차이가 있다. 뒤에서 보겠지만, 법인격 남용으로 인정되려면 회사의 배후에 있는 자가 회사를 사실상 지배한다는 객관적인 지배요건 이외에 그와 같은 지위를 이용하여 법인 제도를 남용한다는 주관적인 목적이 필요하지만(대법원 2006. 8. 25. 선고 2004다26119 판결 등), 법인격의 형해화는 해당 회사의 법인격이 형해화되었다는 객관적인 사실에 대한 법률판단만이 이루어지는 경우(대법원 2008. 9. 11. 선고 2007다90982 판결 등)로서 양자는 그 요건을 달리하기 때문이다. 즉, 법인격의 형해화에 이르지는 않았어도 법인격이 남용될 수 있으며, 법인격 남용의 목적은 없었어도 법인격이 형해화된 경우가 있을 수

77 이범찬 외 3인, 회사법(제2판), 삼영사(2018), 79.

78 법인격부인론의 적용과 관련해서는 ①법인격의 형해화 및 법인격의 남용으로 분류하는 견해, ②법인격의 형해화로 통일하는 견해, ③형태요건과 공정요건으로 이분하는 견해, ④지배기준, 불의기준 및 손해기준으로 나누어 설명하는 견해 등이 있다. 자세한 내용은 김정호, 법인격부인, 주식회사법대계 Ⅰ(제3판), 한국상사법학회 편, 법문사(2019), 179 이하. 대부분은 법인격이 형해화와 법인격의 남용 2가지 유형으로 구분하여 설명하고 있다.

79 한편 ①회사의 법인격의 배후에 있는 주주 또는 모회사 등에게 책임을 묻는 경우와 ②채무면탈을 위해서 새로운 회사를 설립하는 경우로 구분하는 견해도 있고[송옥렬, 상법강의(제9판), 홍문사(2019), 711], 법인격의 남용 사례와 형해화 사례를 구분하지 않고 법인격이 빈껍데기가 될 정도로 배후자의 회사지배가 있는 경우, 채무면탈 등 위법 또는 부정목적으로 사원이 지배력을 사용한 경우 등 적용의 형태별로 구분하고 신의칙상 도저히 허용되지 아니하는 때에 이 법리를 적용할 것이라는 견해[권기범, 현대회사법론(제7판), 삼영사(2017), 96]도 있다.

있다.

나) 요건

해당 회사의 법인격이 형해화되었는지는 객관적인 사실에 대한 판단으로 충분하다. 법인격의 형해화 여부를 판단함에 있어서는 여러 가지 사실관계를 살펴보아야 하겠지만 다음과 같은 내용을 중요하게 고려할 것이다.

① 주주총회나 이사회의 불개최, 주권의 미발행 등 회사로서의 업무형태의 부존재이다. 다만, 이 사실은 법인격 남용에 있어서 객관적인 지배요건의 판단에서는 중요하지만, 법인격 형해화 징표로서의 의미는 크지 않다고 본다. 왜냐하면 주주총회나 이사회는 개최하지 않더라도 형행화되지 않은 건실한 회사가 있을 수 있기 때문이다.

② 특정인이 모자회사의 이사 등을 겸임하는 것도 법인격 형해화의 판단에서 유의미하다. 다만, 임원의 겸임 자체가 위법이 아니고 모자회사간에는 겸임이 당연한 상황도 있으므로 이 사실만으로는 형해화의 결정적인 징표가 되기는 어려울 것이다. 대법원은 경영 및 재산의 혼동이나 손익의 상관관계 등이 나타나지 않고서, 특정인이 A 회사와 B 회사의 경영에 모두 관여하고 있다는 사정만을 가지고 A 회사와 B 회사의 실체의 동일성이나 A 회사에 의한 B 회사의 경영을 인정하는 것은 부족하다고 한다(대법원 2013. 2. 15. 선고 2011다103984 판결).

③ 회사와 그 배후자, 모자회사 간에 업무가 혼융되어 처리되는 사실이다(대법원 2001. 1. 19. 선고 97다21604 판결). 배후자에 가려서 회사의 존재가 인식이 곤란하거나, 지배주주가 회사와 동종영업을 수행하는 등 사업관계의 혼동은 거래상대방에게 마치 회사의 사업이 지배주주 개인의 사업인 듯한 인상을 주어서 거래에 큰 영향을 미치므로, 법인격 형해화의 징표로서 의미가 크다.

④ 재산관계의 혼용도 형해화의 지표로서 의미가 크다. 회사와 주주 또는 기존회사와 신설회사 간에 조직, 직원, 자금 및 기타 재산이 서로 구분 없이 사용되었는지의 여부, 영업소나 공장 등의 공동이용, 회계적 구분의 결여 등 회사와 주주, 기존회사와 신설회사 사이에 재산의 혼용은 채권자의 이해에 직접으로 영향을 미치기 때문이다(대법원 2013. 2. 15. 선고 2011다103984 판결). 다만, 재산이 일부 혼용된 정도에 불과하다면 그러한 사정만

으로 법인격의 형해화를 인정하기 어렵다(대법원 2008. 9. 11. 선고 2007다 90982 판결).

⑤ 회사의 자본이 극히 과소한 것도 형해화의 지표로서 의미가 있다. 사업규모에 비추어 회사가 극히 과소한 자본으로 설립되고, 업무수행에 필요한 자본의 대부분을 지배주주부터 대부받는 경우에는 법인격이 제대로 작동한다고 보기는 어렵기 때문이다.

다) 입증책임

해당 회사의 법인격이 형해화되었다는 사실은 법인격 형해화를 주장하는 자가 입증하여야 한다. 해당 사실은 회사나 배후자가 법률상 또는 계약상 의무위반 행위나 사해행위 등을 한 때에 존재하여야 하며, 그 이후에 회사의 사정이 급격하게 나빠져서 법인격이 형해화되었다면 그 배후자에게 책임을 묻기는 어려울 것이다.

2) 법인격을 남용하는 경우

가) 의의

법인격의 형해화에는 이르지 아니하였어도 회사의 배후자가 법인격을 남용(濫用)하였고 그 남용이 신의칙에 위반하거나 권리남용에 이를 정도이면 해당 회사의 법인격을 부인하고 그 배후에 있는 주주에게 책임을 물을 수 있다. 법인격이 남용되는 가장 전형적인 상황은 법률상 또는 계약상 채무를 면탈하기 위한 경우이다.

나) 요건

법인격 남용이 인정되기 위해서는 배후자가 회사를 지배하여 그 법인격을 남용하였어야 한다(지배요건). 다만, 배후자에게 법인격을 남용하려는 위법 또는 부당한 목적(목적요건)이 추가로 필요한지에 대해서는 견해가 대립하지만, 법인격을 함부로 '남용'하여서는 아니된다는 의미에 내포되어 있듯이 주관적인 목적요건이 필요하다고 본다.

(1) 객관적요건(지배요건)

법인격 남용이 인정되기 위해서는 회사의 배후에 있는 자가 회사를 완전히 지배하여 그 법인격을 남용하였어야 한다. "완전한 지배"란 배후자가 회사를 자기의 도구로서 이용할 수 있는 지배적 지위에 있는 상태를 말한다. 단순히 주주총회의 지배에 필요한 주식을 가지고 있는 것만으로는 부족하고, 회사가 자체의 의사 또는 존재를 상실하고 배후자가 운영하는 사업체의 일개 부서로 인식될 수 있을 정도의 완전한 지배이어야 한다. 소수주주라도 지배주주와 공모하는 경우에는 '완전한 지배' 요건을 충족한다고 판단될 가능성을 배제할 수 없다.

어떠한 상황이 회사를 완전히 지배하여 법인격 남용에 이르렀는지는 한 마디로 말할 수는 없고, 채무면탈 등의 남용행위를 한 시점을 기준으로 하여, 회사의 배후자가 회사를 자기 마음대로 이용할 수 있는 지배적 지위에 있고, 그와 같은 지위를 이용하여 법인 제도를 남용하는 행위를 할 것이 요구된다. 배후자가 법인 제도를 남용하였는지 여부는 법인격 형해화의 정도 및 거래상대방의 인식이나 신뢰 등 제반 사정을 종합적으로 고려하여 개별적으로 판단하여야 한다(대법원 2010. 2. 25. 선고 2008다82490 판결, 대법원 2010. 1. 28. 선고 2009다73400 판결, 대법원 2008. 9. 11. 선고 2007다90982 판결 등).

우리나라의 판례는 ①회사가 외형상으로는 법인의 형식을 갖추고 있으나 실질적으로는 완전히 그 법인격의 '배후에 있는 사람의 개인기업에 불과한 경우'에 회사는 물론 그 배후자인 사람에 대하여도 회사의 행위에 관한 책임을 물을 수 있으며(대법원 2008. 9. 11. 선고 2007다90982 판결), ②기존회사가 채무를 면탈할 목적으로 기업의 형태와 내용이 실질적으로 동일한 '신설회사를 설립한 경우'에 기존회사의 채권자는 기존회사와 신설회사 모두를 상대로 채무이행을 청구할 수 있고(대법원 2016. 4. 28. 선고 2015다13690 판결, 대법원 2011. 5. 13. 선고 2010다94472 판결, 대법원 2010. 1. 14. 선고 2009다77327 판결, 대법원 2008. 8. 21. 선고 2006다24438 판결 등), ③회사가 채무를 면탈할 목적으로 이미 설립되어 있는 다른 회사를 이용한 경우에도 두 회사 모두에 채무이행을 청구할 수 있다(대법원 2011. 5. 13. 선고 2010다94472 판결)고 한다.

그리고 기존회사의 채무를 면탈할 의도로 다른 회사의 법인격이 이용되었는지는 기존회사의 폐업 당시 경영상태나 자산상황, 기존회사에서 다른 회사로 유용된 자산의 유무와 그 정도, 기존회사에서 다른 회사로 이전된 자산이 있는 경우 그 정당한 대가가 지급되었는지 등 제반 사정을 종합적으로 고려하여 판단하여야 한다(대법원 2016. 4. 28. 선고 2015다13690 판결, 대법원 2011. 5. 13. 선고 2010다94472 판결, 대법원 2008. 9. 11. 선고 2007다90982 판결, 대법원 2008. 8. 21. 선고 2006다24438 판결 등).

(2) 주관적요건(목적요건)

법인격 남용이 인정되기 위해서는 배후에 있는 자가 법인격을 남용하려는 '위법 또는 부당한 목적'을 가지고 있어야 하는가? 이에 대해서는 객관적인 지배요건만으로는 부족하고 지배주주가 회사의 법인격을 이용함에 대해 위법 또는 부당한 목적이 추가로 필요하다는 견해(주관적 남용설)가 있고, 입증의 어려움을 들어서 객관적인 지배요건 외에 목적요건은 불필요하다고 보는 견해(객관적 남용설)[80]도 있다.

대법원은 모자회사간에 있어서 모회사가 자회사의 독립적인 법인격을 주장하는 것이 법인격남용에 해당하기 위해서는 객관적 징표 외에 "자회사의 법인격이 모회사에 대한 법률 적용을 회피하기 위한 수단으로 사용되거나 채무면탈이라는 위법한 목적 달성을 위하여 회사 제도를 남용하는 등의 주관적 의도 또는 목적이 인정되어야 한다."(대법원 2006. 8. 25. 선고 2004다26119 판결), 또한 "법인격 남용이 인정되려면 적어도 특수목적회사의 법인격이 배후자에 대한 법률적용을 회피하기 위한 수단으로 함부로 이용되거나, 채무면탈, 계약상 채무의 회피, 탈법행위 등 위법한 목적 달성을 위하여 회사제도를 남용하는 등의 주관적 의도 또는 목적이 인정되는 경우라야 한다."(대법원 2010. 2. 25. 선고 2007다85980 판결)[81]고 하면서 법인격 남용의 주관적인 목적을 요구하고 있다.

생각건대, 법인격 형해화의 경우와는 달리 법인격 남용으로 해당 회사의 법인격을 부인하기 위해서는 법인격을 함부로 '남용'하여서는 아니된다는 의미에 내포되어 있듯이 주관적 요건이 필요하다. 다만, 회사의 배후자가 법인격을 남용하려는 위법 또는 부당한 목적을 가지고 있다는 사실을 입증하는 것이 현실적으로 어렵고, 법인격부인론의 근거인 민법 제2조(신의성실)의 적용 시에도 권리남용 등에 대한 고의의 존재를 요구하지 않는 점에 비추면, 회사에 대한 객관적인 지배요건이 증명되면, 배후자의 법인격 남용에 대한 고의는 '추정'된다고 볼 것이다(남용

80 이철송, 회사법강의(제27판), 박영사(2019), 55; 홍복기/박세화, 회사법강의(제7판), 법문사(2019), 37.

81 명시적으로 주관적 요소를 요구한 판결은 위의 두 개로 확인된다. 그런데 형해화와 남용을 구분한 대법원 2008. 8. 21. 선고 2006다24438 판결과 대법원 2008. 9. 11. 선고 2007다90982 판결은 형해화와 남용의 두 경우를 구분하여 판단요소를 설명하고 있으나, 남용의 의사라는 주관적 요소를 언급하고 있지 않다. 이에 대하여 주관적 요소의 고려는 잘못된 것이라는 학계의 비판을 수용한 것이라는 설명도 있다. 또한 남용이라는 용어를 사용한 대법원 2020. 1. 14. 선고 2009다77327 판결, 대법원 2011. 5. 13. 선고 2010다94472 판결, 대법원 2013. 2. 15. 선고 2011다103984 판결 등에서도 마찬가지이다. 장덕조, 회사법(제4판), 법문사(2019), 15.

목적 추정설).[82]

다) 입증책임, 판단시점 등

원고는 회사의 배후에 있는 자가 회사를 지배하고 법인격을 남용하였음을 입증하여야 한다. 여기서 '지배'는 배후자가 회사를 자기의 도구로써 이용할 수 있는 상태, 즉 회사와 그 배후자가 실질적 동일한 경우를 말한다. 원고가 법인격 남용에 대한 객관적 사실을 입증하면 그 배후에 있는 자의 위법 또는 부당한 목적이 추정되지만, 지배주주 등 피고는 남용의 목적이 없었다는 사실을 입증함으로써 책임을 면할 수 있다.

그렇다면 법인격 부인의 객관적 및 주관적 요건은 언제 구비하여야 하는가? 법인격부인론을 적용할 명분은 완전한 지배와 재산의 혼융 등을 통해서 회사의 변제 자력을 상실하게 하였다는 것이므로 문제된 채권의 권리행사 시점을 기준으로 판단해야 한다는 견해[83]도 있으나, 일반적인 법리상 배후자인 지배주주 등이 '법인격의 남용행위를 한 때'에 존재하여야 한다고 본다.[84] 판례도 "문제가 되는 법률행위나 사실행위를 한 시점을 기준"(대법원 2015. 2. 15. 선고 2011다103984 판결, 대법원 2008. 9. 11. 선고 2007다90982 등)으로 요건의 구비 여부를 판단하고 있다.

[해설] 과소자본의 취급

자본불충분은 회사의 규모나 사업의 목적·성격 등에 비추어 볼 때 회사의 자본액이 현저하게 불충분하여 채무를 감당하기 어려울 정도에 이른 것을 말한다. 회사가 규모에 비교하여 적정하지 못한 자본을 가지고 있으면 채무변제능력이 취약해지므로 과소자본은 법인격을 부인하는 원인 중 하나가 될 수 있다.

그렇다면 회사의 자본이 충분하지 않다는 이유만으로 해당 회사의 법인격을 부인하고 그 배후에 있는 주주에게 책임을 물을 수 있는가? 미국에서는 회사의 불법행위와 자본불충분의 상황이 함께 있는 경우에 법인격을 부인한 판례[85]가 있으나, 회사

82 "주관적 요건이라는 것도 당사자의 실제 의도라기 보다는 객관적 사정에 미루어 추단되는 것이므로 실제로는 구체적인 사실의 입증이 중요하다."[송옥렬, 상법강의(제9판), 홍문사(2019), 712]는 서술도 비슷한 취지로 보인다.

83 이철송, 회사법강의(제27판), 박영사(2019), 56.

84 임재연, 회사법 I (개정6판), 박영사(2019), 67.

85 캘리포니아 법원은 원고의 딸이 수영장에서 익사하여 수영장 회사를 상대로 불법행위책임을 청구하였으나 회사가 자산이 없어서 손해배상이 불가능하자, 회사의 배후에 있는 대주주를 상대로 불법행위책임을 청구한 사건에서 대주주가 불충분한 자본을 제공하고 회사업무수행에 능동적으로 참여한 경우에는 개인적인 책임을 진다고 판시하였다[Monton v. Cavaney, 56 Cal. 2D 576 (1961)]. 불법행위 채권자는 수동적 채권자로서 채무자를 선택하여 채권을 취득하는 것이 아니므로 과소자본은 주주의 책임을 추궁하는 데 중요한 근거가 된다는 것이다. Hackney & Benson, "Shareholder Liability for Inadequate Capital"; 43 U. Pitt, L. Rev. 837(1982).

의 자본불충분은 법인격 남용이나 법인격 형해화의 판단에서 고려요소가 될 수는 있어도[86] 그 사실만으로 회사의 법인격을 부인할 수는 없다고 본다(소극설).[87] 다만, 회사가 자본이 충분하지 못함에도 불구하고 무모하게 행위를 하여서 제3자에게 피해를 입힌 경우에는 그 배후에 있는 주주의 불법행위책임이 문제될 수 있다.

[판례] 특수목적회사(SPC)의 법인격을 부인하기 위한 요건
특수목적회사(SPC)는 일시적인 목적을 달성하기 위하여 최소한의 자본금 요건만을 갖추어 설립되는 것이 일반적이다. 따라서 특수목적회사가 설립목적을 달성하기 위하여 설립지의 법령이 요구하는 범위 내에서 최소한의 출자재산을 가지고 있다거나 특수목적회사를 설립한 회사의 직원이 특수목적회사의 임직원을 겸임하여 특수목적회사를 운영하거나 지배하고 있다는 사정만으로는 특수목적회사의 독자적인 법인격을 인정하는 것이 신의성실의 원칙에 위배되는 법인격의 남용으로서 심히 정의와 형평에 반한다고 할 수 없으며, 법인격 남용을 인정하려면 적어도 특수목적회사의 법인격이 배후자에 대한 법률 적용을 회피하기 위한 수단으로 함부로 이용되거나, 채무면탈, 계약상 채무의 회피, 탈법행위 등 위법한 목적달성을 위하여 회사제도를 남용하는 등의 주관적 의도 또는 목적이 인정되는 경우라야 한다(대법원 2010. 2. 25. 선고 2007다85980 판결, 대법원 2006. 8. 25. 선고 2004다26119 판결).
대법원은 A건설이 공사자금 조달을 위하여 특수목적회사인 ○○(SPC)을 설립한 사례에서, ○○의 자본금이 0.01달러, 발행주식이 1주이며, A건설이 ○○의 주식을 소유하고 있었고, 이사 3인 중 2인이 A건설의 국제금융팀 직원인 것은 인정하면서도, 위와 같은 자본구성이나 인적구성에도 불구하고 ○○은 B레저로부터 이 사건 회원권을 매수하면서 C은행을 통하여 자금을 조달하여 그 대금을 지급하였고, A건설 및 B레저와는 독립된 이해관계를 가지고 있었다는 사정 등을 들어 특수목적회사인 ○○의 독자적인 법인격은 부인하기 어렵다고 보았다(대법원 2010. 2. 25. 선고 2007다85980 판결).

라. 효과

1) 계약에서의 적용

우리나라에서 법인격의 부인은 주로 계약관계에서 적용되고 있다. 이 법리가

86 정찬형 교수는 '자본불충분'을 법인격부인의 요건 중 하나로 설명하고 있다. 정찬형, 상법강의(상)(제22판), 박영사(2019), 466.
87 홍복기/박세화, 회사법강의(제7판), 법문사(2019), 38.

적용된 사례를 보면, ①기존회사가 그 채무를 면탈하기 위하여 다른 회사를 설립하고 그에 출자한 경우(대법원 2016. 4. 28. 선고 2015다13690 판결, 대법원 2004. 11. 12. 선고 2002다66892 판결 등), ②계약상의 의무를 회피하기 위해서 법인격을 이용한 때(대법원 2011. 5. 13. 선고 2010다94472 판결), ③법인격이 도덕과 정의의 관념에 반하여 이용되는 때, 즉 신의칙에 반하거나 권리남용에 해당하는 때(대법원 2011. 5. 13. 선고 2010다94472 판결), ④실질적인 1인회사의 경우(대법원 2008. 9. 11. 선고 2007다90982 판결), ⑤회사와 그 배후자, 모자회사 간에 업무가 혼동되어 처리되는 경우(대법원 2001. 1. 19. 선고 97다21604 판결) 등이다. 유형을 나누어 살펴보았지만 실제로는 계약상의 의무를 회피하거나 탈법행위 등을 하는 이유는 결국 채무를 면탈할 목적이므로 엄밀하게 구별할 수 있는 것은 아니다.

2) 불법행위에 대한 적용 여부

위에서 살펴보았듯이 법인격부인론은 주로 채무불이행 시에 적용된다. 그렇다면 불법행위에서도 법인격부인론을 적용하여 회사의 배후자인 주주에게 책임을 물을 수 있는가? 결론부터 말하면 회사의 불법행위에 대해서도 법인격부인의 법리가 적용된다고 본다.[88] 불법행위의 피해자(채권자)는 가해자를 선택할 수 없었고 가해회사의 형해화된 법인격이나 법인격의 남용으로 인하여 피해를 입어서도 아니 되기 때문이다.[89]

Walkovszky v. Carlton 사건[90]은 불법행위의 상황에서 법인격부인론의 적용 필요성이 극명하게 보여주고 있다. Carlton은 A택시회사를 포함한 10개 택시회사의 개인 주주인데, 각 택시회사마다 2대의 택시를 배치하고, 비용을 아끼려고 각 택시에 대해서 최소한의 자동차보험만 가입하였다. 10개의 택시회사는 서로 독립된 법인이지만 자금조달, 공급, 수리, 직원 및 고용과 관련하여 하나의 기업처럼 운용되고 있었다. Walkovszky는 A택시회사의 택시에 치여서 심하게 다쳤으나 보상을 받지 못하자, 택시회사들은 사실상 Carlton의 개인기업이며 Carlton은 Walkovszky가 입은 손해를 책임지고 배상하여야 한다고 하면서 소송을 제기하였다. 1심법원은 원고 승소판결을 선고하였으나, 제2연방항소법원은 A택시회사의

88 권기범, 현대회사법론(제7판), 삼영사(2017), 100; 이기수/최병규, 회사법(제10판), 박영사(2015), 78; 이범찬 외 3인, 회사법(제2판), 삼영사(2018), 84; 임재연, 회사법 I(개정6판), 박영사(2019), 70; 정찬형, 상법강의(상)(제22판), 박영사(2019), 466; 홍복기/박세화, 회사법강의(제7판), 법문사(2019), 39.

89 같은 취지로 김정호, 회사법(제5판), 법문사(2019), 30 참조.

90 Walkovszky v. Carlton, 18 N.Y.2d 414, 276 N.Y.S.2d 585, 223 N.E.2d 6 (1966).

법인격을 부인할 사정이 충분히 입증되지 못하였다는 이유로 1심판결을 파기하였다(반대의견 있음). 이 사건에서는 비록 A 택시회사의 법인격이 부인되지는 않았지만, 불법행위 피해자가 가해회사의 법인격을 무시하고 그 배후자를 상대로 불법행위책임을 청구할 수 있음을 보여주었다.

3) 비금전채무에 대한 적용 여부

법인격부인론은 대부분 금전채무에서 문제되는데, 비금전채무에 대해서도 법인격부인론을 적용하여 배후자의 책임을 물을 수 있는가? 회사의 법인격을 부인하는 이유는 특정한 회사의 법인격이 형해화되어 있거나, 또는 독자적인 법인격을 내세워서 배후자의 책임을 부정하는 것이 신의성실의 원칙이나 정의와 형평에 반하여 허용될 수 없기 때문인데, 이러한 상황은 금전채무 또는 비금전채무에 관계 없이 발생할 수 있으므로 법인격부인론의 적용을 금전채무에 한정할 필요는 없다. 즉, 해당 회사의 법인격이 형해화되어 있거나 해당 회사가 법인격을 남용하는 상황이라면 경업금지의무 위반에 대한 책임 등 비금전채무에 대해서도 해당 회사의 법인격을 이용하는 배후자는 책임을 진다고 볼 것이다.

이와 관련하여 자회사의 행위에 대해서 모회사에게 경업금지약정 위반의 책임을 물은 하급심판례가 있다. 사안을 보면 甲이 乙의 계열회사인 丙의 주식과 경영권을 양수하는 내용의 주식양수도계약을 체결하면서, 5년간 乙은 경업을 금지하기로 약정하였는데,[91] 乙과 함께 독점규제 및 공정거래에 관한 법률상 동일 기업집단에 속하여 있는 계열회사인 丁이 위 약정에서 금지한 경업을 영위하였다. 이에 甲은 乙을 상대로 경업금지 가처분을 신청하였는데 1심인 서울중앙지방법원은 가처분신청을 기각하였으나, 서울고등법원은 "乙의 계열회사인 丁은 명목상으로는 독립된 법인이지만 실질적으로는 乙이 총괄하는 기업집단의 하나의 사업부문과 유사하게 운용되고 있다."는 이유로 丁의 행위를 乙의 경업금지의무 위반으로 보아서 乙을 상대로 경업금지약정의 이행을 요구할 수 있다고 판단하였다(서울고등법원 2006. 3. 24.자 2005라911 결정). 이 사안은 乙의 자력이 문제된 것이 아니고, 개별회사의 법인격에 구애받지 않고 독자적인 법인격을 가진 乙과 丁을 사실상 동일체로 보았다는 점에서 일반적인 법인격부인의 사례보다는 좀더 나아간 것이다. 그러나 丁은 명목상으로는 독립된 법인이지만 실질적으로는 乙이 총괄하는

91 이 사건에서 乙은 대규모기업집단의 사업지주회사이다.

기업집단의 하나의 사업부문처럼 운용되고 있어서, 丁의 배후에는 乙이 있다고 볼 수 있고, 乙이 계열회사인 丙의 주식을 양도하고 경업금지약정을 체결한 후에 다른 계열사인 丁을 통해서 경업을 한 행위는 乙에게 부여된 독자적인 법인격을 남용한 것으로서 신의성실의 원칙과 정의와 형평에 반하는 것으로서 허용될 수 없는 상황임은 분명하다. 따라서 이러한 경우에도 법인격부인론을 적용할 수는 있다고 본다. 다만, 특정한 회사의 법인격을 부인하는 것은 가능한 보충적으로 적용되어야 하는 바, 乙이 법인격을 남용하였는지, 乙의 법인격을 부인하고 책임을 묻기에 앞서서 다른 구제수단이 없는지 등은 제반 사정을 고려하여 좀더 종합적으로 판단할 여지는 있는 사건이라고 생각한다.

4) 지배주주 등에 대한 청구

법인격이 부인되면 회사와 (지배)주주가 동일시된다. 즉, 회사의 채권자는 배후에 있는 주주에게 직접 책임을 물을 수 있으며 그 한도에서 주주유한책임의 원칙은 배제된다.[92]

지배주주라면 자연인뿐만 아니라 법인도 책임주체가 된다.[93] 채무를 면탈하기 위해서 신설회사를 설립하는 경우에도 마찬가지이다. 예를 들어, 기존회사가 채무를 면탈할 목적으로 신설회사를 설립하는 경우에, 법인격이 부인되면 기존회사의 채권자는 기존회사뿐만 아니라 신설회사에 대해서도 채무의 이행을 청구할 수 있다(대법원 2006. 7. 13. 선고 2004다36130 판결, 대법원 2004. 11. 12. 선고 2002다66892 판결 등). 기존회사가 채무를 면탈하기 위하여 이미 설립되어 있는 다른 회사를 이용하는 경우에도 다른 회사의 법인격을 부인하고 기존회사에게 책임을 물을 수 있다(대법원 2011. 5. 13. 선고 2010다94472 판결). 그러나 지배주주가 아닌 이사나 집행임원은 법인격부인론의 책임 주체가 아니다.

회사와 지배주주는 부진정연대책임을 진다.[94] 따라서 채권자가 회사와 지배주주 중 일부에 대하여 채권을 포기하거나 채무를 면제하는 의사표시를 한 경우에도 다른 채무자에게는 그 효력이 미치지 않고 오직 채권을 만족시키는 사유(변제, 대물변제, 공탁, 상계 등)만 절대적 효력을 가진다.[95] 회사의 법인격을 부인하고

92 최기원, 신회사법론(제14대정판), 박영사(2012), 61; 홍복기/박세화, 회사법강의(제7판), 법문사(2019), 41.
93 임재연, 회사법 I (개정6판), 박영사(2019), 68.
94 임재연, 회사법 I (개정6판), 박영사(2019), 68.
95 임재연, 회사법 I (개정6판), 박영사(2019), 68.

지배주주에게 책임을 묻는 경우에, 지배주주는 회사가 채권자에게 대항할 수 있는 각종 항변을 원용하여 행사할 수 있다.[96] 회사의 법인격이 부인되는 경우에도 법인격 자체가 박탈되는 것은 아니고, 회사의 책임이 소멸하는 것도 아니므로, 상대방은 원래의 채무자인 회사에도 당연히 책임을 물을 수 있다.

한편, 법인격이 부인되면, 특정사안에 한하여 지배주주로부터 회사의 법적 독립성을 부정하는 것이고,[97] 회사의 법인격 자체가 박탈되려면 회사의 해산명령이나 해산판결, 회사의 설립무효·취소와 같이 회사의 법인격을 종국적으로 소멸되는 조치가 있어야 한다.

5) 회사에 대한 승소판결의 효력

법인격이 부인되어 회사에 대해서 승소판결을 얻더라도 그 판결의 효력이 당연히 배후에 있는 지배주주에게 미치는 것은 아니다(대법원 1995. 5. 12. 선고 93다44531 판결).[98] 채무면탈을 목적으로 구회사와 인적 구성이나 영업목적이 실질적으로 동일하게 설립된 신회사의 경우에도 구회사에 대한 판결의 기판력, 집행력이 신회사에게 미치지 않는다(대법원 1995. 5. 12. 선고 93다44531 판결). 즉, 회사의 법인격은 부인될 수 있으나 채무명의를 얻어서 집행하는 것은 별개의 문제인 것이다. 따라서 회사채권자는 회사 또는 지배주주 어느 한 쪽에 대한 채무명의를 가지고 다른 쪽의 재산에 대하여 강제집행을 할 수 없으며, 지배주주를 상대로 강제집행을 하려면 다시 채무명의를 얻어야 한다.[99]

이에 대해서 당사자의 표시정정에 의하여 양자를 공동피고로 하여서 판결을 하든지 당사자와 제3자를 같이 취급하여 기판력을 확정하는 것이 타당하다는 견해[100]도 있으나, 회사와 지배주주, 구회사와 신설회사를 공동피고로 하여 소송을 제기하는 것이 현실적인 방법이다.[101] 비슷한 쟁점으로 지배주주를 회사의 승계인에 준하는 자로 보고, 법인격부인의 요건을 증명하여 집행문 부여의 소를 제기함으로써 주주에 대한 승계집행문을 받을 수 있는지의 의문이 제기된다(민사집행법 제31조 제1항). 소송절차의 안정, 명확의 요건에 어긋나므로 부정하는 것이 타당하

96 이범찬 외 3인, 회사법(제2판), 삼영사(2018), 85.
97 이철송, 회사법강의(제27판), 박영사(2019), 60.
98 이범찬 외 3인, 회사법(제2판), 삼영사(2018), 85; 최기원, 신회사법론(제14대정판), 박영사(2012), 61.
99 임재연, 회사법 I(개정6판), 박영사(2019), 70; 정찬형, 상법강의(상)(제22판), 박영사(2019), 468.
100 이범찬 외 3인, 회사법(제2판), 삼영사(2018), 86.
101 홍복기/박세화, 회사법강의(제7판), 법문사(2019), 41.

다.[102]

마. 법인격부인론의 보충적 적용

법인격 부인의 사건에서 처음부터 회사의 법인격을 부인하고 그 배후에 있는 지배주주의 책임을 청구할 수 있는지, 아니면 다른 조치를 취한 후에야 보충적으로 법인격부인론이 적용되는지가 논란이 될 수 있다.

이에 대해서는 "보충성의 요건을 법인격부인의 요건으로 절대시하는 것은 적절하지 않고, 구체적 타당성의 실현을 위해서라면 실정 조문의 존부에도 불구하고 법인격 부인의 가능성을 열어둘 필요가 있다",[103] "법인격부인론은 다른 사법이론과 명백히 상충되지 않는 한 인정되어야 한다"[104]고 하면서 보충적 적용에 반대하는 견해도 있다.

그러나 법인격부인론은 미국의 판례를 통해서 발전된 것으로서 판례가 법형성적 기능을 하는 미국의 상황을 반영하는 것이므로, 우리나라와 같은 성문법 국가에서는 구체적인 사건에서 처음부터 법인격부인론을 적용하기보다는 실정법 규정에 의하여 해결할 수 없는 경우에 보충적으로 적용할 필요가 있다.[105] [106] 법인격부인론은 회사에게 법인격을 부여하는 회사와 사원(주주)의 분리원칙에 대한 예외에 해당하여 예측가능성과 법적 안정성을 해치는 면이 크기 때문이다. 법인격부인론의 보충적 성격은 법인격의 형해화 또는 법인격의 남용이 인정되는 경우에 한하여 배후자의 책임을 묻는다는 법인격 부인론의 개념 자체에도 내포되어 있다. 법인격부인론의 근거가 민법 제2조(신의성실)인 사실도 법인격부인론이 보충적으로 적용되어야 하는 이유라고 생각한다.

바. 법인격부인론의 역적용

법인격부인론의 역적용은 개인(甲)이 개인명의로 영업을 하다가 자신에 대한 강제집행을 면탈하려는 목적에서, 그와 영업목적이나 물적설비, 인적 구성원 등이 동일한 회사(A)를 설립하고 자신의 전재산을 출자한 경우에, 개인(甲)의 채권자

102 日最判 1978. 9. 14. (판례시보 제906호, 88). 이철송, 회사법강의(제27판), 박영사(2019), 59에서 재인용.

103 김정호, 법인격부인, 주식회사법대계 I (제3판), 한국상사법학회 편, 법문사(2019), 161. 같은 취지로는 홍복기/박세화, 회사법강의(제7판), 법문사(2019), 39.

104 정찬형, 상법강의(상)(제22판), 박영사(2019), 467.

105 김홍기, 상법강의(제4판), 박영사(2019), 301; 최기원, 신회사법론(제14대정판), 박영사(2012), 60.

106 법인격부인론은 기존의 성문법 규정이나 법리로는 도저히 해결할 수 없는 예외적인 경우에만 최종 구제수단으로 적용되어야 한다. 권기범, 현대회사법론(제7판), 삼영사(2017), 98.

(乙)가 회사(A)를 상대로 책임을 물을 수 있는지의 문제이다. 즉, 위에서 살펴본 법인격부인론은 회사(A)의 법인격을 부인하고 그 배후에 있는 주주(甲)의 책임을 추궁하는 것인데, 법인격부인론의 역적용은 개인(甲)의 채무를 가지고 회사(A)의 책임을 묻는 경우이다.

법인격부인론의 역적용에 대해서는 긍정하는 견해(긍정설)[107]가 많다. 판례도 "채무자(주주)가 설립회사를 마음대로 이용할 수 있는 지배적 지위에 있지 않는 한 ~ 채권자는 법인격 남용을 이유로 채무자의 개인채무를 회사에 이행할 것을 청구할 수 없다."(대법원 2008. 8. 21. 선고 2006다62829 판결)고 하면서 법인격부인론 역적용의 가능성을 인정하고 있다.[108] 즉, 회사를 설립한 개인이 설립회사를 마음대로 이용할 수 있는 지배적 지위에 있다면 개인 주주의 채권자는 회사에 대해서 이행을 청구할 수 있다는 취지이다.

그러나 일반조항인 민법 제2조에 근거하여 보충적으로 적용되는 법인격부인론의 특성상 그 역적용을 인정할 필요성은 크지 않다(부정설).[109] 예를 들어, 위의 사례에서 채권자(乙)는 채무자(甲)가 가지는 회사(A)의 지분에 대해서 강제집행을 할 수 있으므로 회사(A)를 상대로 직접 책임을 묻는 것은 실익이 크지 않고, 채무자(甲)의 회사에 대한 출자가 사해행위의 목적으로 행하여진 경우에는 채권자취소권을 행사하여 구제받을 수 있으며, 채무자(甲)가 회사를 설립한 목적이 불분명하다면 법원에 해산을 청구하는 방법도 있다(상법 제176조 제1항 제1호). 이처럼 다양한 채권 회수 방법이 있음에도 법인격을 부인하면서 역적용을 인정하는 것은 법인 제도의 큰 틀을 훼손할 우려가 있다. 특히, 회사와 사원의 법인격 분리의 혜택을 향유하는 회사나 사원이 이해관계가 상충되는 상황에서 자신의 이익을 누리기 위하여 스스로 법인격 부인을 주장하는 것은 신의성실의 원칙상 더욱 허용되지 않는다고 본다.[110] 이는 부인되어야 할 회사의 법인격의 형성 내지 형해화에 가공

107 김정호, 법인격부인, 주식회사법대계 Ⅰ(제3판), 한국상사법학회 편, 법문사(2019), 197; 장덕조, 회사법(제4판), 법문사(2019), 18; 최기원, 신회사법론(제14대정판), 박영사(2012), 60; 홍복기/박세화, 회사법강의(제7판), 법문사(2019), 40.

108 이 사건(2006다62829)에서는 법인격부인론을 역적용하여 회사에게 책임은 묻지 않았다. 하급심에서는 명시적으로 법인격부인의 법리를 유추 적용하여 역적용을 인정한 사례도 있다. 울산지방법원 2005. 8. 11. 선고 2004가합6142 판결.

109 권기범, 현대회사법론(제7판), 삼영사(2017), 99; 김홍기, 상법강의(제4판), 박영사(2019), 301; 이철송, 회사법강의(제27판), 박영사(2019), 58.

110 권기범, 현대회사법론(제7판), 삼영사(2017), 99.

한 자도 같다. 이와 관련하여, 해당 회사의 사원이 동시에 해당 회사의 채권자인 경우에는 사원이 지위 또는 채권자의 지위에서 그 채권을 행사하는지 여부에 따라서 판단할 것이다.[111]

V. 사단성

1. 회사의 사단성 여부

"사단(社團)"[112]이란 일정한 목적을 위하여 설립된 사람들의 단체를 가리킨다. 2011년 개정전 상법 제169조(의의)는 "본법에서 회사라 함은 상행위 기타 영리를 목적으로 하여 설립한 사단을 이른다."고 하면서 회사의 종류 여하를 묻지 않고서 획일적으로 회사의 사단성을 규정하고 있었는데, 이 때문에 1인회사의 설립이나 존속이 인정되는 주식회사와 유한회사의 사단성을 설명하는데 어려움이 있었고, 합명회사와 합자회사의 조합적 성질과도 충돌이 있어서, 모든 회사를 일률적으로 '사단'으로 규정하는 것은 적절치 않다는 비판이 있었다.[113]

이를 반영하여 2011년 개정상법 제169조(회사의 의의)는 "이 법에서 회사란 상행위나 그 밖의 영리를 목적으로 하여 설립한 법인을 말한다."고 하면서 회사의 사단성을 문구에서 삭제하였다. 외국에서도 모든 회사를 일률적으로 사단으로 정하고 있는 입법례도 없다. 일본도 2005년 회사법을 제정하면서 종래의 사단이란 용어를 삭제하였으며(일본 회사법 제3조,[114] 제2조 제1호[115]), 프랑스 상법전도 법인성만 규정하고 있다(프랑스 상법전 제210-6조[116]).

그렇다면 사단이란 용어를 삭제한 2011년 상법개정 이후에는 회사의 사단성은 인정되지 않는가? 이에 대해서는 '사단'이라는 개념이 회사를 둘러싼 법률관계를 설명하는 데 전혀 도움을 주지 못한다는 이유로 영리성과 법인성만을 회사의

111 권기범, 현대회사법론(제7판), 삼영사(2017), 99.

112 사단(社團) 중에서 법인 설립절차를 밟아서 법인격(권리능력)을 취득한 것이 '사단법인'이고 그렇지 않은 것이 '권리능력없는 사단'이다.

113 개정전 상법 제169조에서 조합성이 농후한 합명회사와 합자회사까지 포함하여 모든 종류의 회사를 사단이라고 한 것은 회사는 복수인의 단체임을 강조한 것에 불과하다. 즉, 합명회사와 합자회사의 조합성을 부정하는 것이라고 보기는 어렵다.

114 일본 회사법 제3조(법인격) 회사는 법인으로 한다.

115 일본 회사법 제2조 이 법에서 용어의 정의는 다음 각호에서 규정하는 바와 같다.
1. 회사 : 주식회사, 합명회사, 합자회사 또는 합동회사를 말한다. <생략>

116 프랑스 상법전 제210-6조 상사회사는 상업등기부에 등기한 날로부터 법인격을 취득한다.

개념요소로 설명하는 견해[117]도 있지만, 회사란 복수의 사원이 사업목적을 달성하기 위하여 인적 또는 자본적으로 결합하는 방법으로서 인정되는 단체이므로 강약의 차이는 있지만 회사의 사단적 속성은 회사의 개념적 요소로서 여전히 존재한다고 본다.[118]

사람들의 단체를 뜻하는 사단의 개념이 합명회사와 합자회사 등 인적회사의 조합성과 주식회사, 유한회사, 유한책임회사에 있어서 1인회사의 가능성과 상치하기 때문에 그 해석상 불필요한 논란을 우려하여 사단의 문구를 삭제한 것은 사실이지만, 사원(社員)의 용어에서 보는 것처럼, 회사는 복수의 사원이 인적 또는 자본적 방법으로 결합하는 단체이고, 회사는 본질적으로 영리를 목적으로 하는 사람들의 단체이기 때문이다.[119] 주식회사, 유한회사, 유한책임회사에서 1인사원이 허용되더라도 지분의 양도를 통해서 언제나 다수의 사원으로 확대될 가능성이 있고, 조합의 성질을 가지는 합명회사와 합자회사도 회사와 사원 간의 출자관계로 형성된다는 면에서 미약하지만 사단성이 인정된다.[120]

위에서 살펴본 것처럼 회사는 사람들의 단체로서 사단의 성질을 가진다. 그렇다면 회사의 사단성과 합명회사 등 인적회사의 조합성은 어떠한 관계인가? 회사의 사단성에도 불구하고 1인회사는 허용되는지, 허용된다면 그 이유는 무엇인가? 아래에서는 이를 살펴본다.

2. 인적회사의 특수성

가. 합명회사, 합자회사에서는 조합에 관한 민법 규정을 준용

합명회사와 합자회사는 독자적인 법인격을 가지는 법인이지만(상법 제169조) 실질적으로는 2명 이상이 상호출자하여 공동사업을 경영하기로 약정하는 조합계약의 성격이 강하게 나타난다. 특히, 합명회사는 사원 간의 개인적인 신뢰에 기초하여 성립하므로 그 본질은 민법상의 조합에 비슷하다. 이를 반영하여 상법은 합명회사의 사원은 회사채권자에 대하여 연대하여 변제할 책임을 부담하고(제212조), 정관 변경을 위하여는 총사원의 동의가 필요하며(제204조), 지분양도를 위해서는

117 송옥렬, 상법강의(제9판), 홍문사(2019), 706.

118 권기범, 현대회사법론(제7판), 삼영사(2017), 102; 임재연, 회사법 I (개정6판), 박영사(2019), 35.; 정찬형, 상법강의(상)(제22판), 박영사(2019), 460.

119 상법에서 회사의 사단성이라는 용어를 삭제한 것에 대해서는 비판도 있다. 최준선, 회사법 제13판, 삼영사(2018), 77.

120 권기범, 현대회사법론(제7판), 삼영사(2017), 102; 이범찬 외 3인, 회사법(제2판), 삼영사(2018), 70.

다른 사원의 전원의 동의를 요구하는데(제197조) 이는 모두 민법상 조합의 특징에 가깝다. 이를 반영하여 상법은 합명회사와 합자회사의 내부관계에 대해서는 민법상 조합에 관한 규정을 준용하고 있다(제195조, 제269조). 조합성과 법인성이 상충되는 상황에서는 개별적인 판단이 불가피하다.[121]

나. 합명회사, 합자회사도 사단성을 가지는가?

합명회사와 합자회사 등 인적회사는 공동사업을 약정하는 조합계약의 성질을 가지지만, 그럼에도 불구하고 일정한 영업을 위하여 사람들이 조직한 독립적인 단체, 즉 사단의 성격도 가진다는 사실은 변함이 없다. 조합계약을 통해서 계약관계로 형성되는 조합과는 달리, 합명회사와 합자회사는 정관의 작성과 출자, 설립등기를 거쳐서 독립된 단체(회사)를 설립하고 업무집행사원을 통해서 회사를 대표하는 등 구성원으로부터 독립된 단체, 즉 사단의 성격이 뚜렷하게 나타나기 때문이다. 상법이 합명회사와 합자회사의 설립을 위해서는 2인 이상의 사원이 단체의 규약인 정관을 작성할 것을 요구하고(상법 제178조, 제269조), 그 사원이 1인으로 된 때에는 해산사유로 하는 것(제227조 제3호, 제269조)도 사람들의 단체인 사단이라는 사실을 염두에 둔 것이다. 따라서 합명회사와 합자회사에 대해서는 그 실질을 반영하여 조합에 관한 민법의 규정을 준용하더라도(제195조), 마땅한 규정이 없다면 민법상 사단에 관한 법리를 준용할 것이다.

다. 유한책임회사와 민법상 조합 규정의 준용 여부

유한책임회사의 성격도 문제된다. 상법은 유한책임회사의 내부관계에 관하여는 상법이나 정관에 다른 규정이 없으면 합명회사에 관한 규정을 준용하지만(상법 제287조의18) 외부관계에 관해서는 이를 준용하고 있지 않기 때문이다.

생각건대, 유한책임회사는 사원이 출자금액을 한도로 유한책임을 부담하는 등 단체(회사)와 구성원(사원)이 분리되어 있어서, 합명회사와 합자회사에 비교하면 상대적으로 사단성이 강하게 나타난다. 따라서 조합원 중에서 변제할 수 없는 자가 있으면 다른 조합원이 균분하여 변제하는 민법상 조합에 관한 규정(민법 제713조) 등을 그대로 준용하기는 어려울 것이다.

121 김홍기, 상법강의(제4판), 박영사(2019), 290.

[해설] 회사법의 사단성과 조합성의 비교

1. 사단과 조합의 공통점

회사는 사람들의 단체인 사단(社團)의 성격을 가지는데, 조합(組合)과 비교하면 회사의 특징을 좀 더 잘 알 수 있다. 우선 사단과 조합은 '공동의 목적을 가지는 인적 결합', 즉 이익결사(Gesellschaft)라는 공통점을 가진다.[122] 해당 단체가 조합인지 사단인지의 여부는 사용되는 명칭에 좌우될 것이 아니라 단체의 실질에 따라서 결정할 것이다.[123]

2. 사단과 조합의 차이점

사단과 조합의 가장 큰 차이점은 '단체성'의 강도이다. 사단과 조합은 사람들이 공동의 목적을 위해서 결합된 인적 단체인 점에서 공통되지만, 일반적으로 어느 결합체의 단체성이 우월하여 구성원으로부터의 독립성이 인정될 때 이를 사단이라고 하고 그 결합체의 단체성 보다는 구성원들의 개성이 뚜렷할 때 이를 조합이라고 한다.[124] 즉, 사단은 구성원의 개성은 약하지만 단체성은 강하고, 조합은 단체성은 약하지만 구성원의 개성은 강하게 나타난다. 사단은 단체법적인 조직원리에 의해서 규율되지만, 조합은 구성원들의 합의 및 관련 계약(민법 제703조 이하)에 의해서 규율된다. 사단에서는 사원간의 관계 외에도 사단과 구성원 간의 관계가 존재하지만, 조합에서는 구성원(조합원) 상호간의 조합계약관계만 존재할뿐이다. 이를 반영하여 민법은 조합의 기본관계만을 규정하고 그 조직과 활동은 자유롭게 허용하지만(민법 제703조 내지 제724조), 사단의 성격을 가지는 상법의 회사 규정들은 정관의 작성, 의사의 결정, 업무집행 등 회사의 조직과 활동 방식을 엄격하게 세밀하게 규정하고 있다(상법 제169조 이하).

위와 같은 사단과 조합의 성격은 다음과 같은 차이를 가져온다. ①대외적인 권리의무의 주체 여부: 사단과 조합은 외부에 등장하는 방식에 차이가 있다. 사단은 그 구성원을 떠나 '독립적인 권리의무의 주체'로서 사단 자신의 이름으로 외부에 나타나지만, 조합은 각 조합원이 권리의무의 주체로서 모든 조합원의 이름으로 등장한다.[125] ②업무집행방식 : 사단의 의사는 내부의 의사결정절차를 통해서 이루어지며, 결정된 의사는 사단의 기관이 '대표'한다. 사단의 기관은 반드시 사단의 구성원일 필요는 없다(타인기관성). 이에 반하여 조합은 스스로 법률관계의 당사자로 나서기에는 적합하지 아니하므로 조합원 전원이 직접 업무를 집행하거나 조합원 중

122 김정호, 회사법(제5판), 법문사(2019), 1-2.
123 김정호, 회사법(제5판), 법문사(2019), 4.
124 이철송, 회사법강의(제27판), 박영사(2019), 43.
125 김정호, 회사법(제5판), 법문사(2019), 3.

에서 업무집행자를 선정하여 '대리'를 통하여 업무를 처리한다(자기기관성).[126] 따라서 조합이 'A조합 대표자 甲'이라는 명칭을 사용하는 경우에도 그 본질은 대표가 아니라 대리이다. ③소유관계 : 사단의 재산은 '사단 자체의 소유(총유)'이나, 조합의 재산은 '조합원 전원의 소유(합유)'이다(민법 제271조). ④대외적인 책임 관계 : 사단의 구성원은 정관에서 정한 권리와 의무를 부담할 뿐 사단의 채무에 대하여는 아무런 책임을 지지 않는 것이 원칙이나, 조합원은 각자의 재산으로 조합채무를 변제할 책임이 있다. ⑤설립행위 : 사단, 특히 회사의 설립행위는 합동행위이지만, 조합은 조합계약에 의해서 창설된다.

위에서 살펴본 것처럼 상법상 회사는 사단의 성질을 가지지만, 합명회사 및 합자회사는 조합의 실질도 가진다. 따라서 합명회사와 합자회사의 법률관계를 규율함에 있어서는 사단성과 조합성을 어떻게 반영할 것인지가 문제되는데, 상법은 대외적인 문제에서는 사단성에 따라 법률관계를 규율하는 한편, 대내적인 회사와 사원, 사원 간 법률관계에 있어서는 조합의 실질을 중시하여 민법상 조합의 법리에 따르도록 하고 있다(상법 제195조, 제269조, 제287조의18).[127]

3. 법인격과의 관계

사단 또는 조합인지에 대한 판단과 구별할 것은 해당 단체의 법인격 여부인데, 사단 또는 조합의 구분은 이론적인 것이나, 법인격의 부여 여부는 정책적 판단에 달려 있다.[128] 물론 조합형 단체는 법인격이 없는 경우가 많지만, 합명회사나 합자회사에서 보듯이 실질은 조합임에도 불구하고 정책적 판단으로 법인격이 부여되기도 한다.

3. 1인주식회사

위에서 살펴보았듯이 회사는 사람들의 단체인 사단의 성질을 가지는데, 그렇다면 구성원(사원)이 1인에 불과한 1인회사[129]는 허용되는가? 이는 인적회사인 합명회사와 합자회사, 물적회사인 주식회사와 유한회사, 그리고 유한책임회사로 구분하여 논의할 필요가 있다.

126 김정호, 회사법(제5판), 법문사(2019), 3.

127 이철송, 회사법강의(제27판), 박영사(2019), 44.

128 김정호, 회사법(제5판), 법문사(2019), 5.

129 협의의 1인회사는 사원이 1인이고, 회사의 지분 전부가 그 1인에게 귀속되어 있는 회사(형식적 의미의 1인회사)이다. 반면에 광의의 1인회사(실질적 1인회사)는 형식적으로는 복수의 사원이 있지만, 명의신탁 등에 의하여 실질적으로는 1인이 그 지분의 전부를 소유하는 회사를 말한다. 임재연, 회사법 I (개정6판), 박영사(2019), 49.

합명회사와 합자회사에서는 1인회사의 문제가 발생할 소지가 거의 없다. 합명회사와 합자회사는 설립 시에는 2인 이상의 사원이 공동으로 정관을 작성하여 야 하고(상법 제178조, 제269조), 설립 후에도 사원이 1인이 되면 해산사유가 되므로(제227조 제3호, 제269조, 제285조) 회사의 설립 시부터 해산 시까지 사원이 1인이 되는 1인회사를 상정하기 어렵기 때문이다.

그러나 주식회사, 유한회사, 유한책임회사에서는 1인회사의 성립이나 존속이 허용되는지, 1인회사를 인정하는 경우에도 사원총회의 소집절차나 결의방법, 회사와 1인주주 사이의 거래의 효력 등이 논란이 되고 있다. 아래에서는 1인주식회사의 적법성 및 법적 쟁점을 살펴본다. 유한회사, 유한책임회사는 주식회사에 준해서 판단할 것이다.

가. 1인주식회사의 판단

1인주식회사란 한 사람이 발행주식의 전부를 소유한 회사를 가리킨다. 주식의 명의가 분산된 경우라도 실질적으로 한 사람이 주식을 모두 소유하고 있다면 1인주식회사에 해당한다(대법원 2004. 12. 10. 선고 2004다25123 판결, 대법원 1992. 6. 23. 선고 91다19500 판결 등). 예를 들어, 甲이 A 주식회사를 설립하면서 乙의 명의를 빌려 甲과 乙을 모두 주주로 등재하였으나 실질적으로 甲이 모든 주식을 소유하고 있고, 乙이 독자적인 이해관계를 가지는 것이 아니라면 1인주식회사에 해당한다.[130] A 주식회사의 주식 중 일부를 A 회사가 소유하고(자기주식), 나머지 주식 전부를 甲이 소유하는 경우도 1인주식회사에 해당한다.[131] 즉, 1인주식회사의 여부는 주주명부의 기재가 아니라 실제 주식의 소유를 기준으로 판단한다.

1인주식회사는 회사와 1인주주의 이해가 일치하고, 1인주주의 의사대로 회사의 의사가 결정될 수 밖에 없으므로 주주총회 소집절차의 하자 등이 치유되는 등 특별한 상황이 생기게 된다. 그러나 특정한 주주가 해당 회사의 주식을 대부분 소유하고 있는 경우에도 그 전부를 소유하고 있지 않다면 1인회사에 해당한다고 볼 수 없고, 절차상의 하자가 당연하게 치유되는 것은 아니다(대법원 2007. 2. 22. 선고 2005다73020 판결). 예를 들어, 甲이 A 회사의 주식 90%를 소유하고 있어서 사실상 甲의 의사대로 A 회사의 의사가 결정될 수 밖에 없다고 하더라도, 나머지 10%

130 송옥렬, 상법강의(제9판), 홍문사(2019), 717; 최기원, 신회사법론(제14대정판), 박영사(2012), 47.
131 그러나 아무리 소수라도 다른 주주가 존재하는 경우에는 1인회사의 법리가 적용될 수 없고 상법상의 일반원칙이 적용된다. 임재연, 회사법 I (개정6판), 박영사(2019), 51.

주식을 다른 소수주주들이 소유하고 있다면, 주주총회 소집이나 결의 절차의 하자가 당연히 치유되는 것은 아니다. 법률에 정해진 소집과 논의 절차를 거쳐서 성립하는 주주총회 결의를 정족수 이상의 주식을 가진 주주들이 동의하였다고 하여서 같은 선상에서 평가할 수 있는 것은 아니고, 주주총회 절차를 통한 소수주주의 의사 개진이 실제 주주총회의 결의내용에 영향을 미칠 수도 있기 때문이다. 다만, A 회사의 10% 주주가 甲의 가족이나 특수관계인으로서 그 동안 甲의 의사대로 의사가 결정되는 등 특별한 사정이 있다면 주주총회 소집 절차나 결의 절차의 하자에 지나치게 얽매일 필요는 없고 '甲의 실질적인 1인주식회사'로 보아서 절차의 하자는 치유될 수 있다고 본다.

판례는 생각보다 폭 넓게 1인주식회사의 적법성을 인정하고 그 행위의 효력을 인정하는 듯하다. 예를 들어, 피고 A 주식회사는 甲의 자녀들인 乙, 丙 및 甲이 경영하는 B 회사가 발행주식총수의 약 98%를 소유하고, 그 나머지 2%는 미국의 S 회사가 소유하고 있는데, 이사인 원고가 주주총회에서 해임을 당하자 A 회사를 상대로 임원퇴직금 지급규정에 의하여 퇴직금 소송을 제기한 사례에서, 대법원은 A 회사를 甲의 1인회사로 인정하고, 1인회사의 경우에는 1인주주의 의사대로 결의될 것임이 명백하므로 따로 주주총회 소집절차가 필요없고, 실제로 주주총회를 개최한 사실이 없다고 하더라도 1인주주에 의하여 결의가 있었던 것으로 주총 의사록이 작성되어 있다면 특별한 사정이 없는 한 그 내용대로 결의가 있었다고 볼 수 있다고 하면서, 임원퇴직금지급규정에 관하여 주주총회 결의가 있거나 주주총회의사록이 작성된 적은 없으나 위 규정에 따른 퇴직금이 A 회사의 실질적 1인주주인 甲의 결재·승인을 거쳐 관행적으로 지급되었다면 퇴직금 규정을 묵시적으로 승인하여 그에 대한 주주총회 결의가 있었던 것으로 볼 수 있고, 원고는 퇴직금 규정에 따라 임원 퇴직금 청구권을 행사할 수 있다고 판시하였다(대법원 2004. 12. 10. 선고 2004다25123 판결). 이 사안은 甲이 A 회사의 발행주식 전부를 소유하지 않았기 때문에 1인주식회사로 인정되지 않을 수도 있었으나, 甲과 그 자녀들인 乙과 丙 및 소수주주인 S 회사와의 관계 등을 고려하여 A 회사를 甲의 '실질적인 1인주식회사'로 인정하였던 것으로 짐작된다.

한편, "회사에 대한 관계에서는 주주명부상의 주주만이 의결권 등 주주권을 행사할 수 있다."는 대법원 판결(대법원 2017. 3. 23. 선고 2015다248342 전원합의체 판결)과 관련해서 주주명부를 기준으로 1인주주의 여부를 판단할 것인지, 아니면 주주명부에 관계없이 실질적인 소유관계를 기준으로 1인주주의 여부를 판단할 것인지가 문제될 수 있다. 주주명부 기재에 강력한 효력을 인정하는 2015다248342 판결 하에서는 회사는 실질적인 1인주주가 누구인지 알았든 몰랐든 간에 주주명부상 주주에게 주주총회의 소집을 통지하고 주주권을 행사할 수 있도록 하여야 하기 때문에, 비록 실질적인 1인주주가 동의하였다고 하더라도 주주명부상 주주가 전원 동의하지 않았다면 주주총회 소집절차의 하자는 치유될 수 없다고 볼 수 있기 때문이다. 이에 대해서는 반대 견해[132]도 있으나, 1인주주의 법리는 외관이나 형식보다는 사실상의 지배에 착안하여 형성된 것으로서 주주명부의 기재에 관계없이 실질주주를 기준으로 1인주식회사의 여부를 판단할 것이다. 주주명부의 기재에 강력한 효력을 인정하는 이유는 주식회사 운영의 혼란을 방지하고, 주주의 이익을 보호하기 위한 것인데, 1인주주가 동의하였다면 주주명부 기재의 효력을 문제삼아서 총회 결의의 효력을 부인하는 것이 오히려 회사관계를 혼란에 빠트릴 수 있기 때문이다.

나. 1인주식회사의 적법성 여부

종래 1인주식회사는 회사의 본질인 사단성에 반하고, 유한책임의 개인회사를 인정하는 결과가 되기 때문에 그 존속을 부인하는 견해도 있었으나, 다음과 같은 이유로 1인에게 주식이나 지분이 집중된 주식회사, 유한회사, 유한책임회사도 적법하다고 볼 것이다.[133]

첫째, 주식회사는 인적결합이 아니라 물적결합에 그 중심이 있는 자본단체이므로 그 기초가 되는 자본이 중요하지 주주가 몇 명인지는 중요하지 않다.[134] 주식의 양도에 따라 언제든지 주주가 복수로 될 가능성이 있으므로 회사의 사단성에도 상치되지 않고(잠재적 사단성), 주주가 1명이 된 때에도 회사의 재산과 조직은 그대로 존속하므로 1인주식회사의 존재를 인정하여도 채권자의 보호에도 지장이 없다.

둘째, 2001년 상법개정 전에는 주식회사 설립에는 3인 이상의 발기인이 요구

132 "대법원 판결(대법원 2017. 3. 23. 선고 2015다248342 전원합의체 판결)에 따르면, 주주명부에 명의개서를 마친 자 만이 회사에 대한 관계에서 주주권을 행사할 수 있게 되었으므로 ~ 주주명부에 1인으로 기재된 경우에 한하여 1인회사로 보는 것이 논리적으로 일관성이 있다"고 한다. 장덕조, 회사법(제4판), 법문사(2019), 21.

133 김홍기, 상법강의(제4판), 박영사(2019), 292.

134 최기원, 신회사법론(제14대정판), 박영사(2012), 49.

되었고(2001년 개정전 상법 제288조), 각 발기인은 서면에 의하여 주식을 인수하여야 하므로(상법 제293조) 1인주식회사의 설립은 불가능하였다. 유한회사의 경우에도 "유한회사의 설립에는 2인 이상의 사원이 공동으로 정관을 작성하여야 한다."고 되어 있어서(2001년 개정전 상법 제543조 제1항) 1인유한회사의 설립이 불가능하였다. 그러나 현행상법은 주식회사나 유한회사의 설립에 있어서 1인의 발기인을 허용하는데(상법 제288조, 제543조 제1항), 이는 1인의 발기인만을 사원(주주)으로 하는 주식회사나 유한회사의 설립을 허용하는 취지이다.

셋째, 주주의 성명은 정관의 기재사항(상법 제289조)이나 등기사항(제317조 제2항)이 아니기 때문에 제3자는 상대방 회사가 1인회사인지를 알 수가 없다. 그럼에도 불구하고 1인회사의 적법성을 부인하면, 거래상대방은 아무 것도 모른 채 1인주식회사와 거래할 수 있고 그 거래의 효력이 부인될 수 있어서 오히려 불안정한 법적 지위에 놓을 수 있다.[135]

넷째, 2011년 개정전 상법 제169조는 "회사라 함은 상행위 기타 영리를 목적으로 하여 설립한 사단을 이른다."고 하면서 회사에 대해서 사단성을 요구하고 있었으나, 현행상법 제169조는 회사의 사단성을 규정한 문구를 명시적으로 삭제하였는 바, 이는 1인회사도 허용하는 취지이다.

다섯째, 1인회사를 인정하는 것이 상법상 기업유지의 정신에도 합치된다. 1인회사는 기업의 양도를 용이하게 하기 때문에 기업의 유지를 수월하게 하고, 1인주식회사를 금지하면 실질은 1인주식회사이면서도 형식적으로 주식을 분산하는 등 탈법행위의 소지가 있어서 오히려 부작용이 크다.

다. 1인주식회사의 개별적인 법률관계

상법이 개정된 지금에는 1인주식회사의 적법성을 부인하는 견해는 거의 없으나, 회사 구성원이 1인이라는 특수성 때문에 법령의 적용 시에는 일부 수정이 있을 수 밖에 없다. 아래에는 1인주식회사와 관련하여 주로 거론되는 법적인 쟁점들을 살펴본다.

1) 1인주주의 동의와 주주총회 결의의 하자

1인주식회사에서 주주총회가 소집이나 결의 절차에 하자가 있거나, 주주총회 의사록이 작성되지 않은 경우에 이를 적법한 주주총회라고 볼 수 있는가?

135 최기원, 신회사법론(제14대정판), 박영사(2012), 49.

가) 주주총회 소집 또는 결의 절차의 하자의 치유 여부

1인주식회사에서 주주총회가 소집이나 결의 절차에 하자가 있는 경우에, 그러한 주주총회 절차의 하자는 1인주주의 동의가 있으면 치유된다.

주주총회의 소집이나 결의 절차의 하자는 경영진(이사)과 1인주주의 의견이 충돌되는 경우에 주로 발생하는데 ①1인주식회사에서는 다른 주주가 없기 때문에 주주총회 소집절차에 하자가 있더라도 1인주주의 동의가 있다면, 전원 총회로서 성립하고 그 주주의 의사대로 결의가 될 것임이 명백하므로 따로 주주총회의 소집이나 결의 절차가 필요 없고(대법원 2004. 12. 10. 선고 2004다25123 판결 등),[136] ② 주주총회 절차의 문제로 인한 주식회사 운영의 혼란을 방지할 필요가 있으며, ③ 상법이 주주총회 절차의 준수를 요구하는 취지는 주주의 이익을 보호하기 위한 것이므로 1인주주가 동의한다면 소집이나 결의 절차의 하자를 굳이 문제삼을 필요가 없기 때문이다.[137]

이와 관련하여 1인주식회사의 주주총회가 유효하려면 최소한 이사회의 주주총회 소집결정은 있어야 한다는 견해가 있으나, 이사회결의사항이 아니라 주주총회결의사항의 효력이 문제되는 것이고 1인주주의 의사대로 주주총회 결의내용이 결정될 수 밖에 없음을 고려하면, 이사회의 주주총회 소집결정이 없었다는 사실도 다른 하자와 다를 바 없다고 본다. 판례도 "1인주주의 의사대로 결의될 것임이 명백하므로 따로 주주총회 소집절차가 필요 없다고 할 것이고, ~ 형식적인 사유에 의하여 결의가 없었던 것으로 다툴 수는 없다."(대법원 2004. 12. 10. 선고 2004다25123 판결)고 하면서 주주총회결의의 효력을 인정하고 있다.

주주총회 소집 또는 절차 절차의 하자의 치유를 인정하는 이유는 주주총회를 개최하더라도 1인주주의 의사와 부합할 것이라는 생각에서 주주총회 소집절차를 배제하는 것이므로 하자가 치유되는 범위는 주주총회의 결의사항에 국한된다. 따라서 주주가 결정하지 않는 사항은 아무리 1인주식회사라고 하더라도 1인주주의 의사로 갈음할 수 없다.[138]

예를 들어, "1인회사에 있어서 1인주주의 의사는 바로 주주총회나 이사회의

136 권기범, 현대회사법론(제7판), 삼영사(2017), 105; 송옥렬, 상법강의(제9판), 홍문사(2019), 718; 정찬형, 상법강의(상)(제22판), 박영사(2019), 461; 홍복기/박세화, 회사법강의(제7판), 법문사(2019), 28.

137 김홍기, 상법강의(제4판), 박영사(2019), 292.

138 장덕조, 회사법(제4판), 법문사(2019), 23.

의사와 같은 것이어서 가사 주주총회나 이사회의 결의나 그에 의한 임원변경등기가 불법하게 되었다 하더라도 그것이 1인주주의 의사에 합치되는 이상 이를 가리켜 의사록을 위조하거나 불실의 등기를 한 것이라고는 볼 수 없다 하겠으나 한편 임원의 사임서나 이에 따른 이사사임등기는 위와 같은 주주총회나 이사회의 결의 또는 1인주주의 의사와는 무관하고 오로지 당해 임원의 의사에 따라야 하는 것이므로"(대법원 1992. 9. 14. 선고 92도1564 판결), 이러한 경우에까지 완화되는 법리가 적용되는 것은 아니다.

나) 주주총회 의사록의 미작성 등 하자의 치유 여부

총회의 의사에는 의사록을 작성하여야 하며(상법 제373조 제1항), 의사록에는 의사의 경과요령과 그 결과를 기재하고 의장과 출석한 이사가 기명날인 또는 서명하여야 한다(동조 제2항). 주주총회 의사록 미작성이 주주총회 결의의 효력에 어떠한 영향을 미치는지는 분명하지는 않지만, 의사록이 없으면 주주총회 결의의 정확한 내용부터 다툼의 소지가 생기게 될 것이기 때문이다.

그러나 1인주식회사에서는 주주총회 결의의 내용이 1인주주의 의사에 부합하는 이상, 이사가 출석하지 않았거나 주주총회 의사록에 기명날인 또는 서명을 하지 않았다고 하여도 주주총회 결의의 효력에는 영향을 미치지 않는다. 이사의 출석은 주주총회의 성립이나 결의를 위한 요건이라고 할 수 없고,[139] 1인주주의 의사만 명확하다면 그에 따라 의사록을 정리하면 될 것이기 때문이다.

판례는 주주총회를 개최한 사실이 없다고 하더라도 1인주주의 의사에 부합하면 대체로 주주총회 결의의 존재를 인정하고, 주주총회 의사록이 작성되지 아니하였어도 다른 증거에 의하여 결의가 있었던 것으로 인정할 수 있다고 한다(대법원 2004. 12. 10. 선고 2004다25123 판결).

다) 주주총회결의 내용의 하자의 치유 여부

한편, 1인주주의 동의가 있으면 주주총회의 소집 또는 결의 절차 뿐만 아니라 주주총회결의 내용의 하자도 치유되는가? 위에서 살펴본 것처럼 주식회사의 의사는 1인주주의 의사대로 결정될 수밖에 없고, 1인주주가 동의하고 그 의사만 분명하다면 결의내용에 어느 정도의 하자가 있다고 하여서 굳이 문제삼을 필요는 없다고 본다. 물론 결의내용이 강행법규에 위반하는 경우에는 1인주주의 동의가 있

139 최기원, 신회사법론(제14대정판), 박영사(2012), 52.

어도 그 효력을 인정할 수 없음은 당연하다.

2) 1인주주의 동의와 이사 등의 자기거래

이사 등이 자기 또는 제3자의 계산으로 회사와 거래를 하기 위해서는 '미리' 이사회에서 해당 거래에 관한 중요사실을 밝히고 '이사회의 승인'을 받아야 한다(상법 제398조). 그런데 1인주주가 동의한 경우에도 이와 별도로 이사회의 승인을 받아야 하는가? 이 논의는 회사와의 거래에서 이사회의 승인이 요구되는 다른 비슷한 경우에도 적용된다.

가) 이사회의 승인 불요설

이사등이 회사와 거래하는 경우에 이사회의 사전승인을 요구하는 상법 제398조(이사 등과 회사 간의 거래)의 규정은 1인주주가 회사와의 거래에 동의하면 적용되지 않는다고 보는 견해[140]가 있다. 상법이 이사등의 자기거래에 이사회의 사전 승인을 요구하는 이유는 회사 및 주주의 이익을 보호하기 위한 것인데, 1인주식회사에서는 1인주주의 재산과 회사재산의 귀속주체가 동일하므로, 1인주주의 동의가 있으면 이사회 승인을 받을 필요가 없으며, 회사채권자의 보호는 이사에 대한 책임 추궁(상법 제399조, 제401조)으로 충분하다고 한다.[141] 비슷한 취지로 "1인회사의 경우 자기거래를 위해서 이사회의 승인을 얻을 필요는 없으나, 자기거래로 인하여 회사에 손해를 입히게 되면 회사에 대하여 손해배상책임을 진다."는 견해[142]도 있다.

대법원도 "이사등의 자기거래에 이사회의 승인을 요구하는 취지는 회사 및 주주에게 예기치 못한 손해를 끼치는 것을 방지함에 있다고 할 것이므로, 사전에 주주 전원의 동의가 있었다면 회사는 이사회의 승인이 없었음을 이유로 그 책임을 회피할 수 없다."(대법원 1992. 3. 31. 선고 91다16310 판결), "(상법 제398조)의 취지가 회사와 주주에게 예기치 못한 손해를 끼치는 것을 방지함에 있으므로, 그 채무부담행위에 대하여 주주 전원이 이미 동의하였다면 회사는 이사회의 승인이 없었음을 이유로 그 책임을 회피할 수 없다."(대법원 2017. 8. 18. 선고 2015다5569 판결)고 하면서, 1인주주 또는 주주 전원의 동의가 있으면 이사회의 승인을 거치지 않는 거래도 유효하다는 취지로 판시하고 있다.

140 최준선, 회사법(제14판), 삼영사(2019), 84.
141 최기원, 신회사법론(제14대정판), 박영사(2012), 53.
142 송옥렬, 상법강의(제9판), 홍문사(2019), 720.

일본의 판례도 비슷하다. 즉, 회사와 이사간의 이해상충거래는 회사법상 사전에 주주총회(이사회설치회사에서는 이사회)의 승인을 받아야 하고(일본 회사법 제365조[143] 제1항, 제356조[144] 제1항 제2호, 제3호) 거래 직후에는 즉시 중요한 사실을 이사회에 보고하여야 한다(일본 회사법 제365조 제2항). 규제의 대상이 되는 자기거래는 거래의 상대방이 이사인 직접거래(일본 회사법 제356조 제1항 제2호) 또는 상대방이 이사 이외의 사람인 간접거래(일본 회사법 제356조 제1항 제3호)의 2가지 유형이 있다. 그런데 이 규정은 주주의 이익을 위한 것이기 때문에 1인 주주와의 거래(日最判 1970. 8. 20. 民集 第24巻9号 1305頁)와 주주전원의 동의가 있는 경우(日最判 1974. 9. 26. 民集 第28巻6号 1306頁)에는 이사회의 승인이 요구되지 않는다.

나) 이사회의 승인 필요성

그러나 상법 제398조는 이사 등의 자기거래에 이사회의 사전승인을 요구하고 있고, 주주의 이익과 회사의 이익은 다를 수 있으므로, 1인주주나 주주 전원의 동의가 있었다는 이유만으로 이사회의 승인을 배제할 수 있다는 해석에는 찬성하기 어렵다. ①주주총회 소집이나 결의 절차의 하자는 주주총회의 결의사항이 대

143 일본 회사법 제365조
① 이사회 설치회사에 있어서 제356조의 적용에 있어서는, 동조 제1 항 중 "주주총회"는 "이사회"로 한다(取締役会設置会社における第三百五十六条の規定の適用については､同条第一項中株主総会とあるのは､取締役会とする).
② 이사회 설치회사에 있어서 제356조 제1항 각호의 거래를 한 이사는 당해 거래 후 지체없이 당해 거래에 관한 중요한 사실을 이사회에 보고하여야 한다(取締役会設置会社においては､第三百五十六条第一項各号の取引をした取締役は､当該取引後､遅滞なく､当該取引についての重要な事実を取締役会に報告しなければならない).

144 일본 회사법 제356조
① 이사는 다음 각호의 경우에는 주주총회에서 당해 거래에 대해 중요한 사실을 공개하고 그 승인을 받아야 한다(取締役は､次に掲げる場合には､株主総会において､当該取引につき重要な事実を開示し､その承認を受けなければならない).
1. 이사가 자기 또는 제3자를 위하여 회사의 사업부류에 속한 거래를 하려고 할 때(取締役が自己又は第三者のために株式会社の事業の部類に属する取引をしようとするとき)
2. 이사가 자기 또는 제3자를 위하여 회사와 거래를 하려고 할 때(取締役が自己又は第三者のために株式会社と取引をしようとするとき)
3. 회사가 이사의 채무를 보증하는 다른 이사가 아닌 사람 사이에서 회사와 당해 이사에게 이익이 상반되는 거래를 하려고 할 때(株式会社が取締役の債務を保証することその他取締役以外の者との間において株式会社と当該取締役との利益が相反する取引をしようとするとき)
② 민법 제108조의 규정은 전항의 승인을 받은 동항 제2호 또는 제3호의 거래에 대해서는 적용하지 않는다(民法第百八条の規定は､前項の承認を受けた同項第二号又は第三号の取引については､適用しない).

상이지만, 이사 등과 회사와의 거래는 이사회의 승인대상이고, ②회사는 주주와는 별개로 독자적인 법인격을 가진 권리의무의 주체이고, 회사의 재산은 채권자를 위해서도 담보가 되는 등 1인주식회사라고 하더라도 회사의 이익과 주주의 이익은 다를 수 있으며, ③주식회사 기관의 권한 분장에 관한 주식회사 제도의 이념에 반하고, ④다른 무엇보다도 1인주식회사에 대한 법적 규율은 그 남용의 위험에 대비하는 쪽으로 이루어져야 하므로 이사회의 승인 요건은 엄격하게 해석해야 하기 때문이다.[145] 따라서 이사 등의 자기거래에 대해서는 1인주주 또는 주주 전원의 동의에도 불구하고 이사회의 승인이 필요하고,[146] 이사회 승인이 없는 경우에 해당 거래는 회사에 대하여 효력이 없다고 볼 것이다(원칙적 무효). 다만, 거래 안전을 위해서는 선의의 거래상대방에게는 대항할 수 없다고 본다(유동적 무효, 상대적 무효).[147]

이와 관련하여 2011년 개정상법은 상법 제398조의 적용범위를 확대하여 "상법 제542조의8 제2항 제6호에 따른 주요주주" 등과 회사 간의 거래에 대해서도 이사회의 사전승인을 얻도록 하였는 바 이 문제는 더 이상 학설의 대립 대상이 될 수 없게 되었다는 견해[148]가 있다. 상법 제398조 제1호의 주요주주에 1인주주도 포함된다고 보는 것이다. 생각건대, 1인주주도 상법 제398조 제1호의 주요주주의 요건을 충족하므로 1인주주와 회사 간의 거래 시에는 이사회의 사전승인이 필요하지만, 만일, 회사의 이익과 1인주주의 이익을 동일시하는 입장을 취한다면, 1인주주는 상법 제398조 제1호에도 불구하고 여전히 이사회의 승인이 요구되지 않는다는 결론으로 귀결될 것이므로 이사회의 승인 필요성에 대한 논란이 완전히 해결되었다고 볼 수는 없다.

한편, 위와 같은 논란은 이사회의 기능을 주주총회가 대신하는 자본금 총액 10억 원 미만인 회사에 대해서도 적용되는가? 자본금 총액이 10억 원 미만인 회사에서 이사가 1인 또는 2인인 경우에 자기거래는 주주총회의 승인으로 대신할 수 있고(상법 제383조 제4항), 서면에 의한 결의로서 주주총회결의에 갈음할 수 있

145 같은 취지로는 권기범, 현대회사법론(제7판), 삼영사(2017), 106 참조.

146 김정호, 회사법(제5판), 법문사(2019), 13; 이범찬 외 3인, 회사법(제2판), 삼영사(2018), 74; 장덕조, 회사법(제4판), 법문사(2019), 26; 정찬형, 상법강의(상)(제22판), 박영사(2019), 462; 홍복기/박세화, 회사법강의(제7판), 법문사(2019), 28.

147 김홍기, 상법강의(제4판), 박영사(2019), 294.

148 김정호, 회사법(제5판), 법문사(2019), 13.

으므로(제368조의3), 1인주주의 동의나 승인이 있다면 주주총회결의를 거친 것으로 간주되고, 제398조의 이사나 주요주주 등은 회사와 거래를 할 수 있다고 볼 것이다.[149]

3) 1인주주의 동의와 주식의 양도제한에 관한 정관 규정

상법은 주식양도의 자유를 인정하면서도 회사는 정관으로 정하는 바에 따라 주식의 양도에 관하여 이사회의 승인을 받을 수 있도록 하고 있다(상법 제335조 제1항 단서). 그렇다면 1인주주가 자신의 주식을 양도하면서 정관의 규정에도 불구하고 이사회의 승인을 받지 않은 경우 그러한 주식양도는 유효한가?

이와 관련하여 주식양도 제한의 입법취지는 이질적인 주주의 진입을 방지함으로써 기존 주주뿐만 아니라 회사채권자 기타의 이해관계자의 이익도 보호하려는데 있기 때문에 이사회의 승인을 얻도록 한 주식의 양도제한에 규정은 여전히 적용된다고 보는 견해[150]도 있다.

그러나 상법 제335조 제1항은 원하지 않는 자가 주주로 들어오는 것을 방지하고 양도인 이외의 주주이익을 보호하려는 것에 있는데, 양도인이 1인주주인 경우에는 다른 주주가 없어서 양수인의 주주 진입에 반대하는 주주가 있을 수 없고, 1인주주의 의사에 따라서 정관은 언제든지 개정할 수 있는 것이므로, 1인주주가 주식을 양도하는 경우에는 정관 소정의 이사회의 승인이 없다고 하더라도 그 양도는 유효하다고 볼 것이다.[151]

일본 최고재판소는 "주식의 양도에 관하여 정관으로써 이사회의 승인을 요하도록 규정하는 조문의 취지는, 회사에 있어서 원하지 않는 자가 주주로 들어오는 것을 방지하고, 양도인 이외의 주주이익을 보호하는 것에 있기 때문에, 1인회사의 주주가 보유하는 주식을 타인에게 양도하는 경우에는 정관 소정의 이사회의 승인이 없다고 하더라도 그 양도는 회사에 대한 관계에 있어서 유효하다."(日最判 1993. 3. 30. 民集 第47巻 第4号 3439)고 판시하고 있다.

4) 1인주주와 특별이해관계인의 의결권의 제한

상법 제368조 제3항은 "총회의 결의에 관하여 특별한 이해관계가 있는 자는

149 홍복기/박세화, 회사법강의(제7판), 법문사(2019), 29.
150 권기범, 현대회사법론(제7판), 삼영사(2017), 106.
151 이범찬 외 3인, 회사법(제2판), 삼영사(2018), 74; 임재연, 회사법 I(개정6판), 박영사(2019), 53; 최기원, 신회사법론(제14대정판), 박영사(2012), 54.

의결권을 행사하지 못한다."고 규정하고 있는데, 1인주주로 이루어진 1인주식회사에서는 특별한 이해관계를 가지는 주주가 따로 존재할 수 없기 때문에 동규정은 적용되지 않는다.[152]

감사의 선임 시에도 마찬가지이다. 즉, 감사 선임 시에 100분의 3 이상을 가진 주주의 의결권은 100분의 3으로 제한되지만(상법 제409조 제2항) 1인회사에서는 아무런 가치를 가지지 못한다.[153] 만일 적용된다고 보면 발행주식총수의 100분의 3의 주식만 의결권이 있으므로 주주총회 정족수에 관한 상법 제371조 제1항의 해석 여하에 따라서는 출석 과반수 및 발행주식총수 1/4 이상에 의한 감사선임 결의 자체가 불가능하게 될 수 있기 때문이다.

한편, 상법 제400조는 이사의 책임은 주주 전원의 동의로 면제할 수 있는데, 위와 같은 이유에서 1인주주인 이사의 책임 면제를 위한 주주총회결의에서는 1인주주는 의결권이 있게 된다.

5) 1인주식회사와 형법상 횡령죄, 배임죄

1인주식회사에서는 1인주주가 무단으로 회사재산을 양도하거나 이용하여 회사에게 손해를 끼칠 수 있다. 이와 관련하여 1인주주의 행위가 범죄적인 방법으로 행하여진 경우에 횡령이나 배임의 형사책임을 물을 수 있는가?

1인주식회사에서도 1인주주의 재산과 회사의 재산은 구별되어야 하므로 1인주주가 무단으로 회사재산을 양도하거나 회사에게 손해를 끼치는 경우에는 형법상 횡령죄나 배임죄로 처벌하는 것이 타당하다. 판례는 1인주주의 회사에 대한 배임죄(대법원 2012. 6. 14. 선고 2010도9871 판결, 대법원 2011. 3. 10. 선고 2008도6335 판결, 대법원 2005. 6. 10. 선고 2005도946 판결, 대법원 1983. 12. 13. 선고 83도2330 전원합의체 판결 등 다수) 및 횡령죄(대법원 2010. 4. 29. 선고 2007도6553 판결, 대법원 1989. 5. 23. 선고 89도570 판결 등)의 성립을 모두 긍정하고 있다. 1인주주와 회사는 별개의 인격이며, 본인인 주식회사에 재산상 손해가 발생하였을 때 배임죄나 횡령죄는 기수가 되는 것이므로 궁극적으로 회사의 손해가 주주의 손해가 된다고 하더라도 이미 성립한 죄에는 영향이 없다고 보아야 하기 때문이다(대법원 1983. 12. 13. 선고

152 권기범, 현대회사법론(제7판), 삼영사(2017), 107; 이철송, 회사법강의(제27판), 박영사(2019), 47; 유주선, 1인회사, 주식회사법대계 I (제3판), 한국상사법학회 편, 법문사(2019), 115; 장덕조, 회사법(제4판), 법문사(2019), 24.

153 이철송, 회사법강의(제27판), 박영사(2019), 47.

83도2330 전원합의체 판결, 업무상배임).

6) 1인주식회사와 법인격부인론

법인격부인론은 회사의 배후에 있는 지배주주가 회사의 독립적인 법인격을 주장하면서 자신의 책임을 부인하는 것이 정의와 형평의 이념에 반한다고 인정되는 경우에, 회사의 법인격을 부인하고 회사와 그 배후에 있는 지배주주를 동일시하여 '주주에게 직접 책임을 추궁'함으로써 법인격 남용으로 인한 폐단을 시정하고자 하는 이론이다. 그렇다면 1인주식회사에서는 회사의 법인격을 부인하고 지배주주에게 직접 책임을 물을 수 있는가?

1인주식회사라고 하더라도 회사의 법인격이 당연히 부인되는 것은 아니다. 따라서 법령에 특별한 규정이 있는 경우를 제외하고는 1인주주일지라도 회사의 채무에 대해서는 책임이 없다. 그러나 1인주주가 자기 개인이 부담하는 채무를 면탈하기 위하여 1인주식회사를 설립하고, 1인주식회사는 충분한 자금을 갖지 못하며, 1인주주 개인의 재산과 회사의 재산이 혼용되는 등 1인주주와 주식회사가 도저히 별개의 법인격을 가진다고 볼 수 없는 사정이 있다면, 1인주식회사의 법인격은 부인되고 1인주주는 회사 채권자에 대하여 책임을 부담한다.[154] 일반적인 회사와는 달리 1인주식회사에서는 법인격이 부인되어 채권자에게 1인주주가 책임을 지는 경우가 상대적으로 많을 것이다.[155]

[해설] 1인회사와 외국의 입법례

물적회사의 경우에는 대부분의 국가에서 1인회사가 인정되고 있다(독일 주식법 제2조; 프랑스 상법 제223-1조,[156] 일본 회사법 제26조[157]).

독일 주식법 제2조는 '발기인의 수'에 대하여 규정하면서 1인에 의한 주식회사의 설립을 허용하고 있다(독일 주식법 제2조[158]).

154 정찬형, 상법강의(상)(제22판), 박영사(2019), 463.

155 정찬형, 상법강의(상)(제22판), 박영사(2019), 463; 홍복기/박세화, 회사법강의(제7판), 법문사(2019), 29.

156 프랑스 상법전 제223-1조 유한회사는 그들의 출자를 한도로 하여 회사의 손실에 대하여 책임을 지는 1인 또는 수인의 자연인이나 법인에 의하여 설립된다. 회사가 하나의 자연인이나 법인만을 포함하는 때에는 그는 단일사원이라 칭한다. 단일사원은 본장의 규정에 의하여 사원총회에 귀속된 권한을 행사한다. <생략>.

157 일본 회사법 제26조(정관의 작성)
①주식회사의 설립에는 발기인이 정관을 작성하여 그 전원이 서명 또는 기명날인하여야 한다. (저자 주: 몇 명 이상의 발기인이라는 문구가 없으므로 1인의 발기인도 가능하다).

158 독일 주식법 제2조(발기인의 수) 회사계약(정관)의 확정에는 출자로써 주식을 인수한 1인 또는 수인이 참가하여야 한다.

유럽연합은 1989년 12월 20일 1인회사에 관한 제12지침[159]을 의결하였다. 이 지침은 1992년까지 1인 유한회사의 설립을 인정하도록 회원국의 법률을 개정하고, 1인 주식회사의 설립은 각국의 선택에 따르도록 하였다.[160] [161]

일본은 주식회사를 설립함에 있어서 7인 이상의 발기인을 요구하였으나, 1990년 상법 개정을 통해서 1인의 발기인에 의한 주식회사의 설립을 허용하였고(일본 개정전 상법 제165조), 이는 일본 회사법에 그대로 수용되었다(일본 회사법 제26조,[162] 제471조[163]).

영미에서도 1인회사는 광범위하게 인정되고 있다. 2006년 영국 회사법도 1인회사를 규정하였고(2006 영국 회사법 제7조 제1항[164]), 미국 각주의 법령에서도 1인회사의 설립을 규정하고 있다(Del. Gen. Corp. Law §10(a); MBCA §2.01[165]).[166]

159 EU Twelfth Council Directive - Single-member private limited liability companies (89/667/EEC) (Directvie 2009/102/EC.

160 유주선, 1인 회사, 주식회사법대계 I (제3판), 한국상사법학회 편, 법문사(2019), 107.

161 이 지침에 따라 독일은 1994년 주식법 개정에서 1인주식회사의 설립을 인정하였다(독일 주식법 제2조).

162 일본 회사법 제26조(정관의 작성)
① 주식회사의 설립에는 발기인이 정관을 작성하여 그 전원이 서명 또는 기명날인하여야 한다. (저자주: 몇 명 이상의 발기인이라는 문구가 없으므로 1인의 발기인도 가능하다).

163 일본 회사법 제471조(해산사유) 주식회사는 다음의 사유로 인하여 해산한다.
1. 정관으로 정한 존속기간의 만료
2. 정관으로 정한 해산사유의 발생
3. 주주총회결의
4. 합병(합병에 따라 주식회사가 소멸한 경우에 한한다)
5. 파산절차개시의 결정
6. 제824조 제1항 또는 제833조 제1항에 따른 해산을 명하는 재판
(* 저자주: 주주가 1인이 된 때가 해산사유에 없다.)

164 2006년 영국 회사법 제7조(회사설립의 방법)
① 회사는 이 법에 따라 다음 각 사항을 하는 1명 이상의 자에 의하여 설립된다.
(a) 기본정관의 서명
(b) 등록에 관한 이 법의 요건의 준수
② 회사는 위법한 목적을 위해 설립될 수 없다.

165 MBCA §2.01 1인 또는 그 이상의 자는 국무부장관에 기본정관을 제출하는 회사의 발기인이 될 수 있다.

166 최기원, 신회사법론(제14대정판), 박영사(2012), 50.

제 170 조 [회사의 종류]

회사는 합명회사, 합자회사, 유한책임회사, 주식회사와 유한회사의 5종으로 한다.

[전문개정 2011.4.14]

[관련조문] 상법 제169조(회사의 의의), 제178조(정관의 작성), 제187조(소제기의 공고), 제195조(준용법규), 제197조(지분의 양도), 제200조(업무집행의 권리의무), 제204조(정관의 변경), 제207조(회사대표), 제212조(사원의 책임), 제218조(퇴사원인), 제268조(회사의 조직), 제269조(준용규정), 제276조(유한책임사원의 지분양도), 제279조(유한책임사원의 책임), 제287조의2(정관의 작성), 제305조(주식에 대한 납입), 제329조(자본금의 구성), 제331조(주주의 책임), 제335조(주식의 양도성), 제342조(자기주식의 처분), 제342조의2(자회사에 의한 모회사주식의 취득), 제360조의24(지배주주의 매도청구권), 제361조(총회의 권한), 제389조(대표이사), 제393조(이사회의 권한), 제553조(사원의 책임), 제555조(지분에 관한 증권), 제556조(지분의 양도), 제562조(회사대표), 제614조(대표자, 영업소의 설정과 등기), 자본시장과 금융투자업에 관한 법률 제152조(의결권 대리행사의 권유), 제167조(공공적 법인이 발행한 주식의 소유제한), 제213조(투자합자회사의 설립 등), 주식회사 등의 외부감사에 관한 법률 제2조(정의) 등.

[참고문헌] 권기범, 현대회사법론(제7판), 삼영사(2017); 김정호, 회사법(제5판), 법문사(2019); 송옥렬, 상법강의(제9판), 홍문사(2019); 이철송, 회사법강의(제27판), 박영사(2019); 정찬형, 상법강의(상)(제22판), 박영사(2019); 주석 상법, 회사편(1)(제5판), 한국사법행정학회(2014)(정동윤); 최기원, 신회사법론(제14대정판), 박영사(2012); 최준선, 회사법(제14판), 삼영사(2019); 홍복기/박세화, 회사법강의(제7판), 법문사(2019).

Ⅰ. 의의

상법 제170조는 "회사는 합명회사, 합자회사, 유한책임회사, 주식회사와 유한회사의 5종으로 한다."고 규정하고 있다. 다수인이 관여하는 단체적인 법률관계를 획일적으로 처리하기 위해서 영리를 목적으로 하는 단체인 회사의 종류와 형태를 법률에서 정한 것이다. 그 밖에도 구상법(의용상법)은 주식합자회사[1]를 인정하고 있었으나 이용도가 적어서 1962년 상법 제정 당시 이를 도입하지 아니하였다.

회사의 종류는 법률에 의하므로 상법이나 다른 법령에 정하지 않은 회사의 형태는 임으로 창설될 수 없다. 상법 제173조는 "회사는 다른 회사의 무한책임사원이 되지 못한다."고 규정하는데, 이는 5가지 종류의 회사 외에 복합 형태의 회사 출현을 금지하는 뜻도 있다.[2] 회사가 다른 회사의 무한책임사원이 되면 새로운 종류의 회사를 창설하는 것과 같은 효과를 가질 수 있기 때문이다.

Ⅱ. 입법취지 및 입법례

1. 입법취지

상법 제170조가 회사의 종류를 5가지에 한정한 것은 다수의 이해관계인이 관여하는 회사의 법률관계를 획일적이고 명확하게 처리함으로써 이해관계인을 보호하고 회사에 대한 감독을 용이하게 하기 위한 것이다.

합명회사와 합자회사의 내부관계에 관한 법규는 임의법규이므로 광범위한 사적자치가 인정되고, 주식회사와 유한회사도 제한적이나 법이 허용하는 범위 내에서 정관에 의하여 다른 정함을 할 수 있다.

2. 입법례

각국의 회사법상 인정되는 회사의 종류는 서로 비슷하다. 회사법을 제정하거나 개정할 때 다른 국가의 회사의 종류와 운용 방식을 참고하기 때문이다.

독일 주식법은 회사의 종류를 ①주식회사(AG)와 ②주식합자회사(KGaA)로 구분하고 있고(독일 주식법 제1조, 제278조), 유한회사법에 의한 ③유한회사(GmbH)가 있다. 상법전에서는 일반사업조합(OHG), 합자사업조합(KG), 익명조합(Stille Gesellschaft)이 있으나 조합적 성격이 강하고 전형적인 회사로 보기에는 무리가 있다.

일본 회사법은 회사의 종류를 ①주식회사(유한회사는 2005년 회사법 제정 시 주식회사로 통합되었다), ②합명회사, ③합자회사, ④합동회사의 4가지로 규정하고 있다(일본 회사법 제2조 제1호).

1 주식합자회사는 합자회사의 유한책임사원의 출자가 주식인 회사이다. 즉, 무한책임사원과 주주로 구성되는 회사이다(독일 주식법 제278조). 유한책임사원의 지분이 주식으로 구성되는 만큼 합자회사에 비교하여 그 지분(주식)의 양도가 자유로운 편이다.

2 김정호, 회사법(제5판), 법문사(2019), 60.

프랑스 상법전은 회사의 종류를 ①합명회사, ②합자회사, ③유한회사, ④주식회사, ⑤주식합자회사로 구분하고 있다(프랑스 상법전 제221-1조 내지 제226-1조).

영국의 회사는 ①유한책임의 공개회사(public limited company), ②주식유한책임의 폐쇄회사(private company limited by shares), ③보증유한책임의 폐쇄회사(private company limited by guarantee), ④무한책임의 폐쇄회사(private unlimited company)의 4가지 형태로 구분할 수 있지만,[3] ①의 유한책임의 공개회사는 주식유한책임의 공개회사(public company limited by shares)와 보증유한책임의 공개회사(public company limited by guarantee)로 구분할 수 있고(영국 회사법 제4조 제2항), ④의 무한책임 폐쇄회사는 주식분할 자본금을 가지는 무한책임의 폐쇄회사 또는 주식분할 자본금을 가지지 않는 무한책임의 폐쇄회사가 있을 수 있으므로 이렇게 구분하면 회사의 형태는 더욱 늘어난다.

미국에서는 각 주가 회사법의 제정 권한을 가지는데 각주의 정책에 따라 상당한 차이가 있다. 일반적인 주식회사(business corporation) 외에도 사업조합(partnership), 합자사업조합(limited partnership)이 있고, 그 중간 형태인 주식합자회사(joint stock company)[4]도 있다. 그 밖에도 매사추세츠트러스트(Massachusetts or business trust),[5] 유한책임사업조합(Limited liability partnership, LLP)[6] 및 유한책임회사(Limited liability company, LLC) 등이 인정되고 있다.

자세한 내용은 앞의 제3편 회사 [총론] V. 회사법의 법계와 연혁에서 살펴보았다.

Ⅲ. 상법상 회사의 종류

상법은 회사를 합명회사, 합자회사, 유한책임회사, 주식회사, 유한회사의 5가

3 영국 정부 홈페이지 <https://www.gov.uk/government/publications/incorporation-and-names/incorporation-and-names>(2020. 07. 20. 방문).

4 joint stock company는 사원에 의해서 출연되고 분할되는 자본을 가지고, 각 사원은 투자액에 비례한 주식을 가지는 비법인사단을 말한다. 때로는 자본이 주식으로 분할되고, 다른 사원의 동의 없이 그 주식을 양도할 수 있는 합명회사(비법인)를 가리킨다.

5 메사추세츠트러스트 또는 사업신탁은 신탁계약에 의해서 설립되며, 투자자들은 유한책임을 지고, 주식 대신 양도가능한 신탁증서를 가지는 비법인 사업체이다.

6 유한책임사업조합(Limited liability partnership, LLP)는 사업조합의 일종이지만, 무한책임조합원이 일정한 채무에 대해서는 책임을 지지 않는 것을 말한다. 법무법인, 회계법인 등 전문적인 서비스를 제공하는 단체가 면책을 받기 위하여 이용한다.

지 종류로 구분하고 있다(상법 제170조). 이는 주로 사원의 책임(유한·무한책임),[7] 기관의 구성방식(소유와 경영의 분리 여부), 지분 양도상의 차이 등에 따른 것이다. 여기에서는 상법이 채택하는 5가지 종류의 회사의 개요만을 살펴보고, 자세한 내용은 해당 회사에 대한 설명에서 살펴본다.

1. 합명회사

가. 의의

"합명회사(合名會社, Partnership, OHG, offene Handelsgesellschaft)"는 '2인 이상의 무한책임사원'으로 구성되는 회사이다(상법 제212조). 사원 간의 인적신뢰를 바탕으로 성립되며, 사원 개인의 신용이 회사의 대외적 신용의 기초가 된다. 대외적인 법률관계의 간명화를 위해서 법인격이 부여되지만(제169조), 실질적으로는 '조합의 성격'을 가지므로 그 내부관계에 관하여는 정관 또는 상법에 다른 규정이 없으면 조합에 관한 민법의 규정이 준용된다(제195조).

비록 법인의 형태를 가지지만, 어디까지나 대외적인 권리관계의 명확성을 제고하기 위한 것이고, 조합적 색채가 농후하기 때문에 인적 신뢰관계를 바탕으로 하는 소수인의 공동기업에 적합하다.

나. 연혁

합명회사는 중세 이탈리아·독일 등 여러 도시의 가족단체에 그 기원을 두고 있다.[8] 인적결합체로서 사원의 노력을 결합하는 측면에서는 장점이 있지만, 자본의 결합과 위험의 분산에서는 미흡하다.

다. 사원의 책임

합명회사는 무한책임사원들로 구성된다. 회사 재산으로 채무를 완제할 수 없는 때에는 각 사원은 '연대하여' 변제할 책임이 있고(상법 제212조 제1항), 회사에 대한 지분과는 관계없이 자신의 전재산으로서 회사의 채무에 대하여 '연대하여 무한책임'을 진다. 각 사원은 회사채권자에 대하여 '직접책임'을 부담한다.

합명회사의 사원은 회사채권자에 대하여 직접, 연대, 무한책임을 부담하는 점

7 사원이 회사의 제3자에 대한 채무를 변제하여야 할 책임에 일정한 한도가 있는 것을 유한책임이라고 하고, 일정한 한도가 없고 회사 채무의 전액에 관하여 변제책임을 지는 것을 무한책임이라고 한다. 주석 상법, 회사편(1)(제5판), 한국사법행정학회(2014), 116(정동윤).

8 홍복기/박세화, 회사법강의(제7판), 법문사(2019), 5.

에서는 주식회사의 주주 및 유한회사의 사원의 책임과 구별되고, 합자회사 유한책임사원의 책임과도 구별된다.

라. 기관의 구성과 권한

합명회사의 사원은 각자가 '회사의 업무를 집행하고 회사를 대표'한다(상법 제200조 제1항, 제207조 제1문, 소유와 경영의 일치, 자기기관의 원칙). 정관에 업무집행사원을 정한 경우에는 그 사원이 회사의 업무를 집행하고(제201조 제1항) 회사를 대표한다(제207조 제2문). 다만, 수인의 업무집행사원을 정한 경우에는 정관 또는 총사원의 동의로 업무집행사원 중 회사를 대표할 자를 정할 수 있다(제207조 제3문). 이처럼 합명회사에서는 소유(사원)와 경영(사원)이 일치하는데, 이 점에서 소유(주주)와 경영(이사)이 분리되는 주식회사와는 차이가 있다.

마. 지분의 양도

합명회사의 사원은 원칙적으로 회사의 업무집행권과 대표권을 가지며(상법 제200조, 제207조), 사원의 지분은 양도할 수 있지만 그 양도의 계약이 효력을 발생하기 위해서는 '다른 사원의 (전원의) 동의'가 필요하다(제197조, 지분양도에 있어서 다른 사원의 동의). 이와 관련하여 다른 사원의 동의 요건을 정관을 통해서 완화시킬 수 있다는 견해가 있을 수 있으나, 사원이 연대·무한·직접책임을 부담하는 합명회사의 성격상 지분양도의 동의 요건을 완화하는 정관의 규정은 무효로 볼 것이다.

2. 합자회사

가. 의의

"합자회사(合資會社, Limited Partnership, KG, Kommandigesellschaft)"는 '무한책임사원'과 '유한책임사원'으로 구성되는 이원적 조직의 회사이다(상법 제268조). 무한책임사원은 합명회사의 사원처럼 무한책임을 부담하지만, 유한책임사원은 출자가액의 한도 내에서 유한책임을 진다.

합자회사는 사원 간의 신뢰를 바탕으로 소수의 사원으로 구성되는 점에서 합명회사와 유사하다. 특히, 무한책임사원을 위주로 결합되며, 무한책임사원의 신용이 회사의 대외적 신용의 기초가 되므로 인적회사로 분류된다. 무한책임사원 외에도 유한책임사원이 참가하는 등 합명회사보다는 사단성이 강하다.

나. 연혁

합자회사는 10세기 해상무역의 코멘다계약(commenda)에서 유래한다. 코멘다계약은 자본가와 기업가가 결합하여 단체를 이루는 형태인데 오늘날 합자회사와 익명조합의 기원이 되었다.[9] 예를 들어, 자본가가 기업가(선장 등)에게 금전·상품·선박 등을 맡기고 무역을 통하여 얻은 이익을 배분하는 형태이다. 최근에는 금융거래에서 집합투자(펀드)를 위한 투자기구(vehicle)로도 합자회사가 많이 활용되고 있다(자본시장과 금융투자업에 관한 법률 제213조).

다. 사원의 책임

"무한책임사원"은 회사채무에 관하여 합명회사의 사원처럼 무한·연대·직접책임을 부담한다(상법 제269조).

"유한책임사원"은 출자가액을 한도로 하여 유한책임을 진다. 자신의 출자가액에서 이미 이행한 부분이 있다면 이 금액을 공제한 가액을 한도로 하여 회사채무를 변제할 책임이 있으며(상법 제279조 제1항), 회사에 이익이 없음에도 불구하고 배당을 받은 금액은 변제 책임을 정함에 있어서 이를 가산한다(동조 제2항). 이처럼 합자회사의 유한책임사원은 출자금액을 실제 납입하기 전에도 사원이 될 수 있고, 사원이 된 후에는 미납입금액을 한도로 책임을 지는데, 이 점에서 인수가액을 전액 납입한 후에야 주주가 될 수 있고(제305조 제1항), 주주가 된 후에는 아무런 책임을 부담하지 않는 주식회사의 주주와는 차이가 있다. 다수인이 관여하는 주식회사의 경우에는 자본충실의 원칙상 보다 엄격한 운용이 필요하기 때문에 주금의 확실한 납입이 있은 후에야 주주가 될 수 있도록 한 것이다.

유한책임사원에서 무한책임사원으로의 변경 또는 그 반대의 경우에는 정관변경이 필요하고, 이를 위해서는 정관에 그 의결정족수 내지 동의정족수 등에 관하여 별도로 정하는 등의 특별한 사정이 없는 한 '총사원의 동의'가 필요하다(상법 제269조, 제204조; 대법원 2010. 9. 30. 선고 2010다21337 판결).

라. 기관의 구성과 권한

1) 무한책임사원의 업무집행권 및 대표권

합자회사의 무한책임사원은 정관에 다른 규정이 없는 때에는 각자가 회사의 '업무를 집행'하고 '회사를 대표'할 권리와 의무가 있다(상법 제273조, 제269조, 소유

9 홍복기/박세화, 회사법강의(제7판), 법문사(2019), 5.

와 경영의 일치). 무한책임사원의 권리와 의무 등에 관해서는 합명회사에 관한 규정이 준용된다(제269조).

2) 유한책임사원의 업무집행권 또는 대표권 등

합자회사의 유한책임사원은 회사의 업무집행이나 대표행위를 하지 못한다(상법 제278조). 회사의 활동으로 인한 책임은 사실상 무한책임사원이 지는데, 유한책임사원이 그 업무를 집행하거나 회사를 대표하는 것은 정의의 관념에도 부합하지 않을 뿐 아니라 조직 원리에도 맞지 않기 때문이다.

그렇다면 정관이나 총사원의 동의로 유한책임사원에게 '업무집행권' 또는 '대표권'을 부여할 수 있는가? 이는 대내적인 속성을 가지는 업무집행권과 대외적인 속성을 가지는 대표권을 구분해서 살펴보아야 한다.

가) 업무집행권

먼저 합자회사의 대내적인 업무집행권한은 상법 제278조의 규정에도 불구하고 정관에 의해서 유한책임사원에게 부여할 수 있다고 생각한다. 회사의 업무집행은 내부관계에 불과하고 이에 관한 규정은 임의규정이라고 볼 것이므로 정관 또는 총사원의 동의로 유한책임사원에게 업무집행권을 부여할 수 있다고 보기 때문이다(긍정설).

나) 대표권

그러나 대외적으로 회사를 대표하는 대표권의 경우에는 달리 보아야 한다. 회사를 대표하는 행위와 그로 인한 책임은 사실상 무한책임사원에게 귀속되므로 무한책임사원이 회사를 대표하는 것이 옳고 정관의 규정에도 불구하고 유한책임사원은 대표권을 가질 수 없다(부정설).

대법원도 "유한책임사원의 업무집행이나 대표행위를 인정하지 않고 있는 상법 제278조에 불구하고 정관 또는 내부규정으로서 유한책임사원에게 업무집행권을 부여할 수는 있는 것이라고 하더라도 유한책임사원에게 대표권까지를 부여할 수는 없는 것이므로"(대법원 1977. 4. 26. 선고 75다1341 판결)라고 하면서, 정관 또는 내부규정으로 유한책임사원에게 업무집행권은 부여할 수 있다고 하더라도, 대표권까지는 부여할 수 없다고 한다.

다) 감시권

유한책임사원은 영업연도 말에 있어서 영업시간 내에 한하여 회사의 회계장부, 대차대조표 기타의 서류를 열람할 수 있고, 회사의 업무와 재산상태를 검사할 수 있으며, 중요한 서류가 있는 때에는 언제든지 법원의 허가를 얻어 열람과 검사를 할 수 있다(상법 제277조). 유한책임사원은 투자자에 해당하고, 회사의 업무집행이나 대표행위를 하지 못하는 대신에, 무한책임사원의 업무집행을 감시할 수 있도록 한 것이다.

마. 지분의 양도

합자회사에서는 무한책임사원의 지분인지, 아니면 유한책임사원의 지분인지에 따라서 그 양도방법에 차이가 있다.

무한책임사원이 그 지분을 양도하기 위해서는 유한·무한책임사원 모두의 동의를 얻어야 한다(상법 제269조, 제197조). 합자회사에서 누가 무한책임사원인지는 다른 사원들 입장에서는 매우 중요하기 때문이다. 따라서 무한책임사원의 지분을 양도에 필요한 '다른 사원 전원의 동의' 요건을 완화하는 정관의 규정은 무효라고 볼 것이다.

유한책임사원이 지분을 양도하기 위해서는 '무한책임사원 전원의 동의'를 얻어야 한다(상법 제276조). 합자회사에서 유한책임사원은 일종의 투자자인데, 그 지분을 양도함에 있어서는 다른 유한책임사원의 동의는 필요가 없다. 무한책임사원의 지분 양도는 대외적인 책임 주체와 대내적인 업무집행자의 변동을 뜻하므로 유한책임사원도 이해관계를 가지나, 유한책임사원의 지분 양도는 단순한 투자자의 변동을 뜻하므로 유한책임사원은 이해관계가 없기 때문이다.

3. 유한책임회사

가. 의의

"유한책임회사(有限責任會社, LLC, Limited Liability Company)"는 사원의 출자로서 구성되는 자본을 가지고 그 출자금액을 한도로 책임을 지는 '유한책임사원'으로 구성되는 회사이다(상법 제287조의3 제3호, 제287조의4 제2항, 제287조의7). 모든 사원이 유한책임을 지는 것은 주식회사와 비슷하지만, 내부관계에서 소유와 경영을 분리할 필요는 없고 사원이 스스로 업무집행을 할 수 있는 등 구성원의 사적 자치가 폭 넓게 허용되는 점에서는 합명회사와 비슷하다. 결국 합명회사와 합자회사, 주식회사와 유한회사의 중간적 성격을 가진다.

유한책임회사는 미국의 유한책임회사(LLC, Limited Liability Company)와 일본의 합동회사(合同會社)를 모델로 한 것이고, 사모투자펀드나 벤처기업의 수요에 부응하기 위해서 도입되었으나, 유한회사와 별 차이가 없다는 비판이 있고, 실제로도 많이 사용되고 있지 못하다.

나. 사원의 책임

유한책임회사의 사원은 상법에 다른 규정이 있는 경우 외에는 그 출자금액을 한도로 책임을 부담한다(상법 제287조의7). 유한책임회사의 사원은 설립등기 이전에 출자를 완료해야 하고(제287조의4 제2항), 설립 이후에 가입하는 신입사원도 납입 또는 이행을 마친 때에서야 사원이 되는데(제287조의23 제2항), 이는 자본금이 회사의 대외적 책임의 기초가 되는 유한책임회사의 자본충실을 위한 것이다. 즉, 유한책임회사 사원의 유한책임은 주식회사에서의 주식인수인의 책임(제331조)과 같이 회사에 대한 출자이행 책임을 의미하고(간접책임), 사원이 된 이후에는 원칙적으로 책임을 부담하지 않는다.

다. 기관의 구성과 권한

유한책임회사에서는 정관으로 '사원' 또는 '사원이 아닌 자'를 '업무집행자'로 정하여야 한다(상법 제287조의12 제1항). 즉, 유한책임회사는 정관의 규정에 의하여 '사원'을 업무집행자로 정할 수 있는데, 이 점에서 사원이 회사의 업무를 집행할 권리와 의무가 있는 합명회사와 비슷하다(제200조 제1항).

유한책임회사는 정관으로 '사원' 또는 '사원이 아닌 자'를 '업무집행자'로 정하여야 한다(상법 제287조의12 제1항). 즉, 유한책임회사는 정관의 규정에 의하여 '사원이 아닌 자'를 업무집행자로 정할 수 있는데, 사원이 아닌 자가 업무집행자가 되는 경우에는 회사의 소유와 경영이 분리된다.

즉, 유한책임회사는 정관으로 사원을 업무집행자로 정하면 합명회사처럼 소유와 경영이 일치하고, 사원이 아닌 자를 업무집행자로 정하면 주식회사처럼 소유와 경영이 분리된다. 이러한 성격 때문에 유한책임회사를 인적회사와 물적회사의 중간적 형태라고 하는 것이다.

라. 지분의 양도

유한책임회사의 자본금은 주식회사의 주식이나 유한회사의 출자좌수와 같이 일정한 단위로 분할되지 않을뿐만 아니라, 유한책임회사의 사원은 다른 사원의 동의를 받지 아니하면 그 지분을 타인에게 양도하지 못한다(상법 제287조의8 제1항,

제2항). 즉, 유한책임회사는 사원이 유한책임을 부담하고 엄격한 자본충실이 요구되는 점(제287조의7, 제287조의4 제2항)에서는 주식회사와 비슷하지만, 지분 양도에 다른 사원의 동의가 요구되고(제287조의8 제1항) 출자금액 기준이 아니라 각자 1인 1의결권을 가지는 '사원 과반수의 결의'에 의하여 의사를 결정하는 점(두수주의, 상법 제287조의11, 제287조의18, 제195조, 민법 제706조 제2항)에서는 합명회사(상법 제197조) 및 합자회사(제269조, 제276조)와 비슷하다.

4. 주식회사

가. 의의

"주식회사(株式會社, stock corporation, public company limited by shares)"는 주주(사원)의 출자로서 구성되는 자본금을 바탕으로 설립되며, 자본은 주식으로 분할되고, 주주는 인수한 주식의 금액을 한도로 회사에 납입할 책임을 부담할뿐 회사채권자에 대해서는 직접적인 책임을 지지 않는 회사이다(상법 제331조). 즉, 주식회사는 자본금(제329조, 제451조), 주식(제329조 이하), 주주유한책임(제331조)을 핵심으로 하는 전형적인 자본단체이며, 구성원(주주)과 분리되어 독립적으로 존속하므로 사단성이 강하다.

나. 연혁

일반적으로 회사라고 말할 때에는 주식회사를 가리킨다. 주식회사의 기원에 대하여는 여러 가지 학설이 있으나, 1602년 네덜란드에서 설립된 동인도회사에서 비롯되었다고 보는 견해가 많다.[10] 주식회사는 가장 널리 알려진 회사의 형태이고 그 법적 쟁점이 매우 많으나, 여기에서는 사원의 책임, 기관의 구성과 권한, 지분의 양도에 관한 기본적인 내용을 살펴본다.

다. 사원의 책임

주식회사의 사원인 주주는 주식의 인수가격을 한도로 하여서 출자의무를 부담하는데(상법 제331조), 이러한 '주주의 유한책임'은 주식의 자유로운 양도와 더불어 주식회사 제도의 가장 큰 특징이다.

그러나 주주유한책임의 원칙이 절대적인 것은 아니다. 주주유한책임은 ①법인격부인론 ②세법상 과점주주의 2차 납세의무 등을 통하여 제한될 수 있다. ③

10 홍복기/박세화, 회사법강의(제7판), 법문사(2019), 5.

금융산업의 구조개선에 관한 법률, 독점규제와 공정거래에 관한 법률 등 특별법에 의해서도 주주의 권리가 제한되는 경우가 있다.[11]

라. 기관의 구성과 권한

주식회사의 기관에는 주주총회, 이사회, 대표이사, 감사 등이 있다.

"주주총회"는 회사의 가장 기본적이고 중요한 의사를 결정한다. 그런데 주주총회 소집의 어려움과 긴급한 결정의 필요성이 많아지면서 점차 중요한 사항에 한해서만 주주총회 결의를 요구하는 경향이 커지고 있다. 이를 반영하여 우리 상법은 "주주총회는 본법과 정관에 정하는 사항에 한하여 결의할 수 있다."(상법 제361조)고 규정하고 있다.

"이사회"는 중요한 자산의 처분 및 양도, 대규모 재산의 차입, 지배인의 선임 또는 해임과 지점의 설치·이전 또는 폐지 등 회사의 중요하거나 일상적인 의사를 결정하고, 업무를 집행한다(상법 제393조 제1항). 신속하고 긴급한 경영사항이 많아지면서 이사회의 권한은 점차 강화되고 있으며, 그에 상응하여 이사의 주의의무도 강화되는 추세이다.

"대표이사"는 회사의 업무를 집행하고 대표한다(상법 제389조). 즉, 주식회사에서는 소유권은 주주에게 있지만, 의사의 결정과 업무의 집행은 이사회와 대표이사가 수행하므로 소유와 경영이 분리된다. 이 점에서 회사의 구성원인 사원이 직접 업무를 집행하고, 소유와 경영이 일치하는 합명회사 및 합자회사와는 차이가 있다(제200조 제1항, 제207조, 제273조).

마. 지분의 양도

주주는 주식을 자유롭게 타인에게 양도할 수 있다(상법 제335조 제1항 본문). 이러한 주식양도의 자유는 자본단체인 주식회사의 본질적인 속성이다. 자유로운 주식양도를 통해서 투자 자본을 회수할 수 있어야 하기 때문인데, 이 점에서 지분양도에 다른 사원의 동의가 필요한 합명회사와 합자회사 사원의 지분 양도와는 커다란 차이가 있다(제197조, 제269조, 제276조).

그러나 주식양도의 자유는 절대적인 권리는 아니다. 주식양도의 자유는 ①정관에 의한 이사회의 승인(상법 제335조 제1항 단서), ②주권발행 전 주식양도의 제

11 주주의 유한책임에 대해서는 김정호, 법인격부인, 주식회사법대계 I (제3판), 한국상사법학회 편, 법문사(2019), 139 이하 참조.

한(제335조 제3항 본문), ③자회사의 모회사 주식 취득 제한(제342조의2 제1항) 등 법률이나 정관에 의해서 제한될 수 있다. 하지만 이러한 제한도 자본단체인 주식회사의 주식양도의 자유를 본질적으로 침해하지 못한다.

5. 유한회사

가. 의의

"유한회사(有限會社, private limited company)"는 총사원의 출자로서 구성되는 자본을 가지고, 자본은 균등액으로 세분된 출자좌수로 나누어지며, 사원은 출자좌수의 가액에 한하여 납입할 의무를 부담하고 회사채권자에 대하여는 아무런 의무도 부담하지 않는 회사이다(상법 제553조). 사원이 '유한책임'을 부담하고, 폭넓게 지분양도의 자유가 인정되며, 납입한 자본이 회사 책임의 기초가 되는 점에서 주식회사와 비슷하다.

유한회사가 주식회사와 다른 점은 그 폐쇄적·소규모적 성격에 있다. 유한회사는 ①각 사원의 출자좌수를 정관에 기재하고(상법 제543조 제1항, 제2항 제4호), ②지분에 관하여 지시식 또는 무기명식의 증권을 발행하지 못하며(제555조), ③현물출자 등을 통한 자본금 증가의 결의에 동의한 사원은 그 부족액을 연대하여 지급할 책임을 부담하고(제593조), ④이사는 있으나 이사회 제도가 없고(제561조) 감사는 임의기관이며(제568조), ⑤사채를 발행할 수 없고(제604조 제1항 단서의 해석), ⑥정관으로 지분의 양도를 제한할 수 있는데(제556조 단서), 이는 모두 유한회사의 폐쇄적·소규모적 성격을 반영하는 것이다.

유한회사는 중소기업에 적합하지만 실제로 우리나라 중소기업은 대부분 주식회사 형태로 운영되고 있다. 이는 유한회사의 설립과 운영에 특별한 혜택이 주어져 있지 않고, 주식회사의 설립과 운영절차가 완화되었을뿐만 아니라, 사람들의 인식도 주식회사를 선호하기 때문으로 보인다. 이러한 현상은 일본에서도 나타났는데, 일본 회사법은 유한회사를 없애고 주식회사로 통합하되, 주식회사의 지배구조를 다양하게 운영하는 방식을 취하고 있다.[12]

나. 연혁 및 입법례

유한회사는 19세기 말 경제계의 수요에 따라 등장한 제도로서 영국의 폐쇄회사(private company)와 독일의 합자사업조합(KG)에서 유래한다. 합명회사와 주식회

12 송옥렬, 상법강의(제9판), 홍문사(2019), 725.

사의 성격 부분적으로 조합시킨 유한책임의 폐쇄회사적 법형식으로서 19세기말 독일의 법학자들에 의하여 탄생되었다.[13] 주식회사와 같은 자본단체이지만 소규모·폐쇄적인 성격을 가지고, 이를 반영하여 지분의 증권화가 허용되지 않고 감사도 임의기관이며, 이사는 존재하지만 이사회의 설치도 요구되지 않는다.

다. 사원의 책임

유한회사의 사원은 주식회사의 주주와 마찬가지로 출자금액의 한도 내에서 책임을 부담한다(상법 제553조). 하지만 주식회사에 비교하면, 현물출자 재산의 가격이 정관에 정한 가격에 현저히 부족한 때에는 사원은 회사에 대해서 그 부족액을 연대하여 지급할 책임을 부담 하는 등(제550조, 제593조) 그 자본충실의 책임이 오히려 강화되어 있다.

라. 기관의 구성과 권한

유한회사에서는 사원총회에서 선임된 이사가 '업무집행권'과 '대표권'을 가진다(상법 제562조). 사원 자격에 관계없이 이사가 될 수 있는 점에서는 소유와 경영이 분리되는 주식회사와 같지만, 소규모·폐쇄성을 반영하여 이사회 제도가 없고(제561조, 제564조), 감사도 임의기관으로 되어 있는(제568조) 등 그 기관구성은 간소화되어 있다.

마. 지분의 양도

유한회사의 사원은 정관에서 그 양도를 제한하지 않는 한 그 지분의 전부 또는 일부를 양도하거나 상속할 수 있다(상법 제556조). 종전에는 지분양도에 사원총회의 결의를 요구하였으나,[14] 2011년 개정상법은 이러한 제한을 폐지하고 정관으로만 지분의 양도를 제한할 수 있도록 하였다(제556조).

13 김정호, 회사법(제5판), 법문사(2019), 61.

14 2011년 개정전 상법 제556조(지분의 양도)

① 사원은 제585조의 규정에 의한 사원총회의 결의가 있은 때에 한하여 그 지분의 전부 또는 일부를 타인에게 양도할 수 있다. 그러나 정관으로 양도의 제한을 가중할 수 있다.

[표] 각종 회사의 비교*

	합명회사	합자회사	유한책임회사	주식회사	유한회사
사원의 종류	무한책임사원	무한책임사원			
		유한책임사원	유한책임사원	유한책임사원 (주주)	유한책임사원
사원의 책임	무한책임사원 (직접·무한·연대)	무한책임사원 (직접·무한·연대)			
		유한책임사원 (직접·유한·연대)	출자금액 한도 (간접)(제287조의7)	인수가액 한도 (간접)(제331조)	출자금액 한도 (간접)(제553조)
소유와 경영	무한책임사원 일치(제200조)	무한책임사원 일치(제273조)			
		유한책임사원 분리	유한책임사원 분리(제287조의12)	주주 분리(제387조)	유한책임사원 분리(제564조)
집행기관	사원 (제200조 제1항)	무한책임사원 (제273조)	업무집행자 (제287조의12)	이사 (제393조)	이사 (제562조 제1항)
자기거래	다른사원 과반수 (제199조)	다른사원 과반수(제169조)	다른사원 과반수(제287조의11)	이사회의 승인 중요사실 공개 사전승인(제398조)	감사, 사원총회 승인(제564조)
경업·겸직 금지	다른사원 동의 동종영업금지 이사등 취임 금지 (제198조 제1항)	좌동(준용규정) 유한책임사원 (경업가능, 제275조)	다른사원 동의, 동종영업금지, 이사등 취임 금지(제287조의10)	이사회의 승인 동종영업금지 이사 등 취임금지 (제397조 제1항)	이사회 승인 (준용)(제567조)
지분양도 요건	타사원 동의 (제197조)	무한책임사원 동의(제269조)			
		유한책임사원 (무한책임사원 동의, 제276조)	타사원 동의 (제287조의8 제1항)	원칙적 자유 정관상 이사회의 승인 가능(제335조)	원칙적 자유 정관상 제한 가능(제556조)
신용노무 출자	허용(제222조)	허용(제269조)			
		불허(제272조)	불허(제287조의4)	불허(자본충실)	불허(자본충실)

*김홍기, 상법강의(제4판), 박영사(2019), 310

Ⅳ. 기타 회사의 분류

위에서는 상법전상 회사의 종류는 합명회사, 합자회사, 유한책임회사, 주식회사와 유한회사의 5가지 종류로 구분됨을 살펴보았다(상법 제170조). 여기에서는 인적회사와 물적회사 등 강학상의 구분 외에 다양한 기준에 의해서 회사가 분류되는 방법을 살펴본다.

1. 인적회사와 물적회사

회사는 인적회사와 물적회사로 구분할 수 있다. 인적회사와 물적회사를 구분하는 기준이 명확한 것은 아니지만, "인적회사"는 사원이 회사채무에 대해서 무한책임을 지는 회사로서 그 구성원인 사원의 개성이 중요하고, "물적회사"는 사원이 회사채무에 대해서 유한책임을 지는 회사로서 그 구성원의 개성보다는 자본을 비롯한 회사의 물적 기초가 중요하다.[15] 즉, 사원 상호 간의 관계가 밀접한지 여부, 사원의 개성이 중요한지 여부, 사원이 회사의 채무에 대해서 대외적인 책임을 부담하는지 여부 등에 따라서 구별하는 것이다. 본래는 강학상의 분류이지만, 최근에는 EU의 각종 지침에서도 사용되고 있어서 점차 실정법상으로도 사용되는 개념이 되고 있다.[16]

우리 상법은 합명회사·합자회사·유한책임회사·주식회사·유한회사의 5가지 종류의 회사를 두고 있는데, 이들 중에서 합명회사와 합자회사는 인적회사의 일종이고, 주식회사와 유한회사는 물적회사의 일종이다. 유한책임회사는 인적회사와 물적회사의 특성을 모두 가지는 중간적 성격의 회사이다.

인적회사와 물적회사는 학설상의 구분이지만, 사원의 책임 등이 문제되는 구체적인 사례에서 마땅하게 적용할 법규가 없을 경우에는 해당 회사가 인적회사 또는 물적회사의 성격을 가지는지에 따라서 판단이 달라질 수 있다. 인적회사에서는 어느 정도 사적 자치가 인정되어 임의법규성을 가진 규정이 많지만(상법 제194조, 제269조), 물적회사에서는 대부분의 규정이 강행법규성을 가지기 때문이다.[17]

15 이철송, 회사법강의(제27판), 박영사(2019), 82-83; 최기원, 신회사법론(제14대정판), 박영사(2012), 74; 최준선, 회사법(제14판), 삼영사(2019), 89.
16 권기범, 현대회사법론(제7판), 삼영사(2017), 111.
17 정찬형, 상법강의(상)(제22판), 박영사(2019), 478.

가. 인적회사

"인적회사"란 회사를 구성하는 사원 개인의 개성에 기초를 두는 회사로서,[18] 각 구성원(사원) 간의 관계가 밀접하고, 사원이 경영에 직접 참여하므로 소유와 경영이 일치한다.

"합명회사(合名會社)"는 사원 간의 인적 신뢰를 바탕으로 2인 이상의 무한책임사원으로 구성되고(상법 제178조), 사원 개인의 신용이 회사의 대외적 신용의 기초가 되는 전형적인 인적회사이다. 대외적인 법률관계를 간명화하기 위해서 법인격이 부여되지만(제169조), 실질적으로는 조합의 성격을 가지므로 그 내부관계에 관하여는 정관 또는 상법에 다른 규정이 없으면 조합에 관한 민법의 규정이 준용된다(제195조).

합명회사를 비롯한 인적회사는 사원의 신용이 회사신용의 기초가 되므로, 사원이 작성하는 정관에 의해서 회사의 실체가 형성되고, 설립등기 전에 반드시 출자이행을 할 필요도 없어서 설립절차가 비교적 간단하다. 사원이 회사채권자에게 연대·무한·직접책임을 부담하므로 누가 사원인지를 정하는 것이 중요하지 실제로 자본금이 납입되었는지는 덜 중요하기 때문이다.

합명회사를 비롯한 인적회사의 각 사원이 가지는 지분은 출자액수에 따라 그 크기가 다르지만, 각 사원은 지분의 크기에 관계없이 1인 1의결권을 가진다(두수주의). 사원은 지분의 크기에 관계 없이 대외적으로 연대하여 무한책임을 지기 때문이다. 주식회사 및 유한회사에서 지분이 주식이나 출자좌수로 구성되고(상법 제329조, 제554조), 출자금액에 한하여 유한책임을 부담하며, 그 출자금액(출자좌수)에 따라 의결권을 가지는 것과는 차이가 있다(제369조, 제575조 제1항, 지분주의).

합명회사의 사원은 그 지분을 양도할 수 있지만 그 효력의 발생을 위해서는 다른 사원의 동의가 필요하다(상법 제197조). 주식회사를 비롯한 물적회사에는 그 투자금의 회수를 보장할 필요성이 있으므로 주식 등 지분양도가 원칙적으로 자유롭지만(제335조), 합명회사 등 인적회사에서는 사원이 서로 연대하여 무한책임을 지고 사원의 개성이 중요하므로 다른 사원의 동의하에서만 지분을 양도할 수 있도록 한 것이다. 이와 관련하여 '정관에 의하여' 지분양도에 필요한 다른 사원의 동의요건을 완화하는 것이 가능하다는 견해도 있으나, 사원이 연대·무한·직접책

18 주석 상법, 회사편(1)(제5판), 한국사법행정학회(2014), 119(정동윤).

임을 부담하는 합명회사의 성격상 지분양도의 동의요건을 완화하는 정관의 규정은 무효라고 본다.

사원의 지분은 재산적 가치가 있는 권리이므로 질권의 설정이 가능하다. 다만, 질권자가 질권을 실행하고 그 효력을 회사에게 대항하기 위해서는 지분양도와 마찬가지로 다른 사원 전원의 동의가 요구된다고 볼 것이다(상법 제197조의 유추적용). 채권자는 사원의 지분을 압류할 수 있으며, 지분의 압류는 사원이 장래이익의 배당과 지분의 환급을 청구하는 권리에 대하여도 그 효력이 있다(제223조). 다만, 지분을 압류한 채권자는 다른 사원의 동의 없이는 채무자의 지분을 양수받거나 처분할 수 없으므로(제187조), 다른 사원이 동의하지 않는다면 채무자인 사원을 영업연도말에 강제로 퇴사시키고 그 지분의 환가절차를 통해서만 채권을 회수할 수 있다. 사원의 지분을 압류한 채권자의 '퇴사청구권'의 법적 성질은 형성권이다(대법원 2014. 5. 29. 선고 2013다212295 판결).

"합자회사(合資會社)"는 무한책임사원과 유한책임사원으로 구성되는 이원적 조직의 회사이다(상법 제268조). 합자회사 역시 사원 간의 인적신뢰를 바탕으로 구성되는 점에서는 합명회사와 유사하다. 특히, 무한책임사원의 신용이 회사의 대외적 신용의 기초가 되므로 인적회사로 분류된다. 합자회사에 대해서는 합명회사에 관한 규정이 준용된다(제269조).

나. 물적회사

"물적회사"란 사원의 개성이 아니라 회사의 자본에 기초를 둔 회사이며,[19] 사원은 회사채권자에 대하여 개인적으로 책임을 지지 않고 회사의 재산만이 회사신용의 기초가 된다. 사원은 사원총회(주주총회)를 통하여 중요한 의사결정에는 참여하지만 직접 업무집행에는 관여하지 않으므로 소유와 경영이 분리된다.

물적회사인 주식회사와 유한회사의 사원(주주)은 유한책임을 부담하고 사원이 납입한 자본이 대외적인 책임의 원천이 되므로 제대로 자본금이 납입되었는지를 확인하기 위해서는 설립절차가 엄격할 수 밖에 없다. 특히 모집설립의 방법으로 주식회사를 설립하는 경우에는 ①발기인의 정관작성에서 시작하여 ②주주모집, ③주식의 청약·배정, ④주금납입, ⑤검사절차, ⑥창립총회를 거치는 복잡한 절차를 거쳐야 한다. 자본금에 상응하는 금액이 실제로 납입되었는지 여부를 엄격하

19 주석 상법, 회사편(1)(제5판), 한국사법행정학회(2014), 119(정동윤).

게 조사할 필요가 있기 때문이다.

자본은 개성이 없는 것이므로 각 사원의 개성은 중요하지 않다. 따라서 사원이 가지는 지분은 원칙적으로 자유로이 양도할 수 있다. 인적회사인 합명회사와 합자회사에서는 정관에 사원의 성명이 기재되고 등기되므로 쉽게 사원임을 증명할 수 있으나(상법 제179조 제3호, 제180조 제1호, 제270조), 주식회사에서는 주주의 성명이 정관의 기재사항이 아니고, 주식인수의 약정과 주금납입에 의하여 간편하게 주주가 되는데, 이는 대외적으로 주주의 증명수단으로서는 부족하다. 따라서 주식회사에서는 주권의 발행을 통해서 주주의 증명을 용이하게 하고, 주식의 양도를 통하여 투자자금을 수월하게 회수할 수 있도록 하고 있다.

주식회사와 유한회사에서는 사원(주주)의 제명이 가능한가? 상법은 합명회사와 합자회사에 대해서는 제명(除名) 규정을 두고 있으나(상법 제218조 제6호, 제269조), 주식회사와 유한회사에서는 제명 규정을 두고 있지 않기 때문이다. 이와 관련하여 실제적 필요성이 존재하는 경우에는 사원(주주)의 제명을 인정하여야 한다는 견해도 있으나,[20] 주주의 제명은 다수결을 원칙으로 하는 자본단체인 주식회사의 본질에 위배되므로 허용되지 않는다고 본다. 합명회사나 합자회사는 사원 간의 신뢰를 바탕으로 성립하고 회사의 채무에 대해서 연대하여 무한책임을 지므로 신뢰할 수 없는 사원이 있는 때에는 다른 사원을 보호하기 위해서라도 문제 있는 사원을 강제적으로 제명할 필요가 있지만, 물적회사인 주식회사나 유한회사에서는 지분(주식)의 양도가 자유롭고, 지분의 크기에 따라서 의결권이 행사되므로 소수주주의 반대가 있다고 하여서 대주주가 회사의 경영권을 행사하는데 장애가 없을뿐 아니라, 지배주주에게는 소수주식의 매도청구권(제360조의4)도 인정되고 있어서 사원(주주)의 제명 제도는 인정할 필요성은 없다.

인적회사와는 달리 물적회사인 주식회사에서는 임의청산은 인정되지 않고 법정청산절차를 밟아야 한다(상법 제531조 이하). 다수의 이해관계인이 관여하고 있으므로 공정한 청산절차가 요구되기 때문이다.

다. 중간적 성격의 회사

위에서는 상법상 회사의 종류 가운데에서 합명회사와 합자회사는 인적회사로 분류하고, 주식회사와 유한회사는 물적회사로 분류하였다. 그런데 2011년 상법 개

20 미국에서는 폐쇄 주식회사에서 주주의 제명을 인정하는 사례도 있다.

정에 의하여 새로이 도입된 유한책임회사는 인적회사와 물적회사의 특성을 모두 가지고 있는 바, 아래에서는 유한책임회사가 가지는 인적회사와 물적회사의 속성을 차례로 살펴본다.

유한책임회사는 인적회사의 속성을 가진다. 유한책임회사의 사원은 '다른 사원의 동의'를 받지 아니하면 그 지분의 전부 또는 일부를 타인에게 양도하지 못하고(상법 제287조의8 제1항), 업무집행자가 경업이나 겸직을 하기 위해서는 '다른 사원 전원의 동의'를 받아야 한다(제287조의10). 지분의 양도나 경업 등을 위하여 다른 사원 전원의 동의가 요구되는 것은 합명회사를 비롯한 인적회사의 특징이다.

유한책임회사는 물적회사의 속성도 가지고 있다. 유한책임회사의 사원은 유한책임을 부담하고, 출자금액이 대외적인 책임의 기초가 되므로 출자에 관한 규정이 주식회사보다도 엄격하다. 예를 들어, 사원은 신용이나 노무를 출자의 목적으로 하지 못하고(상법 제287조의4 제1항), 설립등기 이전에 그 출자를 전부 이행하여야 하며(동조 제2항), 설립 이후에 가입하는 신입사원도 납입 또는 이행을 마친 때에서야 사원이 되는데(제287조의23 제2항), 이는 자본금이 대외적 책임의 기초가 되는 물적회사의 특징이다.

2. 상사회사와 민사회사

회사는 설립 목적을 기준으로 상사회사와 민사회사로 분류할 수 있다. "상사회사"는 상행위를 목적으로 설립된 회사이고, "민사회사"는 상행위 외의 영리행위를 목적으로 설립된 회사이다(상법 제169조). 즉, 회사 중에서 '상행위'를 목적으로 하는 것은 상사회사이고, '그 밖의 영리활동'을 목적으로 하는 것은 민사회사이다. 예를 들어, A 주식회사가 영위하는 영업이 상법 제46조에서 열거된 22개의 상행위에 해당하지 않으면, A 회사는 상행위가 아니라 '그 밖의 영리활동'을 목적으로 하는 민사회사가 된다. 하지만 상법은 상사회사를 당연상인으로 하고(제4조), 민사회사는 의제상인으로 하고 있어서(제5조 제2항), 양자는 모두 상인이고 상법이 동일하게 적용되므로 실제 법률의 적용에 있어서는 아무런 차이가 없다.[21]

3. 일반법상의 회사와 특별법상의 회사

회사는 그 설립·조직·존속에 관한 준거규범을 기준으로 하여서 일반법상의

21 최기원, 신회사법론(제14대정판), 박영사(2012), 78; 주석 상법, 회사편(1)(제5판), 한국사법행정학회(2014), 122(정동윤).

회사와 특별법상의 회사로 분류할 수 있다.

"일반법상의 회사"란 상법의 일반규정만의 적용을 받는 회사를 가리킨다. 상법 중에 회사법은 회사에 관한 일반법이라고 할 수 있기 때문이다. 대부분의 회사는 일반법상의 회사이다.

"특별법상의 회사"란 상법 이외의 특별법의 적용을 받는 회사를 가리킨다. 특별법상의 회사에는 ①특정 회사만을 위하여 제정된 특별법에 따르는 회사, 예를 들어, 중소기업은행(중소기업은행법), 한국수출입은행(한국수출입은행법), 한국가스공사(한국가스공사법) 등이 있고(흔히 '공기업'이라고 부른다), ②특정한 종류의 영업을 목적으로 하는 회사를 위하여 제정된 일반특별법에 따르는 회사, 예를 들어, 은행(은행법), 보험회사(보험업법), 금융투자회사(자본시장과 금융투자업에 관한 법률) 등이 있다.

4. 모회사와 자회사 등

일반적으로 어느 회사가 다른 회사의 지분(주식)을 보유하거나, 계약, 임원 겸임(임원의 파견) 등에 의하여 지배하고 있는 경우에, 전자를 모회사 또는 지배회사라고 하고 후자를 자회사 또는 종속회사라고 한다.[22]

가. 모회사와 자회사

우리 상법은 지분율을 기준으로 하여서, ①어느 회사가 다른 회사의 발행주식총수의 100분의 50을 초과하는 주식을 가지는 경우에는 이를 모회사라 하고, 그 다른 회사를 자회사로 하고 있다(직접지배형, 상법 제342조의2 제1항). 그리고 ②모회사와 자회사가 다른 회사의 발행주식총수의 100분의 50을 초과하는 주식을 가지는 경우에 그 다른 회사를 그 모회사의 자회사로 보고(합동지배형, 제342조의2 제3항), ③나아가 자회사가 단독으로 다른 회사의 발행주식총수의 100분의 50을 초과하는 주식을 가지는 경우에도 그 다른 회사를 그 모회사의 자회사로 본다(간접지배형, 제342조의2 제3항).

모회사와 자회사는 법적으로는 별개이지만 경제적으로는 서로 연결되어 있고, 자회사는 사실상 모회사의 결정에 따르게 되므로 상법에서는 자본충실을 도모하고 모자회사 간의 경제적 실질을 반영하여 각종 특칙을 두고 있다. 예를 들어, 자본충실을 위해서 자회사는 일정한 경우를 제외하고는 모회사의 주식을 취

22 주석 상법, 회사편(1)(제5판), 한국사법행정학회(2014), 122(정동윤).

득하지 못하고(상법 제342조의2 제1항), 예외적으로 모회사의 주식을 취득한 경우에도 그 주식을 취득한 날로부터 6월 이내에 처분하여야 한다(제342조의2 제2항). 그리고 지배주주가 소수주주를 상대로 주식의 매도청구권을 행사함에 있어서는 모회사와 자회사가 보유하는 주식을 합산하여 지배주주의 보유지분을 산정한다(제360조의24 제2항, 제1항).

나. 지배회사와 종속회사

일반적으로 어느 회사가 다른 회사를 계약, 주식이나 지분 등의 자본 참가, 임원의 파견 등에 의하여 지배하는 경우에 전자를 지배회사라고 하고, 후자를 종속회사라고 한다.[23] 모자회사는 지배·종속회사의 한 형태인데 주식취득 제한의 기준을 명확하게 하기 위하여 상법에서 정한 것이다.

주식회사 등의 외부감사에 관한 법률은 연결재무제표 작성 대상회사를 정하기 위해서 자체적으로 지배·종속 관계의 범위를 정하고 있다(주식회사 등의 외부감사에 관한 법률 제2조 제3호, 동법 시행령 제3조). 이 경우 지배·종속회사는 한국채택국제회계기준 등 공정·타당하다고 인정되는 회계감사기준(동법 제16조)을 따라야 한다.

5. 상장회사와 비상장회사

가. 우리나라 상장회사의 규제체계

"상장회사"는 '대통령령으로 정하는 증권시장(증권의 매매를 위하여 개설된 시장을 말한다)'에 상장된 주권을 발행한 주식회사를 말한다(상법 제542조의2 제1항 본문). 여기서 "대통령령으로 정하는 증권시장"이란 거래소시장 중에서 증권시장을 말한다(상법시행령 제29조 제1항, 자본시장과 금융투자업에 관한 법률 제8조의2 제4항 제1호). "비상장회사"는 상장회사를 제외한 회사를 가리킨다.

다만, 상법은 '집합투자'를 수행하기 위한 기구로서 대통령령으로 정하는 주식회사는 상장회사에서 제외하고 있다(상법 제542조의2 제1항 단서, 상법 시행령 제29조 제2항). 집합투자를 수행하는 기구에는 신탁, 회사, 조합 형태의 집합투자기구가 있는데(자본시장과 금융투자업에 관한 법률 제188조 이하) 주식회사의 형태를 가진 집합투자기구는 비록 거래소가 개설하는 증권시장에 상장된 경우에도 상법상 상장회사 특례규정이 적용되지 않는다. 이러한 주식회사는 사업회사라기 보다는 투

23 정찬형, 상법강의(상)(제22판), 박영사(2019), 478.

자기구의 성격을 가지는 것이기 때문이다.

상장회사는 회사 전체의 숫자[24]에 비교해서는 소수이지만 그 경제적 중요성과 파급력을 고려해서 특칙을 두는 것이 일반적이다. 우리나라는 상법 제3편 제13절에서 상장회사의 지배구조에 관한 특례 규정들을 두고, 상장회사의 재무와 증권의 발행과 유통에 관한 특례는 자본시장과 금융투자업에 관한 법률에서 규정하고 있다.[25] 이처럼 우리나라가 상장회사의 지배구조와 재무구조를 분리 규제하는 것에는 특별한 법리적 이유가 있는 것이 아니고, 정부부서 간의 사무관장 합의가 결정적인 영향을 미쳤다. 그러나 상법상 지배구조에 관한 규정과 자본시장과 금융투자업에 관한 법률상 재무구조에 관한 규정이 항상 명료하게 구별되는 것은 아니다. 이에 따라 일반법인 상법(회사편)의 상장회사 규제와 특별법인 자본시장과 금융투자업에 관한 법률의 상장회사 규제 사이에 정합성이 문제되고 있으며 상장회사 특별법의 제정 등 규제 통일을 위한 필요성이 논의되고 있다.

나. 상법상 상장회사의 지배구조에 관한 특례

상법은 종래의 구증권거래법상 상장회사에 관한 특례를 상법으로 끌어들였다. 특히, 2009년 2월 4일자로 자본시장과 금융투자업에 관한 법률이 시행되면서, 구증권거래법 제9장 제3절의 '상장법인에 대한 특례' 중 회사 지배구조에 관한 규정들이 상법에 이관되었다.

상법에 규정된 상장회사의 특례에는 주식매수선택권에 관한 특례(상법 제542조의3), 주주총회 소집공고 등에 관한 특례(제542조의4), 이사·감사의 선임방법에 관한 특례(제542조의5), 각종 소수주주권의 특례(제542조의6), 집중투표에 관한 특례(제542조의7), 사외이사의 선임에 관한 특례(제542조의8), 주요주주와 이해관계자와의 거래에 관한 특례(제542조의9), 상근감사에 관한 특례(제542조의10), 감사위원회 및 그 구성에 관한 특례(제542조의11, 제542조의12), 준법통제기준 및 준법지원인에 관한 특례(제542조의13) 등이 있다.

24 2018년 말 기준 국세청에 법인세 신고를 한 법인은 주식회사 667,672개, 유한회사 33,169개, 합자회사 3,164개, 합명회사 884개, 비영리법인 33,599개, 외국법인 1,727개이다. 종전의 통계와 비교하면, 주식회사와 유한회사의 숫자는 꾸준히 증가하고 있으나 합자회사의 숫자는 줄었고 합명회사의 숫자는 비슷하다. 유한책임회사의 통계는 보이지 않는다. 이 통계는 국세청의 법인세 신고회사가 대상이고, 법원의 상업등기부에 등기된 회사를 기준으로 하면 그 숫자는 2배 가까이 증가한다. 국가통계포털<http://kosis.kr/index/index.do>(2020.6.30. 방문).

25 자본시장과 금융투자업에 관한 법률 제3편 제3장의2 주권상장법인에 대한 특례(동법 제165조의2 내지 제165조의19).

다. 자본시장법상 상장회사의 재무 등에 관한 특례

상장회사의 재무와 상장주식의 유통에 관하여는 상법 외에 자본시장과 금융투자업에 관한 법률과 관련 특별법이 적용된다. 주권상장법인의 주식등을 대량보유하게 된 자는 주식등의 대량보유사실을 금융위원회와 거래소에 보고하는 등 엄격한 공시주의의 적용을 받고(자본시장과 금융투자업에 관한 법률 제147조 내지 제149조), 임원, 직원, 주요주주 등 내부자의 미공개중요정보를 이용한 거래 등이 금지되고, 6개월 이내에 증권의 매매를 통해서 얻은 이익은 반환하여야 하며(동법 제172조 내지 제175조), 시세조종, 부정거래행위 등이 금지되며(동법 제176조 내지 제180조), 비상장주식회사에 비교하여 자기주식의 취득, 합병, 주식매수선택권, 주식의 발행과 배정, 액면미달발행, 사채의 발행과 배정, 조건부자본증권의 발행, 이익배당과 주식배당의 특례, 사외이사 및 상근감사 등에 관한 특례 등이 인정된다(동법 제165조의3 내지 제165조의19).

금융위원회는 상장회사가 자본시장법의 각종 규정을 위반한 경우에는 주권상장법인에 대하여 그 사실을 공고하고 정정을 명할 수 있으며, 필요하면 그 법인의 주주총회에 대한 임원의 해임 권고, 일정기간 증권의 발행 제한, 그 밖에 대통령령으로 정하는 조치를 할 수 있다(동법 제165조의18).

6. 공개회사와 폐쇄회사

"공개회사(public issue corporation, publicly held company)"란 사원의 수가 많고, 주식의 양도에 관하여 제한이 없으며, 공모에 의하여 주식을 발행하는 공개적인 특징을 가진 회사를 가리킨다.

"폐쇄회사(close corporation, closely held corporation)"는 공개회사와 반대되는 개념으로서 그 발행주식이 주식시장에서 자유로이 유통되지 않는 폐쇄적인 성격을 가지는 회사를 가리킨다.[26]

공개회사와 폐쇄회사는 실정법상의 구분이라기보다는 회사의 규모나 발행주식의 거래실태에 따른 이론적인 구분인데, 양자를 구별하는 이유는 법적 규제의 방향이 다르기 때문이다. 즉, 공개회사는 소유와 경영이 분리되므로 경영진으로부

26 폐쇄회사는 주식회사라고 하더라도 인적회사의 속성이 강하기 때문에, 주식회사법 규정의 적용이 반드시 적절하다고 단언하기 어려운 경우도 있다. 우리상법도 폐쇄회사에 관한 규정을 두자는 주장이 유력하지만 아직 폐쇄회사의 특정을 고려한 해석이나 폐쇄회사에 대한 입법이 마련되고 있지 못하다. 송옥렬, 상법강의(제9판), 홍문사(2019), 727.

터 사원을 보호하는데 중점이 있고, 폐쇄회사는 다수파 사원으로부터 소수파 사원을 보호하는데 중점이 있다.[27] 다만, 보통의 경우에 경영진은 대주주에 의해서 선임되는 것이 보통이므로 사원의 보호와 소수주주의 보호는 일치할 가능성이 높다.

영국에서는 회사를 정관에 따라서 공개회사(public company)와 폐쇄회사(private company)로 구분하고 있다. "공개회사(public company)"란 주식유한책임회사(company limited by shares) 또는 보증부유한책임회사(company limited by guarantee)로서 주식자본금을 가진 법인설립증명서에 공개회사라고 기재된 회사 또는 공개회사의 등록 등에 관한 요건을 충족한 회사를 말한다(2006년 영국 회사법 제4조 제2항). "폐쇄회사"는 공개회사가 아닌 모든 회사를 말한다(동법 제4조 제1항)(☞ 자세한 내용은 앞의 제3편 회사 [총설] V. 회사법의 법계와 연혁 참조).

7. 내국회사와 외국회사

회사는 설립준거법에 따라 내국회사와 외국회사로 분류된다.[28] 즉, "내국회사(domestic corporation)"는 우리나라의 법률에 의하여 설립된 회사이고, "외국회사(foreign corporation)"는 외국법에 의하여 설립된 회사를 말한다.

외국회사가 대한민국에서 영업을 하려면 대한민국에서의 대표자를 정하고 대한민국 내에 영업소를 설치하거나 대표자 중 1명 이상이 대한민국에 그 주소를 두어야 한다(상법 제614조 제1항). 외국회사는 그 영업소의 소재지에서 등기를 하기 전에는 계속하여 거래를 하지 못한다(제616조 제1항). 또한 외국에서 설립된 회사라도 대한민국에 그 본점을 설치하거나 대한민국에서 영업할 것을 주된 목적으로 하는 때에는 대한민국에서 설립된 회사와 같은 규정에 따라야 한다(제617조).

8. 내자회사, 외자회사, 합작회사, 다국적회사

이는 회사 자본의 출처에 따른 분류이다. "내자회사"는 회사의 자본금이 내국자본인 회사이고, "외자회사"는 외국자본으로 구성되는 회사이다. 내국자본과 외국자본이 합쳐진 회사를 합작회사·합작투자회사 또는 합판회사(joint venture corporation)라고 한다. 우리나라에서 외자회사 또는 합작회사는 외국인투자촉진법

27 권기범, 현대회사법론(제7판), 삼영사(2017), 115.

28 내국회사, 외국회사의 구별기준에 관하여는 영업중심지설, 본점소재지설, 절충설 등이 있으나, 설립준거법설이 다수설이다.

에 의하여 규율되고 있다.

"초국적회사 또는 다국적회사(multination or transnation corporation)"는 여러 나라에서 동종영업을 위하여 별개의 회사를 설립하고, 그 회사들이 서로 관련되어 있는 경우를 가리킨다. 선진국에 모회사를 두고 타국에 자회사를 두어서, 전세계적으로 통일된 계획과 지시 하에 운영되는데, 그 규모는 매우 커서 세계 경제에서 막강한 영향력을 행사하고 있다.[29]

9. 기업집단, 계열회사, 지주회사

이들은 독점규제 및 공정거래에 관한 법률에서 기업결합을 제한하기 위하여 사용되는 개념이다.

"기업집단"이란 '동일인이 주식 또는 지분의 소유나 임원 파견 등 일정한 기준에 의하여 사실상 그 사업내용을 지배하는 회사의 집단'을 말하는데, 동일인이 회사인 경우에는 그 동일인과 그 동일인이 지배하는 하나 이상의 회사 집단을 말하고, 동일인이 회사가 아닌 경우에는 그 동일인이 지배하는 2이상의 회사 집단을 말한다(독점규제 및 공정거래에 관한 법률 제2조 제2호).

"계열회사"란 '2이상의 회사가 동일한 기업집단에 속하는 경우에 이들 회사는 서로 상대방의 계열회사'라 한다(독점규제 및 공정거래에 관한 법률 제2조 제3호). 이러한 개념은 기업결합을 제한하기 위하여 사용되고 있다.

"지주회사"란 '주식(지분을 포함한다)의 소유를 통하여 국내회사의 사업내용을 지배하는 것을 주된 사업으로 하는 회사로서 자산총액이 5천억 원 이상인 회사 등'을 말하고, "자회사"란 지주회사에 의하여 그 사업내용을 지배받는 국내회사를 말한다(독점규제 및 공정거래에 관한 법률 제2조 제1의2호, 제1의3호, 동법시행령 제2조 제1항). 지주회사에는 순수지주회사와 사업지주회사가 있는데, "순수지주회사(pure holding company)"는 어떠한 사업활동을 하지 않고 다른 회사의 주식을 소유함으로써 그 회사를 지배하는 것을 유일한 목적으로 하는 회사를 말하고, "사업지주회사(operating holding company)"는 직접 어떠한 사업활동을 함과 동시에 다른 회사를 지배하기 위하여 주식을 소유하는 회사를 말한다.[30] 1999년 독점규제 및 공정

29 주석 상법, 회사편(1)(제5판), 한국사법행정학회(2014), 125(정동윤).

30 순수지주회사에는 금융업 또는 보험업을 하는 자회사의 주식을 소유하는 지주회사인 '금융지주회사'와 금융지주회사 이외의 지주회사인 '일반지주회사'가 있다(독점규제 및 공정거래에 관한 법률 제8조의2 제2항 제4호, 제5호).

거래에 관한 법률의 개정 전에는 순수지주회사의 설립이 금지되었으나, 외국인과의 합작지주회사의 설립을 통한 외자유치와 기업의 구조조정의 필요성 및 적대적 m&a가 전면적으로 허용됨에 따라 그 방어책으로서 이를 허용하기에 이르렀다.[31] 지주회사를 설립하고자 하거나 지주회사로 전환하고자 하는 자는 공정거래위원회에 신고하여야 한다(동법 제8조). 지주회사는 자회사의 발행주식총수의 적어도 100분의 40 이상을 소유하여야 한다(동법 제8조의2 제2항 제2호). 그 밖에 자회사 또는 손자회사가 다른 국내회사의 주식을 지배의 목적으로 소유하는 등 일정한 행위가 금지된다(동법 제8조의2 제3항, 제4항).

독일 주식법은 제3편에서 결합기업(Verbundene Unternehmen)에 관하여 독립한 장을 두고 상세하게 규율하고 있다(독일 주식법 제3편 결합기업, 제291조 이하). 그러나 우리나라는 경제력집중 및 독과점을 규제하는 특별법인 독점규제 및 공정거래에 관한 법률에서 일반적인 기업결합행위까지도 규제하고 있는데 상법(회사편)에 기업결합에 관한 일반적 규정을 둘 필요가 있다.

[해설] 공공적 법인

"공공적 법인"이란 국가기간산업 등 국민경제상 중요한 산업을 영위하는 '상장법인'으로서 다음 각 호의 요건을 모두 충족하는 법인 중에서 금융위원회가 관계부처 장관과의 협의와 국무회의에의 보고를 거쳐 지정하는 법인을 가리킨다(자본시장과 금융투자업에 관한 법률 제152조 제3항, 동법시행령 제162조).

1. 경영기반이 정착되고 계속적인 발전가능성이 있는 법인일 것(자본시장과 금융투자업에 관한 법률 시행령 제162조 제1호)
2. 재무구조가 건실하고 높은 수익이 예상되는 법인일 것(동조 제2호)
3. 해당 법인의 주식을 국민이 광범위하게 분산 보유할 수 있을 정도로 자본금 규모가 큰 법인일 것(동조 제3호)

종전에는 한국전력공사와 포항제철이 공공적 법인으로 지정되어 있었으나, 2000년경 포항제철은 공공적 법인에서 제외되었고, 2020. 6. 30. 현재에는 한국전력만이 그 특수성을 인정받아 공공적 법인으로 지정되어 있다.

국가기간산업의 보호를 위하여 공공적 법인에 대해서는 ①누구든지 공공적 법인이 발행한 주식을 일정 기준을 초과하여 소유할 수 없고(자본시장과 금융투자업에 관한 법률 제167조 제1항), ②외국인 또는 외국법인등은 금융위원회가 정하여 고시하는 경우를 제외하고는 누구의 명의로든지 자기의 계산으로 일정한 취득한도를

31 주석 상법, 회사편(1)(제5판), 한국사법행정학회(2014), 126(정동윤).

초과하여 공공적 법인이 발행한 지분증권을 취득할 수 없으며(동법 제168조 제1항, 동법 시행령 제187조 제1항), ③의결권의 대리행사를 권유하는 경우에는 그 공공적 법인만이 그 주식의 의결권 대리행사를 권유할 수 있고(동법 제152조 제3항), ④이익이나 이자를 배당할 때 정부 주식에 대한 이익배당금 등을 일정한 기준에 따라 우리사주조합원 등에게 우선하여 지급할 수 있는(동법 제165조의14 제1항, 동법 시행령 제176조의15 제2항) 등 각종 특례가 있다.

제 171 조 [회사의 주소]

회사의 주소는 본점소재지에 있는 것으로 한다.

[전문개정 2011.4.14]

[관련조문] 민법 제36조(법인의 주소), 제467조(변제의 장소), 제516조(변제의 장소), 민사소송법 제5조(법인 등의 보통재판적), 제12조(사무소·영업소가 있는 곳의 특별재판적), 상법 제21조(상호의 단일성), 제35조(지점소재지에서의 등기), 제172조(회사의 성립), 제179조(정관의 절대적 기재사항), 제186조(전속관할), 제364조(소집지), 제396조(정관 등의 비치, 공시의무), 제614조(대표자, 영업소의 설정과 등기), 어음법 제2조(어음요건의 흠), 제4조(제3자방 지급의 기재) 등.

[참고문헌] 주석 상법, 회사편(1)(제5판), 한국사법행정학회(2014)(정동윤).

Ⅰ. 의의

상법 제171조(회사의 주소)는 “회사의 주소는 본점소재지에 있는 것으로 한다.”고 규정하고 있다. 민법 제36조는 “법인의 주소는 그 주된 사무소의 소재지에 있는 것으로 한다.”고 되어 있는데, 법인인 회사의 주된 사무소는 본점소재지이므로 민법 제36조에 의해서도 회사의 주소는 본점소재지가 된다.

그런데 민법이나 상법 등을 보면 그 영업소가 본점이나 지점인지에 관계 없이 영업소 자체를 기준으로 법률효과를 인정하는 경우가 많은데, 이 경우에는 본점과 지점을 구별할 필요가 없이 해당 거래가 이루어지는 영업소를 기준으로 법률관계를 결정하면 된다. 예를 들어, 민법 제467조 제2항은 “특정물 인도 이외의 채무의 변제는 채권자의 현주소에서 하여야 한다. 그러나 영업에 관한 채무의 변제는 채권자의 현영업소에서 하여야 한다.”(지참채무의 원칙)고 하면서 채권자의 영업소를 변제의 장소로 규정하고, 민법 제516조는 “증서에 변제장소를 정하지 아니한 때에는 채무자의 현영업소를 변제장소로 한다. 영업소가 없는 때에는 현주소를 변제장소로 한다.”고 하면서 증권의 성격을 반영하여 채무자의 영업소를 변제의 장소로 하고 있다.

한편, 주소라는 이름을 사용하고 있다고 하더라도 반드시 본점소재지로 볼 것은 아니다. 예를 들어, 어음법·수표법은 "지급지가 적혀 있지 아니한 경우 ~ 지급인의 명칭에 부기한 지를 ~ 지급인의 주소지로 본다."(어음법 제2조 제2호), "환어음은 지급인의 주소지에 있든 다른 지에 있든 ~ 제3자방에서 지급하는 것으로 할 수 있다."(어음법 제4조)고 하면서, 영업소 대신에 주소지라는 문구를 사용하는데, 어음행위나 어음금 지급은 영업소 단위로 이루어질 수 있으므로 여기서의 주소는 굳이 본점 소재지로 볼 필요는 없고, 지점을 포함하는 영업소 또는 영업소의 소재지라고 보아야 할 것이다.[1]

Ⅱ. 입법취지

회사는 자연인과 같이 생활(영업)의 본거로서 주소가 요구되고, 회사의 경우 자연인의 주소에 해당하는 것이 본점소재지이다.

회사를 비롯한 상인은 동일한 영업에 대해서 수개의 영업소를 가질 수 있고, 이 경우 수개의 영업소 간에는 본점과 지점의 주종관계가 생기는데(상법 제21조 제2항), 회사의 경우에 자연인의 주소에 대해서 인정되는 법률효과는 수개의 영업소 중에서 특정한 영업소를 기준으로 결정할 수 밖에 없으므로 상법 제171조는 본점소재지를 회사의 주소로 정하고 있다.

Ⅲ. 본점의 의의

상법 제171조 "회사의 주소는 본점소재지에 있는 것으로 한다."에서 본점이란 영업소의 일종이므로 영업소의 요건을 충족하여야 한다.

"영업소"는 상인의 영업활동의 근거이고 기업활동을 지휘·통솔하는 장소적 중심이다. 어떤 장소가 영업소인지의 여부는 그 장소가 영업활동의 중심지로서 실질을 가지고 있는지에 따라서 객관적·실질적으로 결정할 사실의 문제이고 당사자의 주관적인 의사의 문제가 아니다.

여러 개의 영업소 중에서 주된 영업소를 "본점"이라고 한다. 회사를 비롯한 상인은 하나의 영업에 관하여 수 개의 영업소를 가질 수 있는데, 이들 모든 영업소를 통할하는 최고의 지위를 가지는 영업소가 본점이고 이에 종속하는 영업소가

1 주석 상법, 회사편(1)(제5판), 한국사법행정학회(2014), 129(정동윤).

지점이다(상법 제21조 제2항). 회사의 정관에 정하여진 형식상의 본점과 전체 영업소를 통할하는 실질적인 본점이 서로 다른 경우에는 본점에 관하여 일정한 효과를 인정하는 법규의 취지에 따라서 결정할 것이다.[2]

회사의 본점소재지는 정관의 절대적 기재사항이고(상법 제179조 제5호, 제270조, 제289조 제1항 제6호, 제543조 제2항 제5호) 등기사항이다(제180조 제1호, 제271조 제1항, 제317조 제2항 제1호, 제549조 제2항 제1호).

Ⅳ. 본점에 인정되는 법률상의 효과

회사의 본점소재지는 영업활동에서 생긴 채무이행의 장소, 관할법원, 소송법상 서류송달장소 등에 관하여 중요한 기준이 된다.

1. 재판적의 결정기준

법인, 그 밖의 사단 또는 재단의 보통재판적은 주된 사무소 또는 (주된) 영업소가 있는 곳에 따라 정하여지고, 사무소와 영업소가 없는 경우에는 주된 업무담당자의 주소에 따라 정해진다(민사소송법 제5조 제1항). 사무소 또는 영업소가 있는 사람에 대하여 그 사무소 또는 영업소의 업무와 관련이 있는 소를 제기하는 경우에는 그 사무소 또는 영업소가 있는 곳의 법원에 제기할 수 있다(제12조). 즉, 법인, 사단, 재단의 보통재판적은 주된 사무소 또는 (주된) 영업소가 있는 곳에 따라 정해지는데, 회사의 경우에 주된 영업소는 본점소재지이므로 회사의 보통재판적은 본점소재지가 된다.

회사법상 각종 소송은 본점소재지 법원의 전속관할이다. 회사설립무효, 취소의 소는 본점소재지 지방법원의 전속관할이고(상법 제186조, 제269조, 제287조의6, 제328조 제2항, 제552조 제2항), 이는 합병무효의 소(제236조, 제240조, 제186조, 제269조, 제287조의18, 제530조 제2항, 제603조), 주주총회 결의취소의 소(제376조 제2항), 주주총회 결의무효 및 부존재확인의 소(제380조)를 비롯한 회사법상 다른 소송의 경우에도 비슷하다.

본점소재지의 지방법원을 전속관할법원으로 하는 것은 관할법원을 형식적·획일적으로 정하려는 것이기 때문에 여기서 본점은 실질적 의의의 본점이 아니고 형식적 의의의 본점을 뜻한다.

2 주석 상법, 회사편(1)(제5판), 한국사법행정학회(2014), 129(정동윤).

2. 상업등기 관할의 기준

회사의 본점은 상업등기 관할의 기준이 된다. 회사는 본점소재지에서 설립등기를 함으로써 성립하고(상법 제172조), 회사가 합병을 한 때에는 본점소재지에서는 2주간 내, 지점소재지에서는 3주간 내에 합병등기를 하여야 하며(제233조, 제269조, 제528조, 제602조), 회사가 해산된 때에는 그 해산사유가 있은 날로부터 본점소재지에서는 2주간내, 지점소재지에서는 3주간내에 해산등기를 하여야 한다(제228조, 제269조, 제287조의39, 제528조 제1항, 제613조 제1항 등).

등기관할에 관하여는 각종 회사등기부가 형식적 의의의 본점을 관할하는 등기소에 있으므로 형식적 의의의 본점이 기준이 된다.[3]

3. 주주총회의 소집장소 등

주식회사에서 총회는 정관에 다른 정함이 없으면 본점소재지 또는 이에 인접한 지에 소집하여야 한다(상법 제364조). 주식회사에서는 다수인이 관여하므로 총회의 소집장소를 정관에서 미리 정하여 두도록 하고, 정관에 정함이 없으면 본점소재지 또는 인접한 지에서 소집하도록 한 것이다.

주식회사의 이사는 회사의 정관, 주주총회의 의사록을 본점과 지점에, 주주명부, 사채원부를 본점에 비치하여야 한다(상법 제396조 제1항 전단). 주주 등의 편의를 위해서 정관 및 주주총회 의사록은 본점과 지점에 모두 비치하고, 주주명부와 사채원부는 본점에 한하여 비치하도록 하고 있다.

4. 회사의 거래행위

회사의 본점은 영업소이고, 회사의 거래에 관한 채무이행의 장소이다. 예를 들어, 甲이 금융업을 하는 A 회사로부터 빌린 1억원을 갚으려는 경우에는 A 회사(채권자)의 현 영업소에서 변제하여야 한다(민법 제467조 제2항 단서, 지참채무의 원칙).

회사의 거래행위는 실제 거래상대방이 있는 것이므로 실질적 본점을 기준으로 법률관계를 처리하여야 한다. 다만, 상대방이 형식적 의의의 본점을 기준으로 할 것을 주장한 때에는 회사는 이를 거부할 수 없다. 위에서 살펴본 재판적의 결정 및 상업등기의 관할은 형식적 본점을 기준으로 하는 것과 차이가 있다.

3 주석 상법, 회사편(1)(제5판), 한국사법행정학회(2014), 130(정동윤).

V. 지점에 인정되는 효과

회사의 본점에 대해서 인정되는 법률상의 효과는 성질상 일부를 제외하고는(재판적의 결정, 파산·화의사건의 관할법원의 결정) 지점에 대해서도 인정된다. 지점에 대해서는 다음과 같은 효과가 별도로 인정된다.

1. 본점에 의한 지휘 감독

회사의 지점은 독립적인 영업활동의 중심이 되지만, 독립된 권리의무의 주체는 아니며 본점에 의하여 지휘를 받는다. 따라서 회사의 지점에서의 거래 효과는 법적 주체인 회사에게 귀속되며, 본·지점 간 또는 지점 상호 간에는 장부상의 계산은 있어도 법률상 거래는 있을 수 없다.

2. 지점 영업만의 양도

지점의 영업은 본점의 영업과 분리·독립하여 양도할 수 있다. 영업의 일부도 양도할 수 있기 때문이다. 다만, 특약이 없는 한 지점의 영업은 본점 영업의 처분에 따른다.

3. 지배인의 선임

회사는 지배인을 선임하여 본점 또는 지점에서 영업을 하게 할 수 있다(상법 제10조). 회사는 지배인의 선임과 그 대리권의 소멸에 관하여 그 지배인을 둔 본점 또는 지점소재지에서 등기하여야 한다(제13조).

4. 지점에 관한 등기

본점소재지에서 등기할 사항은 원칙적으로 지점소재지에서도 등기하여야 하며(상법 제35조), 지점소재지의 등기는 본점소재지의 등기와는 독립하여 효력이 발생한다.

5. 외국회사의 국내영업소

외국회사가 대한민국에서 영업을 하고자 할 때에는 대한민국에서의 대표자를 정하고 영업소를 설치하여야 하며, 이 경우에는 그 외국회사는 그 영업소의 설치에 관하여 대한민국에서 설립되는 동종의 회사 또는 가장 유사한 회사의 지점과 동일한 등기를 하여야 한다(상법 제614조 제1항, 제2항).

제 172 조 [회사의 성립]

회사는 본점소재지에서 설립등기를 함으로써 성립한다.

[관련조문] 상법 제22조(상호등기의 효력), 제180조(설립의 등기), 제183조(변경등기), 제271조(등기사항), 제287조의5(설립의 등기), 제299조(현물출자 등의 증명), 제300조(법원의 변경처분), 제314조(변태설립사항의 변경), 제317조(설립의 등기), 제319조(권리주의 양도), 제320조(주식인수의 무효 주장, 취소의 제한), 제321조(발기인의 인수, 납입담보책임), 제355조(주권발행의 시기), 제549조(설립의 등기), 상업등기법 제22조(신청주의), 제24조(등기신청의 방법) 등.

[참고문헌] 권기범, 현대회사법론(제7판), 삼영사(2017); 김홍기, 상법강의(제4판), 박영사(2019).

Ⅰ. 의의

회사의 성립이란 영리를 목적으로 하는 법인으로서의 회사가 성립하는 것을 말한다. 언제부터 회사가 성립하는지는 회사뿐만 아니라 법인 일반에 관해서도 매우 중요한 문제인데, 우리 상법은 모든 종류의 회사를 법인으로 하면서 설립등기·합병등기·분할등기·주식이전등기 등 등기에 의해서 그 효력이 발생하는 시기를 획일적으로 정하고 있어 별다른 어려움이 없다(상법 제171조 제1항, 제234조, 제269조, 제287조의5 제1항, 제530조 제2항, 제530조의11 제1항, 제603조, 민법 제33조).

상법 제172조는 "회사는 본점소재지에게 설립등기를 함으로써 성립한다."고 규정하면서, 회사의 성립을 위해서는 설립등기를 요구하고 있다. 회사설립절차는 정관작성, 사원의 확정, 출자이행, 기관구성을 거쳐서 회사의 실체가 형성되면, 설립등기를 함으로써 종료되는데, 이러한 회사의 설립절차에서 알 수 있듯이 설립등기는 회사설립 시에 있어서 최종적인 절차이며, 회사의 성립 여부를 둘러싼 법률관계를 분명히 하고 거래안전을 보호하기 위하여 필요하다.

Ⅱ. 입법취지 및 입법례

1. 입법취지

상법은 회사의 설립에 관하여 준칙주의를 취하고 있으므로 정관의 작성 기타의 법정요건을 구비한 때에 회사의 실체는 형성되지만, 이것만으로는 과연 법정요건이 구비되었는지 여부가 분명하지 않고, 제3자도 회사의 법률상 존재를 알 수가 없다. 따라서 설립등기절차를 통해서 국가기관으로 하여금 회사 설립을 위한 법정요건이 구비되었는지를 조사하게 하고(등기관의 심사), 회사성립의 사실 및 정관의 기재사항 등 회사조직의 대강을 공시하여 거래상대방이 예상하지 못한 손해를 입는 것을 방지하고 있다.

2. 입법례

상법 제172조는 일본 회사법 제49조[1]와 같은 규정이며, 독일의 주식법 제36조,[2] 프랑스 상법전 제210-6조[3]도 설립등기를 요구하고 있다. 영국에서는 등록관(registrar)이 회사가 구비하여야 하는 요건과 회사의 목적을 심사하여 등록 시에 설립허가증(certificate of incorporation)을 발행·교부하는데, 회사는 이 등록일에 법인격을 취득한다(2006년 영국 회사법 제14조 내지 제16조).[4] 미국에서는 주에 따라 차이는 있으나 보통 발기인이 기본정관을 작성하고 주무장관에게 제출한 때에 회사가 성립한다(MBCA 제2.03조[5]).

[해설] 회사설립에 관한 입법주의

회사설립에 관한 입법주의에는 특허주의, 허가(면허)주의, 준칙주의, 자율설립주의 등이 있다.

과거에는 회사에게 독자적인 법인격을 부여하고 그 구성원의 유한책임을 인정하는

1 일본 회사법 제49조(주식회사의 성립) 주식회사는 본점소재지에서 설립등기를 함으로써 성립한다.

2 독일 주식법 제36조(회사의 등기신청)
① 회사는 발기인과 이사 및 감사 전원을 상업등기부에 등기하기 위하여 법원에 신청하여야 한다. <생략>.

3 프랑스 상법전 제210-6조 상사회사는 상업등기부에 등기한 날로부터 법인격을 취득한다. <중략>

4 영국 회사의 설립과 등록에 관하여는 2006년 영국 회사법 제14조(등록), 제15조(법인설립증명서의 발급), 제16조(등록의 효력)에 규정이 있다.

5 MBCA §2.03(a) Unless a delayed effective date is specified, the corporate existence begins when the articles of incorporation are filed.

것은 일종의 특권이었고 국왕의 특허에 의해서 회사의 설립이 가능하였으나, 오늘날에는 다양한 사람들이 회사 제도를 이용할 수 있도록 준칙주의에 의하여 회사설립은 쉽게 하되 그 부작용을 막기 위해서 발기인, 이사 등의 책임은 가중하는 추세이다.

우리상법은 기본적으로 준칙주의에 따라 회사설립절차를 규율하고 있다. 즉 상법 규정에 따른 요건과 절차를 준수하여 이에 따라 회사를 설립한 경우에 회사의 성립을 인정한다(대법원 2020. 3. 26. 선고 2019도7729 판결). 준칙주의라고 하더라도 법이 요구하고 있는 최소한의 요건 내지 기준은 국가 및 회사의 종류에 따라 상당한 차이가 있다. 회사의 설립 남용으로 인한 피해를 방지하기 위해서이다. 그리하여 최근에는 같은 준칙주의 하에서도 통상적인 경우보다 설립요건이 강화된 소위 엄격준칙주의를 택하는 것이 보통이다. 우리 상법도 주식회사를 비롯한 물적회사에 대하여는 법원이 임명한 검사인에 의한 변태설립사항의 조사를 거치도록 하는 등 엄격준칙주의를 채택하고 있다.[6]

Ⅲ. 설립등기의 절차

회사는 본점소재지에서 설립등기를 함으로써 성립한다(상법 제172조). 즉, 회사는 정관작성, 주식인수, 주금납입 등 실체형성절차를 거쳐서 설립등기에 의하여 설립된다.

1. 등기사항

회사가 설립등기 시에 등기할 사항을 보면 회사와 거래하는 자, 또는 사원 또는 주주가 되려는 자의 중요한 이해관계가 있는 사항들임을 알 수 있다.

합명회사에서는 ①목적, 상호, 사원의 성명·주민등록번호 및 주소, 본점의 소재지와 지점을 둔 때에는 그 소재지. 다만, 회사를 대표할 사원을 정한 때에는 그 외의 사원의 주소를 제외한다(상법 제180조 제1호). ②사원의 출자의 목적, 재산출자에는 그 가격과 이행한 부분(동조 제2호), ③존립기간 기타 해산사유를 정한 때에는 그 기간 또는 사유(동조 제3호), ④회사를 대표할 사원을 정한 경우에는 그 성명·주소 및 주민등록번호(동조 제4호), ⑤수인의 사원이 공동으로 회사를 대표할 것을 정한 때에는 그 규정(동조 제5호)을 등기하여야 한다.

6 권기범, 현대회사법론(제7판), 삼영사(2017), 130.

합자회사에서는 합명회사의 등기사항 외에 각 사원의 무한책임 또는 유한책임인 것을 등기하여야 한다(상법 제271조 제1항).

유한책임회사에서는 ①목적, 상호, 본점의 소재지와 지점을 둔 경우에는 그 소재지(상법 제287조의5 제1항 제1호), ②존립기간 기타 해산사유를 정한 때에는 그 기간 또는 사유(동항 제2호), ③자본금의 액(동항 제3호), ④업무집행자의 성명, 주소 및 주민등록번호(법인인 경우에는 명칭, 주소 및 법인등록번호). 다만, 유한책임회사를 대표할 업무집행자를 정한 경우에는 그 외의 업무집행자의 주소는 제외한다(동항 제4호), ⑤유한책임회사를 대표할 자를 정한 경우에는 그 성명 또는 명칭과 주소(동항 제5호), ⑥정관으로 공고방법을 정한 경우에는 그 공고방법(동항 제6호), ⑦둘 이상의 업무집행자가 공동으로 회사를 대표할 것을 정한 경우에는 그 규정(동항 제7호)을 등기하여야 한다.

주식회사에서는 ①목적, 상호, 회사가 발행할 주식의 총수, 액면주식을 발행하는 경우에는 1주의 금액, 본점의 소재지, 회사가 공고를 하는 방법(상법 제317조 제2항 제1호), ②자본금의 액(동항 제2호), ③발행주식의 총수, 그 종류와 각종 주식의 내용과 수(동항 제3호), ④주식의 양도에 관하여 이사회의 승인을 얻도록 정한 때에는 그 규정(동항 제3의2호), ⑤주식매수선택권을 부여하도록 정한 때에는 그 규정(동항 제3의3호), ⑥지점의 소재지(동항 제3의4호), ⑦회사의 존립기간 또는 해산사유를 정한 때에는 그 기간 또는 사유(동항 제4호), ⑧주주에게 배당할 이익으로 주식을 소각할 것을 정한 때에는 그 규정(동항 제6호), ⑨전환주식을 발행하는 경우에는 제347조에 게기한 사항(동항 제7호), ⑩사내이사, 사외이사, 그 밖에 상무에 종사하지 아니하는 이사, 감사 및 집행임원의 성명과 주민등록번호(동항 제8호), ⑪회사를 대표할 이사 또는 집행임원의 성명·주민등록번호 및 주소(동항 제9호), ⑫둘 이상의 대표이사 또는 대표집행임원이 공동으로 회사를 대표할 것을 정한 경우에는 그 규정(동항 제10호), ⑬명의개서대리인을 둔 때에는 그 상호 및 본점소재지(동항 제11호), ⑭감사위원회를 설치한 때에는 감사위원회 위원의 성명 및 주민등록번호(동항 제12호)를 등기하여야 한다. 합명회사, 합자회사, 유한책임회사에 비교하면 그 등기사항이 많은 것을 알 수 있다.

유한회사에서는 ①목적, 상호, 본점의 소재지 및 지점을 둔 때에는 그 소재지(상법 제549조 제2항 제1호), ②자본금의 총액, 출좌1좌의 금액(동항 제2호), ③이사의 성명·주민등록번호 및 주소. 다만, 회사를 대표할 이사를 정한 때에는 그 외의 이사의 주소를 제외한다(동항 제3호), ④회사를 대표할 이사를 정한 때에는 그 성명, 주소와 주민등록번호(동항 제4호), ⑤수인의 이사가 공동으로 회사를 대표할 것을 정한 때에는 그 규정(동항 제5호), ⑥존립기간 기타의 해산사유를 정한 때에는 그 기간과 사유(동항 제6호), ⑦감사가 있는 때에는 그 성명 및 주민등록번호(동항 제7호)를 등기하여야 한다. 주식회사에 비교하면 등기사항이 상대적으로 적은 편이다.

2. 등기기간

합명회사·합자회사·유한책임회사의 경우에는 언제까지 설립등기를 하여야 하는지에 관하여 규정이 없으나, 정관의 작성 시로부터 상당한 기간 내에 하여야 할 것이다.[7]

이해관계인이 많은 주식회사·유한회사의 경우에는 등기기간이 정해져 있다. 주식회사에서 발기설립의 경우에는 발기인이 회사설립 시에 발행한 주식의 총수를 인수한 경우에는 상법 제299조(검사인의 조사·보고)와 제300조(법원의 변경처분)의 규정에 의한 절차가 종료한 날로부터, 모집설립의 경우에는 창립총회가 종결한 날 또는 제314조(변태설립사항의 변경)의 규정에 의한 절차가 종료한 날로부터 2주간내에 설립등기를 하여야 한다(제317조 제1항). 유한회사에서는 납입 또는 현물출자의 이행이 있은 날로부터 2주간 내에 설립등기를 하여야 한다(제549조 제1항).

회사의 설립등기 후 등기사항의 변경이 있는 경우에는 본점소재지에서는 2주간 내에, 지점소재지에서는 3주간 내에 변경등기를 하여야 한다(상법 제183조, 제269조, 제287조의18, 제317조 제4항, 제549조 제4항).

3. 등기절차

등기는 당사자의 신청 또는 관공서의 촉탁에 따라서 한다(상업등기법 제22조 제1항 본문). 회사가 신청할 경우에는 법률에 다른 규정이 없으면 회사의 대표자가 신청한다(상업등기법 제23조 제1항). 회사의 설립등기는 회사의 본점소재지를 관할하는 등기사무를 담당하는 지방법원 또는 그 지원 또는 등기소에서 담당한다(상법 제172조, 상업등기법 제4조). 여기서 본점소재지는 실제 업무가 이루어지는 장소가 아니라 정관에 정한 본점예정지를 말한다.[8]

7 주석 상법, 회사편(1)(제5판), 한국사법행정학회(2014), 131(정동윤).
8 주석 상법, 회사편(1)(제5판), 한국사법행정학회(2014), 132(정동윤).

회사의 등기는 ①신청인 또는 그 대리인이 등기소에 출석하여 신청정보 및 첨부정보를 적은 서면을 제출하는 방법 또는 ②대법원규칙으로 정하는 바에 따라 전산정보처리조직을 이용하여 신청정보 및 첨부정보를 등기소에 보내는 방법(법원행정처장이 지정하는 등기유형으로 한정한다)의 어느 하나에 해당하는 방법으로 신청한다(상업등기법 제24조 제1항). 그러나 ①촉탁에 따른 등기(제24조 제2항 제1호), ②회사의 본점과 지점 소재지에서 공통으로 등기할 사항에 대한 지점 소재지에서의 등기(제24조 제2항 제2호)에 관하여는 우편을 이용하여 신청정보 및 첨부정보를 적은 서면을 등기소에 제출하는 방법으로 등기를 신청할 수 있다(제24조 제2항).

등기신청서에 기명날인할 사람은 미리 그 인감을 등기소에 제출하여야 한다. 인감을 변경할 때에도 같다(상업등기법 제25조 제1항). 등기신청서(전자문서 포함)에는 ①신청인의 성명 및 주소, ②대리인에 의하여 신청할 때에는 그 성명 및 주소, ③등기의 목적 및 사유, ④등기할 사항, ⑤관청의 허가 또는 인가가 필요한 사항의 등기를 신청하는 경우에는 허가서 또는 인가서의 도달연월일, ⑥다른 법률로 부과한 의무사항이 있을 때에는 그 의무사항, ⑦회사의 지점소재지에서 하는 등기신청의 경우에는 그 지점의 표시, ⑧등록에 대한 면허세액과 일정한 경우에는 그 과세표준액, ⑨등기신청수수료액, ⑩신청연월일, ⑪등기소의 표시 등을 기재하고(상업등기규칙 제51조 제1항), 신청인 또는 그 대표자나 대리인이 기명날인하여야 한다(상업등기법 제24조 제4항).

4. 등기관의 심사권

등기관은 등기신청이 상법 또는 상업등기법의 규정에 적합하지 않은 때에는 이유를 적은 결정으로써 신청을 각하하여야 한다. 상업등기법 제26조(신청의 각하)는 각 호에 열거된 사항 중 '어느 하나에 해당하는 경우에만' 이유를 적은 결정으로 신청을 각하하도록 엄격하게 규정하고 있다. 그렇다면 등기관이 상업등기법 제26조 각 호에 규정된 신청의 각하 사유에 해당하는지를 판단하기 위해서는 어느 정도까지 심사할 권한 내지 의무를 가지는가?

이에 대해서는 등기관은 ①신청인의 등기사항이 형식적으로 적법한지에 관해서만 심사하여야 한다는 견해(형식적 심사주의), ②신청인의 등기신청의 형식적 적법성뿐만 아니라 그 등기사항의 실질적 진실성까지 심사할 권한이 있다는 견해(실질적 심사주의)가 있을 수 있으나, ③원칙적으로 등기신청사항의 형식적 적법성에 대해서만 심사하지만 등기신청의 내용이 그 신청 내용 자체에 의하더라도 명백히 위법하거나 또는 사실과 다름이 분명한 경우에는 그 내용을 조사하고 상응하는 조치를 취할 의무가 있다(절충주의).

대법원은 "등기관은 원칙적으로 회사설립에 관한 등기신청에 대하여 실체법상 권리관계와 일치하는지 여부를 일일이 심사할 권한은 없고 ~ 정해진 절차와 내용에 따라 등기요건에 합치하는지 여부를 심사할 권한밖에 없다. 등기관이 상업등기법 제26조 제10호에 따라 등기할 사항에 무효 또는 취소의 원인이 있는지 여부를 심사할 권한을 가진다고 하더라도, 그 심사방법으로는 등기부, 신청서와 법령에서 그 등기의 신청에 관하여 요구하는 각종 첨부서류만으로 그 가운데 나타난 사실관계를 기초로 판단하여야 하고, 그 밖에 다른 서면의 제출을 받거나 그 밖의 방법으로 사실관계의 진부를 조사할 수는 없다"(대법원 2020. 3. 26. 선고 2019도7729 판결)고 하면서 형식적 심사주의에 가까운 입장을 취하고 있다.

Ⅳ. 설립등기의 효력

1. 창설적 효력

회사는 정관작성, 사원(주주)확정, 출자이행, 기관구성을 거쳐 실체가 형성되면, 본점소재지에서 설립등기를 함으로써 성립한다(상법 제172조). 즉, 설립등기는 회사의 설립이라는 창설적 효력을 가진다.

설립등기는 회사설립에 있어서 최종적인 절차이며, 회사성립에 관한 법률관계를 명확하게 하기 위하여 필요하다. 다른 상업등기와 달리 회사의 설립등기는 창설적 효력이 있고 그에 관한 규정은 강행규정이다(대법원 2009. 4. 9. 선고 2007두26629 판결, 대법원 2020. 3. 26. 선고 2019도7729 판결 등). 따라서 설립등기가 있기 전에는 회사의 존재는 법률상 인정되지 않고, 회사의 실체를 알고 있는 제3자와의 관계도 설립중의 회사와의 관계로서 처리될 뿐이다.

설립등기의 창설적 효력은 매우 강력하다. 보통의 경우에 회사는 실체형성절차를 거친 후에 본점소재지에서 설립등기를 함으로써 성립하지만(상법 제172조), 대법원은 회사설립 시에 회사로서의 인적·물적 조직 등 영업의 실질을 갖출 것이 반드시 요구되는 것은 아니고, 회사설립등기를 한 다음에 비로소 회사로서의 실체를 형성하는 것도 가능하다고 하는데(대법원 2020. 3. 26. 선고 2019도7729 판결), 이는 설립등기에 강력한 효력을 인정하는 것이다.

대법원은 "회사를 비롯한 법인은 설립행위를 거쳐 설립등기를 함으로써 성립함과 동시에 법인격을 취득하게 되어(민법 제33조, 상법 제171조 제1항, 제172조 등) 그로써 법인의 설립은 완성되는 것이므로, 설립등기 없는 법인의 설립은 있을 수 없고, 일단 법인이 설립등기로써 성립된 이후에는 그 법인격이 소멸되지 않는 한 같은 설립등기에 의한 새로운 법인의 설립도 있을 수 없다. 따라서 설립등기를 마친 후 폐업을 하여 사업실적이 없는 상태인 법인의 주식 전부를 제3자가 매수한 후 법인의 임원, 자본, 상호, 목적사업 등을 변경한 경우, 지방세법에서 '법인의 설립'에 관하여 위와 같은 일반적인 법리와는 다른 별도의 정의 규정을 두고 있지 아니한 이상, '법인의 설립'으로 보아 등록세를 중과할 수는 없다."(대법원 2009. 4. 23. 선고 2008두4534 판결)고 한다.

주식회사의 경우에 발기인이 설립중의 회사를 위하여 그 권한 범위 내에서 취득한 권리·의무는 자동적으로 성립후의 회사에 승계된다. 설립중의 회사와 성립후의 회사는 동일한 단체이기 때문이다(동일성설).[9] 따라서 회사설립을 위해서 발기인이 취득한 권리의무는 설립중의 회사에 총유적으로 귀속하였다가(민법 제275조, 제278조), 회사가 성립하면 별도의 절차 없이 성립후의 회사에 이전된다. 다만, 이러한 효과가 발생하기 위해서는 발기인이 그 권한범위 내에서 행위하여야 한다. 합명회사나 합자회사, 유한책임회사, 유한회사도 주식회사에 준해서 생각할 것이다.

2. 부수적 효력

설립등기는 회사의 성립이라는 창설적인 효력 이외에도 여러 가지 부수적 효력이 인정된다. 회사의 상호는 설립등기에 의하여 등기되고(상법 제180조 제1호, 제271조 제1항, 제287조의5 제1항 제1호, 제317조 제2항 제1호, 제549조 제2항 제1호), 따로 상호의 등기를 요하지 않기 때문에 회사의 설립등기에 의하여 등기된 상호로서 보호된다(제22조, 제23조).

주식회사의 경우에 설립등기가 경료되면 권리주 양도 제한이 해제되며(상법 제319조), 주식인수인은 주식청약서의 요건의 흠결을 이유로 그 인수의 무효를 주장하거나 사기·강박 또는 착오를 이유로 그 인수를 취소하지 못하며(제320조 제1항), 주권을 발행할 수 있고(제355조 제1항), 발기인은 인수 및 납입담보책임을 부담한다(제321조).

9 김홍기, 상법강의(제4판), 박영사(2019), 346.

3. 회사의 설립등기와 상법 제37조의 적용 여부

상법 제37조는 "등기할 사항은 이를 등기하지 아니하면 선의의 제3자에게 대항하지 못한다. ~ 등기한 후라도 제3자가 정당한 사유로 인하여 이를 알지 못한 때에는 제1항과 같다."고 하면서 상업등기의 효력을 규정하고 있다. 그런데 상법 제37조의 규정이 제172조에 의한 회사의 설립등기에도 적용되는가?

생각건대, 회사의 설립등기에는 상법 제37조가 적용되지 않는다고 본다. 상업등기를 포함한 등기제도는 이미 존재하는 사실을 등기시스템을 통해서 공시하고, 등기 후에는 선의의 제3자에게도 대항하기 위한 것인데, 회사의 설립등기는 이미 존재하던 회사의 존재를 공시하는 것이라기보다는 설립등기를 통해서 회사를 창설한다는 의미이므로 제37조의 일반적인 상업등기와는 달리 보아야 하기 때문이다.

제173조 [권리능력의 제한]
회사는 다른 회사의 무한책임사원이 되지 못한다.

[관련조문] 구 상호신용금고법(2001. 3. 28. 법률 제6429호 상호저축은행법으로 개정되기 전의 것) 제18조의2(금지업무), 민법 제34조(법인의 권리능력), 제1000조(상속의 순위), 보험업법 제10조(보험회사의 겸영업무), 은행법 제27조(업무범위), 헌법 제37조 등.

[참고문헌] 강위두/임재호, 상법강의(상)(제3전정판), 형설출판사(2009); 권기범, 현대회사법론(제7판), 삼영사(2017); 김홍기, 상법강의(제4판), 박영사(2019); 송옥렬, 상법강의(제9판), 홍문사(2019); 손주찬, 상법(상)(제15보정판), 박영사(2005); 이기수/최병규, 회사법(제10판), 박영사(2015); 이범찬 외 3인, 회사법(제2판), 삼영사(2018); 이효경, 회사의 능력, 주식회사법대계 I(제3판), 한국상사법학회 편, 법문사(2019); 임재연, 회사법 I(개정6판), 박영사(2019); 장덕조, 회사법(제4판), 법문사(2019); 정찬형, 상법강의(상)(제22판), 박영사(2019); 주석 상법, 회사편(1)(제5판), 한국사법행정학회(2014)(정동윤); 최기원, 신회사법론(제14대정판), 박영사(2012); 최준선, 회사법(제14판), 삼영사(2019); 홍복기/박세화, 회사법강의(제7판), 법문사(2019).

Ⅰ. 의의

상법 제173조는 "회사는 다른 회사의 무한책임사원이 되지 못한다."고 규정하고 있다. 천부적으로 권리능력이 부여되는 자연인과는 달리, 회사는 법률에 의하여 의제되는 존재이므로 그 권리능력은 한계가 있고 법률에 의하여 제한할 수 있는 것은 당연하다고 할 것이다.

그렇다면 "회사는 다른 회사의 무한책임사원이 되지 못한다."고 하는 이유는 무엇 때문인가? 이에 대해서는 상법 제173조의 입법취지는 회사의 본질에 기한 것이라거나, 다른 회사의 무한책임사원이 되어 그 회사의 채권자에게 전 재산을 경주하는 것은 적절하지 못하다는 정책적 고려 때문이라는 견해[1] 등이 있으나, 상

1 주석 상법, 회사편(1)(제5판), 한국사법행정학회(2014), 135(정동윤).

법상의 회사는 자금의 투자를 통해서 수익을 도모하는 투자회사가 아니라 사업을 영위하여 얻은 이익을 구성원에게 배분하는 사업회사이기 때문이라고 생각한다. 즉, 상법상의 회사는 영업활동을 해서 이익을 얻고 그 이익을 사원에게 배분하는 기능을 하는데, 다른 회사의 무한책임사원이 되는 것은 사업을 통한 이익의 추구 행위라기 보다는 지나친 투자행위로서 사업회사 본연의 목적에 부합하지 않고, 본래의 영업을 잘해도 다른 회사의 파산 등으로 인하여 손해를 볼 수 있는 등 회사의 본연의 기능을 훼손할 수 있다. 또한 우리 상법 제170조는 5가지 종류의 회사만을 인정하는데, 회사가 다른 회사의 무한책임사원이 되면, 상법이 인정하는 5가지 종류의 회사 외에 복합형식에 의한 새로운 종류의 회사를 창출할 가능성도 있어서 허용하기 어렵다.

회사가 다른 회사의 유한책임사원이나 주주로 되는 것은 상관이 없다. 이들은 무한책임사원이 아니기 때문이다. 또한 회사인 집합투자업자가 회사형 집합투자기구인 투자합자회사의 업무집행을 담당하기 위해서 그 회사의 무한책임사원(업무집행사원)이 되는 것도 가능하다(자본시장과 금융투자업에 관한 법률 제214조 제1항). 법령의 규정에 따라서 무한책임사원이 되는 것이기 때문이다.

Ⅱ. 입법취지 및 입법례

위에서는 회사는 의제된 존재이므로 법률에 의해서 당연히 그 권리능력을 제한할 수 있음을 살펴보았다. 그런데 실무에서는 민법 제34조(법인의 권리능력)가 회사에게도 적용되어, 정관상 목적에 의하여 회사의 권리능력이 제한되는지가 논란이 되고 있다. 이는 다른 나라의 경우에도 비슷하다.

현재 정관상 목적에 의해서 회사의 권리능력을 제한하는 입법례와 운용례는 거의 찾을 수 없다. 상법 제173조는 일본의 상법 제55조를 계수한 규정이나, 일본은 2005년 회사법 개정시 이를 폐지하였다.

독일 주식법상 이사는 대내적으로는 정관 소정의 기업의 목적(Gegenstand des Unternehmens)에 따른 제한을 받지만(독일 주식법 제23조 제3항 제2호,[2] 제82조 제2

2 독일 주식법 제23조(정관의 확정) 제3항 정관은 다음 각 호의 사항을 정하여야 한다.
1. 회사의 상호와 소재지
2. 회사의 목적, 특히 공업과 상업을 목적으로 하는 회사의 경우에는 제도되고 거래되는 제품 및 상품의 종류를 상세하게 기재하여야 한다. <생략>

항[3]) 어떠한 행위가 정관상 목적에 속하지 않더라도 제3자에 대한 관계에서는 이사의 대표권은 제한될 수 없으며, 따라서 회사의 목적에 따른 권리능력의 제한은 없다(독일 주식법 제82조 제1항).

프랑스에서는 회사의 상사성은 그 회사의 형태 또는 목적에 의하여 정해지지만, 그러나 목적이 어떠하든지 합명회사, 합자회사, 유한회사, 주식회사 및 주식합자회사는 상사회사이다(프랑스 상법전 제210-1조). 즉, 합명회사와 주식회사 등 회사의 경우에는 목적에 관계없이 민법에 우선하여 상법이 적용된다.

영국 대법원(House of Lords)은 1875년 Ashbury Railway v Riche 판결[4]에서 정관의 범위를 벗어난 회사의 행위는 능력외이고 무효(ultra vires and void)라고 판시하였다. 이에 따라 능력외이론(ultra vires doctrine)이 형성되어 회사의 능력은 정관상 목적 범위 내로 한정되고 있었지만, 점차 해석으로 완화하여 오다가, 2006년 회사법 제31조 제1항은 "회사의 정관이 회사의 목적을 특별히 제한하지 않으면 회사의 권리능력(object)은 제한되지 않는다."[5]고 규정하기에 이르렀다. 법조문을 보면 정관에서 회사의 목적을 특정하면 제3자에게도 대항할 수 있다는 것인지는 불분명하지만, 개정의 경위와 취지에 비추면 정관상 제한에 위반하는 경우에는 이사 등을 상대로 그 위반 행위의 금지 등을 청구할 수 있을뿐, 회사의 능력 외라는 주장으로 다툴 수 없다는 뜻으로 보인다.

미국은 영국의 능력외이론을 계수하였으나 점차 판례를 통하여 완화해 오다가, 최근 각 주의 회사법에서는 능력외이론이 제한 내지 폐지되어 가는 경향에 있

3 독일 주식법 제82조(대표권 및 업무집행권의 제한)
① 이사회의 대표권한은 제한될 수 없다.
② 이사는 주식회사에 관한 법규정의 범위 내에서 정관, 감사회, 주주총회 및 이사회와 감사회의 업무규정이 업무집행권에 관하여 정한 제한을 준수하여야 한다.

4 Ashbury Railway Carriage and Iron Co Ltd v Riche (1875) LR 7 HL 653. 이 사건의 내용은 다음과 같다. Ashbury Railway 회사의 정관(메모랜덤) 제3조는 회사의 목적은 "철도 차량을 제조 및 판매 또는 대여하는 행위"로 되어 있었고, 제4조는 정관상 목적을 넘어서는 행위를 위해서는 특별결의가 필요하다고 규정하고 있었다. Ashbury Railway는 Riche와 그의 동생에게 앤트워프에서 벨기에의 Tournai까지 철도를 건설하기 위한 대출을 제공하기로 약속하였으나, 나중에 정관상 목적을 넘어서는 것이라고 하면서(ultra vires) 계약 이행을 거부했다. 소송이 진행되었고 의견이 나뉘었지만, 영국 대법원(House of Lords)은 최종적으로 회사 정관의 범위를 벗어난 회사의 행위는 능력외이고 무효라고 하였다(ultra vires and void).

5 Companies Act §31 Statement of company's objects
(1) Unless a company's articles specifically restrict the objects of the company, its objects are unrestricted. <생략>

다. 특히, 모범회사법(MBCA) 제3.04조[6]는 주주가 이사(회사)의 행위를 금지하기 위해서 소송을 제기하거나[MBCA §3.04(b)(1)], 회사의 대표자가 현직 또는 전직 이사나 집행임원 등을 상대로 소송을 제기하거나[MBCA §3.04(b)(2)], 법무부 장관이 회사의 해산을 위하여 소송을 제기하는[MBCA §3.04(b)(3)] 외에는 회사의 권한 범위를 넘어선다는 주장으로 다툴 수 없도록 하였다.

Ⅲ. 법률에 의한 권리능력의 제한

자연인은 법률에 의해서도 자유와 권리의 본질적인 내용을 침해할 수 없지만(헌법 제37조 제2항), 법인인 회사는 법률에 의하여 의제되는 존재이므로 법률에 의해서 그 권리능력의 범위를 제한할 수 있음은 당연하다.

어느 정도까지 회사의 권리능력을 제한할 것인지는 입법정책에 속하는 문제이다. 앞서 살펴보았듯이 상법상 회사는 다른 회사의 무한책임사원이 되지 못하는데(상법 제173조), 이는 고유의 사업목적을 가지는 회사가 자기의 운명을 다른 회사에게 맡기는 것을 방지하고, 각 회사의 독립성을 유지할 필요가 있기 때문이다.[7] [8] 다만, 회사가 조합원이 될 수 있는 것과는 균형이 맞지 않고, 회사의 기관을 통해서 타회사나 타법인의 경영에 참여할 수 있을뿐 아니라, 오늘날에는 대회사가 출자하여 그 설립절차가 간단한 인적 회사를 설립할 수 있음이 바람직하므로 입법론적으로는 의문이라는 비판[9]도 있다.

6 MBCA §3.04. Ultra Vires
(a) Except as provided in subsection (b), the validity of corporate action may not be challenged on the ground that the corporation lacks or lacked power to act.
(b) A corporation' power to act may be challenged:
(1) in a proceeding by a shareholder against the corporation to enjoin the act;
(2) in a proceeding by the corporation, directly, derivatively, or through a receiver, trustee, or other legal representative, against an incumbent or former director, officer, employee, or agent of the corporation; or
(3) in a proceeding by the attorney general under section 14.30.
(c) In a shareholder' proceeding under subsection (b)(1) to enjoin an unauthorized corporate act, the court may enjoin or set aside the act, if equitable and if all affected persons are parties to the proceeding, and may award damages for loss (other than anticipated profits) suffered by the corporation or another party because of enjoining the unauthorized act.

7 최기원, 신회사법론(제14대정판), 박영사(2012), 83.

8 "회사가 자기의 위험 외에 다른 회사의 모든 위험을 부담하는 것을 회사정책상 인정하지 않기 때문이다."라는 서술도 있다. 정찬형, 상법강의(상)(제22판), 박영사(2019), 482.

9 이효경, 회사의 능력, 주식회사법대계 Ⅰ(제3판), 한국상사법학회 편, 법문사(2019), 237; 최준선, 회사법(제14판), 삼영사(2019), 97.

한편, 보험회사의 생명보험업과 손해보험업의 겸영 금지(보험업법 제10조), 은행의 업무범위 제한(은행법 제27조) 등 특정한 회사의 겸업이나 행위를 제한하는 규정이 있는데 이러한 금지규정의 효력이 문제가 된다. 생각건대, 이러한 법규는 원칙적으로 단속법규에 해당하고 그 위반 시에도 사법적 효력에는 영향이 없다고 볼 것이나, 해당 조문의 입법취지와 성질에 비추어 효력법규로 인정되는 경우에는 그 위반 시에는 사법상의 효력이 인정되지 않는다고 본다(절충설).[10] 판례도 사안에 따라서 판단하고 있다.

대법원은 "원래 영리법인인 상호신용금고의 대출업무 등은 그 회사의 자율에 맡기는 것이 원칙이(고) ~ 동일인에 대한 일정액을 넘는 대출 등을 금지하는 구 상호신용금고법(1995. 1. 5. 법률 제4867호로 개정되기 전의 것) 제12조는 ~ 특정인에 대한 과대한 여신을 규제함으로써 보다 많은 사람에게 여신의 기회를 주고자 함에 있으므로 이 규정은 단속규정(이다)"고 하면서 일반적으로 단속규정으로 보고 있지만(대법원 1997. 8. 26. 선고 96다36753 판결), 반면에 "구 상호신용금고법(2001. 3. 28. 법률 제6429호 상호저축은행법으로 개정되기 전의 것) 제18조의2 제4호는 상호신용금고가 대통령령이 정하는 특수한 경우를 제외하고 '채무의 보증 또는 담보의 제공'을 하는 행위를 금지하고 있는바, 이는 서민과 소규모기업의 금융편의를 도모하고 거래자를 보호하며 신용질서를 유지함으로써 국민경제의 발전에 이바지함을 목적으로 하는 ~ 데에 그 입법 취지가 있다고 할 것이어서 위 규정은 단순한 단속규정이 아닌 효력규정이라고 할 것이다."고 하면서 효력규정으로 보기도 한다(대법원 2004. 6. 11. 선고 2003다1601 판결). 이처럼 대법원은 같은 상호신용금고법 규정과 관련해서도 해당 조문의 입법취지와 성질에 비추어 단속법규와 효력법규인지의 여부를 판단하면서 절충적인 태도를 취하고 있다.

Ⅳ. 성질에 의한 권리능력의 제한

1. 생명권 등 자연인 특유의 권리

회사는 자연인이 아니고 법인이므로 그 성질상 자연인을 전제로 하는 권리의무를 향유할 수 없다. 예를 들어, 회사는 자연인을 전제로 하는 생명이나 신체에 대한 권리, 친족이나 상속에 대한 권리는 누리지 못한다. 예를 들어, 민법상 상속

10 최준선, 회사법(제14판), 삼영사(2019), 98.

인은 자연인에 한정되므로 상속권은 누릴 수 없다(민법 제1000조 내지 제1004조). 다만, 회사도 유증을 받을 수 있으므로 포괄유증에 의하여 상속과 동일한 효과를 얻을 수 있다.

회사는 재산권은 물론 명예·신용에 관한 인격권, 상호권 등 그 밖의 권리는 폭 넓게 누릴 수 있다.[11] 회사는 그 성질상 육체노동을 제공하거나 인적 개성이 중시되는 지배인을 비롯한 상업사용인은 되지 못하고, 다른 회사의 무한책임사원은 되지 못하지만(상법 제173조), 유한책임사원[12]이나 유한책임회사의 업무집행자는 될 수 있다(제287조의3 제4호, 제287조의15).

2. 회사가 다른 회사의 이사나 감사가 될 수 있는지

회사가 다른 회사의 이사나 감사가 될 수 있는가? 독일 주식법 제76조 제3항[13]은 자연인에 한하여 이사가 될 수 있다고 규정하고 있고, 2006년 영국 회사법 제155조[14] 제1항은 "회사는 최소 1명의 자연인인 이사를 두어야 한다." 동조 제2항은 "이 요건은 이사의 직무가 단독법인을 구성하는 자연인에 의해서 수행되거나(held by a natural person as a corporation sole) 그에 준하는 경우에는 충족된다."고 규정하고 있다. 업무집행을 담당하는 이사의 기능을 생각해서 이사는 자연인을 원칙으로 하지만 그 책임관계를 명확하게 할 수 있다면 자연인이 아니라 단독법인의 형태로도 수행될 수 있다는 취지이다.

반면에 프랑스 상법전 제225-20조는 "법인은 이사로 지명될 수 있다. 그 선임의 때에 법인은 ~ 자기명의로 이사가 된 경우와 동일한 조건과 의무에 따라 동일한 민형사상의 책임을 지는 상임대표자를 선임해야 한다."고 하면서 법인의 이사 자격을 인정하면서도, 그 책임 문제를 보완하기 위해서 자연인이 이사가 된 때와 동일한 책임을 지는 상임대표자를 선임하도록 하고 있다. 즉, 영국 회사법 제

11 이효경, 회사의 능력, 주식회사법대계 I (제3판), 한국상사법학회 편, 법문사(2019), 236.

12 합자회사의 유한책임사원, 유한책임회사의 사원, 주식회사의 주주, 유한회사의 사원 등이 이에 해당한다.

13 독일 주식법 제76조(주식회사의 지휘)

③ 자연인으로서 완전한 행위능력자만이 이사가 될 수 있다. 다음 각 호의 자는 이사가 될 수 없다. <중략>

14 2006년 영국 회사법 제155조

① 회사는 최소 1명의 자연인인 이사를 두어야 한다.

② 이 요건은 이사의 직무가 단독법인을 구성하는 자연인에 의해서 수행되거나(held by a natural person as a corporation sole) 그에 준하는 경우에는 충족된다.

155조와 프랑스 상법전 제225-20조는 이사로서 책임을 부담할 자연인을 요구하는 것은 같지만, 서술의 방법에서 차이가 있을뿐이다.

명문의 규정이 없는 우리나라에서는 법인은 그 성질상 이사가 될 수 없으나 의무를 담당하지 아니하는 이사는 법인도 될 수 있다는 견해,[15] 회사도 다른 회사의 이사가 될 수 있다는 견해[16]가 있으나, 이사는 그 직무의 성격상 신체적 활동이 요구되고, 이사의 위법 행위에 대한 책임 소재를 분명히 하기 위해서는 그 자격을 '자연인'에 한정하는 것이 타당하다. 법인이사를 허용하는 명문의 규정이 없을뿐만 아니라 법인이사를 허용할 경우에도 이를 보완하는 규정이 없어서 책임 소재가 불분명해지기 때문이다.[17] 따라서 상법이 이사, 감사 및 집행임원의 성명 및 주민등록번호를 등기사항(상법 제317조 제2항 제8호)으로 한 것은 자연인을 염두에 둔 것으로 엄격하게 해석해야 한다. 다만, 유한책임회사의 법인인 업무집행자(제287조의15 제1항) 또는 투자합자회사의 법인이사(자본시장과 금융투자업에 관한 법률 제184조 제2항)처럼 법률에 의해서 법인이사를 허용할 수 있음은 당연하다.

3. 회사가 다른 회사의 발기인이 될 수 있는지

회사가 다른 회사의 발기인이 될 수 있는가? 발기인은 회사의 설립업무를 처리하기 위한 일시적인 지위에 불과하므로 이사처럼 계속적인 업무처리나 경영상의 판단이 요구되는 것은 아니다. 업무처리를 위해서 물리적인 능력이 필요하다면 그 임직원이나 대리인이 임무를 수행하면 된다. 따라서 회사도 발기인이 될 수 있다고 본다(긍정설).[18]

V. 정관상 목적에 의한 권리능력의 제한

민법 제34조는 "법인은 법률의 규정에 좇아 정관으로 정한 목적의 범위 내에서 권리와 의무의 주체가 된다."고 규정하고 있다. 그런데 영리법인인 회사에 대해서도 제34조를 유추적용하여 정관상 목적에 의하여 회사의 권리능력을 제한할 것인지에 대해서는 견해가 대립하고 있다.

15 손주찬, 상법(상)(제15보정판), 박영사(2005), 759.

16 강위두/임재호, 상법강의(상)(제3전정판), 형설출판사(2009), 779.

17 송옥렬, 상법강의(제9판), 홍문사(2019), 730; 장덕조, 회사법(제4판), 법문사(2019), 28; 정찬형, 상법강의(상)(제22판), 박영사(2019), 482; 최기원, 신회사법론(제14대정판), 박영사(2012), 82.

18 이효경, 회사의 능력, 주식회사법대계 Ⅰ(제3판), 한국상사법학회 편, 법문사(2019), 236; 장덕조, 회사법(제4판), 법문사(2019), 29; 최기원, 신회사법론(제14대정판), 박영사(2012), 82.

1. 제한긍정설

회사의 권리능력은 정관상 목적에 의하여 제한된다는 견해[19]가 있다. 그 이유로는 ①민법 제34조는 법인 전체에 적용되는 규정으로 회사에 한정하여 그 적용을 배제하기 어렵고, ②회사의 법인격은 그 설립목적을 달성하기 위해서 부여되는 것이므로 설립목적의 범위 내로 권리능력이 제한되는 것은 당연하며, ③회사가 정관의 목적을 벗어난 행위를 한다면 회사의 사원은 예상하지 못한 행위에 대하여 까지 위험을 부담할 수 있고, ④회사의 정관상 목적은 등기에 의하여 공시되므로 제3자가 손해를 입는 경우가 있더라도 그것은 자기의 부주의에 기한 것이므로 부득이하며, 거래의 안전은 이사의 제3자에 대한 손해배상책임 규정(상법 제401조)으로 보완하면 된다고 한다. 다만, 회사의 권리능력 제한을 인정하는 입장에서도 정관상 목적의 범위를 문자에 구애됨이 없이 넓게 해석할 필요가 있다고 하고 있어서[20] 실질적으로는 제한부정설과 큰 차이가 없을 정도로 근접하고 있다.

판례도 비슷하다. 대법원은 제한긍정설의 입장을 취하면서도 "회사의 권리능력은 회사의 정관상의 목적에 의하여 제한되나 그 목적범위 내의 행위라 함은 정관에 명시된 목적 자체에 국한되는 것이 아니라 그 목적을 수행하는 데 있어 직접, 간접으로 필요한 행위를 모두 포함한다."(대법원 2009. 12. 10. 선고 2009다63236 판결, 대법원 2001. 9. 21.자 2000그98 결정, 대법원 1988. 1. 19. 선고 86다카1384 판결 등) 고 하거나, "정관에 명시된 목적 자체에는 포함되지 않는 행위라 할지라도 목적수행에 필요한 행위는 회사의 목적범위내의 행위라 할 것이고 그 목적수행에 필요한 행위인가의 여부는 문제된 행위가 정관기재의 목적에 현실적으로 필요한 것이었던가 여부를 기준으로 판단할 것이 아니라 그 행위의 객관적 성질에 비추어 추상적으로 판단할 것이다."(대법원 1987. 10. 13. 선고 86다카1522 판결, 대법원 1987. 9. 8. 선고 86다카1349 판결)고 하면서, 회사의 정관상 목적의 범위를 폭넓게 인정함으로써 권리능력의 제한으로 인하여 훼손될 수 있는 거래의 안전을 보호하고 있다.

2. 제한부정설의 타당성

생각건대, ①대다수의 사원에게 있어서 중요한 관심사는 회사의 경영과 재무의 내용이고, 정관 소정의 목적에 큰 의의와 가치를 인정하고 있지는 않다. 나아

19 최준선, 회사법(제14판), 삼영사(2019), 102.
20 최준선, 회사법(제14판), 삼영사(2019), 102.

가 회사는 많은 대외적 활동을 예정하고 있으므로 사원의 이익보다 거래안전의 보호에 더 중점을 두어야 할 것이다. 또한 ②오늘날에는 회사의 활동범위가 매우 넓은데, 회사의 정관상 목적을 일일이 확인한 후에야 거래할 것을 요구하는 것은 곤란하다. 실제로도 회사의 정관상 목적은 다양하게 기재되어 있어 특정한 거래가 정관상 목적범위 내에 해당하는지를 거래상대방의 위험부담으로 판단하도록 하는 것은 가혹하다. ③상법 제195조(준용법규)의 "합명회사의 내부관계에 관하여는 정관 또는 본법에 다른 규정이 없으면 조합에 관한 민법의 규정을 준용한다."는 규정처럼, 회사에 대하여 민법의 규정을 준용할 때에는 상법전이 이를 명시하고 있는데, 현행 상법에는 민법 제34조를 회사에 준용한다는 명문의 규정이 있는 것도 아니다. 결국 ④출자자인 사원의 이익을 거래의 안전을 희생하면서까지 보호할 필요는 없고, 특히 회사가 목적 범위 외의 행위를 하고 뒤에 불리하게 되면 목적범위 외라고 하여 그 행위의 무효를 주장하는 것은 신의칙에 반한다. 입법례에서도 살펴보았듯이 회사의 정관상 권리능력 제한 규정은 없거나 폐지하는 것이 대세이기 때문이다. ⑤회사의 이익보호는 이사의 회사에 대한 책임(상법 제399조), 이사의 위법행위에 대한 유지청구권(제402조), 이사의 해임(제385조) 등 다른 수단에 의해서 가능하다. 우리나라의 다수 견해[21]도 정관에 의한 권리능력의 제한을 부정하고 있다.

3. 정관상 목적의 기능

위에서 살펴본 것처럼 우리나라는 제한긍정설을 취하는 경우에도 정관의 목적 범위를 폭 넓게 해석하고 있기 때문에, 정관상 목적은 회사의 권리능력에 관해서는 거의 의미가 없게 되었으나, 회사의 정관상 목적은 이사의 행위에 대한 적법성 또는 회사가 영위할 영업의 범위에 대한 판단의 기준으로 작용한다. 구체적으로 이사가 정관상 목적범위 외의 행위를 하고, 이에 의하여 회사가 회복할 수 없는 손해가 생길 염려가 있는 때에는 주주 또는 감사는 그 행위를 유지할 것을 청구할 수 있으며(상법 제402조), 이사가 정관상 목적범위 외의 행위를 함으로써 회사에 손해를 입힌 경우에는 그 이사는 회사에 대해서 손해배상책임을 질뿐 아니

21 권기범, 현대회사법론(제7판), 삼영사(2017), 124; 김홍기, 상법강의(제4판), 박영사(2019), 313; 이기수/최병규, 회사법(제10판), 박영사(2015), 101; 이범찬 외 3인, 회사법(제2판), 삼영사(2018), 97; 임재연, 회사법 I (개정6판), 박영사(2019), 78; 장덕조, 회사법(제4판), 법문사(2019), 31; 정찬형, 상법강의(상)(제22판), 박영사(2019), 485: 홍복기/박세화, 회사법강의(제7판), 법문사(2019), 64.

라(제399조), 회사가 이사의 책임을 추궁하지 아니할 때에는 소수주주가 대표소송에 의하여 그 책임을 추궁할 수 있다(제404조). 경우에 따라서는 해당 이사는 해임청구의 대상이 될 수도 있다(제385조 제2항). 만일 이사 등이 정관 소정의 목적범위 외의 행위를 하는 것을 상대방이 안 경우에는 회사는 권리남용의 법리나 신의칙에 의하여 대항할 수 있다.[22]

VI. 기부행위, 정치헌금 등

회사의 권리능력이 정관상 목적에 의하여 제한을 받는지는 주로 회사의 거래행위를 대상으로 하여 논의가 이루어져 왔으나, 영업과 직접적인 관련이 없는 사회사업이나 대학교, 연구소, 정당 등에 대한 기부행위나 정치헌금이 회사의 권리능력의 범위 내에 속하는지가 문제될 수 있다.

미국에서는 기부행위의 적법성이 회사의 사회적 책임, 이사의 충실의무 등과 얽혀서 소송의 대상이 되어 왔는데,[23] 적법성에 대한 논란이 제기되자, 모범회사법은 회사는 ~ 공공복리, 자선, 학술 또는 교육을 위한 기부 행위[MBCA §3.02(13)], 정부의 정책을 지원하는 적절한 사업을 행할 권한[MBCA §3.02(14)], 회사의 사업을 촉진시키는 것으로서 법령에 위반하지 아니하는 지급, 기부, 기타의 행위[MBCA §3.02(15)] 등을 할 권한을 가진다고 명시적으로 규정하고 있다.[24] 즉, 회사의 기부가 적정한 규모라면 회사의 세평을 좋게 하는 등 권리능력의 범위 내(intra vires)로 보고 있다.

일본에서는 1970년경 야하다(八幡)제철이 자민당에 정치헌금을 한 사건이 크게 문제되었는데, 일본최고재판소는 회사는 정관상 목적범위 내에서만 권리능력을 가지지만, 목적범위 내의 행위란 정관에 명시된 목적 자체에 한정되는 것이 아니라 그 목적을 수행하는 데 직접 또는 간접적으로 필요한 행위도 포함하고, 정당의 건전한 발전에 협력하는 것은 회사의 사회적 역할을 수행하기 위한 행위로서 정관의 목적범위 내에 속한다고 판시하였다. 다만, 정치헌금이 무제한 허용되는 것은 아니고, 회사의 규모, 영업실적 기타 사회경제적 지위, 기부의 상대방 등 제반사정을 고

22 정찬형, 상법강의(상)(제22판), 박영사(2019), 486.
23 Evans v. Brunner Mond & Company 1 Ch 359 (1921); A.P. Smith Mfg. Co. v. Barlow, 13. N.J. 145 (1953).
24 정찬형, 상법강의(상)(제22판), 박영사(2019), 487.

려하여 합리적인 범위 내에서 허용되고, 이러한 범위를 초과하고 상당하지 못한 기부는 이사의 충실의무에 위반된다(日最判 1970. 6. 24. 宣告 民集24卷6号 625)고 한다.

독일에서는 정관목적과는 상관없이 회사의 권리능력이 인정되므로 회사가 각종 기부행위를 하는 데 법적인 장애가 없다. 단지, 대내적으로 이사의 회사에 대한 손해배상책임이 발생할 수 있고, 대외적으로는 대표권의 남용 행위에 대한 법적 효력이 문제될 수는 있다.[25]

우리상법은 기부행위에 대한 규정이 없어서 논란이 있다. 생각건대, 회사의 영업과 전혀 관련이 없는 기부나 정치헌금은 정관상 목적범위 밖의 행위이므로 무효라고 보는 견해도 있을 수 있으나, 자선단체, 교육기관, 학술단체 또는 정당에 대한 기부행위는 정관상 목적을 수행하기 위하여 필요하거나 적어도 영업활동에 도움이 될 수 있다. 나아가 현실적으로 회사의 목적과 전혀 관련이 없는 기부행위를 상정하기 어렵고, 상정이 가능하더라도 추상적인 기준을 가지고 회사의 권리능력을 일일이 심사하는 것은 거래의 안전을 해칠 수 있다. 따라서 회사의 기부행위는 정관의 목적에 관계없이 회사의 권리능력 범위 내에 포함된다고 볼 것이다. 다만, 회사의 규모, 영업실적, 기부의 이유, 기부의 상대방 등 제반사정을 고려하여 기부행위가 합리적인 범위를 초과하거나 잘못이 있는 경우에는 대표이사를 비롯한 경영진에 대해서 민사 및 형사 책임을 추궁할 수 있다.

대법원은 최근 선고된 판례(대법원 2019. 5. 16. 선고 2016다260455 판결)에서, 재정상 어려움에 처한 지방자치단체에 대한 기부행위는 정관상 목적을 수행하기 위하여 필요하거나 적어도 영업활동에 도움이 될 수 있다는 취지로 판시하고 있다. 그러나 기부행위에 이사회 승인을 거쳤다고 하더라도 이사의 책임이 항상 면제되는 것은 아니라고 한다. 예를 들어, 이사회에서 주주 중 1인에 대한 기부행위를 결의하면서 기부금의 성격, 공익에 미치는 영향, 기부금 액수 등에 관해 합리적인 정보를 바탕으로 충분한 검토를 거치지 않았다면, 선관주의의무에 위반하여 기부 결의에 찬성한 이사는 회사에 대해서 손해배상책임을 부담한다. 다만, 법원이 손해배상의 범위를 정할 때에는, 기부의 성격, 이사의 이익취득 여부, 손해분담의 공평 등 제반사정을 참작하여 그 손해배상액을 제한할 수 있다(대법원 2019. 5. 16. 선고 2016다260455 판결).

25 권기범, 현대회사법론(제7판), 삼영사(2017), 127.

제 174 조 [회사의 합병]

① 회사는 합병을 할 수 있다.

② 합병을 하는 회사의 일방 또는 쌍방이 주식회사, 유한회사 또는 유한책임회사인 경우에는 합병 후 존속하는 회사나 합병으로 설립되는 회사는 주식회사, 유한회사 또는 유한책임회사이어야 한다. <개정 2011.4.14>

③ 해산후의 회사는 존립 중의 회사를 존속하는 회사로 하는 경우에 한하여 합병을 할 수 있다.

[관련조문] 금융산업의 구조개선에 관한 법률 제4조(인가), 독점규제 및 공정거래에 관한 법률 제7조(기업결합의 제한), 제12조(기업결합의 신고), 상법 제175조(동전-설립위원), 제195조(준용법규), 제227조(해산원인), 제230조(합병의 결의), 제234조(합병의 효력발생), 제459조(자본준비금), 제522조(합병계약서와 그 승인결의), 제522조의2(합병계약서 등의 공시), 제522조의3(합병반대주주의 주식매수청구권), 제523조(흡수합병의 합병계약서), 제523조의2(합병대가가 모회사주식인 경우의 특칙), 제527조의2(간이합병), 제527조의3(소규모합병), 제528조(합병의 등기), 제598조(합병의 방법), 제600조(유한회사와 주식회사의 합병); 은행법 제55조(합병·해산·폐업의 인가); 자본시장과 금융투자업에 관한 법률 제165조의4(합병의 특례), 제165조의5(주식매수청구권의 특례), 채무자회생 및 파산에 관한 법률 제55조(회생절차개시 후의 자본감소 등), 제193조(회생계획의 내용), 제210조(회사의 흡수합병), 제211조(회사의 신설합병) 등.

[참고문헌] 권기범, 현대회사법론(제7판), 삼영사(2017); 김태진, 회사의 국제적 조명, BFL 제42호, 서울대 금융법센터(2007); 김홍기, 상법강의(제4판), 박영사(2019); 이철송, 회사법강의(제27판), 박영사(2019); 정찬형, 상법강의(상)(제22판), 박영사(2019); 정희철, 주식회사 합병의 본질론의 재검토, 기업법의 전개, 박영사(1979); 주석 상법, 회사편(1)(제5판), 한국사법행정학회(2014)(정동윤); 홍복기/박세화, 회사법강의(제7판), 법문사(2019).

Ⅰ. 총설

1. 합병의 의의

"회사의 합병"이란 기업 결합의 한 형태로 두 개 이상의 회사가 상법의 규정에 의하여, 청산절차를 거치지 않고서 신회사를 설립하거나(신설합병) 또는 그중의 한 회사가 다른 회사를 흡수함으로써(흡수합병), 소멸회사의 재산과 사원(주주)이 신설회사 또는 존속회사에 법정 절차에 따라 이전·수용되는 효과를 가져오는 회사법상의 법률요건이다.[1] 합병에 의하여 소멸하는 회사의 사원(주주)은 합병에 의하여 1주 미만의 단주만을 취득하거나 또는 합병에 반대하여 주식매수청구권을 행사하는 등 특별한 경우를 제외하고는 합병계약상의 합병비율과 배정방식에 따라 존속회사 또는 신설회사의 사원권을 취득하여, 존속회사 또는 신설회사의 사원(주주)이 된다(대법원 2003. 2. 11. 선고 2001다14351 판결).

합병은 기업결합 내지 기업집중의 한 형태로서 그 중요성과 국민경제의 건전한 발전을 위해서는 적절한 법적 규율이 요구된다. 합병은 상법의 규정에 따라서 해야 한다. 따라서 회사가 해산과 청산절차를 거쳐서 사원에게 회사재산을 배분하고 각 사원이 배분받은 재산을 출자하여 신회사를 설립하거나, 회사가 영업을 현물출자하여 신회사를 설립하고 자신은 해산하면서 설립되는 신회사로부터 현물출자의 대가로 받은 주식을 사원에게 배분하는 것은 합병과 동일한 효과를 가져오지만, 상법상 합병절차에 따른 것이 아니므로 합병이 아니다. 이는 '사실상의 합병'이라고 부른다.

회사는 합병을 통하여 경영합리화, 영업비 절감, 사업 확장 등의 목적을 달성할 수 있으며, 청산 절차의 생략, 각종 재산 이전에 수반하는 각종 세법상의 부담이나 영업권 상실로 인한 불이익을 피할 수 있다.[2]

2. 상법상 합병의 법체계

합병에 관한 상법 규정의 체계는 다소 산만하다. ①회사편 제1장에서는 합병의 가능성과 제한 및 신설합병 시의 설립위원에 관한 두 개의 조문을 두고(상법

1 정찬형, 상법강의(상)(제22판), 박영사(2019), 507.
2 김홍기, 상법강의(4판), 박영사(2019), 322.

제174조, 제175조), 상세한 합병절차는 각 회사별로 규정하고 있다. 회사의 종류별로 살펴보면 ②합명회사의 합병에 관해서는 그 효력의 발생시기, 효과, 무효판결의 효력 등의 상세한 규정을 두고(제230조 내지 제240조), ③주식회사에서는 주식회사에 관하여 특유한 절차를 규정함과 아울러 합명회사의 합병에 관한 규정을 상당수 준용하고 있으며(제522조 내지 제530조), ④유한회사에서는 유한회사에 특유한 절차를 규정함과 아울러 합명회사와 주식회사의 합병에 관한 규정을 준용하고 있다(상법 제598조 이하).[3] ⑤유한책임회사와 합자회사에서는 합병에 대한 특별한 규정은 없고, 내부관계에 관하여는 합명회사에 관한 규정을 준용한다는 규정을 두고 있다(제195조, 제287조의18).

여기에서는 상법 제174조(회사의 합병)를 위주로 합병에 관한 기본적인 내용과 절차를 소개하고 좀더 자세한 내용은 각각의 조문에서 설명한다.

3. 상법 제174조의 의의 및 내용

상법 제174조는 각종 회사에 공통되는 합병의 원칙을 정하고 있다.

먼저 상법 제174조 제1항은 "회사는 합병을 할 수 있다."고 하면서 합병의 자유를 정하고 있다. 제1항에 의하면 회사는 그 종류에 관계 없이 다른 어떠한 종류의 회사와도 합병을 할 수 있다. 회사 간에 합병을 인정할 것인지의 여부는 정책적인 문제이므로 특별히 논의할 것은 없다.

상법 제174조 제2항은 "합병을 하는 회사의 일방 또는 쌍방이 주식회사, 유한회사 또는 유한책임회사인 경우에는 합병 후 존속하는 회사나 합병으로 설립되는 회사는 주식회사, 유한회사 또는 유한책임회사이어야 한다."고 정하고 있다. 이는 합병후에 존속하거나 신설되는 회사는 그 사원이 유한책임을 부담하는 주식회사, 유한회사 또는 유한책임회사일 것을 요구하는 취지인데, 존속회사 또는 신설회사를 인적회사로 하게 되면 사원의 책임이 가중되는 결과 번잡한 절차를 밟아야 하기 때문이다.

상법 제174조 제3항은 "해산후의 회사는 존립 중의 회사를 존속회사로 하는 경우에 한하여 합병을 할 수 있다."고 규정하고 있다. 기업유지의 이념에서 해산후의 회사는 존립 중의 회사를 존속하는 회사로 하는 경우에 한하여 합병할 수 있도록 한 것이다.

3 이철송, 회사법강의(제27판), 박영사(2019), 118.

4. 합병에 관한 입법례

독일은 종전까지 유한회사와 주식회사 또는 주식합자회사의 합병은 주식회사 또는 주식합자회사를 존속회사로 하는 경우에만 인정하는(개정전 독일 주식법 제355조 제1항, 제356조 제1항) 등 우리나라와 비슷하게 규제하고 있었으나, 1994년 합병, 분할, 재산양도, 조직변경 등을 총괄적으로 규제하는 조직재편법(Umwandlungsgesetz)을 제정하면서, 독일 주식법상 합병에 관한 조항들을 삭제하였다(독일 주식법 제6장 콘체른에서의 계산 제329조 내지 제393조 삭제). 조직재편법에서는 흡수합병과 신설합병 등 합병의 종류와 합병계약서의 기재사항 등을 규정하고(독일 조직재편법 제2조, 제4조, 제36조), 합병을 하는 단체의 종류 별로 주식회사가 참가하는 합병(동법 제60조), 주식합자회사가 참가하는 합병(동법 제78조), 등기협동조합이 참가하는 합병(동법 제79조), 권리능력이 있는 사단이 참가하는 합병(동법 제99조) 등 합병의 방식과 절차를 세밀하게 규정하고 있다. 즉, 독일에서는 회사 외에도 등기협동조합, 권리능력이 있는 사단의 합병이 허용되는 등 합병의 폭이 넓고 자유로운 편이다.

프랑스 상법 제236-1조는 “하나 또는 수개의 회사는 합병에 의하여 존속회사 또는 그가 설립하는 신설회사에 재산을 이전시킬 수 있다. 한 회사는 또한 분할에 의하여 수개의 존속회사 또는 수개의 신설회사에 그의 재산을 이전시킬 수 있다.”, 동법 제236-2조는 “본법 제236-1조에서 정한 활동은 형태를 달리하는 회사간에서도 실행될 수 있다”고 하면서, 합병과 분할의 자유에 대해서 폭 넓게 허용하고 있다.

일본 회사법 제748조(합병계약의 체결)는 “회사는 다른 회사와 합병할 수 있다. 이 경우 합병을 하는 회사는 합병계약을 체결하여야 한다.”고 하면서 합병의 자유를 폭 넓게 인정하고 있다. 그리고 일본 회사법 제751조(지분회사가 존속하는 흡수합병계약) 제1항은 “회사가 흡수합병을 하는 경우 흡수합병존속회사가 지분회사인 때에는 흡수합병계약에 다음의 사항을 적어야 한다.”고 하면서, 주식회사와 지분회사 사이에 지분회사를 존속회사로 하는 합병도 허용하고 있다. 우리 상법 제174조 제1항은 합병의 원칙적인 자유를 인정하면서도, 동조 제2항은 “합병을 하는 회사의 일방 또는 쌍방이 주식회사, 유한회사 또는 유한책임회사인 경우에는 합병 후 존속하는 회사나 합병으로 설립되는 회사는 주식회사, 유한회사 또는 유한책임회사이어야 한다.”고 하면서, 물적회사를 존속회사로 하는 합병만을 허용하고 있으나 일본의 합병은 이보다 완화되어 있다.

영국의 2006년 회사법은 제26편 구조개편과 회사재편(Arrangements and

Reconstruction), 제27편 공개회사의 합병과 분할(Mergers and Divisions of Public Companies)에서 폭 넓게 기업구조조정 수단을 마련하고 있다.

미국의 모범회사법 제11장 합병 및 주식교환(Mergers and Share Exchange)에서도 널리 합병을 인정하고 있다.

5. 합병의 성질

합병에 의하여 해산회사(소멸회사)의 재산, 권리의무, 사원이 존속회사 또는 신설회사로 포괄승계되는데, 이러한 현상을 둘러싼 논쟁을 합병의 본질론이라고 한다. 합병의 성질에 관하여는 크게 인격합일설, 현물출자설, 재산합일설의 3가지의 입장이 있다.

"인격합일설"은 합병은 두 개 이상의 회사가 하나의 회사로 되는 조직법상의 특별한 계약으로서 합병되는 것은 회사 자체이고 회사 재산의 포괄승계는 그 결과에 지나지 않는다고 보는 견해[4]이다. 합병의 사단법적 요소를 중시한 견해로서 엄격하게는 '사원합일설'이라고 볼 수도 있다.[5] 합병의 성질을 밝히지 못하고 합병의 효과를 서술한 것에 불과하다는 비판이 제기된다.

"현물출자설"은 합병의 재산법적 효과를 강조하는 것으로서, 합병은 해산하는 회사의 영업 전부를 현물출자하여 행하는 존속회사의 자본증가(흡수합병의 경우) 또는 신회사의 설립(신설합병의 경우)이고, 다만 현물출자의 목적물이 회사의 전 재산이라는 점이 보통의 현물출자와 다른 뿐이라고 한다. 이 설에 대해서는 합병의 경제적 동기와 목적에는 부합하지만 이것을 합병의 법적 성질이라고 설명하는 것은 영업양도와 같은 여타의 법현상과 구분이 모호해진다거나, 현물출자자는 해산회사임에도 불구하고 존속회사 또는 신설회사의 주주가 되는 자는 해산회사의 주주라는 점을 설명하기 어렵다는 비판[6]이 제기되고 있다.

"재산합일설"은 합병에 있어서 사원의 수용이라는 사단법적 측면과 재산의 합일이라는 재산법적 측면이 있는데, 사원의 합일은 최소한도로 요구되는데 반하여 재산의 합일은 어떠한 경우에도 제외될 수 없기 때문에 합병의 본질은 재산의 합일에 있다고 한다.[7]

4 이철송, 회사법강의(제27판), 박영사(2019), 121.
5 정찬형, 상법강의(상)(제22판), 박영사(2019), 509.
6 이철송, 회사법강의(제27판), 박영사(2019), 121.
7 정희철, "주식회사 합병의 본질론의 재검토", 기업법의 전개, 박영사(1979), 213.

생각건대, 합병의 본질을 논하는 것은 채무초과회사의 합병이 인정되는지, 자본증가가 없는 합병이 인정되는지, 어느 범위에서 합병교부금이 인정되는지 등 실질적인 문제의 해결에 도움이 되기 위한 것이지만, 위의 어느 견해에 의하더라도 합병 시에 발생하는 논란을 해결하기 어렵다. 더구나 2011년 및 2015년의 상법 개정으로 교부금 합병이 허용되면서 합병신주의 배정 자체가 없는 상황이 생긴 지금에는 합병의 성질(본질론)에 대한 논의는 실익이 더욱 없게 되었다. 굳이 구분하자면 합병은 둘 이사의 회사가 합쳐 전부 또는 그 일부가 해산하여 청산절차 없이 신설 또는 존속하는 회사에 해산회사의 재산이 포괄적으로 이전되며, 해산회사의 사원도 원칙적으로 수용하는 회사법상의 특유한 제도로 이해하면 될 것이다.[8]

6. 다른 제도와의 비교

합병은 기업결합의 가장 완전한 형태이다. 기업결합에는 합병 외에도 기업간의 지배계약, 임원겸임, 주식취득을 통한 모자관계의 형성 등 여러 가지의 방법이 있으나, 이들 방법은 기업의 법적 독립성을 유지한 채 기업의 행동의 통일을 기하는 것인데 반해 합병은 법적 독립성을 박탈하고 단일한 단체로 만드는 것에서 구별된다.[9] 이처럼 합병은 다른 기업결합과는 차이가 있지만 경제력 집중의 원인이 되며 독과점의 수단이 되는 등 부정적 효과도 있어서, 독점규제 및 공정거래에 관한 법률은 독과점의 피해를 최소화할 수 있도록 일정한 회사간의 합병을 규제하고 있다.[10]

합병의 목적은 영업양도에 의해서도 달성할 수 있으나 양자는 다음과 같은 차이가 있다. ①합병 시에는 해산회사의 모든 권리의무가 존속회사 또는 신설회사에 포괄적으로 이전하나, 영업양도 시에는 영업양도 계약에서 정한 재산만이 양수회사에 이전된다. ②합병의 경우에 해산회사는 청산절차를 거치지 않고 곧바로 소멸되지만, 영업양도 회사는 영업 양도 후에도 존속할 수 있다. ③합병 시 해산회사의 사원은 존속회사 또는 신설회사에 수용되지만, 영업양도의 대가는 영업양도 회사에 귀속되므로 양도회사의 사원이 양수회사의 사원이 되는 것은 아니다. ④합병은 회사법상의 특별한 제도로서 합병무효의 소에 의해서만 무효를 다

8 홍복기/박세화, 회사법강의(제7판), 법문사(2019), 78.
9 이철송, 회사법강의(제27판), 박영사(2019), 120.
10 이철송, 회사법강의(제27판), 박영사(2019), 120.

툴 수 있으나, 영업양도는 채권계약이므로 민법의 일반원칙에 따라 무효나 취소를 주장할 수 있다. ⑤합병의 당사자는 회사에 한정되지만, 영업양도의 경우에는 회사뿐만 아니라 개인상인도 양도인이나 양수인이 될 수 있고, 비상인도 영업을 양수할 수 있다. 이 경우 비상인의 영업양수행위는 영업을 위한 준비행위, 즉 보조적 상행위가 된다. ⑥합병 시에는 채권자보호절차가 필요하나, 영업양도 시에는 채권자보호절차가 요구되지 않는다.[11]

Ⅱ. 합병의 종류

1. 흡수합병과 신설합병

합병은 흡수합병과 신설합병으로 구분할 수 있다. "흡수합병(merger)"은 수개의 합병당사회사 중에서 하나의 회사만이 존속하고 나머지 회사는 모두 소멸하며, 존속회사가 소멸회사의 권리와 의무를 포괄적으로 승계하고 사원을 수용하는 방법이다.[12] 합병회사(존속회사)는 정관을 변경하여 존속하고 피합병회사는 해산한다. "신설합병(consolidation)"은 합병당사회사가 전부 소멸하고, 이들에 의해서 신설된 회사가 소멸회사의 권리의무를 포괄적으로 승계하고 사원을 수용하는 방법이다.[13]

어느 방법이든 소멸회사의 권리의무의 포괄적 승계와 사원의 수용이 이루어지는 점에서는 같지만, 실제로는 흡수합병의 방법이 많이 사용되고 있다. 신설합병의 경우에는 별도로 설립위원을 선임하여야 하고(상법 제175조), 회사의 신설에 따라서 주무관청의 인가나 허가를 받아야 하며, 주식의 상장절차를 다시 반복해야 하고, 모든 당사회사의 주주에게 신주권을 발행하기 위하여 비용과 시간이 소비되며, 세제상으로도 불리하기 때문이다.[14]

2. 간이합병과 소규모합병

합병에는 간이합병과 소규모합병도 있다. 주식회사가 합병을 하기 위해서는 합병회사와 피합병회사 모두 주주총회 특별결의가 필요하다(상법 제522조). 하지만

11 주석 상법, 회사편(1)(제5판), 한국사법행정학회(2014), 145(정동윤).
12 이철송, 회사법강의(제27판), 박영사(2019), 119.
13 이철송, 회사법강의(제27판), 박영사(2019), 119.
14 주석 상법, 회사편(1)(제5판), 한국사법행정학회(2014), 146(정동윤); 정찬형, 상법강의(상)(제22판), 박영사(2019), 508.

상법은 간이합병(제527조의2)이나 소규모합병(제527조의3)의 요건을 충족하는 경우에는 이사회의 결의로 주주총회의 승인을 갈음할 수 있도록 하고 있는데, 간이합병은 '소멸회사'를 기준으로, 소규모합병은 '존속회사'를 기준으로 이사회의 결의로 주주총회의 승인을 갈음할 수 있는 경우이다. 비슷하게 간이분할합병(제530조의11 제2항, 제527조의2)과 간이주식교환(제360조의9) 제도도 인정되고 있다.

이러한 간이합병이나 소규모합병 제도는 주식회사의 합병을 용이하게 하기 위해서 미국 모범회사법 제11.05조[15] 또는 일본 회사법 제796조[16]를 참고한 것인데, 주주총회 결의가 생략되는 것이므로 소주주주의 보호와 관련하여 문제가 없는 것도 아니다.

3. 수평적합병과 수직적합병

"수평적합병(horizontal merger)"은 수평적 경쟁관계에 있는 회사 간의 합병을 말한다. 그 결과 시장점유율에 변동이 생기고 직접적으로 시장의 경쟁에 영향을 미친다. "수직적합병(vertical merger)"은 자동차 제조회사와 부품회사 간의 합병과 같이 수직적인 거래 관계에 있는 회사 사이의 합병을 말한다. 그 결과 시장의 부분적인 폐쇄가 일어난다. "복합적합병(conglomerate merger)"은 수평적합병과 수직적합병이 복합적으로 이루지는 것을 말한다.

4. 삼각합병과 역삼각합병

"삼각합병"이란 합병 시에 소멸회사의 주주에게 존속회사의 모회사 주식을 교부하는 방식을 말한다. 예를 들어, A 회사가 B 회사를 흡수합병하는 하는 경우에, A 회사(존속회사)는 상법상 자회사의 모회사주식 취득 금지규정에도 불구하고 소멸회사(B 회사)의 주주(甲·乙·丙)에게 제공하기 위하여 자신의 모회사(M 회사, A 회사의 모회사)의 주식을 취득할 수 있다.

삼각합병의 가능성에 대해서는 논란이 있었으나, 2011년 상법개정에서는 흡수합병계약에 따라서 소멸하는 회사의 주주에게 제공하는 재산이 '존속하는 회사의 모회사 주식'을 포함하는 경우에는, 자회사의 모회사주식 취득금지 규정(상법 제342조의2 제1항)에도 불구하고, 존속회사는 그 지급을 위하여 모회사주식을 취득할 수 있다고 규정함으로써 삼각합병을 허용하였다(제523조의2 제1항). 자회사를 활

15 MBCA §11.05 Mergers between Parent and Subsidiary or between Subsidiaries.
16 일본 회사법 제796조(흡수합병계약등의 승인을 요하지 아니하는 경우 등).

용한 다양한 기업 인수·합병 수단을 마련함으로써 기업 인수·합병에 대한 경제적 수요를 원활히 뒷받침하기 위한 것이다. 삼각합병의 경우에 존속회사(A 회사)가 취득한 모회사(M 회사)의 주식을 합병 이후에도 계속 보유하는 경우에는 합병의 효력이 발생하는 날부터 6개월 이내에 그 주식을 처분하여야 한다(제523조의2 제2항).

"역삼각합병"이란 삼각합병의 일종으로서 대상회사(위의 사례에서 B 회사)를 존속회사로 하여서 합병하는 것을 말한다. 개정전 상법에서는 역삼각합병은 허용되지 않는다는 것이 일반적인 해석이었으나, 2015년 개정상법은 삼각주식교환을 통해 사실상 역삼각합병의 효과를 달성할 수 있도록 하였다.

Ⅲ. 합병의 자유와 제한

1. 합병의 자유

상법 제174조는 회사의 합병에 공통되는 통칙적 규정으로서 합병의 자유와 제한을 규정하고 있다. 즉, 회사는 자유로이 합병할 수 있으며 인적회사와 물적회사간에도 합병이 가능하다. 따라서 물적회사와 물적회사 간, 인적회사와 인적회사 간은 물론, 물적회사와 인적회사 간의 합병도 인정된다.[17] 외국에서도 널리 합병의 자유를 인정하는 것이 보통이다.

2. 상법상의 제한

우리 상법 제174조는 합병의 자유를 원칙으로 하고 있으나, 합병의 자유가 무제한 인정되는 것은 아니고, 각종 법령에서는 이해관계자의 보호를 위하여 또는 국가의 정책적 차원에서 적지 않은 제한을 가하고 있다. 아래에서는 합병에 관한 상법상의 제한을 살펴본다.

가. 상법상의 회사일 것

합병은 상법상의 회사만이 할 수 있다(상법 제174조 제1항). 즉, 합병의 당사자는 합명·합자·유한책임·주식·유한회사이고, 상법상의 회사와 민법상의 비영리법인간의 합병은 불가능하다. 같은 맥락에서 상법상의 회사와 외국법에 의하여 설립된 외국회사와의 합병도 불가능하다.[18] 외국회사는 다른 법률의 적용에 있어서는 법률에 다른 규정이 있는 경우 외에는 대한민국에서 성립된 동종 또는 가장

17 주석 상법, 회사편(1)(제5판), 한국사법행정학회(2014), 148(정동윤).
18 홍복기/박세화, 회사법강의(제7판), 법문사(2019), 78.

유사한 회사로 보지만(제621조) 상법상의 회사는 아니기 때문이다. 따라서 미국법에 의해서 설립된 미국회사와 상법에 의해서 설립된 내국회사와의 합병은 원칙적으로 허용되지 않는다.

1인주식회사도 합병의 당사자가 될 수 있다. 그러나 민법상의 사단법인이나 조합 등은 합병의 당사자가 될 수 없으며, 1인 주주 역시 합병의 당사자가 되지 못한다.[19] 해산한 회사도 합병할 수 있으나, 파산선고에 의하여 해산한 경우에는 파산절차에 따라서 정리되므로 합병이 불가능하다.[20] 회생절차 중의 회사는 회생계획이 정하는 바에 따라서만 합병할 수 있다(채무자회생 및 파산에 관한 법률 제193조 제2항 제6호, 제210조, 제211조).

[해설] 국제적 합병의 가능성

연방국가의 속성상 미국은 주내회사와 주외회사의 합병에 대해서 상세하게 규정하고 있고(미국 MBCA 제11.02조) 이는 유럽연합도 비슷하다(EU 인수합병과 공개매수지침 등). 일본은 우리나라처럼 외국회사와의 합병에 대한 명문의 규정이 없으나, 동종의 법인으로 해석하여 합병이 가능하다는 견해와 등기소의 심사능력이 없다는 이유로 부정하는 견해가 대립하고 있다.

그렇다면 우리나라에서 국내회사와 외국회사가 합병을 할 수 있는가? 합병을 위해서는 합병당사회사들이 합병계약 및 사원총회의 승인, 총사원의 동의, 효력발생등기, 권리와 의무의 포괄적 승계, 합병무효를 다투는 방법 등 상법상 강행규정의 적용을 받아야 하므로, 외국회사에 대해서 우리나라와 동일한 법규가 적용되지 않는 한 내국회사와 외국회사와의 합병은 원칙적으로 불가능하다.[21] 물론 우리나라 또는 외국에 자회사를 세우고 이를 통해서 합병하거나, 삼각합병 제도를 이용해서 비슷한 효과를 거둘 수도 있을 것이다. 그러나 이 경우에도 합병당사회사는 모두 해당 국가의 국내회사이므로 이를 두고 외국회사와의 합병이 가능하다고 할 수는 없다. 하지만 경제의 글로벌화가 진행되면서 자회사를 통하지 않고 국내회사와 외국회사 간의 직접적인 합병이 필요한 상황이 생길 수도 있으므로 이에 대비하여 적절한 논의는 필요하다고 본다. 각 국의 경쟁당국의 승인을 얻고, 회사법상 채권자와 주주보호절차중 엄격한 것을 거치도록 한다면 내국 및 외국회사와의 합병도 전혀 불

19 독일 기업재편법 제3조 제2항은 물적회사의 1인 사원(자연인)도 존속회사로서 합병의 당사자가 될 수 있다고 규정하고 있다. 권기범, 현대회사법론(제7판), 삼영사(2017), 146, 각주 63)에서 재인용.

20 권기범, 현대회사법론(제7판), 삼영사(2017), 146.

21 이철송, 회사법강의(제27판), 박영사(2019), 125; 최근에는 국내외 회사 간의 합병의 가능성을 추구하는 해석론도 보인다. 김태진, 회사의 국제적 조명, BFL 제42호, 서울대금융법센터(2007), 20.

가능하지 않다고 본다.

나. 존속회사 또는 설립회사는 주식회사, 유한회사, 유한책임회사일 것

합병을 하는 회사의 일방 또는 쌍방이 주식회사, 유한회사 또는 유한책임회사인 경우에는 합병 후 존속하는 회사나 합병으로 설립되는 회사는 주식회사, 유한회사 또는 유한책임회사이어야 한다(상법 제174조 제2항). 합병 후에 존속하거나 신설되는 회사가 합명회사 또는 합자회사인 경우에는 사원의 책임이 가중되므로 모든 사원의 동의를 받아야 하는 등 합병의 절차가 번잡하지고 현실적인 어려움도 많기 때문이다.[22]

독일이나 프랑스 등의 경우에는 적절한 보완장치를 전제로 합병과 분할의 자유를 폭 넓게 인정하고 있고(독일 조직재편법 제2조, 제4조, 제36조, 제60조, 제78조, 제79조, 제99조; 프랑스 상법 제236-1조, 제236-2조 등), 일본도 2005년 회사법을 제정하면서 각종 제한을 철폐하였는 바(일본 회사법 제748조, 제751조 등), 우리나라도 엄격한 합병규제를 완화할 것인지를 검토할 필요가 있다.

합명회사가 주식회사에 흡수합병될 경우에 합명회사의 사원은 합병계약이 전하는 바에 따라서 주식회사의 주주가 되는 것이고 합명회사에서 퇴사하는 것이 아니다. 따라서 사원이 지분환급청구권을 행사할 여지가 없다(대법원 2003. 2. 11. 선고 2001다14351 판결).

다. 주식회사와 유한회사가 합병하는 경우에, 존속회사 또는 설립회사가 주식회사인 경우에는 법원의 인가 필요

유한회사가 주식회사와 합병하는 경우에 합병 후 존속하는 회사 또는 합병으로 인하여 설립되는 회사가 주식회사인 때에는 법원의 인가를 얻지 아니하면 합병의 효력이 없다(상법 제600조 제1항). 합병을 통하여 상대적으로 엄격한 주식회사의 설립 절차를 회피하는 것을 방지하기 위한 취지이다.

주식회사와 유한책임회사가 합병을 하는 경우에는 명문의 규정은 없으나, 주식회사와 유한회사와 동일하게 보아야 할 것이다(상법 제287조의44, 제604조 제1항 단서, 제607조 제3항 유추적용).[23] 즉, 합병의 결과 존속회사 또는 설립회사가 주식

22 주석 상법, 회사편(1)(제5판), 한국사법행정학회(2014), 148(정동윤); 정찬형, 상법강의(상)(제22판), 박영사(2019), 511.

23 정찬형, 상법강의(상)(제22판), 박영사(2019), 512.

회사인 때에는 법원의 인가를 얻지 아니하면 합병의 효력이 없다. 입법론으로는 상법 제287조의41에서 동 제600조를 준용하는 규정을 두어야 할 것으로 보인다.

라. 주식회사가 사채를 상환하지 않았을 경우에, 합병 후 존속회사 또는 설립회사는 유한회사로 할 수 없음

합병을 하는 회사의 일방이 사채 상환을 완료하지 아니한 주식회사인 때에는 합병후 존속회사 또는 합병으로 인하여 설립되는 회사는 유한회사로 하지 못한다(상법 제600조 제2항). 즉, 주식회사와 유한회사가 합병하는 경우에 합병 후에 존속하는 회사 또는 신설되는 회사가 유한회사인 경우에는 주식회사의 사채상환이 완료되어야 한다. 그렇지 않을 경우에는 신설회사인 유한회사가 사채상환의무를 부담해야 하는데 이는 상법 제600조 제2항 및 제604조 제1항 제2문의 문언상 유한회사는 사채를 발행할 수 없다는 내용과 모순되기 때문이다.[24]

마. 해산 후에는 존립 중의 회사를 존속회사로 하는 경우에만 합병 가능

해산 후의 회사는 존립 중의 회사를 존속회사로 하는 경우에 한하여 합병할 수 있다(상법 제174조 제3항). 기업유지의 이념에서 해산 후의 회사는 존립 중의 회사를 존속하는 회사로 하는 경우에만 합병할 수 있도록 한 것이다.

이와 관련하여 해산후의 회사, 즉 청산회사를 소멸회사로 하는 한 신설합병도 가능하지 않은가는 의문이 제기되는데, 분할에 관한 상법 제530조의2 제4항이 "해산후의 회사는 존립중의 회사를 존속하는 회사로 하거나 새로 회사를 설립하는 경우에 한하여 분할 또는 분할합병할 수 있다."고 하면서 회사의 신설에 의한 해산후 회사의 분할 또는 분할합병을 허용하고 있고, 그리고 존립중의 회사를 존속회사로 하는 흡수합병과 신설합병은 그 구조가 다를 바 없다는 점을 고려하면 청산회사와 다른 존립중의 회사와의 신설합병도 허용된다고 볼 것이다.[25] 입법론으로는 EU 신합병지침 제4조 제2항처럼 이를 명확히 하는 것이 좋다고 생각한다.[26]

[해설] 채무초과합병의 인정 여부

자본금결손 상태에 있는 회사가 합병능력이 있음은 당연하지만, 채무초과회사를

24 이철송, 회사법강의(제27판), 박영사(2019), 124.
25 권기범, 현대회사법론(제7판), 삼영사(2017), 145.
26 권기범, 현대회사법론(제7판), 삼영사(2017), 145.

당사자로 하는 합병 등이 허용되는지는 간단하지 않다. 이에 대해서는 긍정설도 있고, 최근 대법원 상업등기선례도 "채무초과회사를 소멸회사로 하는 흡수합병등기 신청의 경우, 흡수합병으로 소멸하는 회사가 채무초과회사가 아님을 소명하는 서면(예컨대 소멸회사의 재무상태표 등)은 신청서에 첨부하여야 하는 서면이 아니며, 이러한 서면을 첨부하였다 하더라도 등기관은 소멸회사가 채무초과회사인지 여부를 심사할 수 없다."(2014. 1. 9. 사법등기심의관 - 174 질의회답, 상업등기선례 제2-78호)고 하면서 긍정적인 뉘앙스를 비치고 있다. 실무상으로는 채무초과회사라고 하더라도 영업권을 계상하고 회계장부를 채무초과상태가 아닌 것으로 하여 합병을 하는 경우가 적지 않다.[27]

그러나 인적회사의 경우에는 합병에 총사원의 동의가 필요하므로 채무초과 상태라도 문제가 없을 수 있으나(상법 제230조 및 제269조), 주식회사를 비롯한 물적회사에서는 아무리 채권자나 주주보호절차가 있더라도 채무초과회사를 당사자로 하는 합병은 예기치 못한 피해자가 생길 수 있어서 간단하지는 않다. 채무초과회사를 당사자로 하는 합병은 자본충실의 원칙에 반하고 합병주식의 교환 비율을 어떻게 평가할 것인지 여부, 나아가 소규모합병에서는 반대주주의 주식매수청구권도 인정되지 아니하는 등 소수주주가 피해를 입을 수 있으므로 특별한 사정이 없는한 허용되기 어렵다고 본다. 위에서 살펴본 대법원 상업등기 선례(2014. 1. 9. 사법등기심의관 - 174 질의회답, 상업등기선례 제2-78호)도 등기관은 업무의 성격상 소멸회사가 채무초과회사인지 여부를 심사할 수 없다는 뜻이지, 채무초과회사의 합병이 적법하다는 취지도 아니라고 본다.

3. 특별법상의 제한

채무자회생 및 파산에 관한 법률을 비롯하여 각종 특별법에서는 그 목적을 달성하기 위해서 합병에 관하여 다양한 제한 규정을 두고 있다.

가. 자본시장과 금융투자업에 관한 법률상의 제한

합병당사회사들 중 적어도 하나가 주권상장법인인 경우에는 다른 법인과의 합병, 분할 또는 분할합병 등을 하는 경우에는 법령이 정하는 기준을 따라야 하고(자본시장과 금융투자업에 관한 법률 제165조의4 제1항 제1호, 제4호), 투자자 보호 및 건전한 거래질서를 위해서 외부 전문평가기관으로부터 합병등의 가액 등에 관한 평가를 받아야 한다(동조 제2항). 주식매수청구권을 행사하는 경우에도 매수가격을

27 홍복기/박세화, 회사법강의(제7판), 법문사(2019), 87.

산정하는 방법과 절차가 상법상 비상장회사의 규율과 차이가 있다(상법 제530조 제2항, 제374조의2, 자본시장과 금융투자업에 관한 법률 제165조의5 참조).

나. 독점규제 및 공정거래에 관한 법률상의 제한

합병은 넓은 의미에서 기업결합의 한 형태이므로, 일정한 거래분야에서 경쟁을 실질적으로 제한하는 합병은 금지된다(독점규제 및 공정거래에 관한 법률 제7조). 일정한 규모 이상의 회사 또는 그 특수관계인이 다른 회사와 합병을 하려는 경우에는 기업결합일부터 30일 이내에 기업결합을 신고하여야 하며, 신고를 하여야 하는 자는 심사결과를 통지받기 전까지 주식소유, 합병등기, 영업양수계약의 이행행위 등을 하여서는 아니 된다(동법 제12조 제1항 제4호, 제6항 내지 제8항). 이에 위반한 경우에는 공정거래위원회는 해당 회사의 합병 또는 설립무효의 소를 제기할 수 있다(동법 제16조 제2항).

다. 기타

회생절차개시 이후부터 그 회생절차가 종료될 때까지는 채무자는 회생절차에 의하지 아니하고는 합병, 분할, 분할합병 또는 조직변경의 행위를 할 수 없다(채무자회생 및 파산에 관한 법률 제55조).

은행, 금융투자업자가 합병, 분할, 분할합병을 하고자 하는 경우에는 금융위원회의 승인을 받아야 한다(은행법 제55조 제1항, 자본시장과 금융투자업에 관한 법률 제417조 제1항 제1호). 보험회사가 합병이나 보험계약을 이전하고자 하는 경우에는 금융위원회의 승인을 받아야 한다(보험업법 제139조).

금융기관이 금융산업의 구조개선에 관한 법률에 의한 합병 또는 전환을 하려면 미리 금융위원회의 인가를 받아야 한다(금융산업의 구조개선에 관한 법률 제4조 제1항).

IV. 합병의 절차

회사의 합병은 법률에 의하여 인정되는 것이므로 법률에 정해진 절차를 따라야 한다. 각종 회사의 합병에서 공통되는 절차는 다음과 같다.

1. 합병계약

합병의 절차는 먼저 회사의 대표기관이 합병계약을 체결하는 것으로부터 시작된다. 합병회사 간에는 합병의 조건, 합병의 기일, 존속회사 또는 신설회사의 자본금과 준비금의 총액 등을 정하는 합병계약이 체결되는데, 실무적으로는 주주총회나 사원총회의 결의를 정지조건으로 하는 합병의 예약이 이루어진다.[28] 합병계약을 예약으로 보면 합병결의에 본계약의 효력이 발생하는 것으로 볼 수 있고, 합병계약을 본계약으로 보면 합병결의를 정지조건으로 하여 그 효력이 발생한다.[29]

상법은 존속 또는 신설회사가 합명회사, 합자회사, 유한책임회사인 경우에는 서면으로 합병계약서를 작성할 의무를 부과하고 있지 않을 뿐 아니라, 합병계약서의 기재사항에도 제한을 두고 있지 않다. 합명회사·합자회사·유한책임회사가 합병을 함에 있어서는 총사원의 동의가 요구되므로(상법 제230조, 제269조, 제287조의18) 굳이 법률이 관여할 필요가 없을뿐 아니라, 회사 채무에 대해서 사원이 인적책임을 져서 회사의 채권자가 두텁게 보호되며, 사원 자신은 총사원의 동의에 의해서 보호되므로 상법이 관여하는 것이 적절치 않다고 보았기 때문이다. 그러나 입법론으로는 인적회사도 합병계약서를 작성하도록 하는 것이 바람직하다. 어차피 존속회사 또는 신설회사의 정관을 변경하거나 작성하여야 하고, 사원 전원의 동의를 받도록 요구하면서(제230조, 제269조), 구두계약으로 족하다고 규정하는 것은 현실성이 없다.[30] 나중에 다툼을 방지하기 위해서도 합병계약서를 요구하는 것이 타당하다고 생각한다.

상법은 존속 또는 신설회사가 주식회사나 유한회사인 경우에는 합병계약서의 기재사항을 정하고 있다(상법 제523조, 제524조, 제603조). 주식회사·유한회사가 합병을 함에 있어서는 주주총회나 사원총회의 특별결의(제522조, 제598조)에 의하므로 합병에 반대하거나 사정을 모르는 소수주주(사원) 또는 채권자 등 이해관계인을 보호할 필요가 있기 때문이다. 합병계약은 중요한 업무사항이므로 주식회사의 경우에는 주주총회 결의에 앞서서 이사회결의를 거쳐야 한다(제393조 제1항).

[해설] 합병과 합병계약의 차이
합병 시에는 합병계약을 체결하고 사원총회(주주총회)에서 합병계약을 승인하거나 사원의 동의를 얻는 절차를 밟는데, 그렇다면 '합병'과 '합병계약'은 어떤 관계인가? "합병"은 합병당사회사를 소멸, 존속하거나 별도의 회사를 신설하는 의사표시(합병계약)를 포함하여, 합병당사회사의 권리의무의 포괄 승계 등 합병의 효과를 발생시

28 정찬형, 상법강의(상)(제22판), 박영사(2019), 513.
29 정찬형, 상법강의(상)(제22판), 박영사(2019), 513.
30 권기범, 현대회사법론(제7판), 삼영사(2017), 148.

키기 위해서 합병등기까지에 이르는 일련의 행위들로 구성되는 법률요건이다. "합병계약"은 합병당사회사의 대표기관에 의해서 체결되는 '단체법상의 계약'으로서, 그에 의해서 합병당사회사는 그 이후의 절차를 진행할 의무를 부담한다.[31] 다만, 일반적인 채권계약과는 달리 합병계약의 체결 시에는 사원총회(주주총회)의 승인과 채권자보호절차를 밟아야 하는 등 사적 자치가 제한되고 회사법 등 단체규범에 의한 구속력이 부여된다.[32] 합병계약을 체결하면서 사원총회(주주총회)에 붙일 것을 요구하는 조항을 둘 수 있으나, 이러한 조항을 두지 않는 경우에도 사원총회에서 부결되면 그 이행을 강제할 수 없으므로 합병계약은 합병결의를 정지조건으로 하는 계약이다. 결국 "합병계약"은 합병에 이르는 절차중의 하나에 불과하고,[33] 권리의무의 포괄승계 등 합병의 효과를 생기게 하는 것은 합병의 효력이지 합병계약의 효력은 아니다.[34]

2. 합병승인결의

주식회사 및 유한회사의 경우에 합병계약이 체결되면 주식회사는 '주주총회의 특별결의'(상법 제522조 제3항), 유한회사는 '사원총회의 특별결의'(제598조)를 거쳐야 한다. 합명회사·합자회사·유한책임회사에서는 '총사원의 동의'가 필요하다(제230조, 제269조, 제287조의41). 합병은 각 회사의 사원(주주)에게 커다란 영향을 미치므로 그 이익을 보호하기 위한 것이다. 만일 어느 일방당사회사에서라도 합병이 부결되면 본래 의도한 효력이 발생하지 않고, 합병절차도 더 이상 진행되지는 못한다. 물론 계약자유의 원칙상 합병승인결의가 부결되었을 때를 상정하여 둔 약정의 효력 등은 유효하다.

주식회사에서 종류주식이 발행된 경우에, 합병으로 인하여 어느 종류의 주주에게 손해를 미치게 되는 경우 별도로 종류주주총회의 결의가 필요하다(상법 제436조). 예를 들어, A 회사는 1종주식과 2종주식이 있는데, 만일 B 회사와 합병하면서 2종주식의 주주들이 손해를 입는 경우에는, A 회사는 합병을 위한 주주총회 특별결의 외에 그로 인하여 손해를 입게 되는 2종주식의 종류주주총회 결의를 거쳐야 한다. 자세한 내용은 제436조 종류주주총회에서 살펴본다.

31 이철송, 회사법강의(제27판), 박영사(2019), 123.
32 이철송, 회사법강의(제27판), 박영사(2019), 123.
33 정찬형, 상법강의(상)(제22판), 박영사(2019), 510.
34 정찬형, 상법강의(상)(제22판), 박영사(2019), 511.

합병당사회사가 서로 상대방의 주식을 소유하고 있는 경우, 또는 동일인이 양 당사회사의 주주인 경우에는 상법 제368조 제3항이 규정하는 특별이해관계인에 해당하여 그 의결권이 제한되는지가 문제된다. 이에 대해서는 조직법상의 행위로서 물권적 효과가 생기는 합병은 대등가치관계에서 출발하는 채권계약과는 그 성질이 다르므로 특별이해관계가 없다고 하거나, 만일 의결권을 제한하면 소수주주가 과도한 영향력을 가지게 된다고 하거나, 주주의 지위를 떠난 개인적인 이해관계가 발생하는 것이 아니라는 이유로 의결권의 제한을 부정하는 견해가 다수이다. 독일에서도 의결권을 행사할 수 있다고 보는 견해가 압도적이라고 한다.[35]

주식회사의 경우에 간이합병 또는 소규모합병의 요건을 충족하면 이사회의 승인으로 주주총회 결의를 갈음할 수 있다(상법 제527조의2, 제527조의3). 간이합병이나 소규모합병, 간이주식교환이나 소규모주식교환 등의 요건은 모두 비슷하다. 자세한 내용은 해당 부분에서 살펴본다.

3. 반대주주의 주식매수청구권

주식회사의 경우에 합병에 반대하는 주주는 회사를 상대로 주식매수청구권을 행사할 수 있다(상법 제522조의3 제1항). 상법은 간이합병 시 소멸회사의 반대주주에게도 주식매수청구권을 인정하고 있으나(제522조의3 제2항), 소규모합병 시에는 존속회사에 미치는 영향력이 미미하다는 이유로 반대주주에게 주식매수청구권을 인정하지 않고 있다(제527조의3 제5항).

유한회사의 합병을 위해서는 '사원총회의 특별결의'(상법 제598조)가 요구되지만, 반대주주의 주식매수청구권은 준용되고 있지 않다(제603조).

합명회사·합자회사·유한책임회사의 합병에서는 '총사원의 동의'가 필요하므로(상법 제230조, 제269조, 제287조의41), 반대 사원이 있는 경우에는 합병 자체가 이루어질 수 없다.

자세한 내용은 해당 조문에 대한 설명에서 살펴본다.

35 권기범, 현대회사법론(제7판), 삼영사(2017), 163.

4. 회사채권자의 보호

가. 합병계약서의 공시 등 합병결의 전의 절차

회사의 합병 시에는 주주나 채권자 등이 합병에 찬성 또는 반대하거나 채무의 변제나 담보제공을 여부를 결정하는데 참고할 수 있도록 합병계약의 주요 내용을 미리 공시할 필요가 있다.

주식회사의 이사는 합병승인을 위한 주주총회 회일의 2주전부터 합병을 한 날 이후 6월이 경과하는 날까지 합병계약서, 합병으로 인하여 소멸하는 회사의 주주에게 발행하는 주식의 배정에 관하여 그 이유를 기재한 서면, 대차대조표와 손익계산서를 본점에 비치하여야 한다(상법 제522조의2 제1항). 대차대조표와 손익계산서는 자신의 것뿐만 아니라 상대방 회사의 것들도 비치하고 열람에 제공하여야 한다.[36] 주주 및 회사채권자는 영업시간 내에는 언제든지 각 서류의 열람을 청구하거나, 회사가 정한 비용을 지급하고 그 등본 또는 초본의 교부를 청구할 수 있다(제522조의2 제2항). 유한회사의 경우도 같다(제603조).

한편, 자산총액 또는 매출액의 규모가 2조원 이상인 회사 또는 그 특수관계인이 다른 회사와 합병을 하려는 경우에는 기업결합일부터 30일 이내에 기업결합을 신고하여야 하며, 신고를 하여야 하는 자는 심사결과를 통지받기 전까지 주식소유, 합병등기, 영업양수계약의 이행행위 등을 하여서는 아니 된다(독점규제 및 공정거래에 관한 법률 제7조 제1항 제3호, 제12조 제1항 제4호, 제6항 내지 제8항, 동법시행령 제12조의2). 이에 위반한 경우에 공정거래위원회는 해당 회사의 합병 또는 설립무효의 소를 제기할 수 있다(동법 제16조 제2항).

나. 회사채권자의 이의 등 합병결의 후의 절차

합병에 관해서는 회사채권자도 중대한 이해관계를 가진다. 합병회사들의 재산은 모두 합일되어 합병당사회사 모두의 채권자에 대한 책임재산이 되는 까닭에 합병 전의 신용이 그대로 유지된다고 볼 수 없기 때문이다. 상법은 이러한 이유로 회사채권자의 보호절차를 규정하고 있다.

합병당사회사는 합병의 결의가 있은 날로부터 2주 내에 '회사채권자'에 대하여 합병에 이의가 있으면 1월 이상의 기간 내에 이를 제출할 것을 공고하고, '알고 있는 채권자'에 대하여는 따로 따로 이를 최고하여야 한다. 채권자가 위 기간

36 권기범, 현대회사법론(제7판), 삼영사(2017), 161.

내에 이의를 제출하지 아니한 때에는 합병을 승인한 것으로 본다. 만일 채권자가 이의를 제출한 때에는 회사는 변제 또는 상당한 담보를 제공하거나 이를 목적으로 상당한 재산을 신탁회사에 신탁하여야 한다(상법 제232조, 제269조, 제527조의5, 제603조).

이의를 제출할 수 있는 채권자는 이의제출공고 당시의 채권자이고, 합병 당시 적어도 그 채권의 존재 근거가 확정되어 있어야 하지만, 반드시 그 구체적인 금액까지 정해져 있어야 하는 것은 아니다. 그 밖에 알고 있는 채권자에 대한 개별 최고의 여부 등은 주식회사의 합병 부분에서 살펴본다.

5. 합병등기

회사의 합병은 합병등기를 함으로써 그 효력이 생긴다(상법 제234조, 제269조, 제287조의41, 제530조 제1항, 제603조). 즉, 합병절차는 합병등기에 의하여 종료되며, 이러한 의미에서 합병등기는 합병의 성립요건이고 효력요건이다.[37]

합병당사회사는 합병절차가 끝나면, 합명회사·합자회사·유한책임회사는 채권자의 이의절차가 종료된 후[38] 본점소재지에서는 2주간 내, 지점소재지에서는 3주간 내에 존속회사는 변경등기, 소멸회사는 해산등기, 신설회사는 설립등기를 하여야 하고(상법 제233조, 제269조, 제287조의41), 주식회사·유한회사는 주주총회(보고총회) 또는 창립총회가 종결한 날 또는 이들 총회에 갈음하는 이사회의 공고일로부터 본점소재지에서는 2주간 내, 지점소재지에서는 3주간 내에 존속회사는 변경등기, 소멸회사는 해산등기, 신설회사는 설립등기를 하여야 한다(제528조, 제602조).

37 권기범, 현대회사법론(제7판), 삼영사(2017), 168.
38 상법상 명문의 규정은 없으나 이렇게 보아야 한다. 권기범, 현대회사법론(제7판), 삼영사(2017), 168.

[표] 합병의 절차(쟁점)

A 회사(존속회사)	B 회사(소멸회사)
합병이란 2개 이상의 회사가 상법의 절차에 따라 청산절차를 거지치 않고서 1개의 회사로 합동하는 행위 A 회사는 존속하고 B 회사는 소멸(흡수합병)	
· 합병계약서(제523조) · 주주총회 특별결의(제522조) · 반대주주의 주식매수청구권(제522조의3 제1항) · 채권자 보호절차(제527조의5)	· 합병계약서(제523조) · 주주총회 특별결의(제522조) · 반대주주의 주식매수청구권(제522조의3 제1항) · 채권자 보호절차(제527조의5)
· 소규모합병(주총 특별결의 ··· 이사회 승인) · 합병으로 인하여 '발행하는 신주' 및 '이전하는 자기주식'의 총수가 존속회사(A) 발행주식총수의 10% 이내인 경우, A 회사 주주총회 특별결의는 '이사회의 승인'으로 갈음(제527조의3 제1항) · 다만, 소멸회사(B)의 주주에게 '제공할 금전'이나 '그 밖의 재산'의 가액이 존속회사(A) 순자산액의 5%를 초과하면 '주주총회 승인'이 필요(제527조의3 제1항 단서) · 반대주주 주식매수청구권(소극)(522조의3 제5항, 제522조의3)	· 간이합병(주총 특별결의 ··· 이사회 승인) · 소멸회사(B) 총주주의 동의가 있거나 소멸회사 발행주식총수의 90% 이상을 존속회사(A)가 소유하는 경우, 소멸회사 주주총회 특별결의는 '이사회의 승인'으로 갈음(제527조의2) · 반대주주 주식매수청구권(적극)(제522조의3 제2항)
· 삼각합병 · 존속회사(A)가 소멸회사(B)의 주주에게 제공하는 재산이 그 모회사(M 회사)의 주식을 포함하는 경우, A 회사는 M 회사의 주식 취득 가능(제523조의2 제1항) · 존속회사(A)는 합병효력발생일부터 6개월 내에 취득한 모회사(M 회사) 주식을 처분(제523조의2 제2항) · 삼각주식교환을 통해서 역삼각합병의 효과	

↓

A 회사(존속)	B 회사(소멸)	
⇩ (합병)		· 합병등기 시 효력발생
A 회사(존속)		· 합병무효의 소(6개월, 흡수설)

<출처> 김홍기, 상법강의(4판), 박영사(2019), 744

[표] 합병의 절차(일정)

일정	절차	주체/기관	관련규정	주요내용	비고
	사전준비	합병회사 피합병회사		· 채권단과의 사전 협의 등 정지 작업 · 합병계약서 준비	
D-7	이사회 소집통지	합병회사 피합병회사	제390조 제1항	· 회일 1주간 전 통지. 정관으로 단축 가능. 이사 전원 동의시 통지 절차 생략 가능	
D-day	이사회 결의	합병회사 피합병회사	제393조 제522조	· 안건 : 합병 결정, 임시주총 소집 및 권리행사주주 확정을 위한 기준일(주주명부폐쇄) 설정	이사회 의사록
D+3	기준일 설정 등	합병회사 피합병회사	제354조	· 기준일 2주 전까지 공고(제354조 제4항) · 상장회사는 예탁결제원과 주주명부 폐쇄 기간, 실질주주명부 수령 가능 시기 등을 협의	
D+7	합병계약 체결	합병회사 피합병회사	제522조 제523조	· 합병계약서 작성시기에 대해서는 명확한 규정 없음. 다만, 합병승인 주주총회일의 2주 전부터 합병한 날 이후 6월까지 합병계약서를 본점에 비치하고(제522조의 2), 소규모합병 시에 존속회사는 합병계약서 작성일부터 2주 내에 관련 내용을 공고하거나 통지 · 일정한 경우에는 공정위에 기업결합신고서를 제출하고 (공정거래법 제2조 제1항), 금융감독원에 증권신고서를 제출(자본시장법 제119조)	합병 계약서 기업결합 신고서 증권 신고서
D+49	임시주총 소집통지, 공고	합병회사 피합병회사	제363조 제542조의4	· 주주총회일 2주 전까지 · 상장회사의 경우 1% 이하 주주들에게는 2 이상 일간신문에 2회 이상 공고, 전자적 방법 공고 가능(제542조의 4 제1항)	공고문
	반대주주 반대의사 통지접수 개시 등	합병회사 피합병회사	제522조의3 자본시장법 제165조의5	· 임시주총 소집통지 시부터 주총 전까지 서면으로 반대의사를 통지한 주주에 한하여 주식매수청구권 행사 가능 · 실무상 주총 직전까지 이루어지는 통지의 효력 인정	
D+63	임시주총 (정기주총)	합병회사 피합병회사	제522조	· 합병계약서 승인	
	채권자 보호절차	합병회사 피합병회사	제527조의5	· 이의 있는 채권자에 대하여 1월 이상의 기간을 정하여 이의제출을 공고하고, 알고 있는 채권자에게는 따로 최고	공고문
D+84	반대주주 주식매수 청구권	합병회사 피합병회사	제374조의2 제522조의3	· 반대주주 주식매수청구기간(주총결의일부터 20일) · 주식 매매계약의 성립시기(주식매수청구 시) · 회사의 주식매수기간(매수청구기간 종료일부터 2개월) · 회사의 이행지체 책임(회사의 주식매수기간 이후)	
	합병등기				

<출처> 김홍기, 상법강의(4판), 박영사(2019), 746

V. 합병의 효과

합병등기에 의하여 합병절차가 완결되면 다음과 같은 효과가 발생한다.

1. 회사의 소멸과 설립 등

가. 회사의 소멸

흡수합병의 경우에는 존속회사를 제외한 모든 당사회사가, 신설합병의 경우에는 모든 당사회사가 소멸한다(상법 제227조).

상법은 회사의 해산사유의 하나로 합병을 규정하고 있으나(상법 제227조 제4호, 제269조, 제517조 제1호, 제609조 제1항 제1호), 다른 해산사유와 달리 합병은 청산절차를 거치지 않고서 회사의 법인격이 소멸하는 점에서 특색이 있다.[39]

나. 회사의 설립 또는 변경, 자본금의 승계 등

신설합병의 경우에는 회사가 신설되고, 흡수합병의 경우에는 존속회사의 정관변경이 발생한다. 이는 합병등기로 인하여 당연히 발생하는 것이므로 상법상 회사의 설립 또는 자본증가(또는 감소)에 관한 규정은 적용되지 않는다.[40]

주식회사나 유한회사가 합병을 하는 경우에 신설회사 또는 존속회사의 자본액은 당사회사의 자본액 합계와 반드시 일치할 필요는 없고, 당사회사의 재산상태에 따라서 이보다 많아질 수도 적어질 수도 있다.[41] 따라서 합병당사회사들은 합병계약서 및 정관에서는 신설합병의 경우 자본금, 흡수합병의 경우에 자본금의 증가와 승계되는 순재산액과의 관계를 규정할 필요가 있다.

합병이나 회사의 분할 또는 분할합병의 경우에 소멸 또는 분할되는 회사의 이익준비금이나 그 밖의 법정준비금은 합병·분할·분할합병 후 존속되거나 새로 설립되는 회사가 승계할 수 있다(상법 제459조 제2항). "승계할 수 있다,"고 하고 있으므로 합병 후의 존속회사 또는 신설회사는 소멸회사의 법정준비금을 반드시 승계할 필요는 없고 분배하여도 된다. 그러나 존속회사는 종전의 존속회사의 법정준비금은 반드시 보전하여야 한다.[42] 자본금 충실의 원칙상 존속회사의 자본금은 자본금 감소절차 없이는 감소시킬 수 없기 때문이다.

39 홍복기/박세화, 회사법강의(제7판), 법문사(2019), 92.
40 정찬형, 상법강의(상)(제22판), 박영사(2019), 520.
41 정찬형, 상법강의(상)(제22판), 박영사(2019), 520.
42 정찬형, 상법강의(상)(제22판), 박영사(2019), 520.

2. 권리의무의 포괄승계

합병의 결과 존속 또는 신설회사는 소멸회사의 재산·조직·영업 등의 권리의무를 포괄적으로 승계하며(상법 제235조, 제269조, 제287조의41, 제530조 제2항, 제603조), 소멸회사의 사원은 존속회사 또는 신설회사의 사원이 된다.

권리의무의 승계는 법률에 의하여 당연히 이루어지는 것이므로 개별적인 이전행위는 요구되지 않는다. 면책적 채무인수에 채권자의 동의를 얻도록 하는 민법 제453조가 적용되지 아니하므로, 채권자는 상법상 정해진 채권자 이의절차에 따라 변제 또는 상당한 담보 제공을 요구하는 외에는 포괄승계 자체는 저지하지 못한다(상법 제275조의5, 제232조 등).[43] 지시식 어음의 양도 배서 역시 필요가 없다.[44] 다만, 다른 회사의 주식이 대상인 경우 등 권리의 종류[45]에 따라서는 주주명부 명의개서 등 제3자에 대한 대항요건을 갖추어야 하는 경우가 있다.

포괄승계의 대상이 되는 것은 '해산회사의 일체의 권리의무'이다. 해산회사의 권리의무에는 재산관계뿐만이 아니라 퇴직금 등 근로계약관계, 신원보증계약 등도 포함되며(대법원 1994. 3. 8. 선고 93다1589 판결, 대법원 1994. 11. 11. 선고 94다30669 판결), 특허권과 같은 지적재산권도 포함된다. 공법상의 권리의무도 포함된다.[46] 다만, 직원의 근로관계와는 달리 회사의 기관인 이사, 감사의 지위는 그 성질상 이전이 어렵다고 보아 포괄승계에서 제외된다.[47] 해산회사에 대한 확정된 벌금은 승계되나, 형사소추는 그러하지 아니하다.[48]

기업구조조정의 수단으로 합병의 형식을 취하는 한 합병의 절차, 요건, 효과 등은 상법의 규정에 따라서 이루어져야 하고, 합병에 의해서 소멸회사의 권리의무는 포괄승계되는 것이므로, 해산회사의 일부 재산이나 채무를 승계대상에서 제외한다는 내용의 약정이나 이를 승인한 주주총회의 합병결의는 효력이 없다.[49] [50]

43 권기범, 현대회사법론(제7판), 삼영사(2017), 169.
44 권기범, 현대회사법론(제7판), 삼영사(2017), 169.
45 예를 들어, 선박(상법 제743조 단서), 주식(제337조 제1항), 기명사채(제479조 제1항) 등은 소정의 법정 절차를 밟아야 제3자 또는 회사에게 대항할 수 있다. 정찬형, 상법강의(상)(제22판), 박영사(2019), 520.
46 이철송, 회사법강의(제27판), 박영사(2019), 129; 정찬형, 상법강의(상)(제22판), 박영사(2019), 520.
47 권기범, 현대회사법론(제7판), 삼영사(2017), 170.
48 권기범, 현대회사법론(제7판), 삼영사(2017), 169.
49 권기범, 현대회사법론(제7판), 삼영사(2017), 169; 홍복기/박세화, 회사법강의(제7판), 법문사(2019), 93.
50 홍복기/박세화, 회사법강의(제7판), 법문사(2019), 93.

다만, 일부의 재산을 승계대상에서 제외하는 특약이 합병의 여부를 좌우할 정도로 중요하지 않다면, 합병계약서의 다른 부분은 유효하고 합병무효사유로는 되지 아니한다. 이 점에서 일부의 영업만을 양도·양수하거나, 영업양도시에 그 일부의 재산을 제외할 수 있는 영업양도와 차이가 있다.[51] 포괄승계되는 권리의무의 기준시점은 포괄승계의 효력발생일이 합병등기시인만큼, 합병기일이 아닌 합병등기시점으로 보아야 한다.[52]

3. 존속회사 또는 신설회사의 사원 지위의 취득

합병으로 인하여 해산회사의 사원이 주식(지분)을 교부받은 경우에는 원칙적으로 존속회사 또는 신설회사의 사원이 된다(상법 제523조 제3호, 제524조 제2호, 제603조). 합병의 효과에 따라서 존속회사 또는 신설회사의 사원이 되는 것이므로 주권을 교부받았는지의 여부는 상관이 없다.[53]

주식회사의 흡수합병의 경우에 존속회사가 소멸회사의 모든 주주에게 그 대가로서 주식이 아닌 금전(현금교부합병)이나 그 밖의 재산(현물교부합병)을 교부하였다면 예외적으로 사원의 수용이 없는 합병도 가능하다.[54] 예를 들어, A 회사가 B 회사를 흡수합병하면서, 합병의 대가로 A 회사가 보유하는 C 회사의 주식을 B 회사의 주주(甲·乙·丙)에게 배정한 때에는 합병이 성립하더라도 B 회사의 주주인 甲·乙·丙은 당연히 C 회사의 주주가 되는 것은 아니고, 주식양도의 법리에 따라 甲·乙·丙이 A 회사로부터 주식을 양도받은 시점에서야 C 회사의 주주가 된다.[55] 그러나 A 회사가 B 회사의 주주인 甲·乙·丙에게 A 회사의 자기주식을 제공하는 때에는 甲·乙·丙은 개별적인 주식 양수도절차 없이도 합병의 효력발생 시에 A 회사의 주주가 된다.

합병에 반대하는 주주가 자신의 주식 전부에 대해서 매수를 청구하여 받아들여진 경우에는(상법 제522조의3, 자본시장과 금융투자업에 관한 법률 제165조의5) 존속회사의 사원이 되지 않을 수 있다.

주식의 병합 또는 분할 없이 합병대가로 존속 또는 신설회사의 주식을 배정

51 홍복기/박세화, 회사법강의(제7판), 법문사(2019), 93.
52 권기범, 현대회사법론(제7판), 삼영사(2017), 170.
53 권기범, 현대회사법론(제7판), 삼영사(2017), 170.
54 정찬형, 상법강의(상)(제22판), 박영사(2019), 521.
55 권기범, 현대회사법론(제7판), 삼영사(2017), 170.

받는 경우에는 종전의 주식에 관한 등록질권자 또는 약식질권자는 신주식에 대하여도 권리를 행사할 수 있다(상법 제530조 제4항, 제339조). 합병으로 주식의 병합 또는 분할이 있는 때에는 상법 제530조 제4항의 준용이 없더라도 제339조 및 제340조가 적용되어 질권의 물상대위가 인정된다. 이는 존속 또는 신설회사가 유한회사인 때에도 같다(제601조).

합병에 의하여 소멸회사의 주주에게 교부되는 신주는 존속회사에 이전되는 순자산액과 이에 부여되는 존속회사의 주식의 가치의 등가성(공정성)을 기준으로 결정되어야 한다. 이 등가성이 유지되지 않으면 존속회사 또는 해산회사의 주주 일방이 합병에 의하여 부당한 손실을 보기 때문이다.[56] 따라서 합병에 의한 신주발행에 따른 자본금 증가액은 존속회사가 승계하는 소멸회사의 순자산액을 기준으로 하며, 합병교부금(상법 제523조 제4호)이 있는 경우에는 이를 공제한 금액을 초과해서는 아니 된다.[57]

4. 청산절차 없는 소멸

흡수합병의 경우에는 존속회사를 제외한 모든 합병당사회사가, 신설합병의 경우에는 모든 합병당사회사가 청산절차를 거치지 않고서 해산한다(상법 제227조 제4호, 제250조, 제269조, 제517조 제1호, 제531조, 제609조 제1항). 신설회사는 설립등기시에 법인격을 취득하고, 해산회사들의 권리의무를 포괄승계한다(제235조, 제269조, 제287조의41, 제530조 제2항, 제603조).

VI. 합병의 무효

합병은 장기간에 걸쳐서 합병계약, 사원총회의 승인결의, 채권자의 이의절차, 합병의 등기 등으로 구성되는 일련의 절차로서, 그 과정에 많은 이해당사자들이 관여하기 때문에 사소한 하자가 있다고 하여서 이미 완성된 합병을 소급적으로 무효로 하면 법적 안정성을 크게 해하게 된다. 이러한 이유에서 상법은 합병절차에 하자가 있는 경우에는 합병무효의 소(訴)만으로 다툴 수 있도록 하였다(상법 제240조, 제186조 내지 제190조). 합병무효의 소에 관하여는 상법에 별도의 규정이 있는 경우를 제외하고는 회사설립무효의 소에 관한 규정이 준용된다(제240조, 제186

56 홍복기/박세화, 회사법강의(제7판), 법문사(2019), 93.
57 홍복기/박세화, 회사법강의(제7판), 법문사(2019), 93.

조 내지 제190조).

합병무효의 소는 형성의 소이다. 소송당사자인 회사가 합병에 의하여 소멸한 때에는 소송절차가 중단되고, 존속회사 또는 신설회사가 이 소송절차를 승계하여야 한다(민사소송법 제234조).

그렇다면 이사의 위법행위에 대한 유지청구권처럼, 합병절차에 하자가 있는 경우에 합병 자체를 사전에 유지시킬 수 있는가? 일본은 2014년 회사법 개정시 간이합병 등 간이조직재편을 제외하고는 이를 도입하였으나(일본 회사법 제784조의2,[58] 제805조의2[59]), 우리나라는 아직 합병 자체를 유지시킬 수 있는 제도는 도입하지 않고 있다.

자세한 내용은 해당 부분에서 살펴본다.

58 일본 회사법 제784조의2(흡수합병등의 유지청구)
① 다음의 경우 소멸주식회사등의 주주가 불이익을 받을 염려가 있는 때에는 소멸주식회사등에 대해서 흡수합병등의 유지를 청구할 수 있다. <생략>.

59 일본 회사법 제805조의2(신설합병등의 유지청구)
① 신설합병이 법령 또는 정관에 위반하는 경우 소멸주식회사등의 주주가 불이익을 받을 염려가 있는 때에는 ~ 당해 신설합병등을 유지할 것을 청구할 수 있다. <생략>

제 175 조 [동전-설립위원]

① 회사의 합병으로 인하여 신회사를 설립하는 경우에는 정관의 작성 기타 설립에 관한 행위는 각 회사에서 선임한 설립위원이 공동으로 하여야 한다.
② 제230조, 제434조와 제585조의 규정은 전항의 선임에 준용한다.

[관련조문] 상법 제179조(정관의 절대적 기재사항), 제292조(정관의 효력발생) 등.
[참고문헌] 주석 상법, 회사편(1)(제5판), 한국사법행정학회(2014)(정동윤).

Ⅰ. 의의

설립위원은 합병으로 인하여 신회사를 설립하는 경우에 설립행위를 하는 자이다. 회사설립 시 발기인과 같은 역할을 한다. 상법 제175조는 합병으로 인하여 신회사를 설립하는 경우에는 각 회사에서 선임한 설립위원이 공동으로 합병업무를 담당하도록 규정하고 있다.

Ⅱ. 입법취지 및 입법례

상법 제175조가 설립위원을 규정하는 것은 신설합병은 회사의 설립과 비슷하고, 회사설립 시 발기인에 준하여 설립위원이 필요하다고 보았기 때문이다.

그러나 회사설립 시와는 달리 합병 시에는 각 당사회사에 업무집행기관이 있는데 별도로 설립위원을 정할 필요가 있는지는 의문이다. 합병으로 인하여 신회사를 설립하는 경우에도 기존 합병당사회사의 업무집행기관이 합병업무를 처리하면 될 것이기 때문이다.

이처럼 신회사의 설립 시에 설립위원을 요구하는 것은 흡수합병보다 신설합병을 좋아하지 않는 이유 중의 하나가 되고 있다. 신설합병에 관하여 설립위원의 제도를 폐지하고 각 회사의 업무집행사원 또는 이사가 설립절차를 행하도록 하는 것이 타당하다.[1]

1 주석 상법, 회사편(1)(제5판), 한국사법행정학회(2014), 151(정동윤).

Ⅲ. 설립위원의 선임

상법 제175조 제2항은 설립위원의 선임에 관하여 합병 결의와 동일한 방법에 의할 것을 규정하고 있다. 즉, 합명회사, 합자회사, 유한책임회사의 경우에는 총사원의 동의(상법 제230조, 제269조, 제287조의41), 주식회사, 유한회사의 경우에는 주주총회 또는 사원총회의 특별결의(제434조, 제585조)에 의하여 설립위원을 선임한다.

설립위원의 선임결의는 합병계약의 승인과 동시에 하거나 그 승인 후 별도의 결의로도 할 수 있다. 설립위원은 각 당사회사에서 선임하여야 하므로 그 숫자는 적어도 합병당사회사의 수만큼은 되어야 하지만, 그 밖에는 제한이 없기 때문에 각 당사회사의 협의에 의하여 임의로 정할 수 있다. 합병당사회사가 반드시 동수의 설립위원을 선임할 필요는 없지만, 합병계약서에서는 각 회사가 선임할 설립위원의 숫자를 정하고 사원총회 등에서 승인을 받아야 한다. 설립위원의 자격에는 특별한 제한이 없지만 실제로는 합병당사회사의 대표자가 설립위원이 되는 것이 보통일 것이다.

Ⅳ. 설립위원의 권한

상법 제175조 제1항은 설립위원의 임무로서 "정관의 작성 기타 설립에 관한 행위"라고 정하고 있다. 아래에서는 설립위원의 직무권한을 살펴본다.

1. 정관의 작성

설립위원은 정관의 작성 기타 설립에 관한 행위를 하여야 한다. 회사 합병의 경우에 정관의 절대적 기재사항은 대부분 합병계약에서 정하므로 설립위원이 신설회사의 정관을 작성한다는 것은 합병결의에서 승인된 내용에 따라 서면인 정관을 작성한다는 것 이상의 의미를 갖지 않는다.

그러나 다른 한편 상법은 합병계약서에 신설회사의 정관기재사항을 모두 포함시킬 것을 요구하고 있지는 않기 때문에(상법 제524조), 설립위원은 합병계약서에 포함되어 있지 않거나 주총결의에서 승인되지 않은 사항이라도 정관에 기재할 사항이 있으면 합병의 취지에 따라 그 내용을 정관에 기재하여야 한다. 구체적인 정관기재 사항은 그 성격상 설립위원 전원의 동의에 의하여 정할 것이다.

설립위원은 작성한 정관에 기명날인 또는 서명하여야 한다(상법 제179조, 제269조, 제287조의3, 제289조, 제543조 제2항). 주식회사, 유한회사의 정관작성 시에는 공증인의 인증이 필요하다(제292조, 제543조 제3항).[2]

2. 기타 설립에 관한 행위

상법 제175조 제1항은 설립위원의 권한으로 "정관의 작성 기타 설립에 관한 행위"를 들고 있는데, "기타 설립에 관한 행위"가 무엇인지는 별다른 규정이 없다. 그러나 현행법상 신설합병의 절차가 회사설립절차와 유사하게 되어 있고, 회사설립 시 발기인에 상응하여 설립위원의 제도가 규정되어 있는 이상, 설립위원의 직무권한은 발기인의 권한에 준하여 생각하는 것이 타당하다. 따라서 합병기일 후 합병등기까지 당사회사의 재산관리는 설립위원의 권한에 속하고, 그 임무위반에 대해서는 발기인의 자본충실책임과 손해배상책임이 준용된다. 기존회사의 합병으로 신회사를 설립하는 신설합병의 성격상 설립위원이 그 권한을 행사함에 있어서는 그 전원의 동의로 정할 것이다(상법 제291조 준용).[3]

V. 설립위원의 보수

설립위원의 보수는 발기인의 보수(상법 제290조 제4호)와 같이 정관의 상대적 기재사항이고 이에 관하여는 창립총회의 조사(제313조, 제314조)가 필요하다. 설립위원이 임무를 게을리한 때에는 발기인의 손해배상책임에 관한 상법 제322조를 유추적용할 것이다.[4]

2 주석 상법, 회사편(1)(제5판), 한국사법행정학회(2014), 152(정동윤).
3 주석 상법, 회사편(1)(제5판), 한국사법행정학회(2014), 153(정동윤).
4 주석 상법, 회사편(1)(제5판), 한국사법행정학회(2014), 152(정동윤).

제 176 조 [회사의 해산명령]

① 법원은 다음의 사유가 있는 경우에는 이해관계인이나 검사의 청구에 의하여 또는 직권으로 회사의 해산을 명할 수 있다.

1. 회사의 설립목적이 불법한 것인 때
2. 회사가 정당한 사유없이 설립후 1년내에 영업을 개시하지 아니하거나 1년 이상 영업을 휴지하는 때
3. 이사 또는 회사의 업무를 집행하는 사원이 법령 또는 정관에 위반하여 회사의 존속을 허용할 수 없는 행위를 한 때

② 전항의 청구가 있는 때에는 법원은 해산을 명하기 전일지라도 이해관계인이나 검사의 청구에 의하여 또는 직권으로 관리인의 선임 기타 회사재산의 보전에 필요한 처분을 할 수 있다.

③ 이해관계인이 제1항의 청구를 한 때에는 법원은 회사의 청구에 의하여 상당한 담보를 제공할 것을 명할 수 있다.

④ 회사가 전항의 청구를 함에는 이해관계인의 청구가 악의임을 소명하여야 한다.

[관련조문] 비송사건절차법 제92조(해산명령신청의 공고와 그 방법), 제95조(회사관리인의 회사 재산상태 보고 등), 상법 제520조(휴면회사의 해산) 등.

[참고문헌] 권기범, 현대회사법론(제7판), 삼영사(2017); 이기수/최병규, 회사법(제10판), 박영사(2015); 이철송, 회사법강의(제27판), 박영사(2019); 정찬형, 상법강의(상)(제22판), 박영사(2019); 최기원, 신회사법론(제14대정판), 박영사(2012); 홍복기/박세화, 회사법강의(제7판), 법문사(2019).

Ⅰ. 의의

상법상 회사의 해산은 회사의 법인격을 소멸시키는 법률요건으로서,[1] 회사의 소멸을 가져오기 때문에 회사와 이해관계를 가지는 다수의 사람들에게 중대한 효

1 권기범, 현대회사법론(제7판), 삼영사(2017), 271.

과를 미친다. 우리상법은 회사의 종류에 따라 그 사유는 달리하고 있으나 해산사유를 정하고 있다.

"해산명령(解散命令)"은 회사의 해산사유 중의 하나로서 '공익상' 회사의 존속을 허용할 수 없는 일정한 경우에 법원이 이해관계인이나 검사의 청구에 의하여 또는 직권으로 회사의 해산을 명하는 재판이다(상법 제176조 제1항). 회사의 반사회성이 나타날 때 회사설립에 관한 준칙주의의 폐단을 시정하기 위하여 마련되었다.

법인격부인론과 비교해 보면, 해산명령과 법인격부인론은 양자 모두 회사가 부여받은 법인격의 남용을 교정하기 위한 것이지만, 법인격부인론은 회사의 존재는 그대로 두면서 배후의 주주에게 책임을 묻는 제도인 반면에, 해산명령은 회사의 법인격 자체를 부인하고 공익을 위하여 회사의 해산을 명하는 제도인 점에서 차이가 있다.

해산판결과 비교해보면, 해산명령은 공익적 견지에서 회사의 법인격을 박탈하는 제도임에 반하여, 해산판결은 회사 구성원 간의 문제로 인하여 회사가 자치능력을 상실한 경우에 사원의 이익을 보호하기 위하여 인정되는 제도라는 점에서 차이가 있다.[2]

회사법 통칙의 해산명령에 관한 규정(상법 제176조)은 합자회사(제269조), 유한책임회사(제287조의38), 주식회사(제517조), 유한회사(제609조)에 대해서도 준용된다.

Ⅱ. 입법취지 및 입법례

1. 입법취지

상법 제176조의 해산명령은 회사 제도가 남용되는 등 공익적 견지에서 회사의 존속을 허용할 수 없는 경우에 회사의 법인격을 박탈하는 제도이다. 준칙주의로 인한 회사 제도의 남용을 시정하는 강력한 수단이지만, 사인의 경제활동에 대한 국가기관의 간섭의 우려가 있어서 잘 활용되지는 않고 있다.[3] 실무상으로는 활동을 하지 않는 대부분의 회사들은 해산명령이 아니라 휴면회사의 해산의제제도(상법 제520조의2)를 통해서 정리되고 있다.

2 주석 상법, 회사편(1)(제5판), 한국사법행정학회(2014), 154(정동윤).
3 홍복기/박세화, 회사법강의(제7판), 법문사(2019), 136.

2. 입법례

독일 주식법은 "주식회사 또는 주식합자회사가 그 임원의 위법행위로 인하여 공익을 위태롭게 하고 감사회 및 주주총회가 임원의 해임을 위한 조치를 하지 아니하는 때에는 회사의 소재지가 있는 주의 관할권을 가진 최상위의 주관청의 신청에 따라서 법원은 회사를 해산할 수 있다."(1965년 독일 주식법 제396조 제1항)고 하면서, 법원에 의한 해산명령을 인정하고 있다.

영국의 파산법은 회사가 설립 후 1년 내에 영업을 개시하지 아니하거나, 1년간 영업을 휴지한 때, 채무가 지급불능이 되었을 때 등 일정한 사유가 있는 때에는 법원에 해산을 명할 수 있도록 하고 있다[Insolvency Act 1986 S. 122(1)(d)(f)].[4]

미국에서도 각 주에 따라 차이는 있으나 대체로 회사가 선량한 풍속 기타 사회질서 위반 기타 일정한 위법행위를 한 때에는 해산을 명할 수 있다(뉴욕사업회사법 제1101조[5] 등).

일본은 회사법 제824조[6]에서 해산명령 제도를 규정하고, 제833조[7]에서 회사

4 UK Insolvency Act 1986 §122 Circumstances in which company may be wound up by the court.
(1) A company may be wound up by the court if— <중략>
(d) the company does not commence its business within a year from its incorporation or suspends its business for a whole year <중략>

5 New York Business Corporation Law §1101 (2012) - Attorney-general's action for judicial dissolution.
(a) The attorney-general may bring an action for the dissolution of a corporation upon one or more of the following grounds:
(1) That the corporation procured its formation through fraudulent misrepresentation or concealment of a material fact.
(2) That the corporation has exceeded the authority conferred upon it by law, or has violated any provision of law whereby it has forfeited its charter, or carried on, conducted or transacted its business in a persistently fraudulent or illegal manner, or by the abuse of its powers contrary to the public policy of the state has become liable to be dissolved. <중략>

6 일본 회사법 제824조(회사해산명령)
① 법원은 다음의 사유가 있는 경우 공익 확보를 위하여 회사의 존립을 허용할 수 없다고 인정할 때에는 법무대신 주주, 채권자 그 밖의 이해관계인의 청구에 의하여 회사의 해산을 명할 수 있다.
1. 회사의 설립목적이 불법인 때
2. 회사가 정당한 사유 없이 설립후 1년 내에 영업을 개시하지 아니하거나 1년 이상 영업을 휴지한 때
3. 업무집행이사, 집행임원 또는 업무를 집행하는 사원이 법령 또는 정관으로 정하는 회사의 권한을 위반하거나 남용하는 행위 또는 형벌 법령에 저촉되는 행위를 한 경우 법무대신으로부터 서면에 의한 주의를 받았음에도 불구하고 계속하여 반복하여 당해 행위를 한 때 <중략>

7 일본 회사법 제833조(회사의 해산의 소)
① 다음의 경우에 부득이한 사유가 있는 때에는 총주주의 의결권의 10분의 1 이상의 의결권을 가지는 주주 등은 소로서 주식회사의 해산을 청구할 수 있다. <중략>

의 해산의 소를 규정하고 있다.[8]

Ⅲ. 해산명령의 사유

법원은 ①회사의 설립목적이 불법한 것인 때, ②회사가 정당한 사유없이 설립후 1년내에 영업을 개시하지 아니하거나 1년 이상 영업을 휴지하는 때, ③이사 또는 회사의 업무를 집행하는 사원이 법령 또는 정관에 위반하여 회사의 존속을 허용할 수 없는 행위를 한 때에는 이해관계인이나 검사의 청구에 의하여 또는 직권으로 회사의 해산을 명할 수 있다(상법 제176조 제1항).

해산명령의 성격상 위와 같은 해산명령사유는 한정적인 열거로 보아야 한다. 그리고 해산명령제도의 취지와 중대성을 고려하면, 위의 3가지 사유 중 어느 하나에 해당하는 것만으로는 부족하고, 이로 인하여 공익에 반하는 결과가 발생하여야 한다고 해석할 것이다.[9] 이렇게 보아야지 해산판결(상법 제520조)에서 '부득이한 사유'를 요구하는 것과 균형이 맞는다. 상법 제176조의 제1항의 '불법', '정당한 사유 없이', '회사의 존속을 허용할 수 없는 때'라는 표현 속에는 공익에 반하는 결과의 발생이 함축되어 있다.[10] 아래에서는 해산명령의 사유를 좀더 자세하게 살펴본다.

1. 회사의 설립목적이 불법한 때

"회사의 설립목적이 불법한 때"(상법 제176조 제1항 제1호)에는 법원은 해당 회사의 해산을 명할 수 있다. 정관에 기재된 목적 자체가 불법한 경우는 물론, 정관에 기재된 목적은 적법하지만, 실질적인 목적이 불법한 경우도 포함한다.[11] 예를 들어, 정관상의 목적은 무역업으로 되어 있지만 실제로는 밀수를 하기 위하여 회사를 설립하거나, 정관상으로는 호텔영업을 목적으로 하지만 실제로는 도박장 개설을 목적으로 하는 경우 등이다.

정관에 기재된 목적이 불법한 경우에는 회사의 설립이 당연히 무효이기 때문에 해산명령이 필요없다는 견해도 있을 수 있으나, 밀수 등 명백한 불법의 내용을

8 주석 상법, 회사편(1)(제5판), 한국사법행정학회(2014), 155(정동윤).
9 권기범, 현대회사법론(제7판), 삼영사(2017), 275.
10 권기범, 현대회사법론(제7판), 삼영사(2017), 275.
11 주석 상법, 회사편(1)(제5판), 한국사법행정학회(2014), 155(정동윤); 이기수/최병규, 회사법(제10판), 박영사(2015), 110; 정찬형, 상법강의(상)(제22판), 박영사(2019), 554; 최기원, 신회사법론(제14대정판), 박영사(2012), 103.

정관상 목적으로 기재하는 경우를 상정하기 어려울 뿐 아니라, 상법 제176조 제1항 제1호는 법원은 '회사의 설립목적이 불법한 것인 때'에 이해관계인이나 검사의 청구 또는 직권으로 회사의 해산을 명할 수 있다고 정하고 있는 바, 이는 설립목적이 불법한 회사라도 회사로서 성립한 것을 전제로 하여 해산명령의 대상이 될 수 있다는 의미이다(대법원 2020. 3. 26. 선고 2019도7729 판결).

2. 1년 내에 영업을 개시하지 아니하거나 영업을 휴지한 때

"회사가 정당한 사유없이 설립후 1년내에 영업을 개시하지 아니하거나 1년 이상 영업을 휴지하는 때"(상법 제176조 제1항 제2호)에는 법원은 해당 회사의 해산을 명할 수 있다. 이른바 휴면회사의 경우인데, 회사의 설립 후 아예 개업을 하지 않은 채 1년 이상 경과하였거나, 영업을 1년 이상 휴지하는 때에 등이 이에 해당한다.

"영업의 개시"란 정관에서 정한 사업 자체를 개시하는 것을 말하며, 개업준비행위를 하는 것만으로는 영업을 개시한 것이 되지 못한다.[12] 영업의 일부를 개시하지 않은 경우에도 본 규정이 적용될 수 있다.[13] 그러나 영업의 전부가 아니라도 중요한 부분을 개시한 때에는 영업의 개시에 해당한다고 본다.[14] 영업을 개시하지 아니한 것만으로는 부족하고 회사의 설립 후 1년 내에 영업을 개시하지 아니하였어야 한다.

"영업의 휴지"란 영업을 중단하고 영업활동을 하지 아니하는 것을 말한다. 1년 이상 영업을 휴지하면 해산명령의 대상이며 반드시 영업의 전부를 중단하여야 하는 것은 아니다. 다만, 회사가 영업의 일부라도 계속하는 경우에는 해산명령의 정당한 사유를 인정하기는 어려울 것이다.

"정당한 사유"란 영업의 규모나 성질상 회사의 설립 후 1년 내에 영업을 개시할 수 없거나, 1년 이상 영업을 휴지할 수밖에 없는 객관적인 사유를 말한다. 즉, 회사설립 후 1년 이내에 영업을 개시하지 아니하거나 1년 이상 영업을 휴지하였어도 그에 대하여 '정당한 사유'가 있다면 해산명령의 대상이 되지 않는다. 정당한 사유의 여부는 제반 사정을 고려하여 구체적으로 판단되어야 한다.

대법원은 회사의 영업의 근간이 되는 부동산의 소유권귀속 등에 관련된 소송

12 이기수/최병규, 회사법(제10판), 박영사(2015), 110.
13 주석 상법, 회사편(1)(제5판), 한국사법행정학회(2014), 156(정동윤).
14 같은 취지로는 최기원, 신회사법론(제14대정판), 박영사(2012), 104.

이 계속되었기 때문에 부득이 영업을 계속하지 못하였다면 영업의 휴지에 정당한 사유가 있다고 할 것이나, 만일 그러한 소송이 부당하게 제기된 것이었다면 영업휴지에 정당한 사유가 인정되지 아니한다고 한다(대법원 1979. 1. 31.자 78마56 결정).

과거에는 1년 이상 영업을 휴지하였으나, 지금은 정상적으로 영업을 하고 있다면 해산명령의 사유가 있다고 보기는 어렵다. 예를 들어, 회사가 영업장소인 건물의 소유권을 둘러싸고 발생한 분쟁 때문에 영업을 개시하거나 계속할 수 없었으나, 확정판결에 의하여 그 기능을 회복하여 정상적인 업무수행을 할 수 있게 되었다면, 과거에 분쟁으로 인하여 수년 동안 정상적인 업무수행을 하지 못한 것이 사실이라고 하더라도 이를 가리켜 상법 제176조 제1항 제2호 후단 소정의 영업의 휴지에 해당한다고 볼 수는 없다(대법원 1978. 7. 26.자 78마106 결정). 현재 정상적으로 영업을 하고 있다면 과거의 사유를 가지고 회사의 해산을 명하는 것은 해산명령의 취지에 부합하지 않기 때문이다.

유전사업을 목적으로 하는 회사가 시추작업을 하는데 1년 이상 소요되는 경우 등 영업의 성질로 보아서 장기간의 준비가 불가피하다면 정당한 사유가 있다고 볼 것이다.[15] 그러나 사업자금의 부족, 영업실적의 부진 등 회사 내부의 여건으로 인하여 영업을 하지 않은 때에는 정당한 사유를 인정할 수 없다.[16]

3. 이사 등이 회사의 존속을 허용할 수 없는 행위를 한 때

"이사 또는 회사의 업무를 집행하는 사원이 법령 또는 정관에 위반하여 회사의 존속을 허용할 수 없는 행위를 한 때"(상법 제176조 제1항 제3호)에는 법원은 해당 회사의 해산을 명할 수 있다. 이사 또는 업무집행사원이 회사기관으로서 그 목적인 사업을 집행함에 있어서 공서양속에 위반하여 법령 또는 정관에 위반한 행위를 하였을 때 그 정도가 지나쳐서 회사를 존속시킬 수 없게 된 경우를 가리킨다.[17] 이사와 주주, 사원의 인적구성을 보아서 조직법적으로 위반행위를 견제하지 못하는 상황이라면 해산을 명할 수 있다고 본다.[18] 그러나 이 경우에도 해당 이사나 업무집행사원을 교체함으로써 회사를 존속시킬 수 있는 때에는 이에 해당하지

15 이철송, 회사법강의(제27판), 박영사(2019), 137.
16 이철송, 회사법강의(제27판), 박영사(2019), 137.
17 주석 상법, 회사편(1)(제5판), 한국사법행정학회(2014), 156(정동윤); 정찬형, 상법강의(상)(제22판), 박영사(2019), 554.
18 이철송, 회사법강의(제27판), 박영사(2019), 137.

아니한다.[19]

이사 등이 기관의 지위에서 위법행위를 한 경우 뿐만 아니라, 기관의 지위를 남용하여 개인적인 이익을 위하여 위법행위 등을 한 경우도 포함된다.[20] 다만, 해산을 명하려면 이사의 교체만으로는 구제될 수 없을 정도로 이사 등의 위법행위와 회사와의 관계가 밀접하여야 한다.[21] 단순히 개인적인 이익을 위해서 이사 등의 지위를 남용한 경우에는 해당 이사에 대한 민사상, 형사상의 책임을 추궁하면 되고 회사의 해산을 명령하는 것은 적절하지 않기 때문이다.

Ⅳ. 해산명령의 절차

법원은 '이해관계인이나 검사의 청구'에 의하여 또는 '직권'으로 회사의 해산을 명할 수 있다(상법 제176조 제1항). 이해관계인이라고 규정하고 있으므로 사원, 임원뿐만 아니라 회사채권자도 청구할 수 있고, 이사 등의 위법행위로 피해를 입은 자도 청구할 수 있다.[22] 이해관계인은 '회사 존립에 직접 법률상 이해관계가 있는 자'[23]를 말한다. 판례는 "전자랜드"라는 명칭의 빌딩을 소유하고 같은 명칭의 상표 등록을 한 자가 그 상호를 "전자랜드주식회사"로 변경하려고 하는데, 휴면회사인 "전자랜드판매주식회사"로 인하여 상호변경 등기를 할 수 없다는 사실만으로는 전자랜드판매주식회사의 해산명령을 신청할 수 있는 이해관계인으로 보기는 어렵다고 한다.[24]

해산명령을 구하는 재판의 절차는 비송사건절차법에 의한다(비송사건절차법 제92조 내지 제94조). 이에 의하면 회사의 해산명령은 회사의 본점소재지의 지방법원 합의부의 관할에 속하고(비송사건절차법 제72조 제1항), 법원은 재판을 하기 전에 이해관계인의 진술을 청취하고 검사의 의견을 들어야 한다(동법 제90조 제2항). 법원은 해산명령의 신청이 있을 때에는 지체없이 그 사실을 관보에 공고하여야 한다(동법 제92조, 제88조 제4항). 해산을 명하는 재판은 이유를 붙인 결정으로써 하여야 한다(동법 제90조 제1항). 그러나 비송사건절차법에 의하여 회사의 해산을 명하는 재판의 항고심절차

19 이기수/최병규, 회사법(제10판), 박영사(2015), 111; 이철송, 회사법강의(제27판), 박영사(2019), 137.

20 주석 상법, 회사편(1)(제5판), 한국사법행정학회(2014), 156(정동윤); 이철송, 회사법강의(제27판), 박영사(2019), 137; 최기원, 신회사법론(제14대정판), 박영사(2012), 104.

21 주석 상법, 회사편(1)(제5판), 한국사법행정학회(2014), 156(정동윤); 정찬형, 상법강의(상)(제22판), 박영사(2019), 555.

22 이철송, 회사법강의(제27판), 박영사(2019), 138.

23 대법원 1995. 9. 12.자 95마686 결정 주식회사해산명령.

24 대법원 1995. 9. 12.자 95마686 결정 주식회사해산명령.

에서는 반드시 필요적 변론을 거쳐야 하는 것은 아니므로 항고인에게 변론의 기회를 부여하지 아니하더라도 위법하다고 할 수 없다(대법원 1987. 3. 6.자 87마1 결정).

해산명령의 청구가 있은 때에는 법원은 해산을 명하기 전일지라도, 이해관계인이나 검사의 청구에 의하여 또는 직권으로 관리인의 선임 기타 회사 재산의 보전에 필요한 처분을 할 수 있다(상법 제176조 제2항). 이것은 해산명령의 청구가 있은 다음에 이사 등이 회사재산을 빼돌리는 것을 막기 위한 조치이다. 법원은 선임한 관리인에게 재산상태를 보고하고 관리계산(管理計算)을 할 것을 명할 수 있다(비송사건절차법 제95조).

이해관계인이 해산명령의 청구를 한 때에는 법원은 회사의 청구에 의하여 상당한 담보를 제공할 것을 명할 수 있다(상법 제176조 제3항). 이것은 이해관계인이 해산명령의 청구를 남용하는 것을 막기 위한 것이다. 다만, 회사가 담보제공의 청구를 함에는 이해관계인의 청구가 악의임을 소명하여야 한다(상법 제176조 제4항). 여기서 악의라 함은 해산청구의 요건을 구비하지 못한 것을 알고 있는 것 외에 청구에 의해서 회사를 해하게 됨을 아는 것을 뜻한다.[25] [26]

법원은 이해관계인이나 검사의 청구에 의하여 또는 직권으로 회사의 해산을 명할 수 있으므로 회사설립무효사유에 해당하나 그 소가 제기되지 않을 때 또는 소의 제기와 관계 없이 해산을 명할 수 있다.[27]

V. 해산명령의 효과

회사의 설립목적이 불법한 때 등 해산명령사유에 해당하면, 법원은 해당 회사의 해산을 명할 수 있다(상법 제176조 제1항). 법문에는 "해산을 명할 수 있다"고 되어 있으나, 회사에 대하여 스스로 해산할 것을 요구하는 것이 아니라, 법원의 해산명령이 확정되면 회사는 당연히 해산한다(형성적 효력).[28] [29] 따라서 상법 제

25 이철송, 회사법강의(제27판), 박영사(2019), 139.

26 여기서 악의라 함은 회사의 이익을 해할 의도로 부당하게 청구하는 것을 말한다. 주석상법, 회사편(1)(제5판), 한국사법행정학회(2014), 158(정동윤).

27 이철송, 회사법강의(제27판), 박영사(2019), 136.

28 정찬형, 상법강의(상)(제22판), 박영사(2019), 555.

29 대법원 1980. 3. 11. 선고 80마68 결정. (자동차운수사업법 제30조 소정의 교통부장관의 인가는 자동차운전사업을 하는 법인이 스스로 해산결의를 하거나, 총사원의 동의로서 해산을 하는데 필요한 것이고, 상법 제176조의 규정에 따라 법원이 그 회사에 대하여 해산명령을 거부하는 경우까지 필요로 하지 아니한다.

176조의 규정에 따라 법인이 해산명령을 하는 경우에는 교통부장관 등 주무관청의 인가는 요구되지 아니한다(대법원 1980. 3. 11.자 80마68 결정).

해산명령이 결정되면 회사는 해산하게 되고, 법원은 사원 기타의 이해관계인이나 검사의 청구에 의하여 또는 직권으로 청산인을 선임한다(상법 제252조, 제269조, 제287조의45, 제542조 제1항, 제613조 제1항). 그 이후의 절차는 다른 해산사유에 의해서 해산하는 경우와 같다.

회사, 이해관계인과 검사는 해산을 명하는 재판에 대하여 즉시항고를 할 수 있다. 이 경우 항고는 집행정지의 효력이 있다(비송사건절차법 제91조).

회사의 해산을 명한 재판이 확정된 때에는 법원은 해산한 회사의 본점과 지점소재지의 등기소에 그 등기를 촉탁하여야 한다(비송사건절차법 제93조).

제 177 조 [등기기간의 기산점]

본편의 규정에 의하여 등기할 사항으로서 관청의 허가 또는 인가를 요하는 것에 관하여는 그 서류가 도달한 날로부터 등기기간을 기산한다.

[관련조문] 상법 제635조(과태료에 처할 행위) 등.

Ⅰ. 의의

상법 제177조는 "상법 제3편 회사편의 규정에 의하여 등기할 사항으로서 관청의 허가 또는 인가를 요하는 것에 관하여는 그 허가서 또는 인가서가 도달한 날로부터 등기기간을 기산한다."고 규정한다.

Ⅱ. 입법취지 및 입법례

상법은 등기의 해태에 대해서 과태료의 제재를 과하고 있지만(상법 제635조 제1항 제1호), 등기사항이 관청의 허가나 인가를 요하는 것인 경우에는 허가·인가가 없는 한 등기를 할 수 없고, 또 허가·인가가 있었던 경우에도 등기기간의 기산점에 관하여 의문이 있으므로 등기의무자가 불측의 손해를 입을 우려가 있다. 따라서 상법 제177조는 상법 제3편의 규정에 의한 등기기간을 관청의 인가 또는 허가가 있었던 때가 아니라 허가서 또는 인가서가 도달한 날로부터 기산하고 있다.

Ⅲ. 등기할 사항

"본편의 규정에 의하여 등기할 사항"이란 상법 회사 편에 규정된 합명회사, 합자회사, 유한책임회사, 주식회사, 유한회사 및 외국회사의 등기 가운데 일정한 기간 내에 등기할 것이 등기의무자에게 강제된 사항이다. 이러한 의미에서 상법 제177조는 촉탁등기에 관하여는 적용되지 아니한다.

Ⅳ. 관청의 허가 또는 인가

"등기할 사항으로서 관청의 허가 또는 인가를 요하는 것"이란 관청의 허가 또는 인가가 없으면 당해 사항의 효력이 발생하지 않는 사항이다. 관청의 허가 또는 인가라 함은 허가, 인가, 면허, 특허 등 명칭 여하를 묻지 아니하고 허가 등이 등기사항의 효력발생요건이면 상법 제177조가 적용된다.

은행이나 보험회사의 합병 등에 관하여는 행정관청(금융위원회)의 인가를 요하므로(금융산업의 구조개선에 관한 법률, 은행법 제55조, 보험업법 제139조) 각각 그 등기에는 상법 제177조가 적용된다. 본조의 적용이 있는 경우에는 등기신청서에 관청의 허가서가 도달한 연월일을 기재하고 관청의 허가서 또는 그 인증이 있는 등본을 첨부하여야 한다(상업등기법 제24조).

V. 등기기간

등기에 관한 실정법규는 신속한 등기를 위하여 일정한 사실이 있었던 날로부터 일정한 기간 내에 등기신청을 하도록 정하고 있다. 다만, 주식회사의 경우와는 달리 인적회사와 유한책임회사의 설립등기에 관하여는 등기기간에 관하여 정함이 없다.

등기기간의 해태에 대하여는 과태료의 제재가 있다(상법 제635조 제1항 제1호). 등기사항이 관청의 허가 또는 인가를 요하는 것일 때에는 허가서, 인가서 등이 도달한 날로부터 등기기간을 기산한다(제177조).

제 2 장 합명회사

[총설]

[관련조문] 상법 제169조, 제171조 제1항, 제195조, 제197조~제199조, 제200조 제1항, 제204조, 제207조, 제209조, 제210조, 제212조, 제213조, 제215조, 제222조, 제225조, 민법 제703조 제2항, 제710조, 제711조.

[참고문헌] 정순현, 독일 회사법 개설, 도서출판 한아름(2019); 조르즈 리뻬르 저, 정진세 역, 프랑스회사법론, 삼지원(1996); 최기원, 신회사법론(제14판), 박영사(2012); 김성호, “주식회사가 아닌 기업형태에 관한 고찰(미국과의 비교를 중심으로)”, 경영법률 제27집 제3호, 한국경영법률학회(2017); 김태선, “미국의 파트너쉽 제도”, 재산법연구 제33권 제2호, 법문사(2016); 이철송, 회사법강의(제27판), 박영사(2019).

Ⅰ. 합명회사의 개념

상법은 회사채무에 대하여 그 배후의 출자자의 책임형태에 따라 회사를 분류하고, 각 회사의 다른 특성은 책임의 형태에 맞게끔 구성하는 방법으로 회사의 종류를 나누고 있다.[1] 합명회사[offene Handelsgesellschaft(OHG); société en nom collectif; partnership]는 2인 이상의 사원에 의하여 설립되고, 그 사원들이 회사채무에 대하여 직접·연대·무한의 책임을 지는, 즉 2인 이상의 무한책임사원만으로 일원적으로 구성된 회사를 말한다. 사원의 회사 채무에 대한 직접·연대·무한책임이 합명회사의 개념요소 중 가장 두드러진 특징이다. 이러한 특징으로 인해 사원들 개개인의 개성이 중요시되고, 이와 같이 사원이 누구냐 라고 하는 회사의 인적 요소에 중점이 놓여 있으므로 강학상 인적회사(Personen-gesellshaft)[2]의 전형으로 분

1 이철송, 회사법강의(제27판), 박영사(2019), 83.

2 인적회사의 특징은, ①인적회사는 원칙적으로는 그 구성원이 변하지 않는 것이 전제되고, ②인적회사의 기관구성은 사단과는 달리 자기기관제의 원칙이 지배하여 사원과 기관을 분리하지 않고 사원이 기관이 되며, ③인적회사의 의사결정은 원칙적으로 만장일치가 요구되고, ④인적회사의 재산은 모든 구성원에게 합수적으로 귀속되고 구성원은 회사의 채무에 인적책임을 진다는 점이다[정순현, 독일 회사법 개설, 도서출판 한아름(2019), 12].

류된다. 이와 같은 특징을 기초로 하여 합명회사의 그 밖의 특징, 즉 회사의 기본적 사항 결정에 총사원의 동의가 필요하고, 의사결정에 두수주의가 적용되는 점, 사원에게 노무 또는 신용 출자가 인정되는 점, 사원이 회사의 설립단계 또는 설립 후의 입사시에 출자의무를 완료할 필요가 없는 점, 지분 양도에 다른 사원 전원의 동의가 필요한 점, 자본 제도가 없고 이익배당에 제한이 없는 점, 각 사원이 원칙적으로 당연히 업무집행기관과 대표기관이 되는 점 등은 모두 위의 기본적 특징에서 파생되는 것이다.

어느 형태의 기업조직에 법인격을 부여할 것인가는 입법정책적 문제라고 할 것인데, 우리 상법은 기업의 영속성과 법률관계의 간명한 처리를 위하여 합명회사를 회사로 규정하여 법인격을 인정하고 있다(상법 제171조 제1항). 그러나 합명회사의 실질은 조합이라고 할 수 있고, 그리하여 내부관계에 관하여는 민법의 조합에 관한 규정을 준용한다(상법 제195조). 영미법상으로는 우리나라의 합명회사에 해당하는 partnership에 법인격이 인정되고 있지 않으나, 미국 개정통일합명회사법(Revised Uniform Partnership Act)은 기본적으로는 partnership을 그 사원으로부터 독립한 실체(an entity distinct from partners)라고 규정하여[Sec. 201 (a) RUPAS] 실체설의 입장을 취하고 있다. 독일 상법(Handelsgesetzbuch)은 합명회사(OHG)를 공동의 상호로써 상업을 영위하는 목적으로 각 사원이 회사채권자에 대하여 무한책임을 지는 인적회사라고 규정(HGB 제105조 제1항)하고 있는데, 합명회사(OHG)는 합수적 공동체(Gemeinschaft zur gesamten Hand; Gesamthandsgemeinschaft)로서 법인이 아니다. 다만 미국, 독일의 합명회사도 부동산 소유권 등의 주체가 되고, 소송당사자가 될 수 있다. 일본 회사법은 회사를 주식회사와 지분회사, 즉 합명·합자·합동회사로 분류하고(일본 회사법 제2조 제1항 제1호), 합명회사를 포함하여 위 회사들을 법인으로 규정하고 있다(일본 회사법 제3조).

Ⅱ. 합명회사의 연혁

합명회사는 중세 이탈리아와 독일의 도시에서 행하여졌던 공동상속에 의한 가족공동체에서 발달한 것이라고 알려져 있다. 즉, 합명회사의 기원은 이탈리아의 '콘빠니아(compagnia)'에서 찾을 수 있는데, 콘빠니아는 부친의 사후, 상속인(자녀)들이 공동체의 형식으로 부친의 영업을 이어받은 것에서 시작되었다고 알려져 있다. 콘빠니아는 합자회사 및 익명조직의 기원인 코멘다(commenda)와는 달리 처음부터 일정한 기간 계속하는 상속회사이며 노동 및 업무의 공동체였다. 이후 가족 일원이 아닌 자도 콘빠니아에 참가하게 되었고, 중세 말기에는 합명회사의 각 사원의 대표권 및 무한책임이 확립되었다. 1479년의 뉘른베르크 도시법을 시작으로 하는 많은 도시법은 합명회사에 관한 규정을 가지고 있었고, 17세기 후반부터 프랑스에서 합명회사 규정의 정비가 시작되어 1807년 프랑스 상법전(Code de commerce)은 근대 합명회사법의 모델을 규정하였다(1807년 프랑스 상법전 제19조 이하). 독일에서 최초의 합명회사의 법전화는 1861년의 독일보통상법전(ADHGB) 제85조 이하의 규정으로 위 프랑스 상법전 제19조 이하를 모델로 하였다.[3] 영국은 1890년에 합명회사법(Partnership Act)을 제정하여 실시하고 있고, 미국에서는 partnership에 관하여 각 주의 법률이 적용되며 연방 차원의 입법이 따로 존재하지 않는다. 다만 1914년의 The Uniform Partnership Act(UPA)가 제정된 이후 대부분의 주에서 채택되어 시행되었고, 그 후 1997년에 개정된 개정통일합명회사법(Revised Uniform Partnership Act)이 만들어져서 이를 채택한 주도 상당하다.[4] 우리나라 상법의 합명회사에 관한 규정은 그 내용에 있어서는 독일의 독일보통상법전(ADHGB)을 계수하고 있지만,[5] '합명회사'라는 명칭은 1807년 프랑스 상법전상의 société en nom collectif(SNC)(이름을 합친 회사라는 뜻이다)에서 유래하는데, 프랑스에서 이같이 부른 까닭은 상호진실주의에 따라 사원 전원의 이름을 회사의 상호로 하도록 했기 때문이다(현재의 프랑스 상법전은 상호에 사원의 한사람 또는 여러 사람의 이름을 포함시키고 '합명회사'라는 명칭을 붙이는 것으로 간소화 하였다[6]). 그러나 우리나라에서는 사원 전원의 이름을 상호로 쓰지 않으므로 합명회사라는 명칭이 적당하다고 볼 수는 없다.

3 정순현, 독일 회사법 개설, 도서출판 한아름(2019), 29-30; 이철송, 회사법강의(제27판), 박영사(2019), 149.
4 김성호, "주식회사가 아닌 기업형태에 관한 고찰(미국과의 비교를 중심으로)", 경영법률 제27집 제3호, 한국경영법률학회(2017), 212.
5 최기원, 신회사법론(제14판), 박영사(2012), 1007; 2011년 상법 개정전부터 규정되어 있던 합명회사, 합자회사, 유한회사는 독일 입법의 영향을 받은 반면, 2011년 개정으로 추가된 유한책임회사 및 합자조합은 미국 입법에서 유래한 유한책임회사(LLC) 및 합자책임조합(LP) 제도를 도입한 제도이다[김태선, 미국의 파트너쉽 제도, 재산법연구 제33권 제2호, 법문사(2016), 208].
6 조르즈 리뻬르 저, 정진세 역, 프랑스회사법론, 삼지원(1996), 150.

Ⅲ. 합명회사의 경제적 기능

합명회사는 노무 또는 신용 출자를 통하여 노하우 및 기술의 자본화를 가능하게 하고, 정관자치를 통하여 사원의 광범위한 자유가 인정되므로 탄력성 있는 기업형태이다. 그리고 원칙적으로 모든 사원이 단독으로 업무를 집행하고 회사를 대표하므로 상거래에 있어서 유동성과 신속성이 강하며, 거래상대방은 사원의 무한책임에 의해 채권이 담보되는 효과를 얻을 수 있다. 다만 사원의 입장에서는 무한책임으로 인해 기업위험이 크다는 단점이 있다.[7]

합명회사는 우리나라 기업실무에서는 많이 이용되는 편이 아니다. 국세청의 국세통계 연보(2019)에 의하면 2018년말 기준 우리나라의 가동영리법인(회사)의 수는 주식회사 702,998개, 유한회사 33,169개, 합자회사 3,164개, 합명회사 884개의 순이다. 10년 전인 2009년말 기준 가동영리법인(회사)의 수가 주식회사 399,324개, 유한회사 15,538개, 합자회사 3,718개, 합명회사 840개이었는바, 주식회사와 비교하여 절대적 수에서나 증가비율에 있어서 큰 차이가 있다.

Ⅳ. 합명회사의 법률관계의 특색

1. 합명회사의 법률관계(상법의 규정 체계)

상법 회사편은 합명회사에 관하여 제2장에서 규율하고 있는데, 전반적인 법률관계에 관해서는 제2절과 제3절에서 내부관계와 외부관계로 나누어 규정하고 있다(제1절은 설립, 제4절은 사원의 퇴사를 별도로 규율함). 이와 같은 체계는 합명회사가 조합의 실질과 사단법인의 형식을 가지고 있기 때문에 그 법률관계를 내·외부로 선명하게 나눌 수 있고, 양자를 규율하는 법원리가 성질을 달리하기 때문이라고 할 수 있다. 이와 같이 합명회사의 법률관계를 내부관계와 외부관계로 나누어 살펴보는 것이 통설적 견해인데, 내부관계는 회사와 사원과의 관계 및 사원 상호간의 관계로, 외부관계는 회사와 제3자와의 관계 및 사원과 제3자와의 관계로 구분하여 살펴볼 수 있다. 원칙적으로, 회사의 내부관계에 관한 규정은 임의법규에, 외부관계에 관한 규정은 강행법규에 속한다고 할 것이다.

7 최기원, 신회사법론(제14판), 박영사(2012), 1006.

2. 내부관계의 특색

합명회사의 내부관계는 당사자(사원)들 사이의 계약자유의 원칙이 지배한다. 따라서 내부관계는 정관의 규정이 우선 적용되고(정관자치), 내부관계에 관한 상법의 규정은 임의규정으로서 정관에 특별한 정함이 없는 경우에 비로소 적용된다. 그리고 내부관계에 관한 준칙의 적용에 있어서 정관 또는 상법에 다른 규정이 없으면 조합에 관한 민법의 규정을 준용한다고 규정하고 있다(상법 제195조). 이것은 합명회사가 대외적으로는 법인이지만(제169조), 대내적으로 조합의 실질을 가지기 때문이다. 출자, 지분의 변동, 업무의 집행, 경업의 금지, 정관의 변경, 손익의 분배 등이 내부관계에 속하는 사항들이다.

합명회사의 내부관계에 관한 상법과 그 준용규정을 보면, ①출자의 목적은 재산은 물론 노무·신용도 가능하고(상법 제195조, 제222조, 민법 제703조 제2항), ②지분의 양도에 총사원의 동의가 필요하며(상법 제197조), ③사원은 원칙적으로 업무집행권을 가지고(상법 제200조 제1항), 업무집행권을 가지지 않은 경우에는 업무감시권을 가지며(상법 제195조, 민법 제710조), ④사원은 회사에 대한 경업금지의무(상법 제198조)와 자기거래 금지의무(상법 제199조)를 지고, ⑤정관의 변경은 총사원의 동의를 요하며(상법 제204조), ⑥손익분배비율을 정하지 아니한 때에는 출자가액의 비율에 의한다고(상법 제195조, 민법 제711조) 규정하고 있다. 위 규정들은 회사 내부관계에 관한 것들로서 제3자의 이해관계에 영향을 미치는 것들이 아니므로 이에 대해서는 정관 또는 총사원의 동의로 달리 정할 수 있다. 판례도 "상법 제195조에 비추어 볼 때, 합명회사의 내부관계에 관한 상법 규정은 원칙적으로 임의규정이고, 정관에서 상법 규정과 달리 정하는 것이 허용된다. 이와 같이 합명회사의 정관에서 내부관계에 관하여 상법과 달리 정한 경우, 해당 정관 규정이 관련 상법 규정의 적용을 배제하는지는 해당 정관 규정의 내용, 관련 상법 규정의 목적, 합명회사의 특징 등 여러 사정을 종합적으로 고려하여 판단하여야 한다."고 판시하였다(대법원 2015. 5. 29. 선고 2014다51541 판결).

3. 외부관계의 특색

합명회사의 외부관계에 관한 상법 규정은 내부관계와는 달리 제3자의 이해에 관계되기 때문에 원칙적으로 강행규정이다. 따라서 정관 또는 총사원의 동의로 이와 달리 정하더라도 효력이 없다.

외부관계에 관한 상법의 규정을 보면, ①회사대표에 관하여, 정관으로 업무집행사원을 정하지 않은 때에는 각 사원이 회사를 대표하고(상법 제207조), 대표사원은 회사의 영업에 관하여 재판상 또는 재판외의 모든 행위를 할 권한을 가지며(제209조), 대표사원의 불법행위에 대해서는 회사와 그 사원이 연대하여 배상할 책임을 부담한다고(제210조) 규정하고 있고, ②사원의 책임에 관하여, 사원은 회사채권자에 대하여 직접·연대·무한의 책임을 지나, 위 책임은 보충적 성격을 가지고 있으며(제212조), 신입사원, 자칭사원, 퇴사한 사원 또는 지분의 전부를 양도한 사원도 일정한 요건 하에 다른 사원과 동일한 책임을 진다고(제213조, 제215조, 제225조) 규정하고 있다. 위 규정들은 제3자의 이해관계와 연결된 것들로서 정관, 총사원의 동의로도 달리 정할 수 없다.

제1절 설립

제178조 [정관의 작성]

합명회사의 설립에는 2인 이상의 사원이 공동으로 정관을 작성하여야 한다.

[관련조문] 상법 제7조, 제173조, 제204조, 제209조, 제286조, 제292조, 민법 제107조, 제108조, 민사소송법 제423조.

[참고문헌] 고상용, 민법총칙(제3판), 법문사(2003); 권기범, 현대회사법론(제7판), 삼영사(2017); 김상용, 민법총칙(제3판), 화산미디어(2014); 김용한, 민법총칙론(재전정판), 박영사(1997); 김정호, 회사법(제5판), 법문사(2019); 송덕수, 민법총칙, 박영사(2011); 이기수/최병규, 회사법(제10판), 박영사(2015); 이철송, 회사법강의(제27판), 박영사(2019); 임재연, 회사법 I (개정6판), 박영사(2019); 정동윤, 회사법(제6판), 법문사(2000); 정찬형, 상법강의(상)(제22판), 박영사(2019); 주석 상법, 회사편(1)(제5판), 한국사법행정학회(2014); 최기원, 신회사법론(제14판), 박영사(2012).

Ⅰ. 본조의 취지

제178조는 합명회사의 설립절차 가운데 정관의 작성에 관하여 규정하고 있다. 합명회사의 설립은 사원이 되고자 하는 자들 사이에 회사설립을 목적으로 하는 조합계약이 성립되고, 그 이행으로서 설립절차, 즉 정관의 작성과 설립등기만으로 간단하게 이루어진다. 제178조는 합명회사의 설립에는 2인 이상의 사원이 공동으로 정관을 작성하여야 한다고 규정하여, 사원이 복수가 되어야 함(사원간에 체결된 조합계약을 전제로 하기 때문이다)과 설립절차로서 정관의 작성이 필요함을 명시하고 있다.

합명회사는 정관의 작성으로 사원이 될 자와 그 출자가 확정되고, 그 사원이 회사채무에 대해 무한책임을 지기 때문에 출자이행이 설립 전에 완료될 필요가 없다. 이는 정관 작성 외에 주식의 인수절차와 납입절차가 필요한 주식회사와 차이점이다.

Ⅱ. 정관의 의의, 성질 및 효력

1. 정관의 의의

정관은, 실질적으로는 사원들의 총의에 의해 성립된 회사의 조직·운영에 관한 근본규칙을 의미하고, 형식적으로는 이를 기재한 서면을 의미한다. 회사의 설립시에 작성된 최초의 정관을 원시정관이라 부른다. 실질적 의미의 정관과 형식적 의미의 정관은 일반적으로 일치하지만, 정관변경시 서면으로서의 정관 변경 없이도 바로 실질적 의미의 정관변경의 효력이 발생하므로(상법 제204조) 양자가 불일치하는 경우가 생긴다.

2. 정관의 법적 성질

정관의 법적 성질에 관하여는 계약설, 자치법규설, 절충설 등으로 학설이 나뉘고 있다.

계약설은, 회사에 사원으로서 새로 가입하는 자는 미리 정하여진 정관의 구속을 받겠다는 의사를 가지고 사원이 되는 것이고, 따라서 그 구속력의 근거는 사원의 자유로운 의사에 있는바 정관은 계약의 성질을 가진다고 설명한다. 정관의 성질을 계약으로 규정하는 경우에는 민법상의 계약에 관한 규정이 어느 범위에서 적용 또는 유추적용될 것인가가 문제되는데, 각 조문이 가지는 의미를 음미하여 이를 정관에 유추적용할 것인가의 여부를 개별적으로 결정해야 한다고 설명한다.[1]

절충설은, 정관을 작성하는 행위와 정관 자체를 구별하여 정관을 작성하는 행위는 계약이지만, 정관작성행위를 통하여 작성된 정관 자체는 자치법규에 속한다고 설명한다.[2]

자치법규설은 정관은 일단 그 구성원이 된 자에 대하여 그 의사에 불구하고 보편적으로 구속력을 가지는 점, 구성원의 개별 의사에 불구하고 구성원의 일반 의사에 의하여 변경될 수 있는 점, 정관을 작성하거나 변경한 사원들이 퇴사하거나 지분을 양도하여 인적 구성에 변화가 생기더라도 정관의 효력에는 영향이 없

1 정동윤, 회사법(제6판), 법문사(2000), 106.

2 이기수/최병규, 회사법(제10판), 박영사(2015), 157; 독일의 통설, 판례(BGHZ 21. 370. 373ff; 47. 172. 179f.)의 입장이다.

는 점 등을 고려하여 보면 자치법규로 보는 것이 옳다고 설명한다.[3] 자치법규설이 우리나라의 통설이다.

판례는 사단법인의 정관에 관하여 "사단법인의 정관은 이를 작성한 사원뿐만 아니라 그 후에 가입한 사원이나 사단법인의 기관 등도 구속하는 점에 비추어 보면 그 법적 성질은 계약이 아니라 자치법규로 보는 것이 타당하므로, 이는 어디까지나 객관적인 기준에 따라 그 규범적인 의미 내용을 확정하는 법규해석의 방법으로 해석되어야 하는 것이지, 작성자의 주관이나 해석 당시의 사원의 다수결에 의한 방법으로 자의적으로 해석될 수는 없다 할 것이어서, 어느 시점의 사단법인의 사원들이 정관의 규범적인 의미 내용과 다른 해석을 사원총회의 결의라는 방법으로 표명하였다 하더라도 그 결의에 의한 해석은 그 사단법인의 구성원인 사원들이나 법원을 구속하는 효력이 없다."고 판시하여(대법원 2000. 11. 24. 선고 99다12437 판결), 정관의 법적 성격을 자치법규로 보았다.

정관의 법적 성질을 자치법규로 볼 경우 그 해석을 그르친 것은 법의 해석을 그르친 것이 되어 상고이유가 된다(민사소송법 제423조). 반면 계약설의 입장에서는 정관의 해석을 계약의 해석으로 보므로 정관의 해석이 그릇되더라도 이는 사실인정의 문제에 그쳐 상고이유가 되지 아니한다.[4]

3. 정관의 효력

정관은 이를 작성한 사원은 물론이고, 그 이후에 가입한 사원, 회사기관도 당연히 그 구속을 받는다. 그러나 제3자를 구속하는 효력은 없다. 정관에 위반한 회사의 대내외적 행위는 자치법규에 위반한 행이므로 무효이다. 다만 제3자의 보호를 위하여 무효의 주장이 제한될 경우가 있다(상법 제209조 제2항).[5]

Ⅲ. 정관의 작성

1. 정관의 작성자

합명회사의 설립에는 사원이 되고자 하는 자 2인 이상이 정관을 작성하여야

3 최기원, 신회사법론(제14판), 박영사(2012), 152-153; 이철송, 회사법강의(제27판), 박영사(2019), 98; 정찬형, 상법강의(상)(제22판), 박영사(2019), 471; 임재연, 회사법 I(개정6판), 박영사(2019), 82; 권기범, 현대회사법론(제7판), 삼영사(2017), 26.

4 이철송, 회사법강의(제27판), 박영사(2019), 100.

5 이철송, 회사법강의(제27판), 박영사(2019), 99.

한다. 합명회사는 사원간에 체결된 계약을 전제로 하기 때문에 사원은 복수가 되어야 한다. 상법은 사원수의 상한을 제한하지 않으나 인적회사의 특성상 현실에 있어서 사원수는 일정 수준으로 제한될 것이다. 입법례 중에는 사원수의 상한을 제한하기도 한다(영국의 Partnership 은 사원수를 20명 이내로 제한하고 있다[6]).

사원은 자연인에 한한다(상법 제173조 참조).[7] 이에 대하여, 상법 제173조는 '회사는 다른 회사의 무한책임사원이 되지 못한다'고만 규정하고 있어서 회사 이외의 법인에 대하여는 상법 제173조가 적용되지 아니하므로, 근거 법령이나 정관에서 금지하지 아니하는 한 민법상의 조합 또는 권리능력 없는 사단도 원칙적으로 합명회사의 사원으로 될 수 있다는 견해[8]와 비영리사단법인은 비록 회사는 아니나 정관상의 존립목적 외에서는 권리능력을 향유하지 못하기 때문에 사원이 될 수 없다는 견해[9]가 있다.

미성년자도 법정대리인의 허락을 얻어 사원이 될 수 있다(상법 제7조). 2018. 9. 18. 상법개정 전의 구 상법 제7조는 미성년자 및 한정치산자에 대하여 법정대리인의 허락을 얻어 사원이 될 수 있음을 규정하고 있었으나, 개정 상법은 '기존의 한정치산자와 달리 성년후견 제도의 피한정후견인은 온전한 행위능력을 보유하고, 가정법원이 한정후견인의 동의를 받아야 하는 것으로 결정한 법률행위만 사후적으로 취소 가능하므로 획일적으로 자격 등을 박탈하여야 할 근거가 없고, 피한정후견인은 사무를 처리할 능력이 부족한 사람에 불과하며, 그 부족의 정도는 경미한 것부터 중대한 것까지 다양하게 나타날 수 있으므로 피한정후견인이라 하여 어떠한 직무를 적절하게 수행할 능력이 없다고 단정할 수 없다'는 이유에서 피한정후견인을 제7조의 대상에서 제외하였다. 이에 반하여 성년후견개시의 심판을 받은 경우에는 퇴사의 원인이 되기 때문에 피성년후견인은 원칙적으로 사원이 될 수 없다(상법 제218조 제4호). 다만, 정관으로 성년후견개시를 받더라도 퇴사하지 않는 것으로 규정하고 있는 회사의 경우에는 피성년후견인도 사원이 될 수 있다고 할 것이다.

6 최기원, 신회사법론(제14판), 박영사(2012), 1007.
7 정동윤, 회사법(제6판), 법문사(2000), 738; 최기원, 신회사법론(제14판), 박영사(2012), 1014; 이철송, 회사법강의(제27판), 박영사(2019), 152.
8 권기범, 현대회사법론(제7판), 삼영사(2017), 300.
9 김정호, 회사법(제5판), 법문사(2019), 814.

2. 정관 작성의 법적 성질

정관작성의 법적 성질 또는 설립행위의 법적 성질에 관하여 논의가 있다. 설립행위란 회사 설립을 위해 행하여지는 법률행위의 통칭으로, '정관작성'과 '사원을 확정하는 행위'를 말한다.[10] 합명회사와 같은 인적회사는 정관의 작성과 동시에 사원을 확정하는 절차가 종료되므로 합명회사의 설립행위는 정관작성 행위만을 의미한다고 할 것이다. 주식회사의 설립행위에 정관작성과 주식인수가 포함되는 것과 차이가 있다. 통설은 합명회사의 설립행위는 정관의 작성에 의하여 나타난 의사표시의 합치이므로 사단창설을 목적으로 하는 합동행위라고 한다.[11] 합동행위로 볼 경우 계약에 관한 규정 또는 법리가 적용되는지 문제될 수 있는데, 합명회사에 대하여는 사원의 주관적 하자로 인한 무효·취소를 인정하는 등 입법적 해결을 하고 있고, 당사자 사이에 의사의 합치를 요하는 것은 계약이나 합동행위나 마찬가지이므로 상대방 악의인 비진의표시(민법 제107조 제1항 단서), 통정허위표시(제108조 제1항) 등이 적용된다고 봄이 상당하여 결국 그 논의의 실익이 크지 않으며, 문제된 하나하나의 행위의 성질을 음미하면 족하다는 견해가 있다.[12]

정관작성에 있어서 주식회사와 달리 공증인의 인증은 요하지 않는다(상법 제292조 참조).

10 정찬형, 상법강의(상)(제22판), 박영사(2019), 490.

11 민법학의 다수설도 사단법인 설립행위의 성질을 합동행위라고 한다[고상용, 민법총칙(제3판), 법문사(2003), 183; 김상용, 민법총칙(제3판), 화산미디어(2014), 240; 김용한, 민법총칙론(재전정판), 박영사(1997), 158; 송덕수, 민법총칙, 박영사(2011), 169].

12 이철송, 회사법강의(제27판), 박영사(2019), 97-98; 주석 상법, 회사편(1)(제5판), 한국사법행정학회(2014), 169-170(정동윤).

제179조 [정관의 절대적 기재사항]

정관에는 다음의 사항을 기재하고 총사원이 기명날인 또는 서명하여야 한다. <개정 1995.12.29>

1. 목적
2. 상호
3. 사원의 성명·주민등록번호 및 주소
4. 사원의 출자의 목적과 가격 또는 그 평가의 표준
5. 본점의 소재지
6. 정관의 작성년월일

[관련조문] 상법 제19조, 제169조, 제171조, 제176조, 제180조, 제196조, 제198조, 제201조, 제204조, 제207조, 제208조, 제217조, 제218조, 제222조, 제227조, 제247조, 제292조.

[참고문헌] 대법원 법원행정처, 상업등기실무(Ⅰ), 법원행정처(2017); 이철송, 회사법강의(제27판), 박영사(2019); 정순현/권태로, 일본회사법, 도서출판 가꿈(2019); 주석 상법, 회사편(1)(제5판), 한국사법행정학회(2014); 김동석, "상법개정안에 대한 재검토(상법총칙, 상행위, 합명회사, 합자회사, 유한회사 부분)", 경영법률 제6집, 한국경영법률학회(1996).

Ⅰ. 본조의 취지

제179조는 정관의 절대적 기재사항을 열거하고, 정관의 작성시 총사원이 기명날인 또는 서명하여야 함을 정하고 있다. 제179조에서의 정관은 형식적 의미의 정관, 즉 서면인 정관을 말한다. 정관의 기재사항에는 이 밖에도 상대적 기재사항과 임의적 기재사항이 있다. 정관의 절대적 기재사항은 제179조에서 정한 사항 이외에는 없다.

Ⅱ. 개정이유

1995. 12. 29. 상법개정을 통해 기존에 기명날인하도록 되어 있던 문서작성 방식이 국내·외의 상거래 관행의 추세를 반영하여 기명날인과 서명을 선택적으로 사용할 수 있도록 개정되었는바, 정관 작성에 있어서도 사원의 서명에 의한 방식이 추가되었고, 정관의 절대적 기재사항이 일부 간소화되었다. 제179조 제3호에서 사원의 주민등록번호를 추가한 것은 사원을 보다 정확하게 특정하기 위한 것이고, 제5호에서 지점의 소재지를 삭제한 것은 지점의 설치나 폐지 및 이전 등은 통상의 업무집행 방법으로 할 수 있도록 하여 총사원의 동의를 요하는 정관변경절차를 밟는 부담을 덜도록 한 것이다.[1]

Ⅲ. 정관의 절대적 기재사항

정관의 절대적 기재사항은 정관에 반드시 기재하여야 하는 사항이다. 어느 하나의 기재라도 누락되면 정관이 무효가 되어 회사설립 무효의 원인이 되는 사항이다. 다만 서면인 정관을 전체적으로 보아 아래 각 사항을 명백히 알 수 있는 경우라면 각 해당 항목란에서 그 기재가 누락되거나 흠결이 있더라도 정관이 곧바로 무효가 되는 것은 아니라고 봄이 타당하다.

1. 목적

'목적'은 회사가 영위하려는 사업을 말한다. 회사는 상행위 기타 영리를 목적으로 하여 설립된 법인이므로(상법 제169조) 목적은 영리성이 있어야 하고, 강행법규나 선량한 풍속 기타 사회질서에 반하여서는 아니 된다. 목적은 상인이 수행하거나 하려고 하는 영업을 사회 일반인이 쉽게 인식할 수 있도록 명확하고 구체적이어야 한다.[2]

회사의 권리능력이 목적범위 내로 제한된다는 입장(제한긍정설)을 취할 때에는 정관상의 목적은 회사의 권리능력의 범위를 정하는 기준이 되고, 법원의 회사해산명령의 판단의 기준(상법 제176조)이 되며, 사원의 경업금지(제198조) 등에 있어서 영업범위를 판단하는 기준이 되는바, 이러한 점에서도 정관에는 회사가 수행

1 김동석, "상법개정안에 대한 재검토(상법총칙, 상행위, 합명회사, 합자회사, 유한회사 부분)", 경영법률 제6집, 한국경영법률학회(1996).
2 동일상호의 판단 기준에 관한 예규(등기예규 제1547호, 시행 2014. 11. 21.) 제9조 제2항, 제3항.

하는 영업의 내용 또는 업종을 확인할 수 있을 정도로 구체적으로 기재하여야 한다.[3]

목적사업은 1개에 한하지 않고 여러 개라도 무방하다. 회사실무에서는 목적범위에 관한 시비를 예방하고 신사업에 투자할 때 정관을 변경해야 하는 번거로움을 덜기 위해 처음부터 회사가 수행할 가능성이 있는 사업을 다양하게 열거하는 경향이 있다.[4]

2. 상호

'상호'는 회사가 영업활동상 자기를 표시하기 위하여 사용하는 명칭을 말한다. 상호에는 반드시 '합명회사'라는 문자를 사용하여야 한다(상법 제19조). 상호가 선량한 풍속 기타 사회질서에 반하거나(예를 들어 상호에 외설스러운 문자를 사용한 경우), 회사의 종류를 표시하는 부분을 제외하면 상호가 업종을 표시하는 문자만으로 구성되어서는(예를 들어 자동차제작, 부동산임대 등 업종과 합명회사란 표시만을 합쳐서 상호를 구성하는 경우) 아니 된다.[5] 회사의 상호는 설립등기에 의하여 등기되므로 별도로 상호등기를 하지 않더라도 등기된 상호로서 보호를 받게 된다.

3. 사원의 성명, 주민등록번호 및 주소

합명회사는 각 사원의 개성이 중시되고, 사원이 회사채무에 대해 직접·연대·무한의 책임을 지기 때문에 사원의 성명·주민등록번호와 주소 등의 기재가 요구되고, 이로써 사원이 확정된다. 사원의 특정을 위하여 주소보다는 주민등록번호가 더 정확하고 또 바뀌지 않는 점을 고려하여 1995년 상법개정시에 주민등록번호의 기재가 추가되었다. 사원은 전부 정관에 기명날인을 하여야 하고 사원의 성명과 주소는 등기사항으로 되어 있기 때문에(상법 제180조 제1호) 사원의 기명날인으로부터 그 성명과 주소가 명백한 때에는 그 기재의 흠결은 정관을 무효로 만들지는 않는다고 할 것이다.[6]

3 예컨대, 상업, 공업, 물품제조·판매업 등과 같이 일반적·추상적으로 기재하여서는 안되고, 자동차제작업, 부동산임대업 등과 같이 구체적으로 기재하여야 한다[주석 상법, 회사편(1)(제5판), 한국사법행정학회(2014), 171(정동윤)].

4 이철송, 회사법강의(제27판), 박영사(2019), 227.

5 동일상호의 판단 기준에 관한 예규(등기예규 제1547호, 시행 2014. 11. 21.) 제3조 제6호, 제8호.

6 주석 상법, 회사편(1)(제5판), 한국사법행정학회(2014), 172(정동윤).

4. 사원의 출자의 목적과 그 가격 또는 평가의 표준

출자에 관한 사항을 통해 자본금이 확정되는바, '출자의 목적'은 출자의 객체를 말한다. 합명회사에서는 금전 또는 현물·채권과 같은 재산출자뿐만 아니라 노무와 신용의 출자도 인정되고 있다(상법 제196조, 제222조 참조). 출자의 목적에 관해서는 재산·신용·노무의 구별 및 재산출자의 경우는 금액, 수량, 면적 등을 구체적으로 기재하여야 한다. '출자의 가격'은 금전 이외의 재산출자인 경우 그 목적물을 금전으로 평가한 금액을 말하고, '평가의 표준'은 노무·신용의 출자에 관하여 직접 금전으로 평가할 수 없는 경우 그 가격의 산정방법을 말한다. 예컨대 '신용의 출자는 재산출자의 최저액에 준한다'고 정하는 것과 같다.[7] 일본 회사법의 해석 중에는 '출자의 가액'은 금전출자의 경우 그 금액을 말하고, '평가의 표준'은 금전 이외의 출자에 대해 이를 금전으로 측정한 액 또는 측정하는 방법이라고 설명하는 견해[8]도 있다. 일본 회사법 제576조 제1항 제6호가 출자의 '가액'이라고 규정하고 있는 것과 달리 우리 상법은 출자의 '가격'이라고 하고 있는 점에서 전자와 같이 해석하는 것이 타당하다고 보인다.

출자에 관한 사항은 손익분배 및 잔여재산분배 나아가 사원의 회사채무 변제후 내부적 구상범위 등 계산의 기준이 된다. 다만 정관에 기재된 출자를 현실로 이행하였는지 여부는 회사설립의 효력에 영향을 미치지 아니한다.

5. 본점의 소재지

상법 제179조에서의 '본점의 소재지'는 본점을 설치할 곳의 최소행정구역을 말한다(시·읍·면, 특별시·광역시에 있어서는 구 등). 제171조(회사의 주소)나 제180조 제1호(등기사항)에서의 본점소재지가 송달이나 제3자 보호를 위하여 구체적 지번까지를 포함하는 개념인 것과 달리 제179조에서는 회사의 영업활동의 범위를 알 수 있으면 충분하기 때문이다. 따라서 정관에 기재된 최소행정구역 내에서의 본점 소재지 이전은 정관 변경사항이 아니고, 업무집행사원의 과반수의 동의로 가능하다.[9]

본점은 반드시 설치하여야 하지만, 지점은 반드시 설치하지 않아도 무방하고,

7 주석 상법, 회사편(1)(제5판), 한국사법행정학회(2014), 172(정동윤).
8 정순현/권태로, 일본회사법, 도서출판 가꿈(2019), 588.
9 대법원 법원행정처, 상업등기실무(Ⅰ), 법원행정처(2017), 479.

지점이 설치되어 있더라도 본점에 비하여 수시 변동될 가능성이 높다. 따라서 지점의 소재지를 절대적 기재사항으로 볼 이유는 없는바, 1995년 상법개정시 '지점의 소재지'를 절대적 기재사항에서 제외하였다. 주식회사와 유한회사의 경우 1984년 상법개정으로 '지점의 소재지'를 정관의 절대적 기재사항에서 이미 제외한 바 있다.

6. 정관의 작성년월일

정관의 작성년월일을 기재하도록 한 것은 정관의 효력발생일을 확정함으로써 정관의 효력에 관하여 분쟁이 있는 경우에 대비하기 위한 것이다.

Ⅳ. 그 밖의 기재사항

1. 상대적 기재사항

상대적 기재사항이란 정관에 기재하지 아니하여도 정관 자체의 효력에는 영향이 없지만, 이를 기재하지 아니하면 그 효력이 인정되지 않는 사항을 말한다. 상법에서는 ①업무집행사원의 지정(상법 제201조), ②대표사원의 결정(제207조), ③공동대표의 결정(제208조 제1항), ④회사의 존립기간(제217조), ⑤사원의 퇴사사유(제218조 제1호), ⑥퇴사원의 지분환급 제한(제222조), ⑦해산사유(제227조 제1항), ⑧임의청산(제247조) 등을 규정하고 있다. 다만 상법은 이 가운데 ②, ③, ⑧에 대해서는 정관 외에 총사원의 동의로도 할 수 있다고 규정하여 반드시 정관에 기재할 필요는 없다.

2. 임의적 기재사항

임의적 기재사항이란 절대적, 상대적 기재사항 이외에 정관에 기재할 수 있는 사항이다. 합명회사의 정관에는 합명회사의 본질, 강행법규나 선량한 풍속 기타 사회질서에 반하지 않는 한 어떠한 사항이라도 정관에 기재할 수 있다. 예컨대 사원총회, 감사 등의 제도를 두는 규정과 같다. 임의적 기재사항이 합명회사의 본질에 반하거나 위법인 경우 그 기재사항은 무효로 되지만, 정관 그 자체의 효력에는 영향이 없다.

Ⅴ. 총사원의 기명날인 또는 서명

상법 제179조에서는 정관의 작성시 총사원이 기명날인 또는 서명하여야 한다고 규정하고 있다. 이를 통해 정관내용에 대한 총사원의 의사를 명확히 확인할 수 있다. 기명만 있고 날인이 없는 경우에는 기명날인으로 인정될 수 없으나 자서로 성명을 기재한 경우는 서명으로서 효력이 있다. 주식회사와 달리 공증인의 인증은 요하지 않는다(상법 제292조 참조).

第 180 条 [설립의 등기]

합명회사의 설립등기에 있어서는 다음의 사항을 등기하여야 한다. <개정 1995.12.29, 2011.4.14>

1. 제179조 제1호 내지 제3호 및 제5호의 사항과 지점을 둔 때에는 그 소재지. 다만, 회사를 대표할 사원을 정한 때에는 그 외의 사원의 주소를 제외한다.
2. 사원의 출자의 목적, 재산출자에는 그 가격과 이행한 부분
3. 존립기간 기타 해산사유를 정한 때에는 그 기간 또는 사유
4. 회사를 대표할 사원을 정한 경우에는 그 성명·주소 및 주민등록번호
5. 수인의 사원이 공동으로 회사를 대표할 것을 정한 때에는 그 규정

[관련조문] 상법 제37조, 제172조, 제179조, 제207조, 제227조, 제317조, 제549조, 제635조, 상법등기법 제23조, 상업등기규칙 제98조, 제103조.

[참고문헌] 대법원 법원행정처, 상업등기실무(Ⅰ), 법원행정처(2017); 주석 상법, 회사편(1)(제5판), 한국사법행정학회(2014); 최기원, 신회사법론(제14판), 박영사(2012).

Ⅰ. 본조의 취지

상법 제180조는 합명회사의 설립등기사항을 규정하고 있다. 정관의 작성으로 합명회사의 실체형성절차는 완성되고 이후 본점소재지에서 설립등기를 함으로써 법인격을 취득한다(제172조). 설립등기를 통하여 국가로 하여금 준칙주의의 요건에 관한 적법성을 조사할 수 있는 기회를 주고, 회사의 이해관계자를 위하여 회사가 성립된 사실과 회사의 대내·외적 조직의 대강을 공시할 수 있도록 하는데 목적이 있다.[1]

Ⅱ. 개정이유

1995. 12. 29. 상법개정을 통해 설립절차가 간소화되었는바, 기존에 총사원의 공동신청으로 되어 있던 등기신청 방식을 완화하였다.[2] 정관의 절대적 기재사항

1 최기원, 신회사법론(제14판), 박영사(2012), 98.
2 상업등기법 제23조 제1항은 '회사의 등기는 법률에 다른 규정이 없는 경우에는 그 대표자가 신청한다'고 규정하고 있는바, 개정전에서 구상법 규정에 따라 '총사원'이 공동신청하여야 했으나, 이 부분을 삭제함으로써 대표자가 신청할 수 있게 되었다.

에서와 마찬가지로 사원의 주민등록번호를 추가하여 사원을 보다 정확하게 특정할 수 있도록 하되, 대표사원을 정한 경우에는 그를 제외한 나머지 사원의 주소는 등기사항에서 제외하였다.

2011. 4. 14. 상법개정을 통해 대표사원의 성명 외에 주소와 주민등록번호를 추가 기재하도록 하여 그 특정을 명확히 하였다.

Ⅲ. 설립등기의 절차

1. 등기기간

주식회사, 유한회사의 경우 설립등기 기간을 2주로 정하고 있는 것(상법 제317조 제1항, 제549조 제1항)과 달리 합명회사에 대한 설립등기 기간에 관한 정함이 없어서 당사자의 임의에 맡기고 있다. 그러나 설립등기를 하여야 비로소 회사가 성립되므로 정관작성 후 상당한 기간 내에 하여야 할 것이다. 업무집행사원이 설립등기를 게을리 한 경우 5백만 원 이하의 과태료에 처하게 되지만(제635조 제1항 제1호), 합명회사의 설립등기에 관하여 등기신청기간을 두지 않아 설립등기를 게을리 한다는 것을 상정하기 어렵다.[3]

2. 등기사항

등기사항은 주로 회사의 거래상대방인 제3자에 대한 대외적인 사항과 사원의 이해관계에 관한 대내적인 사항이 포함된다.

가. 회사의 목적, 상호, 사원의 성명·주민등록번호 및 주소와 본점소재지, 지점을 둔 때에는 그 소재지, 다만 회사를 대표할 사원을 정한 때에는 그 외의 사원의 주소는 제외(제1호)

정관 기재사항인 상법 제179조 제1호 내지 제3호 및 제5호의 사항 등을 등기사항으로 정하고 있는데, 본점·지점소재지를 기재하는 방식은 정관의 그것과는 달리 제3자 보호를 위하여 구체적 지번까지 기재하여야 한다.[4] 대표사원을 정한 경우에는 나머지 사원의 주소는 등기사항에서 제외되었는바, 성명·주민등록번호에 비하여 변동 가능성이 큰 주소에 대하여 대표사원이 아닌 사원의 주소 변경시

3 대법원 법원행정처, 상업등기실무(Ⅰ), 법원행정처(2017), 475.
4 법인의 본점, 지점 및 임원의 주소 표시는 행정구역 명칭 그대로 전부 기재하여야 한다[등기부의 기재문자에 대한 사무처리지침(등기예규 제1187호)].

마다 변경등기를 하여야 하는 번거로움이 해소되었다. 그러나 합명회사에 있어서 사원은 대표사원이 아니라 할지라도 모든 사원이 회사의 채무에 대하여 연대·무한책임을 진다는 점에서 볼 때 대표사원과 대표권 없는 사원을 구별할 필요가 있는지는 의문이라는 의견이 있다.[5]

나. 사원의 출자의 목적, 재산출자에는 그 가격과 이행한 부분(제2호)

제3자에게 회사의 출자재산을 공시하기 위한 것이다. 예를 들어, '노무', '신용', '금 ○원 중 ○원 이행', '서울 서초구 ○로 ○길 ○ 대 100㎡, 가격 금 ○원 전부 이행'이라고 등기한다. 등기신청시 재산출자에 관하여 이행을 한 부분을 증명하는 정보를 함께 제출하여야 하고, 추가 출자가 있는 경우 변경등기 사항이 된다(상업등기규칙 제98조 제2호, 제103조).

합명회사의 사원은 무한책임을 지며 배당가능이익이 없더라도 배당할 수 있으므로 사원의 출자를 제3자에게 공시할 실익은 적다. 종래 우리 상법과 같은 규정을 두고 있었던 일본 상법 제64조 제1항 제4호는 위와 같은 이유에서 1926년 상법개정으로 삭제되었다.[6]

다. 존립기간 기타 해산사유를 정한 때에는 그 기간 또는 사유(제3호)

회사는 존립기간의 만료, 기타 정관으로 정한 해산사유의 발생으로 당연히 해산하는바(상법 제227조 제1호), 존립기간 기타 해산사유를 정한 때에는 제3자 보호를 위하여 등기사항으로 규정하였다. 회사 존립기간을 '○년 ○월 ○일'로 특정하거나 '회사성립일로부터 ○년'으로 정하기도 하나 반드시 확정적일 필요는 없고 어떤 사원의 종신까지를 존립기간으로 정할 수도 있다.

라. 회사를 대표할 사원을 정한 때에는 그 성명 주소 및 주민등록번호(제4호), **수인의 사원이 공동으로 회사를 대표할 것을 정한 때에는 그 규정**(제5호)

합명회사에서는 각 사원이 회사를 대표할 권한을 가지므로(상법 제207조 제1항) 사원 전원이 각자 대표권을 갖는 경우 등기가 필요 없으나, 그 밖의 경우, 즉 업무집행사원을 따로 정하여 그 업무집행사원이 대표권을 가지는 경우, 수인의 업무집행사원 중 특히 회사를 대표할 자를 정한 경우, 공동대표제를 정한 경우 등에는 등기가 필요하다. 회사를 대표할 자를 명확히 함으로써 거래의 안전을 도모

5 최기원, 신회사법론(제14판), 박영사(2012), 1010.
6 주석 상법, 회사편(1)(제5판), 한국사법행정학회(2014), 177(정동윤).

하려는 취지이다.

3. 등기절차

설립등기의 신청은 대표자(각 사원 또는 대표사원을 정한 경우 대표사원)가 한다(상업등기법 제23조 제1항). 설립등기 신청시에는 정관 및 재산출자에 관하여 이행을 한 부분을 증명하는 서면 등을 첨부하여야 한다(상업등기규칙 제98조).[7]

IV. 설립등기의 효력

회사는 본점소재지에서 설립등기를 함으로써 성립하고 법인격을 취득한다(창설적 효력[8])(상법 제172조). 창설적 효력이 있는 회사의 설립등기는 상업등기의 일반적 효력(제37조)과 달리 상대방의 선의·악의를 불문하고 본점 소재지의 등기만으로 제3자에 대한 대항력이 발생한다(통설).

7 상업등기규칙 제5장(등기절차) 제4절(합명회사의 등기)에서 제97조 내지 제116조로 합명회사의 등기절차에 관해 규정하고 있다.

8 법인의 설립에 관한 민법과 상법의 각 규정에 의하면, 법인의 설립에는 기본적으로 설립행위와 설립등기가 필요하고, 법인은 설립행위를 거쳐 설립등기를 함으로써 성립함과 동시에 법인격을 취득하게 되어 그로써 법인의 설립은 완성되는 것이므로, 설립등기 없는 법인의 설립은 있을 수 없고, 일단 법인이 설립등기로써 성립한 이후에는 그 법인격이 소멸되지 않는 한 같은 설립등기에 의한 새로운 법인의 설립도 있을 수 없다. 위의 법리는 법인설립절차를 규율하는 기본법인 민법과 상법이 규정하는 바로서 법인설립에 관한 기본원칙이 되고 있고, 법인의 설립등기는 다른 법인등기 또는 상업등기와는 달리 창설적 효력을 가지며 그에 관한 규정은 강행규정인 점, 기타 관계 규정의 형식과 내용 등을 종합적으로 고려할 때, 구 지방세법에서 '법인의 설립'에 관하여 위와 같은 일반적인 법리와는 다른 별도의 정의 규정을 두고 있지 아니한 이상, 같은 법 제138조 제1항 제1호와 제3호에서 규정하는 '법인의 설립' 역시 '설립등기에 의한 설립'을 뜻하는 것으로 해석하여야 한다(대법원 2009. 4. 9. 선고 2007두26629 판결).

제181조 [지점 설치의 등기]

① 회사의 설립과 동시에 지점을 설치하는 경우에는 설립등기를 한 후 2주 내에 지점소재지에서 제180조 제1호 본문(다른 지점의 소재지는 제외한다) 및 제3호부터 제5호까지의 사항을 등기하여야 한다. 다만, 회사를 대표할 사원을 정한 경우에는 그 외의 사원은 등기하지 아니한다.

② 회사의 성립 후에 지점을 설치하는 경우에는 본점소재지에서는 2주 내에 그 지점소재지와 설치 연월일을 등기하고, 그 지점소재지에서는 3주 내에 제180조 제1호 본문(다른 지점의 소재지는 제외한다) 및 제3호부터 제5호까지의 사항을 등기하여야 한다. 다만, 회사를 대표할 사원을 정한 경우에는 그 밖의 사원은 등기하지 아니한다.

<전문개정 2011.4.14.>

[관련조문] 상법 제37조, 제38조, 제180조, 제635조, 민법 제157조, 제161조, 상법등기법 제23조, 제58조, 상업등기규칙 제97조.

[참고문헌] 대법원 법원행정처, 상업등기실무(Ⅰ), 법원행정처(2017); 주석 상법, 회사편(1)(제5판), 한국사법행정학회(2014); 김동석, "상법개정안에 대한 재검토(상법총칙, 상행위, 합명회사, 합자회사, 유한회사 부분)", 경영법률 제6집, 한국경영법률학회(1996).

Ⅰ. 본조의 취지

상법 제181조는 합명회사가 지점을 설치하는 경우의 등기의무에 관하여 규정하고 있다. 회사가 본점 이외에 지점을 설치하여 영업활동을 하는 경우에는 본점소재지에서의 등기만으로는 공시의 목적을 충분히 달성할 수 없는바, 제181조는 회사가 지점을 설치하는 경우에는 일정한 기간 내에 지점에 관한 등기를 하도록 규정하고 있다. 상법 제35조는 "본점의 소재지에서 등기할 사항은 다른 규정이 없으면 지점의 소재지에서도 등기하여야 한다."고 규정하고 있으나, 합명회사 지점에 대해서는 제181조에서 등기사항을 정하고 있다. 지점설치의 등기를 게을리 한 때에는 과태료의 제재가 있다(제635조 제1항 제1호).

Ⅱ. 개정이유

1995. 12. 29. 상법개정을 통해 지점설치 등기시에 다른 지점의 소재지에서도 등기하도록 되어 있던 규정을 삭제하였다. 과거 회사가 지점을 신설하거나 이전·폐쇄하는 경우 모든 지점에서 이를 등기하여야 하는 불편이 있었으나 위 개정을 통해 이를 해소하게 되었다. 또한 지점들 상호간 다른 지점의 소재지를 등기사항에서 제외하였다.[1]

2011. 4. 14. 상법개정을 통해 대표사원을 정한 때에는 지점 등기에 대표사원 외에 대외적으로 대표권이 없는 나머지 사원을 등기사항에서 제외하여 그 등기의무를 면제하였다.

Ⅲ. 설립시의 지점설치의 등기

1. 등기기간

회사의 설립과 동시에 지점을 설치하는 경우에는 설립등기를 한 후 2주 내에 지점설치의 등기를 하여야 한다(제181조 제1항). 등기기간은 등기를 신청하여야 하는 기한을 의미하며 등기가 완료되어야 하는 기한을 의미하지는 않는다. 기간의 계산에 관하여는 상법의 규정이 없으므로 민법의 규정에 의한다[초일 불산입(민법 제157조), 기간의 말일이 토요일 또는 공휴일이면 그 익일로 만료(민법 제161조)]. 등기기간이 지났다고 하여 등기를 할 수 없는 것은 아니고 과태료 부과의 대상이 될 뿐이다.

2. 등기사항

회사의 설립과 동시에 지점을 설치하는 경우에는 해당 지점소재지에서 상법 제180조 제1호 본문(다른 지점의 소재지를 제외한다) 및 제3호부터 제5호까지의 사항을 등기하여야 하지만, 다른 지점의 소재지는 그러하지 아니하다. 다만 회사를 대표할 사원을 정한 경우에는 그 외의 사원은 등기하지 아니한다.

3. 등기절차

회사의 설립과 동시에 지점을 설치하는 경우에는 먼저 본점소재지에서 설립

1 김동석, "상법개정안에 대한 재검토(상법총칙, 상행위, 합명회사, 합자회사, 유한회사 부분)", 경영법률 제6집, 한국경영법률학회(1996).

등기를 한 후 지점소재지의 등기소에서 지점설치의 등기를 하여야 한다. 지점설치의 등기는 회사를 대표할 사원의 신청에 의하여야 한다(상업등기법 제23조 제1항). 지점의 소재장소는 정관의 기재사항이 아니기 때문에 원칙적으로 지점의 설치, 이전, 폐지는 사원(업무집행사원)의 과반수의 동의에 의하여야 하고, 이러한 등기를 신청하는 경우에는 사원(업무집행사원)의 과반수의 동의가 있음을 증명하는 서면을 첨부정보로 제공하여야 한다(상업등기규칙 제97조 제2항).[2]

종래에는 본점·지점 공통등기사항을 지점소재지에서 등기하고자 하는 경우에는 본점 관할등기소에서 먼저 등기를 한 다음, 그 등기완료를 증명하는 서면을 첨부정보로 제공하여 지점 관할등기소에서 다시 등기를 신청하였으나 2008년 상업등기법 개정으로 본점 소재지 관할등기소에 등기를 신청할 때에 지점 소재지에서 하는 등기도 동시에 일괄신청을 할 수 있도록 하였다(상업등기법 제58조).

4. 등기의 효력

지점소재지에서 등기할 사항을 등기하지 아니한 때에는 그 지점의 거래에 한하여 상법 제37조가 적용된다(제38조). 따라서 본점소재지에서 등기를 하였더라도 그 지점소재지에서 등기를 하지 않은 이상 그 지점의 거래에 관하여 선의의 제3자에게 대항할 수 없다.

Ⅳ. 설립 후의 지점설치의 등기

회사를 설립한 후에 지점을 설치하는 경우에는 본점소재지에서는 2주 내에 지점소재지와 설치 연월일을 등기하고, 지점소재지에서는 3주 내에 상법 제180조 제1호 본문(다른 지점의 소재지를 제외한다) 및 제3호로부터 제5호까지의 사항을 등기하여야 한다. 다만 회사를 대표할 사원을 정한 경우에는 그 외의 사원은 등기하지 아니한다.

'회사의 성립 후에 지점을 설치하는 경우'란 신설지점 설치의 결의를 한때가 아니라 현실로 지점을 개설한 때를 가리킨다.[3] 그 밖에 등기의 절차와 효력은 설립시의 지점설치의 등기의 경우와 같다.

2 대법원 법원행정처, 상업등기실무(Ⅰ), 법원행정처(2017), 480.
3 주석 상법, 회사편(1)(제5판), 한국사법행정학회(2014), 181(정동윤).

제 182 조 [본점, 지점의 이전등기]

① 회사가 본점을 이전하는 경우에는 2주간내에 구소재지에서는 신소재지와 이전년월일을, 신소재지에서는 제180조 각호의 사항을 등기하여야 한다. <개정 1995.12.29>

② 회사가 지점을 이전하는 경우에는 2주 내에 본점과 구지점소재지에서는 신지점소재지와 이전 연월일을 등기하고, 신지점소재지에서는 제180조 제1호 본문(다른 지점의 소재지는 제외한다) 및 제3호부터 제5호까지의 사항을 등기하여야 한다. 다만, 회사를 대표할 사원을 정한 경우에는 그 밖의 사원은 등기하지 아니한다. <개정 2011.4.14>

③ 삭제 <1995.12.29>

[관련조문] 상법 제180조, 제181조, 제635조.

[참고문헌] 대법원 법원행정처, 상업등기실무(Ⅰ), 법원행정처(2017); 주석 상법, 회사편(1)(제5판), 한국사법행정학회(2014); 김동석, "상법개정안에 대한 재검토(상법총칙, 상행위, 합명회사, 합자회사, 유한회사 부분)", 경영법률 제6집, 한국경영법률학회(1996).

Ⅰ. 본조의 취지

상법 제182조는 합명회사가 본점 또는 지점을 이전하는 경우의 등기의무에 관하여 규정하고 있다. 본점과 지점을 이전하는 경우에 이를 회사와 거래하는 제3자에게 공시하기 위한 것이다. 특히 본점을 신소재지로 이전하는 경우에는 신소재지의 등기소에서 등기부를 열람함으로써 회사의 내용을 알 수 있도록 하기 위하여 설립등기와 동일한 사항의 등기를 요구하고 있다. 제182조의 의무를 게을리한 때에는 과태료의 제재가 있다(제635조 제1항).[1]

Ⅱ. 개정이유

1995. 12. 29. 상법개정을 통해 회사가 본점 또는 지점을 이전하는 경우 구소재지에서는 2주 내에, 신소재지에서는 3주 내에 일정사항을 등기하도록 하던 것

1 주석 상법, 회사편(1)(제5판), 한국사법행정학회(2014), 183(정동윤).

을 획일적으로 2주 내에 등기하도록 하였다. 신·구소재지에 따라서 등기기간을 달리할 이유가 없기 때문이다. 3주에서 2주로 변경됨으로써 신소재지에서 본·지점의 이전에 대한 공시는 더욱 신속하게 이루어지게 되었다. 또한 지점 이전시 다른 지점이 있는 경우 다른 지점소재지에서도 등기하도록 되어 있던 규정을 삭제하여 본점과 당해지점의 신·구소재지에서만 등기하도록 등기사무를 간소화하였다.[2]

2011. 4. 14. 상법개정을 통해 지점 이전등기에 대표사원만을 등기사항으로 하고 나머지 사원을 등기사항에서 제외하여 그 등기의무를 면제하였다.

Ⅲ. 본점의 이전등기

회사가 본점을 이전하는 경우에는 2주 내에 이전에 따른 등기를 신·구소재지에서 하여야 한다. 등기사항은 구소재지에서는 신소재지와 이전 연월일이고, 신소재지에서는 상법 제180조 각호의 사항, 즉 설립등기사항과 동일한 사항이다(제182조 제1항). 등기의 절차와 효력은 제181조의 경우와 같다. 정관에 기재된 본점이 소재한 최소행정구역 밖으로의 이전시에는 정관변경에 관한 총사원의 동의가 있음을 증명하는 서면을 첨부하여야 하나(상업등기규칙 제97조 제2항), 당초 최소행정구역 안에서의 이전시에는 정관변경이 필요 없으므로 업무집행사원의 과반수 동의가 있음을 증명하는 서면을 첨부하면 된다(제97조 제2항).[3]

Ⅳ. 지점의 이전등기

회사가 지점을 이전하는 경우에는 2주 내에 본점과 신·구지점소재지에서 그에 따른 등기를 하여야 한다. 등기사항은 본점과 구지점소재지에서는 신지점소재지와 이전 연월일이고, 신지점소재지에서는 상법 제180조 제1호 본문(다른 지점의 소재지를 제외한다) 및 제3호부터 제5호까지의 사항을 등기하여야 한다. 앞서 본 바와 같이 당해지점 외의 다른 지점소재지에서의 등기는 요구되지 않는다. 지점등기에 있어서는 회사를 대표할 사원을 정한 경우에는 그 외의 사원은 등기하지 아니한다. 등기의 절차와 효력은 상법 제181조의 경우와 같다.

2 김동석, "상법개정안에 대한 재검토(상법총칙, 상행위, 합명회사, 합자회사, 유한회사 부분)", 경영법률 제6집, 한국경영법률학회(1996).

3 대법원 법원행정처, 상업등기실무(Ⅰ), 법원행정처(2017), 479.

제 183 조 [변경등기]

제180조에 게기한 사항에 변경이 있는 때에는 본점소재지에서는 2주간 내, 지점소재지에서는 3주간 내에 변경등기를 하여야 한다.

[관련조문] 상법 제37조 제180조, 제181조, 제182조, 제635조, 상업등기법 제23조, 상업등기규칙 제97조, 제103조.

[참고문헌] 대법원 법원행정처, 상업등기실무(I), 법원행정처(2017).

Ⅰ. 본조의 취지

상법 제183조는 설립등기사항에 변경이 있는 때의 변경등기에 관한 규정이다. 설립등기사항에 변경이 있는 경우 변경등기를 통하여 회사와 거래하는 제3자에게 공시하려는 데 그 취지가 있다. 설립등기의 변경 사항 중 본점 및 지점의 이전에 대해서는 제182조에서 따로 정하고 있으므로 제183조는 적용되지 아니한다. 제183조의 의무를 게을리 한 때에는 과태료의 제재가 있다(제635조 제1항).

Ⅱ. 변경등기의 절차

1. 등기기간

변경등기는 본점소재지에서는 2주 내, 지점소재지에서는 3주 내에 하여야 한다. 다만 지점 이전의 경우에는 (신·구)지점소재지에서도 2주 내에 이전등기(변경등기)를 하여야 한다(상법 제182조 제2항). 기간의 계산에 있어서는 민법 일반 규정을 따른다.

2. 등기사항

상법 제180조에 게기한 사항, 즉 설립등기사항에서 변경된 사항이다.

광의의 변경등기는 어떤 등기가 행하여진 후에 그 등기된 사항에 대하여 후발적 변경사유가 있는 경우 그 등기의 일부를 변경하는 등기(협의의 변경등기)와 등기 당시에 착오나 일부 빠진 것이 있어서 이미 경료된 등기가 실체관계에 부합하지 아니한 경우에 이를 시정하는 등기(경정등기)를 포함하는 개념이다. 제183조

에서의 변경등기는 협의의 변경등기만을 의미한다.[1]

등기사항의 변경은 이미 등기된 사항의 변동(수정·삭제)뿐만 아니라 아직 등기되지 않은 사항의 추가를 포함한다.

3. 등기절차

변경등기는 회사를 대표할 사원의 신청에 의하여야 한다(상업등기법 제23조 제1항). 특히, 정관에 규정이 없으면 효력이 없는 사항의 등기를 신청하는 경우에는 정관을 제공하여야 하고, 총사원 또는 어느 사원의 동의를 필요로 하는 등기를 신청하는 경우에는 그 동의가 있음을 증명하는 정보를 제공하여야 한다(상업등기규칙 제97조). 그리고 출자의 이행으로 인한 변경등기를 신청하는 경우에는 그 이행이 있음을 증명하는 정보를, 사원의 입사 또는 퇴사로 인한 변경등기를 신청하는 경우에는 그 사실을 증명하는 정보를, 대표사원의 취임 또는 퇴임으로 인한 변경등기를 신청하는 경우에는 그 취임 또는 퇴임을 증명하는 정보를 제공하여야 한다(상업등기규칙 제103조).

Ⅲ. 변경등기의 효력

변경등기의 효력에 관하여는 특별한 규정이 없으므로 일반상업등기의 효력에 관한 상법 제37조가 적용된다.

1 대법원 법원행정처, 상업등기실무(Ⅰ), 법원행정처(2017), 9.

제 183 조의 2 [업무집행정지가처분 등의 등기]

사원의 업무집행을 정지하거나 직무대행자를 선임하는 가처분을 하거나 그 가처분을 변경·취소하는 경우에는 본점 및 지점이 있는 곳의 등기소에서 이를 등기하여야 한다.

<본조신설 2001.12.29.>

[관련조문] 상법 제37조, 제200조, 제201조, 제205조, 제220조, 민사집행법 제300조, 제306조.

[참고문헌] 대법원 법원행정처, 상업등기실무(Ⅰ), 법원행정처(2017); 법원실무제요, 민사집행(Ⅳ)(보전처분), 법원행정처(2014).

Ⅰ. 본조의 취지(신설 취지)

상법 제183조의2는 특정 사원의 업무집행정지가처분 또는 직무대행자 선임가처분 등이 있는 경우 그에 대한 등기의무에 관한 규정이다. 주식회사나 유한회사의 이사·감사·청산인에 관하여는 그 선임결의 무효의 소 등을 제기하면서 직무집행정지·직무대행자 선임가처분을 신청할 수 있고, 그 명령이 발령된 때에는 이를 등기하도록 규정하고 있음에 비하여 합명회사에 관하여는 명문의 규정이 없어 이에 관한 규정을 신설한 것이다.

Ⅱ. 업무집행정지가처분 등과 그 등기

합명회사의 각 사원은 원칙적으로 업무집행권을 가진다. 이에 대하여 다른 사원은 이의를 할 수 있고(상법 제200조 제2항), 정관으로 수인의 업무집행사원을 정한 경우 다른 업무집행사원도 이의권을 가진다(제201조 제2항). 그리고 사원이 업무를 집행함에 현저하게 부적임하거나 중대한 의무에 위반한 행위가 있는 때에는 법원은 사원의 청구에 의하여 업무집행권한의 상실을 선고할 수도 있다(제205조). 개정상법은 다른 사원에게 위의 이의권과 권한상실선고 신청권 이외에 사원에 대한 업무집행의 정지와 그 직무대행자선임의 가처분을 허용하는 동시에,[1] 사원의 업무집행정지와 직무대행자의 선임은 합명회사와 거래하는 제3자에게 매우 중요한 사항이므로 이를 공시하기 위하여 그 등기를 강제한 것이다.

이와 같은 사원의 업무집행정지와 직무대행자 선임 가처분은 민사집행법 제300조 제2항의 '임시의 지위를 정하기 위한 가처분'에 해당한다.[2] 따라서 이러한 가처분에 관해서는 민사집행법 규정이 전반적으로 적용된다.[3] 가처분의 본안소송으로는 업무집행사원의 권한상실 선고를 청구한 소송(상법 제205조), 사원의 제명 선고를 청구한 소송(제220조), 사원의 자격 또는 업무집행사원으로서의 자격이 다투어질 경우 그 다툼에 관한 소송 등이 포함된다. 이러한 본안소송에 앞서 급박한 사정이 있는 경우에는 일반원칙에 따라 가처분을 구할 수 있을 것이다.

이와 같은 가처분 등(사원의 업무집행을 정지하거나 그 직무대행자를 선임하는 가처분 및 그 가처분을 변경·취소하는 결정)에 따른 등기는 가처분법원의 법원사무관 등이 회사의 본점 및 지점이 있는 곳의 등기소에 촉탁하여 집행한다(민사집행법 제306조).[4] 가처분명령은 채무자(해당 사원[5])에게 송달함으로써 효력이 생기지만, 이를 등기하지 아니하면 선의의 제3자에게 대항할 수 없다(상법 제37조 제1항).

1 주식회사 및 유한회사의 이사·감사·청산인에 관하여는 그 선임결의 무효의 소 등을 제기하면서 직무집행정지·직무대행자 선임가처분을 신청할 수 있고, 그 명령이 발령된 때에는 이를 등기하도록 규정하고 있으며, 이사와 청산인의 경우에는 가처분 명령에서 정함이나 법원의 허가가 있어야만 상무를 벗어난 행위를 할 수 있도록 규정하고 있음에 비하여 합명회사, 합자회사에 관하여는 명문의 규정이 없어, 가처분이 허용될 것인가의 여부와 직무대행자의 업무범위를 어떻게 정할 것인가에 대하여 학설과 판례에 맡겨져 왔던바 이를 정비하고자 하는 것이다[상법개정안(의안번호 161284) 제안이유].

2 대법원 1989. 5. 23. 선고 88다카9883 판결(주식회사의 이사 직무집행정지에 대한 것이기는 하나 가처분의 성격을 규정한 것으로서 합명회사에 있어서도 마찬가지라고 할 것이다.)

3 법원실무제요, 민사집행(IV)(보전처분), 법원행정처(2014), 411.

4 대법원 법원행정처, 상업등기실무(I), 법원행정처(2017), 525.

5 대법원 1972. 1. 31. 선고 71다2351 판결, 대법원 1982. 2. 9. 선고 80다2424 판결.

제 184 조 [설립무효, 취소의 소]

① 회사의 설립의 무효는 그 사원에 한하여, 설립의 취소는 그 취소권있는 자에 한하여 회사성립의 날로부터 2년내에 소만으로 이를 주장할 수 있다.
② 민법 제140조의 규정은 전항의 설립의 취소에 준용한다.

[관련조문] 상법 제179조, 제181조, 제185조, 제211조, 민법 제5조, 제10조, 제13조, 제107조, 제108조, 제109조, 제110조, 제135조, 제140조, 상법등기법 제26조.

[참고문헌] 권기범, 현대회사법론(제7판), 삼영사(2017); 김건식 외 2인, 회사법(제3판), 박영사(2018); 이철송, 회사법강의(제27판), 박영사(2019); 임재연, 회사법 I (개정6판), 박영사(2019); 정동윤, 회사법(제6판), 법문사(2000); 정찬형, 상법강의(상)(제22판), 박영사(2019); 주석 상법, 회사편(1)(제5판), 한국사법행정학회(2014); 최기원, 신회사법론(제14판), 박영사(2012).

Ⅰ. 본조의 취지

상법 제184조는 회사의 설립에 하자가 있는 경우 그 무효와 취소를 주장할 수 있는 주체와 주장방법에 관하여 규정하고 있다. 회사는 실체형성절차와 설립등기 등 일련의 절차를 거쳐 성립되는데, 그 과정에서 하자가 있어 분쟁이 발생할 수 있다. 이와 같은 분쟁은 이해관계자가 다수이고, 법률관계의 조속한 안정을 도모할 필요가 크기 때문에 민법의 일반원칙에 따라 처리하는 것이 부적절한 경우가 적지 않다. 그리하여 상법은 법률관계의 획일적 처리와 거래의 안전을 위하여 회사설립 하자와 관련된 각종 특칙을 두고 있다. 제184조는 이와 같은 설립의 하자에 관한 특칙 중의 하나로서 설립무효·취소의 주체, 제소기간, 주장방법 등을 정하고 있다. 주식회사와 달리 설립취소 제도가 존재한다는 것이 인적회사인 합명회사의 특징이라고 할 수 있다. 본절의 합명회사 설립무효·취소의 소에 관한 대부분의 규정은 다른 종류의 회사에 관한 각종 유형의 소에 직·간접적으로 준용된다.

Ⅱ. 설립의 무효와 취소

1. 설립무효의 원인

상법은 설립무효 원인에 관하여 아무런 규정을 두고 있지 않다. 그러나 합명회사의 설립무효 원인에 대해서는 객관적 원인과 주관적 원인으로 구분해 볼 수 있다. 정관기재사항의 미비 등 객관적 요건의 흠결은 당연히 회사설립 무효사유(객관적 무효원인)가 되고, 인적회사의 특성상 설립행위를 행한 사원 개개인의 의사표시 하자 등으로 그 효력이 없게 된 경우도 회사설립 무효사유(주관적 무효원인)가 된다.

가. 객관적 무효원인

합명회사의 설립절차는 앞서 본 바와 같이 정관의 작성과 설립등기로 이루어지므로, 정관이 무효로 되거나 설립등기가 무효로 되는 경우 회사설립 자체의 무효원인이 된다.

정관이 무효로 되는 경우는 정관의 절대적 기재사항(상법 제179조)을 누락한 경우, 그 내용이 위법하거나 합명회사 본질에 반하는 경우 등이다. 다만 절대적 기재사항 중 일부 누락이 있더라도 정관을 전체적으로 보아 각 사항의 흠결이 보완되는 경우라면 설립무효 사유가 된다고 볼 것은 아니다. 예컨대, 정관의 본문 중에 사원의 성명 및 주소의 기재가 흠결된 경우에도 정관에 행하여지는 사원의 기명날인으로부터 그 성명 및 주소가 명백한 때에는 정관은 무효로 되지 않는다고 해석하여야 할 것이다.

설립등기가 무효인 때에도 설립무효의 원인이 된다. 다만 합명회사의 설립등기는 정관과 달리 등기관의 형식적 심사(상업등기법 제26조)를 거쳐 등기하므로 형식적 하자보다는 원인무효 등 실질적 하자로 인한 무효가 문제된다. 회사는 본점소재지에서 설립등기를 함으로써 성립하는 것이므로, 지점소재지에서의 등기(상법 제181조 제1항)가 무효가 되더라도 이것은 지점소재지에 있어서의 거래관계에서 제3자에 대하여 회사의 성립을 대항할 수 없는데 그치고 설립무효의 원인으로 되는 것은 아니다.[1]

1 주석 상법, 회사편(1)(제5판), 한국사법행정학회(2014), 187-188(정동윤).

나. 주관적 무효원인

합명회사는 인적회사로서 각 사원의 개성이 중시되므로 설립행위에 있어서 사원 한 사람의 의사표시라도 무효가 되면 회사의 성립이 무효로 된다. 즉 사원 1인의 의사표시 무효는 그 사원의 불가입으로 끝나지 않고 회사의 설립행위 전체의 무효원인이 되는 것이다.

합명회사에 있어서 설립행위는 정관작성 행위라고 할 것인바, 정관작성에 있어서 사원의 의사흠결 즉, 의사무능력, 상대방이 알고 있는 비진의표시(민법 제107조 제1항 단서), 통정허위표시(제108조 제1항)가 있는 경우 설립무효의 원인이 된다.

설립행위가 합동행위임을 이유로 비진의표시, 허위표시에 관한 규정의 적용을 받지 않는 것으로 보는 견해가 있으나,[2] 이에 대하여는 설립행위의 성질을 합동행위로 보더라도 당사자 사이에 의사의 합치를 요하는 것은 계약의 경우와 마찬가지이므로 상대방이 아는 비진의표시와 통정허위표시도 설립무효의 원인이 된다고 보아야 한다는 견해가 통설이다.[3]

정관작성에 있어서 사원을 대리한 대리인에게 의사흠결이 있거나 대리권이 없는 경우에도 설립무효의 원인이 된다. 다만 무권대리인의 경우 본인의 추인이 있으면 유효로 보아야 한다. 그러나 인적회사의 설립에서는 본인의 개성이 중시되는 결과, 민법 제135조 제1항(무권대리인의 이행책임)은 적용되지 않는다고 보아야 한다.[4]

2. 설립취소의 원인

설립취소의 원인은 설립무효의 경우와 달리 정관 또는 등기의 하자(객관적 사유)는 문제되지 않고 개개 사원이 설립행위를 함에 있어서 의사표시의 하자(주관적 사유)가 있는 경우에 한한다. 여기에는 의사표시의 취소에 관한 일반이론이 그대로 적용되는바, 사원의 행위무능력, 즉 미성년자, 피성년후견인이 법정대리인의 동의를 얻지 아니하고 설립행위를 한 경우(민법 제5조, 제10조), 피한정후견인이 한정후견인의 동의가 필요함에도 이를 얻지 아니하고 설립행위를 한 경우(제13조 제4항)와 의사표시의 하자, 즉 착오, 사기·강박에 의하여 설립행위를 한 경우(제109

2 최기원, 신회사법론(제14판), 박영사(2012), 1010; 김건식 외 2인, 회사법(제3판), 박영사(2018), 897.

3 이철송, 회사법강의(제27판), 박영사(2019), 155; 정동윤, 회사법(제6판), 법문사(2000), 741; 권기범, 현대회사법론(제7판), 삼영사(2017) 134.

4 이철송, 회사법강의(제27판), 박영사(2019), 98.

조, 제110조) 및 채권자를 사해하기 위하여 설립행위를 한 경우(상법 제185조) 등이 취소원인이 된다. 이때 민법 제110조 제2항의 상대방은 다른 사원이 이에 해당한다.[5] 그리고 설립을 취소하는 판결은 소급효가 제한되므로 설립이 취소되더라도 제3자의 보호에는 문제가 없다. 따라서 선의의 제3자를 보호하기 위한 목적에서 취소권의 행사를 제한하는 규정(민법 제109조 제2항, 제110조 제3항)은 회사 설립취소의 경우에는 적용되지 아니한다.[6]

3. 설립의 불성립·부존재

회사설립의 하자는 하자 있는 설립행위와 설립등기를 전제로 하므로, 회사의 설립절차에 착수하였으나 설립등기에 이르지 못한 회사의 '불성립'과 구별되며 또한 설립행위가 전혀 없이 설립등기만이 있는 회사의 '부존재'와도 구별된다.[7]

설립등기가 없는 불성립의 경우에는 설립무효의 소 제기 여부가 문제되지 않지만, 유효한 정관의 작성이 없는 경우와 같이 설립행위가 없이 설립등기만 있는 경우에는 설립무효의 소 제기 여부가 문제될 수 있으나, 회사의 부존재의 경우에도 설립무효의 소를 제기할 필요가 없으며, 누구든지 언제라도 어떠한 방법으로도 이를 주장할 수 있다. 회사 불성립·부존재의 경우에 회사와 거래한 제3자에 대하여 회사의 대표자는 무권대리인의 책임에 관한 규정(민법 제135조)을 유추하여 책임을 져야 할 것이다.[8]

Ⅲ. 설립무효·취소의 소

1. 서설

회사의 설립의 무효는 그 사원에 한하여, 설립의 취소는 그 취소권 있는 자에 한하여 회사성립의 날로부터 2년 내에 소만으로 이를 주장할 수 있는데(제184조 제1항), 전자를 설립무효의 소, 후자를 설립취소의 소라 한다. 제184조 제1항은 각 소의 제소권자와 소 제기기간을 정하고 있고, 제2항은 제소권자에 관하여 민법 제140조를 준용함을 정하고 있다. 설립무효·취소의 소의 관할, 절차, 판결의 효력 등에 관하여는 상법 제186조 내지 제194조에서 정하고 있다.

5 주석 상법, 회사편(1)(제5판), 한국사법행정학회(2014), 190(정동윤).
6 이철송, 회사법강의(제27판), 박영사(2019), 153.
7 정찬형, 상법강의(상)(제22판), 박영사(2019), 495.
8 정동윤, 회사법(제6판), 법문사(2000), 156.

2. 설립무효의 소

가. 당사자적격

설립무효의 소에서 원고가 될 수 있는 자는 사원에 한정된다(제184조 제1항). 사원인 한 업무집행권 유무를 불문한다. 다만 소송 중에 퇴사하면 원고 적격을 잃어 소는 부적법하게 된다. 사원은 개별적으로 소를 제기할 수도 있지만 일단 공동원고로서 소를 제기할 경우 그 소송은 판결이 합일확정되어야 하는 유사필수적 공동소송이 된다.

소의 피고는 회사이다. 소를 제기하지 않는 나머지 각 사원이 회사를 대표하여 소송행위를 할 수 있고, 대표사원이 있는 경우 그가 회사를 대표한다. 다만 대표사원 전원이 소를 제기한 경우와 같이 회사를 대표할 사원이 없을 때에는 다른 사원 과반수의 결의로 이 소에 관하여 회사를 대표할 사원을 선정하여야 한다(상법 제211조).

청산중의 회사·파산회사에 대하여도 회사의 계속이 인정되는 경우에는 설립무효의 소를 제기할 수 있다.[9]

나. 제소기간

설립무효의 소는 회사성립의 날로부터 2년 내에 제기하여야 한다(제184조 제1항). 회사성립의 날이란 회사의 본점소재지에서 설립등기를 한 날을 말한다. 이 기간 내에 소를 제기하지 않으면 설립의 무효를 주장할 수 없게 된다. 회사법상 다른 형성의 소들에 비하여 제소기간을 장기로 규정한 것은 회사설립의 무효·취소의 중요성을 고려한 것이다.[10]

판례는 무효원인의 주장시기에 대하여도 위 제소기간의 제한이 적용된다는 입장이다(대법원 2004. 6. 25. 선고 2000다37326 판결[11]). 제소기간이 경과한 후에는 새로운 무효사유를 주장하지 못하는 것이고, 종전의 무효사유를 보충하는 범위의

9 日大判 1938. 12. 24. 民集 17卷 2713.

10 임재연, 회사법 I (개정6판), 박영사(2019), 135.

11 상법 제429조는 신주발행의 무효는 주주·이사 또는 감사에 한하여 신주를 발행한 날로부터 6월 내에 소만으로 이를 주장할 수 있다고 규정하고 있는바, 이는 신주발행에 수반되는 복잡한 법률관계를 조기에 확정하고자 하는 것이므로, 새로운 무효사유를 출소시간의 경과 후에도 주장할 수 있도록 하면 법률관계가 불안정하게 되어 위 규정의 취지가 몰각된다는 점에 비추어 위 규정은 무효사유의 주장시기도 제한하고 있는 것이라고 해석함이 상당하고, 한편 상법 제429조의 유추적용에 의한 전환사채발행무효의 소에 있어서도 전환사채를 발행한 날로부터 6월의 출소기간이 경과한 후에는 새로운 무효사유를 추가하여 주장할 수 없다고 보아야 한다(대법원 2004. 6. 25. 선고 2000다37326 판결).

주장은 가능하다.

사원은 소만으로 설립무효를 주장할 수 있고, 소송이 아닌 방법이나 다른 소송에 있어서 항변으로 주장하지 못한다.[12]

3. 설립취소의 소

가. 당사자적격

설립취소의 소에서 원고가 될 수 있는 자는 취소권이 있는 자에 한정된다(상법 제184조 제1항). 민법 제140조의 규정이 준용되므로(상법 제184조 제2항), 취소의 소의 제기권자는 제한능력자, 하자 있는 의사표시를 한 자, 그 대리인 또는 승계인으로 한정된다. 다만 사원이 채권자를 해할 것을 알고 회사를 설립한 때에는 사원의 채권자가 소를 제기할 수 있다(제185조).

소의 피고는 회사이나, 사해행위로 인한 취소의 경우에는 회사와 사해행위를 한 사원이 공동으로 피고가 된다(상법 제185조). 청산중의 회사·파산회사에 대하여도 설립취소의 소가 인정될 수 있음은 설립무효의 소의 경우와 같다.

나. 제소기간

설립취소의 소는 회사성립의 날, 즉 회사의 본점소재지에서 설립등기를 한 날로부터 2년 내에 제기하여야 한다(상법 제184조 제1항). 이 기간 내에 소를 제기하지 않으면 설립의 취소를 주장할 수 없게 된다.

12 최기원, 신회사법론(제14판), 박영사(2012), 1011.

제 185 조 [채권자에 의한 설립취소의 소]

사원이 그 채권자를 해할 것을 알고 회사를 설립한 때에는 채권자는 그 사원과 회사에 대한 소로 회사의 설립취소를 청구할 수 있다.

[관련조문] 상법 제184조, 민법 제406조.

[참고문헌] 권기범, 현대회사법론(제7판), 삼영사(2017); 김건식 외 2인, 회사법(제3판), 박영사(2018); 이철송, 회사법강의(제27판), 박영사(2019); 정동윤, 회사법(제6판), 법문사(2000); 주석 상법, 회사편(1)(제5판), 한국사법행정학회(2014).

Ⅰ. 본조의 취지

상법 제185조는 채무자의 사해행위로 인하여 회사가 설립된 경우에 있어서 채권자의 설립취소 소송에 관하여 규정하고 있다. 합명회사의 설립취소 원인으로 사원 개인의 무능력이나 의사표시 하자 외에 사해행위에 의한 설립을 별도로 규정한 것이다. 회사 관계의 특수성을 고려하여 민법상 채권자취소권 규정(민법 제406조)을 수정, 보완한 것으로서 민법 규정의 특칙에 해당한다.

Ⅱ. 채권자에 의한 설립의 취소

1. 설립취소의 원인

제185조에 의한 설립취소의 원인은 사원이 그 채권자를 해할 것을 알고 회사를 설립한 때이다. 채무자가 채권자의 강제집행을 피하거나 책임재산을 은닉하기 위하여 자기의 재산을 출자하여 회사를 설립하는 경우를 예로 들 수 있다. 채무자인 사원이 그 채권자를 해할 것을 알고 회사를 설립하면 되고, 민법 제406조 제1항 단서와 같이 수익자, 즉 회사의 악의를 요하지는 않는다.

2. 설립취소의 소

가. 서설

제185조는 사해설립행위에 대하여 소의 방법으로 취소를 청구할 수 있음을 규정하고 있다. 민법상 사해행위취소의 소와 비교하면, ①사해행위취소의 소에서

는 수익자를 피고로 하지만, 설립취소의 소에서는 사원과 수익자(회사)를 피고로 하는 점, ②사해행위취소의 소에서는 수익자가 채권자를 해할 것을 알 것을 요하지만 설립취소의 소에서는 이를 요건으로 하지 않는 점, ③사해행위취소의 소는 취소원인을 안 때로부터 1년, 법률행위가 있은 때로부터 5년 내에 제기하여야 하지만 설립취소의 소는 설립 후 2년 내에 제기하여야 하는 점, ④취소를 인정할 경우 사해행위취소의 소에서는 법률행위의 취소 또는 원상회복을 명하지만 설립취소의 소에서는 설립이 취소되고 회사는 청산을 하게 되는 점 등에서 차이가 난다.

양 제도는 이와 같은 차이가 있는바, 제185조에 의한 설립취소 외에 민법 제406조에 의하여 사원의 출자행위 자체를 취소할 수 있는지가 문제된다. 통설은 상법 제185조를 민법 제406조의 채권자취소권에 대한 특칙이라고 보는데, 사원의 사해설립행위를 취소하는 것과 제185조에 의한 회사설립의 취소는 불가분의 관계에 있으므로 제406조에 의하여 사원의 출자행위 자체를 취소하는 것은 허용되지 않는다거나,[1] 제406조의 소를 허용한다면 상법상의 소가 아닌 방법으로 회사설립을 취소하는 것을 허용하는 결과가 되기 때문에 허용되지 않고,[2] 회사설립에 관한 법률관계의 획일적 확정을 위하여 채권자가 설립취소의 소를 제기하는 대신 채권자취소권을 행사할 수는 없으며,[3] 합명회사 사원의 긴밀한 신뢰관계를 감안할 때 만일 특정 사원의 출자만의 취소가 허용된다면 해당 사원의 개성을 믿고 출자한 다른 사원들의 신뢰가 손상되기 때문에 민법상 채권자취소권을 행사할 수는 없다고 설명한다.[4]

다만, 입법론적으로는 기업유지의 이념이나 제185조의 실효성에서 보아 도리어 사원의 출자 그 자체의 반환을 청구할 수 있게 하거나 채무자의 지분을 압류하여 6월 전에 예고하고 퇴사시켜 지분환급청구권을 행사할 수 있게 하는 것이 타당하고, 채무자가 채권자를 해할 것을 알고 회사를 설립하고 회사를 지배하고 있는 경우에는 법인격의 남용에 해당하므로 법인격무시이론에 의하여 채권자가 직접 회사재산으로부터 변제받을 수 있게 할 수도 있다는 견해가 있다.[5]

1 정동윤, 회사법(제6판), 법문사(2000), 742.
2 이철송, 회사법강의(제27판), 박영사(2019), 155.
3 김건식 외 2인, 회사법(제3판), 박영사(2018), 897; 송옥렬, 상법강의(제9판), 홍문사(2019), 1291.
4 권기범, 현대회사법론(제7판), 삼영사(2017), 304.
5 주석 상법, 회사편(1)(제5판), 한국사법행정학회(2014), 192(정동윤).

나. 당사자적격

사해설립취소의 소의 원고는 사원의 채권자이다. 제185조는 소송의 상대방으로 사원과 회사를 공동피고로 할 것을 규정하고 있는바, 소송공동이 법률상 강제되므로 고유필수적 공동소송이라고 볼 것이다.

다. 소의 요건과 입증책임

제185조에서 정한 취소의 요건은 채무자인 사원이 그 채권자를 해할 것을 알고 회사를 설립한 것이고, 수익자(회사)의 악의는 취소의 요건이 아니다. 채무자인 사원의 해의는 채권자가 입증하여야 한다.

라. 제소기간

상법 제185조의 소 역시 설립취소의 소에 해당하므로 회사성립의 날, 즉 회사의 본점소재지에서 설립등기를 한 날로부터 2년 내에 제기하여야 한다(제184조 제1항).[6]

6 상법 제185조의 사해설립취소의 소에 관해서는 제소기간의 제한이 없다는 견해도 있다[김건식 외 2인, 회사법(제3판), 박영사(2018), 897].

제 186 조 [전속관할]

전2조의 소는 본점소재지의 지방법원의 관할에 전속한다.

[관련조문] 상법 제184조, 제185조, 제206조, 제216조, 제220조, 제240조, 제241조, 제287조의6, 제328조, 제376조, 제380조, 제381조, 제385조, 제430조, 제446조, 제520조, 제530조, 제552조, 민사소송법 제31조, 법원조직법 제32조.

Ⅰ. 본조의 취지

상법 제186조는 제184조의 소(설립무효·취소의 소)와 제185조의 소(채권자에 의한 설립취소의 소)의 관할에 관한 규정이다. 회사소송의 관할을 명확히 함과 동시에 회사관계의 획일적 처리를 위하여 둔 규정으로서 회사법상의 각종의 소에 있어서 공통된 원칙으로서 준용되고 있다[상법 제206조(합명회사의 업무집행사원의 권한상실선고), 제216조(대표사원의 권한상실선고), 제220조 제2항(사원의 제명선고), 제240조(합명회사의 합병무효의 소), 제241조(합명회사의 사원에 의한 해산청구), 제287조의6(유한책임회사의 설립 무효와 취소의 소), 제328조 제2항(주식회사의 설립무효의 소), 제376조 제2항(주주총회 결의취소의 소), 제380조(결의무효 및 부존재확인의 소), 제381조 제2항(부당결의의 취소, 변경의 소), 제385조 제3항(이사의 해임), 제430조(신주발행무효의 소), 제446조(감자무효의 소), 제520조 제2항(주식회사의 해산판결), 제552조 제2항(유한회사의 설립무효, 취소의 소) 등].

Ⅱ. 관할법원

상법 제184조의 소(설립무효·취소의 소)와 제185조의 소(채권자에 의한 설립취소의 소)에 관하여는 본점소재지의 지방법원이 전속관할권을 가진다. 전속관할로 함으로써 변론관할이 성립될 여지도 없으며, 합의관할에 관한 규정이 적용되지 아니한다(민사소송법 제31조). 따라서 관할의 경합이 생길 여지가 없다.

'본점소재지의 지방법원'은 '본점 소재지를 관할하는 지방법원 또는 지원'을 의미하고(법원조직법 제32조 제1항 제6호), 상법의 규정에 의한 회사관계 소송은 비재산권을 목적으로 하는 소송으로서 합의부 관할사건이 된다(민사소송 등 인지법 제2조 제4항, 민사 및 가사소송의 사물관할에 관한 규칙 제2조).

제 187 조 [소제기의 공고]

설립무효의 소 또는 설립취소의 소가 제기된 때에는 회사는 지체없이 공고하여야 한다.

[관련조문] 상법 제240조, 제287조의6, 제289조, 제328조 제2항, 제360조의14, 제360조의23, 제376조, 제380조, 제381조, 제430조, 제446조, 제552조, 제635조.
[참고문헌] 주석 상법, 회사편(1)(제5판), 한국사법행정학회(2014).

Ⅰ. 본조의 취지

상법 제187조는 설립무효 또는 설립취소의 소가 제기된 경우의 회사의 공고 의무에 관한 규정이다. 소가 제기된 경우에 회사로 하여금 소제기의 공고를 하게 하여 다른 제소권자가 자기도 제소할 것인가를 고려하여 제소기간 내에 소를 제기할 수 있게 한 것으로 회사법상의 각종의 소에 있어서 준용되고 있다[상법 제240조(합명회사의 합병무효의 소), 제287조의6(유한책임회사의 설립 무효와 취소의 소), 제328조(주식회사의 설립무효의 소), 제360조의14 제4항(주식교환무효의 소), 제360조의23 제4항(주식이전무효의 소), 제376조 제2항(주주총회 결의취소의 소), 제380조 제2항(결의무효 및 부존재확인의 소), 제381조 제2항(부당결의의 취소, 변경의 소), 제430조(신주발행무효의 소), 제446조(감자무효의 소), 제552조 제2항(유한회사의 설립무효, 취소의 소) 등].

Ⅱ. 공고의 방법

소가 제기된 때에는 회사는 지체 없이 공고하여야 한다. 업무집행사원이 소제기의 공고를 게을리한 때에는 과태료의 제재가 있다(상법 제635조 제1항 제2호).

합명회사에서는 주식회사의 경우(상법 제289조 제1항 제7호)와는 달리 공고방법이 정관의 절대적 기재사항으로 되어 있지 않으므로, 정관에 임의적 기재사항으로 정한 때에는 이에 따르고, 정관에 공고의 방법을 정하지 않은 때에는 적절한 방법으로 소제기의 공고를 하여야 할 것이다. 제187조의 공고의무 해태는 판결의 효력에는 영향을 미치지 않는다.[1]

1 주석 상법, 회사편(1)(제5판), 한국사법행정학회(2014), 194(정동윤).

제188조 [소의 병합심리]

수개의 설립무효의 소 또는 설립취소의 소가 제기된 때에는 법원은 이를 병합심리하여야 한다.

[관련조문] 상법 제190조, 제240조, 제287조의6, 제328조 제2항, 제360조의14 제4항, 제360조의23 제4항, 제376조 제2항, 제380조, 제381조 제2항, 제430조, 제446조, 민사소송법 제67조.
[참고문헌] 주석 상법, 회사편(1)(제5판), 한국사법행정학회(2014).

Ⅰ. 본조의 취지

상법 제188조는 수개의 설립무효의 소 또는 설립취소의 소가 제기된 경우의 법원의 심리방식에 관한 규정이다. 설립무효·취소의 판결은 제3자에게 대하여도 그 효력이 있으므로(제190조), 수개의 소에 관하여 모순된 판결이 행하여지는 것을 피하려는 데 제188조의 취지가 있다. 판결의 대세적 효력이 인정되는 회사법상의 각종 소송에 준용된다[상법 제240조(합명회사의 합병무효의 소), 제287조의6(유한책임회사의 설립 무효와 취소의 소), 제328조 제2항(주식회사의 설립무효의 소), 제360조의14 제4항(주식교환무효의 소), 제360조의23 제4항(주식이전무효의 소), 제376조 제2항(주주총회결의취소의 소), 제380조 제2항(결의무효 및 부존재확인의 소), 제381조 제2항(부당결의의 취소, 변경의 소), 제430조(신주발행무효의 소), 제446조(감자무효의 소) 등].

Ⅱ. 병합심리의 방법과 성격

설립무효·취소의 판결은 제3자에 대세효가 있으므로, 수개의 소에 관하여 합일확정의 필요가 있다. 따라서 수개의 소가 아직 변론을 종결하지 아니한 경우는 물론 하나의 소의 변론종결 후에 다른 소가 제기된 경우라도 법원은 변론을 재개하여 후소와 병합하여 심리하는 것이 타당하다.[1]

설립무효·취소의 소는 반드시 사원 전원이 함께 원고가 되어야 하는 소송은 아니지만, 본조를 통해 일단 공동소송이 되면 합일확정이 요구되는 유사필수적 공동소송이 된다(민사소송법 제67조). 변론의 병합을 명하는 제188조의 규정은 훈시

1 주석 상법, 회사편(1)(제5판), 한국사법행정학회(2014), 195(정동윤).

규정이므로 이에 위반하더라도 절차상의 하자를 이유로 당사자는 불복할 수 없다.[2]

2 주석 상법, 회사편(1)(제5판), 한국사법행정학회(2014), 195(정동윤).

제189조 [하자의 보완 등과 청구의 기각]

설립무효의 소 또는 설립취소의 소가 그 심리중에 원인이 된 하자가 보완되고 회사의 현황과 제반사정을 참작하여 설립을 무효 또는 취소하는 것이 부적당하다고 인정한 때에는 법원은 그 청구를 기각할 수 있다.

[관련조문] 상법 제189조, 제240조, 제269조, 제360조의14, 제379조, 제430조, 제446조 제530조, 제530조의11, 제603조.

[참고문헌] 이철송, 회사법강의(제27판), 박영사(2019); 임재연, 회사법 I(개정6판), 박영사(2019); 주석 상법, 회사편(1)(제5판), 한국사법행정학회(2014); 강영수, "주주총회결의취소의 소와 재량기각", 민사판례연구(26권), 민사판례연구회(2004); 곽동효, "상법 제379조의 규정취지", 대법원판례해설 제8호(1988); 유영일, "주주총회결의취소의 소와 법원의 재량기각(재량기각 요건에 관한 우리와 일본판례의 비교를 중심으로)", 상사판례연구 제16권(2004); 전형배, "회사소송과 법원의 재량기각", 인권과정의 제459호 (2016).

Ⅰ. 본조의 취지

상법 제189조는 설립무효 또는 설립취소의 소에 있어서 법원의 재량에 의한 청구 기각에 관하여 규정하고 있다. 이 규정의 취지는 설립무효·취소의 원인이 제한되어 있지 않음으로써 생기는 소권의 남용을 방지하고, 이미 형성된 단체법률관계의 법적 안정성을 도모하기 위함에 있다. 제189조는 상법상 재량기각의 기본 규정으로서 주주총회결의취소의 소(제379조)를 제외한 다른 소송, 즉 합병무효의 소(제240조, 제269조, 제530조 제2항, 제603조), 분할무효의 소(제530조의11 제1항, 제240조), 신주발행무효의 소(제430조), 자본금감소무효의 소(제446조), 주식교환무효의 소(제360조의14 제4항) 등에 준용되고 있다.

Ⅱ. 비교법제

제189조는 일본 상법을 계수한 규정이다. 일본 상법은 1938년 재량기각 조항을 도입하였다가 법원의 재량권이 너무 크다는 비판에 따라 1950년 개정으로 회사소송에서 재량기각 규정을 모두 삭제하였다. 그럼에도 일본 최고재판소가 주주총회결의취소 소송에서 해석상 재량기각을 허용하자 이를 반영하여 1981년 상법

개정에서 주주총회결의취소 소송에 대해서만 엄격한 요건하에 재량기각을 허용하는 규정을 신설하였다(2005년 회사법 제정 이전 구 상법 제251조, 일본 회사법 제831조에서 계승함).[1]

독일 주식법은 사업의 목적에 관한 규정에 관계된 하자는 정관의 변경에 관한 법률 및 정관의 규정을 준수하여 치유될 수 있고(독일 주식법 제276조), 이 규정에 의하여 하자가 치유될 수 있는 때에는 소제기권자가 회사에 대하여 그 하자를 제거할 것을 최고하여 회사가 3월 이내에 이 최고에 따르지 아니한 후에야 비로소 설립무효의 소를 제기할 수 있게 하였다(같은 법 제275조 제2항). 독일 유한회사법에도 하자치유의 제도가 인정되고 있다(독일 유한회사법 제76조, 제75조 제2항).[2]

Ⅲ. 재량기각의 요건

상법 제189조는 ⅰ)설립무효의 소 또는 설립취소의 소가 그 심리중에 원인이 된 하자가 보완되고, ⅱ)회사의 현황과 제반사정을 참작하여 설립을 무효 또는 취소하는 것이 부적당하다고 인정한 때에 법원의 재량기각을 허용하고 있다.

1. 하자의 보완

'하자가 보완되었다'는 것은 무효·취소의 원인인 하자가 사실심변론종결전까지 보완되는 것을 말하는바, 예컨대 정관의 절대적 기재사항이 흠결된 경우에 이를 보완한 것을 말한다. 하자가 경미하여 회사설립에 아무런 영향을 미치지 않는 경우도 이에 포함된다고 본다.[3] 그러나 회사의 설립목적이 강행법규나 사회질서에 위반한 때에는 하자를 보완할 수 있는 경우에 해당하지 않는다.[4]

주주총회결의취소의 소에서의 재량기각(상법 제379조)에서는 하자가 보완되지 아니하더라도 결의의 내용, 회사의 현황과 제반사정을 고려하여 재량기각을 허용하고 있으나, 제189조는 하자의 보완을 명문으로 규정하고 있는바, '하자의 보완'이라는 요건이 반드시 요구되는지 문제된다. 판례는, 상법 제530조의11 제1항 및

1 유영일, "주주총회결의취소의 소와 법원의 재량기각(재량기각 요건에 관한 우리와 일본판례의 비교를 중심으로)", 상사판례연구 제16권(2004), 154; 전형배, "회사소송과 법원의 재량기각", 인권과정의 제459호(2016), 11.

2 주석 상법, 회사편(1)(제5판), 한국사법행정학회(2014), 196(정동윤).

3 주석 상법, 회사편(1)(제5판), 한국사법행정학회(2014), 197(정동윤); 최기원, 신회사법론(제14판), 박영사(2012), 218.

4 전형배, "회사소송과 법원의 재량기각", 인권과정의 제459호(2016), 11.

제240조는 분할합병무효의 소에 관하여 상법 제189조를 준용하고 있고 제189조는 "설립무효의 소 또는 설립취소의 소가 그 심리 중에 원인이 된 하자가 보완되고 회사의 현황과 제반 사정을 참작하여 설립을 무효 또는 취소하는 것이 부적당하다고 인정한 때에는 법원은 그 청구를 기각할 수 있다"고 규정하고 있으므로, 법원이 분할합병무효의 소를 재량기각하기 위해서는 원칙적으로 그 소 제기 전이나 그 심리 중에 원인이 된 하자가 보완되어야 할 것이나, 그 하자가 추후 보완될 수 없는 성질의 것인 경우에는 그 하자가 보완되지 아니하였다고 하더라도 회사의 현황 등 제반 사정을 참작하여 분할합병무효의 소를 재량기각할 수 있다(대법원 2010. 7. 22. 선고 2008다37193 판결)고 하였고, 본조를 준용하는 감자무효의 소에서도 같은 취지로 판시하였다(대법원 2004. 4. 27. 선고 2003다29616 판결). 이에 대해서는 결론의 구체적 타당성은 시인할 수 있으나, 명문의 규정을 사문화하는 결과를 초래하므로 현행법의 해석으로는 무리라는 의견이 있다.[5]

2. 회사의 현황과 제반사정 참작

상법은 '회사의 현황과 제반사정'을 참작하여 기각 여부를 결정하게 하여 법원의 재량의 폭이 넓다고 할 수 있으나, 너무 광범하게 인정될 것은 아니고 합리적인 범위 내에서 인정되어야 할 것이다. 회사의 현황과 제반사정을 참작한다는 것은 설립의 하자(원고가 주장하는 하자와 관련된 조직법적 정의의 문제)와 법적 안정성(이미 형성된 단체법률관계의 법적 안정성, 기업유지 등의 공익성 문제)을 비교 형량하여 기각 여부를 결정한다는 것을 말한다.

3. 직권탐지주의

상법 제189조는 설립무효·취소의 소에서 하자가 보완되고 회사의 현황과 제반사정 등을 참작하여 회사설립을 무효 또는 취소로 하는 것이 부적당하다고 인정될 때에는 법원이 재량으로 원고의 청구를 기각할 수 있는 권한을 부여하였다. 이러한 법원의 권한은 직권탐지주의를 인정한 셈이므로 피고의 항변 여부와 관계없이 사건을 심리한 법원이 스스로 그 권한을 행사하여 원고의 청구를 기각할 수 있다.[6] 판례도 같은 태도이다(대법원 2003. 7. 11. 선고 2001다45584 판결, 대법원 2009. 1. 30. 선고 2006다31269 판결). 회사소송은 판결의 대세적 효력이 인정되므로 직권

5 이철송, 회사법강의(제27판), 박영사(2019), 108.
6 곽동효, "상법 제379조의 규정취지", 대법원판례해설 제8호(1988), 225.

탐지주의가 적용된다는 견해가 과거에 있었지만, 현재는 이를 부인하는 것이 통설인바, 법원의 재량기각은 그에 대한 예외이다.[7]

Ⅳ. 재량기각의 효과

상법 제190조의 규정에 비추어 재량기각 판결에는 대세효가 없다고 보는 것이 통설이다.

설립무효·취소의 소에 있어 원고가 패소한 경우에 악의 또는 중과실이 있는 경우에는 회사에 대하여 손해를 배상할 책임이 있으나(제191조), 재량기각의 경우에는 원고의 청구 자체가 이유 없는 것이 아니라 무효·취소사유에 해당하는 하자가 있음에도 제반 사정을 들어 청구를 기각하는 것이므로, 패소한 원고에게 손해배상책임을 지우지 않음이 상당하다.

소송비용부담에 있어서 패소자 부담의 일반원칙에 따라 패소자인 원고에게 소송비용을 부담시킬 수도 있으나, 실질관계를 잘 살펴 소송비용의 전부 또는 일부를 승소자인 회사에게 부담시킬 수도 있을 것이다.[8]

7 임재연, 회사법 Ⅰ(개정6판), 박영사(2019), 150.

8 강영수, "주주총회결의취소의 소와 재량기각", 민사판례연구(26권), 민사판례연구회(2004); 하급심 판례 중에는 패소 원고에게 소송비용부담을 명하는 판결이 다수이나, 소송비용 각자 부담을 명하는 경우도 있다(대전지방법원 2018가합103291 판결, 부산지방법원 동부지원 2017가합107444 판결 등).

제190조 [판결의 효력]

설립무효의 판결 또는 설립취소의 판결은 제3자에 대하여도 그 효력이 있다. 그러나 판결확정전에 생긴 회사와 사원 및 제3자간의 권리의무에 영향을 미치지 아니한다.

[관련조문] 상법 제192조, 제193조 제240조, 제269조, 제376조, 제380조, 제430조, 제530조, 제578조, 제603조, 민법 제141조, 민사소송법 제218조, 비송사건절차법 제98조, 제107조, 채무자회생 및 파산에 관한 법률 제241조, 제540조.

[참고문헌] 송옥렬, 상법강의(제9판), 홍문사(2019); 이철송, 회사법강의(제27판), 박영사(2019); 임재연, 회사법 Ⅰ(개정6판), 박영사(2019); 정순현, 독일 회사법 개설, 도서출판 한아름(2019); 주석 상법, 회사편(1)(제5판), 한국사법행정학회(2014).

Ⅰ. 본조의 취지

상법 제190조는 설립무효 판결 또는 설립취소 판결의 효력에 관하여 규정하고 있다. 설립무효·취소 판결의 대세적 효력(본문)과 불소급효(단서)를 인정한 것으로서, 민사소송법상의 일반원칙에 대한 특칙에 해당한다. 회사를 중심으로 한 다수의 법률관계를 획일적으로 확정하고 기존에 형성된 법률관계의 혼란을 피하고자 함에 그 취지가 있다. 제190조는 회사법상의 소의 일반원칙으로서 합병무효의 소(상법 제240조, 제269조, 제530조 제2항, 제603조), 총회결의취소·무효·부존재확인의 소(제376조, 제380조, 제578조), 신주발행무효의 소(제430조) 등의 경우에도 준용된다. 다만 설립무효·취소의 소에서 원고가 패소한 경우, 즉 청구기각 판결은 민사소송법의 일반원칙에 따른다. 독일 주식법은 주식회사와 유한회사에 대하여 회사무효의 소와 그 불소급효에 관하여 규정[1]하고 있으나, 인적회사에 대해서는 그에 관한 규정이 없다. 그러나 판례이론[2]을 통해 회사설립무효·취소(회사계약 무

1 주식회사는 §275~§277 AktG, 유한회사는 §75~§77 AktG.
2 사실상의 회사이론, 신뢰책임의 법리 등에 의해 해결하기도 했으나, 현재는 '하자있는 회사의 법리(Lehre von der fehlerhaften Gesellschaft)'가 판례와 통설의 지지를 받고 있다[정순현, 독일 회사법 개설, 도서출판 한아름(2019), 75].

효·취소)에 관해 소급효를 배제하고 있다. 일본 회사법은 지분회사의 설립무효의 소(일본 회사법 제828조 제1항 제1호)와 설립취소의 소(같은 법 제832조)에 관해 규정하면서 그 판결에 대한 대세효(같은 법 제838조)와 불소급효(같은 법 제839조)를 인정하고 있다.

Ⅱ. 원고승소판결의 효력

1. 판결의 대세적 효력

설립무효·취소의 소에서 원고가 승소하여 설립무효·취소의 판결이 확정된 경우 판결의 효력은 소송당사자뿐만 아니라 제3자에 대하여도 미친다(제190조 본문). 민사소송법 제218조(기판력의 주관적 범위)[3]와 달리 상법이 판결의 대세적 효력을 규정한 것은 동일한 회사법률관계에 관하여 소를 제기한 사람과 그렇지 않은 사람 사이에 효력을 달리하는 모순이 생기는 것을 방지하여 회사의 법률관계를 획일적으로 확정하기 위한 것이다. 설립무효·취소의 판결이 확정된 때에는 본점과 지점의 소재지에서 등기하여야 하는데(상법 제192조), 제1심 수소법원이 회사의 본점과 지점 소재지의 등기소에 그 등기를 촉탁하여야 한다(비송사건절차법 제98조, 제107조 제2호).

2. 판결의 불소급효

설립무효·취소의 판결은 판결확정 전에 생긴 회사와 사원 및 제3자 간의 권리의무에 영향을 미치지 아니한다(상법 제190조 단서). 무효·취소에 관한 민법 일반원칙과 달리 상법이 판결의 불소급효를 규정한 것은 이미 형성된 기존 법률상태를 존중하고 거래의 안전을 보호하기 위한 것이다. 설립무효·취소의 판결에 소급효가 제한되는 결과 회사의 성립시(설립등기시)부터 판결의 확정 전까지 회사가 유효하게 존재하였던 것과 같은 상태가 생기는데, 이러한 존재를 사실상의 회사(faktische Gesellschaft; société de fait; de facto corporation)[4]라고 하여 회사가 유효하게 성립한 경우와 동일하게 취급한다. 따라서 판결확정 전에 생긴 사원의 출자,

3 확정판결은 당사자, 변론을 종결한 뒤의 승계인(변론 없이 한 판결의 경우에는 판결을 선고한 뒤의 승계인) 또는 그를 위하여 청구의 목적물을 소지한 사람에 대하여 효력이 미친다(민사소송법 제218조 제1항).

4 제190조에 따른 사실상의 회사 개념은 대륙법계 국가에서 인정하는 사실상의 회사의 개념으로서 영미법계 국가에서의 사실상의 회사(de facto corporation)와 차이가 있다. 영미법계의 사실상의 회사 이론은 전혀 다른 각도에서 발전하여 왔다[이철송, 회사법강의(제27판), 박영사(2019), 266-267 참조].

회사의 채권·채무, 기관의 책임 등에는 아무런 영향이 없다. 그러므로 설립무효·취소의 판결이 확정된 때에는 해산의 경우에 준하여 청산을 하여야 한다(제193조). 그러나 회사의 설립절차에 착수하였으나 설립등기를 하지 못한 회사의 '불성립'이나, 설립절차가 전혀 없어 설립등기만이 있는 회사의 '부존재'의 경우에는 사실상의 회사가 발생할 여지가 없다.

판결의 불소급효와 관련하여, 미성년자인 사원이 설립취소의 소를 제기하여 승소한 경우 합명회사의 설립취소의 판결이 확정될 때까지 생긴 회사의 채무에 대하여 미성년자인 사원도 책임을 지는지 문제될 수 있다. 미성년자가 아닌 다른 사원들은 회사 채무에 대하여 무한책임을 지게 되나, 미성년자인 사원의 취소는 선의의 제3자에게도 대항할 수 있고, 그 반환범위도 민법 제141조에 특칙을 두고 있는 등 제한능력자를 최우선적으로 보호하는 법의 취지를 고려하면 미성년자인 사원의 책임은 부정되어야 할 것이라는 견해가 있다.[5] 그러나 설립무효·취소의 판결이 확정되기 전 미성년자인 사원이 받은 이익이 있다면 민법 제141조 규정을 적용 또는 유추적용하여 미성년자인 사원이 받은 이익이 현존하는 범위를 한도로 유한책임을 진다고 볼 수 있다.

3. 설립무효·취소 판결의 성질

회사의 설립무효·취소의 소는 형성의 소[6]이고, 그 설립무효·취소의 판결이 확정되면 법률관계를 변동시키는 효력(형성력)을 가진다. 회사법상의 소를 형성의 소로 하는 이유는 조직법적 법률관계에 관한 소는 이미 형성된 단체법률관계에 변동을 가져오므로 자유로운 주장방법을 허용한다면 단체법률관계에 불안정을 가져오기 때문이다.[7]

판결의 성질과 관련하여 청산중의 회사, 파산회사에 대하여도 설립무효·취소의 소가 인정될 수 있는가에 관하여 논의가 있으나, 설립무효·취소판결에 따른 청산과 일반 청산은 청산인의 선임에 차이가 있는 점이나 청산중이거나 파산선고를 받은 회사에 있어서도 회생계획인가의 결정 또는 파산폐지에 의한 회사의 존속이 인정되는 점(채무자회생 및 파산에 관한 법률 제241조, 제540조)을 고려하여 볼

5 송옥렬, 상법강의(제9판), 홍문사(2019), 1292.

6 회사법상의 소 중 대표소송과 위법배당반환청구의 소는 이행의 소이고, 주주총회결의무효·부존재확인의 소는 그 성질에 관해 견해 대립이 있지만, 나머지는 전부 형성의 소이다. 형성의 소라 함은 법률관계를 변동시키는 판결, 즉 형성판결을 목적으로 하는 소송을 말한다.

7 이철송, 회사법강의(제27판), 박영사(2019), 104-105.

때, 설립무효·취소의 소가 인정되어야 할 것이다. 이 경우에는 그 판결이 확정되더라도 파산절차는 그대로 속행하는 것으로 해석된다.[8]

Ⅲ. 원고패소판결의 효력

원고가 패소하여 청구기각의 판결이 확정된 때에는 판결의 효력은 소송법 일반원칙에 따라 당사자 간에만 미치고 제3자에 대하여는 미치지 아니한다(민사소송법 제218조 제1항). 원고 청구기각 판결의 경우 법률관계를 새롭게 형성하는 결과를 가져오지 않기 때문이기도 하고, 만약 원고와 회사가 공모하여 설립무효 또는 설립취소의 소를 제기하고 원고패소의 판결이 확정된 때에는 다른 사원 등은 소를 제기할 수 없게 되는 결과를 가져오기 때문에 이를 방지하기 위함이기도 하다. 원고를 제외한 다른 사원들은 제소기간 내에는 다시 설립무효·취소의 소를 제기할 수 있다.

법원이 소송요건의 흠결을 이유로 소각하판결을 하는 경우에도 판결의 효력은 당사자 사이에만 미친다.

Ⅳ. 청구의 포기, 인낙, 화해, 조정 등

설립무효·취소의 판결이 확정되면 당사자 이외의 제3자에게도 그 효력이 미쳐 제3자도 이를 다툴 수 없게 된다. 따라서 이러한 소송에서는 청구인용판결에 해당하는 청구의 인낙이나 화해·조정은 할 수 없고, 청구의 인낙 또는 화해·조정이 이루어졌다 하여도 그 인낙조서나 화해·조정조서는 효력이 없다(대법원 2004. 9. 24. 선고 2004다28047 판결 등). 그러나 소의 취하 또는 청구의 포기는 대세적 효력과 관계 없으므로 원칙적으로 허용된다. 자백도 소송종료사유가 아니므로 허용된다.[9]

8 주석 상법, 회사편(1)(제5판), 한국사법행정학회(2014), 200(정동윤).
9 임재연, 회사법 Ⅰ(개정6판), 박영사(2019), 149.

제 191 조 [패소원고의 책임]

설립무효의 소 또는 설립취소의 소를 제기한 자가 패소한 경우에 악의 또는 중대한 과실이 있는 때에는 회사에 대하여 연대하여 손해를 배상할 책임이 있다.

[관련조문] 상법 제237조, 제240조, 제241조, 제360조의14 제4항, 제376조 제2항, 제377조, 제380조, 제381조, 제403조, 제430조, 제446조, 제520조.

[참고문헌] 이철송, 회사법강의(제27판), 박영사(2019); 주석 상법, 회사편(1)(제5판), 한국사법행정학회(2014).

Ⅰ. 본조의 취지

상법 제191조는 설립무효 또는 설립취소의 소를 제기한 원고가 패소한 경우 원고의 책임에 관하여 규정하고 있다. 제191조의 취지는 무모하게 소를 제기하여 회사법률관계에 불안을 가져온 책임을 묻고, 남소를 방지하기 위한 것이다. 회사관계 소송에서는 거의 예외 없이 제191조를 준용하여 패소한 원고에게 악의 또는 중대한 과실로 회사에 초래한 손해를 배상할 책임을 지우고 있다(제240조, 제241조, 제360조의14 제4항, 제376조 제2항, 제380조, 제381조, 제430조, 제446조, 제520조).

입법취지를 살리기 위해서는 설립무효·취소의 소를 제기할 때 원고의 담보제공의무를 인정하여야 하는데 이를 인정하지 않은 것은 합병무효의 소(상법 제237조), 총회결의취소·무효의 소(제377조, 제380조), 대표소송(제403조), 신주발행무효의 소(제430조) 등의 경우와 비교하여 균형을 잃고 있으므로, 입법론적으로 재고해 볼 필요가 있다는 견해가 있다.[1]

Ⅱ. 손해배상책임의 요건

손해배상책임의 발생요건은, 설립무효·취소의 소를 제기한 원고가 패소하고, 그 소의 제기에 악의 또는 중대한 과실이 있어야 한다. 패소란 설립무효·취소에 대한 청구기각판결이 있는 경우이다. 악의 또는 중과실이란 원고가 주장하는 하자가 부존재함에 관해 악의이거나 중대한 과실로 알지 못한 경우를 뜻한다. 따라서 하자가 보완되어 법원의 재량으로 기각하는 경우(상법 제189조 등)에는 이러한 책임이 발생할 수 없다.[2]

1 주석 상법, 회사편(1)(제5판), 한국사법행정학회(2014), 191(정동윤).
2 이철송, 회사법강의(제27판), 박영사(2019), 109.

제 192 조 [설립무효, 취소의 등기]

설립무효의 판결 또는 설립취소의 판결이 확정된 때에는 본점과 지점의 소재지에서 등기하여야 한다.

[관련조문] 상법 제37조, 제193조, 제269조, 제287조의6, 제328조, 제613조, 비송사건절차법 제98조, 제107조.

[참고문헌] 주석 상법, 회사편(1)(제5판), 한국사법행정학회(2014).

Ⅰ. 본조의 취지

상법 제192조는 설립무효 또는 설립취소의 판결이 확정한 때의 등기의무에 관하여 규정하고 있다. 설립무효·취소의 판결은 형성력과 대세적 효력이 있으므로 이해관계인에게 이를 공시할 필요에서 등기를 하도록 한 것이다. 제192조는 합자회사의 설립무효·취소(제269조), 유한책임회사의 설립무효·취소(제287조의6), 주식회사의 설립무효(제328조), 유한회사의 설립무효·취소(제613조)의 경우에 준용되고 있다.

Ⅱ. 등기의 절차

회사설립 무효 또는 취소 판결이 확정된 때에는 제1심 수소법원은 회사의 본점과 지점소재지의 등기소에 설립무효·취소의 등기를 촉탁하여야 한다(비송사건절차법 제98조, 제107조 제2호). 즉, 설립무효·취소의 등기는 촉탁등기이다.

Ⅲ. 등기의 효력

회사설립 무효 또는 취소 판결에 따른 설립무효·취소의 등기와 설립등기의 말소는 구별된다. 설립등기의 말소의 경우에는 설립등기는 소급하여 이를 하지 않았던 것으로 되고 결국 회사의 불성립으로 된다. 이에 반하여 설립무효·취소의 등기의 경우에는 판결의 불소급효에 따라 이른바 사실상의 회사의 준청산(상법 제193조)이라는 효과를 가져온다. 다만 그 효과는 판결 자체의 효력이지 등기의 효력은 아니다. 즉, 설립무효·취소의 등기는 공시적 의의를 가지는 데 그 취지가 있다고 할 것이다. 따라서 설립무효·취소의 등기는 상업등기에 관한 상법 제37조가 적용된다. 그 결과 설립무효·취소의 등기가 없으면 회사는 선의의 제3자에게 대항하지 못한다.[1]

1 주석 상법, 회사편(1)(제5판), 한국사법행정학회(2014), 202(정동윤).

第 193 조 [설립무효, 취소판결의 효과]

① 설립무효의 판결 또는 설립취소의 판결이 확정된 때에는 해산의 경우에 준하여 청산하여야 한다.

② 전항의 경우에는 법원은 사원 기타의 이해관계인의 청구에 의하여 청산인을 선임할 수 있다.

[관련조문] 상법 제190조, 제210조, 제212조, 제251조, 제258조, 제328조, 제360조의23, 제552조, 비송사건절차법 제117조.

[참고문헌] 이철송, 회사법강의(제27판), 박영사(2019); 주석 상법, 회사편(1)(제5판), 한국사법행정학회(2014).

Ⅰ. 본조의 취지

상법 제193조는 설립무효 또는 설립취소의 판결의 효과에 관하여 규정하고 있다. 설립무효·취소 판결의 불소급효에 의하여 인정되는 이른바 사실상의 회사에 대하여 판결 확정후 해산에 준하여 청산을 하도록 규정하고 있다. 이 경우에 법원은 이해관계인 등의 청구에 의하여 청산인을 선임할 수 있다고 규정하고 있다. 주식회사의 설립무효의 소(제328조 제2항), 주식이전무효의 소(제360조의23 제4항), 유한회사의 설립무효·취소의 소(제552조 제2항)에서 준용된다.

Ⅱ. 준청산의 법률관계

1. 의의 - 사실상의 회사의 청산

회사가 해산한 경우 존립중에 발생한 일체의 대내적·대외적 법률관계를 종국적으로 처리하여 회사의 법인격을 소멸시키는 절차를 청산이라고 한다. 설립무효·취소판결의 효과는 판결확정 전에 생긴 회사와 사원 및 제3자 간의 권리의무에 영향을 미치지 않으므로(상법 제190조) 이른바 사실상의 회사가 인정된다. 따라서 사실상의 회사가 존립하던 중에 발생한 일체의 대내적·대외적 법률관계를 해산의 경우에 준하여 종국적으로 처리하기 위해 청산절차가 요구되는데, 이를 준

청산이라고 한다.[1]

2. 절차와 법률관계

설립무효 또는 취소의 판결이 확정된 때에는 해산의 경우에 준하여 청산하여야 하는바(상법 제193조 제1항), 준청산의 절차도 일반적인 해산의 경우의 청산절차와 동일하다. 즉 준청산 중인 회사도 기존의 회사와 동일 회사이므로 사원의 책임(제212조)과 기관의 책임(제210조) 등은 판결 확정 전의 회사와 동일하게 유지되고, 판결 확정 전에 회사와 제3자간에 성립한 행위는 유효하게 성립하며 판결이 확정된 때 해산한 것과 동일하게 처리한다. 판결 확정 후에도 회사는 청산의 목적범위 내에서 존속한다고 인정되므로 사원의 출자의무(제258조) 등에도 아무런 영향이 없다.

3. 청산인의 선임

준청산은 일반적인 청산절차와 마찬가지로 청산인을 선임하여 청산절차를 밟을 수 있지만(상법 제251조), 청산인 선임에 관하여 상법 제251조에 의한 청산인 선임방법(총사원 과반수 결의 등)을 따르지 않고 사원 기타 이해관계인이 법원에 청산인 선임을 청구할 수도 있다(제193조 제2항). 이때 이해관계인에 회사의 채권자가 포함됨은 당연하고, 사원의 채권자도 임의청산에서 그를 보호하는 절차를 마련하고 있는 취지에 비추어 이해관계인에 포함된다고 할 것이다.[2] 법원이 청산인을 선임하는 경우에는 임의청산의 방법은 인정되지 않고 법정청산을 하여야 한다.[3] 청산인의 선임은 본점소재지의 지방법원이 관할한다(비송사건절차법 제117조 제1항).

1 주석 상법, 회사편(1)(제5판), 한국사법행정학회(2014), 203(정동윤).
2 이철송, 회사법강의(제27판), 박영사(2019), 177.
3 주석 상법, 회사편(1)(제5판), 한국사법행정학회(2014), 204(정동윤).

제 194 조 [설립무효, 취소와 회사계속]

① 설립무효의 판결 또는 설립취소의 판결이 확정된 경우에 그 무효나 취소의 원인이 특정한 사원에 한한 것인 때에는 다른 사원 전원의 동의로써 회사를 계속할 수 있다.
② 전항의 경우에는 그 무효 또는 취소의 원인이 있는 사원은 퇴사한 것으로 본다.
③ 제229조 제2항과 제3항의 규정은 전2항의 경우에 준용한다.

[관련조문] 상법 제229조, 제269조, 제287조, 상업등기법 제68조.
[참고문헌] 이철송, 회사법강의(제27판), 박영사(2019); 정동윤, 회사법(제6판), 법문사(2000); 최기원, 신회사법론(제14판), 박영사(2012); 최준선, 회사법(제14판), 삼영사(2019).

Ⅰ. 본조의 취지

상법 제194조는 설립무효 또는 설립취소의 판결이 확정된 경우 회사의 계속에 관한 요건, 효과 등에 관하여 규정하고 있다. 제194조의 취지는, 회사 설립무효·취소의 원인이 특정한 사원의 주관적 원인에 한정된 것임에도 회사의 설립이 전체적으로 무효 또는 취소된다는 것은 다른 사원의 의사에 반하고 기업유지의 이념에도 반하기 때문에 다른 사원 전원의 동의로써 회사를 계속할 수 있도록 정한 것이다.[1] 제194조는 합자회사(제269조), 유한책임회사(제287조의6)에 준용된다.

Ⅱ. 회사의 계속

상법 제194조에 의하면 다음과 같은 요건이 갖추어 져야 회사의 계속이 가능하다.

첫째, 설립무효 또는 설립취소의 판결이 확정되어야 하고, 그 무효·취소 원인이 특정한 사원에 한한 것(주관적인 사유)이어야 한다. 둘째, 무효·취소 사유 있는 사원 외에 다른 사원 전원이 회사 계속에 동의하여야 한다. 만약 무효·취소 사유 있는 사원 외에 다른 사원이 1인뿐인 경우에는 새로 사원을 가입시켜서 회사를

1 일본 회사법 제845조도 같은 내용으로 규정하고 있다.

계속할 수 있다(제194조 제3항, 제229조 제2항).

회사의 계속은 잔여재산분배가 개시된 후에도 할 수 있는지에 관하여, 청산종료시까지는 계속결의를 할 수 있다는 견해[2]와 잔여재산을 분배한 후에는 사실상 계속이 곤란할 뿐만 아니라, 이 경우 회사계속을 하는 것이 회사를 신설하는 것보다 기업유지상 실익이 크다고도 할 수 없어 잔여재산분배가 개시되면 계속결의를 할 수 없다는 견해[3]가 있다. 어느 견해에 의하든 회사의 계속은 청산종결 전에는 하여야 한다. 청사종결 전에는 설립무효·취소의 등기를 한 후에도 회사의 계속은 인정되나, 이 경우에는 본점소재지에서는 2주 내에, 지점소재지에서는 3주 내에 회사의 계속등기를 하여야 한다(제194조 제3항, 제229조 제3항, 상업등기법 제68조). 회사계속등기를 할 때에는 설립무효 또는 취소와 청산인에 관한 등기를 말소하여야 한다(상업등기규칙 제109조 제3항, 제2항).

Ⅲ. 회사계속의 효과

회사계속 전의 이른바 사실상의 회사는 회사계속 후의 회사와 동일 회사이다. 회사를 계속할 경우 무효·취소의 원인이 있는 사원은 퇴사한 것으로 보게 되므로(상법 제194조 제2항), 이에 따라 퇴사등기를 하여야 한다. 계속 전의 회사는 계속 후의 회사와 동일 인격의 회사이므로 계속 전에 청산인이 이미 한 행위는 유효하다.

회사의 계속은 회사를 존립 중의 상태로 복귀시키는 것이므로 분배한 잔여재산이 있으면 회사는 이를 반환할 것을 청구하여야 한다.[4]

2 정동윤, 회사법(제6판), 법문사(2000), 818.

3 이철송, 회사법강의(제27판), 박영사(2019), 144; 최기원, 신회사법론(제14판), 박영사(2012), 113(주식회사에 관한 설명이기는 하다).

4 최준선, 회사법(제14판), 삼영사(2019), 842.

제 2 절 회사의 내부관계

제 195 조 [준용법규]

합명회사의 내부관계에 관하여는 정관 또는 본법에 다른 규정이 없으면 조합에 관한 민법의 규정을 준용한다.

[관련조문] 상법 제202조, 민법 제705조, 제706조, 제707조, 제708조, 제711조, 제719조, 제724조.

[참고문헌] 권기범, 현대회사법론(제7판), 삼영사(2017); 김건식 외 2인, 회사법(제3판), 박영사(2018); 이철송, 회사법강의(제27판), 박영사(2019); 임재연, 회사법 Ⅰ(개정6판), 박영사(2019); 최기원, 신회사법론(제14판), 박영사(2012).

Ⅰ. 본조의 취지

상법 제195조는 합명회사의 내부관계에 대한 적용법규와 그 적용순서에 관하여 규정하고 있다. 합명회사의 내부관계에 관한 준칙은 정관, 상법, 조합에 관한 민법의 규정이 있다. 그 적용순서에 관하여 보면, 합명회사의 내부관계에 관해서는 계약자유, 다시 말해 정관자치가 원칙적으로 통용된다고 할 것이므로 총사원의 동의에 의하여 정하여진 정관이 1차적으로 적용되고, 정관의 정함이 없는 경우에는 상법이 적용되며, 상법의 규정이 없는 경우에는 조합에 관한 민법의 규정이 준용된다. 특별히 조합에 관한 민법의 규정을 준용한다고 하는 이유는 합명회사의 내부관계의 본질이 조합이라고 할 수 있기 때문이다.[1] 독일 상법 제105조 제3항도 합명회사에 관해 같은 규정을 두고 있다.

Ⅱ. 합명회사의 내부관계

합명회사의 법률관계는 이를 내부관계와 외부관계로 나누어 볼 수 있다. 상법의 편제도 이와 같다(본장 제2절은 내부관계, 제3절은 외부관계에 관하여 규정하고 있

1 다만, 제195조에서 민법의 규정을 준용한다고 되어 있으나 합명회사의 실체가 조합이라는 점에서 보면 제195조는 주의적 규정에 불과하다는 의견이 있다[최기원, 신회사법론(제14판), 박영사(2012), 1014].

다). 합명회사의 법률관계는 회사를 중심으로, 회사와 사원간의 법률관계(내부관계)와 회사와 제3자간의 법률관계(외부관계)로 나눌 수 있지만, 합명회사의 실질이 조합적 성질을 가지고 있으므로, 사원과 사원간의 법률관계(내부관계), 사원과 제3자간의 법률관계(외부관계)도 함께 문제된다. 합명회사의 내부관계에 있어서는 사적자치의 원칙이 존중되고, 이를 규율하는 규정은 원칙적으로 임의법규에 해당한다. 반면, 외부관계에 있어서는 거래의 안전, 채권자보호, 기타 사회적 이익에 관계되므로 이를 규율하는 규정은 원칙적으로 강행법규에 해당한다.

출자, 손익의 분배, 업무의 집행, 정관의 변경, 경업의 금지, 지분의 변동 등이 내부관계에 속하는 사항들이다.

Ⅲ. 내부관계에 관한 적용법규

1. 내부관계 준칙의 적용 순서

가. 합명회사의 내부관계는 주식회사의 경우와 달리 사적자치가 광범위하게 인정되므로 이에 관한 상법의 규정은 원칙적으로 임의규정에 해당하고, 정관에서 상법규정과 달리 정하는 것이 가능하다(대법원 2015. 5. 29. 선고 2014다51541 판결). 따라서 합명회사의 내부관계는 1차적으로 정관에 의하여 규율되고 정관자치가 인정되는 것이 원칙이나, 정관도 영리법인의 본질, 사원평등의 원칙 등의 규율을 받는다. 예컨대 정관으로도 이익분배에 전혀 참가하지 않는 사원을 둘 수 없다.

나. 합명회사의 내부관계에 관하여 정관에 정함이 없는 경우 상법의 규정이 적용된다. 따라서 상법의 규정은 보충적 성질을 가지고, 그 규정의 성격은 자율성이 있는 내부관계에 관한 것이므로 원칙적으로는 임의규정에 해당한다. 그러나 내부관계에 관한 상법의 규정이 전부 임의규정이라고 볼 수는 없다. 합명회사의 내부관계는 단체를 조직하고 단체로서 행동하기 위한 특수한 계약(조합계약)이기 때문이다. 예컨대 공동업무집행에 관한 상법 제202조는 강행규정이라고 할 수 있다.[2]

다. 다음으로, 합명회사의 대내적 법률관계의 본질은 조합이라 할 수 있는바, 제195조는 합명회사의 내부관계에 관하여 정관 또는 상법에 다른 규정이 없으면

2 임재연, 회사법 Ⅰ(개정6판), 박영사(2019), 305.

조합에 관한 민법의 규정을 준용한다고 정하고 있다. 상법에 규정이 없고 조합에 관한 민법의 규정이 존재하는 것으로는 금전출자 지체의 책임(민법 제705조),[3] 업무집행의 방법에 관한 사항(제706조 내지 제708조),[4] 손익배분의 비율(제711조), 퇴사한 사원의 지분의 계산방법(제719조),[5] 청산에 있어서의 잔여재산의 배분비율(제724조)[6] 등이 있다.

2. 합명회사의 손익분배

합명회사는 영리법인이기 때문에 영리사업을 통하여 얻은 이익을 출자자인 사원에게 분배하는 것을 목적으로 한다. 따라서 특정 사원에게 이익배당을 영구히 금지하는 것과 같은 정함은 영리단체의 본질에 반하므로 허용되지 아니한다고 하겠다.[7] 조합에 관한 것이기는 하지만 판례도 이와 같이 보고 있다(대법원 2000. 7. 7. 선고 98다44666 판결).

손익분배에 관하여 정관이나 총사원의 동의로 정하지 아니한 때에는 민법의 조합에 관한 규정이 적용되어 각 사원의 출자가액에 비례하여 손익분배 비율을 정하고, 만일 이익 또는 손실 가운데 한 가지에 대해서만 비율을 정하였을 때에는 그 비율이 양자에 공통한 것으로 추정한다(상법 제195조, 민법 제711조). 여기서 출자가액은 이미 이행된 출자부분의 가액만을 의미한다고 할 것이다.

대차대조표상 '순재산의 총액(=적극재산액-소극재산액)'이 '자본금(=사원의 재산출자액)'을 초과할 때 그 초과액이 이익이며, 부족할 때 그 부족액이 손실이다. 이를 계산함에 있어서 회사의 순자산액은 채권자를 위해 담보가치가 있는 재산에 한정시켜야 할 것이므로 신용출자와 노무출자는 포함시키지 않는 것이 옳고, 같은 이유에서 자본금을 계산할 때에도 제외시켜야 한다.[8] [9]

합명회사는 사원이 회사채무에 대해 무한책임을 지므로 주식회사와 달리 이

3 ☞ 제196조 주석 참조.
4 ☞ 제200조 주석 참조.
5 ☞ 제222조 주석 참조.
6 ☞ 제254조 주석 참조.
7 최기원, 신회사법론(제14판), 박영사(2012), 1024; 김건식 외 2인, 회사법(제3판), 박영사(2018), 906.
8 이철송, 회사법강의(제27판), 박영사(2019), 162.
9 합명회사의 자본금에 관하여, 신용출자와 노무출자액을 포함시키는 것이 전혀 불가능하지는 않다는 전제에서, 합명회사의 손익산정방식을 특히 정관이나 총사원의 동의로 정하지 아니하고 상법 제30조 제2항의 결산대차대조표에 의하여 확정하도록 하는 한, 자본금 개념도 그 작성 기준인 일반적으로 공정·타당한 회계관행에 맡기면 된다는 견해가 있다[권기범, 현대회사법론(제7판), 삼영사(2017), 311].

익이 없어도 배당할 수 있고, 이익이 없이 배당을 하더라도 회사채권자가 사원으로 하여금 배당금을 회사에 반환하게 할 수 없다(상법 제462조 제3항 참조).

이익의 분배 시기는 정관에 특별히 정한 바가 없는 때에는 매 결산기에 배분하는 것으로 볼 수 있다. 손실의 분담은 현실적으로 이행할 필요는 없고 각 사원의 지분의 평가액이 감소함에 그치나 퇴사할 경우에는 손실분담액을 납입하여야 한다.

제 196 조 [채권출자]

채권을 출자의 목적으로 한 사원은 그 채권이 변제기에 변제되지 아니한 때에는 그 채권액을 변제할 책임을 진다. 이 경우에는 이자를 지급하는 외에 이로 인하여 생긴 손해를 배상하여야 한다.

[관련조문] 상법 제179조, 제195조, 제201조, 제205조, 제212조, 제216조, 제220조, 제222조, 제258조, 제421조, 민법 제579조, 제584조, 제567, 제570조, 제580조, 제703조, 제705조, 제711조, 채무자 회생 및 파산에 관한 법률 제501조.

[참고문헌] 권기범, 현대회사법론(제7판), 삼영사(2017); 김정호, 회사법(제5판), 법문사(2019); 이철송, 회사법강의(제27판), 박영사(2019); 정동윤, 회사법(제6판), 법문사(2000); 정찬형, 상법강의(상)(제22판), 박영사(2019); 최기원, 신회사법론(제14판), 박영사(2012); 김정호, "사원의 개별소권", 고려대 법학논집 제27집(1992).

Ⅰ. 본조의 취지

상법 제196조는 합명회사 사원이 채권을 출자의 목적으로 한 경우 그 담보책임에 관하여 규정하고 있다. 합명회사 사원은 재산 이외에 노무와 신용도 출자의 목적으로 할 수 있고(제222조), 재산출자에는 채권출자를 포함한 현물출자도 포함된다. 출자에 관하여 상법에 정함이 없으면 조합에 관한 민법의 규정을 준용하는 바(제195조), 현물출자에 관하여는 민법의 규정에 따라 사원은 담보책임을 지고 위험부담을 하여야 한다. 따라서 채권출자에 대해 민법의 규정(매도인의 담보책임)에 따르면 채무자의 자력 담보 추정(민법 제579조), 담보책임 면제(제584조) 등이 유효하게 되나, 제196조는 그에 대한 특칙으로서 채권을 출자한 사원에게 절대적인 담보책임을 부담시키고, 그와 별도로 손해배상책임도 지우고 있다.

Ⅱ. 출자의 개념과 종류(목적)

1. 출자의 개념

출자란 회사의 목적을 달성하기 위하여 사원자격에서 회사에 내놓는 경제적 수단을 총칭한다. 이것이 회사의 재산적 기초가 된다. 출자는 사원의 본질적인 의무로서 각 사원은 반드시 출자를 하여야 하며(상법 제179조 제4호, 제195조, 민법 제703조) 출자의무가 없는 사원은 정관으로도 인정할 수 없다.

출자의무 및 그 범위는 정관에 의하여 확정되므로(상법 제179조 제4호), 출자의무는 무한은 아니다. 따라서 사원의 출자의무는 사원이 대외적으로 무한책임을 지는 것(제212조)이나 손실분담의무를 부담하는 것(상법 제195조, 민법 제711조)과는 구별된다.[1]

2. 출자의 종류(목적)

가. 재산출자

출자는 보통 재산출자를 의미하는데, 재산출자는 금전출자가 보통이지만 금전 이외의 현물출자도 가능하다. 현물출자에는 부동산, 동산, 유가증권, 채권, 무체재산권, 영업비결 등 그 제한이 없다. 영업을 일괄하여 현물출자하는 것도 가능하다.[2] 금전 이외의 재산의 출자에 있어서는 목적물 자체를 이전하는 이전출자와 목적물의 사용·수익만을 출자하는 사용출자가 모두 가능하다.

합명회사는 법률상 자본금이라는 개념이 없고, 통속적으로 자본금이라고 할 때에는 노무출자와 신용출자를 제외한 '재산출자의 총액'을 말한다.

나. 노무·신용출자

합명회사는 사원이 무한책임을 부담하므로 회사의 재산적 기초는 상대적으로 덜 중요하다. 그래서 재산출자 외에 노무, 신용 출자도 인정된다(상법 제222조). 노무출자는 육체노동뿐만 아니라 정신노동도 가능하고, 임시적이든 계속적이든 불문한다. 특정한 기술을 가진 자가 이 기술을 회사를 위하여 제공하는 것을 예로 들 수 있다. 사원으로서 당연히 하여야 할 업무의 집행(제201조)을 하는 것도 정관에서 특히 출자로 인정한다면 노무의 출자가 된다고 하는 견해도 있다.[3]

신용출자는 사원이 자신의 신용을 회사로 하여금 이용하게 하는 것이다. 사원이 회사의 채무를 보증하거나 어음에 배서·인수하는 것은 물론, 그 사원의 이름을 회사의 상호, 영업 등에 사용하게 하는 것도 포함된다.[4] 나아가 사원으로서

1 정찬형, 상법강의(상)(제22판), 박영사(2019), 566.
2 정동윤, 회사법(제6판), 법문사(2000), 745; 정찬형, 상법강의(상)(제22판), 박영사(2019), 566.
3 권기범, 현대회사법론(제7판), 삼영사(2017), 309.
4 이철송, 회사법강의(제27판), 박영사(2019), 156.

단순히 가입하는 것도 신용출자의 일종이 될 수 있다. 개인적 신용으로 회사의 신용을 증대시킬 수 있기 때문이다.[5]

단순한 부작위, 예컨대 경업을 하지 않는다는 것도 사원으로서 당연히 부담하는 경업금지의무가 아니고 종래의 영업활동을 정지하는 것과 같은 특별한 부작위로서 재산적 가치가 있다고 인정할 때에는 출자의 객체가 될 수 있다고 할 것이다.

Ⅲ. 출자의무의 성질

출자의무는 사원자격에 기한 의무이므로 합명회사의 성립시 또는 사원의 입사시, 즉 사원자격의 취득과 동시에 발생한다. 그 발생의 법적 근거는 설립시에는 정관규정이고 입사시에는 회사와의 입사계약이다. 출자의무는 회사의 청구 등으로 그 이행기가 도래하기 전까지는 추상적인 성격의 것이어서(추상적 출자의무) 이 상태에서 사원자격을 상실(지분양도, 퇴사)하면 함께 소멸한다. 추상적 출자청구권은 강제집행의 목적이 되지 아니하고, 양도할 수도 없으며,[6] 독립하여 소멸시효에 걸리지도 않는다.

추상적 출자의무는 회사의 청구 또는 정관에서 정한 이행기의 도래에 의하여 구체적 출자의무로 된다. 구체적 출자의무는 사원지위와 분리되어 독립된 하나의 채무로 존재하게 된다. 따라서 이것은 사원의 퇴사로 인하여 소멸하지 아니한다. 구체적 출자청구권은 양도·압류·전부의 대상이 되며, 독립하여 소멸시효에 걸린다.

Ⅳ. 출자의 이행

1. 이행의 시기

합명회사는 사원이 무한책임을 지기 때문에 주식회사와 달리 설립 전에 출자의무의 이행을 완료할 필요가 없다. 그래서 각 사원별 이행 시기, 방법, 정도에 대해 정관으로 정할 수 있고, 정관에 규정이 없는 경우에는 보통의 업무집행 방법으로 자유로이 정할 수 있다. 다만 후자의 경우에는 사원평등의 원칙에 따라야 한

5 김정호, 회사법(제5판), 법문사(2019), 899.
6 최기원, 신회사법론(제14판), 박영사(2012), 1015; 정동윤, 회사법(제6판), 법문사(2000), 745.

다. 출자의 성질에 반하지 않는 한 이행의 시기와 비율도 사원에 대하여 평등하게 하여야 하고, 이에 반하는 출자청구의 최고는 무효이다.

회사의 청산, 파산의 경우에는 사원의 출자시기에 관하여 특칙을 규정하고 있는데, 회사의 청산시에 회사의 현존재산이 그 채무를 변제함에 부족한 때에는 청산인은 변제기에 불구하고 각 사원에 대하여 출자를 청구할 수 있고(상법 제258조 제1항), 회사가 파산선고를 받은 경우 위 규정이 준용된다(채무자 회생 및 파산에 관한 법률 제501조).

2. 이행의 방법

출자의무의 이행방법은 출자의 종류에 따라 다르다. 금전출자의 경우에는 실제 납입을 하면 되고, 현물출자의 경우에는 출자목적에 따라 요구되는 고유한 권리이전방식을 취하면 된다. 즉, 부동산은 등기, 동산은 인도하여야 하고, 채권은 채무자에 대한 통지 등 대항요건을 갖추어야 하며, 유가증권이면 배서교부나 단순한 교부 등 권리변동의 효력발생요건과 대항요건을 갖추어야 한다. 노무출자·신용출자에 관하여는 그 이행행위, 예컨대 노무의 제공, 어음의 배서 등을 하여야 한다. 단순히 회사의 신용을 높이기 위하여 가입한 사원은 특별한 행위를 할 필요가 없다.[7]

현물출자의 목적물인 특정물에 관한 위험부담·담보책임 등은 민법의 일반원칙에 따른다(상법 제195조, 민법 제567조, 제570조 이하, 제580조). 다만 채권출자의 경우 채무자가 변제하지 아니한 때에는 사원은 본조에 의한 책임을 진다. 채권자가 채무자의 자력 또는 이행을 담보하는 것은 보통 특약에 의하여 비로소 인정되는 것이지만, 본조는 특약이 없더라도 채무자가 채무를 이행하지 않는 경우에 사원에게 담보책임을 지우고 있다. 이는 출자의무에 따른 담보책임이므로 무과실책임이다.[8]

사원의 구체화된 출자의무는 주주의 회사에 대한 납입의무의 상계금지(상법 제421조 제2항)와는 달리 회사에 대한 반대채권으로 상계할 수 있다.[9]

7 최기원, 신회사법론(제14판), 박영사(2012), 1016.
8 이철송, 회사법강의(제27판), 박영사(2019), 156.
9 정동윤, 회사법(제6판), 법문사(2000), 746; 정찬형, 상법강의(상)(제22판), 박영사(2019), 568; 김정호, 회사법(제5판), 법문사(2019), 900.

3. 출자의무의 불이행

사원이 구체화된 출자의무를 이행하지 않는 경우에는 채무불이행의 일반원칙에 따라 책임을 지고, 특히 금전출자의 경우에는 연체이자를 지급하는 외에 손해를 배상하여야 하며(상법 제195조, 민법 제705조), 채권출자의 경우에도 제196조에 의하여 이자를 지급하는 외에 이로 인하여 생긴 손해를 배상하여야 한다.

업무집행사원 또는 대표사원이 선출된 경우에는 그가 출자이행을 각 사원에게 요구할 것이나 예외적으로 업무집행권이 없는 사원이라도 특정 사원의 출자이행이 이루어지지 않았을 때 회사에 대하여 출자할 것을 요구할 수 있는 권능이 부여된다. 이를 사원의 개별소권이라 한다. 이러한 권리를 통하여 각 사원은 자기 자신의 이름으로 타사원에게 그 이행을 요구하여 회사재산에 급부토록 할 수 있다.[10]

출자의무의 불이행은 당해 사원의 제명 또는 업무집행권이나 대표권의 상실사유가 된다(상법 제220조 제1항 제1호, 제205조 제1항, 제216조). 사원이 출자의무를 이행하지 않고 퇴사한 경우에도 회사에 대하여 지분환급청구권을 가지지만, 회사는 출자액·이자·손해배상청구권 등을 가지고 이와 상계할 수 있다.

출자의무의 불이행시 계약의 해제나 해지에 관한 민법 제543조 내지 제553조의 규정이 적용될 수 있는지 문제될 수 있다. 판례는 조합계약에 대하여 이들 규정의 적용을 부정한 바 있는데(대법원 1969. 11. 25. 선고 64다1057 판결, 대법원 1994. 5. 13. 선고 94다7157 판결), 이러한 판례의 입장은 그대로 합명회사의 내부관계에도 적용 가능할 것이다.[11]

10 김정호, 회사법(제5판), 법문사(2019), 900; 김정호 “사원의 개별소권”, 고려대 법학논집 제27집(1992), 273.

11 김정호, 회사법(제5판), 법문사(2019), 902.

제 197 조 [지분의 양도]

사원은 다른 사원의 동의를 얻지 아니하면 그 지분의 전부 또는 일부를 타인에게 양도하지 못한다.

[관련조문] 상법 제37조, 제179조, 제180조, 제183조, 제197조, 제218조, 제219조, 제222조, 제223조, 제224조제225조, 제276조, 제335조, 민법 제342조, 민사집행법 제227조, 제251조.

[참고문헌] 권기범, 현대회사법론(제7판), 삼영사(2017); 김건식 외 2인, 회사법(제3판), 박영사(2018); 김홍기, 상법강의(제4판), 박영사(2019); 송옥렬, 상법강의(제9판), 홍문사(2019); 이철송, 회사법강의(제27판), 박영사(2019); 정동윤, 회사법(제6판), 법문사(2000); 정찬형, 상법강의(상)(제22판), 박영사(2019); 최기원, 신회사법론(제14판), 박영사(2012); 임홍근, "합자회사의 정관규정에 따라 지분권에 대한 명의신탁의 해지에 총사원의 동의를 요한다고 본 사례", 사법행정(통권 386호), 한국사법행정학회(1993).

Ⅰ. 본조의 취지

상법 제197조는 합명회사에 있어서 사원의 지분양도에 관하여 규정하고 있다. 지분양도는 당사자간의 계약에 의하는 것이기는 하나, 합명회사에서는 사원의 개성이 중시되고, 특히 사원은 회사채무에 관하여 직접·연대·무한의 책임을 지기 때문에 사원의 변동은 다른 모든 사원들에게 본질적인 이해가 걸린 문제가 된다. 따라서 제197조는 지분양도에 다른 사원 전원의 동의가 필요함을 규정하고 있다. 지분양도의 요건에 관해 인적회사인 합자회사의 경우도 유한책임사원의 지분은 무한책임사원 전원의 동의가 있어야 한다(제276조)고 규정하고 있는 반면, 물적회사의 전형인 주식회사의 경우 주주들은 위와 같은 인적책임을 부담하지 않으므로 원칙적으로 주식양도의 자유가 인정된다(제335조).

Ⅱ. 지분의 의의

합명회사의 지분에는 두 가지 의미가 있다. 첫째로는 주식과 마찬가지로 사원인 지위 또는 사원권(사원이 사원자격에서 회사에 대하여 갖는 법률상의 지위)을 말하고, 둘째로는 사원이 퇴사하거나 회사가 해산하는 경우에 사원자격에 기하여 회사로부터 환급받거나 회사에 지급할 재산상의 수액을 말한다(통설). 제197조에서 말하는 지분의 양도는 전자의 지분, 즉 사원의 지위 내지 사원권을 의미하고, 상법 제222조에서 말하는 사원의 지분의 환급은 후자의 지분을 의미한다. 사원권에는 업무집행권, 대표권, 감시권 등의 공익권과 이익배당청구권, 잔여재산분배청구권 등의 자익권이 있다. 즉 두번째 의미의 지분은 첫번째 의미의 지분을 경제적으로 평가한 것이라 할 수 있다.[1] 이러한 점에서 합명회사 사원의 지분의 의미는 공유자 또는 합유자가 공유물 또는 합유물에 대하여 갖는 재산상의 지분과는 근본적으로 다르다(대법원 1962. 5. 3. 선고 4294민상1590 판결 참조). 합명회사의 사원의 지분은 각 사원에게 1개만이 있고, 다만 그 크기가 각 사원의 출자액에 비례하여 상이할 뿐이다(지분단일주의). 이러한 점에서 유한회사, 주식회사의 지분이 균등한 비례적 단위로 되어 있는 점(지분복수주의)과 구별된다.

Ⅲ. 지분의 양도

1. 지분의 양도의 의의

지분의 양도라 함은 앞에서 말한 첫번째 의미의 지분, 즉 사원의 지위 내지 사원권을 그 대상으로 하여, 기존의 사원이 가지고 있는 사원으로서의 지위 내지 사원권의 전부 또는 일부를 계약에 의하여 타인에게 이전하는 행위이다. 지분단일주의를 근거로 지분의 일부 양도가 가능한가에 대한 의문이 제기되기도 하나, 제197조는 지분의 일부 양도를 명시적으로 인정하고 있다. 판례에 따르면 다른 사원에 대한 명의신탁을 해지하고 지분을 이전하는 경우도 제197조의 지분양도에 해당한다고 한다(대법원 1989. 11. 28. 선고 88다카33626 판결).

2. 지분양도의 요건

제197조는 합명회사 사원의 지분양도에 다른 사원의 동의를 요한다고 규정하고 있다. 지분의 양도는 당사자 간의 계약에 의하여 하지만, 합명회사에서는 사원의 인적 신뢰관계가 중시되기 때문에 지분의 양도가 그 효력을 발생하기 위해서는 다른 사원의 동의를 얻도록 한 것이다. 다른 사원의 동의라 함은 다른 사원 전

[1] 둘째 의미의 지분은 첫째 의미의 지분(사원권) 중 자익권을 의미하는 것이므로, 결국 합명회사의 사원의 지분은 사원권을 의미한다고 볼 수 있다(지분사원권설)고 설명하기도 한다[정찬형, 상법강의(상)(제22판), 박영사(2019), 575].

원의 동의를 의미한다. 다른 사원들의 동의는 효력발생요건이므로, 다른 사원 전원의 동의를 얻지 못한 경우 그 지분 양도는 효력이 없다(대법원 1989. 9. 29. 선고 89도113 판결[2]).

지분의 양도에 다른 사원 전원의 동의를 요구하는 상법 제197조를 임의규정으로 보고 정관으로 완화할 수 있다는 것이 다수설[3]이다. 그러나 이에 대하여 이를 임의규정으로 볼 법적 근거가 없을 뿐 아니라, 지분의 양도는 다른 사원의 책임에 영향을 주므로 일부 사원의 동의도 생략해서는 안 될 것이고, 동의요건을 완화하는 정관의 규정은 무효라는 견해[4]가 있다.

지분의 양도로 사원이 변동되지 않는 경우에도 다른 사원 전원의 동의가 필요한가에 대하여, 사원이 지분의 일부를 다른 사원에게 양도하는 경우 각 사원의 무한책임에 미치는 영향은 없다는 점에서 동의의 필요성에 대한 의문이 있을 수 있다. 그러나 퇴사할 때 지분환급의 범위가 달라질 수 있고, 정관으로 정하기에 따라서는 회사의 운영에도 영향을 줄 수 있기 때문에 마찬가지로 상법 제197조가 적용된다고 본다.[5]

동의의 시기 및 방식과 관련하여 동의는 사전이든 사후이든 상관없고,[6] 서면으로 할 필요도 없다. 동의는 반드시 사원총회를 개최하여 결의 형식으로 할 필요는 없고, 사원별로 개별적, 순차적으로 하여도 무방하다. 이는 인적회사의 사원총회 결의 자체에 특별한 형식이 필요 없기 때문이다(대법원 1995. 7. 11. 선고 95다5820 판결).

지분의 양도에 의하여 사원이 변경되는 때에는 정관의 변경이 뒤따르지만, 정관변경에 필요한 총사원의 동의는 이미 양도에 대한 동의에 포함된 것으로 본다.[7] 또한 지분의 양도를 제3자에게 대항하기 위해서는 지분양도에 따른 사원변경의 등기를 요한다(상법 제180조 제1호, 제179조 제3호, 제183조, 제37조). 사원변경 등

2 대법원 2020. 9. 30. 선고 2010다21337 판결(합자회사 사원 지분), 대법원 2014. 1. 23. 선고 2013다45044 판결(유한회사 사원 지분).

3 최기원, 신회사법론(제14판), 박영사(2012), 1026; 정동윤, 회사법(제6판), 법문사(2000), 757; 정찬형, 상법강의(상)(제22판), 박영사(2019), 576; 권기범, 현대회사법론(제7판), 삼영사(2017), 315; 김건식 외 2인, 회사법(제3판), 박영사(2018), 907.

4 이철송, 회사법강의(제27판), 박영사(2019), 165; 김홍기, 상법강의(제4판), 박영사(2019), 828.

5 이철송, 회사법강의(제27판), 박영사(2019), 165; 송옥렬, 상법강의(제9판), 홍문사(2019), 1295.

6 임홍근, "합자회사의 정관규정에 따라 지분권에 대한 명의신탁의 해지에 총사원의 동의를 요한다고 본 사례", 사법행정(통권 386호), 한국사법행정학회(1993).

7 정찬형, 상법강의(상)(제22판), 박영사(2019), 577; 김건식 외 2인, 회사법(제3판), 박영사(2018), 907.

기의 효력과 관련하여 판례는 "합자회사의 무한책임사원으로 갑이 등재되어 있는 상태에서 총사원의 동의로 을을 무한책임사원으로 가입시키기로 합의하였으나 그에 관한 변경등기가 이루어지기 전에 갑이 등기부상의 총사원의 동의를 얻어 제3자에게 자신의 지분 및 회사를 양도하고 사원 및 지분 변경등기까지 마친 경우, 구 상법(1995. 11. 30. 법률 제5053호로 개정되기 전의 것) 제37조 제1항에 의하면 등기할 사항은 등기와 공고 후가 아니면 선의의 제3자에게 대항하지 못하므로, 총사원의 동의로 을이 무한책임사원으로서의 지위를 취득하였다고 하더라도 그에 관한 등기가 마쳐지기 전에는 등기 당사자인 회사나 을로서는 선의의 제3자에게 을이 무한책임사원이라는 사실을 주장할 수 없으므로, 만약 제3자가 갑만이 유일한 무한책임사원이라고 믿은 데 대하여 선의라면, 회사나 을로서는 제3자가 을의 동의를 받지 아니하였음을 주장하여 그 지분양도계약이 효력이 없다고 주장할 수 없다."고 판시하였다(대법원 1996. 10. 29. 선고 96다19321 판결).

3. 지분양도의 효과

지분양도의 효과는 지분을 전부 양도한 경우와 일부 양도한 경우 차이가 있다. 지분의 전부를 양도하는 경우에는 양도인은 사원자격을 잃고 퇴사한다.[8] 양수인이 기존의 사원인 때에는 그 지분이 증가할 뿐이지만, 양수인이 사원이 아닌 때에는 입사에 의하여 사원자격을 취득하고 사원에 변동이 생기게 된다.

지분의 일부의 양도라 함은 지분을 그 계산상의 수액에서 분할하여 그 일부를 양도하는 것을 말하는데, 사원들간에 지분의 일부가 양도된 경우에는 지분의 분량적 증감만 있을 뿐이나, 양수인이 사원이 아닌 때에는 입사에 의하여 사원자격을 취득하게 된다. 이때 지분의 일부 양수인은 사원자격을 취득하는 동시에 지분양도인의 공익권과는 무관하게 공익권을 원시취득하는 것으로 해석된다.[9]

양도인이 분할출자를 하기로 약정한 경우에 아직 이행기에 이르지 아니한 추상적 출자의무는 지분의 양도에 따라 양수인에게 승계된다. 왜냐하면 이 출자의무도 지분의 내용이 되기 때문이다.[10] 지분양수인은 당해 영업연도의 이익에 대하여는 특약이 없는 한 양수 이후의 출자일수에 비례한 권리를 갖는다.[11] 지분의 전

8 이에 대해 지분 전부의 양도로 사원의 지위를 잃지만, 이는 상법이 말하는 '퇴사'는 아니라고 한다[이철송, 회사법강의(제27판), 박영사(2019), 167].

9 이철송, 회사법강의(제27판), 박영사(2019), 158; 정찬형, 상법강의(상)(제22판), 박영사(2019), 576.

10 정찬형, 상법강의(상)(제22판), 박영사(2019), 577.

부를 양도하여 퇴사한 사원도 지분양도에 따른 퇴사등기 전에 생긴 회사채무에 대하여는 등기 후 2년 내에는 다른 사원과 동일한 책임이 있다(상법 제225조 제2항).

IV. 지분의 상속

합명회사는 사원의 사망을 퇴사원인으로 규정하고 있다(상법 제218조 제3호). 사망을 퇴사원인으로 한 것은 합명회사는 사원들 사이의 인적 신뢰관계를 기초로 하고 있으므로 피상속인을 신뢰하더라도 상속인을 신뢰한다고 볼 수 없기 때문이다. 그러나 정관으로 상속인이 그 지위를 상속하도록 정하는 것은 상관이 없다. 정관으로 상속을 인정한 때 이러한 정관조항에는 승계약관 또는 가입약관이 있는데, 전자는 상속인의 승계의사 통지 없이, 후자는 상속인의 추가적인 승계의사 표시로 사원이 되는 조항을 말한다. 상법은 후자를 성문화 했다(제219조). 사원이 사망에 의하여 퇴사하고 상속인이 그 지위를 상속한 경우 상속인이 사원의 사망 전에 발생한 회사채무에 관하여 책임을 지는 것은 상속의 효과상 당연하다. 사원의 사망 후 퇴사등기를 하기 전에 발생한 채무에 관하여도 상속인이 책임을 지는가에 관하여는 견해가 나뉘나, 상법 제225조의 해석상 상속인에게 책임이 있다고 할 것이다.[12]

V. 지분의 입질

지분의 입질에 관해 상법의 규정이 없지만 지분은 재산적 가치가 있고 채권적인 성질이 있기 때문에 그 양도 및 압류(상법 제197조, 제223조)를 인정하므로 입질도 가능하다는 것이 통설·판례이다. 다만 지분의 입질도 양도와 마찬가지로 다른 사원 전원의 동의가 필요한지에 관해 다툼이 있다. 지분양도에 관한 상법의 규정(제197조)을 유추적용하여 다른 사원 전원의 동의가 있어야 한다는 것이 통설이다. 이 경우에도 지분의 질권자는 지분에 대한 경매권은 없고, 사원의 장차 구체화될 이익배당청구권, 지분환급청구권 및 잔여재산분배청구권에 그 질권의 효력을 가질 뿐이다[민법 제342조(물상대위)]. 이와 달리 입질 자체에 다른 사원의 동의는 필요 없고(즉, 동의가 없어도 장래에 채무자인 사원의 이익배당청구권 또는 지분환급

11 최기원, 신회사법론(제14판), 박영사(2012), 1027.
12 정동윤, 회사법(제6판), 법문사(2000), 758; 정찬형, 상법강의(상)(제22판), 박영사(2019), 577.

청구권이 구체화한 때에 그 권리에 지분압류의 효력이 미친다), 다만 채권자의 '지분의 환가'에 다른 사원의 동의가 필요하다는 견해[13]와 입질은 자유로이 할 수 있으나 지분의 성질상 질권의 효력은 이익배당청구권, 지분환급청구권 및 잔여재산분재청구권에 한하여 미칠 뿐이고 경매는 허용되지 않는다는 견해[14]가 있다.

Ⅵ. 지분의 압류

상법은 지분의 압류를 인정하면서, 압류의 효력은 사원의 장래 이익배당청구권과 지분환급청구권에 미치고(상법 제223조), 압류채권자는 6월전에 회사와 그 사원에 대하여 예고를 함으로써 영업연도말에 채무자인 사원을 퇴사시키고 그 지분환급청구권에 의하여 채권의 만족을 받을 수 있다(제224조 제1항). 이는 사원의 채권자가 사원의 지분을 압류하여도 상법 제179조의 규정에 따라 다른 사원(전원)의 동의를 얻어야만 이를 환가할 수 있는 점 등을 감안하여 보다 간편하게 채권자를 구제하기 위한 것이다(대법원 2014. 5. 29. 선고 2013다212295 판결). 다만 사원이 6월내에 변제를 하거나 상당한 담보를 제공한 때에는 압류채권자의 예고는 그 효력을 잃는다(제224조 제2항). 그리고 임의청산을 하려면 지분을 압류한 채권자의 동의를 얻어야 한다(제247조 제4항).

압류의 절차는 민사집행법 제251조에 의하여 준용되는 동법 제227조에 의한다. 따라서 합명회사 사원의 지분에 대한 압류는 그 사원을 채무자로, 회사를 제3채무자로 하여야 하고, 제3채무자인 회사에 송달되면 압류의 효력이 생긴다.

13 정동윤, 회사법(제6판), 법문사(2000), 759; 권기범, 현대회사법론(제7판), 삼영사(2017), 316.
14 김건식 외 2인, 회사법(제3판), 박영사(2018), 907; 송옥렬, 상법강의(제9판), 홍문사(2019), 1297.

제 198 조 [사원의 경업의 금지]

① 사원은 다른 사원의 동의가 없으면 자기 또는 제3자의 계산으로 회사의 영업부류에 속하는 거래를 하지 못하며 동종영업을 목적으로 하는 다른 회사의 무한책임사원 또는 이사가 되지 못한다.

② 사원이 전항의 규정에 위반하여 거래를 한 경우에 그 거래가 자기의 계산으로 한 것인 때에는 회사는 이를 회사의 계산으로 한 것으로 볼 수 있고 제3자의 계산으로 한것인 때에는 그 사원에 대하여 회사는 이로 인한 이득의 양도를 청구할 수 있다. <개정 1962.12.12>

③ 전항의 규정은 회사의 그 사원에 대한 손해배상의 청구에 영향을 미치지 아니한다.

④ 제2항의 권리는 다른 사원 과반수의 결의에 의하여 행사하여야 하며 다른 사원의 1인이 그 거래를 안 날로부터 2주간을 경과하거나 그 거래가 있은 날로부터 1년을 경과하면 소멸한다.

[관련조문] 상법 제195조, 제205조, 제216조, 제220조, 민법 제710조.

[참고문헌] 권기범, 현대회사법론(제7판), 삼영사(2017); 김건식 외 2인, 회사법(제3판), 박영사(2018); 김정호, 회사법(제5판), 법문사(2019); 이철송, 회사법강의(제27판), 박영사(2019); 정찬형, 상법강의(상)(제22판), 박영사(2019); 주석 상법, 회사편(1)(제5판), 한국사법행정학회(2014); 최기원, 신회사법론(제14판), 박영사(2012); 송양호, "상법상 경업금지 법리의 새로운 전개", 경영법률(제24집 제4호), 한국경영법률학회(2014).

Ⅰ. 본조의 취지

상법 제198조는 합명회사의 사원의 경업금지와 관련된 사항을 규정하고 있다. 합명회사는 자기기관의 원칙에 따라 사원이 업무집행을 하는 만큼 영업기밀이 사원에게 쉽게 노출될 수 있고, 업무집행권을 가지지 않은 경우에도 사원은 감시권(상법 제195조, 민법 제710조) 등을 가지고 있으므로 그 지위를 이용하여 회사와 다른 사원의 이익을 희생시키고 자기의 이익을 꾀할 우려가 있다. 이와 같은 회사와 사원간의 이익충돌을 방지하기 위하여 사원의 경업금지의무를 규정한 것이 제

198조의 취지이다. 따라서 사원의 겸직금지는 노력분산을 막는 차원보다는 회사와의 이익충돌을 방지하는 것이 주목적이라고 할 수 있으므로, 대표권 또는 업무집행권의 유무와 관계없이 모든 사원에게 적용된다.

합명회사는 인적회사이므로 사원 상호간의 인적신뢰를 바탕으로 하는바, 이로 인해 모든 사원은 회사 및 다른 사원에 대하여 일반적인 충실의무를 부담하게 된다.[1] 사원의 충실의무란 공동체의 목적달성을 위하여 모든 노력을 경주하고 회사 및 타사원에게 해가되는 일체의 행동을 자제하여야 할 의무이다.[2] 이러한 일반적 충실의무로부터 경업금지의무, 자기거래금지의무 등 구체적 의무가 도출된다. 제198조는 회사의 내부관계를 규율하는 규정으로서 임의법규라고 보아야 할 것이다. 따라서 정관의 규정으로 그 의무를 강화, 축소하거나 면제할 수 있다.[3]

Ⅱ. 의무의 내용

1. 경업금지

사원은 다른 사원의 동의가 없으면 자기 또는 제3자의 계산으로 회사의 영업부류에 속하는 거래를 하지 못한다(제198조 제1항 전단). 여기서 '자기 또는 제3자의 계산으로'라는 것은 법률행위를 누구의 명의로 하였는지, 그 거래로 인한 권리의무가 누구에게 귀속하는지에 관계없이 '경제적 효과'가 자기 또는 제3자에게 미치는 것을 말한다. 그리고 '회사의 영업부류에 속하는 거래'라는 것은 회사가 실제로 하는 사업과 시장에서 경합하고 회사와의 사이에 이익충돌을 가져올 가능성이 있는 거래를 뜻한다. 따라서 그 구체적인 해당 여부는 정관기재의 문언을 형식적으로 판단할 것이 아니고 실제로 회사가 영위하고 있는 영업을 기준으로 거래계의 통념에 의하여 객관적·추상적으로 판단하여야 할 것이다. 회사의 정관에 기재한 목적인 사업 자체에 속한 거래뿐만 아니라 이에 부속한 거래를 포함한다. 그러나 영리적 성질이 없는 거래 또는 보조적 행위는 이에 포함되지 않는다. 예컨대 건축회사의 사원이 자기의 주거용으로 주택을 건축하는 것과 같다. 회사가 일시 휴업

1 사원이 충실의무까지 지느냐에 관하여 일본 회사법은 이를 명시하고 있고(일본 회사법 제598조 제2항), 독일 상법상으로는 명문 규정은 없으나 사원 상호 간 및 사원과 회사 간에 이를 긍정하는 것이 통설과 판례의 입장이다.

2 김정호, 회사법(제5판), 법문사(2019), 909.

3 이철송, 회사법강의(제27판), 박영사(2019), 162; 최기원, 신회사법론(제14판), 박영사(2012), 1022; 정찬형, 상법강의(상)(제22판), 박영사(2019), 572.

중인 때에도 적용됨은 물론이나, 일시적인 휴업이 아니라 영업폐지의 의사로 사실상 영업을 하지 않는 경우 또는 전혀 준비도 하지 않고 있는 사업에는 경업피지의 규정이 적용되지 않는다.[4]

2. 겸직금지

사원은 다른 사원의 동의가 없으면 동종영업을 목적으로 하는 다른 회사의 무한책임사원 또는 이사가 되지 못한다(제198조 제1항 후단). 여기서 '동종영업을 목적으로 하는지'는 앞서의 '회사의 영업부류에 속하는지'와 같은 기준으로 판단하면 될 것이다. 모든 사원에 대하여 동종영업을 목적으로 하는 회사에 한하여 겸직을 금지한 취지는 사원의 정력분산의 방지보다 회사와의 이익충돌을 방지하는 데 그 목적이 있기 때문이다. 법문상 다른 회사의 무한책임사원 또는 이사가 되는 것을 금지하므로 유한책임사원(합자회사, 유한회사), 주주(주식회사) 또는 감사가 되는 것은 가능하다.[5] 그러나 상법 제17조에 의하여 상업사용인과 합명회사 사원(무한책임)의 지위는 겸직할 수 없다.

3. 사원의 동의

사원의 경업은 전면적인 금지가 아니라 다른 사원의 동의가 있으면 허용된다. 제198조에서의 사원의 동의는 사원 전체, 즉 업무집행권의 유무와 관계없이 나머지 사원 전원의 동의를 의미한다. 동의의 방식에는 제한이 없으므로 명시적이든 묵시적이든 이를 묻지 아니하고, 반드시 개개의 거래마다 동의를 받을 필요는 없으며 거래의 범위·대상을 한정하는 등 그 영향을 예측할 수 있으면 포괄적으로 동의를 하여도 무방하다고 할 것이다.[6] 사후동의가 허용되는지에 관하여, 동의는 사전동의를 원칙으로 하며, 사후동의는 경업을 허용하는 것으로서의 동의가 아니라 의무위반으로 인하여 생긴 회사의 청구권을 포기하는 효력을 생기게 할 뿐이라는 것이 지배적 견해이다.[7] 그러나 효력면에서는 동일하므로 사후동의도 추인으로 보아 허용된다는 견해도 있다.[8] 다른 사원 전원의 동의를 요구하는 본

4 주석 상법, 회사편(1)(제5판), 한국사법행정학회(2014), 217(정동윤); 최기원, 신회사법론(제14판), 박영사(2012), 1022; 권기범, 현대회사법론(제7판), 삼영사(2017), 306.
5 김건식 외 2인, 회사법(제3판), 박영사(2018), 903.
6 주석 상법, 회사편(1)(제5판), 한국사법행정학회(2014), 218(정동윤).
7 주석 상법, 회사편(1)(제5판), 한국사법행정학회(2014), 218(정동윤).
8 김건식 외 2인, 회사법(제3판), 박영사(2018), 904.

조 규정은 임의규정이라고 할 것이므로 정관으로 경업금지의무를 아예 배제하거나(이 경우 사원의 동의 불요) 또는 동의 요건을 완화하는 것이 가능하다.[9]

Ⅲ. 의무위반의 효과

경업금지의무에 위반한 경우에도 그 행위 자체는 유효하다. 다만 회사는 다음과 같은 조치를 취할 수 있다.

1. 개입권 행사

사원이 경업금지의무를 위반하여 거래를 한 경우에 그 거래가 자기의 계산으로 한 것인 때에는 회사는 이를 회사의 계산으로 한 것으로 볼 수 있고 제3자의 계산으로 한 것인 때에는 그 사원에 대하여 회사는 이로 인한 이득의 양도를 청구할 수 있다(제198조 제2항). 이를 개입권(Eintrittsrecht)이라고 한다.

사원이 경업금지의무를 위반한 경우 개입권을 행사할 수 있으나, 사원이 겸직금지의무에 위반한 경우에는 회사는 개입권을 행사할 수 없다(통설). 개입권은 사원 과반수의 결의에 의하여 행사하여야 한다(제198조 제4항). 개입권은 손해배상청구권의 행사와 달리 회사가 손해를 증명할 필요가 없다는 장점이 있다. 개입권은 형성권의 일종으로, 그 행사는 회사의 일방적 의사표시로 한다. 개입권 행사의 효과는 채권적이어서, 회사가 경업 거래의 당사자 지위에 사원 대신 들어서는 것은 아니다.

사원이 경업금지의무를 위반한 경우 그 위반이 한 번만의 거래일 경우에는 회사는 개입권을 행사하는 것이 용이하나, 경업금지의무를 부담하는 자가 계속적으로 경업금지의무를 위반을 하는 경우에는 회사는 개입권을 행사하는 것보다 손해액의 입증을 통하여 손해배상을 청구하는 것이 더 효과적일 수 있다. 일본에서 개입권의 폐지에 대한 오랜 논의 끝에 개입권을 폐지하고 1981년 상법개정으로 손해액추정방식으로 변화를 주었고 2005년 상법개정으로 손해액추정방식으로 일원화하였지만 손해액 입증이 어려운 경우에 있어서는 개입권을 행사하는 것이 합리적이기 때문에 개입권의 존치 실익이 있다.[10]

개입권 행사에는 제척기간의 제한이 있는바, 다른 사원의 1인이 그 거래를 안

9 최기원, 신회사법론(제14판), 박영사(2012), 1022; 권기범, 현대회사법론(제7판), 삼영사(2017), 306.
10 송양호, "상법상 경업금지 법리의 새로운 전개", 경영법률(제24집 제4호), 한국경영법률학회(2014).

날로부터 2주간, 그 거래가 있은 날로부터 1년을 경과하면 소멸한다(제198조 제4항). 이 기간은 제척기간이다. 겸직금지의무에 위반한 경우에는 개입권은 행사할 수 없고 손해배상, 제명 및 권한상실선고를 청구할 수 있다.

2. 손해배상청구

회사는 의무위반 사원에 대해 손해배상청구가 가능하다. 개입권과 달리 경업금지의무 뿐만 아니라 겸직금지의무를 위반한 경우도 포함한다. 그리고 회사가 개입권을 행사하는 경우에도 그와 별도로 손해배상을 청구할 수 있다(제198조 제3항).

3. 제명청구

사원에게 상법 제198조 제1항 규정에 위반한 사유, 즉 경업금지의무 또는 겸직금지의무를 위반한 행위가 있는 때에는 회사는 다른 사원 과반수의 결의에 의하여 그 사원의 제명의 선고를 법원에 청구할 수 있다(제220조 제1항 제2호).

업무집행사원 또는 대표사원이 위 의무를 위반한 경우 그것이 '업무를 집행함에 현저하게 부적임하거나 중대한 의무 위반'에 해당한다면 다른 사원은 해당 사원에 대하여 '업무집행권 또는 대표권의 상실의 선고'를 법원에 청구할 수 있다(상법 제205조 제1항, 제216조). 이는 회사와 별도로 사원의 지위에서 취할 수 있는 조치이다.

제 199 조 [사원의 자기거래]

사원은 다른 사원 과반수의 결의가 있는 때에 한하여 자기 또는 제3자의 계산으로 회사와 거래를 할 수 있다. 이 경우에는 민법 제124조의 규정을 적용하지 아니한다.

[관련조문] 상법 제195조, 제205조, 제216조, 제220조, 제265조, 제266조, 제398조, 민법 제124조, 제681조, 제707조.

[참고문헌] 김건식 외 2인, 회사법(제3판), 박영사(2018); 서돈각/정완영, 상법강의(상)(제4전정판), 법문사(1999); 이철송, 회사법강의(제27판), 박영사(2019); 장덕조, 회사법(제4판), 법문사(2019); 정찬형, 상법강의(상)(제22판), 박영사(2019); 주석 상법, 회사편(1)(제5판), 한국사법행정학회(2014).

Ⅰ. 본조의 취지

상법 제199조는 합명회사 사원과 회사 사이의 거래(자기거래)에 대한 제한에 관하여 규정하고 있다. 합명회사 사원은 직접적인 업무집행행위 또는 그에 대한 감시행위를 할 수 있고 이를 통해 회사의 영업기밀에 쉽게 접근할 수 있다. 사원이 이와 같은 지위를 이용하여 회사의 희생으로 사익을 도모하는 경우를 방지하여 회사와 다른 사원의 이익을 보호하려는 것이 제199조의 취지이다. 따라서 대표권 또는 업무집행권의 유무와 관계없이 모든 사원에게 적용된다. 제199조는 합명회사의 청산인과 청산회사와의 거래(제265조), 합자회사의 무한·유한책임사원과 회사와의 거래(제269조)에도 준용되고 있다.[1]

Ⅱ. 제한을 받는 거래

제199조에 의하여 제한을 받는 거래는 사원이 '자기 또는 제3자의 계산'으로 하는 '회사와의 거래'이다. 여기서 '자기 또는 제3자의 계산'이라는 것은 법률행위를 누구의 명의로 하였는지, 그 거래로 인한 권리의무가 누구에게 귀속하는지에 관계없이 '경제적 효과'가 자기 또는 제3자에게 미치는 것을 말한다.

1 합명회사의 청산인과 합자회사의 유한책임사원은 자기거래 제한을 받으나, 경업피지의무는 지지 아니한다.

'회사와의 거래'에 있어서 그 거래란 계약뿐만 아니라 채무면제와 같은 단독행위, 채무승인, 사무관리와 같은 준법률행위도 포함된다. 다만 거래의 성질상 이익충돌의 염려가 없는 거래는 본조의 거래에 포함되지 않는다. 따라서 회사에 대한 부담 없는 증여, 채무의 이행, 상계 및 약관에 의하여 정형적으로 체결되는 운송계약, 보험계약 등[2]은 제한의 대상이 아니다. 어음행위가 제199조의 제한을 받는 거래에 포함되는가에 관하여는 견해가 나뉜다. 어음행위는 원인행위와 절단되어 있고 거래의 수단에 불과하여 성질상 이해충돌을 일으키는 행위가 아니라는 이유로 제199조가 적용되지 않는다는 견해가 있다.[3] 그러나 어음행위는 원인관계와는 다른 새로운 채무를 발생시키고, 어음행위자는 항변의 절단과 증명책임의 전환에 의하여 원인관계상의 채무보다 엄격한 책임을 부담하며, 특히 부도시에는 거래정지 처분의 불이익을 입기 때문에 어음행위도 제199조의 거래에 포함된다고 할 것이다. 이 견해가 통설이고 판례의 입장도 같다(대법원 1974. 1. 15. 선고 73다955 판결 등 다수). 수표행위의 경우에도 마찬가지이다.[4]

회사와의 거래에는 사원 또는 제3자가 직접 회사의 거래상대방이 되는 경우(직접거래)도 있지만 회사의 거래로 인한 결과적인 이득이 사원 또는 제3자에게 귀속되어 실질적으로는 회사와 사원 사이에 이해충돌을 일으키는 경우, 즉 간접거래도 이에 포함되는지 문제될 수 있다. 통설은 간접거래도 제한의 대상이 되는 자기거래에 포함된다고 보고 있고, 판례도 같은 입장이다(대법원 1974. 1. 15. 선고 73다955 판결). 예컨대 회사가 사원의 채권자와 사이에 사원의 채무에 대한 보증 또는 담보설정계약을 체결하거나 그 채무를 인수하는 것은 자기거래로서 제한의 대상이 된다.

Ⅲ. 사원 과반수의 결의

자기거래는 다른 사원 과반수의 결의가 있으면 허용된다. 사원이 2인인 회사에서는 다른 사원 1인의 동의로 충분하다고 할 것이다. 이 동의는 개개의 거래에 대하여 개별적으로 하여야 하나, 반복되고 있는 동종·동형의 거래에 관하여는 종

2 약관에 의해 체결되는 계약이라도 그 계약체결 자체가 사원에 대한 특혜가 되고 회사가 위험을 부담할 때에는 역시 제한의 대상이 된다고 한다[이철송, 회사법강의(제27판), 박영사(2019), 758].

3 서돈각/정완영, 상법강의(상)(제4전정판), 법문사(1999), 446.

4 주석 상법, 회사편(1)(제5판), 한국사법행정학회(2014), 220(정동윤).

류·기간·금액의 한도 등 합리적 범위를 정하여 포괄적으로 동의하여도 상관이 없다.[5] 이 동의는 사전에 하여야 한다. 사후의 동의가 허용되는가에 관하여는 다툼이 있다. 사후의 동의가 있으면 새로운 행위를 한 것과 같으므로 이것은 금할 필요가 없다고 보는 일부 견해가 있으나, 사후의 동의를 허용한다면 사원은 이를 예상하여 함부로 회사와 거래할 염려가 있으므로 이를 부정하여야 할 것이다(통설). 주식회사 이사의 자기거래 제한에 관하여는 2011년 상법개정을 통해 '미리' 이사회의 승인을 받아야 하는 것으로 명시하고 있다(상법 제398조 참조).

다른 사원 과반수의 결의가 있는 때에는 자기계약, 쌍방대리 금지에 관한 민법 제124조의 규정을 적용하지 않는다(상법 제199조 제2문). 민법상 자기계약이나 쌍방대리는 본인 동의가 없는 한 그 거래가 금지되지만 다른 사원 과반수의 결의가 있으면 결국 본인 동의가 있는 것과 마찬가지로 보는 셈이다.[6]

Ⅳ. 제한위반의 효과

다른 사원 과반수의 결의 없이 한 자기거래의 효력에 관하여, 회사 이익의 보호와 거래안전의 보호의 요청 가운데 어느 것에 중점을 둘 것인가에 따라 견해가 나뉜다. 다른 사원 과반수의 동의가 없는 자기거래는 무효이고 제3자는 민법의 선의취득에 관한 규정에 의하여 보호될 뿐이라는 견해(무효설), 다른 사원 과반수의 동의가 없어도 자기거래는 유효하고 회사는 상대방인 사원 또는 악의의 제3자에 대하여는 일반적 악의의 항변 또는 권리남용의 항변으로써 대항하여 그 무효를 주장할 수 있다는 견해(유효설) 및 다른 사원 과반수의 동의가 없으면 그 거래는 당사자 사이에서는 무효이지만 선의의 제3자에게는 그 무효를 주장할 수 없다고 보는 견해(상대적 무효설)가 있다. 상대적 무효설이 회사이익의 보호와 거래안전의 보호라는 상반된 두 요청을 잘 조화시키고 있으므로 가장 타당한 견해라고 할 것이다.[7] [8] 주식회사 이사의 자기거래금지의무 위반 사안이기는 하나 판례는 제3자가 선의이더라도 이사회의 결의가 필요한 사실과 이사회의 결의가 없었다는 사실을 알지 못한 데에 중대한 과실이 있는 경우에는 악의인 경우와 같이

5 주석 상법, 회사편(1)(제5판), 한국사법행정학회(2014), 221(정동윤).
6 김건식 외 2인, 회사법(제3판), 박영사(2018), 904.
7 정찬형, 상법강의(상)(제22판), 박영사(2019), 573; 김건식 외 2인, 회사법(제3판), 박영사(2018), 905.
8 주식회사 이사의 자기거래금지(상법 제398조) 위반의 효과에 관해 상대적 무효설이 통설, 판례(대법원 1973. 10. 31. 선고 73다954 판결 등)의 입장이다.

자기거래는 제3자에 대하여도 무효라고 판시하여(대법원 2004. 3. 25. 선고 2003다64688 판결) 제3자가 악의인 경우뿐만 아니라 중과실이 있는 경우에도 회사는 무효를 주장할 수 있다는 입장이다.

제199조의 제한에 위반한 자기거래로 인하여 회사에 손해가 발생한 경우에는 사원은 손해배상책임을 진다(상법 제195조, 민법 제707조, 제681조). 또한 손해배상책임과 별개로 제명이나 업무집행권 또는 대표권 상실선고의 원인이 될 수 있다(상법 제220조, 제205조 제1항, 제216조). 다만 제명과 관련하여 상법 제220조 제1항에서 명시적인 제명사유로 규정하고 있지 않음을 이유로 경업금지의무 위반과 달리 제명사유에 해당하지 않는다는 견해도 있다.[9] 사원의 자기거래금지의무 위반의 태양과 정도 등을 따져서 제220조 제1항 제3호 또는 제4호('기타 중요한 사유가 있는 때')에 해당하는지 여부를 판단하면 될 것이다.

9 정찬형, 상법강의(상)(제22판), 박영사(2019), 573; 장덕조, 회사법(제4판), 법문사(2019), 608.

제 200 조 [업무집행의 권리의무]

① 각 사원은 정관에 다른 규정이 없는 때에는 회사의 업무를 집행할 권리와 의무가 있다.

② 각 사원의 업무집행에 관한 행위에 대하여 다른 사원의 이의가 있는 때에는 곧 행위를 중지하고 총사원과반수의 결의에 의하여야 한다.

[관련조문] 상법 제195조, 제197조, 제198조, 제199조, 제201조, 제202조, 제203조, 제204조, 제211조, 제220조, 제227조, 제251조, 민법 제706조, 제708조.

[참고문헌] 권기범, 현대회사법론(제7판), 삼영사(2017); 김건식 외 2인, 회사법(제3판), 박영사(2018); 김정호, 회사법(제5판), 법문사(2019); 김홍기, 상법강의(제4판), 박영사(2019); 이범찬 외 3인, 회사법(제2판), 삼영사(2018); 이철송, 회사법강의(제27판), 박영사(2019); 정동윤, 회사법(제6판), 법문사(2000); 정찬형, 상법강의(상)(제22판), 박영사(2019); 최기원, 신회사법론(제14판), 박영사(2012); 최준선, 회사법(제14판), 삼영사(2019); 박재근, "합명회사의 업무집행", 서울대학교 법학(제48권 제1호)(2007).

Ⅰ. 본조의 취지

상법 제200조는 합명회사에 있어서 사원의 업무집행 권리·의무와 다른 사원의 이의권에 관하여 규정하고 있다. 합명회사는 사원이 직접·연대·무한책임을 지고 사원 개개인의 개성이 중시되는 인적회사로서 소유와 경영이 분리되지 아니하므로 각 사원은 원칙적으로 별도의 선임절차 없이 당연히 업무집행기관이 되는바(자기기관의 원칙), 제200조 제1항은 이를 명확히 하고 있다. 이것은 인적회사인 합명회사의 특색으로서 물적회사인 주식회사와는 현저히 다른 점이다. 그리고 각 사원의 업무집행권에 대한 견제수단으로 다른 사원의 이의권을 인정하고 있다.

Ⅱ. 업무집행의 의의

업무집행이란 회사의 목적을 달성하기 위하여 행하여지는 모든 활동을 말한다.[1] 계약의 체결, 소송의 수행, 사용인의 채용 등과 같은 법률행위뿐만 아니라 제품의 제조, 장부의 작성, 직원의 지휘 및 감독 등과 같은 사실행위도 포함한다. 또한 회사의 대내적·대외적 행위를 모두 포함하는데, 대외적 행위의 경우에는 회사대표행위가 수반된다. 즉 회사대표는 업무집행의 대외적 측면이라고 볼 수 있다. 따라서 원칙적으로 업무집행권한을 보유한 사원만이 회사 대표권을 가질 수 있다. 다만 예외적으로 회사와 사원간의 소에 관한 대표자(상법 제211조) 및 청산인(제251조 제1항)의 경우 사원 아닌 자가 맡을 수 있다.

회사의 기초에 관한 행위와 사원 상호 간의 관계에 관한 행위는 업무집행에 포함되지 아니한다. 따라서 정관의 변경, 사원의 입사 및 제명, 지분의 양도에 대한 동의, 회사의 전 재산의 양도, 업무집행권한과 대표권한의 부여 및 박탈, 업무집행에 대한 보수의 결정, 결산의 승인 등은 업무집행에 포함되지 않고, 정관이나 법률에 다른 정함이 없으면 사원 전원의 동의로 결정하여야 한다.[2]

Ⅲ. 업무집행기관

1. 원칙 - 자기기관

합명회사의 각 사원은 정관에 다른 규정이 없는 때에는 회사의 업무를 집행할 권리와 의무가 있다(제200조 제1항). 각 사원은 별도의 선임절차 없이 업무집행기관을 구성함으로써 사원자격과 기관자격이 일치하게 되는데, 이를 자기기관(Sellbstorganschaft) 또는 자기기관의 원칙(Prinzip der Sellbstorganschaft)이라 한다.[3] 이와 같이 합명회사는 소유와 경영이 일치하고 기관의 분화가 이루어지지 않았다는 점에서 소유와 경영이 분리되어 있는 주식회사와 큰 차이가 있다.

사원이 아닌 자에게 업무집행권한을 부여할 수 있는지가 문제될 수 있는데, 정관의 규정이나 총사원의 동의가 있더라도 사원 아닌 자에게 업무집행을 맡길 수 없다는 것이 통설이다. 따라서 총사원의 업무집행권을 박탈하고 제3자를 업무

1 업무집행의 개념에 대하여 '정관에 정하여진 목적(사업)'을 달성하기 위한 직·간접의 대내·외적인 업무활동이라거나 회사조직을 유지하고 '회사의 목적이 되는 사업'을 수행하기 위해 하는 활동이라고 설명하기도 하는데, 업무집행의 개념을 회사의 목적사업에 관한 것으로 제한하는 문제점이 있다.[박재근, "합명회사의 업무집행", 서울대학교 법학(제48권 제1호)(2007), 206].

2 박재근, '합명회사의 업무집행'(2007. 3.), 208.

3 사원의 업무집행권은 일종의 의무적 권한의 속성을 갖는다[권기범, 현대회사법론(제7판), 삼영사(2017), 318].

집행기관에 임명할 수는 없다. 그러나 회사가 적어도 1인의 업무집행사원을 두면서 고용계약으로 지배인을 선임하거나 경영도입계약(Betriebsführungsvertrag)에 의하여 제3자에게 업무집행권한과 동일한 포괄적인 대리권 내지 대행권을 위임하는 것은 대리나 대행의 법리상 허용된다는 견해[4]가 있다.

2. 예외 - 업무집행사원

예외적으로 정관으로, 사원의 1인 또는 수인을 업무집행사원으로 정한 때에는 그 사원이 회사의 업무를 집행할 권리와 의무가 있고(상법 제201조 제1항), 수인의 사원을 공동업무집행사원으로 할 수도 있다(제202조). 이 경우에는 업무집행사원만이 회사의 업무를 집행할 권리와 의무가 있고 다른 사원은 업무집행권을 잃는다. 업무집행권 없는 사원이 권한 없이 업무를 집행하거나 회사를 대표한 때에는 제명사유가 된다(제220조 제1항 제3호).

IV. 업무집행의 방법

합명회사의 업무집행은 업무집행의 의사결정과 결정된 의사의 실행이라는 두 단계로 나눌 수 있다.

1. 의사결정

가. 의사결정은 정관에 특별한 정함이 없으면 원칙적으로 사원의 과반수로써 결정하고, 별도로 업무집행사원을 정한 경우에는 그 사원의 과반수로써 결정한다(상법 제195조, 민법 제706조 제2항).[5] 사원의 의결권은 원칙적으로 사원의 머릿수에 의한다(두수주의). 각 사원의 출자액이 다르더라도 모든 사원이 무한책임을 지므로 회사의 운영결과에 대해 누구나 대등한 크기의 위험을 부담하기 때문이다. 그러나 정관으로 달리 정할 수 있으므로, 예컨대 출자의 가액에 따라 의결권을 인정할 수도 있다.[6]

4 권기범, 현대회사법론(제7판), 삼영사(2017), 319.

5 상법은 합명회사 업무집행의 의사결정에 관하여 따로 규정을 두지 않아 민법 규정을 준용하게 되나, 일본 회사법은 지분회사에 관하여 업무집행의 의사결정은 업무집행사원의 과반수로 하되(일본 회사법 제590조 제2항), 일상업무는 각 업무집행사원이 단독으로 할 수 있다(일본 회사법 제590조 제3항)고 규정하고 있다. 독일 회사법 제116조는 합명회사 사원의 업무집행권의 범위에 관하여 규정하고 있는데, 사원의 업무집행권한은 회사의 통상의 경영에 따르는 일체의 행위에 미치지만(동조 제1항), 이를 초과하는 업무집행을 하려면 총사원의 결의가 필요하다(동조 제2항)고 규정하고 있다.

6 최기원, 신회사법론(제14판), 박영사(2012), 1019; 권기범, 현대회사법론(제7판), 삼영사(2017), 325; 김정호, 회사법(제5판), 법문사(2019), 903.

보통의 의사결정은 의결권의 과반수로 정하는 것이 원칙이나(상법 제195조, 민법 제706조 제2항, 개별적으로 상법 제198조 제4항, 제199조, 제200조 제2항, 제203조, 제211조, 제220조 등은 과반수 결의를 명시함), 중대한 사안에서는 총사원의 동의를 요한다(상법 제197조, 제198조 제1항, 제204조, 제227조 제2호 등). 다만 민법 제706조 제3항이 준용된다고 할 것이므로, 업무집행사항 중 통상사무, 즉 일상적인 업무는 그 완료 전에 다른 사원이 이의권을 갖는 것을 전제로 각 사원이 전행할 수 있다고 보아야 할 것이다. 신속한 의사결정을 필요로 하는 합명회사에 있어서 오히려 민법상의 조합보다 의사결정절차를 강화하여 통상사무까지 사원 과반수의 결의를 거치도록 할 필요는 없기 때문이다.[7]

나. 의사결정을 함에 있어서 사원총회 등 회의체로 결의를 하여야 하는 것은 아니다(비회의체 결의의 허용). 합명회사와 같은 인적회사는 내부적인 조합성이 강한 회사형태로서 사원들 간의 인적신뢰가 회사존립의 바탕이 되므로 굳이 일정한 장소와 시간에 함께 모여 공동의 의사를 형성할 필요는 없고 어떠한 방법이든 의견수렴을 하면 된다. 따라서 서면에 의한 의사결정도 가능하다(대법원 1995. 7. 11. 선고 95다5820 판결).

다. 사원의 의결권은 다른 공익권과 마찬가지로 이를 사원자격과 분리하여 양도하지 못하고, 원칙적으로 제3자에게 위임하는 것도 허용되지 아니한다. 의결권의 대리행사가 가능한지에 관하여, 합명회사에서는 사원의 개성이 중시되고 각 사원이 회사채무에 대하여 무한책임을 지기 때문에 의사결정에서는 원칙적으로 의결권의 대리행사가 허용되지 아니한다는 견해[8]와 정관으로 일정한 범위를 정하거나 사원 전원이 동의하는 경우에는 대리행사가 허용될 수 있다는 견해[9]가 있다. 사원 간에 체결된 의결권 구속계약(사원 간의 의결권 행사에 관한 일정한 약정)도 강행법규에 반하지 않는 한 채권계약으로서 유효하다고 본다.[10]

라. 의사결정을 함에 있어서 결의 내용에 특별이해관계가 있는 사원은 의결권이 제한된다. 예컨대, 지분양도승인 결의시 지분을 양도하고자 하는 사원(상법

7 권기범, 현대회사법론(제7판), 삼영사(2017), 321.

8 이철송, 회사법강의(제27판), 박영사(2019), 161; 정찬형, 상법강의(상)(제22판), 박영사(2019), 571; 김건식 외 2인, 회사법(제3판), 박영사(2018), 902; 이범찬 외 3인, 회사법(제2판), 삼영사(2018), 612.

9 김정호, 회사법(제5판), 법문사(2019), 904; 이범찬 외 3인, 회사법(제2판), 삼영사(2018), 612; 권기범, 현대회사법론(제7판), 삼영사(2017), 326(독일의 통설이고 일본의 유력설이라고 한다).

10 정동윤, 회사법(제6판), 법문사(2000), 753; 권기범, 현대회사법론(제7판), 삼영사(2017), 326.

제197조), 경업승인 결의시 경업을 하고자 하는 사원(제198조), 자기거래승인 결의시 회사와 거래하고자 하는 사원(제199조), 제명 결의시 제명 대상 사원(제220조) 등은 해당 의사결정에 의결권을 행사할 수 없다.

마. 합명회사의 경우 주식회사와 달리 의사결정(사원 결의)의 하자를 다투는 소가 마련되어 있지 않으므로 결의 하자에 대해서는 민사소송법상의 일반 무효확인의 소에 의해 효력을 다투어야 할 것이다(대법원 1991. 6. 25. 선고 90다14058 판결). 일반 무효확인의 소의 방식에 따르므로 소의 이익이 있는 한 누구라도 그 효력에 관해 다툴 수 있으나, 피고는 회사를 상대로 하여야 한다(위 같은 판결).

2. 업무집행의 실행

가. 사원의 경우(업무집행사원의 정함이 없는 경우)

업무집행의 실행은 정관에 다른 규정이 없는 때에는 각 사원이 단독으로 할 수 있다(제200조 제1항). 이를 단독업무집행(Einzelgeschäftsführung)의 원칙이라고 한다. 업무집행에 대한 의사결정은 총사원 과반수의 결의로 정하더라도 결정된 업무집행의 실행 및 일상업무의 결정·실행은 각 사원이 단독으로 할 수 있는 것이다. 이것은 상사회사인 합명회사의 업무집행에 기동성을 부여하기 위한 입법적 배려이다.[11]

단독업무집행의 경우에 각 사원의 업무집행에 관한 행위에 대하여 다른 사원의 이의가 있는 때에는 곧 그 행위를 중지하고 총사원 과반수의 결의에 의하여야 한다(제200조 제2항). 이를 이의권(Widerspruchsrecht)이라고 하는데 이는 각 사원의 단독업무집행권에 대한 상호보완적 목적을 위하여 인정하는 것이다. 즉, 이의제기는 일종의 업무집행에 속하므로 업무집행권이 박탈된 사원에게는 인정되지 않고,[12] 업무집행사원을 선임한 경우에는 업무집행의 권한이 있는 사원에게만 인정되며(상법 제201조 제2항), 공동업무집행사원인 경우에 이의권은 공동으로만 행사할 수 있다.

나. 업무집행사원의 경우

각 사원의 단독업무집행이 원칙이지만 정관으로 사원의 1인 또는 수인을 업

11 김정호, 회사법(제5판), 법문사(2019), 906.
12 최기원, 신회사법론(제14판), 박영사(2012), 1020; 권기범, 현대회사법론(제7판), 삼영사(2017), 322; 김정호, 회사법(제5판), 법문사(2019), 906.

무집행사원으로 정한 때에는 그 업무집행사원이 각자 회사의 업무를 집행한다(상법 제201조 제1항). 이때에도 단독업무집행의 기본원칙이 지배하기 때문에 원칙적으로는 업무집행사원 각자가 단독으로 업무를 집행한다. 수인의 업무집행사원이 있는 경우에 각 업무집행사원의 업무집행에 대하여 다른 업무집행사원의 이의가 있는 때에는 곧 그 행위를 중지하고 업무집행사원 과반수의 결의에 의하여야 한다(제201조 제2항).

정관으로 수인의 사원을 공동업무집행사원으로 정한 때에는 그 전원의 동의가 없으면 업무집행에 관한 행위를 하지 못한다(상법 제202조 본문). 업무집행에 신중을 기하고 권한남용을 방지하기 위한 제도라 할 수 있다. 그러나 지체할 염려가 있는 때에는 전원의 동의 없이 업무를 수행할 수 있다(제202조 단서). 이를 긴급업무집행이라 한다.

V. 업무집행의 통제

1. 이의권

모든 사원이 업무집행권을 갖는 경우는 사원 상호간, 업무집행사원을 선임한 경우에는 그들 상호간 이의권에 의하여 다른 (업무집행)사원을 통제할 수 있다(상법 제200조 제2항, 제201조 제2항). 공동업무집행사원인 경우에 이의권은 공동으로만 행사할 수 있다. 이의제기는 일종의 업무집행에 속하기 때문이다. 이의권은 회사 내부관계에 속하므로 정관으로 이를 배제하거나 제한할 수 있다. 이의권의 행사는 일정한 행위에 대하여만 할 수 있고, 장래의 모든 업무집행에 대하여는 인정하지 않는다. 다른 사원이 이의를 제기하였음에도 불구하고 업무집행을 강행하여 대외적인 대표행위를 한 경우에 사원의 책임은 별론으로 하더라도 해당 대표행위의 효력이 당연히 무효로 되는 것은 아니다.[13]

2. 업무감시권

업무집행권이 없는 사원도 회사채권자에 대하여 무한책임을 부담하므로 회사의 업무와 재산의 상태를 검사할 수 있는 권리를 가진다(상법 제195조, 민법 제710조). 이를 업무감시권(Kontrollrecht)이라고 한다. 업무감시권에 의하여 사원은 회사

13 권기범, 현대회사법론(제7판), 삼영사(2017), 322.

의 영업소를 비롯한 모든 시설에 출입하여 검사할 수 있고 상업장부를 비롯한 모든 서류를 열람·조사할 수 있다. 사원이 무능력자인 때에는 법정대리인이 업무감시권을 행사하여야 한다.

이는 사원의 고유권으로서 정관의 규정으로도 이 권리는 박탈할 수 없다는 것이 통설이다. 그러나 정관의 규정으로 업무집행의 원활을 위하여 그 제한이 가능하다는 견해가 있다.[14] 이 업무감시권은 앞에서 말한 이의권과 함께 부당한 업무집행을 방지할 수 있는 중요한 장치이다.

3. 업무집행권의 박탈

사원의 업무집행에 대한 통제 수단으로 합명회사의 사원 또는 업무집행사원의 업무집행권한을 상실시키는 방법이 있다. 첫째는 상법 제195조에 의하여 준용되는 민법 제708조에 따라 법원의 선고절차를 거치지 않고 총사원이 일치하여 업무집행사원을 해임함으로써 권한을 상실시키는 방법이고, 둘째는 상법 제205조 제1항에 따라 다른 사원의 청구에 의하여 법원의 선고로써 권한을 상실시키는 방법이다. 위 두 가지 방법은 요건과 절차가 서로 다르므로, 상법 제205조 제1항이 민법 제708조의 준용을 배제하고 있다고 보기 어렵다. 따라서 정관에서 달리 정하고 있지 않는 이상, 합명회사의 사원은 두 가지 방법 중 어느 하나의 방법으로 다른 사원 또는 업무집행사원의 업무집행권한을 상실시킬 수 있다(대법원 2015. 5. 29. 선고 2014다51541 판결).

14 최기원, 신회사법론(제14판), 박영사(2012), 1021; 김정호, 회사법(제5판), 법문사(2019), 908(정관으로 박탈할 수는 없으나 합리적 제한은 일정 범위 내에서 가능하다고 한다).

제 200 조의 2 [직무대행자의 권한]

① 제183조의2의 직무대행자는 가처분명령에 다른 정함이 있는 경우 외에는 법인의 통상업무에 속하지 아니한 행위를 하지 못한다. 다만, 법원의 허가를 얻은 경우에는 그러하지 아니하다.

② 직무대행자가 제1항의 규정에 위반한 행위를 한 경우에도 회사는 선의의 제3자에 대하여 책임을 진다.

[본조신설 2001.12.29]

[관련조문] 상법 제183조의2, 비송사건절차법 제85조.

[참고문헌] 법원실무제요, 비송, 법원행정처(2014).

Ⅰ. 본조의 취지

상법 제200조의2는 사원의 업무집행정지와 직무대행자를 선임하는 가처분이 있는 경우 그 직무대행자의 권한의 범위에 관하여 규정하고 있다. 사원의 직무대행자의 권한 범위에 관하여 이를 명확히 하고, 권한을 위반한 행위에 대한 회사의 책임을 명확히 하려는데 그 취지가 있다.

Ⅱ. 직무대행자의 권한 범위

상법 제183조의2의 가처분명령에 의하여 선임된 직무대행자의 권한은 원칙적으로 법인의 통상업무에 속한 행위만을 할 수 있다. 다만 법원의 가처분명령 자체에 직무대행자의 권한에 관한 특별한 정함이 있는 경우 및 가치분명령 후에 법원으로부터 특별히 허가를 얻은 경우에는 법원에서 정하거나 허가한 행위를 할 수 있다(제200조의2 제1항). 비송사건절차법 제85조는 주식회사의 이사 직무대행자의 상무 외 행위의 허가신청에 대하여 규정하고 있고, 주식회사의 청산인, 유한회사의 이사 및 청산인의 직무대행자에 관하여는 준용규정에 의하여 비송사건절차법 규정이 그대로 적용되나, 합명회사 사원의 직무대행자에 관하여는 비송사건절차법에 이에 관한 규정이 없다. 그러나 주식회사 이사의 직무대행자에 관한 비송사

건절차가 그대로 적용된다고 봄이 타당하다.[1]

Ⅲ. 권한 범위 위반행위의 효력

직무대행자가 제200조의2 제1항의 규정에 위반하여 권한 범위에 속하지 아니하는 행위를 한 경우에도 회사는 선의의 제3자에 대하여 책임을 진다(제200조의2 제2항). 직무대행자 선임은 상법 제183조의2 규정에 의한 등기의무 사항이지만, 직무대행자의 행위가 법인의 통상업무에 속하는지 여부는 선임 등기만으로 파악하기 어렵고, 법원의 상무 외 행위 허가는 등기사항이 아니므로 여전히 선의의 제3자를 보호하고 거래의 안전을 도모할 필요성이 있기 때문이다.

1 법원실무제요, 비송, 법원행정처(2014), 182.

제 201 조 [업무집행사원]

① 정관으로 사원의 1인 또는 수인을 업무집행사원으로 정한 때에는 그 사원이 회사의 업무를 집행할 권리와 의무가 있다.

② 수인의 업무집행사원이 있는 경우에 그 각 사원의 업무집행에 관한 행위에 대하여 다른 업무집행사원의 이의가 있는 때에는 곧 그 행위를 중지하고 업무집행사원 과반수의 결의에 의하여야 한다.

[관련조문] 상법 제11조, 제195조, 제200조, 제202조, 제203조, 제205, 민법 제681 내지 제688조, 제706조, 제707조, 제708조, 제710조.

[참고문헌] 이철송, 회사법강의(제27판), 박영사(2019); 주석 상법, 회사편(1)(제5판), 한국사법행정학회(2014).

Ⅰ. 본조의 취지

상법 제201조는 업무집행사원의 선정과 그 권리·의무 및 다른 업무집행사원의 이의권에 관하여 규정하고 있다. 합명회사는 자기기관의 원칙상 각 사원이 업무집행권을 가진다(제200조). 그러나 다수의 사원이 있는 경우 각 사원이 업무를 집행하는 경우 회사 내·외부적으로 혼란이 초래되고 능률성도 떨어질 수 있는바, 제201조는 정관으로 1인 또는 수인의 업무집행사원을 정할 수 있다고 규정하여 합명회사의 업무집행에 간이 신속을 도모하려는 데 그 취지가 있다. 제200조에서 이미 정관으로 업무집행사원을 정할 수 있음을 규정하고 있다고 할 것이므로, 업무집행사원은 사원 이외의 자로 정할 수 없다는 점을 명확히 한 것에 제201조의 의미가 있다는 견해가 있다.[1]

Ⅱ. 업무집행사원의 선정

정관으로 사원의 1인 또는 수인을 업무집행사원으로 정한 때에는 그 사원이 회사의 업무를 집행할 권리와 의무가 있다(제201조 제1항). 업무집행사원은 사원 중

1 주석 상법, 회사편(1)(제5판), 한국사법행정학회(2014), 227(정동윤).

에서만 선정할 수 있고, 사원이 아닌 자는 업무집행사원이 될 수 없다. 업무집행사원은 정관으로 직접 선정할 수도 있지만 그렇지 않은 경우에는 사원 3분의 2 이상의 찬성으로 선정할 수 있다(상법 제195조, 민법 제706조 제1항).[2]

업무집행은 회사 전체를 위한 것이므로 합명회사와 그 업무집행사원 간에는 위임관계가 존재한다고 봐야 한다(상법 제195조, 민법 제707조, 제681조 내지 제688조). 따라서 업무집행사원은 선량한 관리자의 주의로써 업무를 집행하여야 한다. 일본 회사법 제593조 제1항은 이를 명시적으로 규정하고 있다.

업무집행사원은 정당한 사유 없이 사임할 수 없고, 다른 사원의 일치가 아니면 해임할 수 없다(상법 제195조, 민법 제708조). 그러나 업무집행사원이 업무를 집행함에 현저하게 부적임하거나 중대한 의무에 위반한 행위가 있는 때에는 법원은 사원의 청구에 의하여 업무집행권한의 상실을 선고할 수 있다(상법 제205조 제1항).

Ⅲ. 업무집행의 방법

업무집행은 업무집행의 의사결정과 업무집행의 실행으로 나누어 볼 수 있다.

1. 업무집행의 의사결정

정관으로 1인 또는 수인의 업무집행사원을 정한 경우의 업무집행의 의사결정 방식도 내부관계에 관한 것이므로 정관의 규정이 있는 경우 그에 따르면 될 것이고, 정관에 특별한 정함이 없으면 이에 관하여 상법의 별도 규정도 없으므로 민법 조합의 규정을 준용하여 업무집행사원의 과반수로써 결정하고, 회사의 통상사무는 각 업무집행조합원이 행사할 수 있다(상법 제195조, 민법 제706조 제2항, 제3항). 다만 공동업무집행사원을 둔 경우에는 그 전원의 동의로써 결정하여야 하나, 지체할 염려가 있는 때에는 그러하지 아니하다(상법 제202조). 그리고 지배인의 선임과 해임은 정관에 다른 정함이 없으면 업무집행사원이 있는 경우에도 총사원 과반수의 결의에 의하여야 한다(제203조). 지배인이 회사에 갈음하여 영업에 관한 모든 대리권을 가지는 중요한 지위(제11조 제1항)에 있기 때문에 예외적 규정을 둔 것이다.

2 이철송, 회사법강의(제27판), 박영사(2019), 157.

2. 업무집행의 실행

정관으로 업무집행사원을 정한 경우 그 사원이 회사의 업무를 집행할 수 있다(제201조 제1항). 즉 업무집행사원 각자가 업무집행을 실행할 수 있는데, 이를 단독업무집행(Einzelgeschäftsführung)이라고 한다. 수인의 업무집행사원이 있는 경우에 각 업무집행사원의 업무집행에 관한 행위에 대하여 다른 업무집행사원의 이의가 있는 때에는 곧 그 행위를 중지하고, 업무집행사원 과반수의 결의에 의하여야 한다(제201조 제2항). 이를 업무집행사원의 이의권이라고 하는데, 이는 업무집행권을 전제로 하므로 업무집행권이 없는 사원은 이를 행사할 수 없다. 그러나 업무집행자에 대하여 손해배상청구권을 행사할 수는 있다.

정관으로 공동업무집행사원을 둔 때에는 그 전원의 동의가 없으면 업무집행에 관한 행위를 하지 못하게 된다(상법 제202조 본문). 이는 단독업무집행권의 남용을 막고 업무집행사원의 권한을 제한하기 위한 제도이다. 그러나 지체할 염려가 있는 때에는 각 업무집행사원이 단독으로 업무집행에 관한 행위를 할 수 있다(제202조 단서).

Ⅳ. 업무감시권

업무집행사원을 둔 경우 업무집행사원 외의 다른 사원은 업무집행권을 상실하고 감시권을 가질 뿐이다. 합명회사의 각 사원은 무한책임을 부담하고 있으므로 업무집행권을 가지지 않은 경우에도 업무와 재산의 상태를 검사할 수 있다(상법 제195조, 민법 제710조). 합명회사는 사원이 감시권을 가지므로 합명회사에는 별도의 감사기관이 존재하지 않는다.

제 202 조 [공동업무집행사원]

정관으로 수인의 사원을 공동업무집행사원으로 정한 때에 그 전원의 동의가 없으면 업무집행에 관한 행위를 하지 못한다. 그러나 지체할 염려가 있는 때에는 그러하지 아니하다.

[관련조문] 상법 제195조, 제200조, 제201조, 제205조, 제220조, 민법 제706조.

[참고문헌] 권기범, 현대회사법론(제7판), 삼영사(2017); 김건식 외 2인, 회사법(제3판), 박영사(2018); 주석 상법, 회사편(1)(제5판), 한국사법행정학회(2014); 최기원, 신회사법론(제14판), 박영사(2012).

Ⅰ. 본조의 취지

상법 제202조는 공동업무집행사원을 선정한 경우 그 업무집행 방법에 관하여 규정하고 있다. 합명회사에 있어서, 업무집행에 관한 의사결정은 사원 또는 업무집행사원의 과반수로 정하고(상법 제195조, 민법 제706조 제2항), 업무집행의 실행은 단독업무집행의 원칙에 따라 사원 또는 업무집행사원이 단독으로 할 수 있다(상법 제200조 제1항, 제201조 제1항). 이 경우 업무집행의 의사결정에 있어서 다수결의 횡포를 가져올 우려가 있고, 업무집행의 실행에 있어서 단독업무집행권의 남용 우려가 있다. 이에 제202조는 업무집행의 의사결정과 실행 모두를 공동업무집행사원 전원의 동의로써 하도록 하여 위와 같은 우려를 해소하고자 하는데 그 취지가 있다.

Ⅱ. 업무집행의 의사결정

정관으로 공동업무집행사원을 정한 때에는 그 전원의 동의로써 업무집행에 관한 의사결정을 하여야 한다(제202조 본문). 통상사무든 비통상사무든 그 의사결정은 공동업무집행사원 전원의 동의로 하여야 한다.[1] 이 동의에 특별한 방식을 요구하지 않으므로 명시이든 묵시이든, 구두 또는 서면이든 이를 묻지 아니한다. 또한 동의는 일정한 종류의 업무에 관하여 하여야 하고 모든 업무에 관한 포괄적 동의는 허용되지 않는다고 본다.[2] 그러나 이에 대한 예외로서, 지체할 염려가 있

1 권기범, 현대회사법론(제7판), 삼영사(2017), 322.
2 주석 상법, 회사편(1)(제5판), 한국사법행정학회(2014), 230(정동윤).

는 때에는 각 업무집행사원이 단독으로 결정을 할 수 있다(제202조 단서). '지체할 염려가 있는 때'란 긴급업무집행의 경우로서 다른 사원의 동의를 얻기가 곤란하거나 지체하면 회사의 이해관계에 커다란 영향을 미치게 될 염려가 있는 때라고 할 수 있다.[3] 예컨대 공동업무집행사원 중 1인의 출장, 질병, 결근 등과 같은 경우에 그 사원의 동의를 얻지 못하여 업무집행에 관한 행위를 하지 못할 경우 영업상 현저히 불리한 결과를 초래할 우려가 있는 때를 의미한다.[4]

Ⅲ. 업무집행의 실행

정관으로 공동업무집행사원을 정한 때에는 그 전원의 동의가 없으면 업무집행에 관한 행위를 하지 못한다(제202조 본문). 이는 업무집행의 의사결정과 그 실행 모두에 공동업무집행사원 전원의 동의가 필요하다는 것이다. 이에 대해 전원의 동의를 요하는 것은 업무집행의 의사결정에 국한되므로 결정된 사항을 실행하는 것은 단독으로 할 수 있다는 견해[5]도 있다.

다만 지체할 염려가 있는 때에는 그러하지 아니하므로(제202조 단서), 긴급업무집행에 관하여는 각 공동업무집행사원이 단독으로 업무집행의 실행을 할 수 있다.

Ⅳ. 제한위반의 효과

공동업무집행사원 중의 1인이 업무집행사원 전원의 동의 없이 업무집행을 한 경우에는 손해배상책임을 지고, 그와 별개로 업무집행권한 상실선고 또는 제명선고의 원인이 된다(상법 제205조 제1항, 제220조 제1항 제3호). 그러나 그 행위의 대외적 효력에는 영향이 없다고 할 것이다. 판례도 합자회사 공동대표사원의 사안에서 "상법 제269조, 제180조 제5호, 제209조, 제37조에 의하면, 회사를 대표하는 사원은 회사의 영업에 관하여 재판상 또는 재판 외의 모든 행위를 할 권한이 있고, 정관으로 수인의 사원이 공동으로 회사를 대표할 것을 정하고도 이를 등기하지 아니한 경우, 공동대표사원 중 1인이 단독으로 회사를 대표하여 행위하였더라도 그 대표행위가 정관에 위배된다는 점을 들어 위 대표행위의 유효를 주장하는 선

3 최기원, 신회사법론(제14판), 박영사(2012), 1020.
4 김건식 외 2인, 회사법(제3판), 박영사(2018), 902.
5 김건식 외 2인, 회사법(제3판), 박영사(2018), 902.

의의 제3자에게 대항하지 못한다."고 판시하였다(대법원 2014. 5. 29. 선고 2013다212295 판결).

제 203 조 [지배인의 선임과 해임]

지배인의 선임과 해임은 정관에 다른 정함이 없으면 업무집행사원이 있는 경우에도 총사원 과반수의 결의에 의하여야 한다.

[관련조문] 상법 제11조, 제13조, 제207조.

[참고문헌] 손주찬, 상법(상)(제15보정판), 박영사(2004); 임홍근, 회사법, 법문사(2000); 주석 상법, 회사편(1)(제5판), 한국사법행정학회(2014).

Ⅰ. 본조의 취지

상법 제203조는 합명회사에 있어서의 지배인의 선임과 해임 방법에 관하여 규정하고 있다. 지배인은 영업주인 회사에 갈음하여 그 영업에 관한 재판상 또는 재판외의 모든 행위를 할 수 있으므로(제11조 제1항), 사실상 사원에 갈음하여 업무집행을 할 수 있다고 할 것인바, 회사는 지배인의 능력과 경험 등을 이용하여 영업활동의 양적·질적 수준의 폭을 넓힐 수 있게 된다. 지배인의 선임과 해임은 업무집행의 일종으로서 업무집행사원이 있는 경우에도 그 사원 과반수로써 결정할 수 있는 성질의 사항일 것이나, 지배인은 포괄적·정형적 대리권을 가지고 영업에 관한 재판상 또는 재판외의 모든 행위를 할 수 있는 중요한 지위에 있으므로 그 선임과 해임은 회사의 영업에 중대한 영향을 미치고 회사의 이해에 큰 관계가 있다. 이에 제203조는 사원들의 의사를 존중하기 위하여 지배인의 선임과 해임은 업무집행사원이 있는 경우에도 총사원 과반수의 결의에 의하도록 규정하고 있다. 다만 제203조는 정관으로 이와 다른 정함을 할 수 있음을 명시하고 있다.

Ⅱ. 지배인의 선임, 해임의 절차

지배인의 선임과 해임은 업무집행사원이 있는 경우에도 총사원 과반수의 결의에 의한다. 다만 정관으로 이와 다른 정함을 할 수 있고, 이 경우에는 상법 제203조가 적용되지 아니한다. 예컨대 정관으로 업무집행사원 과반수의 결의에 의하거나 대표사원(제207조) 단독으로 지배인을 선임 해임하게 할 수 있다.

회사와 지배인의 관계는 통상 고용계약의 관계에 있다고 할 것이나, 반드시 고용계약이 필수적인 것은 아니다. 특별한 사정이 없는 한 지배인은 언제든 사임할 수 있고, 회사도 언제든 총사원 결의를 통해 지배인을 해임할 수 있다.

지배인을 선임·해임하는 경우 그에 관한 등기의무가 있다. 즉, 회사는 지배인의 선임과 그 대리권의 소멸에 관하여 그 지배인을 둔 본점 또는 지점소재지에서 등기하여야 한다(상법 제13조).

Ⅲ. 본조 위반의 효과

상법 제203조에 정한 지배인의 선임·해임절차에 위반하더라도 그 선임·해임 자체의 효력에는 영향이 없다고 보는 것이 통설이다.[1] 즉, 대표사원이 지배인을 선임한 경우에도 지배인 선임의 결의는 의사결정에 관한 내부관계에 있어서의 제한에 불과하므로 그 지배인 선임의 효력에는 영향이 없다.

1 주석 상법, 회사편(1)(제5판), 한국사법행정학회(2014), 232(정동윤); 손주찬, 상법(상)(제15보정판), 박영사(2004), 113; 임홍근, 회사법, 법문사(2000), 80.

제 204 조 [정관의 변경]

정관을 변경함에는 총사원의 동의가 있어야 한다.

[관련조문] 상법 제37조, 제183조, 제204조, 제433조, 제434조, 제584조, 제585조.

[참고문헌] 권기범, 현대회사법론(제7판), 삼영사(2017); 이철송, 회사법강의(제27판), 박영사(2019); 정찬형, 상법강의(상)(제22판), 박영사(2019); 최기원, 신회사법론(제14판), 박영사(2012); 최준선, 회사법(제14판), 삼영사(2019).

Ⅰ. 본조의 취지

상법 제204조는 합명회사의 정관변경 절차에 관하여 규정하고 있다. 합명회사는 인적회사의 전형으로 그 실질은 조합이라고 할 수 있다. 그 조합적 결성의 근본규칙인 정관의 변경에 관해서는 통상의 의사결정 방식인 다수결 원칙이 아닌 총 사원의 동의에 의하도록 그 요건을 엄격히 규정한 것이 제204조의 취지이다. 주주총회·사원총회 다수결(특별결의)에 의하는 주식회사·유한회사의 정관변경과 차이가 있다(제433조, 제434조, 제584조, 제585조).

Ⅱ. 정관변경의 의의

정관은, 실질적으로는 사원들의 총의에 의해 성립된 회사의 조직·운영에 관한 근본규칙을 의미하고, 형식적으로는 이를 기재한 서면을 의미한다. 정관변경은 실질적 의미의 정관의 실질적 내용을 변경하는 것을 말하고, 형식적 의미의 정관의 기재를 변경하는 것을 말하는 것은 아니다. 정관변경시 서면으로서의 정관 변경 없이도 바로 실질적 의미의 정관변경의 효력이 발생하므로(제204조) 양자가 불일치하는 경우가 생길 수 있다.

정관변경은 현행규정의 수정·삭제 및 새로운 규정의 신설을 포함한다. 다만 내용의 실질적 변경을 의미하므로 단순한 자구의 수정은 정관변경에 포함되지 아니한다.

Ⅲ. 정관변경의 범위

정관은 회사 내부 구성원 사이의 근본규약이므로 선량한 풍속, 사회질서, 회사의 본질, 강행법규에 반하지 않는 한 어떠한 사항이든지 자유로이 변경할 수 있고, 절대적 기재사항이든 상대적·임의적 기재사항이든 변경할 수 있다. 예컨대, 정관에 정관변경 금지 규정을 두었더라도 그 규정도 정관의 내용에 불과하고, 정관 변경이 상법 또는 사회질서 등에서 금지하는 것이 아니므로 그 규정 역시 정관변경의 절차에 따라 변경할 수 있다고 할 것이다.

Ⅳ. 정관변경의 절차

합명회사에 있어서 정관을 변경함에는 총 사원의 동의가 있어야 한다(제204조). 총사원의 동의가 있어야 하므로 업무집행권 없는 사원은 물론 법원에 의하여 업무집행권한 상실선고를 받은 사원의 동의도 받아야 한다. 그러나 정관변경은 회사의 내부관계에 속하는 사항이므로 제204조는 임의규정이라 할 것이며, 따라서 정관의 규정으로 그 요건을 완화할 수 있다고 본다.[1] 따라서 정관의 규정에 의하여 사원들의 다수결에 의하도록 하는 등 다른 방법을 정하여도 상관이 없다. 다만 정관으로 완화하더라도 총사원 내지 지분 다수결의 한계를 넘는 형태, 예컨대 총사원의 3분의 1의 동의만 있으면 된다는 식으로 규정하는 것은 허용되지 아니한다고 본다.[2]

정관의 기재사항이 사원의 의사에 관계없이 변경되는 경우나(주소지명, 지번의 변경 등) 법률상 기재사항의 변동이 당연히 일어나는 경우(사원의 사망, 파산, 성년후견개시, 임의퇴사, 제명 등)에는 당해 사실의 발생시에 정관변경이 있는 것으로 되고, 별도로 총사원의 동의는 필요하지 않다.[3]

Ⅴ. 정관변경의 효력

정관변경은 회사의 내부관계에서는 총사원의 동의만으로 그 효력이 발생하

1 이철송, 회사법강의(제27판), 박영사(2019), 163; 최기원, 신회사법론(제14판), 박영사(2012), 1047; 정찬형, 상법강의(상)(제22판), 박영사(2019), 588; 최준선, 회사법(제14판), 삼영사(2019), 850.

2 권기범, 현대회사법론(제7판), 삼영사(2017), 327.

3 이철송, 회사법강의(제27판), 박영사(2019), 163; 최기원, 신회사법론(제14판), 박영사(2012), 212.

고, 정관인 서면의 경정이나 등기부에의 기재 여부는 묻지 아니한다(대법원 1996. 10. 29. 선고 96다19321 판결).

다만 정관변경의 동의가 조건부 또는 기한부인 때에는 조건의 성취 또는 기한의 도래에 의하여 그 효력이 발생한다. 총사원의 동의 뒤에 서면정관을 고치게 되지만, 이것은 정관변경의 효력발생요건은 아니다. 정관변경으로 등기사항에 변경이 생기는 경우에는 변경의 등기를 하여야 하나(상법 제183조), 이 변경등기 역시 정관변경의 효력발생요건은 아니고, 제3자에 대한 대항요건에 불과하다(제37조).

제 205 조 [업무집행사원의 권한상실선고]

① 사원이 업무를 집행함에 현저하게 부적임하거나 중대한 의무에 위반한 행위가 있는 때에는 법원은 사원의 청구에 의하여 업무집행권한의 상실을 선고할 수 있다.

② 전항의 판결이 확정된 때에는 본점과 지점의 소재지에서 등기하여야 한다.

[관련조문] 상법 제180조, 제186조, 제195조, 제200조, 제204조, 제205조, 제206조, 제220조, 민법 제708조, 비송사건절차법 제107조.

[참고문헌] 강위두, 회사법(상법강의2), 형설출판사(1990); 권기범, 현대회사법론(제7판), 삼영사(2017); 김건식 외 2인, 회사법(제3판), 박영사(2018); 김정호, 회사법(제5판), 법문사(2019); 정동윤, 회사법(제6판), 법문사(2000); 정찬형, 상법강의(상)(제22판), 박영사(2019); 주석 상법, 회사편(1)(제5판), 한국사법행정학회(2014); 최기원, 신회사법론(제14판), 박영사(2012).

Ⅰ. 본조의 취지

상법 제205조는 합명회사 사원의 업무집행권의 박탈에 관하여 규정하고 있다. 합명회사의 사원은 회사채권자에 대하여 직접·연대·무한책임을 진다. 만약 다른 사원 또는 업무집행사원이 업무집행에 현저히 부적합하거나 중대하게 의무를 위반하는 경우에는 그로 인하여 자신의 책임이 발생·증대될 우려가 있으므로, 다른 사원 또는 업무집행사원을 업무집행에서 배제할 수 있는지는 각 사원의 이해관계에 큰 영향을 미친다. 합명회사의 사원은 업무집행에 현저히 부적합하거나 중대하게 의무를 위반한 사원이나 업무집행사원을 업무집행에서 배제하여 자신의 책임이 부당하게 발생·증대되는 것으로부터 자신을 보호할 필요가 있다.[1]

합명회사의 각 사원은 정관에 다른 정함이 없는 때에는 회사의 업무를 집행할 권리와 의무가 있는바(상법 제200조 제1항), 정관으로서 사원의 업무집행권을 박탈할 수 있다. 그런데 정관의 변경에는 총 사원의 동의가 필요하다(제204조). 제205조는 사원이 업무를 집행함에 현저하게 부적임하거나 중대한 의무 위반이 있

1 대법원 2015. 5. 29. 선고 2014다51541 판결의 취지 참조.

는 경우 다른 사원의 청구에 의하여 법원이 업무집행권한의 상실선고를 할 수 있도록 별도의 방법을 둔 것에 그 취지가 있다.

사원의 업무집행권한은 합명회사의 내부관계에 속하므로 제205조는 임의법규에 속한다. 따라서 선량한 풍속 기타 사회질서에 반하지 않는 한 정관으로 그 요건 또는 절차를 변경할 수 있다고 본다(대법원 2015. 5. 29. 선고 2014다51541 판결).

Ⅱ. 사원의 업무집행권한 상실 제도

합명회사의 사원 또는 업무집행사원의 업무집행권한을 상실시키는 방법으로, 우선 정관 또는 총사원의 결의를 통하여 업무집행권을 박탈할 수 있음은 당연하다.

나아가 상법 제205조 제1항에 따라 다른 사원의 청구에 의하여 법원의 선고로써 권한을 상실시킬 수 있다. 이는 모든 사원이 각자 업무집행의 권리와 의무를 갖는 경우든 따로 업무집행사원을 정한 경우든 모두 적용된다. 그리고 따로 업무집행사원을 정한 경우에는 상법 제195조 및 민법 제708조에 따라 법원의 선고절차를 거치지 않고도 총사원이 일치하여 업무집행사원을 해임함으로써 권한을 상실시킬 수 있다. 상법 제205조 제1항에 의한 방법과 민법 제708조에 의한 방법은 요건과 절차가 서로 다르므로, 상법 제205조 제1항이 민법 제708조의 준용을 배제하고 있다고 보기 어렵다. 따라서 정관에서 달리 정하고 있지 않는 이상, 합명회사의 사원은 두 가지 방법 중 어느 하나의 방법으로 다른 사원 또는 업무집행사원의 업무집행권한을 상실시킬 수 있다(대법원 2015. 5. 29. 선고 2014다51541 판결).

Ⅲ. 업무집행권한 상실선고의 원인

제205조에서 규정하고 있는 '업무를 집행함에 현저하게 부적임한 때'라 함은 업무집행사원이 정신적 또는 육체적 이유로 그 임무를 감당할 수 없는 때를 말하고, 그 사원의 고의·과실을 요하지 않는다. 여기에는 회사 내부의 업무집행 분담을 정한 경우에 그 내부규정에 위반하여 타 권한에 관여한 경우도 포함할 수 있다고 보는 견해가 있으나, 이 경우에는 중대한 의무에 위반한 행위에 포함된다고 본다. 그리고 '중대한 의무에 위반한 행위'라 함은 사원이 업무를 집행하는 데 주어진 의무를 위반하여 업무집행에 중대한 지장을 가져올 수 있는 행위를 말한다. 사원자격을 박탈하는 제명이 더 엄격한 제도라는 점에서 업무집행권한 상실사유

에 상법 제220조 제1항 제1호 내지 제3호의 제명사유가 포함된다는 견해가 있는데, 위 제명사유는 제205조의 '중대한 의무 위반행위'에 해당한다고 볼 수 있다. 중대한 의무인가 아닌가는 객관적으로 판단하여야 한다. 다만 이 의무위반에는 고의·과실을 요한다.[2]

Ⅳ. 업무집행권한상실선고의 절차

1. 선고의 청구

상법 제205조는 '법원은 사원의 청구에 의하여 업무집행권한의 상실을 선고할 수 있다'고 규정하고 있다. 청구의 주체인 사원은 반드시 업무집행사원일 필요는 없다. 이때 다른 사원 전원의 동의가 필요한지 여부에 관해 견해가 나뉜다. 즉, ⅰ)인적회사의 의사결정은 원칙적으로 총사원의 동의를 요한다는 점과 제205조 제1항에서는 상법 제200조(업무집행의 권리의무)의 경우와는 달리 '각 사원'이라고 하지 않은 점 등에서 볼 때, 다른 사원 전원의 동의에 의한 청구가 있어야 한다고 보는 견해[3](필요적 공동소송; 권한상실선고의 소제기를 원하지 않는 사원이라 할지라도 경우에 따라서는 사원의 충실의무와의 관계에서 그 협력이 강제될 수도 있다.[4]), ⅱ)제205조는 제명의 결의에 의하지 아니하고 업무집행사원의 업무집행권만을 박탈하는 것이므로, 각 사원이 할 수 있다고 보는 견해[5] 및 ⅲ)상법 제205조의 입법취지가 다른 사원 전원의 동의를 요하는 민법 제708조보다 용이하게 업무집행권한을 상실시킬 수 있도록 하려는 입법적 고려에서 두어진 규정이고, 보다 중한 제명선고의 청구도 비록 회사가 법원에 대하여 하는 것이긴 하지만 다른 사원 과반수 결의에 의하면 된다(상법 제220조 제1항)는 점을 고려할 때, 다른 사원 과반수로 충분하다는 견해[6]가 있다. 판례는 합명회사 사원 중 1인이 원고가 되어 제기한 업무집행사원의 권한상실선고의 소에서 "상법 제205조 제1항에 의하면 사원 각자가 다른 사원 또는 업무집행사원의 업무집행권한의 상실 선고를 법원에 청구할 수

2 주석 상법, 회사편(1)(제5판), 한국사법행정학회(2014), 236(정동윤).
3 최기원, 신회사법론(제14판), 박영사(2012), 1018; 김정호, 회사법(제5판), 법문사(2019), 908.
4 김정호, 회사법(제5판), 법문사(2019), 908.
5 강위두, 회사법(상법강의2), 형설출판사(1990), 863; 김건식 외 2인, 회사법(제3판), 박영사(2018), 901.
6 권기범, 현대회사법론(제7판), 삼영사(2017), 323; 2005년 회사법 제정 전의 구 일본 상법 제86조 제2항 역시 회사가 다른 사원 과반수 결의로 어느 사원의 업무집행권한 또는 대표권한 상실의 선고를 법원에 청구할 수 있도록 규정하고 있었다.

있으나(대법원 2012. 12. 13. 선고 2010다82189 판결 참조), 이 사건 회사 정관 제11조에 의하면 업무집행사원의 업무집행권한을 상실시키는 데 총사원의 결의가 필요하다. 만약 위 정관 규정에 의하여 위 상법 규정의 적용이 배제된다고 해석한다면, 이 사건 회사의 사원은 총사원의 결의가 없는 이상 업무집행사원의 업무집행권한을 상실시킬 수단이 없게 된다. 그러나 정관에서 명시적으로 제205조 제1항의 적용을 배제하고 있지 않는 이 사건에서, 업무집행권한 상실과 관련하여 상법이 부여한 사원의 권리를 위와 같이 제한할 합리적 근거를 찾을 수 없다."고 판시하여(대법원 2015. 5. 29. 선고 2014다51541 판결), 각 사원이 소를 제기할 수 있다는 견해로 보인다.[7]

제205조는 임의규정이라고 할 수 있으므로 정관의 규정에 의하여 요건을 가중하거나 완화할 수 있다. 즉 요건을 완화하여 사원의 과반수에 의한 결의로 할 수도 있고, 아예 이 조문의 적용을 배제할 수도 있다(대법원 2015. 5. 29. 선고 2014다51541 판결).

피고는 업무집행권한상실의 원인이 있는 사원이다. 수인의 사원에게 동일한 원인이 있는 때에는 이들을 공동피고로 할 수 있다고 본다. 이 경우에 다른 사원이 1명인 때에는 그 사원 1명에 의한 청구도 가능하다.[8] 유일한 업무집행사원 혹은 수인의 업무집행사원 전원에 대하여 권한상실선고를 청구할 수 있는가에 대해 견해가 나뉜다. 합명회사에 관하여 직접적인 판례는 없다. 다만 대법원은 합자회사의 사안에서 상법 제205조가 규정하고 있는 합자회사의 업무집행 사원의 권한상실선고 제도는 회사의 운영에 있어서 장애사유를 제거하는데 목적이 있고 회사를 해산상태로 몰고 가자는데 목적이 있는 것이 아니므로 무한책임사원 1인뿐인 합자회사에서 업무집행사원에 대한 권한상실선고는 회사의 업무집행사원 및 대표사원이 없는 상태로 돌아가게 되어 허용할 수 없다는 취지로 판시를 한 바 있고(대법원 1977. 4. 26. 선고 75다1341 판결), 같은 이유에서 권한상실선고를 할 수 없다는 견해도 있다.[9] 이에 반해 부적임의 업무집행사원을 단지 그가 유일한 업무집행사원이라는 이유로 방치하는 것은 회사와 다른 사원 및 회사채권자 모두의 이

7 원고적격은 법원의 직권조사사항이라고 할 것인데, 법원은 원고적격에 관해 위 i)설과 같이 다른 사원 전원의 필요적 공동소송이라는 입장을 취하지 않았고, 소제기에 사원 과반수의 동의가 있었는지 여부 등에 대해 별다른 판단하지 않아, 위 iii)설의 입장도 아닌 것으로 보인다.

8 최기원, 신회사법론(제14판), 박영사(2012), 1018.

9 정찬형, 상법강의(상)(제22판), 박영사(2019), 569.

익을 해치는 결과가 되고 나아가 권한상실제도 본래의 취지를 몰각시키게 될 뿐만 아니라 합명회사에서는 다른 사원이 공동으로 업무를 집행할 수 있으므로 허용되어야 한다는 견해도 있다.[10]

소의 관할은 본점 소재지의 지방법원의 전속관할에 속한다(상법 제206조, 제186조).

2. 판결의 효력

사원의 업무집행권의 상실은 법원의 선고에 의하여 행하여진다. 업무집행권한 상실선고의 청구가 있는 경우에도 법원의 판결이 없으면 업무집행권한은 상실되지 않는다. 이 판결은 특정한 사원으로부터 업무집행권을 박탈하는 형성판결이다. 그러나 판결의 효과는 소급하지 않는다. 피고 사원이 이 형성소송의 완결시까지 업무집행권을 남용할 우려가 있으면 가처분을 통한 사전조치도 가능할 것이다(상법 제183조의2 참조).

업무집행권의 상실은 업무집행권 전부의 상실을 요하고, 일부 또는 개개의 권한의 박탈은 등기할 방법이 없기 때문에 일부 또는 개개의 업무집행권의 박탈은 할 수 없다는 견해[11]와 법원은 업무집행권의 전부 박탈이 아니라 그 일부의 제한으로도 회사의 이익을 지킬 수 있다면 권한제한의 판결을 내릴 수도 있을 것이라는 견해[12]가 있다.

3. 판결의 등기

업무집행권한 상실선고의 판결이 확정된 때에는 본점과 지점의 소재지에서 등기하여야 한다(제205조 제2항). 대표권에 대해서는 등기사항으로 하고 있지만(상법 제180조 제4호) 업무집행권에 대해서는 등기사항으로 하고 있지 않다. 그러나 업무집행권한 상실선고가 있는 경우 이는 등기사항이 된다. 판결이 확정한 때에는 수소법원이 회사의 본점과 지점소재지의 등기소에 그 등기를 촉탁하여야 한다(비송사건절차법 제107조 제3호).

10 최기원, 신회사법론(제14판), 박영사(2012), 1018; 정동윤, 회사법(제6판), 법문사(2000), 748; 권기범, 현대회사법론(제7판), 삼영사(2017), 324; 독일 판례도 이 경우에 권한상실선고를 할 수 있다고 보고 있다.[BGHZ 33,105.]

11 주석 상법, 회사편(1)(제5판), 한국사법행정학회(2014), 237(정동윤).

12 김정호, 회사법(제5판), 법문사(2019), 908.

제 206 조 [준용규정]

제186조의 규정은 전조의 소에 준용한다.

[관련조문] 민사소송법 제31조.

상법 제206조는 업무집행권한 상실선고의 소에 있어서의 소의 관할에 관하여 규정하고 있다. 업무집행권한 상실선고의 소에는 설립무효·취소의 소의 관할에 관한 제186조의 규정을 준용한다. 따라서 업무집행권한 상실선고의 소는 본점소재지의 지방법원의 전속관할에 속한다. 전속관할로 함으로써 변론관할이 성립될 여지도 없으며, 합의관할에 관한 규정이 적용되지 아니한다(민사소송법 제31조).

제 3 절 회사의 외부관계

제 207 조 [회사대표]

정관으로 업무집행사원을 정하지 아니한 때에는 각 사원은 회사를 대표한다. 수인의 업무집행사원을 정한 경우에 각 업무집행사원은 회사를 대표한다. 그러나 정관 또는 총사원의 동의로 업무집행사원중 특히 회사를 대표할 자를 정할 수 있다.

[관련조문] 상법 제179조, 제180조, 제200조, 제201조, 제205조, 제208조, 제216조, 비송사건절차법 제107조 제3호.

[참고문헌] 권기범, 현대회사법론(제7판), 삼영사(2017); 송옥렬, 상법강의(제9판), 홍문사(2019); 정동윤, 회사법(제6판), 법문사(2000); 정찬형, 상법강의(상)(제22판), 박영사(2019); 주석 상법, 회사편(1)(제5판), 한국사법행정학회(2014); 최기원, 신회사법론(제14판), 박영사(2012).

Ⅰ. 본조의 취지

상법 제207조는 합명회사의 회사대표에 관하여 규정하고 있다. 합명회사는 법인으로서 스스로 대외적인 법률행위를 할 수 없으므로 대외적으로 회사를 대표하는 기관이 필요하다. 합명회사는 사원 개개인의 개성이 중시되는 인적회사로서 소유와 경영이 분리되지 아니하므로 각 사원은 원칙적으로 별도의 선임절차 없이 업무집행권을 가지고(제200조), 회사대표는 업무집행의 대외적 측면이라고 할 것이므로 업무를 집행하는 각 사원이 회사를 대표하는 것이 원칙이다. 그러나 정관으로 사원의 1인 또는 수인을 업무집행사원으로 정한 때(제201조)에는 각 업무집행사원이 회사를 대표한다. 수인의 업무집행사원을 정한 경우에 정관 또는 총 사원의 동의로 업무집행사원 중 특히 회사를 대표할 대표사원을 정할 수 있다. 업무집행과 대표는 표리의 관계에 있기 때문에 원칙적으로 업무집행권을 가지고 있는 사원이 대표권도 가지게 되나(제207조 제1문, 제2문), 제207조 제3문은 정관 또는 총사원의 동의로 특히 회사를 대표할 자를 정할 수 있도록 하였다.

Ⅱ. 회사대표의 의의

합명회사는 법인이므로 이를 대외적으로 대표하는 기관이 필요하다. 회사의 대표란 회사의 기관을 담당하는 자가 제3자에게 회사의 의사표시를 하거나 또는 회사에 대한 의사표시를 받는 것으로서 대표기관의 행위가 바로 회사 자신의 행위가 되는 관계를 말하고(기관 담당자의 행위=회사 자체의 행위). 업무집행의 대외적 측면이고 할 수 있다. 이는 대리인이 한 행위의 효과가 본인(회사)에 귀속하는 대리행위와는 구별된다. 그러나 현행 상법상 대표행위에 관한 규정이 존재하지 않기 때문에 대표행위에 관하여는 그 성질에 반하지 않는 한 대리에 관한 규정이 유추적용된다.[1]

Ⅲ. 대표기관의 구성

1. 원칙-각 사원(자기기관)

합명회사의 각 사원은 정관에 다른 규정이 없는 때에는 회사의 업무를 집행할 권리와 의무가 있다(상법 제200조 제1항). 각 사원은 별도의 선임절차 없이 업무집행기관을 구성하게 되고, 회사대표는 업무집행의 대외적 측면이라고 할 것이므로 업무를 집행하는 각 사원이 회사를 대표한다(제207조 제1문). 그리하여 사원 스스로가 대표기관을 구성하고 사원자격과 기관자격이 일치하게 된다. 자기기관의 원칙상 그리고 대표권은 업무집행권의 대외적 측면이라는 점에서 사원이 아닌 자에게는 업무집행권을 부여할 수 없으므로 대표권도 부여할 수 없다.[2] 대표사원이 사원 아닌 자에게 대리권을 수여하는 것에 관하여, 사원 이외의 자에게 업무집행에 관한 포괄적인 대리권을 수여하는 것은 가능하다고 보는 견해도 있고,[3] 대표사원이 자신의 대표권한을 사원 아닌 제3자에게 수권하여 대리행사 시키는 것은 대표사원제도를 몰각시키는 것으로서 부적법하지만, 필요한 경우에 회사가 대표사원의 대표권과 동일한 범위의 포괄적 대리권을 제3자에게 개별적·일시적으로 수여할 수는 있을 것이라는 견해도 있다.[4]

1 주석 상법, 회사편(1)(제5판), 한국사법행정학회(2014), 240(정동윤).
2 최기원, 신회사법론(제14판), 박영사(2012), 1029; 정찬형, 상법강의(상)(제22판), 박영사(2019), 580; 송옥렬, 상법강의(제9판), 홍문사(2019), 1299.
3 최기원, 신회사법론(제14판), 박영사(2012), 1030.
4 권기범, 현대회사법론(제7판), 삼영사(2017), 330.

2. 예외-업무집행사원 또는 그 일부

합명회사는 정관으로 1인 또는 수인을 업무집행사원으로 정할 수 있다(상법 제201조 제1항). 이 경우에는 업무집행사원만이 회사를 대표할 권한을 가지게 된다(제207조 제2문). 그러나 수인의 업무집행사원을 정한 경우에 정관 또는 총사원의 동의로 업무집행사원 중 특히 회사를 대표할 자를 정할 수 있다(제207조 제3문). 이 경우에 대표사원 이외의 사원은 그 대표권이 박탈된다. 그러므로 제3자의 회사에 대한 의사표시도 대표사원에게 하여야 한다. 다만 모든 업무집행사원의 대표권을 박탈하는 것은 정관의 규정 또는 총사원의 동의로도 할 수 없다.[5]

Ⅳ. 대표의 방식

1. 각자대표

정관으로 업무집행사원을 정하지 아니한 때에는 각 사원이 회사를 대표하고(제207조 제1문). 수인의 업무집행사원을 정한 경우에는 각 업무집행사원이 회사를 대표한다(제207조 제2문). 이처럼 회사대표에 관하여는 각 (업무집행)사원의 각자대표(Einzelvertretung)가 원칙이다. 따라서 대표행위를 함에 있어서 다른 사원의 협력을 요하지 않으며, 업무집행의 경우와는 달리 다른 대표사원의 이의권은 인정되지 아니한다. 따라서 다른 대표사원이 이의하더라도 대표행위 자체를 중지할 법률상의 의무는 없다(상법 제200조 제2항, 제201조 제2항과 대조).[6]

2. 공동대표

회사는 정관 또는 총 사원의 동의로 수인의 사원이 공동으로 회사를 대표할 것을 정할 수 있다(상법 제208조 제1항). 각 사원이 대표권을 가지는 경우뿐만 아니라 수인의 업무집행사원을 정한 경우 및 수인의 업무집행사원 중 일부를 회사를 대표할 자로 정한 경우에도 그 중의 수인이 공동으로 회사를 대표할 것을 정할 수 있다(상법 제207조 제2문, 제3문, 제208조 제1항). 이를 공동대표(Gesamtvertretung)라고 한다. 이는 대표권의 남용을 방지하기 위한 제도이다.

5 정찬형, 상법강의(상)(제22판), 박영사(2019), 580.
6 권기범, 현대회사법론(제7판), 삼영사(2017), 329.

V. 대표권의 상실

회사를 대표하는 사원이 업무를 집행함에 현저하게 부적임하거나 중대한 의무에 위반한 행위가 있는 때에는 법원은 사원의 청구에 의하여 대표권의 상실을 선고할 수 있다(상법 제216조, 제205조 제1항). 대표사원이 1명인 경우에 대표권상실 선고가 가능한지 여부에 대해서는, 대표사원이 1명인 경우에도 가능하며 유일한 대표사원의 대표권한이 상실되었을 때에는 다른 사원 전원이 회사를 공동으로 대표하면 된다고 하는 견해[7]와 대표사원이 1인인 경우에는 업무집행사원의 경우와 같이 대표권의 상실선고를 할 수 없다고 하는 견해[8]가 있다.

다른 사원의 수가 반드시 대표권한을 상실한 사원의 수보다 다수이어야 하는 것도 아니다. 대표권한의 상실에 관하여는 정관으로 다른 정함을 할 수 있다.[9]

VI. 대표에 관한 등기

모든 사원이 대표사원이고 또 단독대표가 인정되어 있는 경우에는 대표에 관한 등기는 필요 없다(상법 제180조 제1호, 제179조 제3호). 그러나 정관이나 총사원의 동의로 대표권 있는 사원을 따로 정한 경우, 즉 대표권이 없는 사원이 있는 경우에는 대표사원을 등기하여야 하고(제180조 제4호), 공동대표를 정한 경우에도 등기하여야 한다(제180조 제5호). 위 전자 또는 후자의 경우와 같이 대표사원에 관한 등기가 없는 경우이든 있는 경우이든 상관없이 대표사원이 대표권상실선고를 받은 경우 이는 등기사항이 된다(제216조, 제205조). 판결이 확정한 때에는 수소법원이 회사의 본점과 지점소재지의 등기소에 그 등기를 촉탁하여야 한다(비송사건절차법 제107조 제3호).

7 정동윤, 회사법(제6판), 법문사(2000), 761; 최기원, 신회사법론(제14판), 박영사(2012), 1030.
8 정찬형, 상법강의(상)(제22판), 박영사(2019), 581.
9 최기원, 신회사법론(제14판), 박영사(2012), 1030.

제 208 조 [공동대표]

① 회사는 정관 또는 총사원의 동의로 수인의 사원이 공동으로 회사를 대표할 것을 정할 수 있다.

② 전항의 경우에도 제3자의 회사에 대한 의사표시는 공동대표의 권한있는 사원 1인에 대하여 이를 함으로써 그 효력이 생긴다.

[관련조문] 상법 제12조, 제180조, 제183조, 제207조, 제209조, 제389조.

[참고문헌] 주석 상법, 회사편(Ⅰ)(제5판), 한국사법행정학회(2014); 이철송, 회사법강의(제27판), 박영사(2019); 정동윤, 회사법(제6판), 법문사(2000); 김건식 외 2인, 회사법(제3판), 박영사(2018); 최기원, 신회사법론(제14판), 박영사(2012).

Ⅰ. 본조의 취지

상법 제208조는 합명회사의 공동대표에 관하여 규정하고 있다. 합명회사의 대표사원은 각자 회사를 대표할 수 있는 것이 원칙이다(제207조 제1문, 제2문). 그리고 회사를 대표하는 사원은 회사의 영업에 관하여 재판상 또는 재판외의 모든 행위를 할 광범위한 권한이 있다(제209조 제1항). 이에 제208조는 각자대표 원칙의 예외로서 대표사원이 수인인 경우에 회사는 정관 또는 총사원의 동의로 수인의 사원이 공동으로 회사를 대표할 것을 정할 수 있다고 규정하여 대표사원의 대표권의 남용을 방지하려는데 그 취지가 있다. 상법상 공동지배인(제12조), 공동대표이사(제389조 제2항)의 제도도 같은 취지의 제도라 할 것이다.[1]

Ⅱ. 공동대표의 본질

공동대표의 본질에 관하여는 수인의 대표사원이 각자 단독으로 대표권을 가지고, 단지 권한행사를 공동으로 하는 것이라는 견해(행사방법공동설)와 수인의 공

1 공동대표의 한 형태로서 독일에서는 부진정공동대표 또는 혼합공동대표(unechte Gesamtvertretung, gemisschte Gesamtvertretung)가 인정된다. 이것은 정관으로 1인 또는 수인의 사원이 1인 또는 수인의 지배인(사원이 아님)과 공동으로 회사를 대표하는 것이다(독일 상법 제125조 제3항). 그러나 우리 상법은 이러한 대표방법을 인정하지 않는다.

동대표사원이 1개의 대표권을 합유적으로 가진다는 견해(대표권합유설)가 있다. 수인의 대표사원을 선정한 경우 각자대표가 원칙이라는 통설의 입장에서 행사방법공동설이 타당하다. 즉 공동대표는 대표권 자체의 제한이 아니라 대표권행사 방법의 제한이다. 이 견해에 의하면 공동대표사원의 1인에 관하여 대표권소멸의 사유가 있는 때에는 전원의 대표권이 소멸하는 것은 아니나, 각자 단독으로 대표권을 행사할 수는 없고, 나머지 공동대표사원은 대표권의 공동행사가 불가능하게 된다고 보아야 할 것이다.[2] 예컨대 2명의 공동대표사원 중에 1명이 사망한 경우에 다른 사원과의 공동대표가 가능한 때에는 생존하는 사원이 자동적으로 단독대표권을 갖게 되는 것은 아니다.[3]

Ⅲ. 공동대표행위

1. 능동대표

공동대표의 정함이 있는 경우에는 공동대표사원이 공동으로 회사를 대표하여야 하고(제1항), 이를 위반하여 단독으로 한 행위는 권한 없는 대표행위로서 회사에 대하여 효력이 생기지 않는다. 그러나 등기하지 않은 경우 선의의 제3자에게 대항하지 못한다(대법원 2014. 5. 29. 선고 2013다212295 판결). 다만 공동대표사원이 동시에 대표행위를 할 필요는 없고 서로 다른 시기에 하여도 무방하다. 어음행위와 같은 요식행위의 경우에는 공동대표사원이 각각 기명날인 또는 서명하여야 한다.

공동대표사원 1인이 다른 대표사원의 의사와 관계없이 단독으로 대표행위를 한 경우 추인할 수 있는지에 관해 이를 긍정하는 견해[4]와 부정하는 견해[5]가 있다. 판례는 추인을 긍정하는 입장으로 보인다[주식회사의 공동대표이사에 대한 사안이기는 하나 판례는 "공동대표이사가 단독으로 회사를 대표하여 제3자와 한 법률행위를 추인함에 있어 그 의사표시는 단독으로 행위한 공동대표이사나 그 법률행위의 상대방인 제3자 중 어느 사람에게 대하여서도 할 수 있다."고 판시하였다(대법원 1992. 10. 27. 선고 92다19033 판결)].

2 주석 상법, 회사편(Ⅰ)(제5판), 한국사법행정학회(2014), 242(정동윤).
3 최기원, 신회사법론(제14판), 박영사(2012), 1029.
4 이철송, 회사법강의(제27판), 박영사(2019), 714.
5 최기원, 신회사법론(제14판), 박영사(2012), 315; 정동윤, 회사법(제6판), 법문사(2000), 419.

공동대표사원이 그중 1인에게 포괄적으로 위임하여 회사를 대표하게 하는 것이 허용되는가가 문제된다. 포괄적 위임은 실질적으로 단독대표와 다름이 없기 때문에 대표권 남용의 방지라는 공동대표 제도의 취지에 반하므로 허용되지 아니한다는 데 학설과 판례(대법원 1989. 5. 23. 선고 89다카3677 판결. 이 판결은 주식회사에 관한 것이나 공동대표 제도 취지에 비추어 합명회사에서도 같다고 볼 것이다)가 일치한다. 다만 사안별로 특정 행위에 관해 개별적인 위임이 가능한가에 관해, 공동대표사원 간에 내부적인 의사합치만 있으면 개별적 위임이 가능하여 1인의 공동대표이사가 단독으로 할 수 있다는 견해(적극설)[6]와 이러한 위임은 공동대표제도의 목적에 반하고 공동대표의 의사표시는 직접 제3자에 대하여 하여야 하므로 인정되지 않는다고 보아야 한다는 견해(소극설) 및 거래의 안정성과 신속성·효율성을 종합적으로 고려하여 공동대표이사 1인에게 개별적인 거래의 위임은 가능하되 위임관계를 행위시에 현명하는 방식으로 대표권을 행사하는 것이 타당하다는 견해(표시행위위임설)[7]가 있다.

2. 수동대표

공동대표의 경우에도 제3자의 회사에 대한 의사표시는 공동대표의 권한이 있는 사원 1인에 대하여 이를 함으로써 그 효력이 생긴다(제208조 제2항). 제3자의 편의는 물론이고 의사표시의 수령은 대표권 남용의 여지가 별로 없다는 점을 고려한 것이다. 즉 공동대표사원의 공동을 요하는 것은 적극적으로 대표권을 행사하는 능동대표의 경우이고, 수동대표의 경우에는 공동대표사원이 각자 대표권을 가지고 제3자는 공동대표의 1인에 대하여 의사표시를 함으로써 그 효력이 생긴다. 따라서 변제의 청구, 서류의 송달, 어음의 제시 등은 공동대표사원 중의 1인에 대하여 함으로써 족하다. 그리고 어떤 사실의 지·부지가 법률행위의 효력에 영향을 미치는 경우 공동대표 1인의 지·부지로 판단하면 될 것이다.

Ⅳ. 공동대표에 관한 등기

공동대표제도는 거래의 상대방에게 중대한 이해관계가 있는 사항이므로 이에 관한 정함, 변경 및 소멸은 등기하여야 한다(상법 제180조 제5호, 제183조). 정관으로

6 최기원, 신회사법론(제14판), 박영사(2012), 529; 정동윤, 회사법(제6판), 법문사(2000), 412; 김건식 외 2인, 회사법(제3판), 박영사(2018), 909.
7 이철송, 회사법강의(제27판), 박영사(2019), 713.

수인의 사원이 공동으로 회사를 대표할 것을 정하고도 이를 등기하지 아니한 경우, 공동대표사원 중 1인이 단독으로 회사를 대표하여 행위하였더라도 그 대표행위가 정관에 위배된다는 점을 들어 위 대표행위의 유효를 주장하는 선의의 제3자에게 대항하지 못한다(대법원 2014. 5. 29. 선고 2013다212295 판결).

제 209 조 [대표사원의 권한]

① 회사를 대표하는 사원은 회사의 영업에 관하여 재판상 또는 재판외의 모든 행위를 할 권한이 있다.

② 전항의 권한에 대한 제한은 선의의 제삼자에게 대항하지 못한다.

[관련조문] 상법 제199조, 제203조, 제204조, 제216조, 제220조, 제227조, 제230조, 제257조, 민법 제60조, 민사소송법 제64조, 제373조.

[참고문헌] 권기범, 현대회사법론(제7판), 삼영사(2017); 이기수/최병규, 회사법(제10판), 박영사(2015); 장덕조, 회사법(제4판), 법문사(2019); 정찬형, 상법강의(상)(제22판), 박영사(2019); 최기원, 신회사법론(제14판), 박영사(2012); 최준선, 회사법(제14판), 삼영사(2019).

Ⅰ. 본조의 취지

상법 제209조는 대표사원의 권한 범위 및 대표권제한의 효력에 관하여 규정하고 있다. 제209조는, 대표권은 회사의 영업에 관하여 재판상 또는 재판외의 모든 행위에 미치고, 대표권에 대한 내부적 제한으로 선의의 제3자에게 대항할 수 없다고 규정하여 대표권의 포괄·정형성을 법정하고, 불가제한성을 전제로 선의의 제3자를 보호하여 거래의 안전을 확보하는데 그 취지가 있다. 제209조는 대표권의 범위와 관련된 것으로 외부관계에 대한 것이므로 강행규정에 해당한다.

Ⅱ. 대표권의 범위

1. 회사의 영업에 관한 행위

대표사원의 대표권은 회사의 영업에 관한 재판상 또는 재판외의 모든 행위에 미친다(제209조 제1항). 대표권은 회사의 권리능력의 범위 내에 속하는 모든 행위에 미치고 회사의 영업에 관한 행위에 관하여는 포괄적·정형적 대표권이 인정된다.

'회사의 영업에 관한 행위'란 영업의 목적인 행위, 영업을 위한 행위 및 기타 회사의 영업에 관련되는 일체의 행위를 포함한다. 영업에 관한 것인지 여부는 행위자의 내심의 의사를 묻지 않고 오로지 행위 자체의 객관적 성질을 기준으로 추상적으로 판단하여야 하는데,[1] 명백히 영업에 반하지 아니하는 한 일단 영업에 관한 것으로 추정하여야 할 것이다.[2] 정관에 기재되지 아니하였지만 실제로 영위하고 있는 영업도 포함한다. 대표사원의 구체적 또는 주관적 의도를 기준으로 하지 않으므로 어떠한 행위가 객관적으로 영업에 관한 행위로 볼 수 있으면 비록 행위자의 내심으로는 자신이나 제3자의 이익을 도모할 목적으로 대표행위가 이루어진 경우, 다시 말해 대표권의 남용이 있은 때에도 상대방의 악의나 중과실을 입증하지 못하는 한 회사는 그 책임을 면하지 못한다고 할 것이다.

이러한 포괄적 대표권도 회사의 영업의 존속을 전제로 하여 그 영업에 관련되는 거래행위에만 미친다고 할 것이다. 따라서 정관변경(상법 제204조), 해산(제227조 제2호), 합병(제230조) 등 회사의 조직에 관한 행위나 영업의 양도(제257조), 영업의 폐지 등 회사의 영업 자체의 기초에 관한 행위는 포함하지 아니한다.[3] 또한 영업에 관한 행위라도 자기거래의 경우와 같이 다른 사원 과반수의 결의를 요하는 경우도 있다(제199조).

2. 재판상의 행위

재판상의 행위란 소송행위를 말한다. 대표사원은 법정대리인의 지위에서 어느 심급의 재판에서도 제한 없이 일체의 소송행위를 할 수 있다(민사소송법 제64조). 대표사원이 따로 소송대리인을 선임하지 않은 경우 대표사원이 소송서류의 송달을 받을 권한이 있고, 대표사원은 증인으로서의 자격을 갖지 않으므로 대표사원을 신문할 때에는 당사자신문의 규정에 따라 신문하여야 한다(민사소송법 제373조). 수인의 대표사원 전원이 소송 중에 사망·해임기타의 사유로 대표권을 상실한 경우 소송절차는 중단되나, 그 일부가 퇴임한 때에는 다른 대표사원이 있으므로 소송절차는 중단되지 아니한다.

3. 재판외의 행위

재판외의 행위란 사법상의 적법행위가 모두 포함된다. 법률행위이든 준법률

1 지배인의 어떤 행위가 영업주의 영업에 관한 것인가의 여부는 지배인의 행위 당시의 주관적인 의사와는 관계없이 그 행위의 객관적 성질에 따라 추상적으로 판단되어야 한다(대법원 1997. 8. 26. 선고 96다36753 판결).

2 권기범, 현대회사법론(제7판), 삼영사(2017), 330.

3 최기원, 신회사법론(제14판), 박영사(2012), 1031; 정찬형, 상법강의(상)(제22판), 박영사(2019), 582; 최준선, 회사법(제14판), 삼영사(2019), 851; 이기수/최병규, 회사법(제10판), 박영사(2015), 840; 권기범, 현대회사법론(제7판), 삼영사(2017), 330; 장덕조, 회사법(제4판), 법문사(2019), 612.

행위이든, 유상행위이든 무상행위이든 이를 묻지 아니한다. 다만 대표사원의 행위가 회사에 귀속하려면 회사의 목적범위 내에서 회사 명의로 하여야 한다.

Ⅲ. 대표권의 제한

대표사원의 대표권에 대한 제한은 선의의 제3자에게 대항하지 못한다(상법 제209조 제2항). 이는 선의의 제3자를 보호함으로써 거래의 안전을 도모하기 위한 것이다. 여기서 대표권에 대한 제한은 지배인의 선임·해임과 같은 법령상의 제한(제203조)은 제외되고, 정관 또는 총사원의 결의에 의한 내부적 제한을 의미한다고 보아야 할 것이다.[4] 대표권의 제한은 회사 내부적으로는 유효하다. 따라서 대표사원이 내부적 제한을 위반하여 제3자와 거래를 한 때에는 회사에 대하여 손해배상책임을 지고 대표권상실선고(제216조) 및 제명(제220조 제3호)의 사유가 된다.

그러나 회사는 대표권의 내부적 제한으로 선의의 제3자에 대하여는 대항할 수 없다. 합명회사의 대표기관의 권한은 민법상 법인의 대표기관의 권한과는 달리 그 제한을 등기하는 방법도 없기 때문에, 언제나 선의의 제3자에게 대항하지 못한다(민법 제60조 참조).[5] 다만 대표사원의 대표권제한 부대항의 원칙은 선의의 거래를 보호하기 위한 것이므로 제3자가 대표사원과 공모하거나 대표권의 남용을 알고 있었던 경우에는 회사는 대표권제한으로써 대항할 수 있다.

4 권기범, 현대회사법론(제7판), 삼영사(2017), 331.
5 정찬형, 상법강의(상)(제22판), 박영사(2019), 582.

제 210 조 [손해배상책임]

회사를 대표하는 사원이 그 업무집행으로 인하여 타인에게 손해를 가한 때에는 회사는 그 사원과 연대하여 배상할 책임이 있다.

[관련조문] 상법 제207조, 제210조, 제208조, 제389조, 제567조, 민법 제35조, 제750조.

[참고문헌] 김건식 외 2인, 회사법(제3판), 박영사(2018); 이철송, 회사법강의(제27판), 박영사(2019); 장덕조, 회사법(제4판), 법문사(2019); 정찬형, 상법강의(상)(제22판), 박영사(2019); 주석 민법, 총칙(1)(제5판), 한국사법행정학회; 주석 상법, 회사편(1)(제5판), 한국사법행정학회(2014); 공도일, "법인의 불법점유가 인정되는 경우 대표이사 개인의 손해배상책임 인정 여부", 대법원판례해설 제95호(2013. 상), 법원도서관(2013).

Ⅰ. 본조의 취지

상법 제210조는 대표사원의 불법행위에 대한 회사의 책임에 관하여 규정하고 있다. 회사가 불법행위능력을 가지는가라는 문제는 법인본질론과 관련이 있고, 이에 대해서는 법인의제설과 법인실재설이 있으나 법인실재설이 현재 우리나라의 통설이다. 법인실재설에 따를 때, 대표는 불법행위에도 미치므로 회사의 대표기관이 그 직무를 집행함에 있어서 타인에게 손해를 가한 때에는 그것은 회사 자체의 불법행위로 되어 회사는 당연히 그 손해를 배상할 책임이 있고, 그렇게 보는 이상 회사의 면책이란 있을 수 없다.[1] 제210조는 회사가 대표사원과 연대책임이 있다는 점을 명시적으로 규정하여 회사와 거래한 제3자를 두텁게 보호하는데 그 의미가 있다고 볼 수 있다. 제210조는 민법 제35조 제1항(법인의 불법행위능력)과 같은 취지의 규정이라고 할 것이다.[2] 제210조는 합자회사의 사원에 준용되고(상법 제269조), 주식회사의 대표이사 및 유한회사의 이사에 준용된다(제389조 제3항, 제567조).

1 오늘날 우리나라의 학설은 법인실재설의 입장에서 회사의 불법행위능력을 인정하는 데 이론이 없다. 법인의 행위능력을 부정하는 의제설은 당연히 불법행위능력도 인정하지 않으므로 민법 제35조 제1항 또는 상법 제210조가 일정한 경우에 법인의 배상책임을 인정한 것은 법률 정책상 타인의 행위에 대하여 책임을 지게 한 것이라고 한다.

2 정찬형, 상법강의(상)(제22판), 박영사(2019), 582; 장덕조, 회사법(제4판), 법문사(2019), 613.

Ⅱ. 불법행위의 요건

1. 대표기관의 행위

회사의 불법행위가 성립하려면 '회사를 대표하는 사원'의 행위가 있어야 한다. 정관으로 업무집행사원을 정하지 아니한 때에는 각 사원이 대표사원이 되고, 정관으로 회사를 대표할 자(업무집행사원이 대표할 자가 되나 정관으로 업무집행사원 중 일부를 회사를 대표할 자로 정할 수 있다)를 정한 경우 그가 대표사원이 된다(상법 제207조). 회사는 정관 또는 총사원의 동의로 공동대표사원을 정할 수도 있다(제208조). 대표사원이 아닌 피용자의 불법행위에 대하여는 제210조가 아닌 회사의 사용자책임이 문제될 뿐이다(대법원 2009. 11. 26. 선고 2009다57033 판결). 대표사원이 선임한 대리인의 불법행위에 대하여도 제210조가 적용되는가에 관하여는 견해가 갈라지고 있으나, 손해의 합리적인 분담을 고려하면 대표사원의 대리인이 직무집행 상 타인에게 손해를 가한 경우에도 제210조가 적용된다고 본다.[3]

2. 업무집행에 관한 행위

회사의 불법행위가 성립하려면 대표사원이 '업무집행으로 인하여' 타인에게 손해를 가하여야 한다. '업무집행으로 인하여'라는 것은 민법 제35조 제1항의 '직무에 관하여'와 같은 뜻으로 통설은 행위의 외형상 대표사원의 직무수행행위라고 볼 수 있는 행위뿐만 아니라 행위 그 자체로는 본래의 직무행위에 속하지 않으나 직무행위와 적당한 견련성을 가지는 행위도 포함하는 의미로 새기고 있다.[4] 판례도 '법인이 그 대표자의 불법행위로 인하여 손해배상의무를 지는 것은 그 대표자의 직무에 관한 행위로 인하여 손해가 발생한 것임을 요한다 할 것이나, 그 직무에 관한 것이라는 의미는 행위의 외형상 법인의 대표자의 직무행위라고 인정할 수 있는 것이라면 설사 그것이 대표자 개인의 사리를 도모하기 위한 것이었거나 혹은 법령의 규정에 위배된 것이었다 하더라도 위의 직무에 관한 행위에 해당한다고 보아야 한다'고 판시하였고(대법원 2009. 11. 26. 선고 2009다57033 판결), 또한 회사의 대표이사가 회사재산에 대한 압류를 불능케 하여 채권자에게 손해를 입힌

3 주석 상법, 회사편(1)(제5판), 한국사법행정학회(2014), 248(정동윤).

4 주석 민법, 총칙(1)(제5판), 한국사법행정학회(2019), 637(김상훈); 공도일, "법인의 불법점유가 인정되는 경우 대표이사 개인의 손해배상책임 인정 여부", 대법원판례해설 제95호(2013. 상), 법원도서관(2013), 247.

행위도 직무집행범위 내에 속하는 행위라고 한 바 있다(대법원 1959. 8. 27. 선고 4291민상395 판결).

3. 불법행위에 관한 일반적 요건

대표사원의 행위가 민법 제750조가 정하는 불법행위의 일반 요건을 갖추어야 한다. 즉 대표사원이 고의 또는 과실에 의하여 위법행위로 타인에게 손해를 가한 경우 인정된다.[5] 이것으로 충분하고 회사가 직접행위자인 대표사원에 대한 선임·감독에 관하여 과실이 있을 것을 요하지 아니한다. 이 점에서 민법의 사용자책임과 구별된다.[6]

Ⅲ. 대표사원 개인의 책임

제210조는 회사의 불법행위가 성립하는 경우 회사는 그 사원과 연대하여 배상할 책임이 있다고 하여 기관구성원 개인에게도 연대책임을 지우고 있다. 법인실재설에 의할 때 회사의 불법행위능력이 인정되는 결과 대표사원의 불법행위는 회사의 불법행위가 되고 대표사원 개인의 책임이 바로 성립하는 것은 아니나, 본조는 피해자를 두텁게 보호하기 위한 정책적 고려에서 대표사원 개인에게도 회사와 연대책임을 부담시키는 것이라는 견해가 있다.[7] 한편 대표기관의 행위는 기관으로서의 행위와 기관을 구성하는 개인으로서의 행위의 양면을 가지고 있으므로 기관구성원인 대표사원 개인도 당연히 불법행위책임을 진다는 견해도 있다.[8]

판례는 '주식회사의 대표이사가 업무집행을 하면서 고의 또는 과실에 의한 위법행위로 타인에게 손해를 가한 경우 주식회사는 상법 제389조 제3항, 제210조에 의하여 제3자에게 손해배상책임을 부담하게 되고, 그 대표이사도 민법 제750조 또는 상법 제389조 제3항, 제210조에 의하여 주식회사와 공동불법행위책임을 부담하게 된다고 판시하여(대법원 2007. 5. 31. 선고 2005다55473 판결) 대표기관의 책임을 법정책임이 아니라 불법행위책임으로 보아 회사와 공동불법행위가 성립한다고 보았다. 위 판시의 취지는 합명회사에 있어서도 그대로 유효하다고 할 것이다.

5 회사의 대표이사가 그 업무집행 중 불법행위로 인하여 제3자에게 손해를 가한 때에는 대표이사는 회사와 연대하여 배상할 책임이 있고 그 불법행위는 고의는 물론 과실 있는 때에도 성립된다(대법원 1980. 1. 15. 선고 79다1230 판결).

6 김건식 외 2인, 회사법(제3판), 박영사(2018), 913.

7 이철송, 회사법강의(제27판), 박영사(2019), 166.

8 주석 상법, 회사편(1)(제5판), 한국사법행정학회(2014), 249(정동윤).

제 211 조 [회사와 사원간의 소에 관한 대표권]

회사가 사원에 대하여 또는 사원이 회사에 대하여 소를 제기하는 경우에 회사를 대표할 사원이 없을 때에는 다른 사원 과반수의 결의로 선정하여야 한다.

[관련조문] 민사소송법 제62조, 제64조.

[참고문헌] 권기범, 현대회사법론(제7판), 삼영사(2017); 이기수/최병규, 회사법(제10판), 박영사(2015); 정동윤, 회사법(제6판), 법문사(2000); 최기원, 신회사법론(제14판), 박영사(2012).

Ⅰ. 본조의 취지

상법 제211조는 회사와 사원간의 소송에 있어서의 대표자의 선정에 관하여 규정하고 있다. 회사와 사원간의 소송에서 그 사원이 회사를 대표하는 것은 불합리할 뿐만 아니라 소송의 원리에도 반한다. 제211조는 회사와 사원간의 소송에서 그 사원과 별도로 회사를 대표할 사원이 없을 때에는 다른 사원의 과반수 결의로 임시로 회사를 대표할 자를 선정하도록 함으로써 정관변경의 절차 없이 간편한 방법으로 일시적으로 당해 소송에 관하여 회사를 대표할 자를 정할 수 있도록 한 데에 그 취지가 있다. 본조는 회사의 외부관계에 관한 것이므로 강행규정에 해당한다.

Ⅱ. 선임의 요건과 방법

회사를 대표할 사원이 없을 때란 유일한 대표사원이 소송당사자인 경우뿐만 아니라 대표사원이 사망 또는 사임하여 1인도 존재하지 않는 경우도 포함된다. 사원이 2인인 경우에는 소송당사자가 아닌 사원이 당연히 회사를 대표할 권한을 가진다.

임시대표자는 다른 사원 과반수의 결의로 선정하여야 한다. 만일 다른 사원 과반수 결의로 회사를 대표할 자를 정하지 못한 때에는 민사소송법이 규정하는 특별대리인 제도를 이용할 수 있다고 해석된다(민사소송법 제64조, 제62조).[1]

사원과 회사 사이의 소의 경우에 관한 것이므로 퇴사한 사원의 회사에 대한 지분환급청구소송은 제211조가 적용되지 않는다.[2]

1 권기범, 현대회사법론(제7판), 삼영사(2017), 330.
2 최기원, 신회사법론(제14판), 박영사(2012), 1030.

Ⅲ. 대표자의 자격과 대표권 범위

상법 제211조는 회사와 사원간의 소송에서 그 소송에 한하여 회사를 대표할 임시적 대표기관을 정하는 것이 그 취지이므로, 그 대표자는 반드시 사원일 필요는 없다고 본다.[3] 이렇게 선임된 대표자의 대표권은 당해 소송에 한정되므로 정관 변경이나 등기가 필요 없다는 것이 다수설이다.[4]

3 정동윤, 회사법(제6판), 법문사(2000), 761; 최기원, 신회사법론(제14판), 박영사(2012), 1030; 이기수/최병규, 회사법(제10판), 박영사(2015), 839; 권기범, 현대회사법론(제7판), 삼영사(2017), 329.

4 정동윤, 회사법(제6판), 법문사(2000), 762; 권기범, 현대회사법론(제7판), 삼영사(2017), 329; 이기수/최병규, 회사법(제10판), 박영사(2015), 839.

제 212 조 [사원의 책임]

① 회사의 재산으로 회사의 채무를 완제할 수 없는 때에는 각 사원은 연대하여 변제할 책임이 있다.

② 회사재산에 대한 강제집행이 주효하지 못한 때에도 전항과 같다.

③ 전항의 규정은 사원이 회사에 변제의 자력이 있으며 집행이 용이한 것을 증명한 때에는 적용하지 아니한다.

[관련조문] 상법 제213조, 제214조, 제215조, 제225조, 제267조, 민법 제441조, 제481조, 제425조, 제712조, 제713조.

[참고문헌] 권기범, 현대회사법론(제7판), 삼영사(2017); 김건식 외 2인, 회사법(제3판), 박영사(2018); 김정호, 회사법(제5판), 법문사(2019); 김홍기, 상법강의(제4판), 박영사(2019); 민법주해 XVI, 채권(9), 박영사(1997); 서돈각/정완영, 상법강의(상)(제4전정판), 법문사(1999); 손주찬, 상법(상)(제15보정판), 박영사(2004); 송옥렬, 상법강의(제9판), 홍문사(2019); 이기수/최병규, 회사법(제10판), 박영사(2015); 이범찬 외 3인, 회사법(제2판), 삼영사(2018); 이철송, 회사법강의(제27판), 박영사(2019); 임재연, 회사법 Ⅱ(개정6판), 박영사(2019); 임홍근, 회사법, 법문사(2000); 장덕조, 회사법(제4판), 법문사(2019); 정동윤, 회사법(제6판), 법문사(2000); 정찬형, 상법강의(상)(제22판), 박영사(2019); 최기원, 신회사법론(제14판), 박영사(2012); 최준선, 회사법(제14판), 삼영사(2019); 최기원, "임금채권과 무한책임사원의 책임", 법률신문(2491호), 법률신문사(1996); 斎藤秀夫 외 2人, 注解 破産法(第三版)(下), 青林書院(1998).

Ⅰ. 본조의 취지

상법 제212조는 합명회사 사원의 회사 채무에 대한 대외적 책임에 대하여 규정하고 있다. 일반적으로 단체의 채무에 관하여는 단체 자체가 단체의 재산을 가지고 책임을 지지만, 그와 함께 단체의 구성원이 개인 재산을 가지고 책임을 부담하는 경우도 있다. 이것은 단체의 경제적 실태와 단체에 대한 채권자의 보호를 고려하여 정해야 하고, 법인격의 유무와 직접적인 관련은 없다.[1] 상법상 합명회사가

1 민법주해 XVI, 채권(9), 박영사(1997), 114(김재형).

법인이기는 하나 합명회사는 실질적으로 조합적 공동기업체이어서 회사의 채무는 실질적으로 각 사원의 공동채무라고 할 것이다. 이에 제212조는 합명회사 사원에게 회사채권자에 대한 직접·연대·무한의 법정책임을 지우고 있다.[2] 회사채권자를 보호하기 위하여 합명회사 사원에게 포괄적인 인적책임을 규정한 것이 제212조의 취지라고 할 수 있다. 제212조 규정에 의한 사원의 직접·연대·무한책임은 회사의 담보기능을 수행하고, 합명회사의 가장 두드러진 특징이라 할 수 있다.[3] 합명회사의 그 밖의 특징, 즉 사원의 출자의무의 목적과 방식이 완화되어 있는 점, 이익배당에 제한이 없는 점, 자기기관의 원칙, 의사결정에 있어서 두수주의 등은 모두 위의 특질에서 파생되는 것이라고 할 수 있다. 다만 제212조는 사원의 대외적 책임에 대해 보충성을 인정하여 민법상 조합채무[4]와 차이가 있다.

사원의 책임에 관한 상법 제212조 규정은 회사채권자를 보호하기 위한 강행규정이다. 따라서 정관이나 총사원의 동의로 특정 사원의 책임을 배제해도 회사채권자에게 효력이 없다. 내부관계에서 효력이 있을 뿐이다.

Ⅱ. 책임의 성질

1. 직접·연대·무한성

사원의 책임은 회사채권자에 대한 직접·연대·무한책임이다.

가. 상법상 합명회사 사원의 책임은 '사원이 회사채무에 대하여 제3자(회사의 채권자)에게 변제할 책임'을 의미한다. 회사채무 전액에 대하여 일정액의 한도가 없으므로 무한책임이다. 이것은 분담주의에 의하는 민법상의 조합원의 책임과 다른 점이다(민법 제712조, 제713조). 사원은 자기의 전 재산을 가지고 책임을 지게 되

2 대법원 2009. 5. 28. 선고 2006다65903 판결의 취지 참조; 상법이 합명회사에 법인격을 인정하고 있는 것은 회사의 대외적 법률관계를 간단히 하기 위한 편의적, 법률정책적 견지에서 나온 것이기 때문에 법인격 부여에 의하여 그 실체인 개인기업적·조합적 성질을 상실하는 것은 아닐뿐더러, 제3자의 이익을 해할 근거가 될 수도 없다. 따라서 제212조의 책임은 실제적으로는 합명회사를 조합으로 보는 입법으로 당연한 책임이다.[이범찬 외 3인, 회사법(제2판), 삼영사(2018), 616].

3 상법은 책임형태에 착안하여 사원의 책임을 기초로 회사를 분류하고, 다른 특성은 책임의 형태에 맞게끔 배치하는 방법으로 회사의 종류를 나누고 있다.[이철송, 회사법강의(제27판), 박영사(2019), 83.]

4 민법상 조합채무에 대하여는 조합재산에 의한 책임과 조합원의 개인재산에 의한 책임 사이에 보충성이 없다. 즉, 조합채권자는 조합채무에 대하여 조합재산으로부터 변제를 청구할 수 있음과 동시에 일정의 분할된 액수에 대해 각 조합원의 개인재산으로부터 변제를 청구할 수가 있다(민법 제712조). 이 채무와 조합채무와의 관계는 전자가 후자에 대해 보충적인 것은 아니고 병존적인 것이다.

어 이를 인적책임이라고도 한다. 책임은 인적책임과 물적책임으로 분류할 수 있는데, 인적책임은 원칙적으로 무한책임이나(협의의 인적책임) 예외적으로 유한책임이 있으며(광의의 인적책임), 물적책임은 언제나 유한책임이다. 상법상 각종 회사의 사원의 책임은 모두 인적책임이며 물적책임은 없다. 즉, 합명회사의 사원 및 합자회사의 무한책임사원은 인적 무한책임을 부담하고, 합자회사의 유한책임사원, 주식회사의 주주 및 유한회사의 사원의 책임은 인적 유한책임(금액유한책임)을 부담한다. 사원의 무한책임은 정관으로 다른 정함을 하여도 제3자에게 이를 주장할 수 없다. 그러나 회사채권자와의 약정으로 그 책임을 제한하는 것은 가능하다.

나. 회사채권자는 회사를 거치지 않고 사원에게 곧바로 변제청구를 할 수 있으므로 직접책임이다. 그러나 합명회사는 법인이고 그 사원과는 법률상 별개의 인격체이므로, 회사에 대한 집행권원을 가지고 직접 사원의 개인재산에 대하여 강제집행을 할 수는 없다. 따라서 회사채권자는 직접 사원에 대한 이행소송을 제기하여 집행권원을 확보하여야 한다. 독일 상법 제129조 제4항[5]은 이를 명시적으로 규정하고 있다.

다. 사원은 다른 사원과 연대하여 책임을 진다. 이 때에 '연대'라는 의미는 사원과 회사간의 연대가 아니라 사원 상호간의 연대를 의미한다(통설). 따라서 합명회사의 사원의 책임은 민법상 연대보증인의 책임과는 구별되고, 보증연대가 있는 보증인의 책임과 유사하다.[6]

라. 제212조의 책임은 대외적 관계에 관한 것으로서 강행법규의 성격을 가진다. 따라서 정관이나 총사원의 동의로 다른 약정을 하여도 이를 회사채권자에게 주장할 수 없고, 다만 내부관계에서 효력이 있을 뿐이다. 그러나 사원 또는 회사와 회사채권자 사이에 사원의 책임을 배제하거나 경감하는 등의 합의를 하는 경우 일종의 채권자의 권리포기로서 달리 하자가 없는 한 유효하다고 할 것이다.[7]

2. 부종성

사원의 책임은 회사의 채무에 대하여 부종성을 가진다. 따라서 회사채무의

5 '(합명)회사에 대한 집행력 있는 채무명의에 의하여 사원에 대하여 강제집행을 할 수 없다.'(§129 Abs.4 HGB)
6 정찬형, 상법강의(상)(제22판), 박영사(2019), 584; 송옥렬, 상법강의(제9판), 홍문사(2019), 1300.
7 권기범, 현대회사법론(제7판), 삼영사(2017), 334.

존재를 전제로 하고, 회사의 채무가 시효 기타의 이유로 소멸하거나 경감되면 사원의 책임도 소멸하거나 경감된다. 그리하여 예컨대 회사의 채무를 면제시키면서 사원의 책임은 그대로 유지시키는 회사와 채권자 사이의 합의는 효력이 없다.[8] 그리고 이 종속성의 결과로, 사원이 회사채무에 관하여 변제의 청구를 받는 경우 그 사원은 자기에게 속하는 항변을 주장할 수 있을 뿐만 아니라, 회사가 주장할 수 있는 항변(예컨대 동시이행의 항변 등)으로 그 채권자에게 대항할 수 있다(상법 제214조 제1항). 또 회사가 그 채권자에 대하여 상계, 취소 또는 해제할 권리가 있는 경우에는 사원은 변제를 거부할 수 있다(제214조 제2항).

3. 보충성

사원은 회사재산으로 채무를 완제할 수 없거나(제212조 제1항) 또는 회사재산에 대한 강제집행이 주효하지 못한 때(제212조 제2항)에만 회사의 채무를 변제할 책임이 있으므로 사원의 책임은 보충성을 가진 제2차적 책임이다. 이는 최고·검색의 항변권을 가진 보증인의 책임과 대체로 유사하다고 본다.[9] 판례도 회사의 무한책임사원은 회사의 채권자에 대하여 직접·연대·무한책임을 부담하나 그 책임은 회사의 채무에 대하여 부종성과 보충성을 가진다고 판시하고 있다(대법원 2003. 6. 25.자 2003마28 결정).

Ⅲ. 책임자의 범위

책임을 지는 자는 원칙적으로 채무 발생 당시에 합명회사 사원의 지위에 있는 자이다. 업무집행권의 유무, 대표권의 유무와 관계없다. 따라서 사원이 권한상실선고를 받은 경우 또는 업무집행정지 가처분을 받은 동안에 생긴 채무에 대하여도 책임을 진다.[10]

그리고 ⅰ)회사성립 후에 가입한 사원도 그 가입 전에 생긴 회사채무에 대하여 다른 사원과 동일한 책임을 진다(상법 제213조). '회사성립 후에 가입한 사원'이란 회사와의 입사계약으로 사원권을 원시적으로 취득한 자뿐만 아니라 사원 아닌 자가 기존사원의 지분을 양수하여 사원권을 승계적으로 취득한 자를 포함한다.[11]

8 권기범, 현대회사법론(제7판), 삼영사(2017), 334.
9 최기원, 신회사법론(제14판), 박영사(2012), 1035.
10 최기원, 신회사법론(제14판), 박영사(2012), 1033; 권기범, 현대회사법론(제7판), 삼영사(2017), 335.
11 최기원, 신회사법론(제14판), 박영사(2012), 1033.

ii)퇴사한 사원 또는 지분의 전부를 양도한 사원도 본점소재지에서 퇴사등기를 하기 전에 생긴 회사채무에 대하여 책임을 진다. 이것은 퇴사하기 전의 사원을 고려하여 회사와 거래한 채권자를 보호하려는 취지이다. 퇴사원 또는 지분양도인의 책임은 퇴사등기 후 2년이 경과하면 소멸한다(제225조). iii)사원이 아닌 자가 타인에게 자기를 사원이라고 오인시키는 행위를 하였을 때에는 오인으로 인하여 회사와 거래한 자에 대하여 사원과 동일한 책임을 진다(제215조). 신입사원과는 달리 오인한 상대방에 대한 책임으로 한정된다. 이것은 금반언의 법리에 기한 것으로서 자칭사원의 책임이라고 한다.

Ⅳ. 책임이행의 조건

1. 책임의 발생시기

사원의 책임 발생시기에 관하여, 합명회사 사원의 책임은 회사가 채무를 부담하면 바로 발생한다(통설). 판례도 "합명회사는 실질적으로 조합적 공동기업체이어서 회사의 채무는 실질적으로 각 사원의 공동채무라고 할 것이므로, 합명회사의 사원의 책임은 회사가 채무를 부담하면 법률의 규정에 기해 당연히 발생하는 것이고, 회사의 재산으로 회사의 채무를 완제할 수 없는 때 또는 회사재산에 대한 강제집행이 주효하지 못한 때에 비로소 발생하는 것은 아니며, 이는 회사채권자가 그와 같은 경우에 해당함을 증명하여 합명회사의 사원에게 보충적으로 책임의 이행을 청구할 수 있다는 책임이행의 요건을 정한 것으로 봄이 타당하다."고 판시하여 같은 입장이다(대법원 2009. 5. 28. 선고 2006다65903 판결, 대법원 2012. 4. 12. 선고 2010다27847 판결). i)'회사재산으로 회사채무를 완제할 수 없는 때 등'을 책임발생의 조건이라고 보면 채무완제불능의 상태에 이르기 전에 퇴사한 사원은 책임을 지지 않는 것이 되어 상법 제225조의 규정을 해석할 수 없게 되는 점, ii)회사재산 상태는 상시 변동하여 채무완제가 가능하였다가도 다음날 완제불능인 경우에는 이에 따라 사원의 책임도 소멸 또는 발생하는 결과가 생겨 불안정하게 되는 점 등을 고려하여 보더라도 사원의 책임은 회사채무의 발생과 동시에 생기고 일정한 조건이 도래해서야 이행을 청구할 수 있다고 보는 것이 합리적이다. 따라서 사원의 책임은 회사채권자가 회사재산에 의하여 채권의 만족을 얻지 못하는 경우에 비로소 이행을 청구할 수 있는 제2차적 보충적 성질을 갖는다.

2. 회사채무의 완제불능

'회사재산으로 회사채무를 완제할 수 없는 때'라 함은 채무초과, 즉 채무자가 부담하는 채무(소극재산의 평가 총액)가 그 자산(적극재산의 평가 총액)보다 상회하는 경우를 말한다.[12] ⅰ)회사재산에는 사원에 대한 출자청구권과 잔여재산의 위법분배를 받은 사원에 대한 반환청구권도 포함되나, 재산만을 기초로 하므로 회사의 신용·노력·기능(기술)·장래수입 등은 원칙적으로 회사의 재산 총액을 산정하면서 고려할 대상이 아니다.[13] 판례는 완제불능을 판단함에 있어서 영업권이 회사재산에 포함되는지 문제된 사안에서 "본래 영업권은 기업의 전통, 사회적 신용, 그 입지조건, 특수한 제조기술 또는 특수거래관계의 존재, 제조판매의 독점성 등으로 동종의 사업을 영위하는 다른 기업보다 더 큰 수익을 올릴 수 있는 초과수익력이라는 무형의 재산적 가치를 의미하는 것이므로(대법원 2004. 4. 9. 선고 2003두7804 판결 등 참조), ○○회사가 영업권을 적절한 평가방법에 따라 유상으로 취득하였다는 점 등을 인정할 만한 아무런 자료가 없는 이 사건에서, 피고의 위 주장은 결국 채무초과 여부 판단 시 고려할 대상이 아닌 회사의 신용·노력·기능(기술)·장래의 수입 등을 회사의 자산으로 포함시켜야 한다는 주장과 다름없어 받아들일 수 없다."고 판시하였다(대법원 2012. 4. 12. 선고 2010다27847 판결). ⅱ)회사채무는 회사의 적극재산으로써 변제하여야 할 모든 채무를 말한다. 그 채무의 종류와 발생원인을 묻지 아니한다. 따라서 계약상의 채무이든 부당이득·불법행위로 인한 채무이든 공법상의 채무이든 상관이 없다.

완제불능의 판단에 있어서 파산사유로서의 채무초과와 동일하게 보아 장부가치가 아닌 실제가치에 의해 판단해야 한다는 견해[14]가 다수 있고, 판례도 같은 입장이다(대법원 2012. 4. 12. 선고 2010다27847 판결, 대법원 2007. 11. 15.자 2007마887 결

12 채무초과는 법률상의 의미로 해석하여야 하기 때문에, 기업회계상의 대차대조표에 있어서 부채 항목이 자산 항목을 초과하고 있다고 하여 곧바로 채무초과라 할 수 없고, 그 반대라고 하여 자산초과라고 할 수 없다. 대법원 2007. 11. 15.자 2007마887 결정도 같은 취지이다.

13 이런 점에서 지급불능과 차이가 있다. 지급불능은 채무자의 변제능력(재산·신용·노력 내지 기능을 구성요소로 함)이 결핍되어 금전조달의 가망이 없고, 즉시에 변제할 채무를 일반적·계속적으로 변제할 수 없는 객관적 상태를 말한다. 이와 같이 지급불능은 재산만을 기준으로 하지 않고, 그 밖의 구성요소를 가지도 변제능력이 결핍된 경우를 말하는 것으로서, 이 점에서 재산만을 기준으로 하는 채무초과와는 다르다[斎藤秀夫 외 2人, 注解 破産法(第三版)(下), 青林書院(1998), 115].

14 이철송, 회사법강의(제27판), 박영사(2019), 174; 김건식 외 2인, 회사법(제3판), 박영사(2018), 911; 장덕조, 회사법(제4판), 법문사(2019), 614; 송옥렬, 상법강의(제9판), 홍문사(2019), 1300; 임재연, 회사법 Ⅱ(개정6판), 박영사(2019), 758.

정). 이에 대하여 채권자가 실제가치에 의하여 채무초과를 입증하기는 사실상 어려우므로 채권자 보호의 입장에서 무리한 해석이고, 대차대조표에 의한 단순한 계산상의 채무초과로 판단해야 한다는 견해가 있다.[15] 어느 입장에 따르든 완제불능의 증명책임은 회사채권자에게 있다(통설).

3. 회사재산에 대한 강제집행의 불주효

상법 제212조 제2항은 '회사재산에 대한 강제집행이 주효하지 못한 때에도 전항과 같다'고 규정하고 있다. 이는 회사채권자가 '회사의 재산으로 회사의 채무를 완제할 수 없는 때', 즉 채무초과 상태를 증명하는 것이 현실적으로 용이하지 않다는 점을 고려하여, 회사 재산에 대한 강제집행이 주효하지 못한 때에 해당한다는 객관적 사실을 증명하는 것만으로도 각 사원에게 직접 변제책임을 물을 수 있도록 함으로써 회사채권자를 보다 폭넓게 보호하려는 데 그 취지가 있다. 위와 같은 법 규정의 취지 및 문언적 의미 등을 종합하여 보면, '강제집행이 주효하지 못한 때'란 회사채권자가 회사 재산에 대하여 강제집행을 하였음에도 결국 채권의 만족을 얻지 못한 경우를 뜻한다. 판례는 이에 관하여 "이 규정은 강제집행의 개시를 전제로 하고 있으므로 채권자가 그 동안 ○○회사의 재산인 전세금 및 임대차보증금 반환청구권에 대하여 아무런 환가 시도도 하지 않은 이상 위 규정이 적용될 수 없다는 이유로 위 주장을 배척한 원심판단은 정당하다."고 판시하여(대법원 2011. 3. 24. 선고 2010다99453 판결), 실제로 회사재산에 대한 강제집행의 개시를 요하고 있다. 반드시 사원의 책임이행을 구하는 채권자 자신의 강제집행이 주효하지 못한 경우뿐만 아니라, 제3자의 강제집행이 주효하지 못한 경우도 포함한다.[16] 강제집행의 불주효도 채권자가 증명하여야 한다(통설). 다만 어느 채권자에 의한 강제집행이 주효하지 못하였다고 하여 이것이 회사의 자력이 완전히 바닥난 것을 의미하는 것은 아니므로, 책임을 추궁당한 사원은 회사에 변제의 자력이 있으며 집행이 용이한 것을 증명한 때에는 이를 거절할 수 있다(제212조 제3항).

15 권기범, 현대회사법론(제7판), 삼영사(2017), 335.
16 권기범, 현대회사법론(제7판), 삼영사(2017), 336; 정찬형, 상법강의(상)(제22판), 박영사(2019), 586; 임재연, 회사법 Ⅱ(개정6판), 박영사(2019), 758.

V. 책임의 내용

1. 책임의 범위(한도)

사원이 부담하는 책임의 범위(한도)는 회사의 완제불능이나 강제집행이 주효하지 않은 부족액이 아니고, 회사채무의 전액이다. 이것은 분담주의에 의하는 민법상의 조합원의 책임과 다르다(민법 제712조, 제713조). 회사의 채무 완제불능 또는 강제집행의 불주효는 채권자의 사원에 대한 책임추궁의 요건이지 사원의 책임의 범위나 내용을 정한 것이 아니다. 다만 일정한 거래에 관하여 회사채권자와의 약정으로 그 책임을 제한하는 것은 가능하다고 본다. 즉 일정한 거래에 대해서는 회사재산만으로 책임을 진다든가 또는 일정한 사원에 대해서만 청구할 수 있다든가 또는 일정한 사원은 전혀 책임을 지지 않는다거나 또는 일정한 금액을 한도로 해서만 책임을 진다고 하는 약정은 가능하다.[17] 이 채무의 종류와 원인은 묻지 아니하므로 회사 명의로 체결한 법률행위로 인한 채무뿐만 아니라 불법행위[18]나 부당이득, 사무관리로 인한 채무나 조세채무와 같은 공법상의 채무를 포함한다.

판례는 회사가 부담하는 근로자의 임금채권에 관하여, 합자회사가 회사재산으로 채무를 완제할 수 없거나 회사재산에 대한 강제집행이 주효하지 못하여 합자회사의 무한책임사원이 근로자들에 대한 회사의 임금채무를 변제할 책임을 지게 되었다 하더라도, 보충적인 위 책임의 성질이나 일반 담보권자의 신뢰보호 및 거래질서에 미치는 영향 등을 고려할 때 이를 회사가 사업주로서 임금채무를 부담하는 경우와 동일하다고 보아 무한책임사원 개인소유의 재산까지 임금우선변제권의 대상이 되는 '사용자의 총재산'에 포함된다고 해석할 수는 없다고 판시하였다(대법원 1996. 2. 9. 선고 95다719 판결). 이에 대하여 합명·합자회사가 법인이라도 (무한책임)사원의 지위에 관한 법리에 비추어 사원의 재산은 임금우선변제권의 대상이 되어야 한다는 의견이 있다.[19]

2. 책임의 내용

비대체적 채무 또는 회사의 작위·부작위를 내용으로 하는 채무와 관련하여

17 최기원, 신회사법론(제14판), 박영사(2012), 1036.

18 대법원 1975. 2. 10. 선고 74다1727 판결(합자회사의 불법행위책임, 즉 동 회사의 소속운전수의 자동차 사고로 인한 책임에 대하여 무한책임사원의 책임을 인정한 사례이다).

19 최기원, "임금채권과 무한책임사원의 책임", 법률신문(2491호), 법률신문사(1996).

사원이 어떠한 책임을 지느냐는 문제는 사원도 회사의 채무와 동일한 내용의 채무를 부담하느냐의 문제와 밀접한 관련이 있다. 이에 대하여는 견해가 나뉜다. 이행설(Erfülungstheorie)은 사원이 회사와 동일한 내용의 채무를 부담하므로 사원은 '본래의 급부'를 이행하여야 한다는 견해이다. 이행설도 회사만이 이행할 수 있는 전속적·비대체적 채무 등의 경우에는 금전배상책임을 예외적으로 허용한다. 책임설(Haftungstheorie)은 회사가 채무자이고 사원은 그 이행을 담보할 뿐이므로 회사의 채무에 대하여는 원칙적으로 금전배상책임만을 진다는 견해이다. 절충설은 회사재산이 부족한 경우에 사원의 책임을 물을 수밖에 없는 회사채권자의 이익과 회사로부터 자유로운 고유의 사적 영역을 갖고 싶어 하는 사원의 이익을 형량하여 구체적 사정에 맞게 이행의무를 질 것인지 금전배상책임을 질 것인지를 정하자고 하는 견해[20]이다. 우리나라는 이행설이 다수설이다.[21] 이 문제의 본질은 회사채권자의 이익과 사원의 이익의 형량 문제라고 볼 수 있는데 상법이 합명회사 사원에게 직접·연대·무한의 인적책임을 인정하여 회사채권자를 보호하는 취지에 비추어 다수설이 타당하다. 즉, 성질상 대체성이 있는 채무는 사원이 동일한 내용의 채무를 부담하고, 대체성이 없는 채무는 그것이 손해배상채무 등으로 화한 경우 금전배상책임을 부담한다고 할 것이다. 사원이 회사의 채무와 동일한 내용의 채무를 부담하는 것이므로 채무의 이행장소도 회사가 이행하여야 할 장소와 같다고 할 것이다.[22] 대법원도 "합자회사가 무자력인 경우에 무한책임사원이 그 책임을 지는 것은 대체할 수 있는 채무이행에 한하고 본건과 같이 특정한 권리(전화가입권)의 이전을 목적으로 하는 청구에는 적용할 수 없다."고 판시하거나(대법원 1956. 7. 5. 선고 4289민상147 판결), "합자회사가 원고에게 위 약속어음들을 발행함과 동시에 원고는 합자회사의 무한책임사원에 대하여도 합자회사에 대한 약속어음금 채권과 동일한 내용의 채권을 가지는 것이므로"라고 판시하여(대법원 2009. 5. 28. 선고 2006다65903 판결) 이행설을 따른 것으로 보인다.

3. 사원이 회사채권자인 경우 책임의 내용

사원이 회사채권자인 경우에 다른 사원에게 상법 제212조의 책임이 적용되는

20 김정호, 회사법(제5판), 법문사(2019), 918.

21 최기원, 신회사법론(제14판), 박영사(2012), 1034; 이철송, 회사법강의(제27판), 박영사(2019), 175; 정찬형, 상법강의(상)(제22판), 박영사(2019), 587; 권기범, 현대회사법론(제7판), 삼영사(2017), 337; 장덕조, 회사법(제4판), 법문사(2019), 615.

22 최기원, 신회사법론(제14판), 박영사(2012), 1034.

지에 관하여 견해가 나뉜다. 회사가 사원에 대하여 부담하는 채무에 대하여는 채권의 성질을 구별함이 없이 제212조의 적용을 부정하고 각 사원은 그 손실분담의 비율에 따라 그 사원에게 변제하면 충분하다는 견해가 있다. 종래의 다수설이다.[23] 그 이유로서는 i)회사가 어느 사원에 대하여 부담하는 채무란 결국 내부관계의 실질에서 보면 사원 자신의 채무와 다름없기 때문이라거나,[24] ii)제212조는 제3자인 회사채권자의 보호를 위한 특별규정이며,[25] iii)사원의 채권에 대하여 제212조의 특별책임을 인정하면 구상관계가 순환하여 그치지 않기 때문이라는[26] 점 등을 지적하고 있다. 이와 반대로 무조건 사원채권에 대해서도 제212조의 책임을 진다는 견해도 있다.[27] 그리고 사원인 자격에서 회사에 대하여 갖는 사원의 채권(비용 및 보수청구권, 이익배당청구권 등)에 대하여는 회사만이 책임을 지지만, 사원이 제3자인 자격에서 회사에 대하여 갖는 채권(대여금채권, 매매대금청구권 등)에 대하여는 채권자가 사원이라고 하여 불리한 취급을 받을 이유가 없기 때문 다른 사원들이 제212조에 의한 변제책임을 진다고 보는 견해가 있다. 이 견해가 최근의 유력설이다.[28] 그리고 이 경우에 제3자인 지위에 있는 사원도 당연히 사원으로서 회사의 채무에 대하여 연대책임을 지므로 사원으로서 자기의 손실분담분을 공제한 금액만을 청구할 수 있고, 이렇게 함으로써 복잡한 사후의 구상문제도 함께 해결될 수 있다.

VI. 책임이행의 효과(변제자의 지위)

사원이 회사채권자에 대하여 회사채무를 변제하거나 면책행위(경개·상계 등)를 한 때에는 회사채무가 소멸한다. 이 경우 그 변제는 보증인의 변제와 마찬가지로 변제한 사원은 회사에 대하여 구상권을 가지고(민법 제441조), 사원은 변제를

23 손주찬, 상법(상)(제15보정판), 박영사(2004), 503; 서돈각/정완영, 상법강의(상)(제4전정판), 법문사(1999), 596; 정찬형, 상법강의(상)(제22판), 박영사(2019), 588; 송옥렬, 상법강의(제9판), 홍문사(2019), 1301(어느 사원이 무자력인 경우 그 위험을 누가 부담할 것인지의 문제가 있는데, 상법 제212조를 적용함으로써 회사채권자인 사원을 특별히 보호해야 할 이유는 뚜렷하지 않다고 설명하고 있다).

24 정찬형, 상법강의(상)(제22판), 박영사(2019), 587.

25 손주찬, 상법(상)(제15보정판), 박영사(2004), 503.

26 임홍근, 회사법, 법문사(2000), 866.

27 이기수/최병규, 회사법(제10판), 박영사(2015), 841.

28 정동윤, 회사법(제6판), 법문사(2000), 893; 최기원, 신회사법론(제14판), 박영사(2012), 1037; 이철송, 회사법강의(제27판), 박영사(2019), 175; 최준선, 회사법(제14판), 삼영사(2019), 853; 권기범, 현대회사법론(제7판), 삼영사(2017), 338.

할 정당한 이익을 갖는 자이므로 회사채권자를 대위하여 회사에 대한 채권을 취득하며(제481조), 또한 다른 사원과의 관계에서는 연대채무자의 대내관계가 있으므로 다른 사원에 대하여 각자의 손실분담 비율에 따라 부담부분에 대한 구상권을 갖는다(제425조 제1항). 사원의 회사에 대한 구상권과 다른 사원에 대한 구상권은 이를 택일적으로 또는 중첩적으로 행사할 수 있지만(채무를 변제한 사원에 대한 회사와 다른 사원의 책임은 부진정연대채무관계이다[29]), 어느 일방의 행사로 만족을 받으면 다른 한 쪽은 행사하지 못한다. 다만 다른 사원에 대하여 구상하는 경우에 그 다른 사원은 회사에 자력이 있다는 것을 이유로 변제를 거절할 수 없다.[30] 이 구상권에 대한 채무자는 회사가 아니라 다른 사원들 자신이기 때문이다.[31] 이에 대하여 회사의 채무를 변제하는 사원이 회사에 변제의 자력이 있음을 항변하지 않은 채 변제한 후 구상함에도 불구하고 다른 사원이 항변할 수 없다면, 변제한 사원이 다른 사원들의 이익을 포기할 수 있다는 결론에 달한다는 이유로 항변권이 인정된다는 견해도 있다.[32]

Ⅶ. 책임의 소멸

앞서 본 바와 같이 사원의 책임은 부종성을 가지므로 회사의 채무가 소멸하면 따라서 소멸하고, 회사의 채무가 존재하는 한 독립하여 소멸시효에 걸리지 않는다. 사원의 책임은 퇴사와 지분양도 및 회사의 해산으로도 소멸하지만, 이는 회사채권자의 의사와 상관없이 발생하는 것이므로 상법은 회사채권자를 보호하기 위하여 일정한 기간까지 책임을 연장시키고 있다. 즉, 퇴사한 사원과 지분 전부를 양도한 사원은 본점소재지에서 퇴사등기를 하기 전에 생긴 회사채무에 대하여는 등기후 2년내에는 다른 사원과 동일한 책임이 있고, 퇴사등기 후 2년이 경과하면 그 책임을 면한다(대법원 1975. 2. 10. 선고 74다1727 판결). 사원은 거래상대방이 퇴사의 사실을 알았든 몰랐든 간에 퇴사등기 전에 생긴 회사의 채무에 대하여 책임을 진다.[33] 회사가 해산할 경우 본조의 사원의 책임은 본점소재지에서 해산등기를

29 최기원, 신회사법론(제14판), 박영사(2012), 1038-1039.

30 최기원, 신회사법론(제14판), 박영사(2012), 1038; 정찬형, 상법강의(상)(제22판), 박영사(2019), 588; 권기범, 현대회사법론(제7판), 삼영사(2017), 340; 이기수/최병규, 회사법(제10판), 박영사(2015), 841; 장덕조, 회사법(제4판), 법문사(2019), 616; 김홍기, 상법강의(제4판), 박영사(2019), 835.

31 권기범, 현대회사법론(제7판), 삼영사(2017), 340.

32 이철송, 회사법강의(제27판), 박영사(2019), 176.

33 최기원, 신회사법론(제14판), 박영사(2012), 1033.

한 후 5년이 경과하면 소멸하되, 다만 5년이 경과한 뒤에도 분배하지 아니한 잔여재산이 있는 때에는 회사채권자는 이에 대하여 변제를 청구할 수 있도록 하였다(상법 제267조). 위 기간들은 제척기간이다.[34]

34 최기원, 신회사법론(제14판), 박영사(2012), 1039; 이철송, 회사법강의(제27판), 박영사(2019), 176; 이기수/최병규, 회사법(제10판), 박영사(2015), 842.

제 213 조 [신입사원의 책임]

회사성립후에 가입한 사원은 그 가입전에 생긴 회사채무에 대하여 다른 사원과 동일한 책임을 진다.

[관련조문] 상법 제37조, 제179조, 제204조.

[참고문헌] 김정호, 회사법(제5판), 법문사(2019); 민법주해 XVI, 채권(9), 박영사(1997); 정찬형, 상법강의(상)(제22판), 박영사(2019); 주석 상법, 회사편(1)(제5판), 한국사법행정학회(2014); 최기원, 신회사법론(제14판), 박영사(2012).

Ⅰ. 본조의 취지

상법 제213조는 신입사원의 회사채무에 대한 책임에 관하여 규정하고 있다. 민법상 조합의 경우 신가입자는 가입 전의 조합채무에 대하여 개인재산으로 책임을 지지 않고, 다만 조합재산은 언제나 조합채무에 대한 책임을 지므로 신가입자는 조합재산의 지분으로만 책임을 질뿐이다.[1] 합명회사는 조합의 실질을 가지지만 합명회사도 법인인 이상 대외관계에서 신입사원을 포함한 사원들의 책임이 통일되어야 하기 때문에 상법은 신입사원에 대해서도 그 가입전에 생긴 회사채무에 대해 책임을 부과하고 있다.[2] 제213조는 회사채권자의 보호를 위한 강행법규이므로 입사계약에서 다른 정함을 하여도 회사채권자에 대하여는 효력이 없다.

Ⅱ. 사원의 입사

1. 입사의 의의

보통 입사(Eintritt)라 함은 성립 후의 회사에 가입하여 사원의 지위를 원시적으로 취득하는 것을 가리킨다.[3] 입사는 사원권을 원시취득하는 경우이므로 지분

1 민법주해 XVI, 채권(9), 박영사(1997), 132(김재형).

2 상법 제213조의 근거에 관하여 합명회사가 법인인 것에 기한 당연한 주의규정이라고 보는 설과 회사신용을 증가시키기 위한 특별규정이라고 보는 설이 있는데, 합명회사는 외부관계에서는 법인이기 때문에 내부관계에서와는 별도로 당연한 것을 규정한 것이라고 보아야 할 것이다.[주석 상법, 회사편(1)(제5판), 한국사법행정학회(2014), 259(정동윤)].

3 최기원, 신회사법론(제14판), 박영사(2012), 1039; 정찬형, 상법강의(상)(2012), 558.

의 양수나 상속과 같은 승계취득과 구별된다. 이것은 입사하려는 자와 회사 사이의 계약에 의하여 행하여지며, 신입사원은 회사에 대하여 새로운 출자를 함으로써 입사하게 된다. 입사계약을 신입사원과 회사(즉, 대표사원)간이 아니라 신입사원과 기존 모든 사원간 맺어지는 새로운 조직계약이라는 견해도 있다.[4] 입사계약은 그 결과로 사원권을 취득하므로 그것은 사원권계약이며 동시에 단체법상의 특수한 계약이다. 입사에 의하여 사원의 변동이 생겨 정관의 절대적 기재사항(상법 제179조 제3호)의 변동을 가져오므로 정관변경절차, 즉 총사원의 동의를 요한다(제204조). 총사원의 동의가 있으면 이로써 정관이 변경되고, 정관변경은 회사의 내부관계에서는 총사원의 동의만으로 그 효력을 발생하는 것이므로 신입사원은 총사원의 동의가 있으면 정관인 서면의 경정이나 등기부에의 기재를 기다리지 않고 그 동의가 있는 시점에 곧바로 사원으로서의 지위를 취득한다(대법원 1996. 10. 29. 선고 96다19321 판결). 그러나 상법 제37조 제1항이 적용되므로 입사에 관한 변경등기가 이루어지지 아니하면 선의의 제3자에게 대항할 수 없다(대법원 1996. 10. 29. 선고 96다19321 판결).

2. 본조의 가입사원

상법 제213조는 회사채권자의 보호를 위하여 회사에 새로 가입한 사원의 책임 및 그 범위를 정한 것이므로, 제213조에서 말하는 '가입'이란 앞서 본 원래 의미의 입사, 즉 회사와의 입사계약에 의하여 사원권을 원시취득하는 것에 한하지 아니하고 지분의 양도나 상속(정관에 정함이 있는 경우)에 의하여 사원권을 승계취득한 경우도 포함한다.[5]

입사계약 또는 지분양도계약이 무능력 또는 의사표시의 하자를 이유로 소멸된 때에는 무능력자의 보호는 채권자의 보호에 우선되어야 하고 또 의사표시의 하자로 인한 취소를 제3자에게 대항할 수 있는 경우에는 제213조의 책임을 부정하여야 할 것이다.[6]

Ⅲ. 가입사원의 책임 내용

회사성립 후에 가입한 사원은 그 가입 전에 생긴 회사채무에 대하여 다른 사

4 김정호, 회사법(제5판), 법문사(2019), 922.
5 최기원, 신회사법론(제14판), 박영사(2012), 1033.
6 주석 상법, 회사편(1)(제5판), 한국사법행정학회(2014), 260(정동윤).

원과 동일한 책임을 진다(제213조). 따라서 회사채권자는 회사성립 후에 가입한 사원에 대해서도 기존의 사원에 대한 것과 마찬가지로 채권의 변제를 청구할 수 있다. 여기에는 입사와 동시에 퇴사하는 사원에 대한 출자의 환급채무가 포함된다.[7] [8] 입사한 사원에 관한 규정은 회사채권자의 보호를 위한 강행법규이므로 입사계약에서 다른 정함을 하여도 회사채권자에 대하여는 효력이 없다. 다만 대내관계에서 사원의 책임을 감면하는 것은 상관이 없다.

7 최기원, 신회사법론(제14판), 박영사(2012), 1040.

8 책임의 발생시점에 관하여, 제213조의 책임은 외부관계에 관한 것이므로 책임의 발생시점은 입사계약을 체결한 때가 아니라 입사가 외부에 대하여 유효하게 된 때, 즉 입사등기나 입사 이후 입사한 사원의 동의로 회사의 업무를 계속한 때라는 견해가 있다.[최기원, 신회사법론(제14판), 박영사(2012), 1040].

제 214 조 [사원의 항변]

① 사원이 회사채무에 관하여 변제의 청구를 받은 때에는 회사가 주장할 수 있는 항변으로 그 채권자에게 대항할 수 있다.

② 회사가 그 채권자에 대하여 상계, 취소 또는 해제할 권리가 있는 경우에는 사원은 전항의 청구에 대하여 변제를 거부할 수 있다.

[관련조문] 상법 제212조, 민법 제408조, 제418조, 제419조, 제439조, 제433조, 제437조.

[참고문헌] 김건식 외 2인, 회사법(제3판), 박영사(2018); 김홍기, 상법강의(제4판), 박영사(2019); 이범찬 외 3인, 회사법(제2판), 삼영사(2018); 정동윤, 회사법(제6판), 법문사(2000); 주석 상법, 회사편(1)(제5판), 한국사법행정학회(2014).

Ⅰ. 본조의 취지

상법 제214조는 회사채권자에 대한 사원의 항변권과 이행거절권에 관하여 규정하고 있다. 사원의 책임은 회사의 채무에 대하여 부종성을 가지므로 회사채무의 존재를 전제로 하고, 회사의 채무가 시효 기타의 이유로 소멸하면 사원의 책임도 소멸한다. 제214조는 사원이 회사가 주장할 수 있는 항변으로 채권자에게 대항할 수 있고, 회사가 그 채권자에 대하여 상계권·취소권 또는 해제권을 가진 경우에는 그 변제를 거부할 수 있다고 규정하여 사원의 책임의 부종성을 명시하였다. 회사채권자가 회사에 대하여 청구하는 경우보다 더 유리한 지위에 있어야 할 이유는 없기 때문이라는 점에서도 제214조의 의미를 찾을 수 있다. 제214조 제1항에서 정한 사원의 항변권은 민법 제433조 제1항의 보증인의 항변권과 유사하지만, 사원의 책임과 보증인의 책임은 발생원인·분별의 이익의 유무(민법 제439조, 제408조), 증명책임(상법 제212조, 민법 제437조) 등에서 차이가 있다.[1]

1 정동윤, 회사법(제6판), 법문사(2000), 770.

Ⅱ. 항변권의 내용

1. 회사에 속하는 항변

사원이 회사채무에 관하여 변제의 청구를 받은 때에는 회사가 주장할 수 있는 항변으로 그 채권자에게 대항할 수 있다(제214조 제1항). 사원은 회사가 가지는 권리불발생(법률행위의 무효 등), 권리소멸(변제·면제·시효 등) 또는 급여거절(동시이행·선이행항변 등) 등의 항변으로써 회사채권자에게 대항할 수 있다. 설령 회사가 항변을 포기하더라도 이로써 사원에게 불이익을 가져올 수는 없으며, 그러한 포기는 사원에 대한 관계에 있어서는 효력이 없다.[2]

2. 사원 개인에 속하는 항변

회사채권자로부터 청구를 받은 사원은 자기에게 속하는 항변, 예컨대 상계·면제 등의 항변을 회사채권자에게 주장할 수 있다. 그리고 사원 간에 연대성이 있기 때문에 연대채무에 관한 규정을 유추적용하여 다른 사원의 상계(연대채무관계에서 상계의 절대적 효력; 민법 제418조 제2항), 면제(연대채무관계에서 면제의 절대적 효력; 민법 제419조)의 항변으로써 당해 다른 사원의 손실분담액에 관하여는 회사채권자에게 대항할 수 있다.[3] 한편 사원간의 연대책임의 성격에 관하여, 이는 사원간의 주관적 견련성 때문이 아니라 법률에 의하여 인정되는 것이므로 '부진정연대책임'이라는 견해도 있다.[4]

Ⅲ. 이행거절권

회사가 회사채권자에 대하여 상계권·취소권 또는 해제권을 가지고 있는 경우에는 사원은 그 채권자에 대하여 변제를 거절할 수 있다(제214조 제2항). 사원이 이러한 권리를 직접 행사할 경우 회사에 불이익을 줄 수도 있으므로 사원이 이러한 항변권은 직접 행사할 수는 없고, 대신 이를 이유로 이행을 거절할 수 있도록 한 것이다. 여기에서 상계권이 있는 경우란 상계할 수 있는 상태에 있을 것을 요한다. 따라서 회사가 상계권을 가지고 있는 동안만 사원에게 이행거절권이 있다. 취

2 이범찬 외 3인, 회사법(제2판), 삼영사(2018), 617.
3 주석 상법, 회사편(1)(제5판), 한국사법행정학회(2014), 261(정동윤).
4 김홍기, 상법강의(제4판), 박영사(2019), 832.

소권도 같으며 회사가 추인(앞서 본 항변권의 포기, 즉 완성된 법률효과를 포기하는 것과는 달리 본다), 제척기간의 경과 등으로 인하여 취소권을 상실한 경우에는 사원의 이행거절권도 소멸한다. 해제권에는 법정해제권은 물론 약정해제권도 포함되고, 임대차 등의 해지권도 포함한다.[5] 회사가 그 상계권, 취소권, 해제권 등을 행사하면 사원의 책임은 소멸한다.[6]

5 주석 상법, 회사편(1)(제5판), 한국사법행정학회(2014), 262(정동윤).
6 김건식 외 2인, 회사법(제3판), 박영사(2018), 912.

제 215 조 [자칭사원의 책임]

사원이 아닌 자가 타인에게 자기를 사원이라고 오인시키는 행위를 하였을 때에는 오인으로 인하여 회사와 거래한 자에 대하여 사원과 동일한 책임을 진다.

[관련조문] 상법 제24조, 제212조, 민법 제444조.

[참고문헌] 김건식 외 2인, 회사법(제3판), 박영사(2018); 주석 상법, 회사편(1)(제5판), 한국사법행정학회(2014); 최기원, 신회사법론(제14판), 박영사(2012); 최준선, 회사법(제14판), 삼영사(2019).

Ⅰ. 본조의 취지

상법 제215조는 자칭사원(유사사원)의 책임에 관하여 규정하고 있다. 사원이 아닌 자는 사원으로서의 책임을 부담하여서는 안 되지만, 사원으로 오인시키는 행위를 한 경우 이를 오신하여 회사와 거래한 선의의 제3자는 자칭사원도 직접·연대·무한책임을 질 것이라 믿고 회사와 거래한 것이므로 그 신뢰를 보호하기 위하여 자칭사원에게도 사원과 동일한 책임을 지운 것이다. 제215조는 외관법리 또는 금반언의 원리에 따른 책임을 규정한 것이다.

Ⅱ. 책임의 요건

1. 자칭행위

'사원이 아닌 자가 타인에게 자기를 사원이라고 오인시키는 행위'를 하였을 때 책임을 지게 된다. 그 행위가 법률행위이든 사실행위이든 묻지 아니한다. 예컨대 사원임을 가장하여 회사의 이름으로 계약을 하거나 회사의 업무에 관여하거나 또는 사원임을 선언하는 것과 같다. 자칭행위가 회사를 대표하여 한 행위에 국한되는 것은 아니다. 자기의 성명을 회사의 상호에 사용할 것을 허락하는 것도 포함된다. 다만 이 경우는 본조보다 명의대여자의 책임(상법 제24조)이 우선하게 될 것이다.[1] 적극적으로 오인시키려는 목적 의사는 필요 없고, 행위가 객관적으로 오인

1 주석 상법, 회사편(1)(제5판), 한국사법행정학회(2014), 263(정동윤).

을 생기게 하는 것으로 족한바, 이는 거래통념에 따라 결정하면 될 것이다.

회사의 설립이나 입사계약이 무효 또는 취소되는 결과 발생한 표현사원은 여기에서 말하는 자칭사원이 아니다.[2]

2. 오인으로 인하여 회사와 거래할 것

제3자가 자칭행위를 한 자를 사원으로 오인하여 회사와 거래할 것을 요한다. 여기에서 오인과 거래 사이에 인과관계가 있어야 하는가에 관해서는 긍정설과 부정설로 견해가 나뉘나, 자칭사원의 책임은 금반언 법리의 표현으로서 일반적인 것이라고 보는 한 그 요건을 제한 해석할 것은 아니므로, 오인이 회사와 거래를 하기에 이른 동기의 일부를 이루면 충분하다는 부정설이 타당하다.[3] 제3자는 오인으로 인하여 회사와 거래를 하고 이로써 회사에 대하여 채권을 취득하여야 한다. 다만 앞서 본 바와 같이 그 채권은 자칭사원이 회사를 대표하여 한 행위에 의하여 발생할 것을 요하지 않는다.

Ⅲ. 책임의 내용

자칭사원은 오인으로 인하여 회사와 거래한 자에 대하여 사원과 동일한 책임을 진다. 신입사원과 달리 자칭사원의 책임은 오인한 상대방에 대한 책임으로 한정된다. 사원과 동일한 책임이므로 자칭사원은 회사채무에 관하여 무한책임을 진다. 그러나 자칭사원은 사원은 아니기 때문에 다른 사원과 연대관계에 있는 것이 아니라 부진정연대관계에 있다고 할 것이다. 자칭사원도 회사의 채무를 변제하는 것이므로 회사가 갖는 항변으로 대항할 수 있으나 다른 사원이 갖는 항변으로는 연대관계가 없으므로 대항할 수 없다.[4]

자칭사원이 회사채무를 변제한 때에는 제3자의 변제로서 회사에 대하여 구상권을 취득한다. 그 범위에 관하여는 부당이득의 규정에 의하는 것보다 채무자의 의사에 반하지 않는 보증인의 구상권(민법 제444조 제1항)을 유추적용하는 것이 타당할 것이다. 변제자는 회사에 대하여 구상권을 취득한 회사채권자이기 때문에 다른 사원에 대하여는 상법 제212조의 책임을 물을 수 있다는 견해가 있다.[5]

2 김건식 외 2인, 회사법(제3판), 박영사(2018), 911.

3 주석 상법, 회사편(1)(제5판), 한국사법행정학회(2014), 263(정동윤).

4 최기원, 신회사법론(제14판), 박영사(2012), 1033; 최준선, 회사법(제14판), 삼영사(2019), 854.

5 주석 상법, 회사편(1)(제5판), 한국사법행정학회(2014), 264(정동윤).

제 216 조 [준용규정]

제205조와 제206조의 규정은 회사의 대표사원에 준용한다.

[관련조문] 상법 제205조, 제206조.

상법 제216조는 대표사원에 대하여 '업무집행사원의 권한상실선고'(제205조)와 그 소의 '전속관할'(제206조)에 관한 규정을 준용할 것을 정하고 있다. 따라서 대표사원에 대한 대표권한상실선고의 원인과 절차 및 전속관할 등은 업무집행사원의 그것과 같다.

제 4 절 사원의 퇴사

제 217 조 [사원의 퇴사권]

① 정관으로 회사의 존립기간을 정하지 아니하거나 어느 사원의 종신까지 존속할 것을 정한 때에는 사원은 영업년도말에 한하여 퇴사할 수 있다. 그러나 6월 전에 이를 예고하여야 한다.

② 사원이 부득이한 사유가 있을 때에는 언제든지 퇴사할 수 있다.

[관련조문] 상법 제218조, 제224조.

[참고문헌] 김건식 외 2인, 회사법(제3판), 박영사(2018); 이철송, 회사법강의(제27판), 박영사(2019); 정동윤, 회사법(제7판), 법문사(2001); 정찬형, 상법강의(상)(제22판), 박영사(2019); 上柳克郎·鴻常夫·竹内昭夫 編, 新版 注釋會社法(1), 有斐閣(1985).

Ⅰ. 본조의 취지

퇴사란 특정 사원이 회사의 존속 중에 그 사원으로서의 지위를 절대적으로 상실하는 것을 가리킨다. 회사의 존속 중에 사원의 지위를 상실한다는 점에서 사원 전원이 사원의 지위를 상실하는 회사의 소멸과는 다르고, 또 해산 후 청산종결 전에는 퇴사원인이 발생하더라도 퇴사가 인정되지 않는다.[1] 또한 사원의 지위가 절대적으로 소멸한다는 점에서 지분의 전부를 양도함으로써 사원의 지위가 상대적으로 소멸하는 경우와 구별된다. 이러한 퇴사에는 임의퇴사(상법 제217조), 강제퇴사[지분압류채권자에 의한 퇴사(제224조)] 및 당연퇴사(제218조)가 있다. 제217조는 그 중에서 임의퇴사에 관하여 규정하고 있다.

퇴사는 사원의 책임이 제한되는 물적회사인 주식회사와 유한회사에서는 인정되지 아니하는 제도로서, 인적회사인 합명회사의 큰 특색이다.[2] 인적회사는 사원 상호간의 신뢰관계에 기초를 두고 있기 때문에 이 기초가 상실되면 회사관계를

1 정찬형, 상법강의(상)(제22판), 박영사(2019), 592(퇴사는 일부청산이라고 볼 수 있어 회사의 해산에 의하여 전부청산이 개시된 경우에는 일부청산은 필요가 없기 때문에, 해산 후 청산종결 전에 퇴사원인이 발생하여도 퇴사가 인정되지 않는다.)

2 인적회사의 속성을 가지는 합자회사(제269조), 유한책임회사(제287조의24 이하)에서도 퇴사제도가 인정된다.

계속할 수 없게 된다. 또한 물적회사와 달리 인적회사인 합명회사에 관하여는 지분양도가 엄격하게 제한되므로 사원의 투자금회수가 쉽지 않다. 이러한 이유에서 사원의 퇴사를 인정하였고, 그 중에서도 제217조에 따른 임의퇴사는 '퇴사권'이라는 권리형태로 규정하였다. 그러나 다른 한편 인적회사도 공동의 목적을 가진 단체이므로 사원이 일방적 의사표시에 의하여 임의로 퇴사할 수 있게 하는 것은 기업경영의 불안을 야기하는 등의 문제가 발생할 수 있기 때문에 제217조에서는 사원의 의사에 기한 퇴사를 인정하되 일정한 제한을 가하여 사원 개인의 이익과 회사의 이익을 조화시키고 있다. 제217조는 사원 개인의 자유의사를 존중하기 위한 것이므로 그 조건을 사원에게 불리하게 변경하는 것은 허용되지 않는다고 할 것이다.

제217조에 기한 사원의 임의퇴사는 상법 제220조의 제명의 경우와 달리 사원이 1인으로 되는 경우에도 허용되나,[3] 이 경우에는 합명회사의 해산원인이 된다(제227조 제3호).[4]

Ⅱ. 예고에 의한 퇴사

정관으로 회사의 존립기간을 정하지 아니하거나 어느 사원의 종신까지 존속할 것을 정한 때에는 사원은 영업년도 말에 퇴사할 수 있다. 그러나 6월 전에 이를 예고하여야 한다(상법 제217조 제1항).

제1항에 따른 임의퇴사를 하기 위해서는, 정관으로 회사의 존립기간을 정하지 아니한 때 또는 어느 사원의 종신까지 회사가 존속할 것을 정한 때일 것을 요한다. 정관으로 회사의 존립기간을 정한 경우에는 임의퇴사가 허용되지 않지만, 이 경우에도 어떤 사원의 종신까지 회사의 존속을 정한 때는 그 종신까지 회사가 존속할 것이 정하여진 사원도 퇴사할 수 있다.[5]

임의퇴사를 하기 위해서는 6월 전에 퇴사를 예고하여야 하는데, 6월 전에 퇴사의 예고를 하였다면 그 기간 만료 시에 다시 퇴사의 의사표시를 할 필요는 없다.[6] 퇴사의 예고는 상법 제207조에 따른 회사대표에게 할 것을 요하고, 공동대표

3 정동윤, 회사법(제7판), 법문사(2001), 773; 정찬형, 상법강의(상)(제22판), 박영사(2019), 592.
4 정동윤, 상법(상)(제6판), 법문사(2012), 898.
5 上柳克郎·鴻常夫·竹内昭夫 編, 新版 注釋會社法(1), 有斐閣(1985), 306頁.
6 김건식 외 2인, 회사법(제3판), 박영사(2018), 933.

가 있는 경우에는 대표권한이 있는 사원 1인에 대하여 하면 족하다.

그리고 임의퇴사의 시기는 영업년도 말에 한한다. 이는 퇴사원의 지분계산의 편의를 위해서이다.

임의퇴사는 퇴사의 이유가 없어도 가능하고, 회사에 불이익한 경우에도 허용된다.

Ⅲ. 부득이한 사유로 인한 퇴사

사원은 부득이한 사유가 있을 때에는 언제든지 퇴사할 수 있다(상법 제217조 제2항). 제217조 제1항의 예외를 인정한 것으로서, 사원에게 부득이한 사유가 있는 경우에는 예고를 할 필요가 없고 또 영업년도 말이 아닌 어떤 시기에도 바로 퇴사의 통지를 함으로써 퇴사할 수 있다.

부득이한 사유란 질병과 같은 사원의 개인적인 사정을 말하고, 다른 사원에게 생긴 사유나 회사의 영업부진과 같은 사유는 포함되지 않는다.[7] 이에 대하여 부득이한 사유는 퇴사할 사원을 중심으로 하는 모든 사정을 참작하여야 할 것이지만 그 사원의 일신상의 사정에만 착안할 필요는 없고, 개개의 사정이 독립하여 부득이한 사유에 해당하지 않을 때에도 모든 사정을 종합하여 부득이한 사유에 해당하는 것으로 할 수 있다는 견해도 있다.[8]

7 上柳克郎·鴻常夫·竹内昭夫 編, 新版 注釋會社法(1), 有斐閣(1985), 307頁; 이철송, 회사법강의(제27판), 박영사(2019), 170.

8 上柳克郎·鴻常夫·竹内昭夫 編, 新版 注釋會社法(1), 有斐閣(1985), 307頁; 이철송, 회사법강의(제27판), 박영사(2019), 170.

제 218 조 [퇴사원인]

사원은 전조의 경우 외에 다음의 사유로 인하여 퇴사한다.

1. 정관에 정한 사유의 발생

2. 총사원의 동의

3. 사망

4. 성년후견개시

5. 파산

6. 제명

[전문개정 2018.9.18]

[관련조문] 상법 제217조, 제220조, 제224조.

[참고문헌] 김건식 외 2인, 회사법(제3판), 박영사(2018); 이철송, 회사법강의(제27판), 박영사(2019); 정동윤, 상법(상)(제6판), 법문사(2012); 정찬형, 상법강의(상)(제22판), 박영사(2019); 주석 상법, 회사편(1)(제5판), 한국사법행정학회(2014); 上柳克郎·鴻常夫·竹内昭夫 編, 新版 注釋會社法(1), 有斐閣(1985), 306頁.

Ⅰ. 본조의 취지

인적 신뢰관계가 강한 합명회사에 있어서는 인적 신뢰관계를 기대할 수 없는 사원이 있는 경우에도 기업유지 이념에 따라 해당 사원을 배제하고 남아 있는 사원들만으로 기존 회사를 계속 운영하도록 할 필요가 있다. 이러한 경우를 위하여 상법 제218조에서는 당연퇴사에 관한 규정을 두고 있다. 제218조에 정한 6가지 사유 중 어느 하나 즉 정관에 정한 사유의 발생, 총사원의 동의, 사원의 사망, 사원에 대한 성년후견개시, 사원에 대한 파산, 사원에 대한 제명 사유가 발생한 때에 해당 사원은 특별한 의사표시가 없이 당연히 퇴사가 된다는 점에서 퇴사할 사원의 의사표시가 있어야 하는 임의퇴사(제217조)와 구별되고, 제3자의 의사표시가 있어야 하는 강제퇴사 즉 지분압류채권자의 6개월 전의 퇴사예고에 따른 퇴사(제224조)와도 구별된다.

Ⅱ. 본조에 정하는 퇴사원인

1. 정관에 정한 사유의 발생

강행법규 또는 선량한 풍속 기타 사회질서에 반하지 않는 한 정관으로 자유로이 퇴사원인을 정할 수 있기 때문에, 사원의 자격 내지 자격상실사유나 조건 또는 정년과 같은 기한을 정한 경우에는 자격의 상실, 조건의 성취 또는 기한의 도래로 사원은 당연히 퇴사한다.[1] 제218조 제4호에서 성년후견개시를 당연퇴사사유로 정하고 있지만 한정후견개시도 정관에 당연퇴사사유로 정할 수 있다.

2. 총사원의 동의

사원이 상법 제217조의 임의퇴사 사유에 해당하지 않는 경우에도 총사원의 동의가 있으면 예고 없이 또한 부득이한 사유 없이도 바로 퇴사할 수 있다. 제2호는 제명과 같이 해당 사원의 의사에 반하는 퇴사가 아니라 해당 사원의 자발적인 퇴사신고에 의한 경우임에 주의를 요한다.[2] 정관에 따로 퇴사원인이 정해져 있더라도 그 원인에 해당하지 않아도 퇴사할 수 있다.

제2호에 따른 일괄퇴사의 가능성 즉 수인의 사원이 동시에 퇴사신청을 하였을 때에 각 퇴사신청이 적법하기 위해서는 동시신청한 모든 사원을 제외한 나머지 사원의 동의만으로도 각 퇴사신청이 적법하다고 볼 수 있는지에 관하여, 각 퇴사신청마다 해당 사원을 제외한 나머지 사원들의 총동의를 얻어야 퇴사가 가능하다고 보아 일괄퇴사의 가능성을 부정하는 일본의 판례[3]가 있으나, 제명의 경우와 달리 계산상의 처리 등에 있어서 불이익을 입는 사원은 회사에 남아 있을 사원이고, 퇴사의 신청을 한 사원은 어차피 회사를 떠나려고 하는 자이니 그 동의를 얻게 할 필요는 없다고 보는 긍정설[4]이 타당하다고 할 것이다.

한편 총사원의 동의요건을 사원의 과반수나 업무집행사원의 동의로 완화하는 것도 정관에 정한 사유로 보아 가능하다고 보는 견해[5]도 있다.

1 上柳克郎·鴻常夫·竹内昭夫 編, 新版 注釋會社法(1), 有斐閣(1985), 310頁; 이철송, 회사법강의(제27판), 박영사(2019), 170.
2 정찬형, 상법강의(상)(제22판), 박영사(2019), 593; 이철송, 회사법강의(제27판), 박영사(2019), 170.
3 日最判 1965. 11. 11.(民集 19卷 8號 1953頁.)
4 정동윤, 상법(상)(제6판), 법문사(2012), 898; 일본의 다수설이기도 하다.
5 김건식 외 2인, 회사법(제3판), 박영사(2018), 934.

3. 사망

합명회사에서는 사원간의 인적 신뢰관계가 중요하므로 사원의 사망을 퇴사원인으로 규정하고 있다. 따라서 사원이 사망하더라도 그 상속인이 사원으로 되지는 아니한다. 그러나 사적 자치에 따라 회사설립 시 내지 정관변경으로 정관에 정한 경우 사원이 사망하더라도 그 상속인은 회사에 대한 피상속인의 권리의무를 승계하여 합명회사의 사원이 될 수 있고, 이 경우 상속인은 상속의 개시를 안 날로부터 3월내에 회사에 대하여 승계 또는 포기의 통지를 발송하여야 한다. 만일 상속인이 전항의 통지 없이 3월을 경과한 때에는 사원이 될 권리를 포기한 것으로 본다(상법 제219조). 청산 중인 회사에서 사망은 퇴사원인이 아니고 상속인이 당연히 사원의 지위를 승계하는 것을 전제로 하는 것과 구별된다.[6] 즉 상법 제246조에 의하면, 회사의 해산 후 사원이 사망한 경우에 그 상속인이 수인인 때에는 청산에 관한 사원의 권리를 행사할 자 1인을 정하여야 하고, 이를 정하지 아니한 때에는 회사의 통지 또는 최고는 그 중의 1인에 대하여 하면 전원에 대하여 그 효력이 있다.

또한 정관으로 상속인이 원할 때에는 그 일방적 의사표시에 의하여 피상속인의 사망 당시에 소급하여 입사할 수 있는 것으로 하거나, 또는 다른 사원의 동의가 있는 때에는 상속인이 사원으로 될 수 있다는 뜻을 정할 수도 있다.[7]

그러나 정관으로 상속인이 사원의 자격을 상속하도록 규정한 경우에도 업무집행사원·대표사원의 자격은 상속되지 아니하는데, 사원들이 당연히 업무집행권한을 가지는 합명회사에서 업무집행사원이나 대표사원을 선임하는 것은 그들의 능력이나 신용을 믿어서이기 때문이다.[8]

사원이 사망에 의하여 퇴사한 경우에 상속인이 사원의 사망 전에 발생한 회사의 채무에 관하여 책임을 지는 것은 당연하나, 사원의 사망 후 퇴사등기를 하기 전에 발생한 채무에 관하여도 상속인이 책임을 지는가에 관하여는 다툼이 있다. 일본의 판례[9]는 이를 부정하였으나, 상법 제225조(퇴사원의 책임)[10]의 취지에 비추

6 김건식 외 2인, 회사법(제3판), 박영사(2018), 934.
7 주석 상법, 회사편(1)(제5판), 한국사법행정학회(2014), 270(정동윤).
8 주석 상법, 회사편(1)(제5판), 한국사법행정학회(2014), 270(정동윤).
9 日大判 1935. 3. 9.(民集 14巻 291頁.)
10 상법 제225조(퇴사원의 책임)
① 퇴사한 사원은 본점소재지에서 퇴사등기를 하기 전에 생긴 회사채무에 대하여는 등기후 2년내에는 다른 사원과 동일한 책임이 있다.
② 전항의 규정은 지분을 양도한 사원에 준용한다.

어 볼 때 긍정함이 타당하다고 할 것이다.[11]

4. 성년후견개시

제218조에서는 사원의 성년후견개시의 심판(민법 제9조)도 퇴사원인으로 정하고 있는데, 이는 합명회사에서는 사원의 개개인의 인적 신용이 중시되기 때문이다. 따라서 이것을 강행규정으로 해석할 필요는 없고 정관으로 성년후견개시를 퇴사원인이 아닌 것으로 정할 수도 있고, 마찬가지로 성년후견개시의 심판을 받은 자를 설립 정관에서 사원으로 정하는 것도 가능하다고 본다.[12]

그러나 퇴사는 일부청산의 실질을 가지므로 청산절차의 원인이 되는 해산이 있은 이후에는 성년후견개시의 심판이 있더라도 해당 사원에 대한 퇴사원인이 되지는 않는다.[13]

5. 파산

사원의 파산도 퇴사원인이 된다. 사원의 파산이 퇴사원인이 되는 것은 다른 사원과의 관계에서 신용을 상실하였기 때문이기도 하지만, 다른 한편으로는 채권자의 입장에서도 파산한 사원을 퇴사시키고 지분을 변제에 충당하지 않으면 파산의 목적을 달성할 수 없기 때문이다. 따라서 상속의 경우와 달리 이에 관하여는 정관으로 다른 정함을 두는 것은 허용되지 아니한다.[14]

사망이나 성년후견개시와 마찬가지로 파산도 회사의 해산 후에는 퇴사원인이 되지 아니한다. 퇴사는 일부청산의 실질을 가지고 있는데, 해산에 의하여 이미 청산절차에 들어갔기 때문이다. 합명회사가 파산에 의하여 해산된 경우(상법 제227조 제5호) 사원도 동시에 파산선고를 받더라도 마찬가지 이유로 퇴사원인이 되지는 아니한다.[15]

6. 제명

제명은 사원의 의사에 반하여 사원의 지위를 박탈하는 제도로서, 다른 사원

11 주석 상법, 회사편(1)(제5판), 한국사법행정학회(2014), 270(정동윤); 정찬형, 상법강의(상)(제22판), 박영사(2019), 577; 김건식 외 2인, 회사법(제3판), 박영사(2018), 938.

12 주석 상법, 회사편(1)(제5판), 한국사법행정학회(2014), 270(정동윤).

13 정동윤, 상법(상)(제6판), 법문사(2012), 898; 주석 상법, 회사편(1)(제5판), 한국사법행정학회(2014), 270(정동윤).

14 주석 상법, 회사편(1)(제5판), 한국사법행정학회(2014), 270(정동윤).

15 주석 상법, 회사편(1)(제5판), 한국사법행정학회(2014), 271(정동윤); 정동윤, 상법(상)(제6판), 법문사(2012), 898; 日最判 1965. 3. 12.(判示 412號 72頁.)

과반수의 결의에 의하여 이루어진다는 점에서 제3자에 의한 강제퇴사(상법 제224조)와는 구별된다. 제명의 선고가 있으면, 법률상 당연히 퇴사하는 것으로 상법은 규정하고 있다(☞ 제명에 관한 상세한 내용은 상법 제220조 주석 참조).

제 219 조 [사원사망 시 권리승계의 통지]

① 정관으로 사원이 사망한 경우에 그 상속인이 회사에 대한 피상속인의 권리의무를 승계하여 사원이 될 수 있음을 정한 때에는 상속인은 상속의 개시를 안 날로부터 3월내에 회사에 대하여 승계 또는 포기의 통지를 발송하여야 한다.
② 상속인이 전항의 통지 없이 3월을 경과한 때에는 사원이 될 권리를 포기한 것으로 본다.

[관련조문] 상법 제219조, 제225조, 민법 제1019조, 제1025조, 제1026조.

[참고문헌] 주석 상법, 회사편(1)(제5판), 한국사법행정학회(2014); 정찬형, 상법강의(상)(제22판), 박영사(2019).

Ⅰ. 본조의 취지

상법 제219조는 해산 전 사원의 사망 시의 지분상속에 관한 규정이다.

합명회사에서는 사원의 인적 신용 내지 신뢰관계가 중요하므로 사원이 사망하더라도 상속인이 당연히 그 지분을 상속하지는 않고 다만 상법 제218조 제3호에 따라 피상속인이 당연퇴사함으로써 상속인은 지분환급을 받을 수 있을 뿐이다.[1] 그러나 본조에 따라 정관으로 사원이 사망한 경우에 상속인이 피상속인의 지위를 승계할 수 있음을 정한 경우에는 지분의 상속이 인정된다. 또한 해산 후 청산 중의 회사의 사원이 사망한 경우에는 일부청산의 실질을 가지는 사원의 당연퇴사사유가 발생한 것이어서 지분상속을 부정할 이유가 없으므로 이 경우에는 상속인이 피상속인의 지분을 당연히 상속한다(제246조).

통상의 상속과 마찬가지로 합명회사의 지분상속이 인정되는 경우 지분상속이 상속인에게 이익되는 경우도 있지만 만일 지분이 채무초과인 때에는 오히려 상속인에게 부담이 될 수도 있기 때문에, 상법 제219조에서는 지분상속의 경우에도 민법상의 재산상속의 경우(민법 제1019조)와 마찬가지로 지분상속의 승인 또는 포기의 제도를 인정하고 있다. 그러나 한정승인은 사원의 무한책임원칙이라는 합명회사의 본질과 어긋나므로 상속인은 한정승인을 할 수는 없다.[2]

1 정찬형, 상법강의(상)(제22판), 박영사(2019), 577.
2 주석 상법, 회사편(1)(제5판), 한국사법행정학회(2014), 273(정동윤).

한편 합명회사에 있어서는 지분을 상속할 것인가 또는 포기할 것인가의 불확정한 법률상태가 장기간 지속되는 것은 회사의 운영이나 사원의 재산관계에 적지 않은 폐단을 가져오므로, 민법 제1019조와 유사하게 상속인은 상속의 개시를 안 날로부터 3월 내에 회사에 대하여 승계 또는 포기의 통지를 하도록 규정하고 있다. 그러나 민법 제1026조에서 위 기간 내에 한정승인 내지 포기를 하지 아니한 경우에 단순승인을 한 것으로 보는 것과 달리, 본조의 경우에는 통지 없이 3월을 경과한 때에는 승계를 포기한 것으로 간주하였다. 상법 제219조는 독일 상법 제139조를 계수한 것이다.[3]

Ⅱ. 통지의 방식

상속인은 상속의 개시를 안 날로부터 3월 내에 회사에 대하여 승계 또는 포기의 통지를 발송하여야 한다(상법 제219조 제1항). 민법상 상속의 포기는 가정법원에 신고하는 것과 달리 본조의 포기는 회사에 대하여 하는 점에서 차이가 있다.

3월의 기간은 상속지분의 귀속이 장기간 불확정 상태를 지속하는 것을 피함과 동시에 상속의 승인 또는 포기를 결정할 수 있게 하기 위하여 설정된 고려기간이다. '상속의 개시를 안 날'이라 함은 민법 제1019조 제1항과 마찬가지로 상속개시의 원인이 되는 사실의 발생을 알고 이로써 자기가 상속인이 되었음을 안 날을 말한다.[4] 승인 또는 포기는 상속이 개시된 후 고려기간 종료 전에만 할 수 있고, 상속개시 전 또는 고려기간 종료 후에는 할 수 없다.[5]

승계 또는 포기의 통지에는 일정한 방식의 제한이 없으나, 고려기간을 정한 취지에 비추어 볼 때 조건이나 기한을 붙이지는 못한다고 볼 것이다. 통지의 상대방은 회사라 할 것이므로 대표사원에게 발송할 것을 요하고, 공동대표가 있는 경우에도 공동대표의 권한있는 사원 1인에 대하여 하면 족하다(상법 제208조 제2항).

상속인이 승계 또는 포기의 통지 없이 3월을 경과한 때에는 사원이 될 권리를 포기한 것으로 본다(상법 제219조 제2항). 여기의 3개월은 독일 상법 제139조의 경우와는 달리 시효기간이 아니라 제척기간이나, 이 규정은 회사의 대내관계에

3 주석 상법, 회사편(1)(제5판), 한국사법행정학회(2014), 272(정동윤).
4 민법 제1019조 제1항은 상속인은 상속개시 있음을 안 날로부터 3월내에 상속포기를 할 수 있다고 규정하고 있는바, 여기서 상속개시 있음을 안 날이라 함은 상속개시의 원인이 되는 사실의 발생을 알고 이로써 자기가 상속인이 되었음을 안 날을 말한다(대법원 2012. 10. 11. 선고 2012다59367 판결 등).
5 주석 상법, 회사편(1)(제5판), 한국사법행정학회(2014), 272(정동윤).

관한 사항이므로 정관으로 다른 정함을 둘 수 있다고 본다.[6]

Ⅲ. 통지의 효과

상속인이 승계의 통지를 한 경우에는 그 통지를 발송한 때로부터 피상속인의 지분을 승계하여 사원이 된다(민법 제1025조[7] 참조). 퇴사한 사원은 본점소재지에서 퇴사등기를 하기 전에 생긴 회사채무에 대하여는 등기 후 2년 내에는 다른 사원과 동일한 책임이 있기 때문에(상법 제225조), 상속인도 동일한 책임을 진다고 볼 것이다.[8] 그러나 피상속인이 업무집행사원·대표사원인 경우에 그 자격은 상속되지 아니한다.

상속인이 포기의 통지를 한 때에는 합명회사의 사원으로 되지 않는다. 피상속인의 당연퇴사에 따른 지분환급청구권 내지 손실분담금 납입의무 등에 대하여 민법상 상속에 대한 단순승인, 한정승인 내지 포기에 따른 효력이 발생한다고 볼 것이다.

6 주석 상법, 회사편(1)(제5판), 한국사법행정학회(2014), 273(정동윤).

7 민법 제1025조(단순승인의 효과) 상속인이 단순승인을 한 때에는 제한없이 피상속인의 권리의무를 승계한다.

8 일본의 日大判 1935. 3. 9.(民集 14卷 291頁)는 이를 부정하였으나, 다수설은 이를 긍정하고 있다[주석 상법, 회사편(1)(제5판), 한국사법행정학회(2014), 270(정동윤); 정찬형, 상법강의(상)(제22판), 박영사(2019), 577].

제 220 조 [제명의 선고]

① 사원에게 다음의 사유가 있는 때에는 회사는 다른 사원 과반수의 결의에 의하여 그 사원의 제명의 선고를 법원에 청구할 수 있다.

1. 출자의 의무를 이행하지 아니한 때
2. 제198조 제1항의 규정에 위반한 행위가 있는 때
3. 회사의 업무집행 또는 대표에 관하여 부정한 행위가 있는 때, 권한없이 업무를 집행하거나 회사를 대표한 때
4. 기타 중요한 사유가 있는 때

② 제205조 제2항과 제206조의 규정은 전항의 경우에 준용한다.

[관련조문] 상법 제218조, 제221조.

[참고문헌] 김건식 외 2인, 회사법(제3판), 박영사(2018); 송옥렬, 상법강의(제9판), 홍문사(2019); 이철송, 회사법강의(제27판), 박영사(2019); 정찬형, 상법강의(상)(제22판), 박영사(2019); 주석 상법, 회사편(1)(제5판), 한국사법행정학회(2014); 최기원, 신회사법론(제14판), 박영사(2012); 上柳克郎·鴻常夫·竹内昭夫 編, 新版 注釋會社法(1), 有斐閣(1985).

Ⅰ. 본조의 취지

상법 제220조는 사원의 제명사유 및 제명절차에 관한 규정이다.

제명은 사원의 의사에 반하여 사원의 지위를 박탈하는 것으로 당연퇴사사유의 하나이다(상법 제218조 제6호). 다른 사원 과반수의 결의에 의하여 이루어진다는 점에서 제3자에 의한 강제퇴사(제224조)와는 구별된다.

합명회사는 인적 신뢰관계를 기초로 하고 있기 때문에 다른 사원들에 대하여 신뢰를 잃은 사원은 스스로 회사를 퇴사할 수도 있지만(임의퇴사, 당연퇴사 중 총사

원의 동의에 의한 퇴사 등), 반대로 다른 사원들의 입장에서 신뢰를 기대하기 어려운 사원에 대하여 강제적으로 회사의 구성 및 운영에서 배제함으로써 기업유지를 할 수 있도록 하기 위해서 제명제도를 두고 있다. 이와 같이 당해 사원의 의사에 반해 퇴사하도록 강제하는 제명의 선고는 당해 사원의 이익 특히 재산권에 중대한 영향을 미치므로, 상법은 제명의 사유 및 절차를 엄격하게 규정하고 있다.[1] 다른 사원 과반수의 결의에 의하여 법원에 청구하여야 하고, 법원의 선고에 의해 제명이 되도록 규정하고 있다. 제명의 사유가 있고 다른 사원 과반수의 결의가 있더라도 회사의 청구에 의한 법원의 선고가 없으면 제명은 그 효력이 생기지 않는다.

한편 제명된 사원과 회사와의 계산은 상법 제221조에서 정하고 있다.

Ⅱ. 제명사유

제명사유는 상법 제220조 제1항에 규정되어 있다. 제명이 해당 사원에게 미치는 부정적인 영향을 고려할 때 법정 제명사유에 해당하더라도 기업유지를 위하여 불가피한 경우에 한하여 제명을 허용함이 타당하다.[2] [3]

1. 출자의무를 이행하지 아니한 때

출자의무는 합명회사 운영의 자본적 기초로서 대내관계에서 중요한 의무이고 이를 이행하지 않게 되면 회사의 사업수행이 곤란해진다. 따라서 출자의무를 이행하지 않은 사원에 대해서는 제명을 시킬 필요가 있다. 출자의무의 불이행이란 이행지체 및 이행불능을 말하고, 불이행의 원인은 묻지 않는다. 출자의 이행불능은 주로 특정물의 출자에 관하여 생기지만, 반드시 재산출자의 경우에 한하지 아니하고 노무출자 내지 신용출자의 경우에도 생길 수 있다. 노무출자를 한 사원이

1 주석 상법, 회사편(1)(제5판), 한국사법행정학회(2014), 273-274(정동윤); 정찬형, 상법강의(상)(제22판), 박영사(2019), 593; 송옥렬, 상법강의(제9판), 홍문사(2019), 1298; 김건식 외 2인, 회사법(제3판), 박영사(2018), 934.

2 이철송, 회사법강의(제27판), 박영사(2019), 171; 김건식 외 2인, 회사법(제3판), 박영사(2018), 936.

3 부산지방법원 동부지원 1991. 8. 16. 선고 90가합3057 판결(합명회사 및 합자회사와 같은 인적회사에서만 인정되는 사원의 제명은 당해 사원의 의사에 반하여 사원자격을 박탈하는 것이어서 그 사원의 이익에 미치는 영향이 매우 크므로 형식적으로는 상법에 규정된 제명의 요건에 해당된다 하더라도 당해 사원의 개인적 특질을 고려하여 그와 같이 회사를 존속하는 것이 경제상이나 신용상 곤란하리라고 보이는 사정이 있고 회사 내부조직을 공고히 하고 사업수행을 용이하게 하기 위하여 불가피한 경우에 한하여 제명할 수 있다고 보아야 하고, 이를 판단함에 있어서는 그 제명으로 인하여 상실케 될 당해 사원의 이익과 그를 제명함으로써 얻게 될 회사의 이익을 비교하는 등 그 결과도 합리적으로 고려하여야 한다.)

질병, 장기해외체류 등으로 적시에 노무를 제공할 수 없는 경우에는 본호의 제명 사유에 해당한다고 볼 것이다.[4]

2. 경업피지의무 내지 겸직금지의무에 위반한 행위가 있는 때

사원은 다른 사원의 동의가 없으면 자기 또는 제3자의 계산으로 회사의 영업 부류에 속하는 거래를 하지 못하며 동종영업을 목적으로 하는 다른 회사의 무한 책임사원 또는 이사가 되지 못하는데(상법 제198조 제1항), 이와 같은 사원의 경업 피지의무 내지 겸직금지의무의 위반에 대하여 회사는 개입권을 갖지만(제198조 제2항), 개입권을 행사하거나 개입권이 소멸한 후에도 위와 같은 의무위반은 제명사유가 되고, 또한 회사에 손해가 발생하였는지 여부는 문제가 되지 아니한다.[5]

3. 회사의 업무집행·대표에 관하여 부정행위가 있거나 권한 없이 업무집행·대표 행위를 한 때

'회사의 업무집행 또는 대표에 관하여 부정행위가 있는 때'라 함은 회사의 사업자금을 횡령하는 경우 등을 말한다. 호텔영업이나 창고업을 하는 회사가 도박장을 개설하거나 상품매매업을 하는 회사가 불법거래를 함으로써 결과적으로 회사에 피해를 주는 경우와 같이 넓은 의미에서 회사의 행위로 볼 수 있는 행위를 한 경우도 해당될 수 있다.

'권한 없이 업무를 집행한 때'라 함은 정관으로 특정 사원에 대하여 특정 업무의 집행권리가 없다고 정하였거나(상법 제200조 제1항), 업무집행사원을 별도로 정하였음(제201조)에도 해당 사원 내지 업무집행사원이 아닌 사원이 당해 업무집행을 한 경우가 여기에 해당한다.

'권한 없이 회사를 대표한 때'라 함은 정관 또는 총사원의 동의로 업무집행사원 중 특히 회사를 대표할 자를 정한 경우(상법 제207조 제3문)에 그 이외의 자가 대표행위를 하였다면 여기에 해당할 수 있고, 무권대표뿐만 아니라 월권대표도 포함된다.[6] 대표행위의 결과 회사가 반드시 구속될 것을 요하지 않고, 손해의 유무도 이를 묻지 않는다.[7]

4 주석 상법, 회사편(1)(제5판), 한국사법행정학회(2014), 274(정동윤).

5 주석 상법, 회사편(1)(제5판), 한국사법행정학회(2014), 274(정동윤).

6 주석 상법, 회사편(1)(제5판), 한국사법행정학회(2014), 275(정동윤).

7 上柳克郎·鴻常夫·竹内昭夫 編, 新版 注釋會社法(1), 有斐閣(1985), 319頁.

4. 기타 중요한 사유가 있는 때

제4호의 '기타 중요한 사유가 있는 때'라 함은 제220조 제1항 제1호 내지 제3호에 준하는 정도의 신뢰위반행위가 있는 때를 말한다.[8] 제220조의 취지에 비추어 볼 때 사원의 행위는 고의 내지 과실을 요건으로 한다고 볼 것이다. 중요한 사유인지 여부는 객관적으로 결정하여야 할 것이다.[9] [10]

Ⅲ. 제명의 절차

1. 의의

사원에게 제명 사유가 있는 때에는 회사는 다른 사원 과반수의 결의에 의하여 그 사원의 제명의 선고를 법원에 청구할 수 있고, 제명은 법원의 선고에 의하여 이루어진다. 제명의 판결이 확정된 때에는 이를 등기하여야 한다. 민법상 조합에 있어서 조합원의 제명은 '정당한 사유가 있는 때에 한하여 다른 조합원의 일치로써 결정'하는 것과 대비된다(민법 제718조).

2. 다른 사원 과반수의 결의에 의한 회사의 청구

여기서 '다른 사원'이란 제명되는 사원을 제외한 모든 사원을 말한다. 결의의 방식은 자유이며, 소집에 관하여 특별한 절차를 요하지 않고 개별적으로 동의를 얻거나 서면결의에 의하여도 무방하다. 합명회사는 물적회사와 달리 상법상 사원총회가 없기 때문에 정관의 규정이 없다면 사원의 의사결정을 요하는 경우에도 회의를 소집할 필요가 없고 적당한 방법으로 사원의 의사결정을 파악하면 된다.[11] 따라서 제명결의를 함에 있어서도 미리 사원에 대하여 상당한 기간을 정하여 결의사항을 통지하는 것도 법률상 필요하지 않다.

제명의 사유가 있고 다른 사원 과반수의 결의가 있더라도 회사의 청구에 의한 법원의 선고가 없으면 제명은 그 효력이 생기지 않는다. 따라서 다른 사원 과

8 이철송, 회사법강의(제27판), 박영사(2019), 171; 송옥렬, 상법강의(제9판), 홍문사(2019), 1298.
9 대구고등법원 1991. 3. 8. 선고 90가합13042 판결(피고가 토지매매의 계약금을 임의소비하여 노임 등을 원고인 합자회사가 대위변제하였다면 피고는 더 이상 원고의 무한책임사원 및 공동대표사원의 지위에 남아 있을 권원이 없을 뿐 아니라 피고가 회사에 출근조차 하지 아니하여 원고의 정상적인 업무집행이 불가능하게 되었다면 이는 '기타 중요한 사유가 있는 때'에 해당한다.)
10 주석 상법, 회사편(1)(제5판), 한국사법행정학회(2014), 275(정동윤).
11 정찬형, 상법강의(상)(제22판), 박영사(2019), 571.

반수의 결의가 있으면 회사는 법원에 대하여 해당 사원의 제명의 소를 제기하여야 한다.

3. 법원의 선고 및 등기

제명의 소는 회사의 본점 소재지의 지방법원의 전속관할에 속한다(상법 제220조 제2항, 제206조). 원고는 회사이고 피고는 제명청구를 받은 사원이다. 제명판결은 특정한 사원의 자격을 박탈하는 형성판결이다. 제명판결이 확정된 때에는 본점과 지점의 소재지에서 등기하여야 한다(제220조 제2항, 제205조 제2항).

Ⅳ. 본조 관련 쟁점사항

1. 정관을 통한 제명사유의 배제 내지 추가 여부(제명사유의 강행법규성)

상법 제220조 제1항에서 규정된 제명사유를 정관으로 제외하거나, 위 제명사유 외에 추가 제명사유를 정관에 규정할 수 있는지 여부는 본조의 강행법규성과 관련된 문제이다.

제명은 내부관계에 불과하다는 이유에서 제220조를 임의규정으로 보아 제명사유를 정관에 추가뿐만 아니라 제외할 수도 있다고 보는 견해[12]와 제명은 사원의 자격을 박탈함으로써 재산권 등 중대한 이익침해를 하는 것이므로 본조를 강행규정으로 보아 정관에 제명사유를 추가할 수도 없고 제외할 수도 없다는 견해,[13] 그리고 제명사유를 엄격히 제한함으로써 제명제도의 남용을 방지하기 위한 것에 주된 취지가 있다는 점을 고려하여 정관으로 그 사유를 일부 배제하는 것은 허용되나 새로운 제명사유를 추가하는 것은 허용되지 않는다는 견해[14]가 있다. 제명사유는 사원의 중대한 이익 박탈과 관련된 점, 상법 제220조 제1항 제1호~제3호의 사유는 합명회사의 운영에 심각한 지장을 초래하는 사유인 점, 기타 중요한 사유가 있는 때(상법 제220조 제1항 제4호)도 제명사유로 규정되어 있는 점 등을 고려할 때, 제명사유를 추가할 수도, 제외할 수도 없다고 보는 것이 타당하다고 할 것이다.

12 최기원, 신회사법론(제14판), 박영사(2012), 1043.

13 주석 상법, 회사편(1)(제5판), 한국사법행정학회(2014), 276(정동윤); 정찬형, 상법강의(상)(제22판), 박영사(2019), 593; 손주찬, 상법(상)(제15보정판), 박영사(2004), 509.

14 송옥렬, 상법강의(제9판), 홍문사(2019), 1298; 김건식 외 2인, 회사법(제3판), 박영사(2018), 171.

2. 일괄제명의 가능성 여부

제명은 다른 사원 과반수의 결의에 의하여 회사가 청구하는데, 만일 수인의 사원을 하나의 결의로 일괄제명하는 것이 가능하지가 문제된다. 이는 '다른 사원'의 의미에 관한 문제라고 할 수 있다.

이에 관하여 제명의 당부는 제명의 원인이 법정사유에 해당하는지 여부에 있는 것이고, 제명사유가 있는 사원들이 통모하여 자신들의 제명을 저지할 수 있다는 이유에서 제220조에서의 '다른 사원'은 제명의 대상이 되는 수인의 사원을 제외한 나머지 사원을 의미한다고 보아 일괄제명이 가능하다고 보고, 나아가 피제명자들이 그들을 제외한 나머지 사원의 수보다 많다 하더라도 일괄제명이 가능하고 심지어 1인의 사원이 나머지 사원을 제명할 수도 있다는 견해[15]가 있다. 그러나, 다수설[16]과 판례[17]는 제명은 당해 사원의 개인적 사정을 고려하여 개별적으로 이루어져야 하고, 일괄제명을 인정하면 사원 간에 다툼이 생길 때 다수자가 소수자를, 또는 소수자가 다수자를 제명하는 불합리가 생길 수 있다는 이유에서 '다른 사원'은 피제명자 개개의 제명결의를 함에 있어 해당 사원만을 제외한 나머지 사원을 의미한다고 보아 일괄제명은 할 수 없다고 보고 있다.

3. 2인의 사원만이 있는 경우 1인의 사원이 다른 사원을 제명할 수 있는지 여부

2인의 사원만이 있는 경우 1인의 사원이 다른 사원을 제명할 수 있는지 여부에 대하여, 이 경우에도 잔존사원이 신입사원을 구해서 회사를 계속할 수 있으므로 구태여 제명을 제한할 이유가 없다는 견해[18]가 있으나, 다수설[19]은 사원을 제명하면 최종적으로 사원이 1인만이 남게 되어 해산사유(상법 제227조 제3호)에 해

15 최기원, 신회사법론(제14판), 박영사(2012), 1188-1189.

16 주석 상법, 회사편(1)(제5판), 한국사법행정학회(2014), 276(정동윤); 정찬형, 상법강의(상)(제22판), 박영사(2019), 593-594; 송옥렬, 상법강의(제9판), 홍문사(2019), 1298; 손주찬, 상법(상)(제15보정판), 박영사(2004), 509; 김건식 외 2인, 회사법(제3판), 박영사(2018), 935.

17 합자회사의 사안이기는 하나 같은 인적회사인 합명회사에도 동일한 법리가 적용될 것이다.
대법원 1976. 6. 22. 선고 75다1503 판결(합자회사의 사원 중 수명이 제명대상인 경우에는 피제명 각인에 대하여 타의 사원의 동의 여부의 기회를 주어 개별적으로 그 제명의 당부를 나머지 다른 사원의 과반수의 의결로 결의하여야 하는 것이고 가사 그 제명원인 사유가 피제명사원 전원에 공통되는 경우라 할지라도 타의 사원의 동의여부의 기회도 주지 않고 일괄제명 의결방법으로 한 제명결의는 적법한 제명결의라 할 수 없다.)

18 최기원, 신회사법론(제14판), 박영사(2012), 1188; 김건식 외 2인, 회사법(제3판), 박영사(2018), 935-936.

19 주석 상법, 회사편(1)(제5판), 한국사법행정학회(2014), 277(정동윤); 정찬형, 상법강의(상)(제22판), 박영사(2019), 594; 손주찬, 상법(상)(제15보정판), 박영사(2004), 509.

당하므로 당해 사원을 제명할 수 없다고 보고, 이 경우에는 '부득이한 사유'를 들어 회사의 해산판결을 구하거나(제241조), 정관에 회사의 존립기간을 정하지 않았거나 어느 사원의 종신까지 회사가 존속할 것을 정한 때에는 임의퇴사(제217조 제2항)를 하면 족하다 보는 듯하다. 이 경우에는 과반수의 결의가 있을 수 없으므로 법문상 제명이 불가능하다고 봄이 타당하다고 할 것이다.

대법원[20]도 합자회사에 관한 사안이기는 하나 "상법 제220조 제1항, 제269조는 합자회사에 있어서 사원에게 같은 법조 소정의 제명사유가 있는 경우에는 다른 사원 과반수의 결의에 의하여 그 사원의 제명선고를 법원에 청구할 수 있다고 규정하고 있는바, 다른 사원 과반수의 결의란 그 문언상 명백한 바와 같이 제명대상인 사원 이외에 다른 사원 2인 이상의 존재를 전제로 하고 있는 점, 위 제명선고제도의 취지나 성질 등에 비추어 보면, 무한책임사원과 유한책임사원 각 1인만으로 된 합자회사에 있어서는 한 사원의 의사에 의하여 다른 사원의 제명을 할 수는 없다고 보아야 한다."고 판시하여 다수설인 부정설을 취하고 있다.

20 대법원 1991. 7. 26. 선고 90다19206 판결.

제 221 조 [제명사원과 회사간의 계산]

제명된 사원과 회사와의 계산은 제명의 소를 제기한 때의 회사재산의 상태에 따라서 하며 그 때부터 법정이자를 붙여야 한다.

[관련조문] 상법 제195조, 제222조, 민법 제719조 제1항.

[참고문헌] 이철송, 회사법강의(제27판), 박영사(2019); 김건식 외 2인, 회사법(제3판), 박영사(2018); 주석 상법, 회사편(1)(제5판), 한국사법행정학회(2014).

Ⅰ. 본조의 의의

제명된 사원도 퇴사원으로서 회사에 대하여 지분환급청구권을 가진다(상법 제222조). 제221조는 제명사원의 지분환급을 위한 계산의 시적 기준에 관한 규정이다.

상법 제221조에서는 제명된 사원과 회사와의 계산은 제명의 소를 제기한 때의 회사재산의 상태에 따라서 하며 그때부터 법정이자를 붙이도록 규정하고 있는데, 이는 제명된 사원을 보호하기 위해서이다.[1] 즉, 민법상 조합에 있어서 탈퇴한 조합원과 다른 조합원간의 계산을 탈퇴 당시의 조합재산상태에 의하도록 하고 있어 제명을 제외한 다른 퇴사의 경우에는 퇴사 당시를 기준으로 계산하는 것과 대비되는데(상법 제195조, 민법 제719조 제1항), 민법상 조합에서의 조합원의 제명과 달리 재판에 의하도록 한 합명회사의 제명절차는 다른 사원 과반수의 결의 시가 아니라 판결확정 시에 제명의 효력 즉 당연퇴사의 효력이 발생하기 때문에 오랜 시간이 소요되어 재산상태의 변동으로 부당한 결과를 낳을 수 있어서, 판결 확정 시가 아니라 제소 시를 기준으로 계산을 하도록 한 것이다.[2]

Ⅱ. 본조의 구체적 내용

회사의 재산상태를 파악하기 위해서는 제명의 소를 제기한 때를 기준으로 대차대조표를 작성하고 이에 기초하여 지분을 계산하여야 하는데, 재산의 평가는

1 이철송, 회사법강의(제27판), 박영사(2019), 172.

2 주석 상법, 회사편(1)(제5판), 한국사법행정학회(2014), 279(정동윤); 김건식 외 2인, 회사법(제3판), 박영사(2018), 936; 정찬형, 상법강의(상)(제22판), 박영사(2019), 595.

단순히 장부가격에 의할 것이 아니라 실제 가치를 평가하여야 할 것이다. 또한 회사의 영업권도 반영하여야 할 것이고, 따라서 계속기업을 전제로 하여 이를 일괄양도하는 경우의 가액을 기준으로 하여야 할 것이다.[3]

위와 같이 평가한 재산상태를 기초로 하여 퇴사사원의 지분을 계산한 다음 적극지분이 있는 경우에는 제명의 소를 제기한 때로부터 법정이자를 붙여 최종 지분환급액을 산정하여야 한다. 반대로 소극지분이 있는 경우에도 제명의 소를 제기한 때로부터 법정이자를 붙여 퇴사사원이 회사에 지급할 손실분담금액을 산정하여야 한다.

3 주석 상법, 회사편(1)(제5판), 한국사법행정학회(2014), 280(정동윤).

제 222 조 [지분의 환급]

퇴사한 사원은 노무 또는 신용으로 출자의 목적으로 한 경우에도 그 지분의 환급을 받을 수 있다. 그러나 정관에 다른 규정이 있는 때에는 그러하지 아니하다.

[관련조문] 상법 제179조, 제195조, 제221조, 민법 제719조.

[참고문헌] 김건식 외 2인, 회사법(제3판), 박영사(2018); 손주찬, 상법(상)(제15보정판), 박영사(2004); 송옥렬, 상법강의(제9판), 홍문사(2019); 이철송, 회사법강의(제27판), 박영사(2019); 정찬형, 상법강의(상)(제22판), 박영사(2019); 주석 상법, 회사편(1)(제5판), 한국사법행정학회(2014); 上柳克郞·鴻常夫·竹内昭夫 編, 新版 注釋會社法(1), 有斐閣(1985).

Ⅰ. 본조의 취지

임의퇴사든 당연퇴사든 간에 퇴사는 사원의 지위를 상실하게 하고 또 일부청산의 실질을 가지므로 퇴사한 사원은 지분환급청구권을 가진다. 상법 제222조는 퇴사한 사원이 노무 또는 신용을 출자한 경우에도 정관에 다른 정함이 없는 한 지분의 환급을 받을 수 있다고 규정하여, 재산출자뿐만 아니라 노무 또는 신용의 출자도 가능하고 또 퇴사 시 그에 관한 지분환급도 받을 수 있음을 명확히 하고 있다.

지분의 계산은 회사의 내부관계에 관한 것이므로, 정관 및 상법에 다른 규정이 없으면 조합에 관한 민법의 규정을 준용한다(상법 제195조). 또한 정관에 다른 규정을 정할 수도 있다고 규정하였으므로, 제222조는 임의규정으로 볼 것이다.[1] [2]

1 주석 상법, 회사편(1)(제5판), 한국사법행정학회(2014), 279(정동윤).

2 대법원 2015. 5. 29. 선고 2014다51541 판결(상법 제195조에 비추어 볼 때, 합명회사의 내부관계에 관한 상법 규정은 원칙적으로 임의규정이고, 정관에서 상법 규정과 달리 정하는 것이 허용된다. 이와 같이 합명회사의 정관에서 내부관계에 관하여 상법과 달리 정한 경우, 해당 정관 규정이 관련 상법 규정의 적용을 배제하는지는 해당 정관 규정의 내용, 관련 상법 규정의 목적, 합명회사의 특징 등 여러 사정을 종합적으로 고려하여 판단하여야 한다).

Ⅱ. 지분의 계산

1. 계산의 시기

지분의 계산은 퇴사 당시의 회사 재산상태에 의하여야 하나(상법 제195조, 민법 제719조 제1항), 제명의 경우에는 상법상 특칙이 있다. 즉 제명에 의한 퇴사의 경우에는 제명의 소를 제기한 때의 회사 재산상태에 따라서 하며, 그때로부터 법정이자를 붙여야 한다(상법 제221조).

만일 퇴사 당시에 완결되지 아니한 사항이 있는 때에는 완결 후에 계산할 수 있다(상법 제195조, 민법 제719조 제3항). 이 경우에는 완결되지 아니한 사항에 관한 계산만을 별도로 하여 적극지분이 있는 경우에는 퇴사사원에게 지분환급을 하고, 소극지분이 생긴 경우에는 손실분담을 납입받는다.[3]

2. 재산의 평가방법

지분의 환급은 그 출자의 종류여하에 불구하고 금전으로 반환할 수 있다(상법 제195조, 민법 제719조 제2항). 따라서 신용 또는 노무를 출자한 경우에도 정관에 기재된 가격 내지 그 평가의 표준을 적용하여 가액을 계산하여야 한다(상법 제179조 제4호).

회사의 재산상태를 파악하기 위해서는 제명의 소를 제기한 때를 기준으로 대차대조표를 작성하고 이에 기초하여 지분을 계산하여야 하는데, 재산의 평가는 단순히 장부가격에 의할 것이 아니라 실제가치를 평가하여야 할 것이다.[4] 또한 회사의 영업권도 반영하여야 할 것이고, 이 경우 계속기업을 전제로 하여 이를 일괄양도하는 경우의 가액을 기준으로 평가할 수도 있으며,[5] 상속세법상 평가방법을 적용하여 평가할 수도 있다.[6]

3 주석 상법, 회사편(1)(제5판), 한국사법행정학회(2014), 280(정동윤).
4 김건식 외 2인, 회사법(제3판), 박영사(2018), 936.
5 주석 상법, 회사편(1)(제5판), 한국사법행정학회(2014), 280(정동윤).
6 구 상속세법(1990. 12. 31. 법률 제4283호로 개정되기 전의 것) 제9조, 구 상속세법시행령(1990. 12. 31. 대통령령 제13196호로 개정되기 전의 것) 제5조 제4항 제1호에 규정된 상속재산 중 영업권의 평가방법은 사망으로 인하여 조합에서 탈퇴한 조합원의 상속인들과 남은 조합원 사이에서 조합지분을 계산함에 있어 조합자산에 포함된 영업권을 평가하는 방법으로도 조리상 적절하다(대법원 1997. 2. 14. 선고 96다44839 판결).

Ⅲ. 지분의 환급

1. 지분환급청구권

퇴사한 사원은 사원의 지위를 상실하게 되면 일부청산의 실질로서 지분환급청구권을 가지게 되고(상법 제195조, 민법 제719조 제1항), 정관에 다른 규정이 없는 한 노무·신용을 출자한 경우에도 지분환급청구권을 가진다(상법 제222조).

사원은 정관에 규정한 출자의무를 이행하지 않고 퇴사한 경우에도 지분환급청구권을 가진다. 퇴사 당시 납입시기가 도래하지 않은 퇴사사원의 출자의무는 그에 관하여만 별도로 완결 후에 계산할 수 있다(상법 제195조, 민법 제719조 제3항). 반면 퇴사 당시 납입시기가 도래한 출자의 납입청구권은 구체적으로 발생한 회사의 사원에 대한 채권이므로 회사의 재산을 구성하고 지분으로서 계산하여야 할 재산이 된다. 이 경우에 퇴사원에게 지분환급청구권이 인정되더라도 회사는 구체적으로 발생한 출자청구권으로써 상계할 수 있으므로 대개는 현실의 지급을 요하지 않게 될 것이다.[7]

지분의 환급에 관한 규정은 회사의 내부관계에 속하는 사항으로서 임의규정이기 때문에 정관에 제명사원에 대해서는 지분환급청구권이 없다고 규정하는 것도 유효하므로 이 경우에는 퇴사원은 지분환급청구권이 없다고 볼 것이다.[8]

2. 지분의 환급방법

지분계산의 결과 적극지분이 있는 경우 퇴사원은 회사에 대하여 그 금액 상당의 지분의 환급을 구할 권리가 발생하고, 반대로 소극지분이 있는 경우에는 그 금액 상당의 손실분담금을 납입해야 할 의무가 발생한다. 그 출자의 종류여하에 불구하고 금전으로 계산할 수 있다(상법 제195조, 민법 제719조 제2항). 다만 노무출자 내지 신용출자를 한 퇴사원은 정관에 다른 규정이 없는 한 회사의 순 재산액이 재산출자총액을 초과하는 경우에 한하여 지분의 환급을 받을 수 있다.[9]

사원이 특정한 재산의 사용출자 내지 용익출자를 한 경우에는 그 재산의 반환을 청구할 수 있으나, 이 때의 반환청구권은 사원의 자격이 소멸하는 동시에 출

7 上柳克郎·鴻常夫·竹内昭夫 編, 新版 注釋會社法(1), 有斐閣(1985), 341頁.
8 주석 상법, 회사편(1)(제5판), 한국사법행정학회(2014), 281(정동윤).
9 주석 상법, 회사편(1)(제5판), 한국사법행정학회(2014), 281(정동윤).

자의무가 소멸함으로써 발생하는 소유권에 기한 반환청구권이므로 상법 제222조에서 말하는 지분의 환급은 아니다.[10]

3. 지분환급의 청구와 다른 사원의 책임

퇴사원의 지분환급청구권에 대응하는 회사의 지분환급의무의 이행기는 정관에 다른 규정이 없는 한 기한을 정하지 않은 채무이므로, 회사는 퇴사원으로부터 지분환급의 청구를 받은 때로부터 이행지체의 책임을 진다(민법 제387조 제2항).

또한 지분환급청구권은 이미 사원의 지위를 상실한 퇴사원의 제3자로서의 회사에 대한 채권이므로 다른 사원은 회사가 부담하는 지분환급의무에 관하여 직접·연대·무한의 책임을 진다고 볼 것이다(상법 제212조).[11]

10 주석 상법, 회사편(1)(제5판), 한국사법행정학회(2014), 281(정동윤); 정찬형, 상법강의(상)(제22판), 박영사(2019), 596.

11 주석 상법, 회사편(1)(제5판), 한국사법행정학회(2014), 281(정동윤); 정찬형, 상법강의(상)(제22판), 박영사(2019), 567; 손주찬, 상법(상)(제15보정판), 박영사(2004), 512; 이철송, 회사법강의(제27판), 박영사(2019), 174; 김건식 외 2인, 회사법(제3판), 박영사(2018), 936; 송옥렬, 상법강의(제9판), 홍문사(2019), 1299.

제 223 조 [지분의 압류]

사원의 지분의 압류는 사원이 장래이익의 배당과 지분의 환급을 청구하는 권리에 대하여도 그 효력이 있다.

[관련조문] 상법 제222조, 제224조, 제260조, 민법 제714조, 민사집행법 제251조.

[참고문헌] 김건식 외 2인, 회사법(제3판), 박영사(2018); 송옥렬, 상법강의(제9판), 홍문사(2019); 이철송, 회사법강의(제27판), 박영사(2019); 정찬형, 상법강의(상)(제22판), 박영사(2019); 주석 상법, 회사편(1)(제5판), 한국사법행정학회(2014).

Ⅰ. 본조의 취지

상법 제223조는 사원의 지분에 대한 압류의 가능성과 그 효력범위에 관한 규정이다.

민법상 조합의 조합원 지분에 대한 압류의 효력을 규정한 민법 제714조[1]와 유사하게 상법 제223조에서는 사원의 지분의 압류는 사원이 장래이익의 배당과 지분의 환급을 청구하는 권리에 대하여도 그 효력이 있는 것으로 규정하고 있다.

이는 사원 개인에 대한 채권자의 강제집행의 용이성을 확보하기 위해서 지분에 대한 압류가 허용됨을 전제로 장래의 권리에 대해서도 압류의 효력을 확장하도록 규정한 것이다. 또한 채무자가 강제집행을 면탈하거나 재산은닉을 하기 위하여 합명회사를 설립하여 회사에 전 재산을 이전하는 경우 사원 개인에 대한 채권자는 사해설립취소의 소(상법 제185조)에 의하여 회사의 설립을 취소하거나 사원 개인에 대한 파산신청을 할 수도 있으나, 사해의사의 증명이나 파산요건의 소명이 쉽지 않고 또 절차적 번거로움이 따르기 때문에 이와 같은 방법으로 채권만족을 얻기는 쉽지 않아, 보다 직접적인 강제집행의 길을 열어준 것으로 볼 수도 있다.[2] 이러한 이유로 상법은 사원의 지분에 대한 압류에 총사원의 동의를 요하지는 않는다.

1 민법 제714조(지분에 대한 압류의 효력) 조합원의 지분에 대한 압류는 그 조합원의 장래의 이익배당 및 지분의 반환을 받을 권리에 대하여 효력이 있다.

2 주석 상법, 회사편(1)(제5판), 한국사법행정학회(2014), 282(정동윤); 김건식 외 2인, 회사법(제3판), 박영사(2018), 937.

그런데 사원 개인의 채권자가 지분에 대한 강제집행으로 합명회사의 구성원인 사원의 지위가 변동된다면 다른 사원의 이익이 침해될 수 있으므로, 상법은 사원의 장래이익배당과 지분환급청구권에 대한 압류를 허용하되 사원의 지위변동 즉 퇴사청구는 임의퇴사의 제한과 유사한 제한을 두고 있다(상법 제224조).[3]

제223조는 채권자 보호와 관련된 외부관계에 관한 규정으로서 강행규정으로 보아야 할 것이므로 회사는 정관에 규정하는 방법으로 압류채권자에게 불이익을 줄 수 없고, 설령 채권자에게 불리한 규정을 두더라도 효력이 없다고 볼 것이다.

한편 제223조는 지분 압류채권자에 의한 퇴사청구(상법 제224조)와 관련된 외에는 퇴사와 관계가 없음에도 '제4절 사원의 퇴사'에 포함되어 있어 조문의 위치가 다소 부적절하다는 지적이 있다.[4]

Ⅱ. 압류대상으로서의 지분

압류대상으로서의 지분이 무엇인지에 대하여는, ①지분 압류의 대상은 사원권 중 자익권에 한한다고 보는 견해, ②회사재산에 대한 포괄적 지분을 그 대상으로 한다는 견해, ③사원권 내지 사원의 지위 그 자체를 압류하는 것이라고 보는 견해가 있다.[5]

그 중 ①견해 및 ②견해는 ③견해와 같이 압류의 대상으로서의 지분을 사원권이라고 볼 때 공익권 관계의 압류를 설명할 수 없다는 점을 주된 근거로 한 견해이나, 사원권 중 업무집행권 등의 공익권도 자익권의 증진과 확보를 위하여 간접적으로 기여하는 권리일 뿐만 아니라 지분압류의 효력이 공익권에는 미치지 않는다고 보면 사원이 다른 사원의 동의를 얻어 타인에게 그 지분의 전부 또는 일부를 양도한 경우(상법 제197조) 압류채권자가 공익권에 대해서는 압류의 효력을 주장할 수 없어 지분의 가치가 훼손될 위험이 있고, 또한 지분압류채권자는 퇴사청구(제224조)로서 공익권을 포함한 사원의 지위를 박탈할 수 있는 권한까지 보유한다는 점을 고려할 때, 압류대상으로서의 지분은 사원권 내지 사원의 지위라고 보는 ③견해가 타당하다고 할 것이다.[6]

3 주석 상법, 회사편(1)(제5판), 한국사법행정학회(2014), 282(정동윤).
4 주석 상법, 회사편(1)(제5판), 한국사법행정학회(2014), 282(정동윤).
5 주석 상법, 회사편(1)(제5판), 한국사법행정학회(2014), 282-283(정동윤).
6 주석 상법, 회사편(1)(제5판), 한국사법행정학회(2014), 283(정동윤).

Ⅲ. 지분압류의 방법

사원의 지분에 대한 압류는 민사집행법 제251조 제1항[7]에 의한다. 지분에 대한 압류명령은 제3채무자인 회사에 대하여 송달되고, 압류명령이 회사에 송달되면 압류의 효력이 생긴다(민사집행법 제251조, 제227조[8] 제2항 및 제3항).

Ⅳ. 지분압류의 효력 및 채권만족

지분압류의 효력은 사원의 지분 자체뿐만 아니라 사원이 장래이익의 배당과 지분의 환급을 청구하는 권리에 대하여도 미친다(상법 제223조). 압류채권자는 압류한 지분 자체를 양도함으로써 환가할 수도 있으나 다른 사원의 동의가 필요하므로(상법 제197조 참조) 이러한 방법에 따른 채권만족은 사실상 불가능하고, 반대로 사원의 자의적 처분을 막는 처분금지의 효력을 생기게 한다(민사집행법 제227조 제1항).

압류채권자는 사원의 지분을 압류한 뒤, 사원이 구체적인 이익배당청구권 내지 지분환급청구권을 행사할 수 있는 시기에 달하거나 그 조건이 만족되면 각 청구권에 관하여 다시 압류명령을 신청할 필요는 없이 개별적인 추심명령 내지 전부명령을 얻어 채권만족을 얻으면 된다.[9]

지분환급청구권은 사원이 임의퇴사(상법 제217조) 내지 당연퇴사(제218조)함으로써 발생하므로, 이 경우 압류채권자는 지분환급청구권에 대한 추심명령 내지 전부명령을 얻어 집행을 할 수 있다.

뿐만 아니라 압류채권자는 적극적으로 상법 제224조에 따라 6월전에 사원의 퇴사를 예고하여 영업년도말에 그 사원을 퇴사시킴으로써 그로 인해 발생하는 지

7 민사집행법 제251조(그 밖의 재산권에 대한 집행)
① 앞의 여러 조문에 규정된 재산권 외에 부동산을 목적으로 하지 아니한 재산권에 대한 강제집행은 이 관의 규정 및 제98조 내지 제101조의 규정을 준용한다.

8 민사집행법 제227조(금전채권의 압류)
① 금전채권을 압류할 때에는 법원은 제3채무자에게 채무자에 대한 지급을 금지하고 채무자에게 채권의 처분과 영수를 금지하여야 한다.
② 압류명령은 제3채무자와 채무자에게 송달하여야 한다.
③ 압류명령이 제3채무자에게 송달되면 압류의 효력이 생긴다.
④ 압류명령의 신청에 관한 재판에 대하여는 즉시항고를 할 수 있다.

9 주석 상법, 회사편(1)(제5판), 한국사법행정학회(2014), 283(정동윤); 이철송, 회사법강의(제27판), 박영사(2019), 174; 송옥렬, 상법강의(제9판), 홍문사(2019), 1296.

분환급청구권을 가지고 채권만족을 얻을 수 있다. 다만 퇴사의 효력이 발생하기 전에[10] 사원이 변제를 하거나 상당한 담보를 제공한 때에는 위 퇴사청구는 효력을 잃는다. 상법 제224조 제2항 소정의 담보를 제공한 때라 함은 압류채권자와의 사이에서 담보물권을 설정하거나 보증계약을 체결한 때를 말하는 것이므로, 실질적으로 보증과 같은 채권확보의 효력이 있는 중첩적 채무인수 계약이 압류채권자와의 사이에서 체결되거나 또는 압류채권자가 그 채무인수를 승낙한 때에도 퇴사예고는 그 효력을 잃는다.[11]

잔여재산분배청구권(상법 제260조)에도 지분압류의 효력이 미치는가에 관하여는 명문의 규정이 없으나, 지분압류의 대상을 사원권 내지 사원의 지위로 보는 이상 그로부터 파생되는 구체적 권리인 잔여재산분배청구권에 대해서도 압류의 효력이 미친다고 보아야 할 것이다. 입법론적으로 이를 명시하는 것이 바람직하다.[12]

한편 회사가 임의청산을 하는 경우에는 압류채권자의 동의를 얻어야 한다(상법 제247조 제4항). 회사가 이를 위반하여 그 재산을 처분한 때에는 사원의 지분을 압류한 자는 회사에 대하여 그 지분에 상당하는 금액의 지급을 청구할 수 있다(제249조).

10 대법원 2014. 5. 29. 선고 2013다212295 판결(상법 제269조에 의하여 합자회사에 준용되는 상법 제224조 제1항은 "사원의 지분을 압류한 채권자는 영업년도말에 그 사원을 퇴사시킬 수 있다. 그러나 회사와 그 사원에 대하여 6월 전에 그 예고를 하여야 한다."라고 규정하고 있고, 제2항은 "전항 단서의 예고는 사원이 변제를 하거나 상당한 담보를 제공한 때에는 그 효력을 잃는다."라고 규정하고 있다. 상법 제224조 제1항의 규정 취지는, 사원의 채권자가 사원의 지분을 압류하여도 상법 제197조의 규정에 따라 다른 사원의 동의를 얻어야만 이를 환가할 수 있는 점 등을 감안하여, 사원의 지분을 압류한 채권자에게 퇴사청구권을 인정하고 지분환급에 의하여 채권의 변제를 받을 수 있게 한 것으로서, 위 퇴사청구권은 사원 지분의 압류채권자가 직접 일방적 의사표시로 사원을 퇴사시킬 수 있도록 한 형성권이다. 이에 따라 채권자가 예고기간을 정하여 예고를 한 이상 다른 의사표시 없이도 영업년도말에 당연히 퇴사의 효력이 발생하고, 사원이 이를 저지하기 위하여서는 영업년도말이 되기 전에 변제를 하거나 상당한 담보를 제공하여야 하며, 변제 또는 담보제공이 없이 영업년도말이 도래하여 일단 퇴사의 효력이 발생하였다면 그 후 사원 또는 채권자가 일방적으로 위 퇴사의 의사표시를 철회할 수 없고, 이는 퇴사의 효력이 발생한 후 사원이 채권자에게 채무를 변제한 경우에도 마찬가지이다.)

11 대법원 1989. 5. 23. 선고 88다카13516 판결.

12 주석 상법, 회사편(1)(제5판), 한국사법행정학회(2014), 283(정동윤).

제 224 조 [지분 압류채권자에 의한 퇴사청구]

① 사원의 지분을 압류한 채권자는 영업년도말에 그 사원을 퇴사시킬 수 있다. 그러나 회사와 그 사원에 대하여 6월전에 그 예고를 하여야 한다.
② 전항 단서의 예고는 사원이 변제를 하거나 상당한 담보를 제공한 때에는 그 효력을 잃는다.

[관련조문] 상법 제223조, 비송사건절차법 제102조.

[참고문헌] 주석 상법, 회사편(1)(제5판), 한국사법행정학회(2014); 정찬형, 상법강의(상)(제22판), 박영사(2019).

Ⅰ. 본조의 취지

상법 제224조는 지분압류채권자의 퇴사청구권(강제퇴사)과 그 청구절차에 관한 규정이다.

사원의 지분에 대한 압류는 상법 제223조에 따라 사원의 장래의 구체적인 이익배당청구권 내지 지분환급청구권에도 그 효력이 미치고, 압류채권자는 사원이 임의퇴사(제217조) 내지 당연퇴사(제218조)에 따라 발생하는 지분환급청구권에 대하여 추심명령 내지 전부명령을 얻어 채권만족을 얻을 수 있다.

그런데 위와 같은 임의퇴사 내지 당연퇴사에 따라 발생하는 지분환급청구권에 대한 강제집행은 압류채권자가 영향을 미칠 수 없기 때문에, 제224조는 압류채권자에게 사원에 대한 강제퇴사청구권을 부여함으로써 적극적으로 강제집행을 할 수 있는 길을 열어주고 있다. 독일 상법 제135조 및 일본 상법 제91조와 같은 취지이다. 제224조는 회사채권자를 보호하기 위한 대외적 규정으로서 강행규정이므로 정관으로 제224조의 퇴사청구권을 배제하거나 그 예고기간을 연장할 수 없다.[1]

Ⅱ. 퇴사예고

압류채권자가 퇴사청구권을 행사하기 위해서는 회사 및 그 사원에 대하여 퇴사시키려는 영업년도말의 6월전에 예고를 하여야 한다(상법 제224조 제1항 후문). 6

1 주석 상법, 회사편(1)(제5판), 한국사법행정학회(2014), 284(정동윤).

개월의 기간을 두고 퇴사예고를 한 이상 그 영업년도 말에 다시 어떠한 퇴사청구를 할 필요는 없다.[2]

Ⅲ. 퇴사청구권 행사의 효과

제224조에 따른 압류채권자의 채무자인 사원에 대한 퇴사청구권은 사원 지분의 압류채권자가 직접 일방적 의사표시로 사원을 퇴사시킬 수 있도록 한 형성권이다.[3] 퇴사의 예고는 압류채권자의 일방적 의사표시로 하는 것이어서 회사와 그 사원의 협력이 없어도 효력이 발생한다.

적법하게 퇴사예고를 한 이상 그 영업년도말에 별도의 의사표시가 없어도 그 사원에 대한 퇴사의 효력이 당연히 생긴다.[4] 지분압류의 효력은 퇴사에 따라 발생하는 사원의 회사에 대한 지분환급청구권에도 미치기 때문에(상법 제223조), 압류채권자는 별도의 압류명령을 받을 필요 없이 추심명령 내지 전부명령을 받음으로써 채권만족을 얻을 수 있다.

압류채권자의 제224조에 따른 퇴사예고의 효력은 그 압류에 대한 강제집행정지의 결정에 의하여 좌우되지 아니한다. 퇴사예고를 한 채권자는 회사의 본점소재지의 지방법원 합의부에 지분환급청구권의 보전에 필요한 처분을 할 것을 청구할 수 있고(비송사건절차법 제102조 제1항), 그에 관한 재판은 이유를 붙인 결정으로 해야 하며, 그 재판에 대하여는 즉시항고를 할 수 있다(제102조 제2항, 제75조 제1항, 제78조). 이는 압류채권자가 퇴사예고를 한 후 퇴사의 효력이 생기기까지 6개월 이상의 시간이 소요되므로 위 기간 중에 회사와 채무자인 사원이 통모하여 그 사원의 지분을 감소시키는 등 압류채권자를 해하는 행위를 방지하기 위하여 규정된 것이다.[5]

Ⅳ. 예고의 실효

압류채권자의 퇴사예고는 사원이 변제를 하거나 상당한 담보를 제공한 때에는 그 효력을 잃는다(상법 제224조 제2항). 채권의 만족을 얻었으므로 사원을 퇴사

2 주석 상법, 회사편(1)(제5판), 한국사법행정학회(2014), 284-285(정동윤).
3 대법원 2014. 5. 29. 선고 2013다212295 판결.
4 대법원 2014. 5. 29. 선고 2013다212295 판결.
5 주석 상법, 회사편(1)(제5판), 한국사법행정학회(2014), 285(정동윤).

시켜 지분의 환급을 받을 필요가 없기 때문이므로, 일부 변제나 담보제공만으로는 그 효력을 상실시킬 수 없다고 볼 것이다. 제224조의 변제에는 회사, 다른 사원 등 제3자의 변제(민법 제469조[6])도 포함된다. 담보를 제공한 때라 함은 압류채권자와의 사이에서 담보물권을 설정하거나 보증계약을 체결한 때를 말하는 것이므로, 실질적으로 보증과 같은 채권확보의 효력이 있는 중첩적 채무인수 계약이 압류채권자와의 사이에서 체결되거나 또는 압류채권자가 그 채무인수를 승낙한 때에도 퇴사예고는 그 효력을 잃는다 할 것이고,[7] 다만 어느 경우든 채권자의 승낙을 요한다.[8]

그러나 압류채권자가 예고기간을 정하여 예고를 한 이상 변제 또는 담보제공이 없이 영업년도말이 도래하여 일단 퇴사의 효력이 발생하였다면 그 후 사원 또는 채권자가 일방적으로 위 퇴사의 의사표시를 철회할 수 없고, 이는 퇴사의 효력이 발생한 후 사원이 채권자에게 채무를 변제한 경우에도 마찬가지이다.[9] [10]

6 민법 제469조(제3자의 변제)
① 채무의 변제는 제3자도 할 수 있다. 그러나 채무의 성질 또는 당사자의 의사표시로 제3자의 변제를 허용하지 아니하는 때에는 그러하지 아니하다.
② 이해관계없는 제3자는 채무자의 의사에 반하여 변제하지 못한다.

7 대법원 1989. 5. 23. 선고 88다카13516 판결.

8 주석 상법, 회사편(1)(제5판), 한국사법행정학회(2014), 285(정동윤).

9 대법원 2014. 5. 29. 선고 2013다212295 판결.

10 정찬형, 상법강의(상)(제22판), 박영사(2019), 578-579.

제 225 조 [퇴사원의 책임]

① 퇴사한 사원은 본점소재지에서 퇴사등기를 하기 전에 생긴 회사채무에 대하여는 등기후 2년내에는 다른 사원과 동일한 책임이 있다.
② 전항의 규정은 지분을 양도한 사원에 준용한다.

[관련조문] 상법 제37조, 제197조, 민법 제469조, 제481조.
[참고문헌] 김건식 외 2인, 회사법(제3판), 박영사(2018); 주석 상법, 회사편(1)(제5판), 한국사법행정학회(2014); 정찬형, 상법강의(상)(제22판), 박영사(2019); 上柳克郎·鴻常夫·竹内昭夫 編, 新版 注釋會社法(1), 有斐閣(1985).

Ⅰ. 본조의 취지

상법 제225조는 회사채권자에 대한 퇴사원의 책임에 관하여 규정하고 있고, 이를 지분을 양도한 사원에 대하여도 준용하고 있다. 인적 신뢰관계가 중요한 합명회사와 거래하는 채권자는 사원 모두가 무한책임(제212조)을 진다는 점을 신뢰하고 거래에 임한다 할 것인데, 사원이 퇴사에 의하여 사원의 지위를 상실함으로써 그 책임을 면한다면 채권자의 그러한 신뢰를 저버리게 될 뿐만 아니라 이로 인하여 회사의 신용에 대한 근간을 흔드는 문제가 발생할 수 있다. 이러한 이유로 본조는 퇴사원에 대하여도 다른 사원과 동일한 책임을 지도록 함으로써 회사채권자를 보호하는 한편 사원과 회사 간의 관계를 정리하기 위해 일정한 기간 제한을 두고 있다.[1]

또한 채권자로서는 회사의 내부문제인 사원의 퇴사를 알 수 없기 때문에 사원의 퇴사 전에 발생한 회사채무뿐만 아니라 퇴사 후 퇴사등기 전에 생긴 회사채무에 관하여도 동일한 책임을 부담시키고 있다.[2]

1 정찬형, 상법강의(상)(제22판), 박영사(2019), 595.
2 주석 상법, 회사편(1)(제5판), 한국사법행정학회(2014), 286(정동윤).

상법 제225조는 회사채권자를 보호하기 위한 대외관계에 관한 규정이므로 강행규정이라 할 것이고,[3] 따라서 정관에 제225조에 반하도록 사원의 책임을 경감시키는 규정을 두더라도 효력이 없다고 볼 것이다.

Ⅱ. 책임의 범위

1. 본점소재지에서의 퇴사등기 전에 발생한 회사채무

가. 의의

퇴사한 사원은 본점소재지에서 퇴사등기를 하기 전에 생긴 회사채무에 대하여 등기 후 2년 내에는 다른 사원과 동일한 책임을 진다(상법 제225조 제1항).

나. 본점소재지에서의 퇴사등기

사원의 퇴사는 합명회사 사원의 변경으로서 정관의 절대적 기재사항(상법 제179조 제3호)이고, 신입사원의 입사의 경우와 달리 퇴사원인이 발생하면 퇴사의 효과도 당연히 발생하는 것이므로 정관변경을 요하는 것은 아니나, 변경등기의 대상으로서 회사는 본점소재지에서는 2주간 내, 지점소재지에서는 3주간 내에 변경등기를 하여야 한다(제180조 제1호, 제179조 제3호, 제183조). 그러나 제225조에서 책임의 범위와 기간을 정하는 기준이 되는 것은 본점소재지에서의 등기이므로, 지점소재지에서의 퇴사등기는 그 책임에 영향을 미치지 않는다. 따라서 본점소재지에 퇴사등기가 된 뒤 지점소재지 등기에만 근거하여 사원이 퇴사하지 않았다고 믿고 거래한 채권자는 퇴사원에 대하여 제225조에 따른 책임을 물을 수 없다.[4] 그러나 상법 제215조(자칭사원의 책임)에 따른 책임 즉 퇴사함으로써 사원이 아닌 자가 타인에게 자기를 사원이라고 오인시키는 행위를 하였을 때에는 오인으로 인하여 회사와 거래한 자에 대하여는 사원과 동일한 책임을 질 수는 있다.

다. 퇴사등기 전에 발생한 회사채무

퇴사원이 본조에 따라 다른 사원과 동일하게 책임을 지는 채무는 퇴사등기 전에 생긴 일체의 회사채무이다. 따라서 퇴사 전에 발생한 회사채무뿐만 아니라 퇴사 후 퇴사등기 전에 발생한 회사채무도 포함된다. 회사채무는 그 종류와 발생

3 주석 상법, 회사편(1)(제5판), 한국사법행정학회(2014), 286(정동윤).
4 주석 상법, 회사편(1)(제5판), 한국사법행정학회(2014), 287(정동윤).

원인을 묻지 아니하므로 회사가 부담하는 불법행위채무 내지 부당이득반환채무도 포함되고, 퇴사등기 전 발생한 조건부 채무나 퇴사 등기 전 발행된 어음에 대한 채무도 퇴사등기 후 조건성취 내지 배서에 따른 책임도 포함된다고 볼 것이다. 신입사원의 경우에는 그 입사 전에 생긴 회사채무도 포함된다(상법 제213조).[5]

2. 악의의 채권자에 대한 퇴사원의 책임

퇴사 후 퇴사등기 전 채권자가 퇴사의 사실을 알면서도 퇴사원과 외관상 회사에 책임을 부담지우는 거래를 한 경우에도 제225조가 적용되는지에 대하여는 견해가 나뉜다.

제225조에 정한 퇴사원의 책임에는 상법 제37조(등기의 효력)[6]가 적용되지 않고 퇴사등기의 유무에 관계 없이 일률적으로 결정되어야 하므로 채권자의 선의·악의에 의하여 영향을 받지 않는다는 견해가 일본의 종래 통설[7]과 판례[8]이고, 퇴사원의 책임은 외관주의에 바탕을 둔 것이 아니라 법률관계의 획일적 처리를 위한 것이기 때문에 퇴사등기유무에 따라 일률적으로 결정되어야 하고 거래 상대방인 제3자의 선악에는 영향을 받지 않는다는 우리의 견해[9]도 있다. 반면, 제225조의 입법취지는 등기에 대한 제3자의 신뢰를 보호하는 데 있으므로 악의의 채권자를 보호할 필요가 없고, 상업등기에 관한 일반적 규정인 상법 제37조에 따라 거래의 상대방인 채권자가 퇴사의 사실을 알고 있었던 경우에는 보호를 받을 수 없다고 보는 견해[10]도 있다. 제225조의 책임은 퇴사등기 전에 생긴 회사채무 즉 회사가 법적으로 책임지는 채무에 대한 것이고, 퇴사로써 사원의 자격을 상실할 뿐만 아니라 업무집행권한까지도 상실하므로 상대방이 퇴사사실을 알았다면 그러한 거래에 기한 책임을 회사에 부담지울 수는 없다 할 것이고, 따라서 회사의 채무로 볼 수 없기 때문에 제225조가 적용되지는 않는다고 보는 후자의 견해가 타당하다고 할 것이다.

5 주석 상법, 회사편(1)(제5판), 한국사법행정학회(2014), 287(정동윤).
6 상법 제37조(등기의 효력)
① 등기할 사항은 이를 등기하지 아니하면 선의의 제3자에게 대항하지 못한다.
② 등기한 후라도 제3자가 정당한 사유로 인하여 이를 알지 못한 때에는 제1항과 같다.
7 上柳克郎·鴻常夫·竹内昭夫 編, 新版 注釋會社法(1), 有斐閣(1985), 360頁.
8 日大判 1939. 2. 8. 民集 18卷 54頁.
9 김건식 외 2인, 회사법(제3판), 박영사(2018), 937.
10 주석 상법, 회사편(1)(제5판), 한국사법행정학회(2014), 288(정동윤).

3. 사원의 사망으로 인한 퇴사와 상속인의 책임

사원이 사망에 의하여 퇴사한 경우에 상속인이 사원의 사망 전에 발생한 회사의 채무에 관하여 책임을 지는 것은 당연하나, 사원의 사망 후 퇴사등기를 하기 전에 발생한 채무에 관하여도 상속인이 제225조에 따른 책임을 지는가에 관하여는 다툼이 있다. 일본의 판례[11]는 이를 부정하였으나, 제225조의 취지 및 상속의 법리상 퇴사원의 사망 당시에 이미 발생한 채무는 물론 그 후에도 퇴사등기가 있기 전까지 발생한 회사채무에 관한 책임을 부담하여야 할 퇴사원의 지위를 그대로 상속하는 것이라고 볼 것이다.[12] 상속인으로서는 상속포기를 하거나 한정승인을 함으로써 위험을 피할 수 있을 것이다.[13]

Ⅲ. 구상권

사원은 퇴사함으로서 사원의 지위를 상실하므로 제225조에 기한 회사채무의 변제는 민법 제469조에 따른 제3자의 변제로 볼 것이다. 따라서 퇴사원이 제225조에 기하여 회사채권자에게 변제한 때에는 회사에 대하여 구상권을 가진다 할 것이고(민법 제481조), 사원은 퇴사를 함으로써 지분계산을 마쳤으므로 각 사원에 대하여 제225조에 따라 변제한 금액 전액에 관하여 상환을 구할 수 있으며, 또한 각 사원은 상법 제212조에 따라 연대책임을 진다고 볼 것이지 단순히 그 부담부분에 관하여 책임을 지는 것은 아니라고 본다.[14] 반대로 사원은 퇴사를 함으로써 사원의 지위를 상실하고 지분계산도 마쳤으므로 다른 사원이 회사채무를 변제하더라도 그 사원은 퇴사원에 대하여 구상권을 갖지 않는다.[15]

Ⅳ. 책임의 소멸

퇴사원의 책임은 퇴사등기 후 2년이 경과하면 소멸한다. 제225조에서 정한 2년의 기간은 시효기간이 아니라 제척기간이다.

제225조에 정한 퇴사원의 책임은 회사채권자에 대한 책임이므로 퇴사원이

11 日大判 1935. 3. 9.(民集 14卷 291頁.)
12 주석 상법, 회사편(1)(제5판), 한국사법행정학회(2014), 270, 288(정동윤); 정찬형, 상법강의(상)(제22판), 박영사(2019), 577; 김건식 외 2인, 회사법(제3판), 박영사(2018), 937-938.
13 김건식 외 2인, 회사법(제3판), 박영사(2018), 938.
14 上柳克郎·鴻常夫·竹内昭夫 編, 新版 注釋會社法(1), 有斐閣(1985), 354頁.
15 주석 상법, 회사편(1)(제5판), 한국사법행정학회(2014), 289(정동윤).

회사에 대하여 부담하는 의무에 대하여는 2년의 제척기간이 적용되지 아니한다.[16]

V. 지분양도 사원의 책임

1. 지분 전부를 양도한 사원

상법 제225조 제2항에 따라 지분을 양도한 사원에 대하여는 퇴사원의 책임 규정이 준용된다. 합명회사의 지분은 지분 일부의 양도도 가능하나(제197조), 이와 같은 경우에도 지분을 양도한 사원은 일부 지분을 보유함으로써 여전히 사원의 지위를 유지하므로, 퇴사원의 책임에 준하는 책임을 부담지우고자 하는 제225조의 입법취지상 제225조는 지분의 전부를 양도한 사원에게만 적용된다고 볼 것이다.[17]

2. 책임을 변경한 사원의 경우

합자회사에 있어서 무한책임사원이 유한책임사원으로 된 경우에도 무한책임사원이 퇴사하고 유한책임사원으로서 입사한 것과 실질적으로 같기 때문에 제225조는 이와 같은 경우에도 준용된다(상법 제282조). 또한 합명회사에 있어서 어떤 사원을 유한책임사원으로 하여 합자회사로 조직변경을 한 경우에 그 사원의 책임에 관하여서도 퇴사에 준하여 취급되고 있다(제242조).[18]

16 주석 상법, 회사편(1)(제5판), 한국사법행정학회(2014), 289(정동윤).
17 주석 상법, 회사편(1)(제5판), 한국사법행정학회(2014), 289(정동윤).
18 주석 상법, 회사편(1)(제5판), 한국사법행정학회(2014), 289-290(정동윤).

제 226 조 [퇴사원의 상호변경청구권]

퇴사한 사원의 성명이 회사의 상호 중에 사용된 경우에는 그 사원은 회사에 대하여 그 사용의 폐지를 청구할 수 있다.

[관련조문] 상법 제179조, 제180조, 제183조

[참고문헌] 김건식 외 2인, 회사법(제3판), 박영사(2018); 주석 상법, 회사편(1)(제5판), 한국사법행정학회(2014).

Ⅰ. 본조의 취지

퇴사한 사원의 성명이 회사의 상호 중에 사용된 경우에는 회사가 계속하여 그 성명을 상호로 사용한다면 퇴사원은 상법 제215조(자칭사원의 책임)[1]에 따라 사원과 동일한 책임을 질 위험이 있다.[2] 제226조는 이러한 경우를 방지하기 위하여 퇴사원에게 상호변경청구권을 인정하고 있다.[3]

Ⅱ. 상호변경청구권의 구체적 내용

퇴사원의 성명이 합명회사의 상호 중에 사용된 경우 퇴사원은 제226조에도 불구하고 상호변경청구권를 행사하지 않을 수도 있다. 하지만 자칭사원의 책임을 질 위험이 있으므로 적극적으로 상호변경청구권을 행사하는 것이 바람직 할 것이고, 이 경우 퇴사원은 별도의 증명을 하지 않고서도 그 성명의 사용폐지를 청구할 수 있다.

상호는 정관의 절대적 기재사항이자 변경등기의 대상이므로, 퇴사원의 상호변경청구가 있으면 회사는 정관변경(상법 제179조 제2항, 제204조) 및 변경등기(제183조, 제180조 제1호)를 하여야 한다. 사원 중에 퇴사원과 동일한 성명을 가진 자가 있는 경우에는 그 사용폐지청구권이 없다고 하는 견해가 있으나, 회사의 상호가

1 상법 제215조(자칭사원의 책임)
사원이 아닌 자가 타인에게 자기를 사원이라고 오인시키는 행위를 하였을 때에는 오인으로 인하여 회사와 거래한 자에 대하여 사원과 동일한 책임을 진다.

2 김건식 외 2인, 회사법(제3판), 박영사(2018), 938.

3 주석 상법, 회사편(1)(제5판), 한국사법행정학회(2014), 290(정동윤).

퇴사원의 성명만을 사용하고 있는 경우가 아니라면 이를 인정하여야 할 것이다.[4]

한편 퇴사원의 성명을 사용한 상호가 관련 업계에 널리 알려져 독립한 경제적 가치를 가지게 되었다면 제226조에 따른 퇴사원의 상호변경청구권을 허용하지 않고 그에 관한 보상을 하도록 함으로써 이해관계를 조정할 필요도 있다. 회사가 당해 사원의 퇴사에도 불구하고 상호를 계속 사용한다는 내용을 회사 홈페이지에 공지하는 등으로써 퇴사원에게 자칭사원의 책임을 생기게 할 가능성을 방지하고, 퇴사원의 입장에서도 유사 업종의 신사업을 시작하지 않는다면 상호 사용의 폐지를 구할 실익이 인정되지 않을 것이므로, 이와 같은 경우에는 퇴사원의 성명사용폐지청구는 신의칙에 반하는 것으로 보아 허용하지 않을 수도 있을 것이다.[5]

4 주석 상법, 회사편(1)(제5판), 한국사법행정학회(2014), 290(정동윤).
5 주석 상법, 회사편(1)(제5판), 한국사법행정학회(2014), 290(정동윤).

제 5 절 회사의 해산

제 227 조 [해산원인]

회사는 다음의 사유로 인하여 해산한다.

1. 존립기간의 만료 기타 정관으로 정한 사유의 발생
2. 총사원의 동의
3. 사원이 1인으로 된 때
4. 합병
5. 파산
6. 법원의 명령 또는 판결

[관련조문] 상법 제228조, 제229조, 제269조, 제517조, 제609조, 채무자 회생 및 파산에 관한 법률 제306조, 제311조.

[참고문헌] 김건식 외 2인, 회사법(제3판), 박영사(2018); 송옥렬, 상법강의(제9판), 홍문사(2019); 이철송, 회사법강의(제27판), 박영사(2019); 정찬형, 상법강의(상)(제22판), 박영사(2019); 주석 상법, 회사편(1)(제5판), 한국사법행정학회(2014).

Ⅰ. 본조의 취지

상법 제227조에서는 합명회사의 해산원인을 규정하고 있다.

해산(解散)이라 함은 회사의 법인격의 소멸을 가져오는 원인이 되는 법률사실을 말한다. 그러나 회사의 법인격은 해산원인이 발생한다 하여 곧바로 소멸하는 것이 아니라, 해산에 의하여 개시되는 청산절차가 종료한 때에 비로소 소멸한다.[1] 해산사유가 발생하였다면 회사는 합병의 경우에는 합병등기를 하여야 하고(상법 제233조), 파산의 경우에는 파산등기를 하여야 하며(채무자 회생 및 파산에 관한 법률 제23조), 그 외의 해산사유가 발생한 경우에는 해산등기를 하여야 한다(상법 제228조). 회사의 합병은 합병등기가 있어야 비로소 합병의 효력이 발생하므로(제234조)

1 주석 상법, 회사편(1)(제5판), 한국사법행정학회(2014), 292(정동윤).

합병등기에 따라 해산의 효과가 생기지만, 파산등기 및 해산등기는 제3자를 보호하기 위한 공시일 뿐 그에 의하여 해산의 효과가 생기는 것은 아니다.

또한 회사는 해산된 후에도 청산의 목적범위 내에서 존속하는 것으로 본다(상법 제245조). 즉 해산된 회사의 권리능력은 청산의 목적범위 내로 제한된다.[2] 따라서 종전의 법률관계는 해산에도 불구하고 유지되고 해산 전의 규정은 청산의 목적에 반하지 않는 한 그대로 적용되나, 회사의 영업을 전제로 하는 상법 제198조(사원의 경업의 금지), 제200조(업무집행의 권리의무) 등의 조문은 해산된 회사에 적용되지 않는다.[3]

그리고 회사의 해산으로 인하여 사원의 책임이 곧바로 소멸하는 것은 아니고 본점소재지에 해산등기를 한 후 5년을 경과해야 그 책임이 소멸하며(상법 제267조 제1항), 기간 경과 후에도 분배하지 아니한 잔여재산이 있는 때에는 회사채권자는 이에 대하여 변제를 청구할 수 있다(제267조 제2항).

제227조의 해산 사유 중 제1호의 사유는 정관에 해산사유를 추가할 수 있도록 허용하고 있고, 제2호의 사유는 회사의 내부적 사유이므로 이 경우에는 임의규정으로 볼 수 있어[4] 정관에 해산사유를 추가할 수 있을 것이나, 나머지 사유 중 제3호의 사유는 인적회사의 본질을 규정한 것으로 볼 수 있고, 제4호~제6호의 사유는 대외적 관계에 관한 것으로 볼 것이어서 이 경우에는 강행규정으로 보아 정관으로 해산사유에서 제외할 수는 없다고 할 것이다.[5]

Ⅱ. 해산원인

1. 존립기간의 만료 기타 정관으로 정한 사유의 발생

회사가 정관에 존립기간을 정한 때에는 그 기간이 만료되면 회사는 해산한다. 정관에 기타의 해산사유를 정한 때에도 그 사유가 발생하면 회사는 해산한다.

2 정찬형, 상법강의(상)(제22판), 박영사(2019), 597; 김건식 외 2인, 회사법(제3판), 박영사(2018), 940.
3 정찬형, 상법강의(상)(제22판), 박영사(2019), 597; 이철송, 회사법강의(제27판), 박영사(2019), 180.
4 대법원 2015. 5. 29. 선고 2014다51541 판결(상법 제195조에 비추어 볼 때, 합명회사의 내부관계에 관한 상법 규정은 원칙적으로 임의규정이고, 정관에서 상법 규정과 달리 정하는 것이 허용된다. 이와 같이 합명회사의 정관에서 내부관계에 관하여 상법과 달리 정한 경우, 해당 정관 규정이 관련 상법 규정의 적용을 배제하는지는 해당 정관 규정의 내용, 관련 상법 규정의 목적, 합명회사의 특징 등 여러 사정을 종합적으로 고려하여 판단하여야 한다).
5 회사법의 강행법규로서의 성질에 대해서는 송옥렬, 상법강의(제9판), 홍문사(2019), 738-748. ☞ 주석상법 제3편 회사 [총설] 참조.

제1호에 따른 해산원인이 발생하면 회사는 당연히 해산하므로, 그 해산사유는 객관적·구체적으로 인식할 수 있는 것이어야 하고, 이와 반대로 해산사유의 발생 여부를 객관적·구체적으로 확정할 수 없다면 해산사유로서의 효력은 없다고 볼 것이다. 또한 정관에서 정한 존립시기가 도래하기 전에 이를 정관 변경으로 연장하거나 기타 정관으로 정한 해산사유가 발생하기 전에 정관을 변경함으로써 회사의 해산을 방지할 수도 있으나, 일단 해산사유가 발생한 후에는 정관의 변경이 인정되지 아니하고[6] 다만 사원의 전부 또는 일부의 동의로 회사를 계속할 수 있을 뿐이다(상법 제229조 제1항).

제1호에 따른 해산사유가 발생하더라도 사원의 전부 또는 일부의 동의로 회사를 계속할 수 있고, 동의를 하지 아니한 사원은 퇴사한 것으로 본다(상법 제229조 제1항).

2. 총사원의 동의

물적회사인 주식회사와 유한회사가 총회의 특별결의만으로도 해산할 수 있는 것(상법 제517조 제2호, 제609조 제2호)과 달리 인적회사인 합명회사와 합자회사 및 인적회사에 가까운 유한책임회사는 그보다 강화된 요건인 총사원의 동의로써 해산이 가능하다. 합명회사는 사원총회가 존재하지 않고 따라서 소집절차나 동의의 방식에 대한 제약도 없으므로 자유로운 방식으로 총사원의 동의를 얻으면 족하다. 다만 해산에 조건이나 기한을 붙여서 동의하는 것은 허용되지 않는다. 그러나 설립시 정관에 정하거나 정관변경을 통하여 조건부 내지 기한부 해산의 결의 내지 각 사원의 해산동의에 조건이나 기한을 붙이는 것을 허용하도록 정하였다면 제227조 제1호의 해산 사유인 '기타 정관으로 정한 사유'에 해당할 수는 있다. 또한 정관으로 총사원의 동의보다 완화된 요건으로 사원의 동의를 얻은 경우에 회사를 해산하도록 정한 경우에도 동일하게 볼 것이다.[7]

제2호에 따른 해산사유가 발생하더라도 사원의 전부 또는 일부의 동의로 회사를 계속할 수 있고, 동의를 하지 아니한 사원은 퇴사한 것으로 본다(상법 제229조 제1항).

6 주석 상법, 회사편(1)(제5판), 한국사법행정학회(2014), 293(정동윤).
7 주석 상법, 회사편(1)(제5판), 한국사법행정학회(2014), 293(정동윤).

3. 사원이 1인으로 된 때

물적회사인 주식회사 및 유한회사의 해산사유(상법 제517조, 제609조)는 인적회사인 합명회사의 해산원인(제227조)과 다소 차이가 있다. 즉 합명회사는 사원이 1인으로 된 때가 해산원인이 되나(제227조 제3호), 주식회사와 유한회사는 사원인 주주가 1인으로 되더라도 해산사유가 되지 않아(제517조, 제609조) 1인 회사로서 성립 및 유지가 가능하다. 또한 합명회사는 총사원의 동의로써 해산할 수 있으나(제227조 제2호) 주식회사 및 유한회사는 사원인 주주의 총동의보다 완화된 요건인 주주총회의 특별결의 내지 사원총회의 결의로써 해산할 수 있다(제517조 제2호, 제609조 제2호). 인적회사인 합자회사는 합명회사와 마찬가지로 2인 이상의 사원의 존재가 회사의 성립요건(제269조, 제178조)이자 존속요건(제269조, 제227조 제3호)이나, 유한책임회사는 물적회사와 마찬가지로 1인 회사의 성립이 인정되고(제287조의2) 또 사원 1인만 남더라도 해산사유가 아니다(제287조의38 제2호).[8]

다만 제3호에 따른 해산사유가 발생하더라도 새로 사원을 가입시켜서 회사를 계속할 수는 있다(상법 제229조 제2항).

4. 합병

상법 제227조에서 회사의 합병을 해산원인으로 규정하고 있기는 하나, 합병에 의하여 모든 당사회사가 해산되는 것은 아니다. 합병의 종류에는 흡수합병과 신설합병이 있는데, 회사를 신설하여 기존의 회사를 그에 합병시키는 신설합병의 경우에는 모든 피합병회사가 소멸하나, 기존의 회사 일방에 기존의 상대방 회사를 합병시키는 흡수합병의 경우에는 흡수회사(합병회사)는 존속하고 피흡수회사(피합병회사)만이 해산한다.[9]

다른 해산사유와 달리 합병과 파산의 경우에는 상법 제228조에 따른 해산등기가 아닌 제233조에 따른 해산등기 내지 채무자 회생 및 파산에 관한 법률 제23조의 파산등기를 하여야 하고, 또 합병을 제외하고는 등기와 무관하게 해산사유가 발생하는 즉시 해산의 효과가 생기나, 합병에 의하여 회사가 해산하는 시기는 해산등기를 한 때가 아닌 합병의 등기를 한 때이다. 이는 해산사유인 합병의 효력

8 ☞ 본 주석서 제169조 주석 중 사단성 부분; 정찬형, 상법강의(상)(제22판), 박영사(2019), 461; 송옥렬, 상법강의(제9판), 홍문사(2019), 716 이하 각 참조.

9 ☞ 본 주석서 제174조 주석 중 합병의 종류 부분; 정찬형, 상법강의(상)(제22판), 박영사(2019), 508 참조.

이 합병의 등기를 한 때 발생하기 때문이다(상법 제234조). 다만 본점소재지에서 하는 합병으로 인한 변경 또는 설립등기의 신청과 해산등기의 신청은 존속회사 또는 신설회사의 본점소재지를 관할하는 등기소에 동시에 하여야 한다(상업등기법 제63조 제3항).

합병에 의하여 해산하는 회사는 청산절차를 거치지 않고 바로 소멸한다(상법 제250조 참조).

한편 해산후의 회사는 존립 중의 회사를 존속하는 회사로 하는 경우에 한하여 합병을 할 수 있는데(상법 제174조 제3항), 이 경우에는 합병에 의하여 청산절차가 불필요하게 될 뿐 합병이 해산원인으로 되는 것은 아니다.[10]

5. 파산

합명회사는 제5호에 따라 파산이 있으면 해산을 하게 되고, 파산은 선고를 한 때로부터 그 효력이 생긴다(채무자 회생 및 파산에 관한 법률 제311조). 따라서 합병을 제외한 다른 해산원인의 경우와 마찬가지로 등기와 무관하게 파산선고가 있으면 당연히 해산의 효력이 발생한다. 파산에 따라 해산한 법인은 파산의 목적 범위 안에서는 아직 존속하는 것으로 되므로(같은 법 제328조), 이 경우 회사의 권리능력은 파산의 목적 범위 내로 한정된다.[11]

그런데 법인에 대하여는 그 부채의 총액이 자산의 총액을 초과하는 때에도 파산선고를 할 수 있으나(채무자 회생 및 파산에 관한 법률 제306조 제1항), 합명회사 및 합자회사의 존립 중에는 적용하지 아니한다(같은 법 제306조 제2항). 왜냐하면 합명회사의 경우에는 사원이 회사채권자에 대하여 직접·연대·무한의 책임을 지기 때문이고, 합자회사의 경우에는 무한책임사원이 있기 때문이다. 따라서 합병회사와 합자회사의 경우에는 보통파산원인인 채무자가 지급을 할 수 없는 때 즉 지급불능이 되어야 파산할 수 있고 이 경우 해산원인이 된다.[12]

합명회사를 포함하여 법인에 대하여는 그 해산 후에도 잔여재산의 인도 또는 분배가 종료하지 아니한 동안은 파산신청을 할 수 있으나(채무자 회생 및 파산에 관한 법률 제298조), 이 경우에는 청산절차로부터 파산절차로 이행한다고 볼 것이지

10 주석 상법, 회사편(1)(제5판), 한국사법행정학회(2014), 294(정동윤).
11 주석 상법, 회사편(1)(제5판), 한국사법행정학회(2014), 294(정동윤).
12 주석 상법, 회사편(1)(제5판), 한국사법행정학회(2014), 294(정동윤); 이철송, 회사법강의(제27판), 박영사(2019), 179.

파산이 회사의 해산원인이 되는 것은 아니다. 마찬가지로 회사설립무효 내지 취소의 판결이 확정된 경우 해당 회사는 해산에 준하여 청산절차를 진행하고 되고, 이러한 회사에 대하여도 파산신청을 할 수 있으나, 역시 해산원인이 되는 것은 아니다.[13]

6. 법원의 명령 또는 판결

법원의 해산명령(상법 제176조)과 해산판결(제241조)도 합명회사의 해산원인이 된다. 합명회사에 대한 해산명령 내지 해산판결이 확정되면 해산등기와 무관하게 해산의 효력이 발생한다.

13 주석 상법, 회사편(1)(제5판), 한국사법행정학회(2014), 294(정동윤).

제 228 조 [해산등기]

회사가 해산된 때에는 합병과 파산의 경우외에는 그 해산사유가 있은 날로부터 본점소재지에서는 2주간내, 지점소재지에서는 3주간내에 해산등기를 하여야 한다.

[관련조문] 상법 제37조, 제38조, 제39조, 제233조, 제267조 제1항, 제635조, 채무자 회생 및 파산에 관한 법률 제23조, 상업등기법 제23조 제1항, 제50조, 상업등기규칙 제106조, 비송사건절차법 제83조.
[참고문헌] 주석 상법, 회사편(1)(제5판), 한국사법행정학회(2014).

Ⅰ. 본조의 취지

회사에 해산원인이 발생하여 청산절차가 개시되면 회사의 권리능력은 청산의 목적범위 내로 한정되고(상법 제245조) 기존의 법률관계를 정리하는 외에 더 이상 영업활동을 할 수 없게 된다. 따라서 이해관계인의 보호를 위하여 대외적으로 회사의 해산을 공시할 필요가 있어 제228조에서는 회사에 해산등기를 할 의무를 부여하고 있다.[1]

상법 제228조에서는 회사가 해산한 때에 본점소재지에서는 2주간 내, 지점소재지에서는 3주간 내에 해산등기를 하도록 하되, 합병과 파산의 경우는 제외하고 있다. 합병의 경우에는 소멸회사의 해산등기를 하도록 하고 있고(제233조), 파산의 경우에는 파산등기(채무자 회생 및 파산에 관한 법률 제23조 제1항 제1호)를 하고 있다. 제228조의 등기를 해태한 경우에는 회사의 업무집행사원, 청산인 등에게 500만원 이하의 과태료를 부과한다(상법 제635조 제1항 제1호). 제228조는 합자회사, 유한책임회사, 주식회사, 유한회사에도 준용되고 있다(제269조, 제287조의39, 제521조의2, 제613조 제1항).

Ⅱ. 등기의 절차

회사가 해산된 때에는 합병과 파산의 경우 외에는 그 해산사유가 있은 날로부터 본점소재지에서는 2주간 내, 지점소재지에서는 3주간 내에 해산등기를 하여

1 주석 상법, 회사편(1)(제5판), 한국사법행정학회(2014), 295(정동윤).

야 한다(상법 제228조). 회사의 등기는 법률에 다른 규정이 없는 경우에는 그 대표자가 신청하고(상업등기법 제23조 제1항), 다만 회사의 해산을 명한 재판이 확정되면 법원은 회사의 본점과 지점 소재지의 등기소에 그 등기를 촉탁하여야 한다(비송사건절차법 제83조).

해산등기를 할 때에는 해산한 뜻과 그 사유 및 연월일을 등기하여야 하고, 해산등기의 신청과 해산으로 인한 청산인의 취임등기의 신청은 동시에 하여야 한다(상업등기법 제50조). 회사를 대표할 청산인이 해산등기를 신청하는 경우에는 청산인의 선임이 없어 업무집행사원이 청산인이 된 때를 제외하고는 그 자격을 증명하는 정보를 제공하여야 한다(상업등기규칙 제106조 제1항). 그리고 정관에 정한 사유의 발생으로 인한 해산등기를 신청하는 경우에는 그 사유의 발생을 증명하는 정보를 제공하여야 한다(상업등기규칙 제106조 제2항).

Ⅲ. 등기의 효력

해산등기는 상업등기로서의 일반적 효력(상법 제37조, 제38조, 제39조)이 있다. 해산등기는 제3자에 대한 대항요건에 불과하므로 해산등기가 없더라도 해산의 효력이 발생한다.[2]

합명회사의 해산등기의 특유한 효력도 있다. 즉 상법 제212조에 따른 사원의 책임(각 사원의 회사채무에 대한 연대책임)은 본점소재지에서 해산등기를 한 후 5년을 경과하면 소멸한다(상법 제267조 제1항).

2 대법원 1981. 9. 8. 선고 80다2511 판결(주식회사의 해산등기 및 청산인등기는 제3자에 대한 대항요건에 불과하므로 상법시행법 제15조 제3항에 의한 해산간주에 따른 해산등기 및 상법 제531조 제1항에 의한 당연청산인 취임등기가 없다 하여도 동 해산 및 대표청산인의 자격에 무슨 소장이 있다고 할 수 없다).

제 229 조 [회사의 계속]

① 제227조 제1호와 제2호의 경우에는 사원의 전부 또는 일부의 동의로 회사를 계속할 수 있다. 그러나 동의를 하지 아니한 사원은 퇴사한 것으로 본다.
② 제227조 제3호의 경우에는 새로 사원을 가입시켜서 회사를 계속할 수 있다.
③ 전2항의 경우에 이미 회사의 해산등기를 하였을 때에는 본점소재지에서는 2주간내, 지점소재지에서는 3주간내에 회사의 계속등기를 하여야 한다.
④ 제213조의 규정은 제2항의 신입사원의 책임에 준용한다.

[관련조문] 상법 제213조, 제227조, 제228조, 채무자 회생 및 파산에 관한 법률 제23조, 제241조, 제540조.
[참고문헌] 주석 상법, 회사편(1)(제5판), 한국사법행정학회(2014).

Ⅰ. 본조의 취지

상법 제229조는 합명회사에 대한 해산 후 회사의 계속에 관한 규정이다.

회사의 계속이란 해산한 회사가 해산 전의 상태에 복귀하여 해산 전의 회사와 동일성을 유지하면서 존립 중의 회사로서의 존재를 계속하는 것을 말한다.[1]

해산은 회사의 법인격의 소멸을 가져오는 원인이 되는 법률사실로서, 해산된 회사의 권리능력은 청산의 목적범위 내로 제한된다. 그러나 사원들의 의사에 따라 회사를 계속하는 것이 기업유지의 이념에 부합되기 때문에 상법은 일정한 경우 합명회사가 해산하였더라도 회사가 본래의 권리능력을 회복하여 계속될 수 있도록 하는 장치를 마련하고 있다.

상법 제227조의 해산원인 중 제1호, 제2호, 제3호의 경우는 제229조에서, 제4호(합병)의 경우에는 상법 제194조에서, 제5호(파산)의 경우에는 채무자 회생 및 파산에 관한 법률 제241조, 제540조에서 회사의 계속에 관하여 규정하고 있다. 회사에 대한 해산명령 내지 해산판결에 따른 해산의 경우에는 회사를 계속할 수 없다.

1 주석 상법, 회사편(1)(제5판), 한국사법행정학회(2014), 297(정동윤).

Ⅱ. 회사의 계속이 인정되는 경우

1. 사원의 동의에 의한 회사계속

회사의 해산원인이 존립기간의 만료 기타 정관으로 정한 사유의 발생(상법 제227조 제1호) 또는 총사원의 동의(제227조 제2호)인 경우에는 사원의 전부 또는 일부의 동의로 회사를 계속할 수 있다(제229조 제1항 본문). 사원의 동의에 따라 회사를 계속하는 경우에는 동의를 하지 아니한 사원은 퇴사한 것으로 보고(제229조 제1항 단서), 사원이 1인으로 된 때는 또 다른 해산원인(제227조 제3호)이 되기 때문에 제1항에 따라 일부의 동의로 회사를 계속할 경우에는 최소한 2인 이상의 동의가 있음을 뜻한다.[2] 그러나 사원 1인만이 동의한 경우에도 상법 제229조 제2항의 경우를 유추적용하여 새로 사원을 가입시켜서 회사를 계속할 수 있다고 보는 것이 기업유지이념에 부합된다고 할 것이다.

동의를 하지 아니한 사원에 대해서는 퇴사한 것으로 보게 되므로(상법 제229조 제1항 단서), 이 경우에는 퇴사등기(제183조), 지분의 환급(제222조), 퇴사원의 책임(제225조) 기타 퇴사에 관한 규정이 적용된다.

제1항에 따라 회사를 계속하는 때에는 발생한 해산사유를 해소하거나, 존립기간의 연장 내지 해산사유의 변경을 위한 정관변경을 하는 것이 필요하다.[3]

2. 사원의 가입에 의한 회사계속

사원이 1인으로 되었다는 이유로 회사가 해산한 때(상법 제227조 제3호)에는 새로 사원을 가입시켜서 회사를 계속할 수 있다(제229조 제2항). 사원에 관한 기재사항은 정관의 절대적 기재사항으로서(제179조 제3호) 사원의 가입은 정관변경사항이 되고 따라서 총사원의 동의가 있어야 하는데(제204조), 사원이 1인이 되어 해산이 된 경우에는 회사계속에 이해관계가 있는 잔존사원 1인의 동의만으로도 새로 사원을 가입시켜 회사를 계속할 수 있다고 명확히 규정한 것이다.

제2항에 따른 신입사원은 회사 존속 중의 신입사원의 경우와 마찬가지로 그 가입 전에 생긴 회사채무에 대하여 다른 사원과 동일한 책임을 진다(상법 제229조 제4항, 제213조).

2 주석 상법, 회사편(1)(제5판), 한국사법행정학회(2014), 297(정동윤).
3 주석 상법, 회사편(1)(제5판), 한국사법행정학회(2014), 297(정동윤).

한편 사원이 1인으로 되어 합명회사가 해산된 때에는 유한책임사원을 새로 가입시켜서 합자회사로 변경할 수 있다(상법 제242조 제2항).[4] 또한 상법 제242조 제2항에 따라 제2항에 준용되는 제242조 제1항에서는 합명회사가 총사원의 동의로 일부사원을 유한책임사원으로 하여 합자회사로 변경할 수 있도록 규정하고 있는데, 기업유지의 이념상 위 조문을 유추적용하여 잔존사원 1인이 스스로를 유한책임사원으로 하고 새로 가입하는 사원을 무한책임사원으로 새로 가입시켜 합자회사로 하는 조직변경도 가능하다고 할 것이다. 이 경우 유한책임사원이 된 자는 조직변경의 본점등기를 하기 전에 생긴 회사채무에 대하여 등기 후 2년 내에는 무한책임사원의 책임을 면하지 못한다고 볼 것이다.

3. 설립이 무효·취소된 경우의 회사계속

회사 설립무효의 판결 또는 설립취소의 판결이 확정된 경우에 그 무효나 취소의 원인이 특정한 사원에 한한 것인 때에는 다른 사원 전원의 동의로써 회사를 계속할 수 있고(상법 제194조 제1항), 그 무효 또는 취소의 원인이 있는 사원은 퇴사한 것으로 본다(제194조 제2항). 이 경우 잔존사원이 1인인 경우에는 새로 사원을 가입시켜서 회사를 계속할 수 있다(제194조 제3항, 제229조 제2항). 상법 제192조에 따라 설립무효 또는 취소의 등기를 한 경우에는 회사의 계속등기를 하여야 한다(제194조 제3항, 제229조 제3항).

4. 파산에 의하여 해산한 경우의 회사계속

파산선고를 받은 회사가 파산폐지의 신청을 하고자 하는 때에는 정관의 변경에 관한 규정에 따라 존속시키는 절차를 밟아야 하고(채무자 회생 및 파산에 관한 법률 제540조), 채무자에 대하여 회생절차가 개시되어 회생계획안이 가결된 때에는 정관의 변경에 관한 규정에 따라 법인을 존속하게 할 수 있다(같은 법 제241조). 이 경우 파산폐지결정 내지 회생계획인가결정에 관한 등기(같은 법 제23조 제1항 제3호, 제5호)를 마친 뒤 상법 제229조 제3항에 따른 회사의 계속등기를 하여야 한다.

Ⅲ. 회사의 계속을 할 수 있는 시기

회사의 계속을 할 수 있는 시기에 관하여 상법 제229조는 아무런 제한을 두

4 주석 상법, 회사편(1)(제5판), 한국사법행정학회(2014), 298(정동윤).

고 있지 않다.

청산절차를 거쳐 잔여재산분배를 마친 후에는 사실상 회사의 계속이 곤란하고 회사를 신설하는 것보다 회사계속을 하는 것이 실익이 있다고는 할 수 없다는 이유로 잔여재산분배가 개시된 때에는 회사계속이 허용될 수 없다는 견해도 있으나, 회사계속의 시기에 관한 상법상 아무런 제약이 없고, 물적회사와 달리 무한책임사원으로 구성된 합명회사의 경우에는 회사계속이 곤란하다고 볼 수 없을 뿐만 아니라 회사를 신설하기 위해서는 영업에 관하여 새로 주무관청의 허가·인가를 받아야 하는 등 설립비용이 추가로 발생하므로 잔여재산의 분배가 개시된 후에도 청산종결의 등기가 있기 전까지는 회사의 계속을 인정하여야 할 것이다.[5]

Ⅳ. 계속등기

회사를 계속하는 경우 이미 해산등기를 하였을 때에는 본점소재지에서는 2주간 내, 지점소재지에서는 3주간 내에 회사의 계속등기를 하여야 한다(상법 제229조 제3항).

해산원인이 발생한 후 해산등기를 하기 전에 회사를 계속하는 경우에도 등기를 통하여 해산 및 회사계속의 경위를 명확히 공시하는 것이 바람직하다는 이유에서 해산등기와 계속등기를 동시에 하여야 한다는 견해가 있으나, 회사에 실질적 변화가 생기지 않았고 이들 등기를 생략하더라도 이해관계인에게 불이익을 가져올 염려가 없으므로 해산등기 및 계속등기를 할 필요가 없다.[6]

한편 설립이 무효·취소된 경우의 회사계속에 대해서는 상법 제192조에 따라 설립무효 또는 취소의 등기를 한 경우에는 회사의 계속등기를 하여야 하고(제194조 제3항, 제229조 제3항), 파산에 의하여 해산한 경우의 회사계속에 대해서는 파산폐지결정 내지 회생계획인가결정에 관한 등기(채무자 회생 및 파산에 관한 법률 제23조 제1항 제3호, 제5호)를 마친 뒤 상법 제229조 제3항에 따른 회사의 계속등기를 하여야 한다.

Ⅴ. 회사계속의 효과

해산된 회사는 회사계속에 따라 해산 전의 상태로 복귀한다. 회사는 해산에

5 주석 상법, 회사편(1)(제5판), 한국사법행정학회(2014), 299(정동윤).
6 주석 상법, 회사편(1)(제5판), 한국사법행정학회(2014), 299(정동윤).

따라 그 권리능력이 청산의 목적범위 내로 축소되었지만, 회사계속에 따라 다시 본래의 권리능력을 회복하고, 해산한 회사와 계속 후의 회사는 동일성을 가진다.

청산인은 그 권한을 잃고 원칙적으로 해산 전의 업무집행기관 및 대표기관은 그 권한을 회복한다. 그러나 회사의 계속은 소급적으로 해산이 없었던 것과 같은 효력이 생기는 것이 아니라 장래에 대하여만 효력이 생기는 것이므로, 해산 후에 청산인이 한 행위는 그 효력을 잃지 않는다.[7]

7 주석 상법, 회사편(1)(제5판), 한국사법행정학회(2014), 299-300(정동윤).

제 230 조 [합병의 결의]

회사가 합병을 함에는 총사원의 동의가 있어야 한다.

[관련조문] 상법 제174조.

[참고문헌] 이철송, 회사법강의(제27판), 박영사(2019); 정찬형, 상법강의(상)(제22판), 박영사(2019); 주석 상법, 회사편(1)(제5판), 한국사법행정학회(2014).

Ⅰ. 본조의 취지

회사의 합병이라 함은 두 개 이상의 회사가 계약에 의하여 신회사를 설립하거나 또는 그 중의 한 회사가 다른 회사를 흡수하고, 소멸회사의 재산과 사원이 신설회사 또는 존속회사에 법정 절차에 따라 이전·수용되는 효과를 가져오는 것이다.[1]

상법은 '제3편 회사 제1장 통칙'에서 회사는 합병을 할 수 있고, 합병을 하는 회사의 일방 또는 쌍방이 주식회사, 유한회사 또는 유한책임회사인 경우에는 합병 후 존속하는 회사나 합병으로 설립되는 회사는 주식회사, 유한회사 또는 유한책임회사이어야 하며, 해산후의 회사는 존립 중의 회사를 존속하는 회사로 하는 경우에 한하여 합병을 할 수 있다(상법 제174조)고 규정하고 있다. 또한 상법은 각 해당 장에서 각 회사의 합병절차에 관하여 규정하고 있는데, 특히 합명회사와 주식회사의 합병절차에 관하여 상세히 규정하고 있다.[2]

합병절차는 대략 합병계약의 체결(당사회사 사이의 절차), 합병결의(대내적 절차), 회사채권자의 보호(대외적 절차), 합병등기(합병의 효력발생요건[3]) 등의 절차로 이루어진다. 인적회사인 합명회사 및 합자회사, 그리고 유한책임회사는 물적회사인 주식회사 및 유한회사와 달리 합병계약서 등의 사전공시(상법 제522조의2, 제603조) 내지 중요서류의 사후공시(제527조의6)를 요하지는 않는다. 합명회사와 합

1 대법원 2003. 2. 11. 선고 2001다14351 판결; 주석 상법, 회사편(1)(제5판), 한국사법행정학회(2014), 144(정동윤).
2 정찬형, 상법강의(상)(제22판), 박영사(2019), 518.
3 정찬형, 상법강의(상)(제22판), 박영사(2019), 518.

자회사와 관련하여 채권자보호를 위한 조치였던 합병 후 대차대조표의 사전작성·비치의무에 관한 규정인 상법 제231조는 실효성이 없다는 이유로 1984. 4. 10. 삭제되었다(☞ 상세내용은 제231조 주석 참조).

제230조는 합명회사가 합병의 당사회사가 된 경우 대내적 절차로서 합병의 승인결의를 하여야 함을 규정하고 있다. 합병은 회사의 조직에 중대한 변경을 가져오기 때문에 회사의 구성원(사원)들과 회사의 채권자에게 중대한 영향을 미치므로 이들의 이익을 보호하기 위한 조치가 필요한데, 제230조는 그 중에서 회사의 구성원인 사원들을 보호하기 위한 배려로서 총사원의 동의를 요구하고 있다.[4] 합자회사와 유한책임회사에도 제230조가 준용되어 합병을 위해서는 총사원의 동의가 필요하나(상법 제269조, 제287조의41), 물적회사인 주식회사에서는 주주총회의 특별결의(제522조)를, 유한회사에서는 사원총회의 특별결의(제598조)를 요구하고 있다. 이러한 각 회사별 합병결의 요건의 차이는 합병과 더불어 해산원인으로 규정된 또 다른 해산원인인 '총사원의 동의' 내지 '특별결의'에 대한 각 회사별 차이와 동일하고, 또한 정관 변경의 결의요건과도 같다. 그리고 어느 한쪽 당사회사에서라도 결의가 이루어지지 않으면 합병은 이루어질 수 없다.[5]

Ⅱ. 합병의 결의

1. 총사원의 동의

합명회사가 합병을 함에는 총사원의 동의가 있어야 한다(상법 제230조). 신설합병이든 흡수합병이든 묻지 아니하고 총사원의 동의를 요한다. 동의의 방식에는 법률상 아무런 제약이 없으므로 서면동의도 가능하고 개별적 동의에 의하는 것도 가능하다.[6]

정관에서 합병의 결의요건을 완화하는 것으로 정할 수 있는지에 대하여는 다툼이 있을 수 있다. 합병결의도 당사회사로서는 회사의 내부관계에 속하는 사항이라는 이유에서 정관으로 완화된 요건, 예를 들어 총사원 과반수의 동의로도 가능하다고 정할 수 있다는 견해가 있으나, 합병은 회사의 기본적 구조를 변경시키는 것으로서 사원의 이해관계에 중대한 영향을 미치는 행위이므로 강행규정으로

4 정찬형, 상법강의(상)(제22판), 박영사(2019), 300.
5 이철송, 회사법강의(제27판), 박영사(2019), 129.
6 주석 상법, 회사편(1)(제5판), 한국사법행정학회(2014), 301(정동윤).

보아 정관으로 결의요건을 완화할 수 없다고 보는 것이 타당하다.[7]

2. 결의사항

총사원의 동의를 요하는 합명회사의 합병결의의 대상은 ①합병 여부 및 ② 합병의 조건이라 할 것이다. 통상 합병결의는 당사회사의 대표가 체결한 합병계약을 승인하는 형식으로 이루어지나, 합병계약이 반드시 합병결의에 선행하여야 하는 것은 아니고, 합병결의가 앞서도 무방하다.[8]

합병결의의 대상인 합병조건의 대표적인 예로는 합병계약의 가장 중요한 요소이기도 한 합병비율 즉 합병 후에 사원이 가지는 지분의 비율을 들 수 있다. 사원의 경제적 이해관계의 핵심이라 할 것이므로 합병결의가 필요하다. 또한 합병계약에서 금전 내지 현물을 지급하는 경우에는 그 구체적 내용이 합병조건으로서 결의대상이 된다 할 것이고, 합병기일 등도 이에 해당한다. 존속회사인 합명회사는 그 회사의 정관의 절대적 기재사항 중 해산회사의 사원을 수용하는 데 필요한 변경사항을 결의할 것이 필요하고, 신설합병의 경우에는 신설회사의 정관의 절대적 기재사항 중 중요한 것에 관하여도 총사원의 동의가 필요하다.[9]

7 주석 상법, 회사편(1)(제5판), 한국사법행정학회(2014), 301(정동윤).
8 주석 상법, 회사편(1)(제5판), 한국사법행정학회(2014), 301(정동윤).
9 주석 상법, 회사편(1)(제5판), 한국사법행정학회(2014), 301(정동윤).

<1984. 4. 10. 본조삭제>

제 231 조 [재산목록, 대차대조표의 작성]
회사가 합병결의를 한 때에는 그 결의가 있은 날로부터 2주간내에 재산목록과 대차대조표를 작성하여야 한다.

상법 제231조는 1984. 4. 10.의 개정 상법에서 전문이 삭제되었다. 개정이유는 다음과 같다.[1]

제231조를 삭제한 이유는 합병결의 후에 이러한 서류를 작성하는 것은 실익이 없기 때문이다. 이 규정은 채권자이의절차(상법 제232조)와 더불어 원래 회사채권자의 보호를 위한 것이었으나, 작성만 요구하고 비치·공시를 요구하지는 않고 있었기 때문에 회사채권자가 이를 알 수 있는 방법이 없었으며, 또 채권자로서는 합병에 대한 이의의 여부를 결정하기 위한 판단을 함에는 합병의 상대방회사의 자산상태도 파악할 필요가 있음에도 이에 관한 배려도 하지 않고 있었다. 이러한 점에서 본조는 회사채권자의 이익보호를 위한 규정이라는 면에서는 실익이 없는 규정이라는 비판을 받아 왔다.[2] 뿐만 아니라 합병결의 후 2주간 내에 이러한 서류를 작성한다는 것은 실제에 있어서 어려운 일이다. 개정 상법이 제231조를 삭제한 것은 위와 같은 사정에서 연유한 것이다. 제231조의 규정은 합자회사 뿐만 아니라(상법 제269조) 주식회사(제530조 제1항) 및 유한회사(제603조)의 합병의 경우에도 준용되고 있었으나 개정법에서 제231조가 삭제됨으로써 모든 종류의 회사의 합병에서 재산목록과 대차대조표의 작성의무가 면제되는 셈이다. 또 제231조의 규정은 주식회사와 유한회사간의 조직변경의 경우에도 준용되고 있으나(제608조), 개정법에서 삭제됨으로써 주주총회 또는 사원총회에서의 사원전원의 일치에 의한 조직변경결의(제604조 제1항, 제607조 제1항)가 있은 후 재산목록과 대차대조표의 작성을 할 필요가 없게 되었다. 이 밖에 본조의 규정은 주식회사와 유한회사의 자본감소에도 준용되고 있으나(제439조 제2항, 제597조), 이 경우에도 작성의무가 없어지게 되었다.

1 손주찬, 개정상법 축조해설(1984), 34-36 참조.
2 학설판례 주석상법(上), 한국사법행정학회(1977), 650-651.

개정법은 제231조를 삭제하는 대신에 주식회사와 유한회사의 경우에는 대차대조표의 합병 전 작성·비치의무에 관한 규정을 신설하였다. 즉 이사는 합병승인을 위한 주주총회(상법 제522조 제1항) 또는 사원총회(제598조)의 회일의 2주간 전부터 합병을 위한 각 회사의 대차대조표를 본점에 비치하여야 하고(제522조의2 제1항, 제603조), 주주 또는 사원과 회사채권자는 영업시간 내에는 언제든지 위 대차대조표의 열람을 청구하거나 그 등본 또는 초본의 교부를 청구할 수 있다(제522조의2 제2항, 제603조)고 규정하였다. 이 규정에 의하여 주주 또는 사원은 총회에서의 합병승인결의가 있기 전에 미리 당사회사의 자산상태를 파악하여 합병의 승인 여부를 판단할 수 있게 되고, 회사채권자로서도 합병에 대한 이의의 여부를 미리 판단·결정할 수 있게 되었다.

그러나 합명회사와 합자회사의 합병의 경우에는 대차대조표의 사전작성·비치의무에 관한 규정을 두지 않고 있다. 이것은 인적회사의 경우에는 합병을 하려면 총사원의 동의가 요구되고(상법 제230조, 제269조), 사원의 책임의 엄격성에서 사원의 수가 많을 수가 없으므로, 각 사원은 대차대조표의 사전작성·비치의무규정이 없더라도 합병에 대한 동의 여부를 판단할 만한 위치에 있다고 볼 수 있고, 또 인적회사의 경우에는 사원이 회사채권자에 대하여 직접·연대·무한의 책임을 지므로 대외적인 책임이 엄격하기 때문에 합병의 경우에 특히 회사채권자를 보호하기 위한 조치를 강구할 필요는 없다고 보기 때문이다.

제 232 조 [채권자의 이의]

① 회사는 합병의 결의가 있은 날부터 2주내에 회사채권자에 대하여 합병에 이의가 있으면 일정한 기간내에 이를 제출할 것을 공고하고 알고 있는 채권자에 대하여는 따로따로 이를 최고하여야 한다. 이 경우 그 기간은 1월 이상이어야 한다. <개정 1984.4.10, 1998.12.28>

② 채권자가 제1항의 기간내에 이의를 제출하지 아니한 때에는 합병을 승인한 것으로 본다. <개정 1984.4.10>

③ 이의를 제출한 채권자가 있는 때에는 회사는 그 채권자에 대하여 변제 또는 상당한 담보를 제공하거나 이를 목적으로 하여 상당한 재산을 신탁회사에 신탁하여야 한다.

[관련조문] 상법 제174조, 제230조, 제236조, 제635조 제1항 제14호, 상업등기규칙 제111조.

[참고문헌] 이철송, 회사법강의(제27판), 박영사(2019); 정찬형, 상법강의(상)(제22판), 박영사(2019); 주석상법, 회사편(1)(제5판), 한국사법행정학회(2014); 上柳克郎·鴻常夫·竹内昭夫 編, 新版 注釋會社法(1), 有斐閣(1985).

Ⅰ. 본조의 취지

합병절차는 대략 합병계약의 체결(당사회사 사이의 절차), 합병결의(대내적 절차), 회사채권자의 보호(대외적 절차), 합병등기(합병의 효력발생요건[1]) 등의 절차로 이루어진다. 합병은 회사의 법인격 소멸 내지 회사의 기본적 구조에 변경을 가져오는 중요한 사항이므로 회사의 구성원인 사원은 물론 회사채권자에게 중대한 영향을 미치므로, 사원과 회사채권자의 보호를 위한 조치가 필요하다. 제232조는 그 중에서 합명회사의 합병에 있어서의 채권자보호절차로서 채권자이의에 관하여 규

1 정찬형, 상법강의(상)(제22판), 박영사(2019), 518.

정하고 있다.

회사채권자의 관점에서는, 합명회사의 합병의 경우에는 사원이 회사채권자에 대하여 직접·연대·무한의 책임을 지기 때문에 물적회사나 유한책임회사의 합병과 비교하여 회사채권자의 보호를 위한 절차의 필요성이 적다고 할 수 있으나 합명회사의 회사재산은 회사채권에 대한 제1차적 담보가 되기 때문에(상법 제212조 제1항), 여전히 합병절차에서 회사채권자의 보호의 필요성은 크다고 할 것이다. 특히 합명회사의 합병에 있어서 상대방 회사가 주식회사, 유한회사 또는 유한책임회사인 경우에는 합병 후 존속하는 회사나 합병으로 설립되는 회사는 주식회사, 유한회사 또는 유한책임회사이어야 하므로(제174조 제2항), 회사채권자 보호의 필요성이 크다 할 것이다. 이와 같은 이유로 제232조에서는 회사채권자의 이익을 보호하기 위하여 채권자의 이의에 관한 규정을 두고 있다. 제232조는 회사채권자를 보호하기 위한 대외적 관계에 관한 규정으로서 강행규정이다.[2]

제232조의 채권자이의절차는 ①합자회사(상법 제269조), 유한책임회사(제287조의41), 주식회사(제527조의5 제1항은 제232조 제1항과 유사하게 규정되어 있고, 제3항은 제232조 제2항, 제3항을 준용한다) 및 유한회사(제603조)의 합병에 준용되고, ②합명회사(제247조) 및 합자회사(제269조)의 임의청산, ③주식회사(제439조 제2항) 및 유한회사(제597조)의 자본감소, ④주식회사와 유한회사간의 조직변경(제608조)에도 각각 준용되고 있다.

Ⅱ. 회사채권자에 대한 공고와 최고

1. 공고의 방법

합명회사는 합병의 결의가 있은 날로부터 2주 내에 회사채권자에 대하여 합병에 이의가 있으면 1개월 이상의 일정한 기간 내에 이를 제출할 것을 공고하여야 한다(상법 제232조 제1항). 합병결의는 회사 내부의 의사결정이어서 회사채권자로서는 이를 알기 어렵고 또한 회사가 알지 못하는 채권자에 대하여도 이를 알릴 필요가 있기 때문이다.

상법 제232조에 따른 공고는 회사채권자를 대상으로 한 것이므로 정관 소정의 공고방법에 따르지 않고 등기소가 하는 등기사항의 공고와 동일한 방법에 따

2 주석 상법, 회사편(1)(제5판), 한국사법행정학회(2014), 304(정동윤).

른다는 견해가 있으나, 법률상 제232조에 따른 공고의 방식에 관한 제약이 없기 때문에 자유로운 방식으로 공고를 하면 족하다 할 것이다. 다만 주식회사(제289조 제1항 제7호)와 달리 합명회사의 경우에는 '회사가 공고를 하는 방법'이 정관의 절대적 기재사항(제179조)이 아니나 회사채권자들의 보호를 위하여 정관에 임의적 기재사항으로 정관에 미리 규정하는 것이 바람직하다. 또한 공고의 횟수에 관하여도 제약이 없으므로 1회만 공고하면 족하나, 반복하여 공고하여도 상관이 없다.[3]

2. 알고 있는 채권자에 대한 최고의 방법

합명회사는 합병의 결의가 있은 날부터 2주 내에 알고 있는 채권자에 대하여 합병에 이의가 있으면 1개월 이상의 일정한 기간 내에 이를 제출할 것을 각별로 최고하여야 한다(상법 제232조 제1항). 회사는 합병결의가 있은 날로부터 2주 내에 최고가 채권자에게 도달하는 것을 요하는 것이 아니라 발송하면 족하나, 채권자에게 반드시 도달하여야만 한다. 알고 있는 채권자에게 이의제출의 최고를 하였다는 것은 회사가 증명하여야 하나, 회사가 최고기간 내에 최고를 발송하였음을 증명하면 그로써 상당한 시기에 채권자에게 도달한 것으로 추정된다.[4]

3. 공고 및 최고의 내용

제232조의 취지가 합병절차에서의 회사채권자 보호이므로, 제232조에 따른 공고 및 최고는 회사채권자가 합병에 대한 이의를 할 수 있음을 명확히 표시하여야 할 것이다. 제232조에서는 이의기간을 최소한 1월 이상으로 정하도록 하여 충분한 기간을 보장하도록 하고 있다(상법 제232조 제1항 후문). 공고기간의 계산은 공고일로부터 기산하게 된다. 최고의 경우에도 발송일로부터 기산하여야 할 것이나, 공고와 달리 각 채권자별로 도달일이 다를 수 있으므로, 사무처리의 통일성을 꾀하기 위하여 최소기간인 1개월에 도달에 소요되는 최장의 예상기간을 더하여 이를 종기로 정하는 것을 고려해 볼 수 있다.[5]

실무적으로는 "甲·乙 회사 간에 합병승인결의가 성립하여 甲이 존속하고 乙이 해산하게 되었으므로 이의 있는 채권자는 ○년 ○월 ○일까지 이의를 제출하

3 주석 상법, 회사편(1)(제5판), 한국사법행정학회(2014), 304-305(정동윤).
4 上柳克郎·鴻常夫·竹内昭夫 編, 新版 注釋會社法(1), 有斐閣(1985), 390頁; 주석 상법, 회사편(1)(제5판), 한국사법행정학회(2014), 305(정동윤).
5 주석 상법, 회사편(1)(제5판), 한국사법행정학회(2014), 306(정동윤).

기 바랍니다."라는 내용으로 공고 내지 최고를 하고, 그 외에도 합병의 취지, 합병 후의 사업의 방침 등을 기재하기도 한다. 입법론으로는 공고 및 최고를 함에 있어 위와 같은 합병에 대한 회사채권자의 이의기회 및 이의기간을 기재하는 외에 이의여부의 판단기초를 제공하기 위하여 합병의 목적, 합병조건, 합병 후의 사업방침 등 합병의 개요를 기재하도록 하는 것이 바람직하다.[6]

4. 최고의 대상인 회사채권자의 범위

회사는 합병의 결의가 있은 날부터 2주 내에 회사채권자에 대하여 합병에 이의가 있으면 일정한 기간 내에 이를 제출할 것을 알고 있는 채권자에 대하여 따로따로 이를 최고하여야 한다(상법 제232조 제1항 전문).

회사가 최고를 하여야 하는 '알고 있는 채권자'는 법률에 특별히 규정되어 있지는 않지만 문언의 의미에 비추어 볼 때 '채권자가 누구인지, 그 채권이 어떠한 원인에 기한 채권인지가 대체로 회사에 알려져 있는 경우의 채권자'를 의미한다고 할 것이다.[7]

채권이 확정되지는 않았으나 소송을 통해 회사가 채권의 존재를 다투고 있는 경우에도 소송자료 기타의 사정을 조사한 이상 회사가 알고 있는 채권자로 인정될 수 있다. 반면 채권이 객관적으로 존재하더라도 최고하여야 할 기간인 합병의 결의가 있은 날로부터 2주 내에 회사에 알려져 있지 않았다면 회사가 알고 있는 채권자라고 볼 수는 없고, 또 위 기간 내에 채권자가 된 자가 합병사실을 알고 채권을 취득하였다면 알고 있는 채권자에 포함될 수 없다고 볼 것이다.[8] 다만 위와 같이 '회사가 알고 있는 채권자로 볼 수 없는 채권자'에 대하여 회사가 최고를 할 필요는 없다 할지라도, 위 채권자들은 이의기간 전이라면 합병에 대한 이의를 할 수 있다고 보아야 한다.[9]

채권발생의 원인 내지 채권의 성질에 대하여도 법률상 별다른 제한은 없다. 금전채권은 당연히 최고의 대상이 된다 할 것이고, 비금전채권에 있어서 그 채무불이행의 경우 손해배상액이 예정되어 있거나 변제를 확보하기 위하여 제공하여

6 주석 상법, 회사편(1)(제5판), 한국사법행정학회(2014), 305-306(정동윤).
7 주석 상법, 회사편(1)(제5판), 한국사법행정학회(2014), 306(정동윤).
8 上柳克郎·鴻常夫·竹内昭夫 編, 新版 注釋會社法(1), 有斐閣(1985), 397頁; 주석 상법, 회사편(1)(제5판), 한국사법행정학회(2014), 306(정동윤).
9 이철송, 회사법강의(제27판), 박영사(2019), 129.

야 할 담보의 액이 명확히 정해질 수 있는 채권이라면 그 채권자에 대하여는 최고를 하여야 할 것이다.[10] 다만 비금전채권의 경우 채무의 성질상 즉시 변제하는 것이 불가능하고, 채무불이행의 경우에 부담하여야 할 손해배상액의 예측이 곤란하다면 상당한 담보 또는 상당한 재산의 신탁이 어느 정도인지를 판단하기가 어렵기 때문에 최고의 대상으로 보기 어렵고 또 이의도 할 수 없다고 보아야 할 것이다.[11] 이에 대하여 금전채권이 아닌 채권도 합병에 의해 이행이 어려워질 수 있으므로 이의제기가 가능하다고 보는 견해[12]도 있다.

한편 금전채권의 경우에도 무기명회사채의 사채권자, 회사의 보증인 등은 최고의 대상이 아니라고 보고, 또 담보권이 설정된 채권의 경우 그 담보가 채권을 변제하기에 충분한 때에는 합병에 대하여 이의를 제출할 실익이 없기 때문에 최고를 할 필요가 없다고 보는 견해도 있다.[13]

Ⅲ. 채권자의 이의제출

1. 이의를 제출할 수 있는 채권자

최고의 대상이 되는 채권자는 이의제출기간 내에 이의를 할 수 있다. 또한 최고를 받지 못한 채권자라 하더라도 이의기간 전에 발생한 채권이라면 이의제출기간 내에 이의를 할 수 있다고 볼 것이다. 다만 합병사실을 알고 채권을 취득한 채권자라면 이의를 할 수 없다고 보아야 할 것이다.

비금전채권의 경우 손해배상액이 예정되어 있거나 담보제공의 액수를 명확히 결정할 수 있는 채권이라면 그 채권자는 이의를 제기할 수 있다는 점에 대해서는 이견이 없으나, 그렇지 못한 경우는 견해가 나뉘는 듯하다(☞ 위 Ⅱ. 4. 최고의 대상인 회사채권자의 범위 참조).

2. 이의제출의 방법

이의제출의 방법에 관하여는 법률상 특별한 제한이 없으므로 구두제출 내지

10 上柳克郎·鴻常夫·竹内昭夫 編, 新版 注釋會社法(1), 有斐閣(1985), 399頁; 주석 상법, 회사편(1)(제5판), 한국사법행정학회(2014), 307(정동윤).

11 주석 상법, 회사편(1)(제5판), 한국사법행정학회(2014), 307(정동윤).

12 이철송, 회사법강의(제27판), 박영사(2019), 129.

13 上柳克郎·鴻常夫·竹内昭夫 編, 新版 注釋會社法(1), 有斐閣(1985), 400-404; 주석 상법, 회사편(1)(제5판), 한국사법행정학회(2014), 307(정동윤).

서면제출로도 가능하다. 실무적으로는 배달증명부 내용증명우편에 의하는 듯하다. 합병 자체에 이의가 있다는 것뿐만 아니라 합병에는 이의가 없으나 합병의 조건에 이의가 있다는 것도 가능하다.[14]

3. 이의제출의 기간

회사가 이의제출에 관한 공고 내지 최고를 할 때에는 이의제출기간을 기재하여야 하고, 이 경우 그 기간은 1월 이상이어야 한다(상법 제232조 제1항). 회사가 최고를 한 채권자는 최고에 기재된 이의제출기간 내에 이의하여야 하고, 최고를 받지 못한 채권자라면 공고에 기재된 이의제출기간 내에 이의하여야 한다. 그리고 회사채권자의 이의는 위 기간 내 회사에 도달하여야 한다. 회사가 이의제출의 공고 내지 최고를 하기 전에 이미 채권자가 회사에 이의제출을 한 경우에도 합병결의가 있은 후에 한 것이라면 유효하다고 본다. 다만 회사는 위 채권자에 대하여는 최고할 필요가 없다.[15]

4. 이의를 제출하지 않은 경우의 효과

채권자가 공고 내지 최고에 기재한 이의제출기간 내에 이의를 제출하지 아니한 때에는 합병을 승인한 것으로 본다(상법 제232조 제2항). 회사채권자 중 합병을 승인하지 아니한 회사채권자에 한하여 합병무효의 소를 제기할 수 있으므로 이의를 제출하지 않은 채권자는 합병무효의 소를 제기할 수 없다(제236조 제1항). 이의를 제출하지 않은 이유는 묻지 아니한다.[16]

그러나 최고의 대상이 되는 채권자임에도 회사가 최고를 하지 않은 경우에는 위와 같은 효력이 발생하지 않는다고 볼 것이다. 이와 같은 경우에는 그 채권자가 이의제출의 공고를 통하여 합병절차가 진행 중이라는 것을 알았다고 하더라도 당연히 이의제출의 권리를 포기한 것으로 볼 수는 없고, 다만 채권자가 최고의 부재를 근거로 하여 부당한 목적으로 합병무효의 소를 제기하였다면 소는 정당한 이익이 없는 것으로서 각하되어야 할 것이다. 또한 위와 같은 부당한 목적은 없다 하더라도, 합병의 진행 내지 이의제출의 공고를 알았으면서도 이의를 제출하지 아니하고, 나아가 합병 후의 존속회사로부터 이의 없이 채무 일부의 변제를 수령

14 주석 상법, 회사편(1)(제5판), 한국사법행정학회(2014), 308(정동윤).
15 주석 상법, 회사편(1)(제5판), 한국사법행정학회(2014), 308(정동윤).
16 주석 상법, 회사편(1)(제5판), 한국사법행정학회(2014), 308(정동윤).

하였음에도 합병무효의 소를 제기한 경우라면 이의제출권을 포기한 것으로 보아도 무방하다.[17] 위와 같은 합병무효의 소가 제기된 경우 회사가 악의임을 소명하여 청구하면 법원은 상당한 담보를 제공할 것을 명할 수 있고(제237조, 제176조 제3항, 제4항), 또한 합병무효의 소를 제기한 자가 패소한 경우 악의 또는 중대한 과실이 있는 때에는 회사에 대하여 연대하여 손해를 배상할 책임이 있다(제240조, 제191조).

Ⅳ. 이의한 채권자에 대한 조치

1. 서설

이의를 제출한 채권자가 있는 때에는 회사는 그 채권자에 대하여 변제 또는 상당한 담보를 제공하거나 이를 목적으로 하여 상당한 재산을 신탁회사에 신탁하여야 한다(상법 제232조 제3항). 합병으로 인한 변경등기를 신청하는 경우에는 '소멸회사의 총사원의 동의가 있음을 증명하는 정보'뿐만 아니라 '본조에 따른 공고 및 최고를 한 사실과 이의를 진술한 채권자가 있는 때에는 이에 대하여 변제 또는 담보를 제공하거나 신탁을 한 사실을 증명하는 정보'를 제공하여야 한다(상업등기규칙 제111조).

2. 변제

이의를 제출한 채권자가 있는 때에 변제기가 도래한 채권에 대하여는 당연히 변제하여야 한다. 변제기가 도래하지 않은 채권자에 대하여는 상당한 담보를 제공하든가 상당한 재산을 신탁하여야 하나, 회사가 기한의 이익을 포기하고 변제하여도 무방하다(민법 제153조 제2항).

3. 상당한 담보 또는 상당한 재산의 신탁

이의를 제출한 채권자가 있는 때에 변제기가 도래하지 않은 채권에 관하여는 원칙적으로 상당한 담보를 제공하거나 이를 목적으로 하여 상당한 재산을 신탁회사에 신탁하여야 한다. 법률상 제공할 수 있는 담보나 신탁재산에 관하여 특별한 제한이 없으므로, 저당권이나 질권뿐만 아니라 양도담보 등도 가능하다. 회사가

17 上柳克郎·鴻常夫·竹内昭夫 編, 新版 注釋會社法(1), 有斐閣(1985), 409-410頁; 주석 상법, 회사편(1)(제5판), 한국사법행정학회(2014), 308-309(정동윤).

적법하고 상당한 담보를 제공하였음에도 채권자가 이를 거절하였다면 합병을 승인한 채권자로 보아야 할 것이다. 또한 회사는 이의를 제출한 채권자에 대하여 상당한 재산을 신탁할 수도 있다. 재산의 신탁은 신탁회사에 하도록 규정되어 있다(상법 제232조 제3항). 신탁할 수 있는 재산은 금전이 보통일 것이나, 유가증권·동산 등도 가능하다.[18]

담보로서 제공하거나 신탁하는 재산은 '상당한 재산'이어야 하는데, 이는 그 채권을 변제하기에 족한 재산을 의미하는 것으로 보아야 한다.[19]

V. 채권자보호절차 위반의 효과

상법 제232조에 따른 합병에 대한 회사채권자의 보호절차를 이행하지 않은 경우라면 합병무효의 소의 원인이 된다.[20] 즉 회사가 이의제출의 공고 내지 최고를 하지 않았거나, 이의를 제출한 채권자에 대하여 변제 등의 조치를 하지 않은 경우에 회사채권자는 합병무효의 소를 제기할 수 있다. 합병무효의 소를 제기할 수 있는 회사채권자는 합병을 승인하지 아니한 채권자로서 합병에 대하여 적법하게 이의를 제출한 채권자와 회사가 알고 있는 채권자임에도 불구하고 최고를 받지 못한 채권자이다.[21]

한편 업무집행사원이 상법 제232조에 따른 회사채권자보호절차를 이행하지 않는다면 500만 원 이하의 과태료를 부과한다(제635조 제1항 제14호).

18 주석 상법, 회사편(1)(제5판), 한국사법행정학회(2014), 309(정동윤).
19 주석 상법, 회사편(1)(제5판), 한국사법행정학회(2014), 310(정동윤).
20 주석 상법, 회사편(1)(제5판), 한국사법행정학회(2014), 310(정동윤); 정찬형, 상법강의(상)(제22판), 박영사(2019), 517; 이철송, 회사법강의(제27판), 박영사(2019), 130.
21 주석 상법, 회사편(1)(제5판), 한국사법행정학회(2014), 310(정동윤).

제 233 조 [합병의 등기]

회사가 합병을 한 때에는 본점소재지에서는 2주간 내, 지점소재지에서는 3주간 내에 합병후 존속하는 회사의 변경등기, 합병으로 인하여 소멸하는 회사의 해산등기, 합병으로 인하여 설립되는 회사의 설립등기를 하여야 한다.

[관련조문] 상법 제232조, 제234조, 제635조 제1항 제1호, 상업등기법 제62조, 제63조, 상업등기규칙 제111조, 제112조.

[참고문헌] 정찬형, 상법강의(상)(제22판), 박영사(2019); 주석 상법, 회사편(1)(제5판), 한국사법행정학회(2014).

Ⅰ. 본조의 취지

상법 제233조는 합명회사의 합병등기에 관한 규정이다.

회사의 합병은 회사의 기본적 사항에 관한 중대한 변경으로서 이해관계인에게 중대한 영향을 미치므로 이를 공시하여야 할 필요가 크다.[1] 뿐만 아니라 합병의 효력은 합병 후 존속하는 회사 또는 합병으로 인하여 설립되는 회사가 그 본점소재지에서 등기를 함으로써 그 효력이 생긴다(상법 제234조). 따라서 제233조는 일정한 기간 내에 합병의 등기로서 존속회사의 변경등기, 소멸회사의 해산등기, 그리고 신설회사의 설립등기를 하도록 규정하였다. 합병의 등기를 해태한 경우에는 500만 원 이하의 과태료의 제재가 있다(제635조 제1항 제1호).

Ⅱ. 등기기간

회사가 합병을 한 때에는 본점소재지에서는 2주간 내, 지점소재지에서는 3주간 내에 등기를 하여야 한다.

합병등기의 기산일과 관련하여, 물적회사에 대하여는 명문의 규정(상법 제528조 제1항, 제602조)이 있는 것과 달리 합명회사(제233조 참조)와 합자회사(제269조 참조) 및 유한책임회사(제287조의41, 제233조 참조)에 대하여는 규정이 없는 듯하다. 제233조에서 '합병을 한 때'로서 등기의 기산일로 보아야 하는 날은 사실상 합병

1 주석 상법, 회사편(1)(제5판), 한국사법행정학회(2014), 312-313(정동윤).

을 실행한 날(합병기일)로 보아야 할 것이고,[2] 따라서 합병결의를 한 때가 아니라 채권자보호절차 기타 합병에 필요한 절차를 종료한 때로부터 진행한다고 볼 것이다. 다만 합병에 관하여 관청의 허가 또는 인가를 요하는 것에 관하여는 그 서류가 도달한 날로부터 등기기간을 기산한다(제177조).[3]

Ⅲ. 등기절차

합병으로 인한 변경 또는 설립등기를 할 때에는 합병으로 소멸하는 회사(소멸회사)의 상호·본점과 합병을 한 뜻도 함께 등기하여야 하고, 이 경우 지점 소재지에서 합병으로 인한 변경등기를 할 때에는 합병 연월일도 등기하여야 한다(상업등기법 제62조 제1항).

합병으로 인한 변경등기를 신청하는 경우에는, ①소멸회사의 총사원의 동의가 있음을 증명하는 정보와 ②상법 제232조(채권자의 이의) 제1항에 따른 공고 및 최고를 한 사실과 이의를 진술한 채권자가 있는 때에는 이에 대하여 변제 또는 담보를 제공하거나 신탁을 한 사실을 증명하는 정보를 제공하여야 한다(상업등기규칙 제111조). 합병으로 인한 설립등기를 신청하는 경우에는 ①정관, ②설립위원의 자격을 증명하는 정보, ③소멸회사의 총사원의 동의가 있음을 증명하는 정보 및 ④상법 제232조(채권자의 이의) 제1항에 따른 공고 및 최고를 한 사실과 이의를 진술한 채권자가 있는 때에는 이에 대하여 변제 또는 담보를 제공하거나 신탁을 한 사실을 증명하는 정보를 제공하여야 한다(상업등기규칙 제112조).

합병으로 인한 해산등기를 할 때에는 합병 후 존속하는 회사(존속회사) 또는 합병으로 설립하는 회사(신설회사) 및 소멸회사의 상호·본점과 합병을 한 뜻 및 그 연월일도 함께 등기하여야 한다(상업등기법 제62조 제2항). 그리고 합병으로 인한 해산등기는 존속회사 또는 신설회사의 대표자가 소멸회사를 대표하여 신청하고, 본점 소재지에서 하는 위 등기신청은 그 등기소의 관할구역 내에 존속회사 또는 신설회사의 본점이 없을 때에는 그 본점 소재지를 관할하는 등기소를 거쳐야 하며, 본점 소재지에서 하는 합병으로 인한 변경 또는 설립등기의 신청과 위 해산등기의 신청은 존속회사 또는 신설회사의 본점 소재지를 관할하는 등기소에 동시에 하여야 한다(상업등기법 제63조).

2 주석 상법, 회사편(1)(제5판), 한국사법행정학회(2014), 313(정동윤); 정찬형, 상법강의(상)(제22판), 박영사(2019), 518; 송옥렬, 상법강의(제9판), 홍문사(2019), 1237.

3 주석 상법, 회사편(1)(제5판), 한국사법행정학회(2014), 311(정동윤).

제 234 조 [합병의 효력발생]

회사의 합병은 합병후 존속하는 회사 또는 합병으로 인하여 설립되는 회사가 그 본점소재지에서 전조의 등기를 함으로써 그 효력이 생긴다.

[관련조문] 상법 제233조, 제235조.

[참고문헌] 정찬형, 상법강의(상)(제22판), 박영사(2019); 주석 상법, 회사편(1)(제5판), 한국사법행정학회(2014).

Ⅰ. 본조의 취지

상법 제234조에서는 합병의 효력발생의 시기를 규정하고 있다.

합병은 회사의 기본적 구조에 변경을 가져오는 사항으로 회사의 이해관계인에게 중대한 영향을 미치기 때문에 합병의 효력발생시기를 획일적으로 명확하게 함과 동시에 제3자에 대하여도 그 효력을 대항할 수 있도록 하는 것이 필요하다.[1] 제234조에서는 이러한 취지를 고려하여 회사의 합병은 본점소재지에서 합병등기를 함으로써 그 효력이 생긴다고 규정하였고, 이는 단순한 대항요건이 아니라 효력발생요건이라 할 것이다.[2] 제234조는 합자회사(상법 제269조), 유한책임회사(제287조의41), 주식회사(제530조 제2항) 및 유한회사(제603조)의 합병에도 준용된다.

Ⅱ. 합병의 효력발생시기

합병절차를 진행하여 사실상 합병을 실행한 때 내지 합병절차가 실질적으로 종료한 때가 도래하는데, 통상은 이러한 시기를 합명회사의 합병기일이라 한다. 합병기일에 소멸회사의 재산은 사실상 존속회사 또는 신설회사에 인계되고 사원도 수용되는 등 당사회사는 실질적으로 합체하게 된다. 상법 제233조에서 규정된 '합병을 한 때'는 합병등기(해산등기, 변경등기, 설립등기)의 기산점이라 할 것인데, 여기서 '합병을 한 때'를 합병기일로 본다.

그러나 합병은 하나의 계약이행을 예정하는 것이 아니라 집합적 재산이전, 사원의 수용 등의 다양한 법률관계의 이행을 전제로 하는 것으로서, 권리의무의

1 주석 상법, 회사편(1)(제5판), 한국사법행정학회(2014), 312-313(정동윤).

2 정찬형, 상법강의(상)(제22판), 박영사(2019), 518; 송옥렬, 상법강의(제9판), 홍문사(2019), 1238.

포괄적 이전을 발생시키는 행위라 할 것이므로, 합병기일에 사실상 합병절차가 완료되었다 하더라도 합병의 효력발생시기를 획일적으로 정하는 것이 바람직하다. 이러한 이유에서 제234조에서는 존속회사의 변경등기 내지 신설회사의 설립등기를 함으로써 합병기일까지 사실상 완료된 법률관계를 법률상 획일적으로 정리하도록 하고 있다. 합병의 효력은 흡수합병의 경우에는 존속회사의 변경등기를 한 때에, 신설합병은 신설회사의 설립등기를 한 때에 발생하고, 소멸회사의 해산등기는 이와 무관하다. 합병의 효력이 발생하면 그때까지 실질적으로는 존속회사 또는 설립 중의 회사의 사원으로 되어 있지만 형식적으로는 아직 해산회사의 사원이었던 자는 합병등기에 의하여 실질적·형식적으로 존속회사 또는 신설회사의 사원으로 되고, 마찬가지로 해산회사는 소멸되며 해산회사의 권리의무는 존속회사 또는 신설회사의 권리의무로 된다.[3]

3 주석 상법, 회사편(1)(제5판), 한국사법행정학회(2014), 313(정동윤).

제 235 조 [합병의 효과]

합병후 존속한 회사 또는 합병으로 인하여 설립된 회사는 합병으로 인하여 소멸된 회사의 권리의무를 승계한다.

[관련조문] 상법 제227조, 제233조, 제234조.

[참고문헌] 이철송, 회사법강의(제27판), 박영사(2019); 정찬형, 상법강의(상)(제22판), 박영사(2019); 주석상법, 회사편(1)(제5판), 한국사법행정학회(2014); 김교창, "회사의 합병과 근로자의 지위", 한일변호사협의회지(한일변호사회 편) vol. 13호(1994년 11월호); 김기영, "기업합병시 회사의 퇴직금지급규정에 관하여", 노동법률(중앙경제사 편) 38호(1994년 7월호); 김지형, "회사의 합병에 따른 근로관계의 승계와 취업규칙상 퇴직금규정의 적용", 인권과 정의(1994년 6월호), 214호; 上柳克郎·鴻常夫·竹內昭夫 編, 新版 注釋會社法(1), 有斐閣(1985).

Ⅰ. 본조의 취지

상법 제235조는 합병의 효과에 관한 규정이다.

회사의 합병이라 함은 두 개 이상의 회사가 계약에 의하여 신회사를 설립하거나 또는 그 중의 한 회사가 다른 회사를 흡수하고, 소멸회사의 재산과 사원이 신설회사 또는 존속회사에 법정 절차에 따라 이전·수용되는 효과를 가져오는 것이다.[1] 이러한 합병은 상법 제234조에 따라 본점소재지에서의 합병등기, 즉 존속회사의 변경등기 내지 신설회사의 설립등기가 이루어진 때에 그 효력이 발생하고, 그때 제235조에 따라 소멸회사의 권리의무가 존속회사 또는 신설회사에 승계된다.

합병에 의하여 ①당사회사의 전부 또는 일부가 소멸(해산)하고, 존속회사의 정관이 변경되거나 신설회사가 설립되며, ②소멸회사(해산회사)의 사원은 원칙적으로 존속회사 내지 신설회사에 수용되고, ③소멸회사(해산회사)의 권리의무가 당연히 존속회사 내지 신설회사에 포괄적으로 승계되고,[2] 또한 ④소송당사자인 회

1 대법원 2003. 2. 11. 선고 2001다14351 판결.
2 주석 상법, 회사편(1)(제5판), 한국사법행정학회(2014), 314(정동윤).

사가 합병에 의하여 소멸한 때에는 소송절차가 중단되고, 존속회사 또는 신설회사가 이를 수계하여야 한다(민사소송법 제234조). 제235조는 합자회사(상법 제269조), 유한책임회사(제287조의41), 주식회사(제530조 제2항), 유한회사(제603조)에도 준용된다.

Ⅱ. 회사의 소멸(해산), 존속회사의 변경 내지 신설회사의 설립

합병은 회사의 해산원인이 된다(상법 제227조). 따라서 존속회사의 변경등기 내지 신설회사의 설립등기가 됨으로써 합병의 효력이 발생하면 흡수합병의 경우에는 존속회사를 제외한 당사회사가 소멸(해산)되고, 신설합병의 경우에는 당사회사의 전부가 소멸(해산)된다. 다른 해산원인과 달리 합병의 경우 해산되는 회사는 청산절차를 거치지 않고 곧바로 소멸하는데(제250조),[3] 여기에서 소멸한다고 하는 것은 해산등기에 의하여 회사법인격이 소멸한 것으로 취급되는 현상을 가리키는 것이지 회사의 실체가 없어진다는 뜻은 아니다. 즉 합병으로 소멸한 것처럼 보이는 회사의 실체는 합병 후 존속하거나 신설되는 회사로 이행(aufgehen)하는 것이다.[4]

합병의 결과 흡수합병의 경우에는 존속회사의 정관이 변경되고, 신설합병의 경우에는 신회사가 설립된다.

Ⅲ. 사원의 수용

합병의 효력이 발생하면 소멸회사(해산회사)의 사원은 원칙적으로 존속회사 또는 신설회사의 사원으로 수용된다. 이 점에 관하여 명문의 규정은 없지만, 소멸회사의 사원은 합병에 의하여 특별한 경우를 제외하고는 원칙적으로 합병계약상의 합병비율과 배정방식에 따라 존속회사 또는 신설회사의 사원권을 취득하여, 존속회사 또는 신설회사의 사원이 된다.[5]

합병에 의하여 해산회사(합명회사)의 채무는 존속회사 또는 신설회사에 승계되기 때문에 존속회사(합명회사)의 종래의 사원뿐만 아니라 합병에 의하여 입사한 사원 또는 신설회사(합명회사)의 사원도 소멸회사(해산회사)의 채무에 관하여 연대·

3 정찬형, 상법강의(상)(제22판), 박영사(2019), 519; 이철송, 회사법강의(제27판), 박영사(2019), 130-131.
4 주석 상법, 회사편(1)(제5판), 한국사법행정학회(2014), 315(정동윤).
5 대법원 2003. 2. 11. 선고 2001다14351 판결.

무한의 책임을 진다(상법 제213조 참조).[6] 그러나 사원의 의사에 반하여 기존의 책임을 가중할 수는 없고, 합병결의로도 강제하지 못한다.[7]

흡수합병의 경우에는 합병에 의하여 입사한 사원은 상법 제213조(신입사원의 책임)의 규정에 의하여 존속회사의 종래의 채무에 관하여도 책임을 진다. 그러나 존속회사 또는 신설회사가 합자회사 또는 주식회사이고 소멸회사(해산회사)인 합명회사의 사원이 유한책임사원 또는 주주로 된 때에는 제225조(퇴사원의 책임)와 같은 규정이 없기 때문에 위 사원은 합병에 의하여 무한책임사원으로서의 책임을 면하게 된다. 그 결과 해산회사의 채권자의 이익을 침해하게 될 염려가 있으나 채권자는 합병 과정에서 제232조(채권자의 이의)의 채권자보호절차를 통하여 이의제출을 함으로써 보호받을 수 있다.[8]

Ⅳ. 권리의무의 포괄적 이전

1. 권리의무의 포괄승계

합병 후 존속한 회사 또는 합병으로 인하여 설립된 회사는 합병으로 인하여 소멸된 회사의 권리의무를 승계한다(상법 제235조). 즉 회사합병이 있는 경우에는 피합병회사의 권리·의무는 사법상의 관계나 공법상의 관계를 불문하고 그의 성질상 이전을 허용하지 않는 것을 제외하고는 모두 합병으로 인하여 존속한 회사에게 승계된다.[9] 포괄적 승계는 특정승계와 달리 개개의 권리의무에 관하여 개별적으로 이전행위를 할 필요가 없고,[10] 이러한 점이 영업양도와 차이가 있다.[11] 따라서 동산, 부동산, 유가증권 등은 인도, 등기, 교부 등이 없어도 권리이전의 효력이 발생한다.[12] 그리고 합병은 민법 제187조의 '기타 법률의 규정에 의한 부동산에 관한 물권의 취득'에 해당하므로 부동산 등에 관하여는 등기를 요하지 아니하나, 다

6 주석 상법, 회사편(1)(제5판), 한국사법행정학회(2014), 315(정동윤).
7 정찬형, 상법강의(상)(제22판), 박영사(2019), 521.
8 주석 상법, 회사편(1)(제5판), 한국사법행정학회(2014), 315(정동윤).
9 대법원 1980. 3. 25. 선고 77누265 판결, 대법원 1994. 10. 25. 선고 93누21231 판결, 대법원 2004. 7. 8. 선고 2002두1946 판결
10 주석 상법, 회사편(1)(제5판), 한국사법행정학회(2014), 316(정동윤); 정찬형, 상법강의(상)(제22판), 박영사(2019), 520; 이철송, 회사법강의(제27판), 박영사(2019), 131.
11 주석 상법, 회사편(1)(제5판), 한국사법행정학회(2014), 316(정동윤); 정찬형, 상법강의(상)(제22판), 박영사(2019), 520.
12 정찬형, 상법강의(상)(제22판), 박영사(2019), 520.

만 등기를 하지 아니하면 이를 처분하지 못한다.

다만 대항요건을 필요로 하는 권리에 관하여는 그 요건을 갖추어야 하나, 대항요건을 필요로 하는 권리는 매우 드물다. 기명사채(상법 제479조 제1항)에 대하여 사채원부에 기재하지 않으면 제3자에게 대항하지 못한다는 점에 대하여는 다툼이 없다.[13] 기명주식에 관하여는 상법 제337조(주식의 이전의 대항요건)에 따라 명의개서를 하여야 대항할 수 있다는 견해[14]가 있으나, 회사에 대하여 주주권을 행사하려면 명의개서라는 대항요건이 필요하지만(제337조 제1항) 회사 이외의 제3자에 대한 관계에서는 주권을 교부받아 점유하고 있으면 권리자로 추정되므로(제336조 제2항) 특별한 대항요건이 필요 없다고 봄이 타당하다.[15] 지명채권의 경우에는 특정승계에 한하여 대항요건이 필요하므로(민법 제450조) 합병의 경우에는 대항요건이 필요 없다.[16] 한편 상법이 선박에 관한 권리이전에 있어서 의사주의를 따르고 있는 것(상법 제743조[17])은 입법상의 과오이므로 이를 개정하여야 한다는 견해[18]가 있다.

합병으로 인하여 승계되는 권리의무 중의 일부를 특약으로 제외할 수 있는가에 관하여는 긍정하는 견해도 있으나, 제235조는 회사채권자의 이해관계와 관련되는 강행규정일 뿐만 아니라 합병에 의하여 해산회사가 청산을 거치지 않고 바로 소멸하는 것과도 상반되므로 허용될 수 없다고 볼 것이고,[19] 의무를 승계시키는 규정은 해산회사의 채권자를 보호하기 위한 공익규정이므로 합병결의에서 채무불승계의 결의를 하여도 무효라고 볼 것이다.[20] 다만 합병 당사회사 간의 그러한 특약조항은 통상 합병계약의 요소를 이루지 않기 때문에 그 조항만이 무효로 되고 합병 자체의 효력에는 영향이 없다고 본다.[21]

13 주석 상법, 회사편(1)(제5판), 한국사법행정학회(2014), 316(정동윤); 정찬형, 상법강의(상)(제22판), 박영사(2019), 520.

14 정찬형, 상법강의(상)(제22판), 박영사(2019), 520; 이철송, 회사법강의(제27판), 박영사(2019), 131.

15 주석 상법, 회사편(1)(제5판), 한국사법행정학회(2014), 316(정동윤).

16 주석 상법, 회사편(1)(제5판), 한국사법행정학회(2014), 316(정동윤); 정찬형, 상법강의(상)(제22판), 박영사(2019), 520.

17 상법 제743조(선박소유권의 이전)
등기 및 등록할 수 있는 선박의 경우 그 소유권의 이전은 당사자 사이의 합의만으로 그 효력이 생긴다. 다만, 이를 등기하고 선박국적증서에 기재하지 아니하면 제3자에게 대항하지 못한다.

18 주석 상법, 회사편(1)(제5판), 한국사법행정학회(2014), 316(정동윤).

19 주석 상법, 회사편(1)(제5판), 한국사법행정학회(2014), 316(정동윤).

20 上柳克郎·鴻常夫·竹内昭夫 編, 新版 注釋會社法(1), 有斐閣(1985), 427頁; 주석 상법, 회사편(1)(제5판), 한국사법행정학회(2014), 316(정동윤).

21 주석 상법, 회사편(1)(제5판), 한국사법행정학회(2014), 316(정동윤).

2. 승계되는 권리의무의 범위

가. 합병에 의하여 존속회사 또는 신설회사에 승계되는 것은 합병의 효력발생 시에 존재하는 소멸회사(해산회사)의 모든 재산이다. 따라서 단순한 물건 또는 권리의무뿐만 아니라 고객관계·영업상의 비결(부정경쟁방지 및 영업비밀보호에 관한 법률상의 영업비밀에 이르지 못한 경우도 포함한다) 등과 같은 재산적 가치가 있는 사실관계도 포함된다.[22] 또한 회사합병이 있는 경우에는 피합병회사의 권리·의무는 사법상의 관계나 공법상의 관계를 불문하고 그의 성질상 이전을 허용하지 않는 것을 제외하고는 모두 합병으로 인하여 존속한 회사에게 승계된다.[23] 그러나 공법상의 권리의무 중 그 성질, 개개의 공법의 규정목적 기타의 사정에 비추어 합병으로 인하여 소멸되고 승계되지 않는 것도 있을 수 있다. 또한 특정인의 자력·신용을 주요한 조건으로 하는 것과 같은 전속적 성격의 권리의무는 승계되지 않는다.

나. 승계되는 권리의무의 범위에 관련된 판례로는 다음과 같은 것이 있다.

공법상 권리의 이전에 관하여 대법원 1980. 3. 25. 선고 77누265 판결은 "경제의안정과성장에관한긴급명령 제62조 제1항에 의한 권리 즉 피합병회사의 증자분에 대하여 소득금액의 공제를 받을 수 있는 권리는 그 성질상 이전을 허용할 수 없는 것이 아니다."라고 판시하였다.

또한 건설업면허와 관련하여 대법원 1994. 10. 25. 선고 93누21231 판결은 "건설업법 제13조 제2항은 합병에 의하여 소멸되는 법인의 건설업의 면허는 합병에 의하여 설립되거나 존속하는 법인에게 이전된다고 하여 이를 주의적으로 규정하고 있다."고 판시하였다.

또한 회계법인의 흡수합병에 관하여 대법원 2004. 7. 8. 선고 2002두1946 판결은 "회사합병이 있는 경우에는 피합병회사의 권리·의무는 사법상의 관계나 공법상의 관계를 불문하고 그의 성질상 이전을 허용하지 않는 것을 제외하고는 모두 합병으로 인하여 존속한 회사에게 승계되는 것으로 보아야 할 것이고, 공인회계사법에 의하여 설립된 회계법인 간의 흡수합병이라고 하여 이와 달리 볼 것은

22 주석 상법, 회사편(1)(제5판), 한국사법행정학회(2014), 316(정동윤).
23 대법원 1980. 3. 25. 선고 77누265 판결, 대법원 1994. 10. 25. 선고 93누21231 판결, 대법원 2004. 7. 8. 선고 2002두1946 판결.

아니다."라고 판시하였다.

특히 근로자의 퇴직금관계의 승계에 관하여 대법원 1994. 3. 8. 선고 93다1589 판결은 "회사의 합병에 의하여 근로관계가 승계되는 경우에는 종전의 근로계약상의 지위가 그대로 포괄적으로 승계되는 것이므로 합병 당시 취업규칙의 개정이나 단체협약의 체결 등을 통하여 합병 후 근로자들의 근로관계의 내용을 단일화하기로 변경 조정하는 새로운 합의가 없는 한 합병 후 존속회사나 신설회사는 소멸회사에 근무하던 근로자에 대한 퇴직금 관계에 관하여 종전과 같은 내용으로 승계하는 것이라고 보아야 한다."고 판시하였다.[24]

V. 소송절차의 중단과 수계

소송당사자인 회사가 합병에 의하여 소멸한 때에는 소송절차가 중단되고, 이 경우 신설회사 또는 존속회사가 소송절차를 수계하여야 한다(민사소송법 제234조). 그러나 해산회사의 설립무효의 소 등은 수계할 여지가 없다.[25]

24 평석: 김지형, "회사의 합병에 따른 근로관계의 승계와 취업규칙상 퇴직금규정의 적용", 인권과 정의(1994년 6월호), 214호; 김기영, "기업합병시 회사의 퇴직금지급규정에 관하여", 노동법률(중앙경제사 편) 38호(1994년 7월호), 14; 김교창, "회사의 합병과 근로자의 지위", 한일변호사협의회지(한일변호사회 편) vol. 13호(1994년 11월호), 6.

25 주석 상법, 회사편(1)(제5판), 한국사법행정학회(2014), 317(정동윤).

제 236 조 [합병무효의 소의 제기]

① 회사의 합병의 무효는 각 회사의 사원, 청산인, 파산관재인 또는 합병을 승인하지 아니한 회사채권자에 한하여 소만으로 이를 주장할 수 있다.
② 전항의 소는 제233조의 등기가 있은 날로부터 6월내에 제기하여야 한다.

[관련조문] 상법 제237조, 제238조, 제239조, 제240조.
[참고문헌] 손주찬, 상법(상)(제15보정판), 박영사(2004); 이철송, 회사법강의(제27판), 박영사(2019); 정찬형, 상법강의(상)(제22판), 박영사(2019); 주석 상법, 회사편(1)(제5판), 한국사법행정학회(2014).

Ⅰ. 본조의 취지

상법 제236조는 합병무효의 소의 제기에 관하여 규정하고 있다.

상법상 합병은 단체법상 법률관계로서, 합병의 효력이 발생하면 각종 단체법상 효과가 발생하여 다수의 이해관계인이 생긴다.[1] 이러한 합병이 법정의 요건을 흠결하거나 그 절차에 하자가 있는 경우 그 무효여부를 민법의 일반원칙에 맡긴다면 법률관계의 불안정과 혼란을 초래하므로, 상법은 그 획일적 처리를 위하여 합병무효의 소로만 합병의 무효를 다툴 수 있도록 하고 있다.[2] 제236조에서는 일정한 제소권자만이 일정한 기간 내에 한하여 합병무효의 소의 방법에 의하여서만 합병의 무효를 주장할 수 있도록 규정하고 있다.[3]

합병무효의 소는 합병의 효력을 소멸시키는 것이므로 형성의 소로 볼 것이다.[4]

Ⅱ. 합명회사의 합병무효의 원인

합병무효의 원인에 관하여는 상법에 특별한 규정이 있다.

1 정찬형, 상법강의(상)(제22판), 박영사(2019), 521; 이철송, 회사법강의(제27판), 박영사(2019), 131.
2 주석 상법, 회사편(1)(제5판), 한국사법행정학회(2014), 319(정동윤); 정찬형, 상법강의(상)(제22판), 박영사(2019), 521; 이철송, 회사법강의(제27판), 박영사(2019), 131.
3 주석 상법, 회사편(1)(제5판), 한국사법행정학회(2014), 319(정동윤).
4 주석 상법, 회사편(1)(제5판), 한국사법행정학회(2014), 319(정동윤); 정찬형, 상법강의(상)(제22판), 박영사(2019), 522; 이철송, 회사법강의(제27판), 박영사(2019), 131; 손주찬, 상법(상)(제15보정판), 박영사(2004), 464.

학설이나 실무적으로는 합병무효의 원인으로 ①합명회사가 주식회사, 유한회사 또는 유한책임회사를 흡수하여 합병하는 경우(상법 제174조 제2항[5]), ②해산후회사가 합병하는 경우 존립중 회사를 존속회사로 하지 않고 해산후 회사를 존속회사로 한 경우(제174조 제3항[6]), ③합병계약에 의사표시의 하자(착오·사기·강박 등)가 있는 경우[7](대표기관 간의 합병계약에서 무권대리·착오·사기 등 무효·취소의 원인이 합병결의에도 이어질 경우 합병결의의 하자가 있는 경우로 보아 무효원인이라는 견해[8]도 있다), ④합병에 관하여 총사원의 동의(제230조)가 없는 경우, ⑤채권자보호절차(제232조)를 취하지 않은 경우,[9] ⑥합병의 등(제233조) 무효인 경우 등을 들고 있다.[10] 또한 ⑦합병비율의 불공정[11]도 합병무효의 원인으로 들고 있는데, 주식회사의 사안에서 판례[12]는 "현저하게 불공정한 합병비율을 정한 합병계약은 사법관계를 지배하는 신의성실의 원칙이나 공평의 원칙 등에 비추어 무효이고, 따라서 합병비율이 현저하게 불공정한 경우 합병할 각 회사의 주주 등은 상법 제529조에 의하여 소로써 합병의 무효를 구할 수 있다고 할 것이다."라고 판시하였다.

5 상법 제174조
② 합병을 하는 회사의 일방 또는 쌍방이 주식회사, 유한회사 또는 유한책임회사인 경우에는 합병 후 존속하는 회사나 합병으로 설립되는 회사는 주식회사, 유한회사 또는 유한책임회사이어야 한다.

6 상법 제174조
③ 해산후의 회사는 존립 중의 회사를 존속하는 회사로 하는 경우에 한하여 합병을 할 수 있다.

7 주석 상법, 회사편(1)(제5판), 한국사법행정학회(2014), 319(정동윤).

8 이철송, 회사법강의(제27판), 박영사(2019), 132.

9 주석 상법, 회사편(1)(제5판), 한국사법행정학회(2014), 310, 319(정동윤); 정찬형, 상법강의(상)(제22판), 박영사(2019), 517, 522; 이철송, 회사법강의(제27판), 박영사(2019), 130, 131.

10 주석 상법, 회사편(1)(제5판), 한국사법행정학회(2014), 319(정동윤).

11 정찬형, 상법강의(상)(제22판), 박영사(2019), 522.

12 대법원 2008. 1. 10. 선고 2007다64136 판결, 대법원 2009. 4. 23. 선고 2005다22701, 22718 판결(현저하게 불공정한 합병비율을 정한 합병계약은 사법관계를 지배하는 신의성실의 원칙이나 공평의 원칙 등에 비추어 무효이고, 따라서 합병비율이 현저하게 불공정한 경우 합병할 각 회사의 주주 등은 상법 제529조에 의하여 소로써 합병의 무효를 구할 수 있다고 할 것이지만, 합병비율은 자산가치 이외에 시장가치, 수익가치, 상대가치 등의 다양한 요소를 고려하여 결정되어야 할 것인 만큼 엄밀한 객관적 정확성에 기하여 유일한 수치로 확정할 수 없는 것이고, 그 제반 요소의 고려가 합리적인 범위 내에서 이루어진 것이라면 결정된 합병비율이 현저하게 부당하다고 할 수 없다. 따라서 합병당사회사의 전부 또는 일부가 주권상장법인인 경우 증권거래법과 그 시행령 등 관련 법령이 정한 요건과 방법 및 절차 등에 기하여 합병가액을 산정하고 그에 따라 합병비율을 정하였다면 그 합병가액 산정이 허위자료에 의한 것이라거나 터무니없는 예상 수치에 근거한 것이라는 등의 특별한 사정이 없는 한, 그 합병비율이 현저하게 불공정하여 합병계약이 무효로 된다고 볼 수 없다).

Ⅲ. 합병무효의 주장방법

회사의 합병의 무효는 소로써만 주장할 수 있다(상법 제236조 제1항). 합병무효의 소는 형성의 소이므로, 소에 의하지 아니하고 합병무효임을 전제로 개별 권리에 관한 소를 제기할 수는 없고, 또한 단순한 항변으로 합병의 무효를 주장하는 것도 허용되지 아니한다.[13]

신설합병에 관하여 그 무효의 주장은 합병무효의 소에 의하여야 하고, 신설회사의 설립무효의 소에 의할 수는 없다.[14]

Ⅳ. 소의 당사자

1. 합병무효의 소의 원고(제소권자)

합병무효의 소를 제기할 수 있는 자는 각 회사의 사원, 청산인, 파산관재인 또는 합병을 승인하지 아니한 회사채권자에 한한다(상법 제236조 제1항). 그리고 합병이 독점규제 및 공정거래에 관한 법률에 위반한 때에는 공정거래위원회가 제소권자가 된다(독점규제 및 공정거래에 관한 법률 제16조 제2항).

해산회사의 사원 등은 합병무효의 소가 존속회사 또는 신설회사를 피고로 하는 소송이고 합병무효판결에는 소급효가 인정되지 않으므로(상법 제240조, 제190조) 합병무효의 소의 제소권자가 될 수 없다는 견해[15]도 있으나, 이와 같은 견해에 의하면 합병을 승인하지 아니한 채권자나 청산인·파산관재인을 포함시킨 이유를 설명할 수 없으므로 해산회사의 사원 등도 합병무효의 소를 제기할 수 있다고 봄이 타당하다.[16]

한편 합병을 승인한 회사채권자나 합병을 승인하지 아니하였으나 부당한 목적을 가진 회사채권자 등이 합병무효의 소를 제기한 경우 남소방지를 위하여 회사가 악의임을 소명하여 청구하면 법원은 상당한 담보를 제공할 것을 명할 수 있고(상법 제237조, 제176조 제3항, 제4항), 또한 합병무효의 소를 제기한 자가 패소한

13 주석 상법, 회사편(1)(제5판), 한국사법행정학회(2014), 319(정동윤); 정찬형, 상법강의(상)(제22판), 박영사(2019), 522.

14 주석 상법, 회사편(1)(제5판), 한국사법행정학회(2014), 319(정동윤).

15 손주찬, 상법(상)(제15보정판), 박영사(2004), 464.

16 주석 상법, 회사편(1)(제5판), 한국사법행정학회(2014), 320(정동윤); 정찬형, 상법강의(상)(제22판), 박영사(2019), 523.

경우 악의 또는 중대한 과실이 있는 때에는 회사에 대하여 연대하여 손해를 배상할 책임이 있다(제240조, 제191조).

2. 합병무효의 소의 피고

합병무효의 소의 피고는 흡수합병의 경우에는 존속회사이고, 신설합병의 경우에는 신설회사로 볼 것이다.[17]

Ⅴ. 소의 제기기간

합병무효의 소는 합병등기(상법 제233조) 즉 흡수합병은 변경등기를, 신설합병은 설립등기를 한 날로부터 6월내에 제기하여야 한다(제237조 제2항). 합병의 효력 유무를 장기간 불확정한 상태에 두는 것을 방지하기 위한 것이다.[18]

Ⅵ. 소의 관할

합병무효의 소는 존속회사 또는 신설회사의 본점소재지의 지방법원의 관할에 전속한다(상법 제240조, 제186조).

17 주석 상법, 회사편(1)(제5판), 한국사법행정학회(2014), 320(정동윤); 정찬형, 상법강의(상)(제22판), 박영사(2019), 523.

18 주석 상법, 회사편(1)(제5판), 한국사법행정학회(2014), 320(정동윤).

제 237 조 [준용규정]

제176조 제3항과 제4항의 규정은 회사채권자가 전조의 소를 제기한 때에 준용한다.

[관련조문] 상법 제238조, 제239조, 제240조.
[참고문헌] 주석 상법, 회사편(1)(제5판), 한국사법행정학회(2014).

Ⅰ. 본조의 취지

상법 제237조는 합병무효의 소를 제기한 회사채권자의 담보제공에 관한 규정으로서, 회사채권자의 제소권의 남용을 막기 위한 것이다.[1]

Ⅱ. 구체적 내용

합병을 승인하였거나 합병을 승인하지 아니하였으나 부당한 목적을 가지는 등의 회사채권자가 합병무효의 소를 제기한 경우 남소방지를 위하여 회사가 악의임을 소명하여 청구하면 법원은 상당한 담보를 제공할 것을 명할 수 있다(상법 제237조, 제176조 제3항, 제4항). 제237조의 반대해석상 회사채권자가 아닌 사원, 청산인, 파산관재인이 합병무효의 소를 제기한 경우에는 본조에 따른 담보제공을 명할 수 없다.

이와 더불어 상법은 남소방지를 위하여 합병무효의 소를 제기한 자가 패소한 경우 악의 또는 중대한 과실이 있는 때에는 회사에 대하여 연대하여 손해를 배상할 책임이 있도록 정하고 있다(상법 제240조, 제191조).

1 주석 상법, 회사편(1)(제5판), 한국사법행정학회(2014), 320-321(정동윤).

제 238 조 [합병무효의 등기]

합병을 무효로 한 판결이 확정된 때에는 본점과 지점의 소재지에서 합병후 존속한 회사의 변경등기, 합병으로 인하여 소멸된 회사의 회복등기, 합병으로 인하여 설립된 회사의 해산등기를 하여야 한다.

[관련조문] 상법 제237조, 제238조, 제239조, 제240조.
[참고문헌] 주석 상법, 회사편(1)(제5판), 한국사법행정학회(2014).

Ⅰ. 본조의 취지

상법 제238조는 합병을 무효로 하는 판결이 확정된 때의 등기에 관하여 규정하고 있다. 합병무효의 판결이 확정된 때에는 합병회사는 합병 전의 상태로 원상회복을 하므로 이를 공시하여 법률관계의 혼란과 불안정을 방지하기 위한 것이다.[1]

Ⅱ. 등기절차

회사의 합병을 무효로 하는 판결이 확정되면 제1심 수소법원은 회사의 본점과 지점 소재지의 등기소에 그 등기를 촉탁하여야 하는데(비송사건절차법 제99조, 제98조), 구체적으로는 합병후 존속한 회사의 변경등기, 합병으로 인하여 소멸된 회사의 회복등기, 합병으로 인하여 설립된 회사의 해산등기를 하여야 한다(상법 제238조). 그리고 합병무효로 인한 회복의 등기를 할 때에는 합병으로 인한 해산의 등기를 말소하여야 한다(상업등기규칙 제112조).

1 주석 상법, 회사편(1)(제5판), 한국사법행정학회(2014), 321(정동윤).

제 239 조 [무효판결확정과 회사의 권리의무의 귀속]

① 합병을 무효로 한 판결이 확정된 때에는 합병을 한 회사는 합병후 존속한 회사 또는 합병으로 인하여 설립된 회사의 합병후 부담한 채무에 대하여 연대하여 변제할 책임이 있다.

② 합병후 존속한 회사 또는 합병으로 인하여 설립한 회사의 합병후 취득한 재산은 합병을 한 회사의 공유로 한다.

③ 전2항의 경우에 각 회사의 협의로 그 부담부분 또는 지분을 정하지 못한 때에는 법원은 그 청구에 의하여 합병당시의 각 회사의 재산상태 기타의 사정을 참작하여 이를 정한다.

[관련조문] 상법 제237조, 제238조, 제240조.
[참고문헌] 주석 상법, 회사편(1)(제5판), 한국사법행정학회(2014).

Ⅰ. 본조의 취지

상법 제239조는 합병을 무효로 한 판결이 확정된 때의 회사의 권리의무의 귀속에 관하여 규정하고 있다.

합병을 무효로 하는 판결이 확정되면 합병의 효과는 소급하지 않고 장래를 향하여 부활한다. 해산회사는 종전의 상호로 부활하고 합병에 의하여 존속회사 또는 신설회사에 수용된 사원도 해산회사의 사원으로 복귀한다. 해산회사가 합병당시에 가지고 있었던 재산이나 권리의무로서 현재 존속회사 또는 신설회사에 존재하는 것은 부활한 해산회사로 복귀된다.[1]

그러나 합병한 때로부터 합병무효판결이 확정될 때까지의 기간 사이에 존속회사 또는 신설회사가 부담한 채무와 취득한 재산의 귀속에 관하여는 다툼이 생길 여지가 있으므로 상법 제239조는 이에 관하여 규정하고 있다.[2] 제239조는 합자회사(제269조), 유한책임회사(제287조의41), 주식회사(제530조 제2항), 유한회사(제603조)에도 준용된다.

1 주석 상법, 회사편(1)(제5판), 한국사법행정학회(2014), 322(정동윤).
2 주석 상법, 회사편(1)(제5판), 한국사법행정학회(2014), 322(정동윤).

Ⅱ. 합병 후의 채무·재산의 귀속

합병을 무효로 한 판결이 확정된 때에는 합병을 한 회사는 합병후 존속한 회사 또는 합병으로 인하여 설립된 회사의 합병 후 부담한 채무에 대하여 연대하여 변제할 책임이 있다(상법 제239조 제1항).

합병후 존속한 회사 또는 합병으로 인하여 설립한 회사의 합병후 취득한 재산은 합병을 한 회사의 공유로 한다(상법 제239조 제2항).

이와 같이 부활된 해산회사와 존속회사 내지 신설회사가 연대하여 부담하는 책임 또는 공유재산은 그 부담부분 또는 지분에 관하여는 당사회사가 협의로 정하는 것이 원칙이지만, 이를 협의로 정하지 못한 때에는 법원이 그 청구에 의하여 합병 당시의 각 회사의 재산상태 기타의 사정을 참작하여 이를 정한다(상법 제239조 제3항). 연대책임의 부담부분 또는 재산의 지분에 관한 위 재판은 이유를 붙인 결정으로써 하여야 하고(비송사건절차법 제100조, 제75조 제1항), 이에 대하여는 즉시항고를 할 수 있으며(비송사건절차법 제100조, 제78조), 위 즉시항고에는 집행정지의 효력이 있다(비송사건절차법 제100조, 제85조 제3항).

제 240 조 [준용규정]

제186조 내지 제191조의 규정은 합병무효의 소에 준용한다.

[관련조문] 상법 제237조, 제238조, 제239조.

[참고문헌] 정찬형, 상법강의(상)(제22판), 박영사(2019); 주석 상법, 회사편(1)(제5판), 한국사법행정학회(2014).

Ⅰ. 본조의 취지

상법 제240조는 합병무효의 소에 설립무효의 소의 절차에 관한 규정이 준용된다는 것을 규정하고 있다. 합병무효의 소는 설립무효의 소와 마찬가지로 그 성질상 획일적으로 결정할 필요가 있어 이를 준용하는 것이다.[1]

Ⅱ. 구체적 내용

합병무효의 소는 설립무효의 소와 마찬가지로 본점소재지의 지방법원의 관할에 속하고(상법 제240조, 제186조), 소가 제기된 때에는 회사는 지체없이 공고하여야 하며(제240조, 제187조), 수개의 합병무효의 소가 제기된 때에는 법원은 이를 병합심리하여야 한다(제240조, 제188조).

또한 합병무효의 소가 그 심리 중에 원인이 된 하자가 보완되고 회사의 현황과 제반사정을 참작하여 합병을 무효로 하는 것이 부적당하다고 인정한 때에는 법원은 그 청구를 기각할 수 있고(상법 제240조, 제189조), 합병무효의 판결은 제3자에 대하여도 그 효력이 있으나, 판결확정 전에 생긴 회사와 사원 및 제3자간의 권리의무에 영향을 미치지 아니한다(제240조, 제190조).

뿐만 아니라 남소방지를 위하여 합병무효의 소를 제기한 자가 패소한 경우 악의 또는 중대한 과실이 있는 때에는 회사에 대하여 연대하여 손해를 배상할 책임이 있다(상법 제240조, 제191조). 그 외에도 상법은 합병무효의 소의 남소방지를 위하여 합병을 승인하였거나 합병을 승인하지 아니하였으나 부당한 목적을 가지는 등의 회사채권자가 합병무효의 소를 제기한 경우 회사가 악의임을 소명하여

1 정찬형, 상법강의(상)(제22판), 박영사(2019), 523.

청구하면 법원은 상당한 담보를 제공할 것을 명할 수 있도록 정하고 있다(제237조, 제176조 제3항, 제4항).

제 241 조 [사원에 의한 해산청구]

① 부득이한 사유가 있는 때에는 각 사원은 회사의 해산을 법원에 청구할 수 있다.

② 제186조와 제191조의 규정은 전항의 경우에 준용한다.

[관련조문] 상법 제176조, 제227조, 비송사건절차법 제92조.

[참고문헌] 손주찬, 상법(상)(제15보정판), 박영사(2004); 이철송, 회사법강의(제27판), 박영사(2019); 정찬형, 상법강의(상)(제22판), 박영사(2019); 주석 상법, 회사편(1)(제5판), 한국사법행정학회(2014).

Ⅰ. 본조의 취지

상법 제227조는 '법원의 명령 또는 판결'도 해산원인으로 정하고 있는데, 이 중 '법원의 명령'은 제176조의 해산명령을, '법원의 판결'은 제241조에 따른 해산판결을 의미한다. 제241조는 사원의 해산판결청구권에 관하여 규정하고 있다.

해산명령과 해산판결은 회사의 법인격을 전면적으로 박탈하고 해산이라는 효과를 가져 온다는 점에서 공통되나, 해산명령은 회사제도의 남용방지라는 공익적 목적을 위한 대외적 제도인 반면 해산판결은 회사가 자치능력을 상실한 경우에 사원의 이익보호를 위한 대내적 제도라는 점에서 차이가 있다. 이러한 차이로 인해 '제1장 통칙'에 규정된 해산명령의 청구사유는 공익적 사유 즉 '①회사의 설립목적이 불법한 것인 때, ②회사가 정당한 사유없이 설립 후 1년 내에 영업을 개시하지 아니하거나 1년 이상 영업을 휴지하는 때, ③이사 또는 회사의 업무를 집행하는 사원이 법령 또는 정관에 위반하여 회사의 존속을 허용할 수 없는 행위를 한 때'로 정해진 반면, 각 장에 규정된 해산판결의 공통된 청구사유인 '부득이한 사유'는 사원의 이익에 반하는 경우로 해석하고 있다. 또한 해산명령은 그 청구권자가 이해관계인 또는 검사이고 법원의 직권에 의해서도 가능하나, 해산판결은 사원만이 제기할 수 있고, 또한 해산명령은 비송사건절차법에 따르는 반면 해산

판결은 소송사건으로 판결에 의한다.[1]

합명회사의 해산사유는 '부득이한 사유가 있는 때'로만 규정되어 있고, 합자회사(상법 제269조, 제241조) 및 유한책임회사(제287조의42, 제269조)도 동일하나, 반면 주식회사(제520조 제1항)에서는 발행주식의 총수의 100분의 10 이상에 해당하는 주식을 가진 주주가 부득이한 사유 이외에 '①회사의 업무가 현저한 정돈상태를 계속하여 회복할 수 없는 손해가 생긴 때 또는 생길 염려가 있는 때' 내지 '②회사재산의 관리 또는 처분의 현저한 실당으로 인하여 회사의 존립을 위태롭게 한 때'의 요건이 추가된 더욱 엄격한 요건 아래에서 해산판결을 청구할 수 있고, 유한회사(제613조 제1항, 제520조)는 이를 준용하고 있다.

한편 민법상 조합에 관하여도 제241조와 유사하게 부득이한 사유가 있는 때에는 각 조합원은 조합의 해산을 청구할 수 있다고 규정하고 있다(민법 제720조).

Ⅱ. 해산판결의 사유

제241조의 해산청구는 '부득이한 사유가 있는 때'에 허용된다(상법 제241조 제1항).

'부득이한 사유'가 어떤 경우에 해당하는지에 관하여는 법률에 따로 규정되어 있지 않으나, 그 제도의 취지를 고려할 때, 회사의 목적을 달성할 수 없는 경우와 회사의 존속을 유지할 수 없는 경우를 의미한다 할 것이다.[2] 또한 합명회사가 인적회사라는 특성을 고려할 때, 사원 간의 불화가 극심하여 업무집행이나 회사대표에 있어 상호 신뢰할 수 없음에도 불구하고 퇴사·제명·지분의 양도 등과 같은 소극적 방법이나 총사원의 동의에 의한 해산이라는 적극적인 방법으로도 회사의 해산이 불가능하여 바람직하지 못한 인적 결합이 그대로 유지될 수밖에 없을 경우도 '부득이한 사유'에 해당한다고 볼 것이다.[3] 조합의 해산청구와 관련하여 판례[4]는 "민법 제720조에 규정된 조합의 해산사유인 부득이한 사유에는 경제계의

1 주석 상법, 회사편(1)(제5판), 한국사법행정학회(2014), 323-324(정동윤); 정찬형, 상법강의(상)(제22판), 박영사(2019), 553-556; 이철송, 회사법강의(제27판), 박영사(2019), 138, 141-142.

2 주석 상법, 회사편(1)(제5판), 한국사법행정학회(2014), 324(정동윤); 손주찬, 상법(상)(제15보정판), 박영사(2004), 472; 정찬형, 상법강의(상)(제22판), 박영사(2019), 555-556.

3 주석 상법, 회사편(1)(제5판), 한국사법행정학회(2014), 324(정동윤); 이철송, 회사법강의(제27판), 박영사(2019), 142; 정찬형, 상법강의(상)(제22판), 박영사(2019), 556.

4 대법원 1993. 2. 9. 선고 92다21098 판결, 대법원 1997. 5. 30. 선고 95다4957 판결, 대법원 2007. 4. 26. 선고 2005다62006 판결, 대법원 2007. 11. 15. 선고 2007다48370, 48387 판결.

사정변경이나 조합의 재산상태의 악화 또는 영업부진 등으로 조합의 목적달성이 현저히 곤란하게 된 경우 외에 조합원 사이의 반목·불화로 인한 대립으로 신뢰관계가 파괴되어 조합의 원만한 공동운영을 기대할 수 없게 된 경우도 포함된다."고 판시하였는데, 그 성격이 유사한 합명회사의 해산원인에 관하여도 참조할만하다.

뿐만 아니라 물적회사의 해산명령 청구사유인 ①회사의 업무가 현저한 정돈상태를 계속하여 회복할 수 없는 손해가 생긴 때 또는 생길 염려가 있는 때, ②회사재산의 관리 또는 처분의 현저한 실당으로 인하여 회사의 존립을 위태롭게 한 때도 합명회사의 해산판결의 청구원인으로 고려할 수 있을 것이다.

회사의 업무가 특별히 곤란한 상황이 없이 진행되고 있더라도 그것이 다수파 사원에 의하여 불공정하고 또 이기적으로 이루어져서 그 결과 소수사원이 항상 불이익을 받는 경우에는 소수파사원의 퇴사만으로는 이 문제의 공정하고 타당한 해결이 될 수 없기 때문에 원칙적으로 해산사유가 될 수 있다고 한 일본 판례[5]도 있다.

해산명령의 청구사유와 중복될 때에는 해산명령과 동시에 해산판결도 청구할 수 있다.[6]

Ⅲ. 해산판결의 절차

1. 해산판결의 청구권자

제241조에 따른 해산판결을 청구할 수 있는 자는 합명회사의 각 사원에 한한다(상법 제241조 제1항). 해산판결 제도는 사원의 이익보호를 위한 대내적 제도이기 때문이다.[7]

한편 민법상 조합의 해산청구와 관련하여 판례[8]는 '공동사업의 계속이 현저히 곤란하게 된 이상 신뢰관계의 파괴에 책임이 있는 당사자도 조합의 해산청구권이 있다'고 판시하였는데, 그 성질이 유사한 합명회사의 제241조에 따른 해산청구에 있어서도 유책 사원은 해산청구를 할 수 있다고 봄이 타당하다.[9]

5 日最判 1986. 3. 13.(判示 1190號 115頁.)
6 손주찬, 상법(상)(제15보정판), 박영사(2004), 473; 정찬형, 상법강의(상)(제22판), 박영사(2019), 556.
7 이철송, 회사법강의(제27판), 박영사(2019), 143.
8 대법원 1993. 2. 9. 선고 92다21098 판결.
9 이철송, 회사법강의(제27판), 박영사(2019), 143.

2. 소의 제기

해산판결은 형성판결로서 그 절차는 비송사건절차법에 의하는 해산명령과 달리 소송사건이라 할 것이므로, 청구권자인 사원은 법원에 소를 제기하여 해산판결을 구하여야 한다.

3. 해산판결의 소의 피고

해산청구의 상대방은 회사이고, 개인인 사원이 아니다.[10]

4. 관할

해산판결청구의 소는 본점소재지의 지방법원의 관할에 전속한다(상법 제241조 제2항, 제186조).

IV. 본조에 따른 해산청구의 효과

1. 해산판결이 내려진 경우

해산판결은 형성판결로서, 제3자에 대하여도 효력이 있으나 소급효는 인정되지 않는다(상법 제241조 제2항, 제190조). 해산판결이 확정되면 회사는 해산하여 청산절차에 들어가고(제227조 제6호), 법원은 해산한 회사의 본점과 지점소재지의 등기소에 그 등기를 촉탁하여야 한다(비송사건절차법 제93조).

2. 패소판결이 내려진 경우

제241조에 따라 해산을 청구한 자가 패소한 경우에 악의 또는 중대한 과실이 있는 때에는 회사에 대하여 연대하여 손해를 배상할 책임이 있다(상법 제241조, 제191조).

10 주석 상법, 회사편(1)(제5판), 한국사법행정학회(2014), 325(정동윤).

제 242 조 [조직변경]

① 합명회사는 총사원의 동의로 일부사원을 유한책임사원으로 하거나 유한책임사원을 새로 가입시켜서 합자회사로 변경할 수 있다.
② 전항의 규정은 제229조 제2항의 규정에 의하여 회사를 계속하는 경우에 준용한다.

[관련조문] 상법 제242조, 제243조.
[참고문헌] 김건식 외 2인, 회사법(제3판), 박영사(2018); 서돈각/정완용, 상법강의(상)(제4전정판), 법문사(1999); 송옥렬, 상법강의(제9판), 홍문사(2019); 이철송, 회사법강의(제27판), 박영사(2019); 정찬형, 상법강의(상)(제22판), 박영사(2019); 주석 상법, 회사편(1)(제5판), 한국사법행정학회(2014); 上柳克郞·鴻常夫·竹内昭夫 編, 新版 注釋會社法(1), 有斐閣(1985).

Ⅰ. 본조의 취지

1. 의의

상법 제242조는 합명회사의 조직변경에 관한 규정이다.

조직변경(transformation)이라 함은 회사가 그 법인격의 동일성을 유지하면서 법률상의 조직을 변경하여 다른 종류의 회사로 되는 것을 말한다.[1]

기업은 사업목적에 가장 적합한 기업형태를 선택할 자유가 있고 기업형태 선택의 자유는 사업개시 후에도 보장되어야 한다.[2] 회사가 설립된 후 영업을 계속하던 중 회사형태가 영업에 적합하지 않게 되는 경우에는 현재의 회사를 해산하고 다른 형태의 회사를 설립하게 되면 경제적·조세적으로 매우 불리하고 절차적으로도 번거롭기 때문에, 상법은 이러한 번잡과 손실을 피하고 기업유지의 이념을 살

1 주석 상법, 회사편(1)(제5판), 한국사법행정학회(2014), 326(정동윤); 정찬형, 상법강의(상)(제22판), 박영사(2019), 501-502; 송옥렬, 상법강의(제9판), 홍문사(2019), 1315; 이철송, 회사법강의(제27판), 박영사(2019), 133; 김건식 외 2인, 회사법(제3판), 박영사(2018), 893.
2 김건식 외 2인, 회사법(제3판), 박영사(2018), 893.

리기 위하여 조직변경 제도를 인정하고 있다.[3]

제242조 제1항은 합명회사가 조직을 변경하여 합자회사로 될 수 있다고 정하고 있고, 제242조 제2항은 합명회사가 사원이 1인으로 되어 해산한 후 회사를 계속하는 경우에도 새로 유한책임사원을 가입시켜 합자회사로 조직을 변경할 수 있다고 정하고 있다.

2. 조직변경의 법적 성질

조직변경은 법인격의 동일성이 그대로 유지된다는 점에서 새로이 법인격을 창조하는 회사설립과 다르고,[4] 또 회사가 소멸하고 권리의무가 승계되는 합병과도 차이가 있으며,[5] 또 회사를 해산하여 청산절차를 밟고 그 사원과 그 재산으로 종류가 다른 회사를 신설하는 이른바 사실상의 조직변경[6]과도 차이가 있다.[7] 법인격의 동일성이 유지되므로 조직변경을 한 경우에는 변경 전 회사가 소유하던 부동산에 관하여는 이전등기를 할 것이 아니라 명의인표시의 변경등기(부동산등기법 제52조)를 하여야 한다.[8]

3. 조직변경의 종류

상법은 조직변경이 남용되는 것을 막고 법률관계를 명확히 처리하기 위하여 법률에 특히 규정이 있는 경우에만 조직변경을 허용하고 있다.[9] [10] 그런데 상법은

3 주석 상법, 회사편(1)(제5판), 한국사법행정학회(2014), 326-327(정동윤); 정찬형, 상법강의(상)(제22판), 박영사(2019), 501; 김건식 외 2인, 회사법(제3판), 박영사(2018), 893; 송옥렬, 상법강의(제9판), 홍문사(2019), 1315.

4 김건식 외 2인, 회사법(제3판), 박영사(2018), 894.

5 정찬형, 상법강의(상)(제22판), 박영사(2019), 503; 이철송, 회사법강의(제27판), 박영사(2019), 134.

6 대법원 1985. 11. 12. 선고 85누69 판결(회사의 조직변경은 회사가 그의 인격의 동일성을 보유하면서 법률상의 조직을 변경하여 다른 종류의 회사로 되는 것을 일컫는다 할 것이고 상법상 합명, 합자회사 상호간 또는 주식, 유한회사 상호간에만 회사의 조직변경이 인정되고 있을 뿐이므로 소외 ○○건설합자회사가 그 목적, 주소, 대표자등이 동일한 주식회사인 원고 회사를 설립한 다음 동 소외 회사를 흡수 합병하는 형식을 밟아 사실상 합자회사를 주식회사로 변경하는 효과를 꾀하였다 하더라도 이를 법률상의 회사조직변경으로 볼 수는 없다.)

7 이철송, 회사법강의(제27판), 박영사(2019), 134.

8 김건식 외 2인, 회사법(제3판), 박영사(2018), 894; 이철송, 회사법강의(제27판), 박영사(2019), 134.

9 주석 상법, 회사편(1)(제5판), 한국사법행정학회(2014), 327(정동윤).

10 대법원 1985. 11. 12. 선고 85누69 판결(회사의 조직변경은 회사가 그의 인격의 동일성을 보유하면서 법률상의 조직을 변경하여 다른 종류의 회사로 되는 것을 일컫는다 할 것이고 상법상 합명, 합자회사 상호간 또는 주식, 유한회사 상호간에만 회사의 조직변경이 인정되고 있을 뿐이므로 소외 ○○건설합자회사가 그 목적, 주소, 대표자등이 동일한 주식회사인 원고 회사를 설립한 다음 동 소외 회사를 흡수 합병하는 형식을 밟아 사실상 합자회사를 주식회사로 변경하는 효과를 꾀하였다 하더라도 이를 법률상의 회사조직변경으로 볼 수는 없다).

그 성질이 비슷한 인적회사인 합명회사와 합자회사 사이의 조직변경(상법 제242조, 제286조)과 물적회사인 주식회사와 유한회사 사이의 조직변경(제604조, 제607조), 그리고 주식회사와 유한책임회사 사이의 조직변경(제287조의43)만 규정하고 있다. 따라서 유한회사와 유한책임회사 사이의 직접적인 조직변경은 허용되지 않고 다만 유한회사를 주식회사로 조직변경을 한 다음 다시 유한책임회사로 조직변경을 하거나 그 반대의 경우는 가능하다고 볼 것이다.[11] 또한 조직변경이 허용되지 않는 회사 사이에서 조직변경을 하려면 먼저 원하는 형태의 회사(물적회사 내지 유한책임회사)를 자회사로 설립하고 기존 회사(인적회사)를 자회사에 흡수합병시키는 방법(제174조 제2항)으로 우회할 수도 있다.[12]

이러한 조직변경에 대한 상법의 허용범위에 대하여는 다양한 의견이 있다. 유한책임회사는 인적회사의 성격이 강한데 물적회사인 주식회사와의 조직변경을 허용하였다는 이유에서 성질이 비슷한 회사간의 조직변경만 허용한다는 원칙의 예외로 보는 견해[13]가 있다. 또한 유한책임회사는 인적회사와 물적회사의 성격을 겸하고 있지만 조직변경의 최대고려사항인 사원의 책임문제에 있어서는 물적회사와 같으므로 상법이 이를 허용한 것이라는 견해[14]도 있고, 이러한 관점에서 보면 사원이 유한책임을 진다는 점에서 같은 유한회사와 유한책임회사 사이의 조직변경을 규정하지 않은 것은 입법론상 의문이 든다는 견해[15]도 있다. 나아가 조직변경이라는 제도의 취지가 어차피 사업의 전개에 따라 회사의 형태가 부적합해졌다는 것을 전제로 한다면 굳이 비슷한 성질의 회사 사이에서만 가능하도록 제한할 필요도 없고, 독일 사업재편법에서 개인기업이나 인적회사도 물적회사로 조직변경을 할 수 있도록 하고, 미국 델라웨어주의 회사법[16]에서 법인기업과 비법인기업간 그리고 영리기업과 비영리기업간에도 조직변경이 가능하도록 하는 conversion 제도를 두고 있다는 점 등을 고려할 때 조직변경에 제한을 둘 필요가 있는지에 대하여 입법론적 재검토를 요한다는 견해[17]도 있다.

11 김건식 외 2인, 회사법(제3판), 박영사(2018), 893-894.
12 김건식 외 2인, 회사법(제3판), 박영사(2018), 893.
13 정찬형, 상법강의(상)(제22판), 박영사(2019), 502.
14 이철송, 회사법강의(제27판), 박영사(2019), 134.
15 김건식 외 2인, 회사법(제3판), 박영사(2018), 893.
16 Del. Gen. Corp. Law §265, 266, MBCA(Model Business Corporation Act) §9.50.
17 주석 상법, 회사편(1)(제5판), 한국사법행정학회(2014), 327(정동윤); 송옥렬, 상법강의(제9판), 홍문사(2019), 1316.

Ⅱ. 조직변경의 절차

1. 총사원의 동의

합명회사는 총사원의 동의로 일부사원을 유한책임사원으로 하거나 유한책임사원을 가입시켜서 합자회사로 조직을 변경할 수 있다(상법 제242조 제1항).

총사원의 동의방식에는 아무런 제한이 없다. 다만 합자회사의 정관에는 상법 제179조(정관의 절대적 기재사항)의 사항 외에 각 사원의 무한책임 또는 유한책임인 것을 기재하여야 하므로(상법 제270조) 합명회사의 조직변경의 결의에서는 변경 후의 합자회사의 정관의 내용 특히 어느 사원이 무한책임사원인지, 유한책임사원인지를 분명히 기재하여야 한다.

정관으로 조직변경을 위한 총사원의 동의 요건을 완화할 수 있는가에 관하여, 조직변경은 광의의 의미에서 정관변경의 한 경우이고 정관변경은 내부관계에 속하는 사항이므로 정관으로 이를 완화할 수 있다고 보는 견해도 있으나, 조직의 기본적 사항에 관한 중대변경이므로 완화할 수 없다고 보는 것이 타당하다.[18]

새로운 유한책임사원을 가입시켜 합자회사로 조직변경을 하는 경우에는 유한책임사원과 회사 사이에 입사계약을 체결하여야 하는 외에도 제242조에 따른 총사원의 동의를 요하지만 위 동의에는 신입사원의 입사계약에 관한 동의도 포함되어 있다고 볼 것이다.[19]

2. 채권자의 보호

합명회사의 조직변경절차에는 상법 제232조(채권자의 이의)와 같은 합병절차에서의 채권자의 보호절차와 같은 규정이 없다. 주식회사에서 유한회사 또는 유한책임회사로 조직변경을 하는 경우나 그 반대의 경우에 합병에서와 같은 채권자 보호절차를 밟아야 하는 것(제608조, 제232조, 제287조의44)과 차이가 있다. 합자회사의 합명회사로의 조직변경은 무한책임사원이 추가로 생기는 것이어서 채권자보호절차를 따로 요구하지 않는다.[20]

다만 합명회사사원으로서 상법 제242조에 의하여 유한책임사원이 된 자는

18 上柳克郎·鴻常夫·竹内昭夫 編, 新版 注釋會社法(1), 有斐閣(1985), 458頁; 주석 상법, 회사편(1)(제5판), 한국사법행정학회(2014), 328(정동윤).

19 주석 상법, 회사편(1)(제5판), 한국사법행정학회(2014), 328(정동윤).

20 송옥렬, 상법강의(제9판), 홍문사(2019), 1316; 이철송, 회사법강의(제27판), 박영사(2019), 135.

조직변경에 관한 본점등기를 하기 전에 생긴 회사채무에 대하여는 등기 후 2년 내에는 무한책임사원의 책임을 면하지 못한다(상법 제244조).

3. 등기

합명회사를 합자회사로 변경한 때에는 본점소재지에서는 2주간 내, 지점소재지에서는 3주간 내에 합명회사에 있어서는 해산등기, 합자회사에 있어서는 설립등기를 하여야 한다(상법 제243조).

조직변경으로 인한 변경 후의 회사에 관한 설립등기를 할 때에는 변경 전의 회사의 성립 연월일, 변경 전의 회사의 상호·본점과 조직을 변경한 뜻도 함께 등기하여야 하고(상업등기법 제65조 제1항), 합명회사가 합자회사로 조직을 변경함으로 인한 설립등기를 신청하는 경우에는 ①정관, ②유한책임사원을 가입시킨 경우에는 그 가입을 증명하는 정보, ③유한책임사원의 출자에 관하여 이행을 한 부분을 증명하는 정보를 제공하여야 한다(상업등기규칙 제114조).

조직변경으로 인한 변경 전의 회사에 관한 해산등기를 할 때에는 변경 후의 회사의 상호·본점과 조직을 변경한다는 뜻과 그 연월일도 함께 등기하여야 한다(상업등기법 제65조 제2항).

조직변경으로 인한 설립등기의 신청과 해산등기의 신청은 동시에 하여야 하고(상업등기법 제66조), 이 경우 등기관은 등기의 신청 중 어느 하나에 관하여 상업등기법 제26조(신청의 각하) 각 호의 어느 하나에 해당하는 사유가 있을 때에는 이들 신청을 함께 각하하여야 한다(상업등기법 제67조).

Ⅲ. 조직변경의 효과

제242조에 따른 조직변경을 완료하면 합명회사는 그 법인격의 동일성을 유지하면서 합자회사로 된다.

그런데 합병(상법 제234조)의 경우와 달리 상법에는 조직변경의 효력이 언제 발생하는지에 대하여 규정하고 있지 않다. 이에 관하여는 현실로 조직이 변경되었을 때 그 효력이 발생한다는 견해[21]가 있으나, ①조직변경에 의하여 회사의 법인격의 동일성은 변하지 아니한다고 하더라도 새로운 회사형태에 관한 한 그러한 회사가 새로 설립되는 것이나 다름이 없는데 회사는 본점소재지에서 설립등기를

21 서돈각/정완용, 상법강의(상)(제4전정판), 법문사(1999), 637.

함으로써 성립하는 것이므로(제176조) 조직변경의 효력은 본점소재지에서 조직변경등기를 한 때에 발생한다고 보아야 할 것인 점, ②상법 제244조가 합명회사에서 합자회사로 조직변경이 될 때에 유한책임사원으로 된 자의 책임 기준을 본점에서의 조직변경등기를 한 시점으로 규정하고 있는 점, ③독일 사업재편법 제202조 등도 조직변경의 등기 시에 그 효력이 발생하는 것으로 규정하고 있는 점 등을 고려할 때 조직변경의 등기를 한 때에 그 효력이 발생한다는 보는 것이 타당하다.[22]

Ⅳ. 조직변경의 하자

조직변경에 하자가 있는 경우에 다투는 방법에 관하여는 상법에 규정이 없다. 그러나 총사원의 동의가 없거나 그 동의에 하자가 있는 경우 등 조직변경 절차에 중대한 하자가 있으면 그 조직변경은 무효로 볼 것이고, 단체법상 획일적인 확정과 법률관계의 안정을 위하여 민법의 무효·취소의 규정을 적용할 수는 없으므로, 이와 같은 경우에는 일반 확인의 소로 처리하기보다는 설립무효의 소에 관한 규정(상법 제184조 내지 제192조)을 적용하여 처리함이 바람직하다.[23] [24]

22 주석 상법, 회사편(1)(제5판), 한국사법행정학회(2014), 329(정동윤); 송옥렬, 상법강의(제9판), 홍문사(2019), 1317; 이철송, 회사법강의(제27판), 박영사(2019), 137; 김건식 외 2인, 회사법(제3판), 박영사(2018), 939.

23 주석 상법, 회사편(1)(제5판), 한국사법행정학회(2014), 329(정동윤); 정찬형, 상법강의(상)(제22판), 박영사(2019), 505; 김건식 외 2인, 회사법(제3판), 박영사(2018), 895.

24 日最判 1971. 6. 29. 民集 25卷 4號 711頁.

제 243 조 [조직변경의 등기]

합명회사를 합자회사로 변경한 때에는 본점소재지에서는 2주간내, 지점소재지에서는 3주간내에 합명회사에 있어서는 해산등기, 합자회사에 있어서는 설립등기를 하여야 한다.

[관련조문] 상법 제242조, 제244조.
[참고문헌] 주석 상법, 회사편(1)(제5판), 한국사법행정학회(2014).

Ⅰ. 본조의 취지

상법 제243조는 합명회사의 조직변경의 등기에 관한 규정이다.

상법 제242조에 따라 합명회사가 조직변경을 하여 합자회사로 된 경우에는 합명회사에 대해서는 해산등기를, 합자회사에 대해서는 설립등기를 하여야 한다. 그러나 상법이 이와 같이 해산등기와 설립등기를 요구하는 것은 등기의 기술적 처리를 위한 것에 불과할 뿐, 조직변경 속에 해산과 설립이라는 두 가지 법률행위가 포함되어 있음을 뜻하는 것은 아니다.[1]

Ⅱ. 등기의 절차

합명회사를 합자회사로 변경한 때에는 본점소재지에서는 2주간 내, 지점소재지에서는 3주간 내에 합명회사에 있어서는 해산등기, 합자회사에 있어서는 설립등기를 하여야 한다(상법 제243조).

조직변경으로 인한 변경 후의 회사에 관한 설립등기를 할 때에는 변경 전의 회사의 성립 연월일, 변경 전의 회사의 상호·본점과 조직을 변경한 뜻도 함께 등기하여야 하고(상업등기법 제65조 제1항), 합명회사가 합자회사로 조직을 변경함으로 인한 설립등기를 신청하는 경우에는 ①정관, ②유한책임사원을 가입시킨 경우에는 그 가입을 증명하는 정보, ③유한책임사원의 출자에 관하여 이행을 한 부분을 증명하는 정보를 제공하여야 한다(상업등기규칙 제114조).

1 주석 상법, 회사편(1)(제5판), 한국사법행정학회(2014), 330(정동윤).

조직변경으로 인한 변경 전의 회사에 관한 해산등기를 할 때에는 변경 후의 회사의 상호·본점과 조직을 변경한다는 뜻과 그 연월일도 함께 등기하여야 한다(상업등기법 제65조 제2항).

조직변경으로 인한 설립등기의 신청과 해산등기의 신청은 동시에 하여야 하고(상업등기법 제66조), 이 경우 등기관은 등기의 신청 중 어느 하나에 관하여 제26조(신청의 각하) 각 호의 어느 하나에 해당하는 사유가 있을 때에는 이들 신청을 함께 각하하여야 한다(상업등기법 제67조).

합명회사의 조직변경으로 인한 해산등기와 설립등기는 법령에 다른 규정이 있는 경우를 제외하고는 그 대표자가 신청한다(상업등기법 제23조 제1항).

Ⅲ. 등기의 효력

조직변경의 등기가 있으면 조직변경의 효력이 발생한다.

합병(상법 제234조)의 경우와 달리 상법에는 조직변경의 효력이 언제 발생하는지에 대하여 규정하고 있지 않고, 현실로 조직이 변경되었을 때 그 효력이 발생한다는 견해[2]가 있으나, 조직변경의 등기를 한 때에 그 효력이 발생한다는 보는 것이 일반적이다[3](☞ 상세 내용은 제242조 주석 참조).

2 서돈각/정완용, 상법강의(상)(제4전정판), 법문사(1999), 637.

3 주석 상법, 회사편(1)(제5판), 한국사법행정학회(2014), 329(정동윤); 송옥렬, 상법강의(제9판), 홍문사(2019), 1317; 이철송, 회사법강의(제27판), 박영사(2019), 137; 김건식 외 2인, 회사법(제3판), 박영사(2018), 939.

제 244 조 [조직변경에 의하여 유한책임사원이 된 자의 책임]

합명회사사원으로서 제242조 제1항의 규정에 의하여 유한책임사원이 된 자는 전조의 규정에 의한 본점등기를 하기 전에 생긴 회사채무에 대하여는 등기 후 2년내에는 무한책임사원의 책임을 면하지 못한다.

[관련조문] 상법 제242조, 제243조.

[참고문헌] 주석 상법, 회사편(1)(제5판), 한국사법행정학회(2014).

Ⅰ. 본조의 취지

합명회사의 조직변경절차에는 상법 제232조(채권자의 이의)와 같은 합병절차에서의 채권자의 보호절차와 같은 규정이 없다. 주식회사에서 유한회사 또는 유한책임회사로 조직변경을 하는 경우나 그 반대의 경우에 합병에서와 같은 채권자 보호절차를 밟아야 하는 것(제608조, 제232조, 제287조의44)과 차이가 있다. 합자회사의 합명회사로의 조직변경은 무한책임사원이 추가로 생기는 것이어서 채권자보호절차를 따로 요구하지 않는다.[1]

이와 같이 합명회사의 조직변경과정에서는 회사채권자를 보호하는 절차가 따로 없고, 한편 합명회사가 합자회사로 조직변경을 하는 경우에는 종래의 무한책임사원 중의 일부사원을 유한책임사원으로 하는 방법과 유한책임사원을 새로 가입시켜서 하는 방법이 있는데(상법 제242조 제1항), 유한책임사원을 새로 가입시키는 경우에는 책임을 부담하는 자가 늘어날 뿐이므로 회사채권자에게 불리하지 않지만, 종래의 무한책임사원이 유한책임사원으로 되는 경우에는 회사채권자에게 불리하게 된다. 따라서 제244조에서는 합명회사의 무한책임사원이 유한책임사원이 된 경우 조직변경의 결과 채권자에게 미치는 불이익을 구제하기 위한 조치로 그 유한책임사원이 된 자로 하여금 조직변경의 본점등기 전에 생긴 회사채무에 대하여 그 등기 후 2년 내에는 무한책임을 지도록 규정하고 있다.[2]

1 송옥렬, 상법강의(제9판), 홍문사(2019), 1316; 이철송, 회사법강의(제27판), 박영사(2019), 135.
2 주석 상법, 회사편(1)(제5판), 한국사법행정학회(2014), 331-332(정동윤).

Ⅱ. 책임의 내용

조직변경에 의하여 종래의 무한책임사원이 유한책임사원으로 된 자가 무한책임을 지는 채무의 범위는 본점소재지에서의 조직변경의 등기를 하기 전에 생긴 일체의 회사채무이다. 회사채무는 그 내용·목적을 묻지 아니하고, 그 성립원인도 묻지 아니한다. 따라서 공법상의 채무도 포함되고, 불법행위·부당이득에 기한 채무도 포함된다. 그러나 조직변경 후에 생긴 회사채무에 대하여는 유한책임사원으로서 유한책임을 질 뿐이다.[3]

Ⅲ. 책임의 소멸

조직변경에 의하여 종래의 무한책임사원이 유한책임사원으로 된 자의 책임은 회사채권자의 보호를 위하여 상법이 특별히 인정한 책임으로서, 예외규정에 속하므로, 그 책임을 지는 기간을 너무 장기간으로 하는 것은 가혹하다. 상법은 이러한 점을 고려하여 유한책임사원으로 된 자의 회사채무에 대한 무한책임은 본점소재지에서의 조직변경등기 후 2년의 기간이 경과하면 소멸하는 것으로 제한하였다. 상법 제244조에 따른 책임기간은 제척기간으로 볼 것이다.[4]

3 주석 상법, 회사편(1)(제5판), 한국사법행정학회(2014), 332(정동윤).
4 주석 상법, 회사편(1)(제5판), 한국사법행정학회(2014), 332(정동윤).

제 6 절 청산

제 245 조 [청산 중의 회사]

회사는 해산된 후에도 청산의 목적범위내에서 존속하는 것으로 본다.

[참고문헌] 김건식 외 2인, 회사법(제3판), 박영사(2018); 이철송, 회사법강의(제27판), 박영사(2019); 정찬형, 상법강의(상)(제22판), 박영사(2019); 주석 상법, 회사편(1)(제5판), 한국사법행정학회(2014); 上柳克郎·鴻常夫·竹内昭夫 編, 新版 注釋會社法(1), 有斐閣(1985).

Ⅰ. 본조의 취지

상법 제245조는 청산 중의 회사의 권리능력에 관한 규정이다.

해산은 회사의 법인격의 소멸을 가져오는 원인이 되는 법률사실이나, 회사의 법인격은 해산에 의하여 곧 소멸하는 것이 아니라, 청산의 절차가 종료한 때에 비로소 소멸하게 된다. 해산등기가 있다 하여도 청산이 완료되기 전에는 소위 청산 중의 회사로서 해산전의 회사와 그 법인격의 동일성을 여전히 유지하여 존속한다고 봄이 현행상법 규정상 타당하다.[1]

이와 같이 청산(liquidation, winding up)은 회사가 해산한 뒤 존립 중에 발생한 일체의 대내적·대외적 법률관계를 종국적으로 처리하는 마무리 절차를 의미하고,[2] 해산에 뒤이어 청산절차 중에 있는 회사를 청산 중의 회사 또는 청산회사라고 한다.[3]

1 대법원 1956. 6. 8. 선고 4289행상5 판결, 대법원 1963. 1. 24. 선고 62다783 판결(피고 주식회사가 귀속재산처리법 제8조 제1항 제4호의 규정에 의하여 해산되었다 하더라도 청산의 범위 내에서 법인격은 존속하는 것이다.), 대법원 2003. 3. 14. 선고 2002다11854 판결(원고 주택개량재개발조합의 청산은 아직 종결되었다 볼 수 없고 청산사무가 종료되지 아니한 이상 그 한도에서 청산법인은 법인격 및 당사자능력이 존재한다고 볼 것이다.), 대법원 2003. 2. 11. 선고 99다66427, 73371 판결(법인에 대한 청산종결등기가 경료되었다고 하더라도 청산사무가 종결되지 않는 한 그 범위 내에서는 청산법인으로서 존속한다고 볼 것이다.)

2 주석 상법, 회사편(1)(제5판), 한국사법행정학회(2014), 333(정동윤); 이철송, 회사법강의(제27판), 박영사(2019), 180; 정찬형, 상법강의(상)(제22판), 박영사(2019), 550-551; 김건식 외 2인, 회사법(제3판), 박영사(2018), 940.

3 주석 상법, 회사편(1)(제5판), 한국사법행정학회(2014), 333(정동윤).

청산의 목적은 해산 후의 회사의 모든 권리의무를 처리하여 잔여재산을 분배하는 데 있으므로, 청산 중의 회사는 더 이상 영업활동을 계속할 수 없고 청산의 목적을 위하여만 존속한다. 따라서 제245조에서는 해산 후 회사는 그 목적이 청산의 범위 내로 감축되어야 한다고 규정하여 청산회사의 권리범위를 위와 같이 정하고 있다.[4]

Ⅱ. 청산 중의 회사의 법적 성질

청산 중의 회사의 법적 성질에 관하여는 일종의 특별한 회사라고 하거나 법에 의하여 존속이 의제되는 데 불과하다는 견해가 있으나, 청산 중의 회사는 해산 전의 회사와 동일한 회사이고, 다만 그 목적이 청산의 범위 내로 감축되는 데 지나지 않는다고 하는 이른바 동일회사설이 타당하고,[5] 또 판례[6]도 같은 태도이다. 따라서 제245조에서는 회사는 해산된 후에도 청산의 목적범위 내에서 존속하는 것으로 '본다'고 규정하고 있으나, 청산 중의 회사는 그 존속이 의제되는 것이 아니라 동일회사로서 당연히 존속하고 있는 것이다.[7]

Ⅲ. 청산 중의 회사의 법률관계

청산 중의 회사는 해산 전의 회사와 동일한 법인격을 가지는 회사이므로 해산 전의 회사에 관한 법률의 규정이 그대로 적용된다. 따라서 상인성, 상호, 사원의 출자의무, 제3자에 대한 책임 등에 관하여는 해산 전의 회사와 같다.[8] 정관도 청산의 목적범위에 반하지 않는 범위 내에서는 그 효력을 가지며, 정관의 변경도 할 수 있다.[9]

그러나 청산 중의 회사는 청산의 목적 범위 내에서 존속하는 것이므로, 영업

4 주석 상법, 회사편(1)(제5판), 한국사법행정학회(2014), 333(정동윤).

5 주석 상법, 회사편(1)(제5판), 한국사법행정학회(2014), 333-334(정동윤); 정찬형, 상법강의(상)(제22판), 박영사(2019), 551.

6 대법원 1956. 6. 8. 선고 4289행상5 판결(해산등기가 있다 하여도 청산이 완료되기 전에는 소위 청산중의 회사로서 해산전의 회사와 그 법인격의 동일성을 여전히 유지하여 존속한다고 봄이 현행상법 규정상 타당하다.)

7 上柳克郎·鴻常夫·竹内昭夫 編, 新版 注釋會社法(1), 有斐閣(1985), 466.

8 주석 상법, 회사편(1)(제5판), 한국사법행정학회(2014), 334(정동윤); 정찬형, 상법강의(상)(제22판), 박영사(2019), 551.

9 上柳克郎·鴻常夫·竹内昭夫 編, 新版 注釋會社法(1), 有斐閣(1985), 467; 주석 상법, 회사편(1)(제5판), 한국사법행정학회(2014), 344(정동윤).

의 활동을 전제로 하는 법 규정은 적용되지 아니한다. 따라서 사원의 업무집행권이나 회사대표권은 소멸하고, 사원은 더 이상 경업피지의무(상법 제198조)를 부담하지 않는다. 또한 회사가 종래에 선임한 지배인은 종임되고, 회사는 지배인 등 상업사용인을 둘 수 없다. 뿐만 아니라 사원은 이익배당청구권을 가질 수 없게 되며, 입사와 퇴사가 인정되지 아니하고, 사원이 사망한 때에는 상속인이 당연히 사원으로 된다(상법 제246조).[10]

또한 회사가 당사자로 계속 중이던 소송은 해산에 의하여 대표사원의 대표권이 소멸됨에 따라 민사소송법 제235조(소송능력의 상실, 법정대리권의 소멸로 말미암은 중단)에 의하여 일응 중단되지만, 만일 대표사원이 대표청산인으로 되었다면 소송절차는 중단되지 않고 그대로 계속된다고 볼 것이다.[11]

Ⅳ. 청산 중의 회사의 능력

1. 권리능력

청산 중의 회사는 해산 전의 회사와 동일한 법인격을 가지기 때문에 일반적 권리능력을 가지는 것은 당연하지만, 특별한 권리능력에 관하여는 청산 중의 회사의 권리능력은 청산의 목적범위 내로 축소된다고 해석하는 것이 일반적이다.[12]

그런데 청산 중의 회사의 권리능력이 청산의 목적범위 내로 축소된다고 하더라도 청산인의 직무권한을 정한 상법 제254조 제1항은 한정열거적 조항이 아니라 예시적 조항으로 볼 것이다. 따라서 청산 중의 회사는 현존사무의 종결, 채권의 추심과 채무의 변제, 재산의 환가처분, 잔여재산의 분배 외에도 청산에 필요한 범위 내에서 영업을 계속할 수 있지만, 새로이 회사의 목적인 영업을 할 수는 없다. 회사에 공로가 있었던 자에게 그 보수로서 위로금을 증여하는 행위, 회사가 타인에게 임대한 토지임대료의 증액을 청구하는 행위, 잔여재산의 분배로서 재산을 그대로 분배할 목적으로 재산을 임대하는 행위 등은 청산의 목적범위 내에 속하는 행위로 볼 것이다.[13]

10 주석 상법, 회사편(1)(제5판), 한국사법행정학회(2014), 344(정동윤); 정찬형, 상법강의(상)(제22판), 박영사(2019), 551.
11 주석 상법, 회사편(1)(제5판), 한국사법행정학회(2014), 335(정동윤).
12 주석 상법, 회사편(1)(제5판), 한국사법행정학회(2014), 335(정동윤).
13 주석 상법, 회사편(1)(제5판), 한국사법행정학회(2014), 335(정동윤).

그러나 청산 중인 법인의 적극적인 권리의 취득 등은 그 직무권한 외의 행위이므로 부동산을 경락취득할 수 없다.[14] 다만 청산 중의 회사도 그 채무자에 대한 채권추심을 위하여 필요한 경우에는 저당권의 실행을 위한 경매의 신청을 하고 스스로 매수인이 되어 저당부동산을 취득할 수 있다고 보는 견해[15]도 있다.

2. 의사능력 및 행위능력

청산 중의 회사는 청산의 목적 범위 내에서 존재하여 그 권리능력이 인정되므로 그 범위 내에서는 의사능력 및 행위능력도 인정된다고 볼 것이다. 청산 중의 회사는 청산인이 그 대표기관으로 법률행위를 하는 것이다.[16]

3. 불법행위능력

청산 중의 회사를 대표하는 기관인 청산인이 그 업무집행으로 인하여 타인에게 손해를 가한 때에는 회사는 그 청산인과 연대하여 손해를 배상할 책임을 진다(상법 제265조, 제210조). 따라서 청산 중의 회사도 불법행위능력을 가진다고 볼 것이다.[17]

4. 공법상·형사법상 능력

청산 중의 회사는 권리능력을 가진 법인이므로, 민사소송법상 당사자능력과 소송능력(민사소송법 제51조)을 가진다. 또한 그밖의 공법상의 능력에 관하여도 해산 전의 회사와 동일한 능력을 가진다고 볼 것이다.[18]

그리고 청산 중의 회사도 법인격이 유지되는 이상 형사법의 적용에 있어서도 해산에 의하여 바로 공소권이 소멸하는 것은 아니고, 또 형사소송에 있어서도 그 대표자인 청산인이 소송행위를 대표한다(형사소송법 제27조).[19] 청산종결의 등기가 경료되었다면 특단의 사정이 없는 한 그 법인격이 상실되어 법인의 당사자능력 및 권리능력이 상실되었다고 보아야 할 것이므로 형사소송법 제328조 제1항 제2호[20]의 피고인인 법인이 존속하지 아니하게 되었을 때에 해당하나, 회사가 해산

14 대법원 1959. 5. 6.자 4292민재항8 결정.
15 주석 상법, 회사편(1)(제5판), 한국사법행정학회(2014), 335(정동윤).
16 주석 상법, 회사편(1)(제5판), 한국사법행정학회(2014), 336(정동윤).
17 주석 상법, 회사편(1)(제5판), 한국사법행정학회(2014), 336(정동윤).
18 주석 상법, 회사편(1)(제5판), 한국사법행정학회(2014), 336(정동윤).
19 주석 상법, 회사편(1)(제5판), 한국사법행정학회(2014), 336(정동윤).
20 형사소송법 제328조(공소기각의 결정).
① 다음 경우에는 결정으로 공소를 기각하여야 한다.
2. 피고인이 사망하거나 피고인인 법인이 존속하지 아니하게 되었을 때

등기 및 청산종결등기 전에 업무 또는 재산에 관한 위반행위로 인하여 재산형에 해당하는 사건으로 소추를 받는 것과 같은 것은 청산인의 현존사무(상법 제254조 제1항 제1호) 중에 포함되는 것이라 할 것이므로 비록 피고인 회사의 청산종료의 등기가 경료되었다 하더라도 그 피고사건이 종결되기까지는 피고인 회사의 청산 사무는 종료되지 아니하고, 형사소송법상 당사자능력도 그대로 존속한다고 해석함이 상당하다.[21]

21 대법원 1982. 3. 23. 선고 81도1450 판결.

제 246 조 [수인의 지분상속인이 있는 경우]

회사의 해산후 사원이 사망한 경우에 그 상속인이 수인인 때에는 청산에 관한 사원의 권리를 행사할 자 1인을 정하여야 한다. 이를 정하지 아니한 때에는 회사의 통지 또는 최고는 그 중의 1인에 대하여 하면 전원에 대하여 그 효력이 있다.

[관련조문] 상법 제218조, 제219조, 민법 제278조, 제1005조, 제1006조.

[참고문헌] 주석 상법, 회사편(1)(제5판), 한국사법행정학회(2014); 上柳克郎·鴻常夫·竹内昭夫 編, 新版 注釋會社法(1), 有斐閣(1985).

Ⅰ. 본조의 취지

사원의 인적 신뢰관계를 기초로 하는 합명회사는 사원의 개성이 중시되므로 회사가 정상적으로 계속 중인 때에 사원이 사망하면 그 사원에 대한 퇴사원인이 되고(상법 제218조 제3호), 정관으로 사원이 사망한 경우에 그 상속인이 회사에 대한 피상속인의 권리의무를 승계하여 사원이 될 수 있음을 정하지 않았다면 상속인은 피상속인의 사원의 지위를 상속하지 못한다(제219조). 그러나 회사가 해산하여 청산 중인 경우에는 청산의 목적범위 내에서만 존속하고 사원 간의 인적 신뢰관계를 더 이상 유지할 필요성이 없어졌으므로, 제246조에서는 청산 중의 회사에 있어서 사원이 사망한 경우에 사원의 지분이 상속인에 의하여 당연히 상속된다는 전제에서 상속인을 청산의무에 관여시킴으로써 청산 중의 회사의 재산정리가 공평하게 행하여지도록 보장하고 있다. 나아가 본조에서는 유산상속의 경우에 수인의 지분상속인이 청산에 관하여 공동으로 사원의 권리를 행사하는 것은 불편하므로 편의상 이를 용이하게 함과 동시에 그 권리행사를 명확히 하고 있다.[1]

1 주석 상법, 회사편(1)(제5판), 한국사법행정학회(2014), 337(정동윤).

Ⅱ. 수인의 지분상속인이 있는 경우

1. 상속인들의 사원 지분의 공유

합명회사가 해산하면 사원의 지분에 대한 상속이 인정되고, 또 사망한 사원의 지분은 피상속인의 일신에 전속하는 것이 아니므로 상속인에게 포괄적으로 이전된다(민법 제1005조[2]). 사원의 지위는 일부이전도 가능하나 기본적으로 사원의 지위는 1개로 보고 있으므로(지분단일주의), 사망한 사원에게 수인의 상속인이 있는 때에는 상속인은 피상속인이 가지고 있었던 사원의 지위를 합체한 1개로서 승계하기 때문에 공동상속인은 모두 사원으로 되고 지분을 공유하는 관계에 있다고 볼 것이다(제1006조[3]). 사원의 지분은 소유권 이외의 재산권에 속하고 상속인들은 사망한 사원의 지분을 준공동소유한다고 볼 것이고(제278조[4]), 따라서 공동상속인 간의 내부관계는 민법의 공유에 관한 규정(제262조 이하)을 적용하면 된다.[5]

2. 사원 지분의 권리행사자 및 최고·통지의 상대방

합명회사가 해산한 후 사원이 사망한 경우에 그 상속인이 수인인 때에는 그 전원이 청산에 관하여 사원의 권리를 행사하도록 하는 것은 불편할 뿐만 아니라 혼란을 초래하게 된다. 또한 합명회사에 있어서 사원의 지분은 지분단일주의를 취하고 있으나 해산 후 사원의 사망 시에는 예외적으로 청산을 위하여 지분의 공유를 인정하고 있을 뿐이다. 따라서 회사의 해산 후 사원이 사망한 경우에 수인의 지분상속인이 있는 때에는 청산에 관한 사원의 권리를 행사할 자 1인을 정하여야 한다(상법 제246조 전문). 이 경우 사원의 권리를 행사할 대표자는 공유자인 수인의 지분상속인 중에서 선정하여야 한다.[6] 수인의 지분상속인은 일단 대표자를 선정

2 민법 제1005조(상속과 포괄적 권리의무의 승계)
상속인은 상속개시된 때로부터 피상속인의 재산에 관한 포괄적 권리의무를 승계한다. 그러나 피상속인의 일신에 전속한 것은 그러하지 아니하다.

3 민법 제1006조(공동상속과 재산의 공유)
상속인이 수인인 때에는 상속재산은 그 공유로 한다.

4 민법 제278조(준공동소유)
본절의 규정은 소유권 이외의 재산권에 준용한다. 그러나 다른 법률에 특별한 규정이 있으면 그에 의한다.

5 주석 상법, 회사편(1)(제5판), 한국사법행정학회(2014), 338(정동윤).

6 주석 상법, 회사편(1)(제5판), 한국사법행정학회(2014), 338(정동윤).

한 경우에도 그 후에 대표자를 변경할 수 있다.[7]

대표자는 청산에 관하여 사원의 권리를 행사할 수 있을 뿐 공유지분을 처리할 권한은 없다. 대표자는 단독명의로 그 권리를 행사할 수 있고 지분상속인 전원의 명의로 할 필요는 없다.[8]

수인의 지분상속인이 제246조에 따른 대표자 1인을 선정하지 아니한 때에는 상속한 지분에 관하여 청산에 관한 사원의 권리를 행사할 수 없게 된다고 해석된다. 그러나 회사가 지분상속인 전원에 의한 권리의 행사를 인정하는 것은 상관이 없다.[9]

수인의 지분상속인이 청산에 관한 사원의 권리를 행사할 대표자를 정하지 아니한 때에는 회사의 통지 또는 최고는 그 중의 1인에 대하여 하면 전원에 대하여 그 효력이 있다(상법 제246조 후문). 이는 회사가 공동상속인에게 통지 또는 최고를 하는 경우에 한정되는 것이므로 청산인의 선임, 청산사무의 검사권, 잔여재산분배청구권 등에 관하여는 적용되지 아니한다. 따라서 잔여재산의 분배에 관하여 지분상속인이 공동으로 지급을 청구할 수 없는 한 회사는 부득이 분배된 잔여재산을 공탁하는 수밖에 없을 것이다.[10]

Ⅲ. 정관에 의한 상속인의 지정

사원에 관한 사항은 내부적 관계로서 임의규정이라 할 것이어서, 합명회사의 정관에 회사가 정상적으로 영업을 계속하는 중 사원이 사망한 때 특정인만이 그 상속인이 되도록 정하는 것은 효력이 있다 할 것이다. 그러나 합명회사가 해산한 경우에는 사원의 지분에 대한 상속이 인정되고 이때에는 민법의 상속에 관한 규정이 적용되므로, 정관에 사원의 사망 시 특정인만이 그 지분을 상속한다고 규정하였더라도 그 효력이 발생한다고 보기는 어렵다고 할 것이다.[11]

7 上柳克郎·鴻常夫·竹内昭夫 編, 新版 注釋會社法(1), 有斐閣(1985), 585頁.
8 주석 상법, 회사편(1)(제5판), 한국사법행정학회(2014), 338(정동윤).
9 주석 상법, 회사편(1)(제5판), 한국사법행정학회(2014), 338(정동윤).
10 주석 상법, 회사편(1)(제5판), 한국사법행정학회(2014), 339(정동윤).
11 주석 상법, 회사편(1)(제5판), 한국사법행정학회(2014), 339(정동윤).

제 247 조 [임의청산]

① 해산된 회사의 재산처분방법은 정관 또는 총사원의 동의로 이를 정할 수 있다. 이 경우에는 해산사유가 있는 날로부터 2주간내에 재산목록과 대차대조표를 작성하여야 한다.
② 전항의 규정은 회사가 제227조 제3호 또는 제6호의 사유로 인하여 해산한 경우에는 이를 적용하지 아니한다.
③ 제232조의 규정은 제1항의 경우에 준용한다.
④ 제1항의 경우에 사원의 지분을 압류한 자가 있는 때에는 그 동의를 얻어야 한다.
⑤ 제1항의 회사는 그 재산의 처분을 완료한 날부터 본점소재지에서는 2주간내에, 지점소재지에서는 3주간내에 청산종결의 등기를 하여야 한다. <신설 1995.12.29>

[관련조문] 상법 제248조, 제249조, 제250조, 제635조 제1항 제9호, 제11호, 상업등기규칙 제108조, 제110조 제1항

[참고문헌] 김건식 외 2인, 회사법(제3판), 박영사(2018); 이철송, 회사법강의(제27판), 박영사(2019); 주석 상법, 회사편(1)(제5판), 한국사법행정학회(2014); 上柳克郎·鴻常夫·竹内昭夫 編, 新版 注釋會社法(1), 有斐閣(1985).

Ⅰ. 본조의 취지

합명회사의 청산방법은 2가지 방법 즉 임의청산과 법정청산이 있다. 임의청산은 정관 또는 총사원의 동의로 회사재산의 처분방법을 임의로 정하는 청산이고, 법정청산은 법정의 절차에 의하여 행하여지는 청산이다.[1]

합명회사에 관하여 임의청산이 인정되는 것은 사원 간에 인적 신뢰관계가 존재하고 해산등기 후에도 5년간 사원의 책임이 인정되므로(상법 제267조 제1항), 회

1 주석 상법, 회사편(1)(제5판), 한국사법행정학회(2014), 341(정동윤); 주석 상법, 회사편(1)(제5판), 한국사법행정학회(2014), 349-350(정동윤); 이철송, 회사법강의(제27판), 박영사(2019), 180.

사채권자의 이익을 침해할 염려가 적기 때문이다.[2] 인적회사인 합자회사에서도 임의청산이 인정되지만(제269조), 주식회사(제531조 내지 제542조), 유한책임회사(제287조의45) 및 유한회사(제613조 제1항)에서는 임의청산이 인정되지 아니하고 법정청산만이 인정된다.

제247조 제1항, 제2항, 제5항에서는 임의청산의 방법, 임의청산이 허용되지 않는 경우, 임의청산의 종결등기에 관하여 규정하고 있고, 제247조 제3항, 제4항 및 상법 제248조, 제249조에서는 임의청산과정에서의 채권자의 보호에 관하여 규정하고 있다.

한편 제247조 제5항의 임의청산에 대한 청산종결등기 조항은 청산종료의 여부를 등기부상으로 명확히 하기 위하여 1995. 12. 29. 신설되었는데, 그 이전에는 법정청산에 대한 청산종결등기 규정(상법 제264조)만이 있어 임의청산의 경우에 이를 유추적용하여야 한다는 것이 일반적인 견해였고 개정법이 이를 수용한 것이다.

Ⅱ. 임의청산을 할 수 있는 경우

청산의 원인이 되는 해산원인(상법 제227조)은 총 6가지 즉 '①존립기간의 만료 기타 정관으로 정한 사유의 발생, ②총사원의 동의, ③사원이 1인으로 된 때, ④합병, ⑤파산, ⑥법원의 명령 또는 판결'이 있는데, 합명회사의 청산방법 중 임의청산을 할 수 있는 경우는 결론적으로 말하자면 ③~⑥의 사유가 아닌 경우로서 정관 또는 총사원의 동의로 해산된 회사의 재산처분방법을 정한 경우에 한한다. 왜냐하면 위 6가지 해산원인 중 재산처분의 공정을 기대하기 어려운 '③사원이 1인으로 된 때'와 '⑥법원의 명령 또는 판결이 있는 때'의 사유는 상법 제247조 제2항에 의하여 허용되지 않고,[3] 또 '④합병'의 경우에는 청산과정이 불필요하고, '⑤파산'의 경우에는 채무자 회생 및 파산에 관한 법률에 따라 청산과정이 처리되기 때문이다(특히 ④및 ⑤의 사유는 상법 제250조에서 법정청산에 따르지 않음을 명확히 규정하고 있다).[4]

2 주석 상법, 회사편(1)(제5판), 한국사법행정학회(2014), 340-341(정동윤); 김건식 외 2인, 회사법(제3판), 박영사(2018), 940.

3 주석 상법, 회사편(1)(제5판), 한국사법행정학회(2014), 341(정동윤); 이철송, 회사법강의(제27판), 박영사(2019), 180; 김건식 외 2인, 회사법(제3판), 박영사(2018), 941.

4 주석 상법, 회사편(1)(제5판), 한국사법행정학회(2014), 341(정동윤); 김건식 외 2인, 회사법(제3판), 박영사(2018), 940; 이철송, 회사법강의(제27판), 박영사(2019), 180.

그리고 법정청산을 하여야 하는 경우는 ①정관 또는 총사원의 동의로 해산하면서 재산의 처분방법을 정하지 않은 경우, ②사원이 1인으로 된 때, ③법원의 명령 또는 판결이 있는 때라 할 것이다(상법 제250조).

Ⅲ. 임의청산의 절차

1. 임의청산의 방법

가. 정관 또는 총사원의 동의

임의청산에 있어서 회사재산의 처분방법은 정관 또는 총사원의 동의로써 이를 정한다(상법 제247조 제1항 전문). 정관에서 임의청산을 정하였다고 보기 위해서는 업무집행에 관한 규정을 둔 것만으로는 불충분하고 청산을 위한 재산처분방법에 관한 규정을 명확히 두는 정도에 이르러야 한다. 임의청산을 위한 재산처분방법에 관한 총사원의 동의는 해산 전은 물론 해산 후에도 가능하다. 재산처분방법에 관하여 정관에 정함이 없거나 총사원의 동의를 얻을 수 없는 경우에는 임의청산이 아니라 법정청산에 의하여야 한다(제250조).[5]

해산 후 재산처분방법에 관한 총사원의 동의로 임의청산을 하는 경우 그 동의의 시기에 관하여 법문상 명시적 규정은 없으나, 상법 제247조 제3항, 제232조에 따라 채권자이의를 위한 공고 또는 최고를 해산사유가 발생한 후 2주 내에 하여야 하므로 위 동의 역시 해산사유가 발생한 후 2주 내에 하여야 함에 주의를 요한다.[6] 위 공고 또는 최고의 기한인 2주간의 기산점을 동의가 있는 날로 보아야 한다는 견해도 가능하나 채권자보호와 예측가능성 등을 위하여 청산의 방법을 조기에 확정함이 타당하므로 위와 같이 보아야 할 것이다.

한편 해산등기를 할 때에는 상법 제180조(설립의 등기) 제4호(회사를 대표할 사원을 정한 경우에는 그 성명·주소 및 주민등록번호) 및 제5호(수인의 사원이 공동으로 회사를 대표할 것을 정한 때에는 그 규정)의 등기를 말소하여야 하나, 제247조에 따른 임의청산의 경우에는 그러하지 아니하다(상업등기규칙 제108조 단서).

나. 회사재산의 처분방법

합명회사가 임의청산하는 경우 회사재산의 처분방법을 제한하는 규정은 없으

5 주석 상법, 회사편(1)(제5판), 한국사법행정학회(2014), 341-342(정동윤).
6 주석 상법, 회사편(1)(제5판), 한국사법행정학회(2014), 341-342(정동윤).

므로 정관 또는 총사원의 동의로 자유롭게 정할 수 있다. 영업양도나 경매의 방법으로 회사재산을 처분할 수도 있고, 영업의 일부를 사원에게 분배하거나 회사재산을 현물로 사원에게 배분하는 것도 가능하다.[7]

임의청산의 경우에는 청산인에 관한 규정은 없지만, 임의청산을 위한 재산처분방법을 정하면서 청산인에 관한 사항도 정할 수 있다.[8]

2. 회사채권자의 보호

가. 재산목록 및 대차대조표의 작성

임의청산의 경우에는 해산사유가 있는 날로부터 2주간 내에 재산목록과 대차대조표를 작성하여야 한다(상법 제247조 제1항 후문). 영업의 존속을 전제로 하는 것이 아니기 때문에 재산의 평가는 처분가액에 의하여야 할 것이다. 재산목록 및 대차대조표에 적을 사항을 적지 아니하거나 부실하게 기재한 경우에는 500만 원 이하의 과태료 부과대상이 된다(제635조 제1항 제9호).[9]

나. 회사채권자에 대한 공고 및 최고

임의청산의 경우에는 해산사유가 있는 날로부터 2주간 내에 회사채권자에 대하여 회사재산의 처분방법에 이의가 있으면 1월 이상으로 정한 일정한 기간 내에 이를 제출할 것을 공고하고, 알고 있는 채권자에 대하여는 따로따로 이를 최고하여야 한다(상법 제247조 제3항, 제232조 제1항). 회사채권자가 위 기간 내에 이의를 제출하지 아니한 때에는 회사재산의 처분방법을 승인한 것으로 본다(제247조 제3항, 제232조 제2항).[10] 따라서 위 공고나 최고를 함에 있어서는 이의제출기간 및 이의제출을 할 수 있다는 기재와 더불어 회사재산의 처분방법에 관하여도 기재를 하여야 한다.

이의를 제출한 채권자가 있는 때에는 회사는 그 채권자에 대하여 변제를 하거나 상당한 담보를 제공하거나 또는 이를 목적으로 하여 상당한 재산을 신탁하여야 한다(상법 제247조 제3항, 제232조 제3항).

7 주석 상법, 회사편(1)(제5판), 한국사법행정학회(2014), 342(정동윤); 김건식 외 2인, 회사법(제3판), 박영사(2018), 941.

8 上柳克郎·鴻常夫·竹内昭夫 編, 新版 注釋會社法(1), 有斐閣(1985), 473; 주석 상법, 회사편(1)(제5판), 한국사법행정학회(2014), 342(정동윤).

9 주석 상법, 회사편(1)(제5판), 한국사법행정학회(2014), 342(정동윤).

10 주석 상법, 회사편(1)(제5판), 한국사법행정학회(2014), 342(정동윤).

그리고 청산의 종결을 늦출 목적으로 공고 내지 최고를 하면서 이의제출기간을 부당하게 장기간으로 정한 경우는 500만 원 이하의 과태료 부과 대상이 된다(상법 제635조 제1항 제11호).

3. 지분압류채권자의 동의

임의청산을 하는 경우에는 사원의 지분을 압류한 자가 있는 때에는 그 동의를 얻어야 한다(상법 제247조 제4항). 상법 제223조(지분의 압류)에서 사원의 지분의 압류는 사원이 장래이익의 배당과 지분의 환급을 청구하는 권리에 대하여도 그 효력이 있다고 규정하고 있을 뿐 잔여재산분배청구권은 여기에 포함하고 있지 않으나 일반적으로 지분의 압류는 잔여재산분배청구권에도 그 효력이 미친다고 보므로, 청산을 임의청산으로 진행하는 경우에는 지분압류채권자의 이해관계에 중대한 영향을 미칠 수 있기 때문이다.[11]

다른 사원의 동의를 얻어 지분을 입질한 경우에는 그 질권자의 동의를 얻어야 할 것이고, 정관의 규정에 의하여 회사재산의 처분방법이 정하여진 후에 사원의 지분을 압류한 채권자의 동의도 필요하다고 본다.[12]

회사가 지분압류채권자의 동의를 얻지 않고 임의청산으로 회사의 재산을 처분한 때에는 지분압류채권자는 회사에 대하여 그 지분에 상당하는 금액을 청구할 수 있을 뿐만 아니라 그 재산을 처분함으로써 회사채권자를 해한 때에는 상법 제248조에 따라 그 처분의 취소를 법원에 청구할 수 있다(상법 제249조).

4. 임의청산의 종결등기

청산을 임의청산으로 진행한 경우 그 재산의 처분을 완료한 날부터 본점소재지에서는 2주간 내에, 지점소재지에서는 3주간 내에 청산종결의 등기를 하여야 하고(상법 제247조 제5항), 위 청산종결등기를 신청하는 경우에는 회사재산의 처분이 완료되었음을 증명하는 정보를 제공하여야 한다(상업등기규칙 제110조 제1항).

11 주석 상법, 회사편(1)(제5판), 한국사법행정학회(2014), 343(정동윤).
12 주석 상법, 회사편(1)(제5판), 한국사법행정학회(2014), 343(정동윤).

제 248 조 [임의청산과 채권자보호]

① 회사가 전조 제3항의 규정에 위반하여 그 재산을 처분함으로써 회사채권자를 해한 때에는 회사채권자는 그 처분의 취소를 법원에 청구할 수 있다.
② 제186조와 민법 제406조 제1항 단서, 제2항 및 제407조의 규정은 전항의 취소의 청구에 준용한다.

[관련조문] 상법 제247조, 제249조, 민법 제406조, 제407조.
[참고문헌] 이철송, 회사법강의(제27판), 박영사(2019); 주석 상법, 회사편(1)(제5판), 한국사법행정학회(2014).

Ⅰ. 본조의 취지

상법 제248조는 임의청산에 있어서 사해행위취소의 소에 관한 규정이다.

민법상 채권자취소권과 같은 취지의 규정이라 할 것인데, 상법 제247조 제3항의 채권자이의를 위한 공고·최고 및 제247조 제4항과 제249조의 지분압류채권자의 보호를 위한 조항과 더불어 합명회사의 임의청산에 있어서 채권자보호를 위한 규정이다.

Ⅱ. 회사채권자의 사해행위취소권

1. 취소권의 법적 성질

상법 제248조에 정한 회사채권자의 취소권은 민법상의 채권자취소권과 같은 취지의 제도이므로, 제248조의 취소권의 법적 성질도 민법상 채권자취소권의 법적 성질에 준한다고 볼 것이다. 제248조에서 '그 취소 및 원상회복을 법원에 청구할 수 있다'고 규정한 민법 제406조 제1항 본문을 준용하고 있지는 않으나, 판례는 위 민법 제406조 제1항 본문이 위와 같이 규정되기 이전부터 채권자취소권은 사해행위의 취소와 아울러 재산의 회복을 그 본질적 내용으로 하는 권리임을 밝혔고, 현행민법의 위 규정은 이를 명문화한 것으로 이해되기 때문이다.[1] 따라서

[1] 주석 상법, 회사편(1)(제5판), 한국사법행정학회(2014), 345(정동윤).

제248조에 따른 회사채권자의 취소권은 병합설에 따라 '그 처분의 취소를 법원에 청구할 수 있다'고만 규정되어 있지만 사해행위를 취소하고 아울러 재산의 회복을 청구할 수 있는 권리로 볼 것이다.

민법상 채권자취소권의 법적 성질에 관한 학설로는, 그 본질적 내용을 사해행위의 취소에 있다고 보는 형성권설, 사해행위로 일탈한 재산의 회복이라고 보는 청구권설 및 사해행위를 취소하고 아울러 재산의 회복을 청구하는 것이라고 보는 병합설 등이 있다. 그리고 일탈한 재산을 채무자에게 반환시키지 아니하고 수익자의 소유와 명의로 놓아둔 채 책임재산성만을 회복시켜, 채권자에게 그 일탈재산에 대한 강제집행가능성을 부여하는 책임설과 채권자취소권을 통상의 취소권과 같은 것으로 보아, 채권자취소의 소는 채무자, 수익자 및 전득자 모두를 피고로 하는 필수적 공동소송으로 풀이하고, 취소의 효과는 절대적 무효가 된다고 보는 신형성권설도 있다.[2]

2. 취소권의 요건

가. 객관적 요건(처분절차 위반 및 사해행위)

상법 제248조에 따른 취소권을 행사하기 위해서는, 회사가 제247조 제3항에 규정하는 회사채권자의 보호절차 즉 회사채권자의 이의제출을 위한 공고 내지 최고절차를 위반하여 회사재산을 처분하였어야 하고, 또한 그러한 회사의 재산처분행위로서 회사채권자를 해하여야 한다(제248조 제1항). 회사채권자를 해한다는 것은 회사의 재산처분행위로 인하여 회사의 책임재산이 감소하여 그러한 방법으로 처분하지 않았을 경우 회사채권자가 변제받을 수 있는 것보다 불리한 상태에 놓이는 것을 말하고, 그 증명책임은 취소의 소의 상대방에게 있다고 본다.[3]

나. 주관적 요건(수익자와 전득자의 악의)

회사채권자가 상법 제248조에 따른 취소권을 행사하기 위해서는, 수익자 및 전득자가 회사의 재산처분행위 당시 또는 전득 당시에 회사채권자를 해함을 알고 있어야 한다(상법 제248조 제2항, 민법 제406조 제1항 단서). 악의의 유무에 관한 증명책임은 수익자 또는 전득자가 부담한다. 그러나 민법 제406조에서 '채무자가 채권자를 해함을 알고'라는 기재는 제248조에 포함되어 있지 않으므로, 제248조에 따

2 주석 상법, 회사편(1)(제5판), 한국사법행정학회(2014), 345(정동윤).
3 주석 상법, 회사편(1)(제5판), 한국사법행정학회(2014), 345(정동윤).

른 취소권을 행사함에 있어서는 민법상의 채권자취소권과는 달리 채무자의 사해의사는 요하지 않는다.[4]

3. 취소권의 행사

가. 행사의 방법

회사채권자의 취소권의 행사는 반드시 소에 의하여야 한다(상법 제248조 제1항). 제248조에 의한 취소권을 행사한 후 동일한 사실에 관하여 민법상의 채권자취소권을 행사하는 것은 허용되지 않는다고 본다.[5]

나. 소의 당사자

상법 제247조 제3항에 규정하는 회사채권자보호의 절차에 위반하여 회사재산을 처분함으로써 손해를 입은 모든 채권자가 제248조에 따른 취소의 소를 제기할 수 있다.

피고는 채권자취소권의 성질을 어떻게 보는가에 따라 달라질 수 있으나,[6] 판례[7]는 병합설의 입장에서 이득반환청구의 상대방인 수익자 내지 전득자만이 피고가 될 수 있고, 채무자를 상대로 상법 제248조에 따른 소는 제기할 수 없다고 판시하였다.

다. 소의 관할

상법 제248조에 따른 사해행위취소의 소는 회사의 본점소재지의 지방법원의 전속관할에 속한다(제248조 제2항, 제186조).

4. 취소권행사의 효과

회사채권자에 의한 취소와 원상회복은 모든 채권자의 이익을 위하여 그 효력이 있다(상법 제248조 제2항, 민법 제407조). 따라서 원상회복으로서 원물반환된 재산이나 이에 갈음하는 가액배상은 회사의 일반재산으로 회복되고 총채권자를 위한 공동담보로 된다. 회사채권자가 직접 자기에게 인도 또는 지급할 것을 청구한

4 주석 상법, 회사편(1)(제5판), 한국사법행정학회(2014), 345(정동윤).
5 주석 상법, 회사편(1)(제5판), 한국사법행정학회(2014), 345-346(정동윤).
6 형성권설에 의하면 취소되는 사해행위의 당사자, 즉 계약의 경우에는 채무자 및 수익자이고 단독행위의 경우에는 채무자만이 피고가 된다. 청구권설에 의하면 재산반환청구의 상대방이 되는 수익자 또는 전득자만이 피고가 된다. 병합설에 의하면 이익반환청구의 상대방, 즉 수익자 또는 전득자가 피고가 된다. 책임설에 의하는 경우 피고는 수익자 또는 전득자이다.
7 대법원 1965. 2. 24. 선고 64다1541 판결, 대법원 1967. 2. 26. 선고 67다1389 판결.

경우에도 같다.[8]

5. 취소권의 소멸

상법 제248조에 따른 사해행위 취소의 소는 채권자가 취소원인을 안 날로부터 1년, 법률행위가 있은 날로부터 5년 내에 제기하여야 한다(상법 제248조 제2항, 민법 제406조 제2항). 취소의 원인을 안 날이란 회사가 제247조 제3항에 규정한 회사채권자보호의 절차에 위반하여 회사재산을 처분한 사실과 더불어 구체적인 사해행위의 존재를 안 때를 말하며, 위 기간은 제척기간으로 볼 것이다.[9] 제척기간의 도과에 대한 입증책임은 상대방에게 있다.

8 주석 상법, 회사편(1)(제5판), 한국사법행정학회(2014), 346(정동윤); 이철송, 회사법강의(제27판), 박영사(2019), 181.

9 주석 상법, 회사편(1)(제5판), 한국사법행정학회(2014), 347(정동윤).

제 249 조 [지분압류채권자의 보호]

회사가 제247조 제4항의 규정에 위반하여 그 재산을 처분한 때에는 사원의 지분을 압류한 자는 회사에 대하여 그 지분에 상당하는 금액의 지급을 청구할 수 있다. 이 경우에는 전조의 규정을 준용한다.

[관련조문] 상법 제247조, 제248조.

[참고문헌] 주석 상법, 회사편(1)(제5판), 한국사법행정학회(2014); 上柳克郎·鴻常夫·竹内昭夫 編, 新版 注釋會社法(1), 有斐閣(1985).

Ⅰ. 본조의 취지

상법 제249조는 합명회사의 임의청산에 있어 지분압류채권자의 동의를 얻지 않은 경우 그 채권자의 보호에 관하여 규정하고 있다.

지분압류채권자는 회사의 채권자가 아니라 사원의 채권자일 뿐이나 합명회사가 회사 재산을 임의의 방법으로 청산하게 되면 사원의 지분 내지 그 잔여재산분배청구권에 영향을 미치게 되어 결과적으로 그 지분을 압류한 채권자에게도 중대한 영향을 미칠 수 있다. 따라서 사원의 지분을 압류한 자가 있는 경우 합명회사는 임의청산으로 진행하기 위해서는 그 지분압류채권자의 동의를 얻어야 하고(상법 제247조 제4항), 이를 위반하여 회사 재산을 처분한 때에는 지분압류채권자는 제249조 전문에 따라 회사에 대하여 그 지분에 상응하는 금액의 지급을 청구할 수 있을 뿐만 아니라 회사가 그 재산을 처분함으로써 채권자를 해한 때에는 제249조 후문 및 제248조에 따라 그 처분의 취소를 법원에 청구할 수 있다.

Ⅱ. 지분압류채권자의 금전지급청구권

합명회사가 임의청산으로 청산을 함에 있어서 회사가 지분압류채권자의 동의를 얻지 않고 재산을 처분한 때에는 그 채권자는 회사에 대하여 그 지분에 상당하는 금액의 지급을 청구할 수 있다(상법 제249조 본문). 이때 지분압류채권자가 청구할 수 있는 금액은 법정청산으로 청산할 때에 그 사원에게 분배하여야 할 잔여

재산에 상당하는 금액이다.[1]

그러나 지분압류채권자가 회사에 대하여 지분 상당액의 금전지급청구권을 취득하였다고 하여 사원에 대한 채권을 잃게 되는 것은 아니고, 또한 사원의 지분에 대한 압류의 효력에 영향을 미치는 것도 아니다. 이 경우에 지분압류채권자의 회사에 대한 지분 상당액의 금전지급청구권과 본래 가지고 있던 사원에 대한 채권은 경합적으로 존재하게 되어 일방의 변제가 있으면 타방의 채권은 소멸한다고 볼 것이다.[2] 따라서 사원에 대한 채권이 회사에 대한 지분 상당액의 금전지급청구권보다 큰 때에는 회사로부터 변제를 받은 뒤 그 잔액을 사원에게 청구할 수 있다.[3]

Ⅲ. 지분압류채권자의 사해행위취소권

합명회사가 임의청산으로 청산을 하면서도 지분압류채권자의 동의를 얻지 않고 재산을 처분하였고, 또 그 재산을 처분함으로써 그 채권자를 해한 때에는 지분압류채권자는 회사재산처분의 취소를 법원에 청구할 수 있다(상법 제249조 후문, 제248조). ☞ 전속관할 등의 상세한 내용은 제248조 주석 참조.

Ⅳ. 금전지급청구권과 사해행위취소권의 관계

제249조 전문에 따른 지분 상당액의 금전지급청구권과 제249조 후문에 따른 사해행위취소권은 각각 그 요건 및 효과를 달리하므로 지분압류채권자는 회사에 대한 지분 상당액의 금전지급청구권을 취득한 경우에도 사해행위취소권을 행사할 수도 있다. 사해행위취소의 소를 제기하여 승소하였더라도 채권의 변제를 받지 못한 부분이 있다면 그 부분에 대하여는 여전히 회사에 대하여 제249조에 따른 금전지급청구를 할 수 있고, 사해행위취소의 소를 제기하였다가 패소한 경우에도 지분 상당액의 금전지급청구권은 소멸하지 아니한다.[4]

1 上柳克郎·鴻常夫·竹内昭夫 編, 新版 注釋會社法(1), 有斐閣(1985), 480; 주석 상법, 회사편(1)(제5판), 한국사법행정학회(2014), 348(정동윤).

2 上柳克郎·鴻常夫·竹内昭夫 編, 新版 注釋會社法(1), 有斐閣(1985), 481; 주석 상법, 회사편(1)(제5판), 한국사법행정학회(2014), 348(정동윤).

3 주석 상법, 회사편(1)(제5판), 한국사법행정학회(2014), 348(정동윤).

4 주석 상법, 회사편(1)(제5판), 한국사법행정학회(2014), 348-349(정동윤).

제 250 조 [법정청산]

제247조 제1항의 규정에 의하여 회사재산의 처분방법을 정하지 아니한 때에는 합병과 파산의 경우를 제외하고 제251조 내지 제265조의 규정에 따라서 청산을 하여야 한다.

[관련조문] 상법 제227조, 제247조, 비송사건절차법 제117조, 제118조.

[참고문헌] 김건식 외 2인, 회사법(제3판), 박영사(2018); 이철송, 회사법강의(제27판), 박영사(2019); 주석 상법, 회사편(1)(제5판), 한국사법행정학회(2014).

Ⅰ. 본조의 취지

상법 제250조는 법정청산을 하여야 하는 경우 및 그에 적용되는 조문의 범위에 관하여 규정한 조항이다. 법정청산은 법이 규정하는 절차에 따라 하는 청산을 말하는데,[1] 청산이 일부 사원의 의사에 따라 임의로 진행됨으로써 다른 사원의 이익이 침해되는 것을 막기 위함이다.[2]

Ⅱ. 법정청산을 하여야 하는 경우

청산의 원인이 되는 해산원인(상법 제227조)은 총 6가지 즉 '①존립기간의 만료 기타 정관으로 정한 사유의 발생, ②총사원의 동의, ③사원이 1인으로 된 때, ④합병, ⑤파산, ⑥법원의 명령 또는 판결'이 있는데, 합명회사의 청산방법 중 임의청산을 할 수 있는 경우는 ③~⑥의 사유가 아닌 경우로서 정관 또는 총사원의 동의로 해산된 회사의 재산처분방법을 정한 경우에 한한다. 왜냐하면 위 6가지 해산원인 중 재산처분의 공정을 기대하기 어려운 '③사원이 1인으로 된 때'와 '⑥법원의 명령 또는 판결이 있는 때'의 사유는 상법 제247조 제2항에 의하여 허용되지 않고,[3] 또 '④합병'의 경우에는 청산과정이 불필요하고, '⑤파산'의 경우에는 채무자 회생 및 파산에 관한 법률에 따라 청산과정이 처리되기 때문이다(특히 ④

1 주석 상법, 회사편(1)(제5판), 한국사법행정학회(2014), 349(정동윤).

2 김건식 외 2인, 회사법(제3판), 박영사(2018), 942.

3 주석 상법, 회사편(1)(제5판), 한국사법행정학회(2014), 341(정동윤); 이철송, 회사법강의(제27판), 박영사(2019), 180; 김건식 외 2인, 회사법(제3판), 박영사(2018), 941.

및 ⑤의 사유는 상법 제250조에서 법정청산에 따르지 않음을 명확히 규정하고 있다).[4]

따라서 법정청산을 하여야 하는 경우는 ①정관 또는 총사원의 동의로 해산하면서 재산의 처분방법을 정하지 않은 경우, ②사원이 1인으로 된 때, ③법원의 명령 또는 판결이 있는 때라 할 것이다(상법 제250조).[5]

Ⅲ. 법정청산절차의 개요

합명회사의 법정청산은 법원의 감독을 받고(비송사건절차법 제118조 제1항), 회사의 본점 소재지의 지방법원이 관할하며(제117조 제1항), 법원은 회사의 업무를 감독하는 관청에 의견의 진술을 요청하거나 조사를 촉탁할 수 있으며, 회사의 업무를 감독하는 관청은 법원에 그 회사의 청산에 관한 의견을 진술할 수 있다(제118조 제2항, 제3항).

상법 제250조에서는 법정청산은 제251조 내지 제265조의 규정 즉 청산인의 선임과 해임, 청산인의 직무권한, 채무완제불능과 출자청구, 채무변제, 잔여재산의 분배, 청산종결의 등기 등의 규정에 따르도록 하고 있고, 또한 비송사건절차법 제119조 이하에서 청산인의 선임과 해임 및 그 보수의 재판 등에 관하여 규정하고 있다.

한편 합명회사에 있어서는 해산등기 후에도 5년간 사원의 책임이 인정되기 때문에(상법 제267조) 청산에서 회사채권자의 이익을 해할 염려가 적다는 이유로 법정청산에 관한 규정은 원칙적으로 총사원의 동의가 있으면 변경할 수 있는 임의규정으로 보아야 한다는 견해가 있으나, 총사원의 동의로써 변경할 수 있는 것은 사원 자체의 이익보호에 관한 규정에 한하고 회사채권자의 이익보호에 관한 규정은 대외관계에 관한 규정으로서 강행규정으로 보아야 할 것이다.[6]

4 주석 상법, 회사편(1)(제5판), 한국사법행정학회(2014), 341(정동윤); 김건식 외 2인, 회사법(제3판), 박영사(2018), 940; 이철송, 회사법강의(제27판), 박영사(2019), 180.

5 주석 상법, 회사편(1)(제5판), 한국사법행정학회(2014), 349-350(정동윤); 김건식 외 2인, 회사법(제3판), 박영사(2018), 941-942; 이철송, 회사법강의(제27판), 박영사(2019), 181-182.

6 주석 상법, 회사편(1)(제5판), 한국사법행정학회(2014), 359-350(정동윤).

제 251 조 [청산인]

① 회사가 해산된 때에는 총사원 과반수의 결의로 청산인을 선임한다.
② 청산인의 선임이 없는 때에는 업무집행사원이 청산인이 된다.

[관련조문] 상법 제183조, 제252조, 제253조.

[참고문헌] 김건식 외 2인, 회사법(제3판), 박영사(2018); 주석 상법, 회사편(1)(제5판), 한국사법행정학회(2014).

Ⅰ. 본조의 취지

상법 제251조는 합명회사의 법정청산에 있어서 청산인의 선임원칙 및 법정청산인에 관하여 규정하고 있다.

회사가 해산하면 사원의 업무집행권과 회사대표권이 소멸하기 때문에, 법정청산의 경우에는 청산사무를 집행하고 청산 중의 회사를 대표할 자를 정할 필요가 있다.[1]

합명회사가 법정청산으로 청산하는 경우에는 총사원 과반수의 결의로 청산인을 선임하는 것이 원칙이고(상법 제251조 제1항), 만일 이러한 청산인의 선임이 없는 경우에는 업무집행사원이 청산인이 된다(제251조 제2항). 그러나 사원이 1인으로 된 때 내지 법원의 명령 또는 판결에 따라 해산된 때에는 상법 제252조에 의하여 법원이 청산인을 선임하여야 하므로, 제251조에 따라 사원 과반수의 결의로 청산인을 선임하거나 법정청산인이 되는 경우는 정관 또는 총사원의 동의로 해산하면서 재산의 처분방법을 정하지 않은 경우에 한정된다 할 것이다.

합자회사는 법정청산을 함에 있어서 청산인의 선임에 관하여 상법 제251조와 유사하게 무한책임사원의 과반수의 결의로 청산인을 선임하되 선임이 없는 경우에는 업무집행사원이 청산인이 된다고 규정하고 있고(제287조[2]), 유한책임회사(제287조의45)는 제251조를 준용하고 있다. 반면 주식회사(제531조)는 이사가 청산인이 되는 법정청산인제도가 원칙이나 정관 내지 주주총회로써 타인을 청산인으로 선임할

1 주석 상법, 회사편(1)(제5판), 한국사법행정학회(2014), 351(정동윤).

2 상법 제287조(청산인) 합자회사의 청산인은 무한책임사원 과반수의 의결로 선임한다. 이를 선임하지 아니한 때에는 업무집행사원이 청산인이 된다.

수 있고, 이러한 규정에 따른 청산인이 없는 때에는 법원이 선임하도록 규정하고 있으며(제531조), 유한회사(제613조 제1항)는 주식회사의 위 규정을 준용하고 있다.

한편 사원이 선임한 청산인은 총사원 과반수의 결의로 해임할 수 있다(상법 제261조). 또한 청산인이 그 직무를 집행함에 현저하게 부적임하거나 중대한 임무에 위반한 행위가 있는 때에는 법원은 사원 기타의 이해관계인의 청구에 의하여 청산인을 해임할 수 있다(제262조).

Ⅱ. 청산인의 의의

청산인이란 청산 중의 회사의 사무를 집행하고 청산 중의 회사를 대표하는 기관이다.[3] 합명회사에 있어서의 청산인은 주식회사의 청산인과는 달리 이사회와 유사한 청산인회의 구성원으로서가 아니라 스스로 청산사무를 집행하고 청산회사를 대표하는 기관이다(상법 제542조 제2항, 제389조 참조). 청산인의 수에 관하여는 특별한 제한이 없으므로 1인이어도 무방하고, 청산인이 수인인 때에는 청산의 직무에 관한 행위는 그 과반수의 결의로 정한다(제254조 제2항). 회사와 청산인의 관계는 위임에 관한 규정이 준용된다(제265조, 제382조 제2항).[4]

청산인의 선임과 해임은 모두 등기사항이다(제253조, 제183조).

Ⅲ. 총사원 과반수 결의로 선임된 청산인(제1항)

회사가 해산된 때에는 총사원 과반수의 결의로 청산인을 선임하는 것이 원칙이다(상법 제251조 제1항). 청산사무의 수행에는 특별한 능력을 필요로 하는 경우가 있을 뿐만 아니라 업무집행사원이 법률상 당연히 청산인으로 되는 것이 적당하지 않는 경우도 있을 수 있기 때문이다.[5]

청산인의 자격에는 특별한 제한이 없으므로 사원이 아닌 자라도 무방하다.[6] 청산인의 선임은 총사원 과반수의 결의로서 이루어지고, 그 자의 승낙이 있으면 청산인으로 취임한다.

모든 사원은 청산인의 선임결의에 참가할 권리가 있고, 대리인에 의하여 결

3 김건식 외 2인, 회사법(제3판), 박영사(2018), 942.
4 주석 상법, 회사편(1)(제5판), 한국사법행정학회(2014), 351(정동윤).
5 주석 상법, 회사편(1)(제5판), 한국사법행정학회(2014), 352(정동윤).
6 주석 상법, 회사편(1)(제5판), 한국사법행정학회(2014), 352(정동윤); 김건식 외 2인, 회사법(제3판), 박영사(2018), 942.

의에 참가할 수도 있다. 사원이 회사의 해산 후에 파산선고를 받은 때에는 파산관재인이 그 의결권을 행사하여야 하고, 사원이 회사의 해산 후에 사망한 때에는 그 상속인이 청산인의 선임결의에 참가할 수 있다.

사원의 선임에 의한 청산인과 회사의 관계에는 위임에 관한 규정이 준용되므로(상법 제265조, 제382조 제2항), 선임된 청산인은 위임에 관한 규정에 따라 언제든지 사임할 수 있다(민법 제689조[7]). 또한 사원이 선임한 청산인은 언제든지 총사원 과반수의 결의로 해임할 수 있다(상법 제261조[8]).

IV. 법정청산인(제2항)

총사원 과반수의 결의에 의한 청산인의 선임이 없는 때에는 업무집행사원이 청산인이 된다(상법 제251조 제2항). 청산인이 되는 업무집행사원은 모든 업무집행사원이며, 대표사원인지 여부와는 무관하다. 업무집행사원이 후견개시심판·파산선고를 받거나 사망한 때에는 법정대리인·파산관재인 또는 상속인이 청산인으로 된다는 견해가 있으나, 청산인이라는 기관의 자격은 그 자의 개인적 능력을 전제로 하는 것이고 사원인 자격에 기한 권리와 구별하여야 하므로 이들은 청산인의 선임에 관한 권리를 행사할 수 있을 뿐 직접 청산인이 될 수는 없다고 볼 것이다.[9]

업무집행사원은 청산인이 될 권리를 가짐과 동시에 청산인으로서 청산사무를 집행할 의무를 부담하는 것이므로, 스스로 청산인을 사임할 수는 없다. 따라서 회사와 청산인의 관계는 원칙적으로 위임에 관한 규정에 따르지만(상법 제265조, 제382조 제2항), 위임의 해지에 관한 민법 제689조의 적용은 배제된다.[10]

한편 사원이 선임한 청산인은 총사원 과반수의 결의로 해임할 수 있으나(상법 제261조) 법정청산인은 총사원 과반수의 결의로 해임할 수는 없고, 다만 법정청산인이 그 직무를 집행함에 현저하게 부적임하거나 중대한 임무에 위반한 행위가 있는 때에 법원은 사원 기타의 이해관계인의 청구에 의하여 청산인을 해임할 수 있다(제262조).

7 민법 제689조(위임의 상호해지의 자유)
① 위임계약은 각 당사자가 언제든지 해지할 수 있다.
② 당사자 일방이 부득이한 사유없이 상대방의 불리한 시기에 계약을 해지한 때에는 그 손해를 배상하여야 한다.

8 민법 제261조(청산인의 해임)
사원이 선임한 청산인은 총사원 과반수의 결의로 해임할 수 있다.

9 주석 상법, 회사편(1)(제5판), 한국사법행정학회(2014), 352-353(정동윤).

10 주석 상법, 회사편(1)(제5판), 한국사법행정학회(2014), 353(정동윤).

제 252 조 [법원선임에 의한 청산인]

회사가 제227조 제3호 또는 제6호의 사유로 인하여 해산된 때에는 법원은 사원 기타의 이해관계인이나 검사의 청구에 의하여 또는 직권으로 청산인을 선임한다.

[관련조문] 상법 제251조, 제635조 제1항 제10호, 비송사건절차법 제117조, 제118조, 제119조, 제121조.

[참고문헌] 서울회생법원 재판실무연구회, 법인파산실무(제5판), 박영사(2019); 이철송, 회사법강의(제27판), 박영사(2019); 주석 상법, 회사편(1)(제5판), 한국사법행정학회(2014).

Ⅰ. 본조의 취지

상법 제252조는 법원이 청산인을 선임하여야 하는 경우에 관한 규정이다.

합명회사가 사원이 1인으로 된 때 내지 법원의 해산명령 또는 해산판결에 의하여 해산된 때에는 임의청산에 따라 청산할 수는 없고 반드시 법정청산에 의하여야 한다(상법 제247조 제2항, 제250조). 이와 같은 해산원인으로 청산절차를 진행하여야 하는 경우 법정청산에 따르도록 하는 것은 청산의 공정을 기대하기 어렵거나 공익상의 간섭이 필요하기 때문인데, 같은 이유로 사원 과반수의 결의에 따라 청산인을 선임하거나 업무집행사원이 법정청산인이 되는 것도 바람직하지 않다. 따라서 제252조는 위와 같은 해산원인으로 합명회사가 해산한 때에는 법원이 사원 기타의 이해관계인이나 검사의 청구에 의하여 또는 직권으로 청산인을 선임하도록 규정한 것이다.[1]

한편 사원이 선임한 청산인은 총사원 과반수의 결의로 해임할 수 있으나(상법 제261조) 법정청산인(제251조 제2항)과 제252조에 따라 법원이 선임한 청산인은 총사원 과반수의 결의로 해임할 수는 없고, 다만 그 청산인이 그 직무를 집행함에 현저하게 부적임하거나 중대한 임무에 위반한 행위가 있는 때에 법원은 사원 기타의 이해관계인의 청구에 의하여 청산인을 해임할 수 있다(제262조).

1 주석 상법, 회사편(1)(제5판), 한국사법행정학회(2014), 353(정동윤).

업무집행사원이 법원이 선임한 청산인에 대한 사무의 인계를 게을리하거나 거부한 경우에는 500만 원 이하의 과태료 부과 대상이 된다(상법 제635조 제1항 제10호).

Ⅱ. 법원이 청산인을 선임하는 경우

1. 회사가 사원이 1인으로 되어 해산한 때

회사가 사원이 1인으로 되어 해산한 경우에는 청산의 공정을 기하기 위하여 법정청산에 의하여야 하고(상법 제247조 제2항), 청산인도 법원이 선임하여야 한다(제252조).

사원이 2인으로 구성된 합명회사가 해산한 후에 1인의 사원이 사망하고 다른 1인의 사원이 이를 상속한 때에도 제252조를 유추적용하여 법원이 청산인을 선임하여야 할 것이다. 또한 업무집행사원이 청산인이 된 후 사망하고 남은 사원이 1인으로 된 때에는 사망한 사원에게 상속인이 있으면 그 자가 사원으로 되어 잔존사원과 함께 청산인을 선임하여야 할 것이나(상법 제251조 제1항), 상속인이 없으면 사원이 1인으로 된 경우이기 때문에 이 경우에도 제252조를 유추적용하여 법원이 청산인을 선임하여야 할 것이다. 그리고 2인의 청산인 중 하나가 사망하여 청산인이 1인이 되거나 청산인이 있다 하더라도 직무를 행할 수 없는 경우에도 제252조를 유추적용하여 법원이 청산인을 선임할 수 있다고 보아야 한다.[2]

2. 법원의 해산명령 또는 해산판결로 인하여 해산한 경우

회사가 법원의 명령 또는 판결에 의하여 해산한 경우에도 공익상의 간섭이 필요할 뿐만 아니라 공정을 기하기 위하여 법정청산에 의하여야 하고(상법 제247조 제2항), 청산인도 법원이 선임하여야 한다(제252조).

3. 기타의 경우

가. 설립무효의 판결 또는 설립취소의 판결이 확정된 때

합명회사에 대한 설립무효의 판결 또는 설립취소의 판결이 확정된 때에는 해산의 경우에 준하여 청산하여야 하고, 이 경우에는 법원은 사원 기타의 이해관계

2 서울민사지방법원 1971. 7. 9. 선고 66가6853 판결; 이철송, 회사법강의(제27판), 박영사(2019), 182; 김건식 외 2인, 회사법(제3판), 박영사(2018), 942.

인의 청구에 의하여 청산인을 선임할 수 있다(상법 제193조).

나. 합명회사가 파산하여 폐지된 경우

법인에 대한 파산절차가 잔여재산 없이 종료되면 청산종결의 경우와 마찬가지로 그 인격이 소멸한다고 할 것이나, 아직도 적극재산이 잔존하고 있다면 법인은 그 재산에 관한 청산목적의 범위 내에서는 존속한다고 볼 것이다.[3] 따라서 이러한 경우 잔여재산이 추가배당의 대상이 아니라면 청산절차를 진행하여야 하는데, 그때의 청산인은 누가 되어야 하는지에 관하여는 다툼이 있다. 근소한 잔여재산 처리를 위해 새롭게 청산인을 선임하는 것은 불합리하다는 이유로 종전의 업무집행사원 등의 기관이 당연히 청산인이 된다는 견해, 법인이 파산하면 회사와 업무집행사원 등의 기관 사이의 위임계약이 종료되므로 종전의 기관이 당연히 청산인이 되는 것은 아니고 정관에 미리 정함이 있거나 사원의 결의 등으로 청산인을 선임하거나 이해관계인의 신청에 의하여 법원이 청산인을 선임하여야 한다는 견해 등이 있고,[4] 청산의 공정을 기하기 위하여 법원이 이해관계인의 청구에 의하여 청산인을 선임하여야 한다는 견해[5]도 있다.

Ⅲ. 청구에 의한 선임 내지 법원의 직권에 의한 선임

상법 제252조에 따라 법원에 청산인의 선임을 청구할 수 있는 자는 사원 기타의 이해관계인 내지 검사이다. 이해관계인에는 사원과 회사채권자는 물론 사원의 채권자도 포함된다고 볼 것이다.[6] 그리고 청구권자에 검사를 포함시킨 것은 청산의 공정을 기하기 위하여 또는 공익상의 간섭을 필요로 하기 때문에 공익유지의 담당자로서 청산인의 선임을 청구할 수 있게 한 것이다.[7]

또한 상법 제252조는 청산의 공정을 기하기 위하여 또는 공익상의 간섭을 필요로 하기 때문에 이해관계인이나 검사의 청구가 없더라도 법원이 직권으로 청산인을 선임할 수 있도록 규정하고 있다.

3 대법원 1989. 11. 24. 선고 89다카2483 판결.
4 서울회생법원 재판실무연구회, 법인파산실무(제5판), 박영사(2019), 647.
5 주석 상법, 회사편(1)(제5판), 한국사법행정학회(2014), 354-355(정동윤).
6 주석 상법, 회사편(1)(제5판), 한국사법행정학회(2014), 355(정동윤); 이철송, 회사법강의(제27판), 박영사(2019), 182.
7 주석 상법, 회사편(1)(제5판), 한국사법행정학회(2014), 355(정동윤).

IV. 청산인 선임의 절차

청산인 선임의 관할법원은 회사의 본점소재지의 지방법원이다(비송사건절차법 제117조 제1항). 청산인 선임의 재판에 대하여는 불복의 신청을 할 수 없다(제119조). 청산인 해임의 재판도 마찬가지이다.

미성년자, 피성년후견인, 자격이 정지되거나 상실된 자, 법원에서 해임된 청산인, 파산선고를 받은 자는 청산인으로 선임될 수 없다(비송사건절차법 제121조). 법원이 선임한 청산인과 회사의 관계에 위임에 관한 규정이 준용되는 것은 다른 청산인의 경우와 같으나(상법 제265조, 제382조 제2항),[8] 법정청산인과 마찬가지로 위임의 해지에 관한 민법 제689조의 적용은 배제되어야 하므로 스스로 사임할 수는 없다고 볼 것이다.

8 주석 상법, 회사편(1)(제5판), 한국사법행정학회(2014), 355(정동윤).

제 253 조 [청산인의 등기]

① 청산인이 선임된 때에는 그 선임된 날로부터, 업무집행사원이 청산인이 된 때에는 해산된 날로부터 본점소재지에서는 2주간내, 지점소재지에서는 3주간내에 다음의 사항을 등기하여야 한다. <개정 1995.12.29>

1. 청산인의 성명·주민등록번호 및 주소. 다만, 회사를 대표할 청산인을 정한 때에는 그 외의 청산인의 주소를 제외한다.

2. 회사를 대표할 청산인을 정한 때에는 그 성명

3. 수인의 청산인이 공동으로 회사를 대표할 것을 정한 때에는 그 규정

② 제183조의 규정은 제1항의 등기에 준용한다. <개정 1995.12.29>

[관련조문] 상법 제251조, 제252조, 제635조 제1항 제1호, 상업등기법 제60조, 상업등기규칙 제104조, 제107조.

[참고문헌] 주석 상법, 회사편(1)(제5판), 한국사법행정학회(2014).

Ⅰ. 본조의 취지

상법 제253조는 청산인의 선임, 변경 및 해임에 관한 등기에 대하여 규정하고 있다.

청산인은 청산 중의 회사의 기관으로서 잔여재산의 분배를 비롯한 일체의 청산사무를 처리하기 때문에 청산인의 특정 및 그 권한행사의 방법 등을 대외적으로 공시하는 것은 이해관계인의 보호를 위하여 매우 중요하다. 제253조에서는 청산인과 그 권한행사의 방법에 관한 등기와 그 변경등기를 규정하고 있고, 그 등기를 해태한 때에는 500만 원 이하의 과태료 부과의 대상이 된다(상법 제635조 제1항 제1호).[1]

Ⅱ. 등기기간 및 등기절차, 그리고 등기의 효력

청산인이 사원 과반수의 결의로서 선임되거나(상법 제251조 제1항) 법원에 의하

1 주석 상법, 회사편(1)(제5판), 한국사법행정학회(2014), 356(정동윤).

여 선임된 경우(제252조)에는 그 선임된 날로부터, 업무집행사원이 법정청산인이 된 때(제251조 제2항)에는 회사가 해산된 날로부터 본점소재지에서는 2주간 내, 지점소재지에서는 3주간 내에 청산인 선임 등기를 하여야 한다(제253조 제1항).

그리고 해산등기의 신청과 해산으로 인한 청산인의 취임등기의 신청은 동시에 하여야 한다(상업등기법 제60조). 그러나 회사의 해산등기와 청산인 선임의 등기는 제3자의 대항요건에 불과하므로 등기가 없더라도 해산이나 청산인의 자격에는 영향이 없다.[2]

업무집행사원을 청산인으로 하는 청산인등기를 신청하는 경우에는 정관을 제공하여야 하고, 사원이 선임한 청산인의 취임등기를 신청하는 경우에는 그 취임승낙을 증명하는 정보를, 법원이 선임한 청산인의 취임등기를 신청하는 경우에는 그 선임과 상법 제253조 제1항 제2호 및 제3호에 열거한 사항을 증명하는 정보를 각각 제공하여야 한다(상업등기규칙 제107조 제1항, 제2항).

청산인, 대표청산인의 취임승낙 또는 사임을 증명하는 서면에는 인감증명법에 따라 신고한 인감을 날인하고 그 인감증명을 첨부하거나 그 서면에 본인이 기명날인 또는 서명하였다는 공증인의 인증서면을 첨부하여야 하고, 다만, 등기소에 인감을 제출한 사람이 중임 또는 사임하는 경우에는 등기소에 제출된 인감이 날인된 중임승낙 또는 사임을 증명하는 서면으로 갈음할 수 있다. 위 서면을 작성한 사람이 외국인인 경우에는 그 서면에 본국 관청에 신고한 인감을 날인하고 그 인감증명을 첨부하거나 그 서면에 본인이 서명하였다는 본국 관청의 증명서면을 첨부할 수 있다(상업등기규칙 제104조).

Ⅲ. 등기사항

청산인 선임의 등기는 ①청산인의 성명·주민등록번호 및 주소(다만, 회사를 대표할 청산인을 정한 때에는 그 외의 청산인의 주소를 제외한다), ②회사를 대표할 청산인을 정한 때에는 그 성명, ③수인의 청산인이 공동으로 회사를 대표할 것을 정한 때에는 그 규정을 등기하여야 한다(상법 제253조 제1항).

2 대법원 1981. 9. 8. 선고 80다2511 판결(주식회사의 해산등기 및 청산인등기는 제3자에 대한 대항요건에 불과하므로 상법시행법 제15조 제3항에 의한 해산간주에 따른 해산등기 및 상법 제531조 제1항에 의한 당연청산인 취임등기가 없다 하여도 동 해산 및 대표청산인의 자격에 무슨 소장이 있다고 보기 어렵다).

Ⅳ. 변경등기(청산인의 퇴임 내지 해임등기 포함)

청산인의 등기에 관한 사항에 변경이 있는 때에도 본점소재지에서는 2주간 내, 지점소재지에서는 3주간 내에 변경등기를 하여야 한다(상법 제253조 제2항, 제183조). 법원이 선임한 청산인에 관한 상법 제253조 제1항 제2호 및 제3호에 열거한 사항의 변경등기를 신청하는 경우에는 그 변경의 사유를 증명하는 정보를 제공하여야 한다(상업등기규칙 제107조 제3항).

이와 같은 변경등기에는 청산인이 해임 내지 퇴임된 경우도 포함된다. 청산인의 퇴임등기를 신청하는 경우에는 그 퇴임을 증명하는 정보를 제공하여야 한다(상업등기규칙 제107조 제4항).

제 254 조 [청산인의 직무권한]

① 청산인의 직무는 다음과 같다.
1. 현존사무의 종결
2. 채권의 추심과 채무의 변제
3. 재산의 환가처분
4. 잔여재산의 분배

② 청산인이 수인인 때에는 청산의 직무에 관한 행위는 그 과반수의 결의로 정한다.

③ 회사를 대표할 청산인은 제1항의 직무에 관하여 재판상 또는 재판외의 모든 행위를 할 권한이 있다.

④ 민법 제93조의 규정은 합명회사에 준용한다.

[관련조문] 상법 제245조, 제255조, 제257조, 제258조, 제259조, 제260조, 제635조 제1항 제12호, 민법 제93조, 채무자 회생 및 파산에 관한 법률 제306조 제2항.

[참고문헌] 김건식 외 2인, 회사법(제3판), 박영사(2018); 이철송, 회사법강의(제27판), 박영사(2019); 정찬형, 상법강의(상)(제22판), 박영사(2019); 주석 상법, 회사편(1)(제5판), 한국사법행정학회(2014); 上柳克郎·鴻常夫·竹内昭夫 編, 新版 注釋會社法(1), 有斐閣(1985).

Ⅰ. 본조의 취지

상법 제254조는 청산인의 직무권한에 관하여 규정하고 있다.

청산인은 청산사무의 집행과 회사대표를 담당한다.[1] 회사는 해산된 후에도 청산의 목적범위 내에서 존속하는 것으로 보므로(상법 제245조), 청산회사의 권리의무도 청산의 목적 범위 내로 축소된다. 따라서 청산회사의 업무집행기관인 청산인의 직무권한 역시 청산의 목적 범위로 한정되고, 제1항에서는 이러한 범위 내의 대표적인 직무권한을 예시하고 있다. 또한 제2항은 청산인이 수인인 경우의 직무결정방법을 규정하고 있고, 제3항에서는 대표청산인의 권한을 규정하고 있으며,

1 김건식 외 2인, 회사법(제3판), 박영사(2018), 942.

제4항에서는 청산회사가 채무초과의 상태가 된 경우 청산인의 파산선고 신청 의무에 관하여 규정하고 있다. 청산인의 회사대표에 대하여는 상법 제255조에서 규정하고 있다.

Ⅱ. 청산인의 직무

1. 의의

상법 제254조 제1항은 청산인의 직무에 관하여 4가지 즉 ①현존사무의 종결, ②채권의 추심과 채무의 변제, ③재산의 환가처분, ④잔여재산의 분배를 예로 들고 있다. 청산인의 직무권한은 이에 한정되지 아니하므로, 청산인은 청산 중의 회사의 권리능력의 범위 내에 속하는 모든 행위를 할 수 있다.[2]

2. 현존사무의 종결

현존사무의 종결이라 함은 회사의 해산 당시에 아직 종료하지 않은 사무를 완료하는 것을 말한다. 회사의 영업은 물론 청산사무 이외의 모든 사무를 종결지어야 하고 새로운 법률관계를 형성하는 행위를 하지 못하나,[3] 현존사무의 종결을 위하여 필요한 경우에는 새로운 법률행위도 할 수 있다.[4] 예를 들어 회사가 보유하는 물품의 매각은 물론 매매계약의 이행을 위하여 제3자로부터 새로운 물품을 매입하는 것도 가능하다.[5] 청산인이 종결해야 하는 현존사무에는 필요한 사무원의 신규채용, 퇴직금의 지급, 공로자에 대한 위로금의 증여 등도 포함된다.[6]

사법관계뿐만 아니라 공법관계도 청산인이 종결하여야 하는 현존사무에 포함된다.[7] 회사가 당사자인 소송은 해산의 결과 대표사원의 대표권의 소멸에 의하여 중단하지만(민사소송법 제235조), 그 대표사원이 대표청산인으로 된 때에는 소송절차는 중단하지 아니한다.[8] 청산종결의 등기가 경료되었다면 특단의 사정이 없는 한 그 법인격이 상실되어 법인의 당사자능력 및 권리능력이 상실되었다고 보아야

2 주석 상법, 회사편(1)(제5판), 한국사법행정학회(2014), 359(정동윤); 이철송, 회사법강의(제27판), 박영사(2019), 183.
3 이철송, 회사법강의(제27판), 박영사(2019), 183.
4 주석 상법, 회사편(1)(제5판), 한국사법행정학회(2014), 359(정동윤).
5 주석 상법, 회사편(1)(제5판), 한국사법행정학회(2014), 359(정동윤).
6 정찬형, 상법강의(상)(제22판), 박영사(2019), 552.
7 이철송, 회사법강의(제27판), 박영사(2019), 183.
8 주석 상법, 회사편(1)(제5판), 한국사법행정학회(2014), 359(정동윤).

할 것이므로 형사소송법 제328조 제1항 제2호[9]의 피고인인 법인이 존속하지 아니하게 되었을 때에 해당하나, 회사가 해산등기 및 청산종결등기 전에 업무 또는 재산에 관한 위반행위로 인하여 재산형에 해당하는 사건으로 소추를 받는 것과 같은 것은 청산인의 현존사무(상법 제254조 제1항 제1호) 중에 포함되는 것이라 할 것이므로 비록 피고인 회사의 청산종료의 등기가 경료되었다 하더라도 그 피고사건이 종결되기까지는 피고인 회사의 청산사무는 종료되지 아니하고, 형사소송법상 당사자능력도 그대로 존속한다고 해석함이 상당하다.[10]

3. 채권의 추심과 채무의 변제

가. 채권의 추심

채권의 추심이라 함은 회사가 가진 채권에 관하여 채무자로부터 그 채무의 이행을 받는 것을 말한다. 회사가 가진 채권은 제3자에 대한 채권뿐만 아니라 사원에 대한 채권도 포함한다. 채권자인 회사가 해산하였다고 하더라도 회사채무자가 기한의 이익을 상실하는 것은 아니므로[11] 채권의 추심을 위해서는 변제기가 도래하여야 한다.[12]

사원에 대한 채권 중 이행기 도래 후의 구체화된 출자청구권은 당연히 추심할 수 있지만, 이행기 도래 전의 출자청구권에 관하여는 특칙이 있다.[13] 회사의 현존재산이 그 채무를 변제함에 부족한 때에는 청산인은 변제기에 불구하고 각 사원에 대하여 출자를 청구할 수 있고, 그 출자액은 각 사원의 출자의 비율로 이를 정한다(상법 제258조). 그런데 위 규정은 회사에 대한 출자책임에 관한 것일 뿐 사원은 회사채권자에 대하여 연대·무한책임을 지므로 위 규정에 따라 출자비율에 따른 추심이 되었다 하더라도 회사채권자에 대한 책임이 완전히 소멸하는 것은 아니다.[14]

9 형사소송법 제328조(공소기각의 결정).
① 다음 경우에는 결정으로 공소를 기각하여야 한다.
2. 피고인이 사망하거나 피고인인 법인이 존속하지 아니하게 되었을 때
10 대법원 1982. 3. 23. 선고 81도1450 판결.
11 이철송, 회사법강의(제27판), 박영사(2019), 183.
12 주석 상법, 회사편(1)(제5판), 한국사법행정학회(2014), 360(정동윤); 김건식 외 2인, 회사법(제3판), 박영사(2018), 943.
13 주석 상법, 회사편(1)(제5판), 한국사법행정학회(2014), 360(정동윤); 김건식 외 2인, 회사법(제3판), 박영사(2018), 943.
14 김건식 외 2인, 회사법(제3판), 박영사(2018), 943; 이철송, 회사법강의(제27판), 박영사(2019), 184.

나. 채무의 변제

채무의 변제라 함은 회사가 부담하는 채무를 변제하는 것을 말한다. 회사가 부담하는 채무는 제3자에 대한 채무뿐만 아니라 사원에 대한 채무도 포함한다. 퇴사원에 대한 지분의 환급이나 이익배당의 채무도 포함된다.[15]

청산인은 변제기에 이르지 아니한 회사채무에 대하여도 이를 변제할 수 있고, 이 경우 이자없는 채권에 관하여는 변제기에 이르기까지의 법정이자를 가산하여 그 채권액에 달할 금액을 변제하여야 한다(상법 제259조 제1항, 제2항). 즉 호프만식 계산법에 의한 현가산정을 하여 변제하여야 한다. 상사법정이율은 연 6%이다(제54조). 그리고 위 규정은 이자있는 채권으로서 그 이율이 법정이율에 달하지 못하는 경우에도 준용된다. 조건부채권, 존속기간이 불확정한 채권 기타 가액이 불확정한 채권에 대하여는 법원이 선임한 감정인의 평가에 의하여 변제하여야 한다.

4. 재산의 환가처분

재산의 환가처분이라 함은 회사재산을 청산의 목적에 적합하도록 금전으로 바꾸는 처분행위를 말한다. 재산의 환가처분은 통상 재산을 개별적으로 매각하는 것을 의미하나, 총사원 과반수의 결의가 있으면 영업의 전부 또는 일부를 양도할 수도 있다(상법 제257조).[16] 그 외에는 재산의 환가처분에 관한 특별한 규정은 없다.[17] 환가를 위하여 필요한 경우에는 재산의 보존·이용·개량 등의 행위를 할 수 있다.[18]

5. 잔여재산의 분배

잔여재산의 분배라 함은 회사가 채무를 완제한 후에 남은 적극재산을 사원에게 분배하는 것을 말한다. 잔여재산의 분배는 영리법인으로서의 회사의 본질에서 나오는 당연한 결과이다.[19] 청산인은 회사의 채무를 완제한 후가 아니면 회사재산을 사원에게 분배하지 못하나, 다툼이 있는 채무에 대하여는 그 변제에 필요한 재산을 보류하고 잔여재산을 분배할 수 있다(상법 제260조). 청산인이 이

15 주석 상법, 회사편(1)(제5판), 한국사법행정학회(2014), 360(정동윤).
16 주석 상법, 회사편(1)(제5판), 한국사법행정학회(2014), 360(정동윤).
17 김건식 외 2인, 회사법(제3판), 박영사(2018), 943.
18 주석 상법, 회사편(1)(제5판), 한국사법행정학회(2014), 360(정동윤).
19 주석 상법, 회사편(1)(제5판), 한국사법행정학회(2014), 361(정동윤).

를 위반한 경우에는 500만 원 이하의 과태료 부과 대상이 된다(제635조 제1항 제15호).

잔여재산의 분배의 기준에 관하여는 상법에 아무런 정함이 없다. 잔여재산의 분배는 대내관계에 속하는 사항이므로 정관에서 이를 정하였다면 그에 따르고, 정관에 정함이 없는 때에는 조합에 관한 민법의 규정에 따라 각 사원의 출자가액에 비례하여 분배하여야 한다(상법 제195조, 민법 제724조 제2항[20]).[21] 노무나 신용을 출자한 사원에 대해서도 그 평가에 따라 잔여재산을 분배하여야 한다.[22] 잔여재산의 분배는 금전으로써 하는 것이 원칙이지만, 정관 또는 총사원의 동의로써 다른 정함을 한 때에는 현물로써 분배할 수 있다고 볼 것이다.[23]

Ⅲ. 청산의 직무에 관한 행위의 의사결정

청산인이 수인인 때에는 청산의 직무에 관한 행위는 그 과반수의 결의로 정한다(상법 제254조 제2항). 청산인이 수인인 경우에도 각자가 청산회사의 청산사무집행기관이며 대표기관이므로,[24] 청산사무로서의 실행행위는 청산인 각자가 단독으로 할 것이나, 청산사무의 의사결정은 본항에 따라 청산인 과반수의 결의에 의하여야 함에 주의를 요한다.[25] 다만 청산인이 회사의 영업의 전부 또는 일부를 양도함에는 총사원 과반수의 결의가 있어야 한다(상법 제257조).[26]

만일 청산인이 수인이 있음에도 청산인 과반수의 결의 없이 청산행위가 이루어졌다면, 그 행위를 한 청산인이 책임을 지는 것은 별론으로 거래안전의 보호를 위하여 그 행위는 유효하고 볼 것이고, 다만 그 행위가 거래의 안전과 관련이 없는 순전한 대내적 사무집행행위인 경우에는 무효로 보아야 할 것이다.[27]

20 민법 제724조(청산인의 직무, 권한과 잔여재산의 분배)
② 잔여재산은 각 조합원의 출자가액에 비례하여 이를 분배한다.

21 주석 상법, 회사편(1)(제5판), 한국사법행정학회(2014), 361(정동윤).

22 주석 상법, 회사편(1)(제5판), 한국사법행정학회(2014), 361(정동윤); 이철송, 회사법강의(제27판), 박영사(2019), 184.

23 주석 상법, 회사편(1)(제5판), 한국사법행정학회(2014), 361(정동윤).

24 그러나 대외적 관계인 청산사무의 실행행위의 경우에도 업무집행사원이 청산인으로 된 경우에는 종전의 정함에 따라 회사를 대표하고, 법원이 수인의 청산인을 선임하는 경우에는 회사를 대표할 자를 정하거나 수인이 공동하여 회사를 대표할 것을 정할 수 있으므로(상법 제255조), 이에 따라야 한다.

25 주석 상법, 회사편(1)(제5판), 한국사법행정학회(2014), 361(정동윤).

26 김건식 외 2인, 회사법(제3판), 박영사(2018), 942.

27 주석 상법, 회사편(1)(제5판), 한국사법행정학회(2014), 361(정동윤).

Ⅳ. 대표청산인의 권한

청산인이 수인인 경우에도 각자가 청산회사의 청산사무 집행기관이며 대표기관이고, 다만 업무집행사원이 청산인으로 된 경우에는 종전의 정함에 따라 회사를 대표하고, 법원이 수인의 청산인을 선임하는 경우에는 회사를 대표할 자를 정하거나 수인이 공동하여 회사를 대표할 것을 정할 수 있다(상법 제255조).

회사를 대표할 청산인은 청산의 직무에 관하여 재판상 또는 재판외의 모든 행위를 할 권한이 있다(상법 제254조 제3항). 청산인의 대표권에 대한 제한이 있더라도 등기 여부와 무관하게 선의의 제3자에게 대항하지 못한다(제265조, 제209조 제2항).[28] 그러나 상대방이 악의인 경우에는 권리남용 또는 신의칙위반으로서 그 권리행사는 허용되지 않는다고 할 것이다.[29]

Ⅴ. 파산선고의 신청의무

청산 중 회사의 재산이 그 채무를 완제하기에 부족한 것이 분명하게 된 때에는 청산인은 지체없이 파산선고를 신청하고 이를 공고하여야 하고, 위 공고는 법원의 등기사항의 공고와 동일한 방법으로 하여야 한다(상법 제254조 제4항, 민법 제93조 제1항, 제3항). '청산 중 회사의 재산이 그 채무를 완제하기에 부족한 것이 분명하게 된 때'라 함은 청산인이 사원에게 출자를 시켜도 회사채무를 완제하기에 부족한 경우를 말한다. 합명회사가 존립(정상적 영업) 중에는 그 부채의 총액이 자산의 총액을 초과하는 때에도 파산원인으로 되지 않지만(채무자 회생 및 파산에 관한 법률 제306조 제2항[30]), 청산 중에는 그 채무초과는 파산원인이 된다.

청산인은 파산관재인에게 그 사무를 인계함으로써 그 임무가 종료한다(상법 제254조 제4항, 민법 제93조 제2항). 그러나 파산관재인의 직무권한에 속하는 사무는 파산재단에 관한 것에 그치고 그 밖의 사무는 여전히 청산인의 직무권한에 속한다.[31]

청산인이 상법 제254조 제2항을 위반하여 파산선고 청구를 게을리한 경우에는 500만 원 이하의 과태료 부과 대상이 된다(상법 제635조 제1항 제12호).

28 주석 상법, 회사편(1)(제5판), 한국사법행정학회(2014), 362(정동윤).

29 上柳克郎·鴻常夫·竹内昭夫 編, 新版 注釋會社法(1), 有斐閣(1985), 502; 주석 상법, 회사편(1)(제5판), 한국사법행정학회(2014), 362(정동윤).

30 채무자 회생 및 파산에 관한 법률 제306조(법인의 파산원인)
① 법인에 대하여는 그 부채의 총액이 자산의 총액을 초과하는 때에도 파산선고를 할 수 있다.
② 제1항의 규정은 합명회사 및 합자회사의 존립 중에는 적용하지 아니한다.

31 주석 상법, 회사편(1)(제5판), 한국사법행정학회(2014), 362(정동윤).

제 255 조 [청산인의 회사대표]

① 업무집행사원이 청산인으로 된 경우에는 종전의 정함에 따라 회사를 대표한다.

② 법원이 수인의 청산인을 선임하는 경우에는 회사를 대표할 자를 정하거나 수인이 공동하여 회사를 대표할 것을 정할 수 있다.

[관련조문] 상법 제207조, 제208조, 제251조, 제252조, 제265조.
[참고문헌] 주석 상법, 회사편(1)(제5판), 한국사법행정학회(2014).

Ⅰ. 본조의 취지

상법 제255조는 청산인의 회사대표에 관하여 규정하고 있다.

청산인은 회사를 대표한다. 청산회사의 대표도 해산 전 회사의 대표와 차이가 없으므로 청산회사의 청산인의 대표권에는 해산 전 회사의 대표권에 관한 규정이 그대로 준용된다(상법 제265조, 제207조, 제208조). 다만 법정청산인의 경우(제251조 제2항)에는 종래의 대표사원과 별도로 대표청산인을 정하는 것은 불합리하고, 또 법원이 선임한 청산인의 경우(제252조)에는 대표청산인 또는 공동대표를 정할 수 있는가에 관하여 의문이 있을 수 있으므로 제255조에서 이를 명확히 규정한 것이다.[1] 제255조는 합자회사(제269조), 유한책임회사(제287조의45), 주식회사(제542조 제1항) 및 유한회사(제613조 제1항)에서 준용하고 있다.

Ⅱ. 총사원 과반수의 결의로 선임된 청산인의 대표권

총사원 과반수의 결의로 청산인을 선임한 경우(상법 제251조 제1항) 수인의 청산인을 정하였다면 각 청산인이 회사를 대표한다(제265조, 제207조 제2문). 정관 또는 총사원의 동의로 수인의 청산인 중 특히 회사를 대표할 자(대표청산인)를 정할 수 있고(제265조, 제207조 단서), 정관 또는 총사원의 동의로 수인의 청산인이 공동으로 회사를 대표할 것(공동대표청산인)을 정할 수도 있다(제265조, 제208조 제1항).

1 주석 상법, 회사편(1)(제5판), 한국사법행정학회(2014), 363(정동윤).

공동대표청산인은 공동으로만 회사의 의사표시를 할 수 있으나, 제3자의 회사에 대한 의사표시는 공동대표의 권한 있는 청산인 1인에 대하여 이를 함으로써 그 효력이 생긴다(제265조, 제208조 제2항).

Ⅲ. 법정청산인의 대표권

청산회사는 해산 전 회사와 동일한 법인격을 가지는데 업무집행사원이 법정청산인이 됨으로써 해산의 전후를 통하여 동일인이 동일한 법인격을 가지는 회사의 사무를 처리하면서 그 대표권에 변경을 가져오는 것은 불합리하다.[2] 따라서 회사가 해산된 경우에 총사원 과반수의 결의에 의한 청산인의 선임이 없어 업무집행사원이 법정청산인으로 된 경우(상법 제251조 제2항)에는 종전의 정함에 따라 회사를 대표한다(제255조 제1항). 따라서 회사가 해산 전 영업 중에 수인의 업무집행사원을 정한 경우에는 각 법정청산인이 청산회사를 대표하고(제207조 제2문), 정관 또는 총사원의 동의로 업무집행사원 중 특히 회사를 대표할 자를 정한 때에는 그 대표사원이 대표법정청산인으로 된다(제207조 단서). 또한 회사가 해산 전 영업 중에 정관 또는 총사원의 동의로 공동대표를 정한 경우에는 공동법정청산인이 되고(제208조), 이때 공동법정청산인에 대한 제3자의 회사에 대한 의사표시는 공동대표의 권한있는 법정청산인 1인에 대하여 이를 함으로써 그 효력이 생긴다(제265조, 제208조 제2항).

Ⅳ. 법원이 선임한 청산인의 대표권

사원이 1인으로 되거나 법원의 해산명령 또는 해산판결로 인하여 회사가 해산한 경우에는 법원이 청산인을 선임한다(상법 제252조). 법원이 수인의 청산인을 선임하는 경우에는 회사를 대표할 자를 정하거나 수인이 공동하여 회사를 대표할 것을 정할 수 있다(제255조 제2항). 법원이 대표청산인을 정하지 않은 때에는 각자가 단독으로 회사를 대표한다(제265조, 제207조 제2문).

2 주석 상법, 회사편(1)(제5판), 한국사법행정학회(2014), 364(정동윤).

제 256 조 [청산인의 의무]

① 청산인은 취임한 후 지체없이 회사의 재산상태를 조사하고 재산목록과 대차대조표를 작성하여 각 사원에게 교부하여야 한다.

② 청산인은 사원의 청구가 있는 때에는 언제든지 청산의 상황을 보고하여야 한다.

[관련조문] 상법 제254조, 제263조.

[참고문헌] 주석 상법, 회사편(1)(제5판), 한국사법행정학회(2014); 上柳克郎·鴻常夫·竹內昭夫 編, 新版 注釋會社法(1), 有斐閣(1985).

Ⅰ. 본조의 취지

상법 제256조는 사원의 보호를 위하여 청산인에게 부수적 직무를 부과하기 위한 규정이다.

청산인이 아닌 사원은 감시권을 가지지만(상법 제195조, 민법 제710조[1]), 그 실효성을 확보하기 위하여 제256조에서는 청산인에게 재산목록과 대차대조표를 작성하여 사원에게 교부할 의무와 청산의 상황을 보고할 의무를 부담시키고 있다.[2] 청산인의 부수적 직무를 정한 제256조의 규정은 상법 제263조(청산인의 임무종료)와 함께 사원의 보호를 위한 규정이고, 사원의 감시권의 구체적 표현이다.[3]

제256조는 합자회사(상법 제269조)와 유한책임회사(상법 제287조의45)에도 준용된다.

Ⅱ. 부수적 직무행위의 성질

일반적으로 제256조에 따른 의무를 청산인의 부수적 직무라고 하는데, 이를 위반한 경우 그 청구의 상대방이 누구인지와 관련하여 부수적 직무의 법적 성질

1 민법 제710조(조합원의 업무, 재산상태검사권)
각 조합원은 언제든지 조합의 업무 및 재산상태를 검사할 수 있다.
2 주석 상법, 회사편(1)(제5판), 한국사법행정학회(2014), 365(정동윤).
3 주석 상법, 회사편(1)(제5판), 한국사법행정학회(2014), 366(정동윤).

에 관하여 다툼이 있다. ①사원은 회사에 대하여 그 행위의 이행을 청구할 수 없고 청산인에 대하여 청구하여야 한다는 견해, ②제256조는 청산인의 회사에 대한 직무를 정한 것이고, 사원에 대한 의무를 정한 것이 아니므로 사원은 그 행위의 이행을 회사에 대하여는 물론 청산인에 대하여도 청구할 수 없다는 견해, ③사원이 청구를 하는 상대방은 회사이고 청산인에 대한 청구는 청산 중의 회사의 기관으로서의 청산인에 대하여 행하여지는 것이라고 하는 견해가 있다. 그러나 ④청산인의 부수적 직무행위는 회사의 기관의 행위인 성질 및 그 직무를 행하는 기관담당자인 청산인과 이에 대한 감시권을 가지는 사원과의 내부관계의 행위인 성질을 가지므로, 사원은 회사에 대하여는 물론 청산인에 대하여도 청구할 수 있다는 견해[4]가 타당하다고 할 것이다.

Ⅲ. 재산상태의 조사 및 재산목록과 대차대조표의 작성·교부 의무

청산인은 취임한 후 지체없이 회사의 재산상태를 조사하고 재산목록과 대차대조표를 작성하여 각 사원에게 교부하여야 한다(상법 제256조 제1항). 청산인이 재산상태를 조사하고 재산목록과 대차대조표를 작성하는 것은 청산의 준비행위로서 청산을 하기 위한 기초라 할 것이다. 즉 제256조에 따라 청산인이 재산목록과 대차대조표를 작성하는 것은 채권의 추심과 채무의 변제를 하고 잔여재산의 분배를 위한 것으로서 실질적 가치산정이 필요하다. 따라서 청산 중의 회사에 대하여는 상업장부에 관한 상법 제29조, 제30조가 적용되지 않는다고 보아야 할 것이고,[5] 본조의 재산목록과 대차대조표는 통상의 재산목록 내지 대차대조표가 아니라 청산의 기초로 되는 재산목록·청산대차대조표라 할 것이므로, 그 재산의 평가는 장부상 가격이 아니라 엄정한 교환가격을 기준으로 이루어져야 한다.[6]

Ⅳ. 청산상황의 보고의무

청산인은 사원의 청구가 있는 때에는 언제든지 청산의 상황을 보고하여야 한다(상법 제256조 제2항). 사원의 감시권은 회사의 해산 후에도 존속하므로 청산인이

4 上柳克郎·鴻常夫·竹内昭夫 編, 新版 注釋會社法(1), 有斐閣(1985), 522; 주석 상법, 회사편(1)(제5판), 한국사법행정학회(2014), 365(정동윤).

5 주석 상법, 회사편(1)(제5판), 한국사법행정학회(2014), 366(정동윤).

6 上柳克郎·鴻常夫·竹内昭夫 編, 新版 注釋會社法(1), 有斐閣(1985), 116; 주석 상법, 회사편(1)(제5판), 한국사법행정학회(2014), 366(정동윤).

아닌 사원은 언제든지 청산업무 및 회사재산의 상황을 검사할 권리가 있다(상법 제195조, 민법 제710조).

제 257 조 [영업의 양도]

청산인이 회사의 영업의 전부 또는 일부를 양도함에는 총사원 과반수의 결의가 있어야 한다.

[관련조문] 상법 제204조, 제254조.
[참고문헌] 주석 상법, 회사편(1)(제5판), 한국사법행정학회(2014).

Ⅰ. 본조의 취지

상법 제257조는 청산회사의 영업양도에 관한 의사결정에 관한 규정이다.

청산회사의 대표는 청산인이고, 청산인이 수인인 때에는 청산의 직무에 관한 행위는 그 과반수의 결의로 정한다(상법 제254조 제2항). 재산의 환가처분도 청산인의 직무에 포함되므로(제254조 제1항 제3호) 청산인의 결정 내지 결의로 정한다 할 것이나, 예외적으로 청산인이 회사의 영업의 전부 또는 일부를 양도하는 것은 사원의 이해관계에 중대한 영향을 미치므로 제257조에서는 총사원 과반수의 결의를 요구하도록 규정하고 있다.[1]

Ⅱ. 영업양도의 결의

청산인이 회사의 영업의 전부 또는 일부를 양도함에는 총사원 과반수의 결의가 있어야 한다(상법 제257조). 재산환가의 방법으로서 영업의 전부 또는 일부를 양도하는 경우에는 사원의 이해관계에 중대한 영향을 미치게 되므로, 청산인 과반수의 결의에 의하는 것이 아니라 사원 과반수의 결의에 의할 것을 요구하고 있다. 해산 전의 합명회사의 영업양도에서는 정관변경사항에 해당하므로 총사원의 동의가 필요한 것(제204조)과 비교된다.[2]

총사원 과반수의 결의가 있기 위해서는 적어도 2인 이상의 사원이 있어야 하므로 사원이 1인으로 되어 해산한 때에는 상법 제257조에 따른 결의를 할 수 없는 것으로 볼 것이다. 그러나 제257조는 사원의 보호를 위한 규정이기 때문에 사

1 주석 상법, 회사편(1)(제5판), 한국사법행정학회(2014), 367(정동윤).
2 주석 상법, 회사편(1)(제5판), 한국사법행정학회(2014), 367(정동윤).

원이 1인으로 되어 해산한 경우에 법원의 선임에 의한 청산인(제252조)이 사원 이외의 자인 때에는 그 1인의 사원의 동의가 있으면 영업양도를 할 수 있다고 보아야 할 것이다.[3]

Ⅲ. 위반의 효과

청산인이 상법 제257조에 정한 총사원 과반수의 결의 없이 영업양도를 한 경우 그 효력을 인정할 것인지에 대하여는 견해가 나뉘는 듯하다. 제257조의 결의는 단순한 내부적 의사결정이 아니라 영업양도의 유효요건이라고 해석하여 제257조 위반의 영업양도는 무효라고 보는 무효설과 청산 중의 회사에서 영업양도는 청산을 위한 재산환가방법으로서 통상 행하여지는 것이기 때문에 사원이 예상할 수 있는 것이므로, 표현대리인의 권한남용의 경우와 같이 보아 선의의 제3자를 보호하기 위하여 제257조 위반의 영업양도도 유효하다고 보는 유효설이 있다.[4]

주식회사에 있어서의 영업양도에 관한 주주총회의 특별결의(상법 제374조[5])는 영업양도의 유효요건이라고 보는 것이 일반적인 견해이고, 해산 전 영업 중의 합명회사의 영업양도에 관하여도 총사원의 결의는 유효요건이라고 보고 있다. 그러나, 해산 전 영업 중의 회사와는 달리 청산회사가 청산을 위한 재산환가방법으로서 영업양도를 이용하는 것은 이례적인 것이 아니기 때문에 사원의 보호보다는 선의의 제3자를 보호하는 것이 더 바람직하다고 할 것이다. 따라서 총사원의 결의 없이 청산인이 영업의 전부 또는 일부를 양도한 경우에는 유효하다고 보는 것이 타당하다. 다만 영업양수인인 거래상대방이 악의인 경우에는 당해 청산인에 대하여 손해배상을 구할 수 있는 것은 별론으로 무효를 주장할 수 있다고 볼 것이다.[6]

3 주석 상법, 회사편(1)(제5판), 한국사법행정학회(2014), 367(정동윤).
4 주석 상법, 회사편(1)(제5판), 한국사법행정학회(2014), 367-368(정동윤).
5 상법 제374조(영업양도, 양수, 임대등)
① 회사가 다음 각 호의 어느 하나에 해당하는 행위를 할 때에는 제434조에 따른 결의가 있어야 한다.
1. 영업의 전부 또는 중요한 일부의 양도
2. 영업 전부의 임대 또는 경영위임, 타인과 영업의 손익 전부를 같이 하는 계약, 그 밖에 이에 준하는 계약의 체결·변경 또는 해약
3. 회사의 영업에 중대한 영향을 미치는 다른 회사의 영업 전부 또는 일부의 양수
② 제1항의 행위에 관한 주주총회의 소집의 통지를 하는 때에는 제374조의2 제1항 및 제2항의 규정에 의한 주식매수청구권의 내용 및 행사방법을 명시하여야 한다.
6 주석 상법, 회사편(1)(제5판), 한국사법행정학회(2014), 367-368(정동윤).

제 258 조 [채무완제불능과 출자청구]

① 회사의 현존재산이 그 채무를 변제함에 부족한 때에는 청산인은 변제기에 불구하고 각 사원에 대하여 출자를 청구할 수 있다.

② 전항의 출자액은 각 사원의 출자의 비율로 이를 정한다.

[관련조문] 상법 제254조.

[참고문헌] 주석 상법, 회사편(1)(제5판), 한국사법행정학회(2014); 上柳克郎·鴻常夫·竹内昭夫 編, 新版 注釋會社法(1), 有斐閣(1985).

Ⅰ. 본조의 취지

상법 제258조는 청산인의 직무로서의 채권의 추심(제254조 제1항 제2호)에 관한 특칙이다.

채권의 추심이라 함은 회사가 가진 채권에 관하여 채무자로부터 그 채무의 이행을 받는 것을 말한다. 회사가 가진 채권은 제3자에 대한 채권뿐만 아니라 사원에 대한 채권도 포함한다. 채권자인 회사가 해산하였다고 하더라도 회사채무자가 기한의 이익을 상실하는 것은 아니므로[1] 채권의 추심을 위해서는 변제기가 도래하여야 한다.[2] 사원에 대한 채권 중 이행기 도래 후의 구체화된 출자청구권은 당연히 추심할 수 있고, 제258조에서는 이행기 도래 전의 출자청구권에 관한 특칙을 규정하고 있다.[3] 즉 회사의 현존재산이 그 채무를 변제함에 부족한 때에는 청산인은 변제기에 불구하고 각 사원에 대하여 출자를 청구할 수 있고, 그 출자액은 각 사원의 출자의 비율로 이를 정한다.

1 이철송, 회사법강의(제27판), 박영사(2019), 183.

2 주석 상법, 회사편(1)(제5판), 한국사법행정학회(2014), 360(정동윤); 김건식 외 2인, 회사법(제3판), 박영사(2018), 943.

3 주석 상법, 회사편(1)(제5판), 한국사법행정학회(2014), 360(정동윤); 김건식 외 2인, 회사법(제3판), 박영사(2018), 943.

Ⅱ. 출자청구의 요건

합명회사가 해산한 후 청산인이 변제기에 불구하고 사원에 대하여 출자의 청구를 할 수 있기 위해서는 '회사의 현존재산이 그 채무를 변제함에 부족한 때'일 것이 요구된다.

1. 회사의 현존재산

회사의 현존재산이란 회사의 적극재산에서 변제기에 이르지 않은 사원에 대한 출자청구권을 제외한 재산을 말한다. 변제기에 이른 사원에 대한 출자청구권은 채권으로서 회사의 현존재산으로 볼 것이다. 동산·부동산·채권 기타 재산 등 회사가 현재 가지고 있는 모든 재산을 포함하고, 소송을 하여야만 추심할 수 있는 채권도 포함된다.[4]

2. 채무의 완제 부족

회사의 현존재산이 그 채무를 변제함에 부족한 때에 청산인은 사원에 대하여 출자청구를 할 수 있지만, 반드시 청구 시점을 기준으로 그 채무를 변제하기에 부족하지는 않더라도 청산종결까지에 예상되는 비용을 포함하여 변제함에 부족한 경우도 출자청구를 할 수 있다고 볼 것이다.[5] 그러나 현존하는 재산으로 채무를 완제할 수 있는 경우에는 단순히 그 환가가 곤란하다고 하여 출자의 이행을 청구할 수는 없다.[6]

3. 본조가 적용되는 사원의 출자의무 범위

사원의 출자의 시기와 방법에 관하여는 통상 정관에 규정되어 있으나, 만일 정관에 정하지 않았거나 정관에서 정한 기재만으로 이를 확정할 수 없다면 통상의 업무집행방법으로 정하여야 한다(상법 제195조, 민법 제706조[7]). 그런데 사원의

4 주석 상법, 회사편(1)(제5판), 한국사법행정학회(2014), 369(정동윤).
5 주석 상법, 회사편(1)(제5판), 한국사법행정학회(2014), 369(정동윤).
6 上柳克郎·鴻常夫·竹内昭夫 編, 新版 注釋會社法(1), 有斐閣(1985), 507頁; 주석 상법, 회사편(1)(제5판), 한국사법행정학회(2014), 369(정동윤).
7 민법 제706조(사무집행의 방법)
① 조합계약으로 업무집행자를 정하지 아니한 경우에는 조합원의 3분의 2 이상의 찬성으로써 이를 선임한다.
② 조합의 업무집행은 조합원의 과반수로써 결정한다. 업무집행자 수인인 때에는 그 과반수로써 결정한다.
③ 조합의 통상사무는 전항의 규정에 불구하고 각 조합원 또는 각 업무집행자가 전행할 수 있다. 그러나 그 사무의 완료전에 다른 조합원 또는 다른 업무집행자의 이의가 있는 때에는 즉시 중지하여야 한다.

출자의무 중 회사의 해산 당시에 이미 이행기에 있는 출자의무는 순수한 회사의 채권으로서 회사가 당연히 추심할 수 있고 이는 채권의 추심에 관한 규(상법 제254조 제1항 제2호) 따라야 하고,[8] 회사의 사원에 대한 위 채권은 회사의 현존재산을 산정할 때 적극재산으로 산입되어야 할 것이다. 따라서 제258조의 적용을 받는 사원의 출자의무는 해산 당시 이행기 도래 전의 출자의무만을 의미한다 할 것이다. 그리고 제258조에 의한 사원의 출자의무는 청산인의 청구에 의하여 구체적으로 확정된다.[9]

Ⅲ. 출자청구의 절차

1. 출자청구권자 및 그 상대방

상법 제258조에 따른 출자청구권자는 청산 중의 회사이고, 그 대표기관인 청산인이 회사를 대표하여 출자청구권을 행사할 수 있다. 그리고 제258조에 의한 사원에 대한 출자청구권은 회사의 일신전속적인 권리이고 청산인에 의하여 구체화되는 행사전속권이므로 회사채권자에 의한 대위행사는 인정되지 아니한다.[10]

출자청구의 상대방은 출자의무 있는 모든 사원이다.[11]

2. 출자청구의 방법

청산인이 사원에 대하여 출자를 청구함에 있어서는 통상의 채권추심의 경우와는 달리 본조에서 정한 요건이 충족되었다는 점을 명시하여야 할 것이고,[12] 그 증명책임은 청산인에게 있다고 볼 것이다.[13]

Ⅳ. 출자청구의 내용

청산인이 상법 제258조에 따라 출자의 청구를 하는 경우 사원의 출자액은 각 사원의 지분의 비율로 이를 정한다(제258조 제2항).

8 주석 상법, 회사편(1)(제5판), 한국사법행정학회(2014), 370(정동윤).
9 주석 상법, 회사편(1)(제5판), 한국사법행정학회(2014), 370(정동윤).
10 주석 상법, 회사편(1)(제5판), 한국사법행정학회(2014), 370(정동윤).
11 주석 상법, 회사편(1)(제5판), 한국사법행정학회(2014), 370(정동윤).
12 上柳克郎·鴻常夫·竹内昭夫 編, 新版 注釋會社法(1), 有斐閣(1985), 509; 주석 상법, 회사편(1)(제5판), 한국사법행정학회(2014), 370(정동윤).
13 주석 상법, 회사편(1)(제5판), 한국사법행정학회(2014), 370(정동윤).

1. 각 사원별 청구의 비율

청산인이 제258조에 의하여 출자의 청구를 하는 경우에는 사원평등의 원칙에 기하여 소요금액을 각 사원의 지분에 안분하고 그 비율에 해당하는 출자를 청구하여야 한다. 이 경우 정관에 정하여진 각 사원의 출자총액의 비율에 의할 것인지 아니면 해산 당시 변제기가 도래하지 않은 출자청구권 사이의 출자액 비율에 의할 것인지가 문제될 수 있으나, 해산 당시 변제기가 도래한 출자청구권은 이미 회사의 현존재산으로 포함되었다고 볼 것이어서 해산 당시 변제기가 도래하지 않은 출자청구권 사이의 출자액 비율에 의하여 청구할 수 있다고 보는 것이 타당하다.[14] 사원 가운데 무자력자가 있는 경우에는 그 자에 대한 출자의무액을 제외하고 나머지 사원의 지분에 안분하여 부담시킬 수 있다고 볼 것이다.[15]

2. 출자청구의 한도

합명회사사원의 무한책임은 회사채권자에 대한 책임이며 회사에 대한 책임이 아니기 때문에, 제258조에 따른 출자청구는 각 사원의 출자의무액을 한도로 하고, 청산인은 각 사원의 출자의무액을 초과하여 청구할 수 없다.[16]

또한 청산인은 사원에 대하여 소극지분의 지급도 청구할 수 없다고 볼 것인데, 이를 인정하면 회사재산으로서 회사채무를 완제할 수 없는 경우는 있을 수 없기 때문이다.[17]

14 上柳克郎·鴻常夫·竹内昭夫 編, 新版 注釋會社法(1), 有斐閣(1985), 510; 주석 상법, 회사편(1)(제5판), 한국사법행정학회(2014), 370-371(정동윤).

15 주석 상법, 회사편(1)(제5판), 한국사법행정학회(2014), 371(정동윤).

16 주석 상법, 회사편(1)(제5판), 한국사법행정학회(2014), 371(정동윤).

17 주석 상법, 회사편(1)(제5판), 한국사법행정학회(2014), 371(정동윤).

제 259 조 [채무의 변제]

① 청산인은 변제기에 이르지 아니한 회사채무에 대하여도 이를 변제할 수 있다.

② 전항의 경우에 이자없는 채권에 관하여는 변제기에 이르기까지의 법정이자를 가산하여 그 채권액에 달할 금액을 변제하여야 한다.

③ 전항의 규정은 이자있는 채권으로서 그 이율이 법정이율에 달하지 못하는 것에 이를 준용한다.

④ 제1항의 경우에는 조건부채권, 존속기간이 불확정한 채권 기타 가액이 불확정한 채권에 대하여는 법원이 선임한 감정인의 평가에 의하여 변제하여야 한다.

[관련조문] 상법 제254조, 비송사건절차법 제124조.

[참고문헌] 주석 상법, 회사편(1)(제5판), 한국사법행정학회(2014); 上柳克郎·鴻常夫·竹内昭夫 編, 新版 注釋會社法(1), 有斐閣(1985).

Ⅰ. 본조의 취지

상법 제259조는 청산회사의 변제기 전의 회사채무 변제에 관하여 규정하고 있다.

합명회사에 대하여 해산원인이 발생하였다 하더라도 반드시 기한의 이익이 상실되는 것은 아니나 청산사무의 신속한 종결이 요구되므로 상법 제259조에서는 변제기 전의 채무변제를 인정하고 있다.

Ⅱ. 변제기 전의 회사채무에 대한 변제 허용

청산인은 변제기에 이르지 아니한 회사채무에 대하여도 이를 변제할 수 있다(상법 제259조 제1항). 회사는 해산을 하였더라도 해산 당시 변제기가 도래하지 않은 채무를 변제할 의무는 없으나, 청산사무의 편의를 위하여 필요한 때에는 변제기 전의 채무를 변제하여도 무방하다. 기한의 이익은 채무자가 가지는 것으로 추정되지만(민법 제153조 제1항), 채권자에게 기한의 이익이 있는 경우도 있으며 이 경우 변제기 전의 변제는 채권자의 이익을 해하는 것으로 되지만 청산사무의 신

속한 종결을 위하여 법은 부득이 변제기 전의 채무의 변제를 허용하고 있다.[1]

Ⅲ. 변제기 전의 회사채권의 평가

1. 이자 없는 채권의 경우

변제기 전의 변제에 있어서 이자 없는 채권에 대하여는 변제기에 이르기까지의 법정이자를 가산하여 그 채권액에 달한 금액을 변제하여야 한다(상법 제259조 제2항). 즉 호프만식 계산법에 의하여 중간이자를 공제하는 방법으로 현가산정을 하여 변제하여야 한다.[2] 상사법정이율은 연 6%이다(제54조).

2. 이자부 채권의 경우

이자 있는 채권으로서 그 이율이 법정이율에 달하지 못하는 것에도 이자 없는 채권의 변제액산정방법을 준용한다(상법 제259조 제3항). 따라서 법정이율 이하의 이자부 채권에 관하여는 법정이율과 약정이율의 차이에 의하여 계산한 중간이자를 원본액에서 공제하여 변제하면 된다.

법정이율 이상의 이자부 채권에 관하여는 아무런 규정이 없으나, 이 경우에는 그 원본액에 변제시까지의 약정이자를 가산하여 변제하면 된다. 이로 인하여 채권자의 이익을 해하는 경우에는 그 손해를 배상하여야 할 것이다.[3]

3. 조건부채권·존속기간이 불확정한 채권 기타 가액이 불확정한 채권의 경우

조건부채권·존속기간이 불확정한 채권 기타 가액이 불확정한 채권에 대하여는 법원이 선임한 감정인의 평가에 의하여 변제하여야 한다(상법 제259조 제3항). 법원이 상법 제259조 제4항 또는 그 준용규정에 따른 감정인을 선임한 경우 그 비용은 회사가 부담하고, 감정인의 소환 및 심문 비용의 경우에도 또한 같다(비송사건절차법 제124조). 또한 이 경우 감정인의 선임 절차와 재판에 관하여는 비송사건절차법 제58조(검사의 불참여) 및 제59조(불복신청의 금지)를 준용하므로, 검사가 의견을 진술하거나 심문에 참여하지 않고 또 그 재판에 대하여 불복신청을 할 수 없다.

1 주석 상법, 회사편(1)(제5판), 한국사법행정학회(2014), 372(정동윤).

2 주석 상법, 회사편(1)(제5판), 한국사법행정학회(2014), 372(정동윤).

3 上柳克郎·鴻常夫·竹内昭夫 編, 新版 注釋會社法(1), 有斐閣(1985), 505; 주석 상법, 회사편(1)(제5판), 한국사법행정학회(2014), 373(정동윤).

제 260 조 [잔여재산의 분배]

청산인은 회사의 채무를 완제한 후가 아니면 회사재산을 사원에게 분배하지 못한다. 그러나 다툼이 있는 채무에 대하여는 그 변제에 필요한 재산을 보류하고 잔여재산을 분배할 수 있다.

[관련조문] 상법 제254조, 제635조 제1항 제15호.

[참고문헌] 주석 상법, 회사편(1)(제5판), 한국사법행정학회(2014); 上柳克郎·鴻常夫·竹内昭夫 編, 新版 注釋會社法(1), 有斐閣(1985).

Ⅰ. 본조의 취지

상법 제260조는 청산회사의 잔여재산분배에 관한 규정이다.

청산인이 청산사무의 집행함에 있어 회사채권자에 대한 변제를 완료하지 않은 채 사원에게 잔여재산분배를 하게 되면 회사채권자의 채권을 완제할 수 없게 될 가능성이 매우 높다. 따라서 제260조에서는 회사채권자를 보호하기 위하여 회사의 채무를 완제한 후가 아니면 회사재산을 사원에게 분배하지 못하도록 규정하고 있다. 그러나 회사채무에 관하여 다툼이 있는 경우에도 이를 관철하게 되면 청산사무처리의 불편과 청산종결의 지연을 초래하므로 다툼이 있는 채무에 대하여는 변제에 필요하다고 인정되는 재산을 보류하고 잔여재산을 분배할 수 있다고 규정하였다.[1] 청산인이 제260조에 위반하여 회사재산을 분배하면 500만 원 이하의 과태료 부과의 대상이 된다(상법 제635조 제1항 제15호).

Ⅱ. 잔여재산분배의 조건

청산인은 회사의 채무를 완제한 후가 아니면 회사재산을 사원에게 분배하지 못한다(상법 제260조 본문). 회사의 채무를 완제한다 함은 사원의 잔여재산분배청구를 제외한 회사채권자에 대한 채무 및 사원에 대한 채무를 포함한 모든 채무에 대한 변제를 완료하는 것을 의미한다. 또한 제260조에서의 회사재산이란 청산회사의 잔여재산으로서 회사가 채무를 완제한 후에 남은 적극재산을 의미한

1 주석 상법, 회사편(1)(제5판), 한국사법행정학회(2014), 373-374(정동윤).

다.[2]

Ⅲ. 다툼이 있는 채무가 존재하는 경우

회사의 채무에 관하여 다툼이 있는 경우에는 그 변제에 필요한 재산을 보류하고 잔여재산을 분배할 수 있다(상법 제260조 단서). 다툼이 있는 채무라 함은 소송계속 중의 채무와 같이 아직 확정하지 않은 회사의 채무를 말한다. 변제에 필요한 재산을 보류하는 방법에 관하여는 아무런 제한이 없으므로 공탁을 하거나 예금을 하거나 회사가 보관하여도 무방하다.[3]

Ⅳ. 제260조를 위반한 분배의 효력

청산인이 회사채무를 완제하기 전에 회사재산을 사원에게 분배하였다면, 회사는 분배를 받은 각 사원에 대하여 반환청구권을 가진다고 볼 것이고, 이는 회사에 채무완제의 자력이 있는 경우에도 마찬가지이다.[4]

제260조 단서의 규정에 위반하여 다툼이 있는 채무에 관하여 그 변제에 필요한 재산을 보류하지 않고 잔여재산을 분배한 경우에도 회사는 각 사원에 대하여 반환청구권을 가진다. 보류한 재산이 그 채무를 변제하기에 부족하지 않은 때에는 회사는 변제하는 데 필요한 금액의 반환을 사원에게 청구할 수 있다고 본다.[5]

2 주석 상법, 회사편(1)(제5판), 한국사법행정학회(2014), 374(정동윤).
3 주석 상법, 회사편(1)(제5판), 한국사법행정학회(2014), 374(정동윤).
4 주석 상법, 회사편(1)(제5판), 한국사법행정학회(2014), 375(정동윤).
5 上柳克郎·鴻常夫·竹内昭夫 編, 新版 注釋會社法(1), 有斐閣(1985), 525; 주석 상법, 회사편(1)(제5판), 한국사법행정학회(2014), 375(정동윤).

제 261 조 [청산인의 해임]

사원이 선임한 청산인은 총사원 과반수의 결의로 해임할 수 있다.

[관련조문] 상법 제251조.
[참고문헌] 주석 상법, 회사편(1)(제5판), 한국사법행정학회(2014).

Ⅰ. 본조의 취지

상법 제261조는 사원이 선임한 청산인의 해임에 관한 규정이다.

회사가 존립기간의 만료 기타 정관으로 정한 사유의 발생 내지 총사원의 동의로 해산하면서 회사의 재산처분방법을 정하지 아니한 때에는 법정청산을 하여야 하고(상법 제247조, 제250조), 이 경우에는 총사원 과반수의 결의로 청산인을 선임한다(제251조 제1항, 제252조). 그런데 사원이 선임한 청산인이 청산종결 전에 사원으로부터 신임을 잃는 경우도 있고, 무엇보다도 이와 같이 사원이 자율적으로 청산인을 선임한 경우에는 사원의 해임에 있어서도 자율권이 인정되어야 할 것이다. 제261조에서는 이와 같은 점을 고려하여 사원이 선임한 청산인은 총사원 과반수의 결의로 언제든지 해임할 수 있도록 규정하고 있다. 법정청산인(제251조 제2항)과 법원의 선임에 의한 청산인(제252조)에 관하여는 제261조의 적용이 없다.[1]

Ⅱ. 사원의 청산인 해임권 내지 해임의 요건

사원이 선임한 청산인은 총사원 과반수의 결의로 해임할 수 있다(상법 제261조). 사원이 청산인을 선임하는 것은 회사가 존립기간의 만료 기타 정관으로 정한 사유의 발생 내지 총사원의 동의로 해산하면서 회사의 재산처분방법을 정하지 아니한 법정청산의 경우에 한한다 할 것이고(제247조, 제250조), 이와 같이 사원이 자율적으로 청산인을 선임한 경우에는 사원의 해임에 있어서도 자율권이 인정된다. 상법에는 '총사원 과반수의 결의'를 거쳐야 하는 외에는 사원이 선임한 청산인을 해임하기 위한 아무런 조건을 두고 있지 않다.

1 주석 상법, 회사편(1)(제5판), 한국사법행정학회(2014), 375-376(정동윤).

Ⅲ. 해임의 결의

사원이 선임한 청산인을 해임하려면 총사원 과반수의 결의를 거쳐야 한다(상법 제261조). 청산인의 선임결의(제251조 제1항)와 같은 요건이다. 해임결의에는 방식이 정해져 있지 않으므로 서면결의도 가능하고 대리인에 의하여 결의에 참가할 수도 있다. 만일 사원이 사망하였다면 그 상속인이 그 해임권을 행사할 수 있다(제251조). 사원이 파산한 경우에는 파산관재인이 그 권리를 행사하여야 할 것이다.[2]

Ⅳ. 해임에 관한 변경등기

청산인의 선임과 해임 내지 퇴임은 등기사항이다(상법 제253조). 청산인이 선임된 경우(제253조 제1항)와 유사하게 청산인이 해임된 때에도 본점소재지에서는 2주간 내, 지점소재지에서는 3주간 내에 변경등기를 하여야 한다(제253조 제2항, 제183조). 청산인의 퇴임등기를 신청하는 경우에는 그 퇴임을 증명하는 정보를 제공하여야 한다(상업등기규칙 제107조 제4항).

2 주석 상법, 회사편(1)(제5판), 한국사법행정학회(2014), 376(정동윤).

제 262 조 [동전]

청산인이 그 직무를 집행함에 현저하게 부적임하거나 중대한 임무에 위반한 행위가 있는 때에는 법원은 사원 기타의 이해관계인의 청구에 의하여 청산인을 해임할 수 있다.

[관련조문] 상법 제205조, 제251조, 제252조, 제261조, 비송사건절차법 제117조, 제119조, 제121조.
[참고문헌] 이철송, 회사법강의(제27판), 박영사(2019); 주석 상법, 회사편(1)(제5판), 한국사법행정학회(2014); 上柳克郎·鴻常夫·竹内昭夫 編, 新版 注釋會社法(1), 有斐閣(1985).

Ⅰ. 본조의 취지

상법 제262조는 법원에 의한 청산인 해임에 관한 규정이다.

청산사무의 처리는 다수의 이해관계인과 관련된 중요한 법률관계이고 청산인은 청산사무를 공정하고 효율적으로 처리하여야 한다. 따라서 청산인이 청산사무를 집행함에 있어 부적절하다고 보이는 경우에는 청산인을 해임할 필요가 있다. 그런데 사원이 선임한 청산인(상법 제251조 제1항)에 대해서는 사원이 선임과 같은 조건인 총사원 과반수의 결의로 언제든지 해임할 수 있지만(제261조), 그 외의 경우 즉 법정청산인(제251조 제2항)과 법원이 선임한 청산인(제252조)의 경우에는 그 규정의 취지를 고려할 때 사원이 마음대로 청산인을 해임하도록 할 수는 없다. 또한 사원이 선임한 청산인(제251조)의 경우에도 사원들 사이의 이해관계가 대립되어 총사원 과반수의 결의가 성립될 수 없으나 청산인으로 하여금 청산사무를 계속하도록 하는 것이 바람직하지 않은 경우도 있다. 제262조에서는 이러한 점을 고려하여 청산인이 그 직무를 집행함에 현저하게 부적임하거나 중대한 임무에 위반한 행위가 있는 때에는 청산인의 종류에 상관 없이 법원이 이해관계인의 청구에 의하여 청산인을 해임할 수 있도록 규정하고 있다.[1]

1 주석 상법, 회사편(1)(제5판), 한국사법행정학회(2014), 377(정동윤).

Ⅱ. 해임청구의 사유

청산인이 그 직무를 집행함에 현저하게 부적임하거나 중대한 임무에 위반한 행위가 있는 때에는 법원은 사원 기타의 이해관계인의 청구에 의하여 청산인을 해임할 수 있다(상법 제262조). 따라서 청산인을 해임하기 위해서는 청산인이 그 직무를 집행함에 있어서 현저하게 부적임하거나 중대한 임무에 위반한 행위가 있어야 한다.

'그 직무를 집행함에 현저하게 부적임하다'는 것은 청산인이 정신적 또는 육체적 이유로 그 직무를 감당할 수 없는 것을 의미하고, 청산인의 고의·과실을 묻지 아니한다.[2] 청산인이 청산인이 된 후 그 결격사유(비송사건절차법 제121조)가 밝혀지거나 그에 해당하게 된 경우에도 여기에 해당한다고 볼 것이다. 즉 미성년자, 피성년후견인, 자격이 정지되거나 상실된 자, 법원에서 해임된 청산인, 파산선고를 받은 자임이 밝혀지거나 선임 후 그러한 자가 된 경우에는 해임청구의 사유가 된다.

'중대한 임무에 위반한 행위'란 청산인이 그 직무를 집행하는 데 주어진 의무를 위반하여 청산사무의 처리에 중대한 지장을 가져올 수 있는 행위를 의미한다. 청산인이 법률에 위반한 행위를 하거나 그 직무를 해태하여 청산사무의 공정을 결여하여 회사·사원 및 회사채권자의 이익을 해하는 경우가 여기에 해당할 수 있다. 그러나 청산인이 직무수행상 사소한 법규위반을 한 것만으로는 중대한 임무위반이라고 보기는 어렵다.[3]

상법 제262조에 따른 청산인의 해임사유는 합명회사가 해산하기 전에 업무집행사원의 권한상실선고의 사유와 동일하다(제205조). 다만 합명회사가 해산하면 청산목적의 범위 내에서 존속하므로, 사원은 더 이상 경업금지의무 등을 부담하지 않으므로, 이러한 위반은 제205조와 달리 제262조의 해임사유가 되지는 않는다.[4]

상법 제262조에 따라 법원에 해임청구를 할 수 있는 청산인에는 제약이 없다. 즉 사원의 선임에 의한 청산인(제251조 제1항), 법정청산인(제251조 제2항)과 법

2 주석 상법, 회사편(1)(제5판), 한국사법행정학회(2014), 377(정동윤).
3 주석 상법, 회사편(1)(제5판), 한국사법행정학회(2014), 377(정동윤).
4 주석 상법, 회사편(1)(제5판), 한국사법행정학회(2014), 377(정동윤).

원의 선임에 의한 청산인(제252조)을 모두 포함한다.[5]

Ⅲ. 해임의 절차

1. 해임의 청구

상법 제262조에 따라 청산인을 해임하기 위해서는 사원 기타의 이해관계인이 법원에 청산인의 해임을 청구하여야 한다. 해임청구권자인 이해관계인에는 회사의 채권자는 물론 사원의 채권자도 포함된다.[6] 청산인이 수인 있는 경우에 다른 청산인의 해임을 바라는 청산인도 포함된다고 보아야 할 것이고, 또한 법정청산인은 사임할 수 없으므로 스스로 해임을 원하는 법정청산인도 해임청구권자에 포함된다고 보아야 한다.[7]

2. 법원의 해임

상법 제262조의 규정에 의한 소의 관할법원은 본점소재지의 지방법원이다(비송사건절차법 제117조). 그리고 청산인해임의 재판에 대하여는 불복을 신청할 수 없다(제119조). 법원이 청산인을 해임한 때에는 법원이 등기소에 그 등기를 촉탁하여야 할 것이다.[8]

5 주석 상법, 회사편(1)(제5판), 한국사법행정학회(2014), 378(정동윤).

6 법원의 선임에 의한 청산인(상법 제252조)에 대한 청구권자인 이해관계인에 사원의 채권자도 포함된다는 견해[이철송, 회사법강의(제27판), 박영사(2019), 182]가 있는데, 제262조에 따른 해임청구도 동일하게 볼 것이다.

7 上柳克郎·鴻常夫·竹内昭夫 編, 新版 注釋會社法(1), 有斐閣(1985), 527; 주석 상법, 회사편(1)(제5판), 한국사법행정학회(2014), 378(정동윤).

8 주석 상법, 회사편(1)(제5판), 한국사법행정학회(2014), 378(정동윤).

제 263 조 [청산인의 임무종료]

① 청산인은 그 임무가 종료한 때에는 지체없이 계산서를 작성하여 각 사원에게 교부하고 그 승인을 얻어야 한다.

② 전항의 계산서를 받은 사원이 1월내에 이의를 하지 아니한 때에는 그 계산을 승인한 것으로 본다. 그러나 청산인에게 부정행위가 있는 경우에는 그러하지 아니하다.

[관련조문] 상법 제256조.

[참고문헌] 주석 상법, 회사편(1)(제5판), 한국사법행정학회(2014).

Ⅰ. 본조의 취지

상법 제263조는 청산인의 임무종료 시의 의무에 관한 규정이다.

상법 제263조에서는 사원의 보호를 위하여 청산인은 그 임무가 종료한 때 계산서를 작성하여 각 사원에게 교부하게 하고 이에 대하여 사원이 이의를 진술할 수 있는 기회를 부여하고 있는데, 청산인의 취임시의 의무 등을 규정한 상법 제256조(청산인의 의무)와 더불어 사원의 감시권을 구체적으로 구현한 규정이다.[1]

Ⅱ. 계산서의 작성 및 교부

청산인은 그 임무가 종료한 때에는 지체없이 계산서를 작성하여 각 사원에게 교부하고 그 승인을 얻어야 한다(상법 제263조 제1항).

청산인의 임무는 청산인의 주된 직무(상법 제254조 제1항)를 완료한 때와 청산회사의 파산에 의하여 파산관재인에게 그 사무를 인계한 때(상법 제254조 제4항, 민법 제93조 제2항)에 종료하고, 그 외에도 청산인의 퇴임 또는 해임에 의하여 특정한 청산인의 임무가 종료한다. 주식회사의 청산의 종결은 '청산사무가 종결한 때'라고 규정하고 있는 것(상법 제540조 제1항[2])과 비교된다. 청산인에 대한 성년후견

1 주석 상법, 회사편(1)(제5판), 한국사법행정학회(2014), 379.

2 상법 제540조(청산의 종결)
① 청산사무가 종결한 때에는 청산인은 지체없이 결산보고서를 작성하고 이를 주주총회에 제출하여 승인을 얻어야 한다.
② 전항의 승인이 있는 때에는 회사는 청산인에 대하여 그 책임을 해제한 것으로 본다. 그러나 청산인의 부정행위에 대하여는 그러하지 아니하다.

개시 또는 청산인의 사망에 의하여 청산인의 임무가 종료한 때에는 그 후견인 또는 상속인이 지체없이 계산서를 작성하여 각 사원의 승인을 구하여야 할 것이다.[3]

상법 제263조에서는 '계산서의 작성'이라고만 규정하고 있으나, 제263조 및 또 다른 청산인의 의무에 관한 규정인 제256조의 취지에 비추어 볼 때, 청산인이 계산을 하여 각 사원에게 승인을 구하는 경우에는 청산종결의 대차대조표를 작성하여야 한다고 볼 것이다.[4]

Ⅲ. 계산서의 승인과 책임해제

청산인이 작성한 계산서를 교부받은 사원이 1월 내에 이의를 하지 아니한 때에는 그 계산을 승인한 것으로 보지만, 청산인에게 부정행위가 있는 경우에는 그러하지 아니하다(상법 제263조 제2항). 계산서에 대한 이의는 계산서의 존재를 전제로 하는 것이므로 청산인이 계산서를 작성 내지 교부하지 않았다면 사원의 승인이나 승인의제의 효과는 인정되지 아니한다. 청산인이 계산서를 작성하여 교부하였다면 사원이 이에 대한 승인을 하였을 때는 물론 승인을 하지 않았더라도 이의 없이 1월을 경과하면 부정행위가 없는 한 청산인의 책임은 해제된다. 제263조에서의 '부정행위'라 함은 계산서의 내용이 부정인 경우뿐만 아니라 승인을 받는 과정에서 사원을 기망하는 경우도 포함한다.[5]

3 주석 상법, 회사편(1)(제5판), 한국사법행정학회(2014), 379.
4 주석 상법, 회사편(1)(제5판), 한국사법행정학회(2014), 379(정동윤).
5 주석 상법, 회사편(1)(제5판), 한국사법행정학회(2014), 379-380(정동윤).

제 264 조 [청산종결의 등기]

청산이 종결된 때에는 청산인은 전조의 규정에 의한 총사원의 승인이 있은 날로부터 본점소재지에서는 2주간내, 지점소재지에서는 3주간내에 청산종결의 등기를 하여야 한다.

[관련조문] 상법 제247조 제5항, 제263조, 제635조 제1항 제1호, 상업등기규칙 제110조 제2항.

[참고문헌] 정찬형, 상법강의(상)(제22판), 박영사(2019); 주석 상법, 회사편(1)(제5판), 한국사법행정학회(2014); 上柳克郎·鴻常夫·竹内昭夫 編, 新版 注釋會社法(1), 有斐閣(1985).

Ⅰ. 본조의 취지

상법 제264조는 법정청산에 있어서 청산종결의 등기에 관한 규정이다.

청산의 종결은 법인격의 소멸 기타 회사 법률관계의 종료를 가져오므로 이를 공시할 필요가 있다. 상법 제264조에서는 이러한 점을 고려하여 청산이 종결된 때에 청산인으로 하여금 일정한 기간 내에 청산종결의 등기를 할 의무를 부여하고 있다. 임의청산에 관하여는 제247조 제5항에서 규정하고 있다.[1]

청산인이 청산종결의 등기의무를 해태한 때에는 500만 원 이하의 과태료 부과 대상이 된다(상법 제635조 제1항 제1호).

Ⅱ. 청산종결등기의 절차

청산이 종결된 때에는 청산인은 청산종결의 등기를 하여야 한다. '청산이 종결된 때'라 함은 청산인의 주된 직무인 현존사무의 종결, 채권의 추심과 채무의 변제, 재산의 환가처분, 잔여재산의 분배(상법 제254조 제1항)가 완료된 후 사원의 계산서 승인(제263조)이 있은 때를 의미한다.[2] 등기의무기간은 상법 제263조에 따라 총사원이 그 계산을 승인한 날로부터 본점소재지에서는 2주간 내, 지점소재지에서는 3주간 내이다.

청산종결의 등기는 청산인이 신청하여야 하고, 제264조에 따른 청산종결등기를 신청하는 경우에는 청산인이 계산의 승인을 받았음을 증명하는 정보를 제공하여야 한다(상업등기규칙 제110조 제2항). 상법 제263조 제2항에 따른 사원의 승인의

1 주석 상법, 회사편(1)(제5판), 한국사법행정학회(2014), 380(정동윤).
2 주석 상법, 회사편(1)(제5판), 한국사법행정학회(2014), 381(정동윤).

제의 경우에는 승인의 의제를 증명하는 서면을 첨부하면 될 것이다.[3]

Ⅲ. 청산종결등기의 효력

회사는 합병의 경우를 제외하고 해산에 의하여 즉시 소멸하는 것이 아니라 청산의 목적범위 내에서 여전히 존속하고(상법 제245조 참조), 청산이 사실상의 종결하는 때에 비로소 그 법인격이 소멸한다고 보는 것이 일반적인 견해이다. 청산종결의 등기는 공신력이 없어[4] 청산종결의 사실을 공시하는 데 불과하고, 법인격을 소멸시키는 창설적 효력은 없기 때문에 청산종결의 등기가 마쳐졌더라도 청산이 종결되지 아니한 때에는 회사는 여전히 청산법인으로 존속한다.[5] [6] 따라서 청산종결등기를 하였더라도 사실상 청산종결이 되지 않은 회사는 소송법상의 당사자능력을 가지고, 사원의 사원권도 소멸되지 않는다.[7] 또한 회사가 해산 및 청산등기 전에 재산형에 해당하는 사건으로 소추당한 후 청산종결의 등기가 경료되었다고 하여도 그 피고사건이 종결되기까지는 회사의 청산사무는 종료되지 아니하고 형사소송법상 당사자 능력도 존속한다고 할 것이다.[8]

사실상 청산이 종결되지 아니한 경우에 행하여진 청산종결의 등기는 무효이고, 따라서 말소되어야 할 것이다. 청산종결의 등기가 있은 후에도 청산절차가 필요하다고 판명한 경우에는 명문의 규정이 없으나, 종래의 청산인이 그 임무를 수행하여야 할 것이다.[9]

3 주석 상법, 회사편(1)(제5판), 한국사법행정학회(2014), 381(정동윤).

4 정찬형, 상법강의(상)(제22판), 박영사(2019), 602.

5 대법원 1969. 2. 4. 선고 68다2284 판결, 대법원 1968. 6. 18. 선고 67다2528 판결, 대법원 2003. 2. 11. 선고 99다66427, 73371 판결(법인에 대한 청산종결등기가 경료되었다고 하더라도 청산사무가 종결되지 않는 한 그 범위 내에서는 청산법인으로서 존속한다고 볼 것이다).

6 해산등기에 관한 판례로는 대법원 1956. 6. 8. 선고 4289행상5 판결(해산등기가 있다 하여도 청산이 완료되기 전에는 소위 청산중의 회사로서 해산전의 회사와 그 법인격의 동일성을 여전히 유지하여 존속한다고 봄이 현행상법 규정상 타당하다.); 대법원 1963. 1. 24. 선고 62다783 판결(피고 주식회사가 귀속재산처리법 제8조 제1항 제4호의 규정에 의하여 해산되었다 하더라도 청산의 범위 내에서 법인격은 존속하는 것이다.); 대법원 2003. 3. 14. 선고 2002다11854 판결(원고 주택개량재개발조합의 청산은 아직 종결되었다 볼 수 없고 청산사무가 종료되지 아니한 이상 그 한도에서 청산법인은 법인격 및 당사자능력이 존재한다고 볼 것이다.) 등이 있다.

7 주석 상법, 회사편(1)(제5판), 한국사법행정학회(2014), 381-382(정동윤); 정찬형, 상법강의(상)(제22판), 박영사(2019), 602.

8 대법원 1982. 3. 23. 선고 81도1450 판결.

9 上柳克郎·鴻常夫·竹内昭夫 編, 新版 注釋會社法(1), 有斐閣(1985), 531; 주석 상법, 회사편(1)(제5판), 한국사법행정학회(2014), 382(정동윤).

제 265 조 [준용규정]

제183조의2·제199조·제200조의2·제207조·제208조·제209조 제2항·제210조·제382조 제2항·제399조 및 제401조의 규정은 청산인에 준용한다.

[전문개정 2001.12.29]

[관련조문] 상법 제183조의2, 제199조, 제200조의2, 제207조, 제208조, 제209조 제2항, 제210조, 제382조 제2항, 제399조, 제401조.

[참고문헌] 주석 상법, 회사편(1)(제5판), 한국사법행정학회(2014).

Ⅰ. 본조의 취지

상법 제265조는 청산인에 준용하는 규정을 정하고 있다.

상법 제265조에서는 합명회사에 관한 규정 중 업무집행정지가처분 등의 등기(제183조의2), 사원의 자기거래(제199조), 직무대행자의 권한(제200조의2), 회사대표(제207조), 공동대표(제208조), 대표사원의 권한 제한의 제3자에 대한 대항력(제209조 제2항), 대표사원의 손해배상책임(제210조) 규정과 주식회사에 관한 규정 중 회사와 이사의 관계에 민법상 위임규정의 준용(제382조 제2항), 이사의 회사에 대한 책임(제399조), 이사의 제3자에 대한 책임(제401조)의 규정을 청산인에게 각 준용하고 있다.

Ⅱ. 준용규정의 내용

1. 제183조의2(업무집행정지가처분 등의 등기)의 준용

청산인의 업무집행을 정지하거나 그 직무대행자를 선임하는 가처분을 하거나 그 가처분을 변경·취소하는 경우에는 본점 및 지점이 있는 곳의 등기소에서 이를 등기하여야 한다(상법 제265조, 제183조의2).

2. 제199조(사원의 자기거래)의 준용

청산인은 다른 사원 과반수의 결의가 있는 때에 한하여 자기 또는 제3자의 계산으로 청산회사와 거래를 할 수 있다. 이 경우에는 민법 제124조의 규정을 적용하지 아니한다(상법 제265조, 제199조).

청산인이 회사를 희생하여 자기 또는 제3자의 이익을 추구하는 것을 방지하려는 데 그 취지가 있으므로, 청산인과 청산회사 간에 이해가 충돌할 염려가 없는 행위는 여기에서 말하는 자기거래에 포함되지 아니한다.[1]

청산인이 청산회사를 대표하여 형식적으로는 청산인 이외의 제3자와 거래를 하였으나, 실질적으로는 회사와 청산인 사이에 이해충돌을 일으키는 경우(간접거래)에 대하여도 본조를 적용할 수 있는지에 대하여는 견해가 나뉜다. 제265조를 위반한 간접거래의 효력이 무효라는 견해, 유효라는 견해 및 절충설로서 효력부동설과 상대적 무효설이 있으나, 거래의 안전과 선의의 제3자 보호의 필요성을 조화시키기 위해서는 거래의 상대방인 제3자가 다른 사원 과반수의 결의가 없었음을 알았다는 사실을 청산회사가 주장·입증할 경우에 한하여 무효라고 보는 상대적 무효설이 타당하고 할 것이다.[2] [3]

3. 제200조의2(직무대행자의 권한)의 준용

청산인의 직무대행자는 가처분명령에 다른 정함이 있는 경우 외에는 합명회사의 통상업무에 속하지 아니한 행위를 하지 못한다. 다만, 법원의 허가를 얻은 경우에는 그러하지 아니하다. 직무대행자가 이를 위반한 행위를 한 경우에도 회사는 선의의 제3자에 대하여 책임을 진다(상법 제265조, 제200조의2).

4. 제207조(회사대표)의 준용

수인의 청산인을 정한 경우에 각 청산인이 회사를 대표한다. 그러나 정관 또는 총사원의 동의로 청산인 중 특히 회사를 대표할 자(대표청산인)를 정할 수 있다

1 주석 상법, 회사편(1)(제5판), 한국사법행정학회(2014), 383(정동윤).

2 주석 상법, 회사편(1)(제5판), 한국사법행정학회(2014), 383(정동윤).

3 주식회사의 사례로는 대법원 1973. 10. 31. 선고 73다954 판결[회사 이외의 제3자와 이사가 회사를 대표하여 자기를 위하여 거래를 한 경우에는 거래의 안전상 회사는 그 거래에 대한 이사회의 승인을 안받은것 외에 상대방인 제3자가 악의(이사회의 승인없음을 안 것)라는 것을 주장, 입증하지 않으면 그 무효를 그 제3자에게 주장할 수 없다.]; 대법원 1978. 11. 14. 선고 78다513 판결, 대법원 1984. 12. 11. 선고 84다카1591 판결 등이 있다.

(상법 제265조, 제207조). 또한 회사는 정관 또는 총사원의 동의로 수인의 청산인이 공동으로 회사를 대표할 것을 정할 수 있다(제265조, 제208조).

그러나 업무집행사원이 법정청산인으로 된 경우(상법 제251조 제2항)에는 종래의 정함에 따라 회사를 대표한다(제255조 제1항).

또한 법원이 수인의 청산인을 선임하는 경우에도 각자 회사를 대표하는 것이 원칙이지만(상법 제265조, 제207조 제2문), 법원은 회사를 대표할 자를 정하거나 수인이 공동하여 회사를 대표할 것(공동대표)을 정할 수 있다(제255조 제2항).[4]

5. 제208조(공동대표)의 준용

회사는 정관 또는 총사원의 동의로 수인의 청산인이 공동으로 회사를 대표할 것을 정할 수 있다(상법 제265조, 제208조 제1항). 대표청산인의 광범한 대표권을 제한함으로써 대표권의 남용을 방지하기 위한 것이다. 그러나 공동대표의 경우에도 제3자의 회사에 대한 의사표시는 공동대표의 권한이 있는 청산인 중 1인에게 대하여 이를 함으로써 그 효력이 있다(제265조, 제208조 제2항). 법원이 수인의 청산인을 선임하는 경우에는 법원이 공동대표청산인을 정할 수 있다(제255조 제2항).[5]

6. 제209조 제2항(대표권의 제한)의 준용

청산인의 대표권에 대한 제한은 선의의 제 3자에게 대항하지 못한다. 대표권의 제한을 알지 못하는 선의의 제3자를 보호함으로써 거래안전을 도모하기 위한 것이다(상법 제265조, 제209조 제2항).[6]

7. 제210조(손해배상책임)의 준용

상법 제265조에 따라 준용되는 제401조에서는 청산인의 제3자에 대한 책임을 규정하고 있는데, 청산회사는 제265조, 제210조에 따라 청산인과 연대하여 제3자에 대한 손해배상책임을 진다. 즉 청산회사를 대표하는 청산인이 그 직무집행으로 인하여 타인에게 손해를 가한 때에는 청산회사는 그 청산인과 연대하여 배상할 책임이 있다(상법 제265조, 제210조).[7] 반면 제265조에 따라 준용되는 제399조의 책임은 청산인의 회사에 대한 책임이다.

4 주석 상법, 회사편(1)(제5판), 한국사법행정학회(2014), 384(정동윤).
5 주석 상법, 회사편(1)(제5판), 한국사법행정학회(2014), 384(정동윤).
6 주석 상법, 회사편(1)(제5판), 한국사법행정학회(2014), 384(정동윤).
7 주석 상법, 회사편(1)(제5판), 한국사법행정학회(2014), 384(정동윤).

8. 제382조 제2항(이사와 회사와의 관계)의 준용

청산회사와 청산인의 관계에는 위임에 관한 규정을 준용한다(상법 제265조, 제382조 제2항). 즉 청산인은 위임의 본지에 따라 선량한 관리자의 주의로써 청산사무를 처리하여야 한다(민법 제681조).[8] 청산인은 특약이 없는 한 보수를 청구할 수 없으나(민법 제686조 제1항), 정관이나 총사원의 결의로써 청산인의 보수를 정할 수도 있고, 법원이 청산인을 선임하는 경우(상법 제252조)에는 회사로 하여금 청산인에게 보수를 지급하게 할 수 있고, 이 경우 그 보수액은 사원과 감사의 의견을 들어 법원이 정하며 그 재판에 대해서는 즉시항고를 할 수 있다(비송사건절차법 제123조, 제77조, 제78조). 또한 청산인은 청산회사에 대하여 비용선급청구권(민법 제687조[9]) 및 비용상환·채무변제·손해배상청구권(민법 제688조[10])을 가진다.[11]

민법 제689조 제1항에 의하면 위임계약은 각 당사자가 언제든지 해지할 수 있으나, 법정청산인(상법 제251조 제2항)이나 법원이 선임한 청산인(제252조)에 대해서는 적용되지 않는다고 볼 것이다.[12]

9. 제399조(회사에 대한 책임)의 준용

청산인이 법령 또는 정관에 위반한 행위를 하거나 그 임무를 해태한 때에는 그 청산인은 회사에 대하여 연대하여 손해를 배상할 책임이 있다. 위 행위가 여러 청산인의 결의에 의한 것인 때에는 그 결의에 찬성한 청산인도 위 책임을 지고, 위 결의에 참가한 청산인으로서 이의를 한 기재가 의사록에 없는 자는 그 결의에 찬성한 것으로 추정한다(상법 제265조, 제399조). 위 규정은 청산인의 회사에 대한 책임을 규정하고 있는 반면, 제265조에 따라 준용되는 상법 제401조의 책임은 청

8 주석 상법, 회사편(1)(제5판), 한국사법행정학회(2014), 385(정동윤); 김건식 외 2인, 회사법(제3판), 박영사(2018), 943.

9 민법 제687조(수임인의 비용선급청구권)
위임사무의 처리에 비용을 요하는 때에는 위임인은 수임인의 청구에 의하여 이를 선급하여야 한다.

10 민법 제688조(수임인의 비용상환청구권 등)
① 수임인이 위임사무의 처리에 관하여 필요비를 지출한 때에는 위임인에 대하여 지출한 날 이후의 이자를 청구할 수 있다.
② 수임인이 위임사무의 처리에 필요한 채무를 부담한 때에는 위임인에게 자기에 갈음하여 이를 변제하게 할 수 있고 그 채무가 변제기에 있지 아니한 때에는 상당한 담보를 제공하게 할 수 있다.
③ 수임인이 위임사무의 처리를 위하여 과실없이 손해를 받은 때에는 위임인에 대하여 그 배상을 청구할 수 있다.

11 주석 상법, 회사편(1)(제5판), 한국사법행정학회(2014), 385(정동윤).

12 주석 상법, 회사편(1)(제5판), 한국사법행정학회(2014), 385(정동윤).

산인의 제3자에 대한 책임이다.

10. 제401조(제3자에 대한 책임)의 준용

청산인이 악의 또는 중대한 과실로 인하여 그 임무를 게을리한 때에는 그 청산인은 제3자에 대하여 손해를 배상할 책임이 있다. 위 행위가 여러 청산인의 결의에 의한 것인 때에는 그 결의에 찬성한 청산인도 위 책임을 지고, 위 결의에 참가한 청산인으로서 이의를 한 기재가 의사록에 없는 자는 그 결의에 찬성한 것으로 추정한다(상법 제265조, 제401조).

청산인은 청산회사와 위임관계에 있고 선관주의의무를 부담하지만, 특별한 사정이 없는 한 제3자에 대하여는 직접 책임을 지지는 않으나, 경제사회에 있어서의 중요한 지위에 있는 회사의 활동이 그 기관의 직무집행에 의존하는 것을 고려하여 제3자를 보호하고자 청산인이 악의 또는 중대한 과실로 인하여 그 임무를 게을리한 때에는 제265조에 따라 제3자에게 직접 책임을 지도록 하고 있다.[13] 본조에 따른 책임의 법적 성질에 관하여는 법정책임설과 불법행위책임설(불법행위특칙설 및 특수불법행위설)이 있으나, 법정책임설이 타당하다고 할 것이다.[14] 따라서 청산인의 악의 또는 중과실은 회사에 대한 임무해태에 관하여 존재하면 족하고, 제3자가 입은 손해의 범위는 직접손해이든 간접손해이든 상관이 없으며, 또 민법상의 불법행위책임과 경합된다고 볼 것이다.[15]

13 주석 상법, 회사편(1)(제5판), 한국사법행정학회(2014), 386(정동윤).

14 대법원 1985. 11. 12. 선고 84다카2490 판결[상법 제401조는 이사가 악의 또는 중대한 과실로 인하여 그 임무를 해태한 때에는 그 이사는 제3자에 대하여 연대하여 손해를 배상할 책임이 있다고 규정하고 있는바, 원래 이사는 회사의 위임에 따라 회사에 대하여 수임자로서 선량한 관리자의 주의의무를 질뿐 제3자와의 관계에 있어서 위 의무에 위반하여 손해를 가하였다 하더라도 당연히 손해배상의무가 생기는 것은 아니로되 경제사회에 있어서의 중요한 지위에 있는 주식회사의 활동이 그 기관인 이사의 직무집행에 의존하는 것을 고려하여 제3자를 보호하고자 이사의 악의 또는 중대한 과실로 인하여 위 의무에 위반하여 제3자에게 손해를 입힌 때에는 위 이사의 악의 또는 중과실로 인한 임무 해태행위와 상당인과관계가 있는 제3자의 손해에 대하여 그 이사가 손해배상의 책임을 진다는 것이 위 법조의 취지라 할 것이고 따라서 고의 또는 중대한 과실로 인한 임무 해태행위라 함은 이사의 직무상 충실 및 선관의무위반의 행위로서(예를 들면, 회사의 경영상태로 보아 계약상 채무의 이행기에 이행이 불가능하거나 불가능할 것을 예견할 수 있었음에도 이를 감추고 상대방과 계약을 체결하고 일정한 급부를 미리 받았으나 그 이행불능이 된 경우와 같이) 위법한 사정이 있어야 하고 통상의 거래행위로 인하여 부담하는 회사의 채무를 이행할 능력이 있었음에도 단순히 그 이행을 지체하고 있는 사실로 인하여 상대방에게 손해를 끼치는 사실만으로는 이를 임무를 해태한 위법한 경우라고 할 수는 없다.]

15 주석 상법, 회사편(1)(제5판), 한국사법행정학회(2014), 386(정동윤).

제 266 조 [장부, 서류의 보존]

① 회사의 장부와 영업 및 청산에 관한 중요서류는 본점소재지에서 청산종결의 등기를 한 후 10년간 이를 보존하여야 한다. 다만, 전표 또는 이와 유사한 서류는 5년간 이를 보존하여야 한다. <개정 1995.12.29>

② 제1항의 경우에는 총사원 과반수의 결의로 보존인과 보존방법을 정하여야 한다. <개정 1995.12.29>

[관련조문] 상법 제29조, 제33조, 제256조.

[참고문헌] 주석 상법, 회사편(1)(제5판), 한국사법행정학회(2014); 上柳克郎·鴻常夫·竹内昭夫 編, 新版 注釋會社法(1), 有斐閣(1985).

Ⅰ. 본조의 취지

상법 제266조는 합명회사가 해산한 경우의 청산회사의 장부 및 서류의 보존에 관한 규정이다.

청산에 관하여 후에 분쟁이 생길 경우에 대비하여 증거자료를 보존시키려는데 그 취지가 있다.[1] 보존기간에 관하여는 상법 제33조(상업장부등의 보존) 제1항에서 상인은 10년간 상업장부와 영업에 관한 중요서류를 보존하여야 하고, 다만, 전표 또는 이와 유사한 서류는 5년간 이를 보존하여야 한다고 규정한 것과 유사하다.[2]

Ⅱ. 보존하여야 할 서류

1. 회사의 장부

'회사의 장부'에는 상법상 작성이 요구되는 장부뿐만 아니라 회사의 필요에 의하여 작성되는 장부도 포함된다. 상법 제29조의 상업장부인 회계장부 및 대차

1 주석 상법, 회사편(1)(제5판), 한국사법행정학회(2014), 386(정동윤).
2 주석 상법, 회사편(1)(제5판), 한국사법행정학회(2014), 387(정동윤).

대조표가 대표적일 것이고, 회계장부에 속하는 전표·분개장·원장은 물론 부동산 대장·기계설비대장 등도 보존하여야 하는 회사의 장부로 볼 것이다.[3]

2. 영업에 관한 중요서류

'영업에 관한 중요서류'는 영업상 작성되거나 영업의 상황을 밝히기 위하여 작성되는 서류 중 중요사항을 증명하는 데 유용한 것으로서 회사의 장부 이외의 서류를 의미한다. 영업에 관하여 수취한 신서, 영수증 등이 여기에 속한다.[4]

3. 청산에 관한 중요서류

'청산에 관한 중요서류'는 청산의 설명자료가 되는 중요서류로서 청산절차가 적정하게 행하여졌는가의 여부를 밝히는 데 필요한 서류를 의미한다. 반드시 상법상 작성이 요구되는 서류뿐만 아니라 그 서류의 작성에 필요한 기초서류가 되는 서류도 포함된다고 볼 것이다. 청산을 위한 재산목록과 대차대조표(상법 제256조 제1항), 청산에 관한 계산서(제256조 제1항), 채권의 추심·채무의 변제에 관한 증빙서류, 재산환가를 위하여 작성된 계약서, 잔여재산의 분배에 관한 각 사원의 영수증 등이 여기에 속한다.[5]

Ⅲ. 서류의 보존

1. 보존인·보존방법

서류를 보존하여야 할 보존인과 보존방법은 총사원 과반수의 결의로 정한다(상법 제266조 제2항). 보존인의 자격에는 법률상 제한이 없으므로 보존인은 사원 이외의 제3자도 가능하다. 보존방법도 마찬가지로 법률상 제한이 없다. 보존방법을 정할 때에는 보존비용에 관하여도 정하여야 하고, 청산인은 이러한 보존비용을 고려하여 청산절차를 진행하여야 한다.[6]

2. 보존기간

청산인은 회사의 장부와 영업 및 청산에 관한 중요서류를 본점소재지에서 청산종결의 등기를 한 후 10년간 이를 보존하여야 하고, 다만 전표 또는 이와 유사

3 주석 상법, 회사편(1)(제5판), 한국사법행정학회(2014), 387(정동윤).
4 주석 상법, 회사편(1)(제5판), 한국사법행정학회(2014), 387(정동윤).
5 주석 상법, 회사편(1)(제5판), 한국사법행정학회(2014), 388(정동윤).
6 주석 상법, 회사편(1)(제5판), 한국사법행정학회(2014), 388(정동윤).

한 서류는 5년간 이를 보존하여야 한다(상법 제266조 제1항). 임의청산과 법정청산의 경우 모두 동일하게 적용된다. 그러나 이미 상법 제33조(상업장부등의 보존)에 의하여 보존의무가 소멸한 서류에 대해서는 본조에 따른 보존의무가 면제된다고 볼 것이다.[7]

Ⅳ. 보존서류의 열람 및 이용

제266조에 따라 보존되는 장부·서류의 열람·이용에 대하여는 상법에 아무런 규정이 없다. 해산 전의 합명회사에 있어서 사원에게 회사의 업무 및 재산상태를 검사할 권리가 인정되는 이상(상법 제195조, 민법 제710조), 청산종결 후에도 그 권리가 있는 것으로 하여야 할 것이므로, 청산회사의 사원 및 그 상속인 또는 채권자 등의 이해관계인은 제266조에 따라 보존되는 서류를 열람 및 이용할 권리가 있고, 보존인은 이에 응하여야 할 것이다.[8]

Ⅴ. 본조 위반의 효과

상법 제266조에 따른 보존의무를 위반하였을 경우 청산회사나 사원에 대한 제제에 대하여는 아무런 규정이 없고, 다만 청산회사 관련 소송이 제기될 경우 증거법상의 불이익을 받을 뿐이다.[9]

7 上柳克郎·鴻常夫·竹内昭夫 編, 新版 注釋會社法(1), 有斐閣(16985), 579; 주석 상법, 회사편(1)(제5판), 한국사법행정학회(2014), 388(정동윤).

8 주석 상법, 회사편(1)(제5판), 한국사법행정학회(2014), 389(정동윤).

9 주석 상법, 회사편(1)(제5판), 한국사법행정학회(2014), 389(정동윤).

제 267 조 [사원의 책임의 소멸시기]

① 제212조의 규정에 의한 사원의 책임은 본점소재지에서 해산등기를 한 후 5년을 경과하면 소멸한다.

② 전항의 기간경과후에도 분배하지 아니한 잔여재산이 있는 때에는 회사채권자는 이에 대하여 변제를 청구할 수 있다.

[관련조문] 상법 제212조.

[참고문헌] 주석 상법, 회사편(1)(제5판), 한국사법행정학회(2014).

Ⅰ. 본조의 취지

상법 제267조는 해산 후의 사원의 책임의 소멸시기에 관한 규정이다.

청산 중의 회사는 해산 전의 회사와 동일한 법인격을 가지는 회사이므로 해산 전의 회사에 관한 법률의 규정이 그대로 적용된다. 따라서 원칙적으로는 상법 제212조에 따른 사원의 책임에도 그대로 유지된다. 그러나 청산회사가 청산사무를 종결하고 법인격이 소멸하였음에도 사원의 책임은 계속 유지된다고 하는 것은 회사제도의 취지에 부합되지 않는다고 볼 것이고, 또 사원의 법률상 지위를 지나치게 장기간 두는 것도 바람직하지 않다. 제267조에서는 이러한 취지를 고려하여 사원의 책임의 소멸시기를 정함으로써 사원의 이익을 보호함과 동시에 청산의 종결을 촉진시키려 하고 있다.[1]

Ⅱ. 해산 후의 사원의 책임

회사의 재산으로 회사의 채무를 완제할 수 없는 때에는 각 사원은 연대하여 변제할 책임이 있고, 회사재산에 대한 강제집행이 주효하지 못한 때에도 이와 같으나, 사원이 회사에 변제의 자력이 있으며 집행이 용이한 것을 증명한 때에는 적용하지 아니한다(상법 제212조). 각 사원은 해산 후에도 회사채무에 대하여 위와 같이 직접·연대·무한책임을 지나 보충성이 있다.

1 주석 상법, 회사편(1)(제5판), 한국사법행정학회(2014), 390(정동윤).

그리고 제267조는 이와 같은 상법 제212조의 책임에 관하여 규정하고 있는 것이므로 합명회사의 해산 후에 있어서의 회사채무에 관한 사원의 회사채권자에 대한 책임에 대해서만 적용된다. 따라서 퇴사원의 지분환급청구권이나 청산인의 행위에 의하여 청산절차 중에 생긴 회사채무에 대하여도 제267조가 적용된다고 볼 것이고, 반면 회사와 사원 사이의 권리, 사원 상호간의 구상권, 사원이 개인적으로 채권자에 대하여 부담한 채무 등에는 적용되지 아니한다.[2]

신입사원(상법 제213조)과 자칭사원(제214조)에 대하여 제212조가 적용되므로 신입사원과 자칭사원에 대하여도 제267조가 적용된다고 볼 것이다.[3]

Ⅲ. 책임의 소멸시기

사원의 책임은 본점소재지에서 해산등기를 한 후 5년을 경과하면 소멸한다(상법 제267조 제1항). 제267조에 따른 기간은 소멸시효가 아니라 제척기간으로 볼 것이다. 위 기간 내에 청산종결의 등기나 파산폐지 내지 파산종결의 등기를 한 경우에도 사원의 책임에는 영향이 없다.[4]

Ⅳ. 잔여재산이 있는 경우의 청구

사원의 책임이 제267조에 따른 기간경과로 소멸하더라도 분배하지 아니한 잔여재산이 있는 때에는 회사채권자는 이에 대하여 변제를 청구할 수 있다(상법 제267조 제2항). 제267조는 회사채권자의 사원에 대한 채권의 소멸에 관한 규정이므로 제267조에 따른 기간이 경과하더라도 회사채권자의 회사에 대한 채권이 소멸하는 것은 아니고, 제267조 제2항은 이를 전제로 규정한 것이다.[5] 합명회사는 해산등기 내지 청산종결등기를 하더라도 사실상 청산사무를 종결하지 않았다면 법인격이 존속한다고 볼 것이므로,[6] 아직 분배하지 아니한 잔여재산이 있다면 회사의 법인격은 이러한 한도 내에서는 유지된다고 볼 것이다.

2 주석 상법, 회사편(1)(제5판), 한국사법행정학회(2014), 391(정동윤).
3 주석 상법, 회사편(1)(제5판), 한국사법행정학회(2014), 391(정동윤).
4 주석 상법, 회사편(1)(제5판), 한국사법행정학회(2014), 391(정동윤).
5 주석 상법, 회사편(1)(제5판), 한국사법행정학회(2014), 391(정동윤).
6 대법원 1969. 2. 4. 선고 68다2284 판결, 대법원 1968. 6. 18. 선고 67다2528 판결, 대법원 2003. 2. 11. 선고 99다66427, 73371 판결(법인에 대한 청산종결등기가 경료되었다고 하더라도 청산사무가 종결되지 않는 한 그 범위 내에서는 청산법인으로서 존속한다고 볼 것이다).

제 3 장 합자회사

[총설]

[관련조문] 상법 제79조, 제80조, 제86조, 제86조의2, 제169조, 제180조, 제195조, 제268조~제287조.

[참고문헌] 김건식 외 2인, 회사법(제3판), 박영사(2018); 이철송, 회사법강의(제26판), 박영사(2018); 정동윤, 상법(상)(제6판), 법문사(2012); 주석 상법, 회사편(1)(제5판), 한국사법행정학회(2014); 최기원, 신회사법론(제14판), 박영사(2012); 김성호, "주식회사가 아닌 기업형태에 관한 고찰 - 미국과의 비교를 중심으로", 경영법률 27권 제3호, 한국경영법률학회(2017); 윤성승, "사모투자펀드와 관련한 상법상 합자회사와 미국의 Limited Partnership의 비교연구", 한림법학 Forum 제16권, 한림대학교 법학연구소(2005).

Ⅰ. 의의

합자회사는 회사채무에 대하여 무한책임을 지는 사원과 유한책임을 지는 사원 각각 1인 이상으로 구성된 회사이다(상법 제268조). 합자회사는 상법상의 다섯 가지 종류의 회사 중 하나로서 무한책임사원만으로 조직된 합명회사에 유한책임사원이 추가된 회사형태이다.

합자회사의 무한책임사원은 회사채무전액에 대하여 자기의 전 재산으로 직접 연대·무한의 책임을 지고, 회사의 업무집행과 회사대표를 담당한다(상법 제273조). 반면에 유한책임사원은 회사채권자에 대하여 직접 책임을 부담하나 그 출자가액을 한도로 하며 출자를 전부 이행한 이상 책임을 부담하지 않는 것이 원칙이고(제279조), 회사의 업무집행에 관여하지 않고 감시권을 가질 뿐이다(제278조, 제277조).

유한책임사원의 책임이 유한하다는 점에서 합자회사에 물적요소가 가미되어 있음을 부인할 수 없으나, 합자회사의 내부관계에 있어서는 합명회사와 마찬가지로 소수인의 신뢰에 기초하여 조직된 조합적 기업의 범위를 벗어나지 못한다는 점이 주식회사와 크게 다르다.[1] 이처럼 합자회사는 인적요소와 물적요소가 결합되어 있는 회사형태이나 무한책임사원의 존재로 인하여 인적요소가 부각되므로 강학상 합자회사는 합명회사와 함께 인적회사 그룹으로 분류된다. 이와 같이 합자회사는 합명회사의 조직을 기초로 하여 유한책임사원을 추가한 것이므로 조직의 이원성에서 비롯된 일부 특별한 규정이 있는 외에는 합명회사에 관한 규정이 그대로 준용되고 있다(상법 제269조). 그리하여 내부관계에 있어서는 합명회사와 마찬가지로 조합에 관한 민법의 규정이 준용된다(제269조, 제195조).

합자회사는 경제적으로는 무한책임사원의 사업에 유한책임사원이 자본적 참가를 한 형태로, 소수의 기능자본가인 무한책임사원과 지분자본가인 유한책임사원의 결합체로 설명되기도 한다.[2] 합자회사는 기업가와 자본가가 합작하는데 적합한 회사형태로, 자본가가 자금을 대여하는 소비대차와 달리 기업가는 이자지급이나 원금상환 의무를 부담하지 않고 안정적인 사업운영이 가능하고, 자본가는 조합이나 합명회사의 경우와 달리 회사채무에 대하여 유한책임을 지므로 안심하고 투자할 수 있다.[3]

Ⅱ. 연혁

합자회사는 10세기경 지중해의 해상무역을 위해 체결되던 코멘다(commenda)에서 비롯된 것으로 알려져 있다. 합명회사가 당초 가족적 결합으로 출발했던 데 반하여 합자회사는 순자본적인 결합으로 발전해 왔다고 한다. 원래 코멘다는 계약이라는 뜻을 가지고 있는 용어로서 자본제공자(commendator)가 상품 또는 금전을 제공하여 사업경영자(tractator)로 하여금 그의 이름으로 해외무역을 영위하게 하고 그 대가로서 얻은 이익을 분배받기로 하는 계약을 가리켰다. 그 후 코멘다는 사업경영자측에서도 출자를 하는 형태로 분화되어 꼴레간티아(collegantia)나 소씨에타스 마리스(societas maris)라는 형태로의 조합적 기업으로 발전하였다. 15세기에 이르러 자본제공자가 공동기업자로서 대외적 관계를 가지는 형태와 자본제공자가 외부에 전혀 나타나지 않고 제3자에 대하여 책임도 부담하지 않는 형태로 나누어졌다. 전자가 아코만디타(accomandita)로서 합자회사의 기원이 되었고 후자

1 주석 상법, 회사편(1)(제5판), 한국사법행정학회(2014), 392-393(양명조).
2 김건식 외 2인, 회사법(제3판), 박영사(2018), 927; 이철송, 회사법강의(제26판), 박영사(2018), 186.
3 김건식 외 2인, 회사법(제3판), 박영사(2018), 928.

는 빠르티치파티오(participatio)로서 익명조합의 기원이 되었다.[4]

Ⅲ. 입법례

합자회사에 관한 최초의 입법은 1673년의 프랑스 상법조례이었다. 현재 프랑스에서는 상법전(Code de commerce) Article L222-1 내지 L222-12에서 합자회사에 관한 규정을 두고 있다.

독일에서는 익명조합의 형태가 지배적으로 이용되어 왔으며 합자회사제도는 1861년 독일보통법전에 도입되었고 현재는 1897년 상법전(HGB) 제161조 내지 제177조에 규정되어 있다. 한편, 독일에서는 유한회사가 무한책임사원인 유한합자회사(GmbH & Co. KG)가 널리 이용되고 있고 그 유효성이 인정된다. 유한합자회사 중에 유한회사의 사원이 동시에 유한합자회사의 유한책임사원이 된 회사를 인적일치의 유한합자회사(persongleichen GmbH & Co. KG)라 하며, 소수인이 유한합자회사를 설립한 이후 다수의 유한책임사원을 참가시킨 것을 공개합자회사[Publikum(oder Massen)-KG]라 한다. 또한 유한합자회사 자신이 무한책임사원인 유한회사의 모든 지분을 취득한 경우에 이 유한회사를 무(無)사원의 유한회사(Keinmann-GmbH)라 한다.[5] 그리고 유한합자회사가 또 다른 유한합자회사의 무한책임사원인 회사를 다단계 유한합자회사라 한다.[6] 우리 상법은 회사가 다른 회사의 무한책임사원이 될 수 없다고 규정하고 있으므로(상법 제173조), 우리나라에서는 위와 같은 기업형태는 인정되지 아니한다.

영국에서는 1907년 Limited Partnership Act를 제정하여 limited partnership을 인정하였으나 당시 이미 중소기업들이 주식회사제도를 이용하고 있었기 때문에 현실적으로는 별로 이용되지 않는다고 한다.[7]

미국에서는 1822년 뉴욕주법에서 처음으로 유한책임조합 내지 합자책임조합(Limited Partnership) 제도를 도입하였다. 그 이후 통일법으로 1916년 Uniform Limited Partnership Act가, 1976년 Revised Uniform Limited Partnership Act(RULPA)가 각 제정되었고, 1985년에는 1976년 RULPA를 일부 개정하여 상당

4 정동윤, 상법(상)(제6판), 법문사(2012), 908; 이철송, 회사법강의(제26판), 박영사(2018), 185.
5 독일에서 합자회사는 법인격이 없기 때문이라고 한다. 최기원, 신회사법론(제14판), 박영사(2012), 1057.
6 최기원, 신회사법론(제14판), 박영사(2012), 1057-1058.
7 주석 상법, 회사편(1)(제5판), 한국사법행정학회(2014), 393-394(양명조).

수의 주에서 1985년 RULPA를 법률로 제정하여 시행하였다.[8] 그 후 2001년 기존의 RULPA을 전면 개정한 Uniform Limited Partnership Act가 마련되었는바, 2020년 현재 2001년 개정법을 채택하여 입법을 한 주는 24개주이다.[9]

합자회사에 해당하는 조직에 법인격을 부여할 것인가는 입법정책적인 문제이다. 프랑스, 일본에서는 우리나라와 같이 합자회사를 법인으로 하고 있으나 독일이나 영국, 미국에서는 법인으로 규정하고 있지 않다. 법인격의 유무는 사법적 법률관계에서 보다 오히려 세무상 취급 내지는 세법적용에서 커다란 차이를 보일 수 있다.[10]

Ⅳ. 합자회사의 특색

합자회사는 기업의 경영을 담당하는 자와 자본을 제공하는 자로 구성된 공동기업형태라는 점에서 익명조합이나 합명회사와 비교된다.

1. 익명조합과의 차이

합자회사와 익명조합은 연혁적으로 중세의 코멘다 제도에서 분화된 제도라는 점에서 그 유래를 같이 하고, 그 경제적 기능면에서도 유사하다. 상법에서도 합자회사의 유한책임사원에 관한 출자의 목적(상법 제272조), 감시권(제277조) 및 업무집행·대표권의 제한(제278조)에 관한 규정을 익명조합원에 준용하도록 하고 있다(제86조).

반면 법적으로는 큰 차이가 있는바, 가장 중요한 차이는 합자회사는 사단법인인데 반하여 익명조합은 계약관계에 지나지 않는다는 점이다. 합자회사는 그 자체가 영업의 주체가 되고 영업으로 인한 손익이 회사에 귀속되는데 반하여 익명조합의 영업은 영업자의 단독사업이고 영업의 결과도 영업자에게만 귀속되며

8 김성호, "주식회사가 아닌 기업형태에 관한 고찰 - 미국과의 비교를 중심으로", 경영법률 27권 제3호, 한국경영법률학회(2017), 212-213; 윤성승, "사모투자펀드와 관련한 상법상 합자회사와 미국의 Limited Partnership의 비교연구", 한림법학 Forum 제16권, 한림대학교 법학연구소(2005), 209-210.

9 https://www.uniformlaws.org/committees/community-home?communitykey=d9036976-6c90-4951-ba81-1046c90da035&tab=groupdetails

10 김성호, "주식회사가 아닌 기업형태에 관한 고찰 - 미국과의 비교를 중심으로", 경영법률 27권 제3호, 한국경영법률학회(2017), 211-212; 윤성승, "사모투자펀드와 관련한 상법상 합자회사와 미국의 Limited Partnership의 비교연구", 한림법학 Forum 제16권, 한림대학교 법학연구소(2005), 220; 최기원, 신회사법론(제14판), 박영사(2012), 1057; 주석 상법, 회사편(1)(제5판), 한국사법행정학회(2014), 394(양명조).

익명조합원이 출자한 금전 기타의 재산은 영업자의 재산이 된다(상법 제79조). 합자회사의 유한책임사원은 그 존재가 등기로써 공시되고 회사채권자에 대하여 직접 책임을 부담하는데 반하여 익명조합원은 영업자의 행위에 관하여 제3자에게 의무나 책임을 부담하지 아니한다(제80조).

2. 합명회사와의 차이

합자회사는 합명회사와 역사적 기원을 같이 하지는 않지만 같은 인적회사로 분류되고 있고, 무한책임사원 외에 유한책임사원이 존재한다는 점 이외에는 합명회사와 크게 다르지 않다. 아래에서 기술하는 합자회사와 합명회사의 차이는 대부분 유한책임사원의 존재에서 비롯된 것이다.

합자회사는 이원적 조직체이므로 정관 및 등기에 각 사원의 책임이 유한인가 무한인가를 명시하여야 한다(상법 제270조, 제271조 제1항). 합자회사는 무한책임사원 또는 유한책임사원의 어느 한쪽이 전원 퇴사한 때에는 해산된다(제285조 제1항). 이 경우 전부 없어진 종류의 새로운 사원을 가입시켜서 회사를 계속할 수 있다(제285조 제2항). 또한 합자회사의 유한책임사원 전원이 퇴사한 경우에 무한책임사원 전원의 동의로 합명회사로 조직을 변경할 수도 있다(제286조 제2항). 두 가지 종류의 사원이 모두 존재하는 경우에도 사원전원의 동의로 합자회사를 합명회사로 조직변경할 수 있다(제286조 제1항).

합자회사의 유한책임사원에게는 재산출자만이 인정되고 신용 또는 노무의 출자는 허용되지 않는다(상법 제272조). 유한책임사원은 합명회사의 사원과 같이 회사채권자에 대하여 직접책임을 부담하지만 책임한도는 출자의 가액으로 한정되고, 다만 이미 회사에 대하여 출자를 이행하였으면 이행한 부분만큼 책임의 한도가 감소한다(제279조 제1항). 한편 유한책임사원이 합자회사에 이익이 없음에도 불구하고 배당을 받은 금액이 있으면 실질적으로는 출자를 반환받은 것이 되므로 유한책임사원의 변제책임을 정함에 있어서 이를 가산한다(제279조 제2항). 유한책임사원이 정관변경을 통하여 그 출자액을 감소시켰다 하더라도 출자감소의 등기가 이루어지기 전에 생긴 회사의 채무에 대하여는 등기 후 2년 내에는 감소 전의 출자액에 따른 책임을 부담한다(제280조). 유한책임사원이 타인에게 자기를 무한책임사원이라고 오인시키는 행위를 한 때에는 오인으로 인하여 회사와 거래를 한 자에 대하여 무한책임사원과 동일한 책임을 부담한다(제281조 제1항).

유한책임사원은 회사의 업무집행이나 대표행위를 하지 못하고, 지배인이나 청산인의 선임에도 관여할 수 없다(상법 제278조, 제274조, 제287조). 반면 유한책임사원은 경업금지의무를 부담하지 아니한다(제275조). 유한책임사원은 업무집행에서 배제되는 대신 서류열람권 및 회사의 업무와 재산상태에 관한 검사권을 가진다(제277조). 유한책임사원은 무한책임사원 전원의 동의가 있으면 그 지분의 전부 또는 일부를 타인에게 양도할 수 있다(제276조). 유한책임사원이 사망한 때에는 그 상속인이 그 지분을 승계하여 사원이 된다(제283조 제1항). 유한책임사원은 성년후견개시 심판을 받은 경우에도 퇴사되지 아니한다(제284조).

3. 합자조합과의 차이

2011년 개정상법에서 도입된 합자조합은 익명조합보다 더 합자회사에 유사하다. 그러나 양자의 가장 큰 차이는 합자조합은 무한책임조합원과 유한책임조합원 사이의 계약관계인데 반하여(상법 제86조의2) 합자회사는 등기에 의해 설립된 법인이라는 점이다(제269조, 제180조, 제169조).

제 268 조 [회사의 조직]

합자회사는 무한책임사원과 유한책임사원으로 조직한다.

[관련조문] 상법 제7조, 제173조, 제180조 제2호, 제195조, 제197조, 제204조, 제220조, 제230조, 제269조~제271조, 제273조, 제277조, 제279조, 제280조, 제285조 제1항, 제286조 제1항, 민법 제706조 제2항.

[참고문헌] 김건식 외 2인, 회사법(제3판), 박영사(2018); 김정호, 회사법(제5판), 법문사(2019); 주석 상법, 회사편(1)(제5판), 한국사법행정학회(2014); 최기원, 신회사법론(제14판), 박영사(2012); 오세욱, "사원이 2인만으로 된 합자회사에 있어서 한 사원에 의한 다른 사원의 제명여부", 대법원판례해설 제16호, 법원도서관(1992); 竹内昭夫 編, 新版 注釋會社法(1), 有斐閣(1985).

Ⅰ. 의의 및 입법취지

합자회사는 회사채무에 대하여 무한책임을 지는 사원과 유한책임을 지는 사원으로 구성된 이원적 조직이다. 이는 합자회사의 가장 중요한 특징으로 일원적 조직인 상법상의 다른 회사들과 구별된다.

합자회사의 사원의 수에 대하여는 특별한 제한이 없으나 무한책임사원과 유한책임사원은 각각 1인 이상씩 있어야 한다. 동일한 사원이 무한책임사원과 유한책임사원을 겸할 수는 없다.[1] 각 사원이 무한책임사원인가 유한책임사원인가는 합자회사의 정관에 기재하여야 하고(상법 제270조), 각 사원이 무한책임사원인지 유한책임사원인지 여부, 유한책임사원의 출자의 목적, 그 가액과 이행된 부분은 등기하여야 한다(제271조 제1항, 제180조 제2호).

Ⅱ. 합자회사의 무한책임사원

1. 무한책임사원의 책임

합자회사의 무한책임사원의 지위는 합명회사의 무한책임사원의 지위와 같다(상법 제269조). 따라서 무한책임사원은 회사의 채무에 대하여 종된 채무자로서 직

1 김정호, 회사법(제5판), 법문사(2019), 932; 최기원, 신회사법론(제14판), 박영사(2012), 1060.

접·연대·무한의 책임을 부담한다.

한편 대법원은 "합자회사가 회사 재산으로 채무를 완제할 수 없거나 또는 회사 재산에 대한 강제집행이 주효하지 못하여 결국 합자회사의 무한책임사원이 근로자들에 대한 회사의 임금채무를 변제할 책임을 지게 되었다 하더라도, 보충적인 위 책임의 성질이나 일반 담보권자의 신뢰보호 및 거래질서에 미치는 영향 등을 고려할 때 이를 회사가 사업주로서 임금채무를 부담하는 경우와 동일하다고 보아 무한책임사원 개인 소유의 재산까지 임금 우선변제권의 대상이 되는 (근로기준법 제30조의2 제2항) 소정의 '사용자의 총재산'에 포함된다고 해석할 수는 없다"고 판시하였다.[2]

2. 무한책임사원의 자격

상법 제173조는 회사가 다른 회사의 무한책임사원이 되는 것을 금지하므로 회사는 합자회사의 무한책임사원이 될 수 없다. 제173조의 입법취지에 관하여 통설적 견해가 회사는 각각 독자적 목적을 가지고 있으므로 회사가 다른 회사의 무한책임사원이 되어 그 회사의 채권자에게 전 재산을 경주하는 것은 적절하지 못하다는 정책적 고려에 의한 규정이라고 보는 점[3]을 고려하면 회사 이외의 법인도 무한책임사원이 될 수 없고, 무한책임사원은 자연인이어야 한다.[4] 자연인인 이상 다른 자격 상 제한은 없으며 미성년자도 법정대리인의 허락을 얻어 무한책임사원이 될 수 있다(상법 제7조).

3. 업무집행

무한책임사원 각자는 정관에 다른 규정이 없는 한 회사의 업무를 집행할 권리와 의무가 있다(상법 제273조). 업무집행의 의사결정에 관하여 정관에 정함이 없는 경우에는 무한책임사원 과반수로 결정한다(상법 제269조, 제195조, 민법 제706조 제2항).

2 대법원 1996. 2. 9. 선고 95다719 판결.

3 주석 상법, 회사편(1)(제5판), 한국사법행정학회(2014), 135(정동윤).

4 주석 상법, 회사편(1)(제5판), 한국사법행정학회(2014), 397(양명조); 최기원, 신회사법론(제14판), 박영사(2012), 1059.

4. 무한책임사원의 제명

가. 무한책임사원과 유한책임사원이 각 1인인 합자회사에서 한 사원의 의사에 의한 다른 사원의 제명 가부

대법원은 "상법 제220조 제1항, 제269조는 합자회사에 있어서 사원에게 같은 법조 소정의 제명사유가 있는 경우에는 다른 사원 과반수의 결의에 의하여 그 사원의 제명선고를 법원에 청구할 수 있다고 규정하고 있는바, 다른 사원 과반수의 결의란 그 문언상 명백한 바와 같이 제명대상인 사원 이외에 다른 사원 2인 이상의 존재를 전제로 하고 있으므로, 무한책임사원과 유한책임사원 각 1인만으로 된 합자회사에 있어서는 한 사원의 의사에 의하여 다른 사원의 제명을 할 수는 없다고 보아야 할 것이다. 그리고 유한책임사원과 무한책임사원의 2인만으로 된 경우에 그 1인의 제명은 상법 제285조 제1항에 의하여 회사가 해산되는 결과가 되는데, 상법 제220조 제1항에서 사원의 제명을 인정하는 이유가 회사를 해산상태로 몰고 가자는 것이 아니고 회사의 존속을 도모하여 회사의 해산 및 신설의 불이익을 면하도록 하는데 있음을 감안하여 볼 때, 한 사람의 의사에 의하여 다른 사원을 제명하는 것을 인정하는 것은 위 취지에 어긋나고 또 제명이란 사원자격을 박탈하는 비상수단이므로 신중한 절차를 요하여야 할 것이라는 제도자체의 성질에도 합치되며, 그와 같이 해석하지 않으면 소수자에 의하여 회사내분이 야기될 위험성이 있게 될 것이다."라고 판시하였다.[5] 대법원은 '과반수의 결의'를 문리적으로 해석하여 복수 사원의 존재를 전제로 하므로, 2인의 사원으로 된 합자회사에서 1인의 결의는 과반수의 결의로 볼 수 없다는 입장을 명백히 한 것이다.

나. 유한책임사원에 의한 무한책임사원의 제명 가부[6]

1) 소극설

상법이 해산 이외에 제명에 의한 사원의 퇴사를 인정하는 이유는 회사의 존속을 도모하여 회사의 해산 및 신설의 불이익을 면하도록 하기 위한 것인데, 유한책임사원에 의한 무한책임사원의 제명을 허용한다면 상법 제285조 제1항에 의하여 회사가 해산되는 결과를 초래하여 상법의 기본적 이념의 하나인 기업유지의

5 대법원 1991. 7. 26. 선고 90다19206 판결.

6 오세욱, "사원이 2인만으로 된 합자회사에 있어서 한 사원에 의한 다른 사원의 제명여부", 대법원판례해설 제16호, 법원도서관(1992), 105-106의 논의 참조.

취지에 어긋난다. 또한 합자회사에 있어서 무한책임사원은 기업주의 지위에 있으므로 유한책임사원에 의한 무한책임사원의 제명은 합자회사의 본질에 어긋나며 유한책임사원 스스로 퇴사를 하던지 해산을 청구하는 구제방법이 있으므로 이를 허용할 수 없다.

2) 적극설

무한책임사원이 1인뿐이어서 동인의 제명으로 회사가 해산되는 결과를 초래하더라도 상법 제285조 제2항에 의하여 잔존한 유한책임사원이 무한책임사원을 가입시켜 회사를 계속할 수 있다. 또한 제명이 해산의 결과를 가져오더라도 제명 자체가 해산의 원인이 아니므로 제명을 인정하여야 하고, 제명이 회사의 존속을 전제로 할 지라도 제명과 해산은 양립을 할 수 있으며, 제명의 효력은 제명 원인의 존부에 따라 결정되는 것으로 제명의 원인이 있는 한 제명에 의해 해산이 초래되는 것은 불가피하므로, 제220조 제1항의 '다른 사원'을 무한책임사원으로 제한하여 해석할 근거가 없다. 따라서 유한책임사원의 보호를 위하여 무한책임사원에게 제명사유가 있다면 유한책임사원으로 하여금 그 제명을 구할 수 있다고 해석하여야 한다. 나아가 제명은 법원의 선고에 의하여야 하므로(상법 제269조, 제220조), 남용의 우려도 없다.[7]

Ⅲ. 합자회사의 유한책임사원

1. 유한책임사원의 책임

유한책임사원은 회사의 재산으로 회사의 채무를 완제할 수 없는 때 또는 회사재산에 대한 강제집행이 주효하지 못한 때(상법 제269조, 제212조 제1항, 제2항) 회사의 채무에 대하여 회사채권자에게 직접 그 출자의 가액을 한도로 하여 다른 사원과 연대책임을 지는 사원이다(제279조). 유한책임사원의 책임도 무한책임사원의 책임과 마찬가지로 회사채무에 대하여 부종성, 보충성을 갖고, 유한책임사원도 회사채권자에 대하여 직접·연대의 책임을 부담한다는 점은 무한책임사원과 같지만(제269조, 제212조), 그 책임의 한도가 출자가액을 한도로 한다는 점이 무한책임사원과 다르다.

유한책임사원은 그 출자가액 중에서 이미 회사에 대하여 이행한 부분에 관하

7 竹内昭夫 編, 新版 注釋會社法(1), 有斐閣(1985), 600-601.

여는 책임한도에서 공제받으며(상법 제279조 제1항), 회사채권자에게 책임을 이행하게 되면 그 범위에서 출자의무가 경감된다. 이러한 관계를 반영하여 유한책임사원이 이익이 없음에도 불구하고 배당을 받은 경우와 출자를 감소한 경우에 관하여 특별규정을 두고 있다(제279조 제2항, 제280조).

2. 유한책임사원의 자격

유한책임사원이 될 수 있는 자격에 대해서는 무한책임사원의 경우와 달리 제한이 없으므로 회사나 법인이라도 무방하다.[8] 그러나 무한책임사원이 동시에 유한책임사원이 될 수는 없다.

3. 감시권 등

유한책임사원은 원칙적으로 업무집행에서 배제당하는 반면 회사업무집행의 결과에 중대한 이해관계를 가지므로 감시권을 보장받는다. 즉 유한책임사원은 영업년도말에 있어서 영업시간 내에 한하여 회사의 회계장부·대차대조표 기타의 서류를 열람할 수 있고 회사의 업무와 재산상태를 검사할 수 있고(상법 제277조 제1항), 예외적으로 중요한 사유가 있는 때에는 유한책임사원이 법원의 허가를 받아 언제든지 감시권을 행사할 수 있다(제277조 제2항). 유한책임사원은 회사의 일반적 업무집행에는 관여할 수 없지만 중대한 사항의 변경에 관한 의사결정에는 합자회사 사원이 1인으로서 관여할 수 있다. 가령, 정관의 변경(제269조, 제204조), 무한책임사원의 지분양도(제269조, 제197조), 제명선고의 청구(제269조, 제220조), 합병(제269조, 제230조), 조직변경(제286조 제1항) 등을 할 경우에는 유한책임사원의 동의까지 받아야 한다.

8 최기원, 신회사법론(제14판), 박영사(2012), 1059-1060; 김정호, 회사법(제5판), 법문사(2019), 933; 김건식 외 2인, 회사법(제3판), 박영사(2018), 928.

제 269 조 [준용규정]

합자회사에는 본장에 다른 규정이 없는 사항은 합명회사에 관한 규정을 준용한다.

[관련조문] 상법 제5조 제2항, 제19조, 제29조~제33조, 제172조, 제178조~제267조, 제268~287조, 민법 제681조, 제707조, 제711조 제1항.

[참고문헌] 김건식 외 2인, 회사법(제3판), 박영사(2018); 김정호, 회사법(제5판), 법문사(2019); 송옥렬, 상법강의(제9판), 홍문사(2019); 이철송, 회사법강의(제26판), 박영사(2018); 장덕조, 회사법(제4판), 법문사(2019); 최기원, 신회사법론(제14판), 박영사(2012); 홍복기/박세화, 회사법강의(제7판), 법문사(2018); 박상근, "합자회사 유한책임사원의 입사와 퇴사", 민사판례연구 제26권, 박영사(2004).

Ⅰ. 의의 및 입법취지

합자회사에 대하여 상법 제3편 제3장에 별도의 규정이 있는 경우를 제외하고는 합명회사에 관한 규정(상법 제178조 내지 제267조)의 규정이 준용된다. 합자회사는 경제적으로는 무한책임사원의 사업에 유한책임사원이 자본적 참가를 한다는 점에서 인적 요소와 물적 요소가 결합된 형태의 회사이나, 무한책임사원이 있다는 점에서 물적 요소보다는 인적 요소에 중점이 있다. 즉, 합자회사는 유한책임사원이 참여하고 있기는 하지만 사업의 위험은 무한책임사원이 부담하기 때문에 실질적으로는 합명회사와 매우 유사하여 사원의 개성이 전면에 부각되고 그 실체는 조합적 성질을 가진다. 또한 합자회사의 조직과 운영은 무한책임사원을 중심으로 이루어지고 투자자로서의 유한책임사원에 대한 고려는 거의 이루어지지 않는다. 이처럼 합자회사는 합명회사가 약간 변형된 형태라고 볼 수 있기 때문에 상법은 유한책임사원이 존재함으로 인하여 이원적 조직을 갖게 됨에 따른 '본장에서 정한 다른 규정'이 적용되는 경우 이외에는 합명회사에 관한 규정을 준용하도록 한 것이다.

Ⅱ. 합자회사의 법률관계 개요

1. 설립

합자회사의 설립은 유한책임사원이 참여한다는 점을 제외하고는 합명회사와 같다. 합자회사에도 무한책임사원이 존재하기 때문에 자본금의 형성이 필요 없다.[1] 따라서 합명회사와 마찬가지로 '정관의 작성'과 '설립등기'만으로 회사가 설립된다(상법 제172조). 다만 합명회사와 달리 합자회사는 정관의 작성에 있어 1인 이상의 무한책임사원과 1인 이상의 유한책임사원이 있어야 하고(제268조, 제269조, 제178조), 합명회사의 정관에 기재할 사항(제179조) 이외에 각 사원의 무한책임 또는 유한책임인지 여부를 정관에 반드시 기재하여야 하며(제270조), 정관의 기재사항 중 상호(제179조 제2호)에는 반드시 합자회사의 문자를 사용하여야 한다(제19조). 합자회사의 설립등기 시에도 합명회사의 설립등기사항(제271조 제1항 전단, 제180조) 이외에 각 사원의 책임이 무한책임 또는 유한책임인지를 등기하여야 한다(제271조 제1항 후단).

합자회사의 설립에 하자가 있는 경우에 관하여는 아무런 규정이 없으므로, 합명회사의 설립의 무효·취소에 관한 규정이 준용된다(상법 제269조, 제184조~제194조).

2. 회사의 내부관계

가. 총설

회사의 내부관계라 함은 회사와 사원간의 관계와 사원 상호간의 관계를 말한다. 합자회사는 합명회사와 마찬가지로 인적회사로서 그 결합은 조합적 성질을 가지고 있기 때문에 사적 자치가 널리 인정되며 내부관계를 규율하는 상법의 규정은 임의법규로 해석된다.[2] 따라서 합자회사의 내부관계에 관하여는 정관의 규정이 우선적으로 적용되고 그 다음으로 상법의 규정이 적용되며 상법에 별도의 규정이 없으면 조합에 관한 민법의 규정이 준용된다(상법 제269조, 제195조).

1 장덕조, 회사법(제4판), 법문사(2019), 622.
2 홍복기/박세화, 회사법강의(제7판), 법문사(2018), 786.

나. 출자

합자회사의 각 사원은 정관에서 정하는 출자의무를 부담한다. 합자회사 사원의 출자내용은 사원의 책임형태에 따라 다른바, 무한책임사원은 재산, 노무 및 신용출자가 모두 가능하지만 유한책임사원은 재산출자만 가능하다(상법 제272조). 그 이외의 출자의무의 이행 등에 관하여는 합명회사 사원의 출자에 관한 규정이 전적으로 준용된다(제269조). 유한책임사원 역시 한 사원이 자신의 출자의무를 해태할 때 회사에 출자하도록 요구할 수 있다(actio pro socio).[3]

다. 의사결정

합자회사의 경우에도 원칙적으로 사원총회의 결의로 사내의 주요한 의사결정이 이루어진다. 합명회사와 마찬가지로 합자회사의 유한책임사원도 원칙적으로 두수주의(頭數主義)에 따른 1인 1의결권원칙에 따라 의결권을 행사한다. 정관변경결의(상법 제269조, 제204조), 합병결의(제269조, 제230조), 조직변경결의(제286조) 등의 기본결정사항(Grundlagenentscheidung)에 관하여는 유한책임사원 역시 무한책임사원과 더불어 의결권을 행사한다. 이는 유한책임사원의 고유권(Sonderrecht)이므로 기본결정사항에 관한 한 정관규정으로 유한책임사원의 의결권을 배제 내지 제한할 수 없다고 본다.[4] 기본결정사항이 아닌 경우에는 유한책임사원의 의결권은 종종 제한되고 있는바, 정관으로 의결권구속계약이나 의결권제한계약을 정하는 경우가 있다. 유한책임사원의 고유권이나 강행법규에 어긋나지 않는 의결권구속계약은 유효하다고 할 것이다.[5]

합자회사의 결의방법에 대하여 상법에 특별한 규정이 없으므로 법률이나 정관 및 민법의 조합에 관한 결의요건을 갖추었다면 그 결의는 유효하다고 보아야 한다.[6]

라. 업무집행 및 감시

정관에 다른 정함이 없는 때에는 무한책임사원이 각자 회사의 업무를 집행할 권리의무를 가진다(상법 제273조). 반면 유한책임사원은 회사의 업무집행을 할 수 없다(제278조). 유한책임사원도 정관의 규정 또는 총사원의 동의로 업무집행권을

3 김정호, 회사법(제5판), 법문사(2019), 933
4 김정호, 회사법(제5판), 법문사(2019), 934.
5 김정호, 회사법(제5판), 법문사(2019), 934.
6 대법원 1995. 7. 11. 선고 95다5820 판결.

가질 수 있는지에 관한 논의는 상법 제278조 주석에서 상술한다. 지배인의 선임과 해임도 무한책임사원 과반수의 결의에 의하고 유한책임사원은 그 결정에 관여할 수 없다(제274조). 유한책임사원은 합자회사의 업무집행에서 배제되므로 무한책임사원의 전횡으로부터 스스로를 지키기 위해 감시권을 행사할 수 있다(제277조).

마. 사원의 의무

합자회사에서 업무집행을 담당하는 무한책임사원은 합명회사의 무한책임사원과 마찬가지로 선관주의의무를 부담한다(상법 제269조, 제195조, 민법 제707조, 제681조). 합명회사의 경우와 마찬가지로 선관주의의무에는 충실의무가 포함된 것으로 본다.[7]

무한책임사원은 합명회사의 사원과 마찬가지로 다른 사원의 동의가 없으면 자기 또는 제3자의 계산으로 회사의 영업부류에 속하는 거래를 하지 못하며 동종영업을 목적으로 하는 다른 회사의 무한책임사원 또는 이사가 되지 못한다(상법 제269조, 제198조 제1항). 반면 유한책임사원은 업무집행에 직접적으로 참여하지 않기 때문에 회사기밀에 접근할 기회가 없다고 보아 원칙적으로 경업금지의무를 부담하지 않는다(제275조).

합자회사의 무한책임사원은 합명회사 사원의 경우와 같이 자기거래 내지는 이익충돌거래를 하기 위해서는 다른 사원 과반수의 승인을 받아야 한다(상법 제269조, 제199조). 유한책임사원에게도 합명회사의 자기거래금지규정이 준용될 것인지에 관하여는 견해가 대립하는바, 아래 상법 제275조 주석에서 상술한다.

바. 사원의 변동

합자회사 설립 후 제3자가 합자회사의 사원으로 되는 방법으로는 입사에 의하여 원시적으로 사원 자격을 취득하는 방법과 기존의 사원으로부터 지분을 양수하는 방법이 있다. 전자는 입사하려는 자와 회사 사이의 입사계약으로 이루어지고 후자는 입사하려는 자와 기존 사원 개인 사이의 지분매매계약으로 이루어진다.[8]

7 김건식 외 2인, 회사법(제3판), 박영사(2018), 931.

8 대법원 2002. 4. 9. 선고 2001다77567 판결(합자회사의 무한책임사원인 대표사원과 제3자 사이의 동업계약이 그 내용에 비추어 제3자가 대표사원 개인에게 대금을 주고 그로부터 합자회사에 대한 지분 일부를 양수하기로 하는 지분매매계약이 아니라 제3자가 합자회사와 사이에 합자회사에 출자금을 출자하고 새로 유한책임사원의 지위를 원시취득하기로 하는 입사계약이라고 본 사례임).

합자회사의 무한책임사원 또는 유한책임사원의 입사는 모두 정관변경을 요한다(상법 제270조, 제269조, 제179조 제3호, 제4호). 합자회사의 정관변경은 총 사원의 동의를 요하므로(제269조, 제204조) 정관에 다른 정함이 없는 한 유한책임사원을 포함한 모든 사원의 동의가 필요하다.[9] 대법원은 "합자회사의 성립 후에 신입사원이 입사하여 사원으로서의 지위를 취득하기 위하여는 정관변경을 요하고 따라서 총사원의 동의를 얻어야 하지만, 정관변경은 회사의 내부관계에서는 총사원의 동의만으로 그 효력을 발생하는 것이므로 신입사원은 총사원의 동의가 있으면 정관인 서면의 경정이나 등기부에의 기재를 기다리지 않고 그 동의가 있는 시점에 곧바로 사원으로서의 지위를 취득한다."고 판시하였다.[10]

사원지위의 상대적 변경인 지분의 양도에 있어서 무한책임사원의 경우는 합명회사 사원과 마찬가지로 유한책임사원을 포함한 다른 사원 전원의 동의를 요한다(상법 제269조, 제197조). 무한책임사원의 변동은 대외적인 책임관계나 회사의 업무집행의 변동을 의미하므로 유한책임사원에게도 이해관계가 있기 때문이다.[11] 한편 유한책임사원의 지분양도에 있어서는 무한책임사원 전원의 동의가 있으면 되고 다른 유한책임사원의 동의는 필요하지 않다(제276조).

합자회사 사원의 퇴사에 관하여도 합명회사에 관한 규정이 준용된다. 다만 유한책임사원에 대하여는 특칙이 있어 유한책임사원이 성년후견개시 심판을 받은 경우에도 퇴사되지 아니하고(상법 제284조, 제269조, 제218조 제4호와 비교), 유한책임사원의 사망도 퇴사원인이 아니며 그 상속인이 지분을 승계하여 사원이 된다(제283조, 상법 제269조, 제218조 제3호와 비교). 이는 유한책임사원이 제한된 책임을 부담하고 업무집행권을 갖지 않는 점에서 비롯된 것이다.[12]

합자회사 사원의 지분을 압류한 채권자는 영업연도 말에 그 사원을 퇴사시킬 수 있다(상법 제269조, 제224조 제1항). 대법원은 "상법 제224조 제1항의 규정 취지는, 사원의 채권자가 사원의 지분을 압류하여도 상법 제197조의 규정에 따라 다른 사원의 동의를 얻어야만 이를 환가할 수 있는 점 등을 감안하여, 사원의 지분을 압류한 채권자에게 퇴사청구권을 인정하고 지분환급에 의하여 채권의 변제를 받을 수 있게 한 것으로서, 위 퇴사청구권은 사원 지분의 압류채권자가 직접 일방적

9 박상근, "합자회사 유한책임사원의 입사와 퇴사", 민사판례연구 제26권, 박영사(2004), 495-499.
10 대법원 1996. 10. 29. 선고 96다19321 판결.
11 송옥렬, 상법강의(제9판), 홍문사(2019), 1305.
12 이철송, 회사법강의(제26판), 박영사(2018), 190.

의사표시로 사원을 퇴사시킬 수 있도록 한 형성권이다. 이에 따라 채권자가 예고기간을 정하여 예고를 한 이상 다른 의사표시 없이도 영업연도말에 당연히 퇴사의 효력이 발생하고, 사원이 이를 저지하기 위하여서는 영업연도말이 되기 전에 변제를 하거나 상당한 담보를 제공하여야 하며, 변제 또는 담보제공이 없이 영업연도말이 도래하여 일단 퇴사의 효력이 발생하였다면 그 후 사원 또는 채권자가 일방적으로 위 퇴사의 의사표시를 철회할 수 없고, 이는 퇴사의 효력이 발생한 후 사원이 채권자에게 채무를 변제한 경우에도 마찬가지이다."라고 판시하였다.[13]

사. 회계와 손익분배

상법은 합자회사의 회계에 관하여 특별한 규정을 두고 있지 않다. 합자회사는 상인(상법 제5조 제2항)이므로 상업장부에 관한 규정이 적용된다(제29조~제33조).

합자회사의 손익분배에 관하여도 상법에 다른 규정을 두고 있지 않으므로 합명회사와 같은 법리가 적용된다. 즉, 정관에 다른 정함이 없는 한 각 사원의 출자가액에 비례하여 손익분배를 한다(상법 제269조, 제195조, 민법 제711조 제1항). 합자회사의 경우도 합명회사와 마찬가지로 무한책임사원이 존재하므로 손익분배를 엄격히 제한할 필요성은 그다지 높지 않다.[14]

유한책임사원에게 그 출자액을 초과하여 손실을 분담시킬 수 있는지 문제된다. 사원의 대외적 책임과 대내적 손실부담은 관념상 별개의 것으로 반드시 양자가 일치하여야 하는 것은 아니나 일반적으로 유한책임사원은 외부관계에서의 출자가액을 한도로 책임을 부담함과 동시에 내부관계에서도 출자액을 초과하여 손실을 부담하지 않는다고 보는 것이 당사자의 의사에 합치된다고 본다. 그러나 손실분담은 내부관계이므로 정관으로 이를 달리 정할 수 있다.[15]

3. 회사의 외부관계

가. 총설

합자회사와 제3자와의 관계 및 사원과 제3자와의 관계가 합자회사의 외부관계를 이룬다. 합자회사의 외부관계에 관한 규정은 원칙적으로 강행법규이다. 회사와 제3자 및 사원과 제3자 간의 관계에서는 거래의 안전 기타 공공적 이익을 보

13 대법원 2014. 5. 29. 선고 2013다212295 판결.
14 김건식 외 2인, 회사법(제3판), 박영사(2018), 932.
15 김건식 외 2인, 회사법(제3판), 박영사(2018), 932.

호할 필요가 있기 때문이다. 외부관계에 관하여도 합명회사 규정이 거의 준용되지만 유한책임사원의 존재로 인하여 일부 특별한 규정이 존재한다.

나. 회사대표

유한책임사원은 대표행위를 하지 못하므로(상법 제278조) 합자회사에서 대표권을 갖는 것은 무한책임사원에 한한다. 무한책임사원은 원칙적으로 각자가 회사를 대표한다. 정관으로 업무집행사원을 정한 경우에는 각 업무집행사원이 대표권을 갖고, 업무집행사원 중 정관 또는 총사원의 동의로 회사를 대표할 자를 정한 경우에는 그 대표사원이 대표권을 갖는다(제269조, 제207조). 합자회사의 경우에도 공동대표의 정함을 둘 수 있고(제269조, 제208조) 대표사원은 회사영업에 관한 일체의 재판상 또는 재판 외의 행위를 할 수 있으며(제269조, 제209조) 회사와 사원간의 소에 있어서 회사를 대표할 사원이 없을 때에는 다른 사원 과반수의 결의로 이를 선정하여야 한다(제269조, 제211조).

다. 사원의 책임

합자회사 무한책임사원의 회사채권자에 대한 책임은 합명회사 사원의 책임과 동일하다. 유한책임사원의 책임도 직접성, 보충성, 부종성, 연대성 등의 점에서 무한책임사원의 책임과 다를 것이 없으나 그 책임의 범위가 출자가액을 한도로 한다는 점에서 차이가 있다. 유한책임사원이 무한책임사원으로 또는 무한책임사원이 유한책임사원으로 책임을 변경한 경우에는 합명회사 무한책임사원의 입사와 퇴사의 경우에 준하여 책임의 범위가 조정되어 있다(상법 제282조, 제213조, 제225조).

4. 해산과 청산

합자회사 역시 합명회사의 해산사유, 즉 존립시기의 만료 기타 정관으로 정한 사유의 발생, 총사원의 동의 등(상법 제269조, 제227조)으로 해산한다. 그밖에 합자회사는 이원적인 조직이 유지되어야 하므로 무한책임사원 전원 또는 유한책임사원 전원의 퇴사도 해산원인이 된다(제285조 제1항).

합자회사의 청산절차와 방법은 합명회사의 경우와 같다(상법 제269조, 제245조 이하). 다만, 합자회사의 경우 청산인을 무한책임사원의 과반수 결의로 선임하고 유한책임사원의 동의는 요하지 아니한다. 청산인을 선임하지 않은 때에는 업무집행사원이 청산인이 된다(제287조).

제 270 조 [정관의 절대적 기재사항]

합자회사의 정관에는 제179조에 게기한 사항외에 각 사원의 무한책임 또는 유한책임인 것을 기재하여야 한다.

[관련조문] 상법 제179조, 제204조, 제269조.

[참고문헌] 竹內昭夫 編, 新版 注釋會社法(1), 有斐閣(1985).

Ⅰ. 의의 및 입법취지

합자회사는 정관의 작성과 설립등기에 의해 성립한다. 제270조는 합자회사 정관이 그 효력을 인정받기 위하여 기재되어야 하는 절대적 기재사항을 규정하고 있다. 합자회사의 설립절차는 합명회사의 그것과 본질적으로 같으나, 사원의 전원이 무한책임사원인 합명회사와 달리 합자회사는 무한책임사원과 유한책임사원이 병존하므로 그 책임의 종류를 정관에 명확히 밝히기 위해 상법은 제270조를 두어 합명회사 정관의 절대적 기재사항(상법 제179조) 외에 각 사원의 책임이 무한책임인지 유한책임인지를 기재하도록 하였다.

합자회사 정관이 효력을 발생하기 위해서는 제270조에서 요구하는 사항의 흠 없는 기재와 합자회사 총 사원의 기명날인 또는 서명이 필요하다(상법 제269조, 제179조). 그밖에 정관의 효력에 영향을 미칠 추가적 기재사항은 인정되지 않는다.[1]

Ⅱ. 합자회사 정관의 절대적 기재사항

1. 제179조에 게기한 사항

상법 제179조에서는 합명회사의 정관의 절대적 기재사항(☞ 각 기재사항에 관한 상세한 내용은 제179조 주석 참조)으로서 다음의 사항을 규정하고 있는데 이는 합자회사의 정관에도 그대로 준용된다. 아래 기재사항 중 상호(제179조 제2호)에는 반드시 '합자회사'의 문자를 사용하여야 한다(제19조).

1 竹內昭夫 編, 新版 注釋會社法(1), 有斐閣(1985), 611.

① 목적
② 상호
③ 사원의 성명, 주민등록번호와 주소
④ 사원의 출자의 목적과 그 가격 또는 그 평가의 표준
⑤ 본점의 소재지
⑥ 정관의 작성년월일

2. 각 사원의 책임의 무한 또는 유한의 구별

합자회사의 정관에는 위의 합명회사 정관의 절대적 기재사항 외에 각 사원별로 무한책임사원인가 유한책임사원인가를 명백하게 기재하여야 한다. 책임의 구별이 분명하게 나타나기만 하면 되고 각 사원의 책임의 무한 또는 유한을 기재하는 방법에는 제한이 없다. 가령 각 사원의 성명 기재의 앞이나 뒤에 무한책임사원 ○○○, ○○○, 유한책임사원 등과 같이 무한책임사원 또는 유한책임사원의 표시를 부기하거나 기명날인이나 서명란에 책임의 종류를 표시할 수도 있을 것이다. 그밖에 출자의 목적과 가격에 표시에 덧붙여 이밖에 책임을 부담하지 않음이라고 표시하여도 무방하다.[2]

Ⅲ. 정관의 변경

합자회사 정관의 변경은 정관에서 별도의 결의요건을 정하고 있다는 등의 특별한 사정이 없는 한 유한책임사원을 포함한 합자회사 총 사원의 동의가 필요하다(상법 제269조, 제204조).

대법원은 합자회사인 乙회사의 정관에 "총회의 결의는 법령에 특별한 규정이 없는 한 출석 사원의 과반수 이상의 찬성으로 결의되며 가부동수일 때는 의장의 결정하는 바에 의한다"고 규정하는 한편, 정관변경의 절차나 사원의 책임 변경 등의 절차에 관하여는 별도의 규정을 두고 있지 않았던 경우에 乙회사의 유한책임사원이었던 甲을 무한책임사원으로 변경하는데 필요한 의결정족수가 문제되었던 사안에서 "상법 제270조는 합자회사 정관에는 각 사원이 무한책임사원인지 또는 유한책임사원인지를 기재하도록 규정하고 있으므로, 정관에 기재된 합자회사 사원의 책임 변경은 정관변경의 절차에 의하여야 하고, 이를 위해서는 정관에 그 의

2 竹內昭夫 編, 新版 注釋會社法(1), 有斐閣(1985), 612.

결정족수 내지 동의정족수 등에 관하여 별도로 정하고 있다는 등의 특별한 사정이 없는 한 상법 제269조에 의하여 준용되는 상법 제204조에 따라 총 사원의 동의가 필요하다."라고 판시하면서, 乙회사의 위 정관 규정은 정관변경의 절차 등을 비롯하여 합자회사의 존속·소멸 및 사원의 권리의무 관계에 중요한 영향을 미치는 사항 등의 의사결정에 관하여 상법에서 특별한 규정을 두고 있는 경우에는 그에 따르고, 그와 같이 상법 등에서 특별한 규정을 두지 않은 사항에 관하여는 위 정관 규정에서 정한 의결정족수에 따르기로 한다는 취지에서 마련된 규정이라고 해석함이 상당하므로, 乙회사의 유한책임사원인 甲을 무한책임사원으로 변경하기 위해서는 乙회사의 총 사원의 동의를 요한다고 보아야 한다고 판단하였다.[3]

3 대법원 2010. 9. 30. 선고 2010다21337 판결.

제 271 조 [등기사항]

① 합자회사의 설립등기를 할 때에는 제180조 각 호의 사항 외에 각 사원의 무한책임 또는 유한책임인 것을 등기하여야 한다.
② 합자회사가 지점을 설치하거나 이전할 때에는 지점소재지 또는 신지점소재지에서 제180조 제1호 본문(다른 지점의 소재지는 제외한다) 및 제3호부터 제5호까지의 사항을 등기하여야 한다. 다만, 무한책임사원만을 등기하되, 회사를 대표할 사원을 정한 경우에는 다른 사원은 등기하지 아니한다.
[전문개정 2011.4.14]

[관련조문] 상법 제172조, 제180조, 제183조, 제269조, 제279조 제1항, 제635조 제1항 제1호, 상업등기규칙 제118조, 제98조.
[참고문헌] 임재연, 회사법 Ⅱ(개정6판), 박영사(2019).

Ⅰ. 의의 및 입법취지

합자회사도 본점소재지에서 설립등기를 함으로써 성립한다(상법 제172조). 제271조는 합자회사의 설립등기사항을 정하고 있다. 합자회사의 설립등기에 있어서는 합명회사의 설립등기에 관한 상법 제180조 각 호의 사항 외에 합자회사의 특유한 사항인 각 사원의 무한책임 또는 유한책임에 관한 사항을 등기하여야 한다. 합자회사의 설립등기에 관한 절차도 합명회사의 등기절차에 관한 규정이 준용된다(상업등기규칙 제118조, 제98조).

Ⅱ. 등기사항

1. 상법 제180조에 게기한 사항

합자회사의 설립등기사항도 기본적으로 합명회사의 설립등기사항과 같은바, 상법 제180조에서 규정하는 등기사항은 아래와 같다.

①목적, ②상호, ③사원의 성명, 주민등록번호와 주소(그러나 회사를 대표할 사

원을 정한 때에는 그 이외의 사원의 주소는 등기하지 않는다), ④본점의 소재지, 지점을 둔 때에는 그 소재지, ⑤사원의 출자의 목적, 재산출자에는 그 가격과 이행한 부분, ⑥존립기간 기타 해산사유를 정한 때에는 그 기간 또는 사유, ⑦회사를 대표할 사원을 정한 때에는 그 성명, 주소 및 주민등록 번호, ⑧수인의 사원이 공동으로 회사를 대표할 것을 정한 때에는 그 규정

합명회사의 경우에는 사원이 무한책임을 지므로 '사원의 출자의 목적, 재산출자에는 그 가격과 이행한 부분'을 제3자에게 공시할 실익이 크지 않으나, 합자회사의 경우에는 위 사항에 관한 등기는 유한책임사원의 책임의 한도액을 공시하는 것으로서 중요하다. 유한책임사원은 약속한 출자가액에서 이미 이행한 부분을 공제한 가액을 한도로만 회사채무를 변제할 책임이 있기 때문이다(상법 제279조 제1항).

2. 각 사원이 무한책임 또는 유한책임인지 여부

합자회사는 책임이 다른 두 가지 종류의 사원으로 이루어진 이원적 조직의 회사이므로 회사와 거래하는 제3자 입장에서는 어느 사원이 무한책임을 부담하고 어느 사원이 유한책임을 부담하는지에 대하여 중대한 이해관계를 가진다. 이에 따라 상법은 합자회사 각 사원의 무한책임 또는 유한책임인 것을 등기하여 공시하도록 하고 있다.

3. 지점의 설치 또는 이전 시 등기사항

합자회사가 지점을 설치하거나 이전할 때에는 지점소재지 또는 새로운 지점소재지에서 다음의 사항을 등기하여야 한다. 다만, 무한책임사원만을 등기하되, 회사를 대표할 사원을 정한 경우에는 다른 사원은 등기하지 아니한다(상법 제271조 제2항).

①목적, ②상호, ③사원의 성명, 주민등록번호와 주소(그러나 회사를 대표할 사원을 정한 때에는 그 이외의 사원의 주소는 등기하지 않는다), ④본점 및 지점의 소재지 ⑤존립기간 기타 해산사유를 정한 때에는 그 기간 또는 사유, ⑥회사를 대표할 사원을 정한 때에는 그 성명, 주소 및 주민등록 번호, ⑦수인의 사원이 공동으로 회사를 대표할 것을 정한 때에는 그 규정

상법 제271조 제2항은 2011년 상법 개정 시 추가된 조항으로 합자회사 지점의 등기사항은 합자회사 본점의 등기사항 중 상법 제180조 제2호에 해당하는 사

항(사원의 출자의 목적, 재산출자에는 그 가격과 이행한 부분) 및 유한책임사원에 관한 사항을 제외하고 있다. 이는 지점등기사항의 간략화를 위한 것이다.[1]

Ⅲ. 등기의 변경·말소

등기사항에 변경이 있는 때에는 본점소재지에서는 2주간 내에, 지점소재지에서는 3주간 내에 변경등기를 하여야 한다(상법 제269조, 제183조).

등기의 말소와 관련하여, 대법원은 합자회사의 무한책임사원의 지분이 그의 의사에 반하여 제3자에게 양도된 것으로 등기된 경우에 그 무한책임사원은 회사에 대하여 그 등기의 말소를 청구할 수 있고, 나아가 그 무한책임사원의 채권자는 자기의 채권을 보전하기 위하여 필요한 경우에는 채무자인 위 무한책임사원의 말소등기청구권을 대위 행사할 수 있다고 판시하였다.[2]

Ⅳ. 등기의 효력

회사등기에는 공신력이 인정되지 아니한다. 대법원은 합자회사의 사원 지분 등기가 불실등기인 경우 그 불실등기를 믿고 합자회사 사원의 지분을 양수하였다 하여 그 지분을 양수한 것으로는 될 수 없다고 판시하였다.[3]

한편, 등기할 사항은 이를 등기하지 아니하면 선의의 제3자에게 대항하지 못한다(상법 제37조 제1항). 합자회사의 무한책임사원으로 甲이 등재되어 있는 상태에서 총사원의 동의로 乙을 무한책임사원으로 가입시키기로 합의하였으나 그에 관한 변경등기가 이루어지기 전에 甲이 등기부상의 총사원의 동의를 얻어 제3자에게 자신의 지분 및 회사를 양도하고 사원 및 지분 변경등기까지 마친 사안에서, 대법원은 “구 상법(1995. 11. 30. 법률 제5053호로 개정되기 전의 것) 제37조 제1항에 의하면 등기할 사항은 등기와 공고 후가 아니면 선의의 제3자에게 대항하지 못하므로, 총사원의 동의로 乙이 무한책임사원으로서의 지위를 취득하였다고 하더라도 그에 관한 등기가 마쳐지기 전에는 등기 당사자인 회사나 乙로서는 선의의 제3자에게 乙이 무한책임사원이라는 사실을 주장할 수 없으므로, 만약 제3자가 甲만이 유일한 무한책임사원이라고 믿은 데 대하여 선의라면, 회사나 乙로서는 제3

1 임재연, 회사법 Ⅱ(개정6판), 박영사(2019), 929.
2 대법원 1971. 10. 25. 선고 71다1931 판결.
3 대법원 1996. 10. 29. 선고 96다19321 판결.

자가 乙의 동의를 받지 아니하였음을 주장하여 그 지분양도계약이 효력이 없다고 주장할 수 없다."고 판시하였다.[4]

V. 벌칙

합자회사의 등기를 해태한 때는 업무집행사원(업무집행사원이 선임되지 아니한 경우는 무한책임사원)은 500만 원 이하의 과태료의 처분을 받게 된다(상법 제635조 제1항 제1호).

4 대법원 1996. 10. 29. 선고 96다19321 판결.

제 272 조 [유한책임사원의 출자]

유한책임사원은 신용 또는 노무를 출자의 목적으로 하지 못한다.

[관련조문] 상법 제195조~제196조, 제179조 제4호, 제220조 제1항 제1호, 제269조, 제279조 제1항, 제280조, 민법 제703조, 민법 제705조.

[참고문헌] 김홍기, 상법강의(제4판), 박영사(2019); 서돈각/김태주, 주석 회사법(상), 육법사(1984); 송옥렬, 상법강의(제9판), 홍문사(2019); 이기수/최병규, 회사법(제10판), 박영사(2015); 이철송, 회사법강의(제26판), 박영사(2018); 임재연, 회사법 Ⅱ(개정6판), 박영사(2019); 정찬형, 상법강의(상)(제22판), 박영사(2019); 주석 상법, 회사편(1)(제5판), 한국사법행정학회(2014); 최기원, 신회사법론(제14판), 박영사(2012).

Ⅰ. 의의 및 입법취지

1. 의의

상법 제272조는 합자회사 유한책임사원의 출자의 종류를 제한하고 있다. 합자회사의 무한책임사원은 합명회사의 사원과 같이 금전출자나 현물출자 외에 노무출자나 신용출자가 가능하다. 반면 유한책임사원은 신용이나 노무의 출자는 허용되지 아니하고 금전 기타의 재산의 출자만을 할 수 있다.

2. 입법취지 및 강행규정 여부

이처럼 유한책임사원의 출자의 종류를 제한하는 취지에 관하여 유한책임사원은 개인의 재산으로 무한책임을 지는 것이 아니고 출자금액만큼 유한책임을 지는 것이므로 그 출자내용을 분명히 해야 하는데[1] 신용 또는 노무는 공정한 가액을 평가하기 어렵기 때문이라거나,[2] 이는 사원 전원이 유한책임을 지는 물적회사에서 자본충실이 강조되는 것과 같은 취지[3] 내지 유한책임사원은 회사의 자금조달

[1] 김홍기, 상법강의(제4판), 박영사(2019), 840.
[2] 임재연, 회사법 Ⅱ(개정6판), 박영사(2019), 930.
[3] 이철송, 회사법강의(제26판), 박영사(2018), 187; 정찬형, 상법강의(상)(제22판), 박영사(2019), 605.

의 목적상 참가시킨 것이기 때문이라고 설명되고 있다.[4]

제272조가 강행규정에 해당하는지 여부, 즉, 합자회사의 정관으로 유한책임사원이 신용 또는 노무를 출자하는 것을 허용하는 것으로 정할 수 있는지에 관하여는 견해가 대립한다. 통설은 제272조가 강행규정이므로 정관에 의하여도 달리 정할 수 없다고 본다. 그 근거로 합자회사 제도의 연혁상 자본제공자가 유한책임사원이 되었다는 점, 회사실무에서도 유한책임사원을 가입시키는 목적은 회사의 자력의 충실이 자본조달에 있다는 점, 재산출자가 유한책임의 본지에도 적합하다는 점 등을 들고 있다.[5] 반면, 다수의 이해관계인이 관여하고 주주가 출자한 자본금만이 대외적인 책임의 기초가 되는 주식회사의 강행적 성격과 달리 합자회사는 본질적으로 조합의 일종이므로 상법 제3편 제3장의 합자회사에 관한 규정은 원칙적으로 임의적 속성을 가지므로, 합자회사에서는 본질에 반하지 않는 한 출자를 비롯하여 그 내부관계에 관한 사항은 정관으로 상법과 달리 정할 수 있다고 보는 견해가 있다.[6]

Ⅱ. 유한책임사원의 출자의 목적

유한책임사원은 신용 또는 노무를 출자의 목적으로 하지 못한다는 외에는 출자에 아무런 제한이 없다. 출자의 목적은 금전 또는 기타의 재산이 될 것이다. 기타의 재산으로는 사업에 필요한 동산, 부동산 외에 특허권, 영업비밀 노하우 등과 같은 지적재산권, 영업의 전부 또는 일부가 포함될 수 있다. 그 출자는 부동산의 소유권 이전이나 특허권의 양도와 같이 이전의 방식을 취할 수도 있고 임대나 라이센스와 같이 사용허락 또는 실시허락의 방식을 취할 수도 있다.

Ⅲ. 유한책임사원의 출자의무

1. 출자의무의 발생

합자회사는 사원이 공동으로 사업을 경영하여 그 이익을 분배하는 것을 목적으로 하므로 각 사원은 회사에 대하여 출자를 하여야 하며 출자의무가 없는 사원은 인정되지 않는다(상법 제269조, 제195조, 민법 제703조). 따라서 합자회사의 내부

4 송옥렬, 상법강의(제9판), 홍문사(2019), 1304; 이기수/최병규, 회사법(제10판), 박영사(2015), 851.
5 서돈각/김태주, 주석 회사법(상), 육법사(1984), 318.
6 김홍기, 상법강의(제4판), 박영사(2019), 840.

관계에서 총사원의 동의가 있더라도 특정 유한책임사원의 출자의무를 면제시키는 것은 무효이다.[7]

사원의 출자의무는 사원으로서의 자격에서 부담하는 것이므로, 회사설립 시에는 회사의 성립에 의하여, 일단 회사가 성립한 후에는 입사에 의하여 출자의무가 각 발생한다. 한편 지분의 양도나 퇴사로 인하여 사원의 자격을 상실하거나 회사의 법인격이 소멸하면 출자의무도 소멸한다.

대법원은 "합자회사에 있어서 각 사원의 출자의무는 회사설립과 동시에 회사에 대하여 부담하는 것이므로 사원들의 출자의무가 동시이행관계에 있다고는 할 수 없다"라고 판시하였다.[8]

2. 출자의무의 확정

각 사원이 회사에 대하여 부담하는 출자의무의 내용은 정관으로 확정된다(상법 제269조, 제179조 제4호). 각 사원이 사원의 자격에서 회사에 대하여 부담하는 출자의무는 소위 추상적 출자의무로서 사원의 지위의 하나의 내용에 불과하다. 이는 사원의 지위와 독립한 채무인 소위 구체적 출자의무와 구별된다. 출자의무가 구체화되기 이전에 사원이 퇴사하면 출자의무를 면하게 된다. 금전출자의 경우라도 출자의무가 구체화되기 이전의 출자의무에 대한 회사의 추상적 출자청구권은 일반 금전채권으로 볼 수 없다. 따라서 그것을 양도하거나 질권의 목적으로 하는 등 처분할 수 없고 강제집행의 목적이 될 수 없으며 독립하여 시효에 걸리지 아니한다.

추상적 출자의무는 최고 및 기한의 도래로 인하여 구체적 출자의무로 된다. 구체적 출자의무는 정관이나 총사원의 동의로 회사성립과 동시에 발생하도록 정할 수도 있으나 대부분은 회사로부터의 청구에 의하여 발생한다. 구체적 출자의무는 사원의 퇴사로 인하여 소멸하지 않으며, 구체적 출자청구권은 양도·압류·전부의 대상이 되고, 독립해서 소멸시효에 걸린다.

3. 출자의무의 이행

인적회사인 합자회사에 있어서는 무한책임사원이 있으며 유한책임사원도 회사채권자에 대하여 직접책임을 부담하므로 회사의 성립 시 또는 사원의 입사 시

7 주석 상법, 회사편(1)(제5판), 한국사법행정학회(2014), 412(양명조).
8 대법원 1972. 5. 30. 선고 72다369 판결.

에 즉시 출자를 이행하여야 하는 것은 아니다. 즉, 합자회사의 설립 시에 정관 소정의 출자가 이루어져야 한다는 것은 회사성립의 요건이 아니며, 회사가 설립등기를 마쳤다하여 사원의 출자의무의 이행기가 도래하는 것도 아니다. 출자의무의 이행의 시기 및 정도는 정관이나 총사원의 동의로 자유로이 정할 수 있고, 그러한 정함이 없는 경우에는 회사로부터의 청구에 의하여 출자의무의 이행기가 도래한다. 회사의 출자의무의 이행청구는 보통의 업무집행에 해당한다. 따라서 업무집행의 방법과 절차에 따라 청구를 하면 충분하다.

출자의무가 구체화된 후 이를 이행하지 않으면 채무불이행의 일반원칙에 따라 책임을 진다. 특히 금전출자의 경우에는 연체이자를 지급하는 외에 손해를 배상하여야 한다(상법 제269조, 제195조, 민법 제705조). 채권의 출자를 목적으로 한 사원은 그 채권이 변제기에 변제되지 아니한 때에는 그 채권액을 변제할 책임을 지고, 이 경우 이자를 지급하는 외에 이로 인하여 생긴 손해를 배상하여야 한다(상법 제269조, 제196조). 또한 출자의무의 불이행은 제명사유가 된다(제269조, 제220조 제1항 제1호).

출자는 직접 회사에 대하여 이행하여야 하지만 유한책임사원이 회사채권자에 대하여 출자가액의 한도 내에서 직접 변제를 한 경우에는 그만큼 출자의무를 면하게 된다(상법 제279조 제1항). 유한책임사원의 출자의무는 그가 회사에 대하여 갖는 채권과의 상계에 의한 이행도 가능하다.[9]

4. 출자가액의 변경

유한책임사원의 출자가액을 추후에 감액하는 것은 정관변경절차를 거치는 한 가능하다.[10] 상법 제280조는 유한책임사원의 출자가액 감소가 허용되는 것을 전제로 하고 있다고 보인다. 다만 이로써 회사채권자에게 대항하기 위해서는 반드시 변경등기를 하여야 하고, 변경등기 전에 생긴 회사채무에 대하여는 등기 후 2년 내에는 책임을 면하지 못한다(상법 제280조).

9 최기원, 신회사법론(제14판), 박영사(2012), 1059.
10 권기범, 현대회사법론(제7판), 삼영사(2017), 355.

제 273 조 [업무집행의 권리의무]

무한책임사원은 정관에 다른 규정이 없는 때에는 각자가 회사의 업무를 집행할 권리와 의무가 있다.

[관련조문] 상법 제195조, 제200조 제2항, 제201조 제1항, 제202조, 제205조, 제269조, 제278조, 민법 제706조 제2항, 제3항, 제710조.

[참고문헌] 최기원, 신회사법론(제14판), 박영사(2012); 권기범, 현대회사법론(제7판), 삼영사(2017); 김홍기, 상법강의(제4판), 박영사(2019); 정동윤, 상법(상)(제6판), 법문사(2012); 이철송, 회사법강의(제26판), 박영사(2018); 정찬형, 상법강의(상)(제22판), 박영사(2019); 최기원, 신회사법론(제14판), 박영사(2012); 김정호, 회사법(제5판), 법문사(2019); 임재연, 회사법 Ⅱ(개정6판), 박영사(2019); 장덕조, 회사법(제4판), 법문사(2019); 박상근, "합명회사의 업무집행", 법학 제48권 제1호, 서울대학교 법학연구소(2007).

Ⅰ. 의의 및 입법취지

업무집행은 회사의 목적 달성을 위하여 행해지는 모든 활동으로서 법률행위와 사실행위를 포함한다.[1] 제273조는 합자회사에 있어서 업무집행의 권리의무가 누구에게 귀속하는가를 정하고 있다. 합자회사의 업무집행은 원칙적으로 무한책임사원만이 할 수 있다. 반면 유한책임사원은 업무집행이나 대표행위를 할 수 없다(상법 제278조). 이는 유한책임사원이 회사에 대하여 노무가 아닌 자본적 참여만 하기 때문이며,[2] 회사의 채무에 대하여 무한책임을 부담하는 자가 회사의 업무를 집행해야 하는 것은 기관 구성의 당연한 원리이다. 만일 유한책임사원에게 업무집행을 하도록 허용하면 회사의 업무는 유한책임사원이 집행하고 그에 대한 책임은 무한책임사원이 지는 것이므로 조직구성의 원리에도 부합하지 않으며 각종 법적, 도덕적 문제를 야기할 우려도 있다.[3]

1 박상근, "합명회사의 업무집행", 법학 제48권 제1호, 서울대학교 법학연구소(2007), 206-207.
2 권기범, 현대회사법론(제7판), 삼영사(2017), 358.
3 김홍기, 상법강의(제4판), 박영사(2019), 840.

Ⅱ. 업무집행기관

1. 무한책임사원

가. 각 무한책임사원의 업무집행

합자회사의 경우 정관에 다른 규정이 없는 한 각 무한책임사원이 업무집행기관이 된다(상법 제273조). 업무집행은 무한책임사원의 권리일 뿐만 아니라 의무이기도 하다.

나. 업무집행사원을 정한 경우

무한책임사원이 2인 이상인 경우에 정관으로 1인 또는 수인의 특정한 무한책임사원을 업무집행사원으로 정할 수 있다(상법 제269조, 제201조 제1항). 정관으로 업무집행사원을 정하는 방법은 제한이 없다. 합자회사의 모든 업무집행을 담당하는 업무집행사원이 있을 수도 있고, 특정 업무만 담당하는 업무집행사원이 있을 수도 있다. 업무집행사원이 정해지면 그들만이 업무집행권한이 있고 다른 무한책임사원들의 업무집행권한은 정관에 의해 배제된 것이다. 따라서 업무집행사원이 아닌 다른 무한책임사원들은 업무집행의 권리의무를 가지지 않는 반면 감시권을 갖는다(상법 제269조, 제195조, 민법 제710조).

2. 유한책임사원

합자회사의 정관규정 또는 총사원의 동의에 의하여 유한책임사원에게 업무집행권한을 부여할 수 있는지에 관하여 견해가 대립한다. 이는 상법 제278조를 강행규정으로 볼 것인지 여부와 관련이 있으므로 해당 부분에서 후술한다.

Ⅲ. 업무집행의 방법

합자회사의 업무집행방법에 관하여 상법은 지배인의 선임, 해임에 관한 상법 제274조의 규정만을 두고 있을 뿐 일반규정이 없다. 따라서 합자회사의 업무집행방법에 관하여도 합명회사의 규정이 그대로 준용되는바, 제269조, 제195조에 의하여 준용되는 민법의 조합에 관한 규정에 따라야 한다. 업무집행의 의사결정은 정관에 정함이 있는 경우에는 그에 따르고, 정관에 아무런 정함이 없는 때에는 원칙적으로 무한책임사원 과반수의 결의로 결정하고, 별도로 업무집행사원을 정한 경우에는 그 사원의 과반수로 결정한다(상법 제269조, 제195조, 민법 제706조 제2항). 공동업무집행사원을 정한 때에는 공동업무집행사원 전원의 동의로 결정한다(상법 제269조, 제202조).

회사의 통상사무(일상거래)에 속하는 업무집행은 각 무한책임사원이 단독으로 할 수 있다(상법 제269조, 제195조, 민법 제706조 제3항). 그러나 그 의사결정의 실행행위 완료 전에 다른 무한책임사원의 이의가 있는 때에는 곧 행위를 중지하고 무한책임사원 과반수의 결의에 의하여야 한다(상법 제269조, 제200조 제2항).

Ⅳ. 업무집행권한의 상실

1. 권한상실선고 청구권자

합자회사의 경우도 합명회사와 마찬가지로 업무집행사원이 업무를 집행함에 있어 현저하게 부적임하거나 중대한 의무에 위반한 행위가 있는 때에는 법원은 사원의 청구에 의하여 업무집행권한상실을 선고할 수 있다(상법 제269조, 제205조).

무한책임사원뿐만 아니라 유한책임사원도 각자 업무집행사원에 대한 권한상실선고를 청구할 수 있고, 그 지분의 규모는 상관이 없다.[4] 위 상법 규정상 법원에 업무집행권한의 상실선고를 청구할 수 있는 자를 '사원'으로 정하고 있을 뿐 달리 유한책임사원이 위 권한을 행사하는데 제한을 가하는 규정을 두고 있지 않을 뿐만 아니라 회사의 업무와 재산상태에 관하여 감독권을 가지고 있는 유한책임사원에게 업무집행사원이 업무를 집행함에 있어 현저하게 부적임하거나 중대한 의무에 위반한 행위가 있는 때에는 그 업무집행사원의 권한상실선고청구권을 부여하는 것은 당연하다. 대법원도 "상법 제269조, 제205조 제1항 규정의 문언과 취지 등에 비추어 볼 때, 합자회사의 무한책임사원뿐만 아니라 유한책임사원도 각자 업무집행사원에 대한 권한상실선고를 청구할 수 있다고 해석하는 것이 타당하다."라고 판시하였다.[5]

2. 무한책임사원이 1인뿐인 경우에도 권한상실선고가 가능한지 여부

가. 학설의 대립

1) 긍정설

부적임한 업무집행사원을 단지 그가 유일한 무한책임사원이라는 점만을 이유

4 서울고등법원 1974. 1. 24. 선고 72나1588 판결.
5 대법원 2012. 12. 13. 선고 2010다82189 판결.

로 방치하는 것보다는 차라리 회사를 해산시키거나 다른 사원을 가입시켜 계속하게 하는 편이 더 바람직하다.[6]

2) 부정설

무한책임사원만이 회사 대표권을 가지므로, 무한책임사원이 1명뿐인 경우에는 업무집행권한의 상실이 동시에 대표권의 상실도 초래하게 되어 합자회사에 대표사원이 없는 상태가 되므로 이때에는 업무집행사원의 권한상실선고는 허용될 수 없다.[7]

나. 판례의 태도

대법원은 "업무집행사원의 권한상실선고제도는 합자회사에 있어 무한책임사원이 2인이상 있는 경우를 전제로 한 것"이라고 판시하여 부정설의 입장이다. 즉, 합자회사의 무한책임사원이 1명뿐이었던 사안에서 "상법 제269조에서 준용하는 같은 법 제205조가 규정하고 있는 합자회사에 있어서의 업무집행사원의 권한상실선고제도는 현저하게 부적임하거나 중대한 의무위반행위가 있는 업무집행사원의 권한을 박탈함으로써 그 회사의 운영에 있어 장애사유를 제거하자는데 목적이 있고 결코 그 회사를 파탄 내지는 해산상태로 몰아가자는 데에 그 목적이 있는 것은 아니라 할 것이다. 이 사건에서 원심이 확정한 바에 의하면 합자회사 ○○상사는 원고들과 피고의 처 소외인 등 3인이 유한책임사원을 구성하고 무한책임사원은 오직 피고 한 사람 뿐이라는 것이므로 이와 같이 무한책임사원이 피고 한사람뿐인 경우 피고에게 권한상실이 선고된다면 위 회사는 업무집행사원이 없는 상태에 들어가게 되고 무한책임사원의 업무집행권의 박탈은 당연히 그 대표권의 박탈까지를 수반하게 되는 것이므로 이 회사는 대표사원도 없는 상태에 도달하여 회사의 운영을 기할 수 없는 지경에 이르게 되고 이는 권한상실선고제도를 규정한 취지에 어긋나는 결과가 된다 할 것이다."라고 판시하였다.[8]

6 권기범, 현대회사법론(제7판), 삼영사(2017), 359; 정동윤, 상법(상)(제6판), 법문사(2012), 912.

7 이철송, 회사법강의(제26판), 박영사(2018), 188; 정찬형, 상법강의(상)(제22판), 박영사(2019), 606; 최기원, 신회사법론(제14판), 박영사(2012), 1061; 김정호, 회사법(제5판), 법문사(2019), 935; 임재연, 회사법 Ⅱ(개정6판), 박영사(2019), 931; 장덕조, 회사법(제4판), 법문사(2019), 624.

8 대법원 1977. 4. 26. 선고 75다1341판결.

제 274 조 [지배인의 선임, 해임]

지배인의 선임과 해임은 업무집행사원이 있는 경우에도 무한책임사원 과반수의 결의에 의하여야 한다.

[관련조문] 상법 제11조 제1항, 제13조, 제203조.

[참고문헌] 김건식 외 2인, 회사법(제3판), 박영사(2018); 주석 상법, 회사편(1)(제5판), 한국사법행정학회(2014); 竹内昭夫 編, 新版 注釋會社法(1), 有悲閣(1985).

Ⅰ. 의의 및 입법취지

원래 회사에서 지배인의 선임과 해임은 영업에 관한 행위로서 회사의 업무집행의 일부이다. 그러나 지배인은 회사의 영업 전반에 걸쳐서 재판상 또는 재판외의 모든 행위를 대리할 수 있는 포괄적이고 정형적인 대리권을 가지고 있으므로, 누가 지배인이 되는지는 회사경영에 중대한 영향을 미칠 수 있다(상법 제11조 제1항). 이러한 지배인의 회사 내 역할의 중요성을 고려하여 제274조에서는 합명회사와 마찬가지로 업무집행사원이 있는 경우에도 무한책임사원 과반수의 결의로 지배인을 임면하도록 하여 보다 엄격한 절차에 따라 그 선임과 해임이 이루어지도록 한 것이다. 지배인의 선임 및 해임, 공동지배인은 등기사항이다(제13조).

Ⅱ. 본조의 예외

다만 지배인의 선임 및 해임을 무한책임사원의 과반수로 결정하도록 한 원칙은 회사의 내부관계에 관한 것이다. 따라서 합명회사의 경우(상법 제203조)와 마찬가지로 정관으로 제274조와 달리 정할 수 있다.[1]

Ⅲ. 본조 위반의 효과

회사의 대표권을 가진 자가 상법 제274조에서 정한 절차에 위반하여 지배인을 선임 또는 해임한 경우에도 지배인의 선임·해임의 결의는 회사의 의사결정에

1 다만 합명회사의 경우와는 달리 제274조는 법문상 그 취지가 분명히 드러나 있지는 않다. 김건식 외 2인, 회사법(제3판), 박영사(2018), 930.

관한 내부관계에 있어서의 제한에 불과하므로, 행위자의 책임을 묻는 것은 별론으로 하고, 그 지배인의 선임 내지 해임행위 자체는 유효하다고 본다.[2]

Ⅳ. 지배인의 선임·해임과 유한책임사원

유한책임사원에게도 정관의 규정에 따라 업무집행권을 부여할 수 있다는 것이 다수설 및 판례의 태도이나(☞ 상세한 견해의 대립은 상법 제278조 주석 참조), 지배인의 선임과 해임은 업무집행사원이 있는 경우라도 무한책임사원의 과반수의 결의로 하여야 하므로 설령 유한책임사원이 업무집행권을 가진다 하더라도 지배인의 선임·해임의 결의에는 관여할 수 없다.[3]

2 주석 상법, 회사편(1)(제5판), 한국사법행정학회(2014), 416(양명조).
3 竹内昭夫 編, 新版 注釋會社法(1), 有斐閣(1985), 625.

제 275 조 [유한책임사원의 경업의 자유]

유한책임사원은 다른 사원의 동의없이 자기 또는 제삼자의 계산으로 회사의 영업부류에 속하는 거래를 할 수 있고 동종영업을 목적으로 하는 다른 회사의 무한책임사원 또는 이사가 될 수 있다.

[관련조문] 상법 제195조, 제198조 제1항, 제269조, 제274조, 제277조, 제278조, 민법 제710조.

[참고문헌] 권기범, 현대회사법론(제7판), 삼영사(2017); 김건식 외 2인, 회사법(제3판), 박영사(2018); 김정호, 회사법(제5판), 법문사(2019); 김홍기, 상법강의(제4판), 박영사(2019); 송옥렬, 상법강의(제9판), 홍문사(2019); 이범찬 외 3인, 회사법(제2판), 삼영사(2018); 이철송, 회사법강의(제26판), 박영사(2018); 임재연, 회사법Ⅱ(개정6판), 박영사(2019); 장덕조, 회사법(제4판), 법문사(2019); 정경영, 상법학강의(개정판), 박영사(2009); 정동윤, 상법(상)(제6판), 법문사(2012); 정찬형, 상법강의(상)(제22판), 박영사(2019); 주석 상법, 회사편(1)(제5판), 한국사법행정학회(2014); 최기원, 신회사법론(제14판), 박영사(2012); 최준선, 회사법(제13판), 삼영사(2018).

Ⅰ. 의의 및 입법취지

합자회사의 무한책임사원은 합명회사의 사원과 같이 경업 및 겸직금지의무를 부담하여 다른 모든 사원의 동의가 없으면 자기 또는 제3자의 계산으로 회사의 영업부류에 속하는 거래를 하지 못하며 동종영업을 목적으로 하는 다른 회사의 무한책임사원 또는 이사가 될 수 없다(상법 제269조, 제198조 제1항). 합자회사의 무한책임사원은 원칙적으로 회사의 업무집행을 담당하고 비록 업무집행권을 배제당한 경우에도 회사업무 중 중요한 사항의 결정에는 관여하게 되며(제274조 등) 업무집행에 대하여 제한 없는 감시권을 가진다(상법 제269조, 제195조, 민법 제710조). 이와 같이 무한책임사원은 회사의 경영에 관한 정보에 쉽게 접할 수 있는 지위에 있으므로, 이를 기화로 자기 또는 제3자의 이익을 도모하고 회사에 손해를 입힐 수가 있다. 이를 염려하여 상법은 합명회사의 사원에 대한 경업금지규정을 합자회사에도 준용하고 있다.

반면 무한책임사원과는 달리 유한책임사원은 회사에 대하여 단순히 자본참가만 하는 것이며 그 책임도 출자의 가액을 한도로 하는 유한책임만을 부담한다. 유한책임사원은 원칙적으로 회사의 업무집행에 관여하지 않으며(상법 제278조) 그 감시권도 제한되어 있다(제277조).[1] 이처럼 유한책임사원은 회사의 경영에 관한 정보를 취득할 가능성이 낮아 유한책임사원에게 회사와 경쟁하는 행위를 허용하여도 이익충돌의 여지가 적다고 할 수 있다. 그럼에도 만일 유한책임사원에게도 경업 및 겸직금지의무를 부과한다면 자본참가자에 불과한 유한책임사원과 주주의 지위를 비교할 때 균형을 잃은 것이 될 수 있다. 이에 제275조에서는 합자회사의 유한책임사원의 경업 및 겸직을 허용하고 있는바, 합자회사의 유한책임사원은 다른 사원의 동의 없이 자기 또는 제3자의 계산으로 회사의 영업부류에 속하는 거래를 할 수 있고, 동종영업을 목적으로 하는 다른 회사의 무한책임사원 또는 이사가 될 수 있다.

Ⅱ. 유한책임사원의 경업 및 겸직의 자유에 대한 예외

제275조의 규정은 임의규정이므로 정관으로 유한책임사원에게 경업금지의무를 부과하는 것은 가능하다.

또한 제275조는 유한책임사원에게 업무집행권이 없는 보통의 경우를 예정한 것이므로 정관 또는 총사원의 동의로 유한책임사원에게 업무집행권을 부여한 경우에는 그 유한책임사원에게도 경업 및 겸직금지의무를 인정해야 할 것이다.[2]

Ⅲ. 유한책임사원의 자기거래

합자회사의 무한책임사원은 합명회사의 사원과 마찬가지로 다른 모든 사원의 과반수의 결의가 있는 때에 한하여 자기 또는 제3자의 계산으로 회사와 거래를 할 수 있다(상법 제269조, 제199조). 한편, 유한책임사원의 경우에도 상법 제269조, 제199조가 적용되어 회사와의 자기거래가 제한되는지에 대하여는 견해가 대립한다.

1. 적용부정설(자기거래가 허용된다는 견해)[3]

자기거래제한의 규정은 업무집행권을 전제로 하므로 유한책임사원에게는 적

1 입법론으로는 유한책임사원에게도 감시권이 있으므로 업무집행권이 없는 무한책임사원의 경우와 동일하게 경업금지의무를 인정하여야 한다는 견해가 있다. 정찬형, 상법강의(상)(제22판), 박영사(2019), 607.

2 김건식 외 2인, 회사법(제3판), 박영사(2018), 931; 권기범, 현대회사법론(제7판), 삼영사(2017), 354; 임재연, 회사법Ⅱ(개정6판), 박영사(2019), 932; 김홍기, 상법강의(제4판), 박영사(2019), 842; 최기원, 신회사법론(제14판), 박영사(2012), 1062; 김정호, 회사법(제5판), 법문사(2019), 935.

3 정찬형, 상법강의(상)(제22판), 박영사(2019), 607-608(유한책임사원과 마찬가지로 업무집행권이 없는 무한책임사원에게도 자기거래 제한이 적용되지 않는다는 견해); 송옥렬, 상법강의(제9판), 홍문사(2019), 1304; 장덕조, 회사법(제4판), 법문사(2019), 625; 임재연, 회사법Ⅱ(개정6판), 박영사(2019), 933(정관에 의하여 업무집행권을 부여받은 유한책임사원은 자기거래금지의무가 적용된다는 견해); 정경영, 상법학강의(개정판), 박영사(2009), 736.

용되지 않는다. 유한책임사원에 대하여 경업의 자유는 인정하면서도 자기거래제한의 규제를 해제하지 않은 것은 입법상의 과오이다.[4] 유한책임사원은 회사의 영업에 관한 기밀에 접할 기회가 적으므로 회사의 이익을 침해하고 사리를 도모할 가능성이 낮다. 또한, 합명회사 사원의 경업금지규정과 자기거래 제한규정을 비교하여 보더라도 전자의 경우는 다른 사원(전원의) 동의를 허용요건으로 하고 있는 반면 후자의 경우는 다른 사원 과반수의 결의를 허용요건으로 함으로써 경업을 훨씬 엄격하게 통제하고 있음을 알 수 있는바, 보다 엄격한 통제를 받는 경업행위를 유한책임사원에 대하여 전면 허용하고 있는 본조와의 균형을 생각할 때 유한책임사원의 자기거래는 전면 허용되는 것으로 해석하는 것이 타당하다.[5]

2. 적용긍정설(자기거래가 제한된다는 견해)[6]

상법에 유한책임사원의 자기거래에 관한 규정이 별도로 존재하지 않으므로 유한책임사원의 자기거래에 대하여도 상법 제296조, 제199조가 적용된다. 따라서 유한책임사원도 회사와 자기거래를 하기 위해서는 다른 사원의 과반수의 결의가 필요하다. 경업의 자유를 인정하는 것은 유한책임사원이 업무집행에 참여하지 않는 한 회사 외의 제3자와 다를 바 없으므로 굳이 제한의 필요성이 없는 것이지만 자기거래는 무한책임사원 또는 유한책임사원을 구별할 필요없이 직접 회사의 손해를 초래할 수 있으므로 그 제한이 필요한 것인바, 경업의 자유와 자기거래의 자유를 반드시 동일하게 취급할 필요가 없고, 자기거래에 관한 규정을 별도로 두지 않은 것을 입법상의 과오라고 볼 수 없다.[7]

4 정동윤, 상법(상)(제6판), 법문사(2012), 911.

5 주석 상법, 회사편(1)(제5판), 한국사법행정학회(2014), 418-419(양명조).

6 이철송, 회사법강의(제26판), 박영사(2018), 189; 이범찬 외 3인, 회사법(제2판), 삼영사(2018), 625; 김정호, 회사법(제5판), 법문사(2019), 935; 김홍기, 상법강의(제4판), 박영사(2019), 842; 최준선, 회사법(제13판), 삼영사(2018), 869; 김건식 외 2인, 회사법(제3판), 박영사(2018), 931(유한책임사원은 업무집행을 담당하지 않아 회사와 거래하는 경우에도 이익충돌이 발생할 여지는 별로 없으므로 입법론상으로는 유한책임사원이 회사와 거래하는 것은 자기거래로 규제하지 않아도 무방할 것이라는 견해); 권기범, 현대회사법론(제7판), 삼영사(2017), 355.

7 최기원, 신회사법론(제14판), 박영사(2012), 1062-1063(자기거래는 업무집행권 유무와 관계없이 위험한 거래이므로 제한되어야 하므로, 정관에 의하여 업무집행권이 박탈된 무한책임사원도 자기거래가 제한된다는 견해).

제 276 조 [유한책임사원의 지분양도]

유한책임사원은 무한책임사원 전원의 동의가 있으면 그 지분의 전부 또는 일부를 타인에게 양도할 수 있다. 지분의 양도에 따라 정관을 변경하여야 할 경우에도 같다.

[관련조문] 상법 제179조 제3호, 제183조, 제197조, 제204조, 제223조~제224조, 제225조 제2항, 제269조, 제270조~제271조, 민법 제349조 제1항, 제346조.

[참고문헌] 김건식 외 2인, 회사법(제3판), 박영사(2018); 서돈각/김태주, 주석 개정 회사법(상), 육법사(1984); 이철송, 회사법강의(제26판), 박영사(2018); 임재연, 회사법 Ⅱ(개정6판), 박영사(2019); 정경영, 상법학강의(개정판), 박영사(2009); 정찬형, 상법강의(상)(제22판), 박영사(2019); 주석 상법, 회사편(1)(제5판), 한국사법행정학회(2014); 박상근, 인적회사지분의 법률관계, 민사판례연구, 박영사(2002); 양기진, "합자회사에 관한 몇 가지 법적 쟁점 및 개선방향", 민사재판의 제문제 24권, 한국사법행정학회(2016); 한애라, "사모투자전문유한회사의 유한책임사원 지분에 대한 질권 설정의 대항요건", 대법원판례해설 제103호(2015년 상), 법원도서관(2015); 竹內昭夫 編, 新版 注釋會社法(1), 有斐閣(1985); 松本烝治, 日本會社法論, 巖松堂(1929); 田中誠二, 會社法詳論 下卷, 經草書房(1994).

Ⅰ. 의의 및 입법취지

상법 제276조는 합자회사 유한책임사원의 지분의 양도에 관한 요건을 정한다. 지분의 특정승계를 하는 경우 상법은 합자회사 사원간 관계를 고려하여 양도합의 외에 다른 요건을 부가한다. 즉, 무한책임사원의 경우는 합명회사 사원의 지분양도에 관한 규정이 준용되므로, 유한책임사원을 포함한 합자회사 사원 전원의 동의가 필요하다(상법 제269조, 제197조). 무한책임사원의 변동은 대외적인 책임관계나 회사의 업무집행의 변동을 의미하므로 유한책임사원의 이해관계에도 영향을 주게 되는바, 무한책임사원의 개성은 유한책임사원에게도 중요한 의미를 갖기 때문이다. 반면 유한책임사원은 회사에 자본적으로 기여하는데 불과하고 그 개성이 중요하지 않다. 즉, 유한책임사원이 지분을 양도하는 것은 그 투자자금을 회수하는 것에 불과하여 유한책임사원 상호간에는 이해관계가 없기 때문에 상법은 유한책임사원의 지분양도에 대하여는 예외적으로 요건을 완화하여 무한책임사원 전원의 동의만을 요하도록 규정하고 있다.

유한책임사원이 그 지분을 다른 유한책임사원에게 양도한 경우에는 사원의 변동이 없겠으나 제3자에게 양도한 경우에는 사원의 변동을 초래한다. 이처럼 사원이 변동되는 경우에는 정관변경절차를 밟아야 하는데(상법 제270조, 제179조 제3호), 원래 정관변경은 유한책임사원을 포함한 총사원의 동의를 요한다(제269조, 제204조). 그러나 이는 절차의 낭비에 불과하므로 본조 후문에서는 무한책임사원의 전원의 동의만으로 정관변경이 가능하도록 규정하고 있다.

Ⅱ. 유한책임사원 지분의 양도

1. 지분양도의 의의

합자회사 사원의 지분에는 두 가지 의미가 있다. 하나는 사원권, 즉 사원이 사원의 자격에서 회사에 대하여 가지는 각종의 권리의무의 기초가 되는 사원의 지위를 의미한다.[1] 다른 하나는 지분의 경제적 측면으로서 회사의 순자산에 대한 각 사원의 몫을 뜻하는바, 구체적으로는 회사가 해산할 때 또는 개별 사원이 퇴사할 때 그 사원이 환급을 받거나 지급하여야 할 계산상의 금액을 의미한다. 본조에서 무한책임사원 전원의 동의를 받아 할 수 있게 한 유한책임사원의 지분의 양도는 전자의 의미이다. 후자의 의미로서의 지분의 양도는 그 지분이 플러스로 남아있는 경우에 채권양도가 된다.[2]

2. 지분양도의 요건

합자회사의 유한책임사원이 그 지분의 전부 또는 일부를 양도하기 위해서는 '무한책임사원 전원'의 동의가 필요하다. 반면 유한책임사원의 동의는 필요없다. 무한책임사원 전원의 동의는 유한책임사원의 지분양도의 효력요건이며 그 동의를 얻지 않는 한 지분의 양도는 무효이다. 여기서 지분양도가 무효라는 의미는 물권적인 권리이전으로서 무효라는 것이고 양도당사자간의 채권적인 효력은 인정된다.[3] 지분양도가 사원의 변동을 초래하여 정관변경 절차가 필요한 경우에도 정관변경은 지분양도의 효력요건이 아니다. 유한책임사원의 지분양도의 요건인 무한

1 박상근, 인적회사지분의 법률관계, 민사판례연구, 박영사(2002), 603.
2 주석 상법, 회사편(1)(제5판), 한국사법행정학회(2014), 420(양명조).
3 주석 상법, 회사편(1)(제5판), 한국사법행정학회(2014), 420(양명조).

책임사원 전원의 동의는 원칙적으로 사전 동의일 것이나, 사후 동의도 무방하다고 본다.[4]

제276조의 규정은 합자회사의 내부관계를 규율하는 규정이므로 임의규정이다.[5] 따라서 정관으로 제276조의 규정과 달리 정하는 것이 허용된다. 이와 관련하여 정관으로 총사원의 동의를 요하도록 요건을 강화할 수 있다는 견해도 있고,[6] 무한책임사원 중 제한된 수의 동의를 받으면 되는 것으로 하거나 무한책임사원의 동의를 전혀 요하지 않도록 완화할 수도 있다는 견해도 있다.[7] 대법원은 합자회사 정관에서 유한책임사원의 요건으로 무한책임사원회의의 의결이나 대표자의 승낙을 얻도록 정한 사안에서, 해당 "유한책임사원이 한 지분양도가 합자회사의 정관에서 규정하고 있는 요건을 갖추지 못한 경우에는 그 지분양도는 무효"라고 판시하였다.[8] 즉, 제276조의 규정은 정관으로 달리 정하는 것이 허용되면서도 이를 위반한 지분양도의 효력은 인정되지 않으므로 임의규정이면서 효력규정을 정하는 성격을 가지고 있다고 할 것이다.[9]

3. 지분양도의 효과

가. 유한책임사원 상호간 지분을 양도하는 경우

유한책임사원 상호간에 지분양도가 있게 되면 전부양도의 경우 양도인은 사원의 지위를 잃게 되고 양수인의 지분은 수량적으로 증가한다. 일부양도만 있었다면 양도인, 양수인 각각의 지분이 수량적으로 감소, 증가하게 된다.

나. 유한책임사원이 제3자에게 지분을 양도하는 경우

유한책임사원이 그 지분의 전부를 기존의 사원이 아닌 제3자에게 양도하면 양도인은 사원의 지위를 잃고 양수인이 새로 사원의 지위를 취득한다. 지분의 일

4 竹内昭夫 編, 新版 注釋會社法(1), 有斐閣(1985), 632.

5 주석 상법, 회사편(1)(제5판), 한국사법행정학회(2014), 421(양명조); 임재연, 회사법 Ⅱ(개정6판), 박영사(2019), 933. 합명회사에서 지분의 양도를 규정한 상법 제197조는 임의규정이 아니므로 정관으로 완화할 수 없다는 견해로는 이철송, 회사법강의(25판), 박영사(2017), 163.

6 대법원 1989. 11. 28. 선고 88다카33626 판결; 임재연, 회사법 Ⅱ(개정6판), 박영사(2019), 933.

7 竹内昭夫 編, 新版 注釋會社法(1), 有斐閣(1985), 632. 합명회사에서 지분의 양도를 규정한 상법 제197조는 강행법규가 아니므로 정관으로 동의요건을 다른 사원 과반수까지 완화할 수 있다는 견해로는 권기범, 현대회사법론(제6판), 삼영사(2015), 302-303.

8 대법원 2010. 9. 30. 선고 2010다21337 판결.

9 양기진, "합자회사에 관한 몇 가지 법적 쟁점 및 개선방향", 민사재판의 제문제 24권, 한국사법행정학회(2016), 312.

부를 양도한 경우에도 양수인이 새로 사원의 지위를 취득하되, 양도인도 유한책임사원으로 남아있게 된다.

다. 유한책임사원이 무한책임사원에게 지분을 양도하는 경우

무한책임사원이 유한책임사원으로부터 지분을 양수한 경우에는 무한책임사원으로서 양수받은 만큼 지분의 증가가 있을 뿐이다. 유한책임사원으로부터 지분을 양수한 무한책임사원이 무한책임사원과 유한책임사원의 지위를 겸병한다고 해보았자 아무런 의미가 없기 때문이다.

라. 무한책임사원이 유한책임사원에게 지분을 양도하는 경우

유한책임사원이 무한책임사원의 지분을 양수한 경우에 대하여는 견해가 대립한다. 양수인이 무한책임사원이 된다고 보는 견해도 있으나,[10] 사원의 종류에는 변경이 없고 유한책임사원으로서의 지위를 유지하면서 그 지분이 증가될 뿐이라고 보는 견해가 유력하다.[11] 후자의 견해는 무한책임사원이 유한책임사원의 지분을 양수한 경우와의 균형 및 그와 같이 해석하더라도 지분을 전부 양도한 무한책임사원은 퇴사원의 책임을 부담하게 되므로(상법 제269조, 제225조 제2항) 회사채권자의 이익을 해하지 않는다는 점을 논거로 들고 있다.

4. 변경등기

유한책임사원의 지분양도로 등기사항에 변경이 있게 되는바 변경등기절차를 밟아야 한다(상법 제269조, 제183조, 제271조). 사원의 변경과 관련하여 양수인은 양도인에게 변경등기를 청구할 수 있는 것이 아니고 회사에 대하여 변경등기를 청구하여야 한다.

Ⅲ. 유한책임사원 지분의 양도와 정관변경

유한책임사원의 지분양도로 사원의 변동을 초래하는 경우에는 정관변경 절차를 거쳐야 한다. 합자회사의 정관변경은 원래 유한책임사원을 포함한 총사원의 동의를 요한다(상법 제269조, 제204조). 그러나 제276조 후문은 유한책임사원의 지분양도 시에는 무한책임사원 전원의 동의만으로 정관변경의 효력이 생기는 것으

10 大隅健一郎, (全訂)會社法論 上卷, 有斐閣(1964), 120[서돈각/김태주, 주석 개정 회사법(상), 육법사(1984)에서 재인용].

11 서돈각/김태주, 주석 개정 회사법(상), 육법사(1984), 324-325; 김건식 외 2인, 회사법(제3판), 박영사(2018), 933.

로 규정하였는바, 유한책임사원의 지분양도의 효력요건에 맞추어 정관변경의 요건을 입법으로 완화하고 있는 것이다.

Ⅳ. 유한책임사원 지분의 압류·입질

1. 유한책임사원 지분의 압류

유한책임사원 지분에 대하여 압류가 가능하다(상법 제269조, 제223조, 제224조).

2. 유한책임사원 지분의 입질

유한책임사원의 지분의 입질에 관하여 상법에는 아무런 규정을 두고 있지 않으나, 유한책임사원의 지분도 재산적 가치가 있는 권리이므로 이에 대하여 질권설정이 가능하다고 본다.[12] 한편, 유한책임사원의 지분에 대한 질권을 설정하는 방법 및 대항요건의 요부에 대하여는 견해가 대립한다.

가. 학설의 대립

다수의 견해는 민법에서 권리질의 설정은 권리의 양도방법에 따르도록 하므로(민법 제346조), 유한책임사원은 자신의 지분에 관하여 질권자와 질권 설정계약을 체결하고 질권 설정에 대하여 무한책임사원 전원의 동의를 얻으면 이로써 질권 설정의 효력이 발생하고(상법 제276조), 제3자에 대한 대항요건은 별도로 요구되지 않는다고 본다.[13] 일본의 경우도 우리나라와 마찬가지로 지분회사 지분의 질권 설정에 관하여 별도의 규정이 없는데, 학설은 명문의 규정이 없는 이상 권리질에 관한 일본 민법 제366조에 따라 유한책임사원 지분의 권리양도방법에 의하여 무한책임사원 전원의 승낙을 받으면 되고, 그 승낙을 얻으면 회사 기타 제3자에게 대항할 수 있다고 보고 있다.[14]

12 김건식 외 2인, 회사법(제3판), 박영사(2018), 932; 정경영, 상법학강의(개정판), 박영사(2009), 736-737, 이철송, 회사법강의(제26판), 박영사(2018), 190; 임재연, 회사법 Ⅱ(개정6판), 박영사(2019), 934; 정찬형, 상법강의(상)(제22판), 박영사(2019), 608.

13 임재연, 회사법 Ⅱ(개정6판), 박영사(2019) 934; 김건식 외 2인, 회사법(제3판), 박영사(2018), 932. 주석 상법, 회사편(1)(제5판), 한국사법행정학회(2014), 422(양명조)(유한책임사원의 지분에 대한 질권은 권리질에 해당하므로 대항요건의 문제는 민법 제349조를 유추하여 무한책임사원 전원의 동의를 받아야 회사 또는 제3자에게 대항할 수 있다고 새기면 될 것이라는 견해).

14 松本烝治, 日本會社法論, 巖松堂(1929), 516; 田中誠二, 會社法詳論 下卷, 經草書房(1994), 121-122.

이에 대하여 상법 제276조가 정하는 무한책임사원의 동의는 유한책임사원의 지분의 양도방법이 아니고 양도의 제한이라고 보아야 하므로 이를 질권의 설정방법으로 원용하는 것은 타당하지 않다고 주장하며, 주권발행전 주식의 경우 지명채권양도의 일반원칙에 따라 당사자간의 의사표시에 의해 양도할 수 있고, 통지·승낙을 대항요건으로 보고 있는바, 주식과 지분은 사원권이라는 점에서 본질을 같이 하므로 유한책임사원의 지분의 입질도 당사자의 의사표시에 의해 가능하고 대항요건으로서 회사에 대한 통지 또는 회사의 승낙을 요한다고 보는 견해가 있다.[15]

나. 판례의 태도

대법원은 구 간접투자자산 운용업법(2007. 8. 3. 법률 제8635호로 제정되어 2009. 2. 4.부터 시행된 자본시장과 금융투자업에 관한 법률 부칙 제2조에 의해 폐지되기 전의 것, 이하 '간접투자법'이라 한다)에 의해 설립된 사모투자전문회사의 유한책임사원의 지분의 입질이 문제된 사안에서 "사모투자전문회사의 유한책임사원 지분에 대한 질권 설정에 관하여 간접투자법, 상법 등 관련 법률에 달리 규정이 없는 이상 이에 대하여 질권을 설정하기 위하여는 권리질권의 설정에 관한 민법 제346조에 기하여 그 지분 양도에 관한 방법에 의하여야 하고, 그 지분 양도에 관하여는 간접투자법 제144조의14 제3항이 규정하고 있으므로, 이에 따라 사모투자전문회사의 유한책임사원이 자신의 지분에 관하여 그 질권자와 질권 설정계약을 체결하고 위 질권 설정에 대하여 무한책임사원 전원의 동의를 얻으면 이로써 질권 설정의 효력이 발생한다. 그런데 사모투자전문회사의 유한책임사원 지분에 대한 질권 설정 시 제3자에 대한 대항요건에 관하여는 위와 같이 관련 법률에 별도의 규정이 없고, 이와 유사한 성질을 가지는 합자회사의 유한책임사원 지분권, 합명회사 사원 지분권, 조합원 지위 양도에 관하여 제3자에 대한 대항요건을 요구하는 규정도 존재하지 아니하며, 사모투자전문회사의 유한책임사원 지분권은 인적 회사의 사원권으로서 지명채권과는 성질을 달리하는 이상 지명채권에 대한 질권 설정의 대항요건에 관한 민법 제349조 제1항이 유추 적용될 수도 없으므로, 그 질권자로서는 사모투자전문회사의 유한책임사원과 질권 설정계약을 체결하고 이에 대하여 무한책임사원 전원의 동의를 얻어 질권 설정의 효력이 발생하였다면, 이에 더하

15 이철송, 회사법강의(제26판), 박영사(2018), 190.

여 별도로 그 질권으로써 제3자에 대하여 대항하기 위하여 추가적인 대항요건을 갖출 필요는 없다"라고 판시하였다.[16]

16 대법원 2015. 4. 23. 선고 2014다218863 판결. 위 사모투자전문회사에는 합자회사에 관한 규정이 적용되었으므로(간접투자법 제144조의2 제4항) 위 판례는 합자회사의 유한책임사원의 지분의 입질에 관한 일반론을 설시한 것으로 볼 수 있다. 이철송, 회사법강의(제26판), 박영사(2018), 190.
사모투자전문회사 유한책임사원 지분에 대한 질권 설정 시 민법 제349조를 유추적용할 것인지에 관한 상세한 논의는 한애라, 사모투자전문유한회사의 유한책임사원 지분에 대한 질권 설정의 대항요건, 대법원 판례해설 제103호(2015년 상), 법원도서관(2015), 125-138 참조.
위 판례에 대하여 합자회사 유한책임사원의 지분양도 시 별도의 대항요건이 필요하고, 명문의 규정이 없으므로 주권발행전 주식양도에 준하여 지명채권 양도방법에 따라 대항요건을 구비하도록 해야 한다는 견해가 있다. 양기진, "합자회사에 관한 몇 가지 법적 쟁점 및 개선방향", 민사재판의 제문제 24권, 한국사법행정학회(2016), 312-315.

제 277 조 [유한책임사원의 감시권]

① 유한책임사원은 영업년도말에 있어서 영업시간 내에 한하여 회사의 회계장부·대차대조표 기타의 서류를 열람할 수 있고 회사의 업무와 재산상태를 검사할 수 있다. <개정 1984.4.10>

② 중요한 사유가 있는 때에는 유한책임사원은 언제든지 법원의 허가를 얻어 제1항의 열람과 검사를 할 수 있다. <개정 1984.4.10>

[관련조문] 상법 제195조, 제200조 제2항, 제269조, 제278조, 제466조 제1항, 제467조 제1항, 민법 제710조, 비송사건절차법 제80조~제81조.

[참고문헌] 서돈각/김태주, 주석 개정 회사법(상), 육법사(1984); 이철송, 회사법강의(제26판), 박영사(2018); 정경영, 상법학강의(개정판), 박영사(2009); 정찬형, 상법강의(상)(제22판), 박영사(2019); 최기원, 신회사법론(제14판), 박영사(2012); 최기원, 신회사법론(제14판), 박영사(2012); 竹内昭夫 編, 新版 注釋會社法(1), 有斐閣(1985).

Ⅰ. 의의 및 입법취지

상법 제277조는 합자회사의 유한책임사원의 감시권에 관하여 규정한다. 합자회사의 유한책임사원은 원칙적으로 회사의 업무집행에서 배제된다(제278조). 그러나 유한책임사원도 회사의 업무집행과 회계처리의 적정한 수행에 대하여 중대한 이해관계를 갖기 때문에 무한책임사원의 전횡으로부터 스스로의 이익을 지키기 위하여 회사의 업무 및 재산상황에 대하여 감시권을 행사할 수 있다.[1]

무한책임사원도 정관의 규정에 의하여 업무집행권이 없는 경우에는 감시권이 있으며(상법 제269조, 제195조, 민법 제710조), 유한책임사원이라도 정관 등의 규정에 의하여 업무집행권이 있는 경우(긍정설의 입장에서)에는 제277조의 감시권이 없다.[2]

1 유한책임사원이라도 정관 등의 규정에 의하여 업무집행권이 있으면 감시권이 없다. 정찬형, 상법강의(상)(제22판), 박영사(2019), 607.

2 정찬형, 상법강의(상)(제22판), 박영사(2019), 607.

Ⅱ. 감시권의 내용

1. 일반감시권

상법 제277조 제1항은 유한책임사원의 감시권에 대하여 다소간의 제한을 가하고 있다. 즉, 유한책임사원은 원칙적으로 시기적으로 영업년도 말에, 시간적으로 영업시간 내에 한하여 감시권을 행사할 수 있을 뿐이다. 이는 회사영업의 방해 또는 기밀의 누설 등의 폐해 내지 남용을 방지하기 위한 것이다. 이러한 유한책임사원의 감시권은 아무런 제약이 없는 업무집행권이 없는 무한책임사원이 갖는 감시권(상법 제269조, 제195조, 민법 제710조)과 비교된다.

유한책임사원은 감시권에 근거하여 회사의 회계장부·대차대조표 기타의 서류의 열람을 청구할 수 있고 또 회사의 업무와 재산상태를 조사할 수 있다. 유한책임사원은 감시권에 근거하여 대차대조표에 변조가 이루어질 염려가 있는 경우 법원에 회사의 장부를 집행관의 보관에 맡기도록 하는 가처분을 신청할 수도 있다.[3] 그러나 유한책임사원의 감시권은 업무집행권이 없는 무한책임사원이 갖는 이의권(상법 제269조, 제200조 제2항)과 비교하면 그 감독권의 범위가 좁다. 유한책임사원은 이미 수행된 업무집행의 결과를 사후적으로 검사하는데 그치고 이의권의 경우처럼 사전적으로 방지하기는 어렵기 때문이다.[4]

유한책임사원은 각자 독립하여 감시권을 행사할 수 있다. 이는 주식회사에 있어서 주주의 회계장부 및 서류의 열람등사청구권(상법 제466조 제1항)과 회사의 업무 및 재산상태의 검사권(제467조 제1항)을 단독주주가 행사할 수 없고 발행주식 총수의 100분의 3 이상에 해당하는 주식을 가진 주주가 행사할 수 있는 것과 비교된다.

2. 특별감시권

상법 제277조 제2항은 중요한 사유가 있는 경우에는 제277조 제1항의 제한을 완화하여 법원의 허가를 받아 시기적·시간적 제한없이 감시권을 행할 수 있도록 하고 있다. 중요한 사유란 회사의 업무에 상당한 부담이 될 것임에도 불구하고 시

3 竹內昭夫 編, 新版 注釋會社法(1), 有斐閣(1985), 627-628.

4 입법론으로 유한책임사원에게도 이의권을 인정하여야 한다는 견해도 있다. 최기원, 신회사법론(제14판), 박영사(2012), 1062.

기적 제한이 없이 열람·검색을 인정해야할 상황이 생겼음을 뜻한다.[5] 구체적으로는 회사의 업무집행에 관하여 무한책임사원의 부정행위나 법령 또는 정관의 중대한 위반을 의심할 만한 사유(상법 제467조 제1항의 사유 참조)가 있음을 의미한다고 볼 수 있다.[6]

상법 제277조 제2항에 따른 유한책임사원의 감시권은 법원의 허가를 얻어 행사하여야 한다. 법원에 제277조 제2항에 따른 검사의 허가를 신청하는 경우에는 서면으로 하여야 하고, 검사를 필요로 하는 사유를 소명하여야 한다(비송사건절차법 제80조). 이러한 신청에 대하여 법원은 이유를 붙인 결정으로 재판을 하여야 하며, 신청을 인용한 재판에 대하여는 불복의 신청을 할 수 없다(비송사건절차법 제81조).

Ⅲ. 정관에 의한 본조의 적용제한

상법 제277조 제1항의 일반감시권에 관하여 그 내용을 정관의 규정으로 확장할 수 있다는 데에는 이론이 없으나,[7] 이를 제한하거나 박탈할 수 있는가에 관하여는 견해의 대립이 있다. 유한책임사원의 감시권은 회사의 내부관계에 해당하므로 정관으로 제한할 수 있다는 견해가 있는 반면,[8] 유한책임사원의 감시권은 무한책임사원의 감독권과 같이 자익권인 동시에 공익권의 성질을 가지며, 회사의 이익과 기업유지라는 공익에 관계가 있는 권리이므로 정관의 규정으로 이를 제한하거나 박탈할 수 없다는 견해도 있다.[9]

상법 제277조 제2항의 특별감시권은 유한책임사원을 위한 최소한도의 보호규정으로 정관으로 배제하거나 제한할 수 없다는데 이론이 없다.[10]

5 이철송, 회사법강의(제26판), 박영사(2018), 189.
6 竹內昭夫 編, 新版 注釋會社法(1), 有斐閣(1985), 628.
7 서돈각/김태주, 주석 개정 회사법(상), 육법사(1984), 325.
8 정경영, 상법학강의(개정판), 박영사(2009), 735-736; 최기원, 신회사법론(제14판), 박영사(2012), 1061.
9 서돈각/김태주, 주석 개정 회사법(상), 육법사(1984), 325.
10 서돈각/김태주, 주석 개정 회사법(상), 육법사(1984), 326; 정경영, 상법학강의(개정판), 박영사(2009), 736.

제 278 조 [유한책임사원의 업무집행, 회사대표의 금지]

유한책임사원은 회사의 업무집행이나 대표행위를 하지 못한다.

[참고문헌] 권기범, 현대회사법론(제7판), 삼영사(2017); 김건식 외 2인, 회사법(제3판), 박영사(2018); 김정호, 회사법(제5판), 법문사(2019); 김홍기, 상법강의(제4판), 박영사(2019); 송옥렬, 상법강의(제9판), 홍문사(2019); 이기수/최병규, 회사법(제10판), 박영사(2015); 이범찬 외 3인, 회사법(제2판), 삼영사(2018); 이철송, 회사법강의(제26판), 박영사(2018); 임재연, 회사법Ⅱ(개정6판), 박영사(2019); 장덕조, 회사법(제4판), 법문사(2019); 정찬형, 상법강의(상)(제22판), 박영사(2019); 주석 상법, 회사편(1)(제5판), 한국사법행정학회(2014); 최기원, 신회사법론(제14판), 박영사(2012); 최준선, 회사법(제13판), 삼영사(2018).

Ⅰ. 의의 및 입법취지

합자회사에서 각 무한책임사원은 원칙적으로 업무집행과 회사대표의 권한을 가지고 회사채권자에 대하여 연대, 무한의 책임을 부담하는 반면, 유한책임사원은 회사채권자에게 출자 가액을 한도로 연대책임을 부담한다. 이와 같이 유한책임사원은 회사에 대하여 노무가 아닌 자본적 참여만을 하고,[1] 그 책임도 가볍기 때문에 본조에서는 유한책임사원의 업무집행과 회사대표권을 배제시킨 것이다.

Ⅱ. 유한책임사원의 업무집행권

1. 유한책임사원에게 업무집행권을 부여할 수 있는지 여부

상법 제278조에서 명시적으로 유한책임사원의 업무집행권을 부정하고 있으나, 합자회사의 정관규정 또는 총사원의 동의에 의하여 유한책임사원에게 업무집행권을 부여할 수 있는지에 관하여 견해가 대립한다.

1 권기범, 현대회사법론(제7판), 삼영사(2017), 358.

가. 학설의 대립

1) 긍정설[2]

업무집행은 합자회사의 내부관계에 관한 문제이고, 내부관계에 관한 상법규정은 임의법규로서 보충적인 성격을 가진다. 따라서 정관규정 또는 총사원의 동의로 유한책임사원에게 업무집행권을 부여할 수 있다. 유한책임사원도 합자회사의 사원이므로 업무집행권을 부여하더라도 자기기관(自己機關)의 원칙에 반하는 것이 아니다. 또한, 합자회사에서 무한책임사원이 사업의 위험을 주로 부담하기는 하지만 유한책임사원도 출자의 한도에서는 사업의 위험에 노출되어 있으므로 유한책임사원을 합명회사에서 사원이 아닌 제3자와 같다고 보는 것은 무리가 있다. 독일의 통설과 판례도 긍정설을 취하고 있다.[3]

다만 긍정설을 취하는 학자들도 회사대표권은 대외관계에 관한 사항이므로 정관규정이나 총사원의 동의로도 유한책임사원에게 대표권을 부여할 수는 없다는 입장이다.

2) 부정설[4]

합명회사에서는 정관의 규정이나 총사원의 동의로도 사원 아닌 제3자에게 업무집행권을 부여할 수 없다는 것이 정설인데, 같은 업무집행에 관한 규정을 하나는 강행규정으로 보고 다른 하나는 임의규정으로 보는 것은 모순이다. 긍정설은 유한책임사원에게 업무집행권을 부여할 수 있다고 보면서도 대표권은 부여할 수 없다고 보는데, 업무집행과 대표는 원래 표리의 관계에 있으므로 이를 분리하여 귀속시키는 것은 타당하지 않다. 유한책임사원을 업무집행과 회사대표에서 배제하려는 상법 규정은 기능자본가와 지분자본가의 결합체라는 합자회사의 본질에 충실하고, 또 회사재산의 보전과 나아가서는 회사채권자의 보호란 측면에서 볼 때 '유한책임'사원에게 회사의 관리를 맡기는 것은 적절하지 못하다는 취지를 담

2 송옥렬, 상법강의(제9판), 홍문사(2019), 1304; 김홍기, 상법강의(제4판), 박영사(2019), 840-841; 권기범, 현대회사법론(제7판), 삼영사(2017), 358; 정찬형, 상법강의(상)(제22판), 박영사(2019), 606; 이기수/최병규, 회사법(제10판), 박영사(2015), 852; 임재연, 회사법Ⅱ(개정6판), 박영사(2019), 931; 김건식 외 2인, 회사법(제3판), 박영사(2018), 929-930; 장덕조, 회사법(제4판), 법문사(2019), 624; 김정호, 회사법(제5판), 법문사(2019), 934; 최기원, 신회사법론(제14판), 박영사(2012), 1060-1061; 이범찬 외 3인, 회사법(제2판), 삼영사(2018), 624-625.

3 권기범, 현대회사법론(제7판), 삼영사(2017), 358.

4 이철송, 회사법강의(제26판), 박영사(2018), 187-188; 최준선, 회사법(제13판), 삼영사(2018), 869.

고 있으므로 상법 제278조는 강행규정으로 보아야 한다.

나. 판례의 태도

유한책임사원에게 정관규정 또는 총사원의 동의로 업무집행권을 부여할 수 있는지에 관하여 직접적으로 다룬 판례는 없으나, 대법원 1977. 4. 26. 선고 75다1341 판결에서 방론으로 "유한책임사원의 업무집행이나 대표행위를 인정하지 않고 있는 상법 제278조에 불구하고 정관 또는 내부규정으로서 유한책임사원에게 업무집행권을 부여할 수는 있는 것이라고 하더라도 유한책임사원에게 대표권까지를 부여할 수는 없는 것이다(대법원 1966. 1. 25. 선고 65다2128 판결 참조)."라고 설시한 바 있다.

2. 무한책임사원의 업무집행권을 박탈하고 유한책임사원에게만 업무집행권을 인정할 수 있는지 여부

유한책임사원에게 업무집행권을 부여할 수 있다는 입장을 취하더라도, 정관의 규정 등에 의하여 무한책임사원 전원의 업무집행권을 박탈하고 유한책임사원에게만 업무집행권을 인정할 수 있는지 문제된다. 아래에서 보는 바와 같이 제278조에 따라 무한책임사원만이 대표권을 가지고 유한책임사원은 대표권을 가질 수 없는바, 업무집행권이 없이 대표권만 가지는 경우는 업무집행과 대표의 상호 관련성에 비추어 극히 부자연스러우므로 무한책임사원 전원의 업무집행권을 배제하는 것은 적당하지 않다고 해석된다.[5]

Ⅲ. 유한책임사원의 회사대표권

1. 유한책임사원에게 회사대표권을 부여할 수 있는지 여부

합자회사 유한책임사원의 회사대표를 금지하고 있는 제278조의 규정은 회사의 외부관계를 규율하는 규정이므로 강행규정이다. 따라서 총사원의 동의나 정관의 규정으로도 유한책임사원에게 회사대표권을 부여할 수 없다는데 이론이 없다. 무한책임사원 중 대표사원으로 선임되었던 자가 유한책임사원으로 지위를 변경하게 되면 그 대표권을 상실한다.[6]

5 주석 상법, 회사편(1)(제5판), 한국사법행정학회(2014), 426(양명조); 권기범, 현대회사법론(제7판), 삼영사(2017), 359; 이범찬 외 3인, 회사법(제2판), 삼영사(2018), 625.

6 주석 상법, 회사편(1)(제5판), 한국사법행정학회(2014), 427(양명조).

대법원도 "상법 제278조에 의하면 합자회사에 있어서 유한책임사원은 회사의 업무집행이나 대표 행위를 하지 못한다고 규정하고 있고 같은 법 제273조에 의하면 무한책임사원은 정관에 다른 규정이 없는 때에는 각자가 회사의 업무를 집행할 권리와 의무가 있다고 규정하는 바이므로, 합자회사에 있어서는 정관 또는 총사원의 동의로써 회사 대표자로 될 수 있는 자는 무한책임사원에 한 할 것이고 유한책임사원은 설사 정관 또는 총사원의 동의로써 회사 대표자로 지정되어 그와 같은 등기까지 경유되었다 하더라도 회사 대표권을 가질 수 없을 것이다."라고 판시하여 같은 입장이다.[7] 또한 대법원은 "합자회사의 대표사원은 유한책임사원은 될 수 없고, 무한책임사원만이 된다고 함은 소론과 같으나 소외 1은 위와 같이 그가 원고회사의 대표사원의 등기를 할 때에는 유한책임사원의 신분으로 그 등기를 한 흠이 있어도, 그 후 그 유한책임 사원을 무한책임사원으로 변경등기를 한 이상 그는 이 변경등기를 한 때에 그 대표사원 자격의 흠결은 소멸되고, 그 등기의 효력이 발생하였다 할 것이므로 위 각 등기가 난후에 본건 부동산을 처분한 그에게는 소론과 같이 그 대표권에 흠결이 있었다고 할 수 없다"고 판시하였다.[8]

한편, 제278조에 의하여 유한책임사원에게 부여하지 못하는 것은 대표기관의 지위이므로, 유한책임사원에 대하여 개별적·일시적으로 대리권을 수여하는 것은 가능하다. 이러한 개별 대리권의 범위에 특별한 제한은 없으므로, 유한책임사원도 지배인 또는 부분적·포괄적 대리권이 있는 사용인이나 개별적인 행위의 대리인은 될 수 있다.[9]

2. 유한책임사원이 한 대표행위의 효력

유한책임사원이 상법 제278조의 규정에 위반하여 회사를 대표한 행위는 강행법규위반으로 무효이다. 이 경우 무권대리 내지 무권대표의 법리가 적용된다.[10]

7 대법원 1966. 1. 25. 선고 65다2128 판결.
8 대법원 1972. 5. 9. 선고 72다8 판결.
9 권기범, 현대회사법론(제7판), 삼영사(2017), 360; 최기원, 신회사법론(제14판), 박영사(2012), 1064.
10 김건식 외 2인, 회사법(제3판), 박영사(2018), 933.

제 279 조 [유한책임사원의 책임]

① 유한책임사원은 그 출자가액에서 이미 이행한 부분을 공제한 가액을 한도로 하여 회사채무를 변제할 책임이 있다.

② 회사에 이익이 없음에도 불구하고 배당을 받은 금액은 변제책임을 정함에 있어서 이를 가산한다.

[관련조문] 상법 제179조 제4호, 제180조 제2호, 제196조, 제212조, 제269조, 상법 제280조.

[참고문헌] 김건식 외 2인, 회사법(제3판), 박영사(2018); 김정호, 회사법(제5판), 법문사(2019); 서돈각/김태주, 주석 회사법(상), 육법사(1984); 임재연, 회사법 Ⅱ(개정6판), 박영사(2019); 주석 상법, 회사편(1)(제5판), 한국사법행정학회(2014); 최기원, 신회사법론(제14판), 박영사(2012); 홍복기/박세화, 회사법강의(제7판), 법문사(2018); 竹内昭夫 編, 新版 注釋會社法(1), 有悲閣(1985).

Ⅰ. 의의 및 입법취지

유한책임사원도 무한책임사원과 같이 회사채권자에 대하여 직접·연대책임을 진다(상법 제269조, 제212조). 유한책임사원은 간접책임을 지는 주주와 달리 직접책임을 지므로 회사채권자는 유한책임사원을 직접 피고로 하여 그 출자가액을 한도로 회사채무의 이행을 주장할 수 있다.[1] 합자회사의 유한책임사원이 회사채권자에 대하여 직접책임을 지는 것은 합자회사 역시 합명회사와 마찬가지로 개인기업적, 조합적 실질을 가진다는 점에서 그 타당성의 근거를 찾는 것이 일반적이다.[2] 유한책임사원의 책임도 무한책임사원의 책임과 마찬가지로 보충성을 가지므로 회사재산으로써 회사의 채무를 완제할 수 없거나 회사재산에 대한 강제집행이 주효하지 않을 것을 조건으로 한다(제269조, 제212조). 연대책임을 진다는 의미는 유한책임사원 상호간의 연대일 뿐 아니라 유한책임사원과 무한책임사원간에도 연대하여 책임을 진다는 것이다.[3]

1 김정호, 회사법(제5판), 법문사(2019), 937.
2 竹内昭夫 編, 新版 注釋會社法(1), 有悲閣(1985), 639.
3 서돈각/김태주, 주석 회사법(상), 육법사(1984), 328. 참고로 무한책임사원의 책임과 공통되는 유한책임사원의 책임의 특징으로 직접책임만을 언급하는 학자들도 있다. 홍복기/박세화, 회사법강의(제7판), 법문사(2018); 최기원, 신회사법론(제14판), 박영사(2012), 1065.

다만 상법 제279조에서 규정하는 바와 같이 유한책임사원은 출자가액을 한도로 책임을 진다는 점이 무한책임사원과 다르다.[4] 이론상은 내부관계인 유한책임사원의 회사에 대한 출자의무와 외부관계에 속하는 회사채권자에 대한 책임은 전혀 별개의 것으로서 유한책임사원의 책임의 한도가 출자의 가액에 따라 결정되어야 할 필연성은 없다.[5] 그러나 유한책임사원의 회사업무와 관련된 위험부담을 출자액으로 한정시켜 합자회사에의 자본적 기여에 인센티브를 부여한다는 취지에서 본조에서는 출자의 가액을 책임의 한도로 정한 것이다.[6] 정관에 의하여 유한책임사원의 책임을 출자가액을 초과하여 정하는 것은 허용되나, 그에 미달하여 정하는 것은 회사채권자보호를 위하여 허용되지 않는다고 해석된다.[7]

Ⅱ. 유한책임사원의 책임의 한도

1. 출자의무와 책임과의 관련성

유한책임사원이 출자의무의 전부 또는 일부를 회사에 대하여 이행한 경우에는 그 범위에서 회사채권자에 대한 책임을 면한다. 또한 유한책임사원이 출자가액의 전부 또는 일부에 상당하는 금액을 회사채권자에게 변제한 경우에는 그만큼 회사에 대한 출자의무가 감소된다. 반면 유한책임사원이 출자의 환급을 받은 때에는 환급받은 금액만큼 이미 이행한 출자가액에서 공제하게 된다.

유한책임사원의 출자가액은 불변의 것은 아니며 정관변경을 통하여 감액시킬 수 있다. 출자감소로 유한책임사원의 책임한도가 낮아지면 회사채권자의 이익을 침해하게 되므로 상법 제280조에서는 그러한 경우에 회사채권자의 보호를 위한 규정을 두고 있다.

2. 이익없이 지급받은 배당금의 가산

상법 제279조 제2항에서는 합자회사의 유한책임사원이 회사에 이익이 없음에도 불구하고 배당을 받은 경우 그 금액은 변제책임을 정함에 있어서 이를 가산

4 한편, 자본시장과 금융투자업에 관한 법률상 투자합자회사의 유한책임사원은 상법 제279조에 불구하고 투자합자회사의 채무에 대하여 출자를 이행한 금액을 한도로 하여 책임이 진다(자본시장과 금융투자업에 관한 법률 제217조 제3항).

5 김건식 외 2인, 회사법(제3판), 박영사(2018), 934.

6 주석 상법, 회사편(1)(제5판), 한국사법행정학회(2014), 428(양명조).

7 임재연, 회사법 Ⅱ(개정6판), 박영사(2019), 936.

한다고 규정한다. 합자회사의 경우에는 주식회사와는 달리 이익배당이 엄격하게 통제되지 아니한다. 이익 없이 배당이 이루어지더라도 사원 개개인이 회사의 채무에 대하여 직접, 연대책임을 부담하므로 회사채권자에게 커다란 위협이 되지 않는다고 보기 때문이다. 이익이 없음에도 불구하고 이익배당을 받았다면 그것은 사실상 출자를 환급받은 것과 같으므로 책임한도액의 계산에 있어서 그 금액만큼 가산하는 것은 당연하다. 이러한 조치에 의하여 회사와 유한책임사원이 통모하여 일단 출자의 이행을 한 후, 이익배당의 명목으로 출자의 환급을 받음으로써 책임을 면하는 식으로 회사채권자를 해하는 것을 방지할 수 있다.[8]

가령, 1,000만 원의 출자의무가 있는 유한책임사원이 회사에 대하여 600만 원의 출자를 이행했다면 회사채권자에 대하여는 나머지 400만 원에 대해서만 책임을 진다. 그런데 그 유한책임사원이 회사에 이익이 없음에도 불구하고 300만 원의 배당을 받았다면 이를 기존의 책임한도액 400만 원에 합산하여 700만 원을 한도로 회사채권자에게 책임을 진다.

3. 현물출자의 경우

금전 이외의 재산을 출자의 목적으로 하는 현물출자의 경우 상법 제279조의 규정을 해석하는데 논란이 있을 수 있다. 현물출자의 경우 제279조 제1항의 '출자가액'은 정관에 기재되고 등기된 '재산출자의 가격'(제269조, 제179조 제4호, 제180조 제2호)과 같이 새기는 것이 합리적이므로, 가령, 부동산 출자의 경우 이를 약속한 유한책임사원이 그 부동산을 회사에 인도하고 이전등기를 완료한 후에도 부동산의 시가 정관에 기재되고 등기가 된 가격에 미달하는 것이 증명되면 그 유한책임사원은 그 차액만큼을 회사채권자에 대하여 책임을 져야 한다고 해석하는 견해가 있다.[9] 위 견해는 이와 같이 해석함으로써 재산의 과대평가로 인한 회사채권자의 손해를 방지할 수 있다고 한다. 그러나 유한책임사원이 이미 회사에 대하여 출자의무 이행을 완료한 이상 그 재산의 가치가 하락하였다고 하여 추가로 출자의무를 부담한다고 보기는 어렵다 할 것인데, 그 경우 차액만큼 회사채권자에 대하여 책임을 부담한다는 것은 타당하지 않다고 생각된다.

유한책임사원이 채권을 출자의 목적으로 한 경우, 그 채무자가 변제기에 이

8 주석 상법, 회사편(1)(제5판), 한국사법행정학회(2014), 428-429(양명조).

9 竹內昭夫 編, 新版 注釋會社法(1), 有斐閣(1985), 641; 주석 상법, 회사편(1)(제5판), 한국사법행정학회(2014), 429(양명조).

행을 하지 아니하면, 그 사원이 회사에 대하여 채권액을 변제할 책임을 지는바(상법 제269조, 제196조), 채권출자가 이행되지 않은 부분에 대하여 회사채권자에게 직접 책임을 부담한다.

4. 입증책임

회사채권자가 유한책임사원에게 직접 변제를 청구하기 위해서는 회사재산으로 채무를 완제할 수 없거나 회사재산에 대한 강제집행이 주효하지 않았다는 점(상법 제269조, 제212조)과 아울러 청구액이 출자가액의 범위 내에 있음을 증명해야 한다. 이에 대하여 유한책임사원은 이미 출자의무를 전부 이행하였거나 다른 채권자에게 자기의 책임한도액까지 변제하였음을 입증하여 책임을 면할 수 있다.

Ⅲ. 유한책임의 부인

상법 제279조에서는 유한책임사원이 출자의 가액을 초과하여 회사채권자에게 책임을 부담하지 아니함을 정하고 있지만 유한책임사원으로부터 이러한 유한책임의 이익을 박탈해야 할 경우가 있을 수 있다. 예를 들어 재산이나 수입이 없는 자를 무한책임사원으로 하고 유한책임사원은 회사의 사업내용이나 규모에 비하여 현저히 적은 출자만을 한 경우 또는 유한책임사원이 회사 내부에 실질적 경영권을 장악하고 있는 경우 등에는 회사사업으로 인한 위험을 회사채권자에게 일방적으로 전가시키는 것이 되어 부당하므로, 이러한 경우에는 주식회사에 있어서의 법인격부인의 법리를 차용하여 유한책임사원의 유한책임의 이익을 박탈하여야 한다는 견해도 있다.[10]

10 竹內昭夫 編, 新版 注釋會社法(1), 有斐閣(1985), 642.

제 280 조 [출자감소의 경우의 책임]

유한책임사원은 그 출자를 감소한 후에도 본점소재지에서 등기를 하기 전에 생긴 회사채무에 대하여는 등기후 2년내에는 전조의 책임을 면하지 못한다.

[관련조문] 상법 제180조, 제183조, 제269조, 제271조.

[참고문헌] 김건식 외 2인, 회사법(제3판), 박영사(2018); 주석 상법, 회사편(1)(제5판), 한국사법행정학회(2014).

Ⅰ. 의의 및 입법취지

상법 제280조는 출자를 감소한 유한책임사원의 책임에 관하여 규정하고 있다. 여기서 말하는 '출자의 감소'란 정관에 규정된 개별사원의 출자가액을 감소시키는 것을 가리키며 이는 출자의무의 일부 면제 또는 이미 이행한 출자의 반환의 형태로 실행된다.[1] 이는 회사 사원의 출자총액을 감소시키는 자본의 감소와는 구별되는 개념이다.

합자회사는 합명회사와 마찬가지로 주식회사 자본금과 같은 제도가 없어서 각 사원의 재산출자는 자유롭게 감소할 수 있다.[2] 이에 출자감소로 인한 회사채권자의 피해를 방지하는 한편, 출자를 감소한 유한책임사원의 책임범위를 명확하게 해주기 위해 제280조가 마련되었다. 무한책임사원은 출자가액을 불문하고 회사채무에 대하여 무한책임을 부담하므로 출자의 감소가 있더라도 회사채권자 보호를 위해 특별한 조치가 필요하지 않다. 반면에 유한책임사원은 각자의 출자가액을 한도로 회사채권자에 대하여 책임을 부담하므로 유한책임사원의 출자가 감소되면 회사채권자에게 피해를 줄 수 있다. 이에 제280조에서는 내부관계에 속하는 출자감소 그 자체는 규제하지 않는 대신 회사채권자에 대한 외부관계에서는 출자감소의 등기가 되기 전에 생긴 회사채무에 대하여 유한책임사원에게 감소 전의 책임을 유지시키고 있는 것이다. 다만 이러한 책임을 무한정 유지시키는 것은 당해 유한책임사원을 과도하게 구속하는 것이고 출자감소의 실익을 반감시키므로 바람직

1 김건식 외 2인, 회사법(제3판), 박영사(2018), 934.

2 다만 출자는 정관의 절대적 기재사항이므로 출자의 감소는 정관변경의 절차를 밟아야 할 것이다(상법 제270조, 제179조 제4호).

하지 않다. 이에 상법은 출자감소의 변경등기를 기준으로 2년에 한하여 출자감소 전의 책임을 부담시킴으로서 사원과 채권자의 이익의 조화를 꾀하고 있다.[3]

Ⅱ. 출자감소의 등기의 효과

유한책임사원의 출자를 감소하는 정관변경이 이루어진 경우에도 회사의 본점 소재지에서 그 등기(상법 제271조, 제180조, 제269조, 제183조)를 하기 전에 생긴 회사채무에 대하여 유한책임사원은 출자감소 전의 자기의 출자가액까지의 책임을 면할 수 없다. 출자감소의 변경등기 전에 회사에 대하여 채권을 가지게 된 채권자가 출자감소의 사실에 대하여 악의인지 여부는 무관하게 제280조는 등기만을 표준으로 하여 유한책임사원의 책임을 정하고 있다.[4]

유한책임사원의 출자감소의 등기 전에 생긴 회사채무에 대하여 그 등기 전의 출자가액을 한도로 하여 부담하는 책임은 출자감소의 등기 후 2년의 경과로 소멸한다. 따라서 출자감소의 등기 전에 채권을 갖게 된 회사채권자는 상법상 명문의 규정은 없으나 그 등기 후 2년 이내에 회사에 대하여가 아니라 당해 유한책임사원에 대하여 청구 기타 채권을 행사하여야 한다.[5]

출자감소의 등기가 있은 후에 발생한 회사채무에 대하여 당해 유한책임사원은 출자감소 후의 가액을 한도로 책임을 진다. 회사채권자가 출자감소의 사실을 몰랐다 하더라도 마찬가지이다.

3 김건식 외 2인, 회사법(제3판), 박영사(2018), 934.

4 주석 상법, 회사편(1)(제5판), 한국사법행정학회(2014), 431-432(양명조).

5 제280조와 같은 내용을 정하고 있는 일본 회사법 제583조 제4항에 의하면, 출자감소의 등기 후 2년 내에 채권자로부터 청구 또는 청구의 예고를 받지 않을 경우에만 그러한 등기 후 2년이 경과한 시점부터 당해 유한책임사원은 감소한 출자가액을 한도로만 책임을 지는 것으로 되어 있다.

제 281 조 [자칭 무한책임사원의 책임]

① 유한책임사원이 타인에게 자기를 무한책임사원이라고 오인시키는 행위를 한 때에는 오인으로 인하여 회사와 거래를 한 자에 대하여 무한책임사원과 동일한 책임이 있다.

② 전항의 규정은 유한책임사원이 그 책임의 한도를 오인시키는 행위를 한 경우에 준용한다.

[관련조문] 상법 제215조, 제269조, 민법 제425조.

[참고문헌] 김건식 외 2인, 회사법(제3판), 박영사(2018); 서돈각/김태주, 주석 회사법(상), 육법사(1984);주석 상법, 회사편(1)(제5판), 한국사법행정학회(2014); 竹內昭夫 編, 新版 注釋會社法(1), 有斐閣(1985).

Ⅰ. 의의 및 입법취지

상법 제281조는 유한책임사원이 그 책임에 관하여 타인에게 오인시킨 경우 그 유한책임사원에게 타인이 오인한 대로의 책임을 지우고 있는바, 이는 외관주의에 입각한 표현책임이다.[1] 제281조 제1항은 자칭 무한책임사원의 책임에 관한 규정이고, 제2항은 유한책임사원이 책임의 한도를 실제의 한도보다 과장한 경우를 규율하는 규정이다.

Ⅱ. 자칭 무한책임사원의 책임

합자회사의 유한책임사원이 타인에게 자기를 무한책임사원이라고 오인시키는 행위를 한 때에는 그 사원은 그것을 믿고 회사와 거래한 자에 대하여 무한책임사원과 동일한 책임을 부담한다. 제281조는 사원이 아닌 자가 자기를 합자회사의 무한책임사원이라고 오인시키는 행위를 한 경우와는 구별된다.[2] 그 경우에는 상법 제269조, 제215조에 의하여 그 행위자는 회사와 거래한 자에 대하여 무한책임사원과 동일한 책임을 지게 된다.

자칭 무한책임사원으로서의 책임이 인정되기 위해서는 ①유한책임사원이 자

1 이철송, 회사법강의(제26판), 박영사(2018), 192.

2 竹內昭夫 編, 新版 注釋會社法(1), 有斐閣(1985), 646.

기를 무한책임사원이라고 오인시키는 행위(자칭행위)를 해야 하고, ②타인이 오인으로 인하여 회사와 거래를 하여야 한다. 먼저 ①요건 관련하여, 자칭행위에는 법률행위(가령, 무한책임사원인 것 같이 가장하여 회사의 명의로 제3자와 계약을 체결한 경우)가 있을 수 있고 사실행위(가령, 합자회사의 무한책임사원이라고 진술한 경우)도 있을 수 있다. 그 행위는 객관적으로 타인이 무한책임사원이라고 오인할 개연성이 있어야 한다. 그러나 그 오인을 유발한데 대하여 유한책임사원의 과실여부는 불문한다.[3] 자칭행위가 있었는가에 대한 판단은 사실관계에 따라 구체적으로 판단할 수밖에 없는데 유한책임사원이 지배인 또는 상업사용인이라는 것을 표시하지 않고 회사를 대표한 경우, 유한책임사원이 회사의 업무를 집행한 경우 등이 자칭행위의 예라고 할 수 있다.[4] 다음으로 ②요건과 관련하여, 오인과 거래 사이에 인과관계가 있어야 한다. 이는 유한책임사원이 무한책임사원이라고 한 것이 회사와 거래하기에 이른 동기의 일부가 되면 족하다는 의미이며 엄격한 인과관계의 존재를 요구하는 것은 아니다.[5] 그 거래는 반드시 자칭무한책임사원이 회사를 대표한 경우에 한정되지 아니하고, 다른 사원이 회사를 대표하여 거래한 경우에도 상대방이 자칭무한책임사원의 무한책임을 믿고 회사와 거래한 때에는 자칭무한책임사원은 무한책임사원과 동일한 책임을 진다.[6] 회사와 거래를 한 자는 자칭무한책임사원이 사실은 무한책임사원이 아니라는 점을 몰랐어야(즉, 선의여야) 하지만, 그 선의에 대하여 과실여부는 불문한다. 따라서 회사와 거래를 하는 자가 등기를 확인하지 않고 안일하게 유한책임사원의 자칭행위를 오신하였다 하더라도 본조의 책임의 성립에 영향을 미치지 아니한다.[7]

위 ①, ② 요건이 충족되면, 자칭무한책임사원은 오인으로 인하여 회사와 거래한 자에 대하여 무한책임사원과 동일한 책임을 부담하는바, 회사와 거래한 자에 대한 회사채무에 대하여 다른 무한책임사원과 연대하여 책임을 부담한다. 자칭무한책임사원이 위 회사와 거래한 자에 대하여 회사채무를 변제한 경우에는 회사 및 다른 사원에 대하여 구상할 수 있다(민법 제425조).

3 김건식 외 2인, 회사법(제3판), 박영사(2018), 935; 竹內昭夫 編, 新版 注釋會社法(1), 有悲閣(1985), 646.
4 竹內昭夫 編, 新版 注釋會社法(1), 有悲閣(1985), 646.
5 주석 상법, 회사편(1)(제5판), 한국사법행정학회(2014), 433(양명조).
6 김건식 외 2인, 회사법(제3판), 박영사(2018), 935.
7 서돈각/김태주, 주석 회사법(상), 육법사(1984), 331-332.

Ⅲ. 책임한도의 오인

유한책임사원이 그 책임의 한도를 오인시키는 행위를 한 경우에는 그 오인된 한도까지 책임을 부담하여야 한다. '책임의 한도를 오인시키는 행위'는 당해 행위로부터 유한책임사원이 실제로 부담하고 있는 책임보다 많은 책임을 부담하는 것으로 상대방이 오해하도록 하는 것이다. 가령, 자기의 책임한도가 1억 원임에도 불구하고 거래 상대방에 대하여 10억 원인 것처럼 오인시킨 경우에 그 상대방에 대하여는 10억 원을 한도로 책임을 부담한다.[8] 한편 유한책임사원이 출자가액을 실제의 출자가액보다 적게 표시한 경우에는 그 책임의 한도가 표시된 가액으로 줄어드는 것은 아니고 실제의 출자가액대로 결정될 뿐이다.[9] 상법 제281조에 정함은 없지만 사원이 아닌 자가 자기를 유한책임사원으로 오인하게 하는 행위를 한 경우에는 유한책임사원과 동일한 책임을 부담한다고 해석된다(제269조, 제215조).

8 김건식 외 2인, 회사법(제3판), 박영사(2018), 935.
9 주석 상법, 회사편(1)(제5판), 한국사법행정학회(2014), 434(양명조).

제 282 조 [책임을 변경한 사원의 책임]

제213조의 규정은 유한책임사원이 무한책임사원으로 된 경우에, 제225조의 규정은 무한책임사원이 유한책임사원으로 된 경우에 준용한다.

[관련조문] 상법 제183조, 제204조, 제213조, 제225조, 제269조~제271조.

Ⅰ. 의의 및 입법취지

상법 제282조는 합자회사의 유한책임사원이 무한책임사원으로 또는 무한책임사원이 유한책임사원으로 변경된 경우에 책임의 조정에 관하여 규정하고 있다. 합자회사는 최소한 무한책임사원과 유한책임사원 각 1인씩만 있으면 되므로, 무한책임사원이 2인 이상 있는 경우에 그 중 1인을 유한책임사원으로 변경하거나, 유한책임사원이 2인 이상 있는 경우에 그 중 1인을 무한책임사원으로 변경하여도 합자회사를 유지할 수 있다.

상법 제270조는 합자회사 정관에는 각 사원이 무한책임사원인지 또는 유한책임사원인지를 기재하도록 규정하고 있으므로, 정관에 기재된 합자회사 사원의 책임 변경은 정관변경의 절차에 의하여야 하고, 이를 위해서는 정관에 그 의결정족수 내지 동의정족수 등에 관하여 별도로 정하고 있다는 등의 특별한 사정이 없는 한 제269조에 의하여 준용되는 제204조에 따라 총 사원의 동의가 필요하다.[1] 또한 이러한 변경사항은 등기하여야 한다(제271조, 제269조, 제183조).

Ⅱ. 유한책임사원이 무한책임사원으로 된 경우의 책임

유한책임사원이 무한책임사원으로 변경된 경우 합자회사의 신입사원에 관한 상법 제213조 규정이 준용되므로 변경 전에 생긴 회사채무에 대하여도 무한책임을 부담한다. 합자회사에서 책임을 무한으로 변경한 유한책임사원은 유한책임사원으로서의 지위를 상실하고 무한책임사원으로 남게 되는데 이는 사실상 무한책

1 대법원 2010. 9. 30. 선고 2010다21337 판결.

임사원의 입사와 같기 때문에 합명회사의 사원 입사에 관한 규정을 준용하도록 한 것이다.

Ⅲ. 무한책임사원이 유한책임사원으로 된 경우의 책임

무한책임사원이 유한책임사원으로 변경된 경우에는 합명회사의 퇴사원의 책임에 관한 상법 제225조 규정이 준용되므로 변경등기를 하기 전에 생긴 회사의 채무에 대하여 변경등기 후 2년 내에는 무한책임사원으로서의 책임을 부담한다. 합자회사에서 책임을 유한으로 변경한 무한책임사원은 무한책임사원으로서의 지위를 상실하고 유한책임사원으로 남게 되는데 이는 사실상 무한책임사원의 퇴사와 같기 때문에 합명회사의 퇴사원의 책임에 관한 규정을 준용하도록 한 것이다. 이러한 책임변경의 등기 전에 채권을 갖게 된 회사채권자는 상법상 명문의 규정은 없으나 그 등기 후 2년 이내에 회사에 대하여가 아니라 책임이 변경된 당해 사원에 대하여 청구 기타 채권을 행사하여야 한다.

제 283 조 [유한책임사원의 사망]

① 유한책임사원이 사망한 때에는 그 상속인이 그 지분을 승계하여 사원이 된다.

② 전항의 경우에 상속인이 수인인 때에는 사원의 권리를 행사할 자 1인을 정하여야 한다. 이를 정하지 아니한 때에는 회사의 통지 또는 최고는 그 중의 1인에 대하여 하면 전원에 대하여 그 효력이 있다.

[관련조문] 상법 제218조 제3호, 제269조, 제333조, 민법 제1042조.

[참고문헌] 김건식 외 2인, 회사법(제3판), 박영사(2018); 김정호, 회사법(제5판), 법문사(2019); 서돈각/김태주, 주석 회사법(상), 육법사(1984); 송옥렬, 상법강의(제9판), 홍문사(2019); 이철송, 회사법강의(제26판), 박영사(2018); 주석 상법, 회사편(1)(제5판), 한국사법행정학회(2014); 竹內昭夫 編, 新版 注釋會社法(1), 有斐閣(1985).

Ⅰ. 의의 및 입법취지

상법 제283조에서는 유한책임사원의 사망은 퇴사원인이 아니고 상속인이 그 지분을 승계하여 사원이 됨을 규정한다. 반면, 무한책임사원은 사망이 퇴사원인이 된다(제269조, 제218조 제3호). 유한책임사원은 회사에 일정한 재산출자를 하고 배당을 받을 뿐이고 업무집행권과 대표권을 가지지 못하며 그 책임도 출자가액을 한도로 제한된다. 이처럼 유한책임사원은 각 사원의 개성이 중요시되지 않고, 유한책임사원이 사망하였다고 하더라도 회사관계에 미치는 영향은 미미하므로 유한책임사원의 사망을 퇴사원인으로 할 필요가 없는 것이다.[1]

Ⅱ. 유한책임사원의 사망과 지분의 상속

유한책임사원이 사망한 때에는 그 상속인이 사망한 자의 지분을 승계하여 사원이 된다. 상속인은 유한책임사원으로서의 지위를 취득하고 피상속인이 상속 개시 당시까지 이행하지 아니한 출자의무의 한도에서 회사채권자에 대한 책임을 부

[1] 서돈각/김태주, 주석 회사법(상), 육법사(1984), 334; 김정호, 회사법(제5판), 법문사(2019), 938; 이철송, 회사법강의(제26판), 박영사(2018) 190; 김건식 외 2인, 회사법(제3판), 박영사(2018), 935-936; 송옥렬, 상법강의(제9판), 홍문사(2019), 1305.

담한다. 그러나 상법 제283조가 상속인의 상속포기의 자유를 제한하는 것은 아니다. 상속인이 상속을 포기한 경우에는 처음부터 상속인이 되지 않았던 것으로 보므로(민법 제1042조) 사원자격을 취득하지 않는다. 상속인이 한정승인을 한 경우에는 사원이 되는데, 다만 그 상속인은 출자의무에 있어서 상속재산을 한도로 책임을 부담한다.[2] 상속인이 이미 그 회사의 무한책임사원이었던 경우에는 무한책임사원과 유한책임사원의 두 가지 지위를 가지게 되는 것이 아니고 무한책임사원으로서 지분의 증가가 있을 뿐이다. 한편 상속인이 이미 유한책임사원인 경우에는 유한책임사원으로서의 지분의 증가가 있게 된다. 상법 제283조 제1항은 회사내부관계에 관한 임의규정이므로 정관으로 유한책임사원의 사망을 퇴사원인으로 정할 수 있다.[3]

Ⅲ. 상속인이 수인인 경우

상법 제283조 제2항은 상속인이 수인인 경우 그들이 유한책임사원으로서 권리행사를 하는 방법 등을 규정하고 있다. 사망한 유한책임사원에게 2인 이상의 상속인이 있는 경우에 그 수인의 상속인이 하나의 지분을 공유한다고 볼 수도 있고 각각 분할된 지분으로써 수인의 상속인이 각각 유한책임사원이 되는 것으로 구성할 수도 있는데, 제283조 제2항은 전자의 입장을 취하여 주식의 공유(제333조)와 같이 취급하고 있는 것이다.[4]

유한책임사원의 공동상속인들은 공동으로 유한책임사원으로서의 권리를 행사하고 의무를 부담한다. 출자의무 이행에 관하여는 상법 제333조 제1항이 유추적용되어 공동상속인들은 회사에 대하여 연대하여 출자의무를 이행하여야 한다고 해석한다.[5] 유한책임사원으로서의 권리행사에 관하여는 상속인들은 그들 중 권리를 행사할 1인을 정하여야 한다(제283조 제2항 전문). 만일 상속인들이 이를 정하지 않은 때에는 상속인 전원이 공동으로 하더라도 사원의 권리를 행사할 수 없다.[6] 권리를 행사할 자를 정하지 않은 경우에 회사가 하는 통지나 최고는 상속인들 중

2 竹內昭夫 編, 新版 注釋會社法(1), 有斐閣(1985), 652.
3 서돈각/김태주, 주석 회사법(상), 육법사(1984), 334; 김건식 외 2인, 회사법(제3판), 박영사(2018), 936.
4 주석 상법, 회사편(1)(제5판), 한국사법행정학회(2014), 438(양명조).
5 주석 상법, 회사편(1)(제5판), 한국사법행정학회(2014), 438(양명조), 김건식 외 2인, 회사법(제3판), 박영사(2018), 936.
6 서돈각/김태주, 주석 회사법(상), 육법사(1984), 335.

회사가 임의로 정한 1인에게 하면 되고, 그 효과는 상속인 전원에 대하여 효력이 있다. 제283조 제2항도 임의규정이므로 정관에서 달리 정할 수 있다.[7]

7 김건식 외 2인, 회사법(제3판), 박영사(2018), 936.

제 284 조 [유한책임사원의 성년후견개시]

유한책임사원은 성년후견개시 심판을 받은 경우에도 퇴사되지 아니한다.

[전문개정 2018.9.18]

[관련조문] 상법 제218조 제4호, 제269조, 제283조, 민법 제929조, 제938조 제1항.

[참고문헌] 서돈각/김태주, 주석 회사법(상), 육법사(1984); 송옥렬, 상법강의(제9판), 홍문사(2019); 이철송, 회사법강의(제26판), 박영사(2018); 주석 민법, 친족(4), 한국사법행정학회(2016); 최기원, 신회사법론(제14판), 박영사(2012).

Ⅰ. 의의 및 입법취지

상법 제284조는 유한책임사원에 대한 성년후견개시(민법 제929조)는 퇴사원인이 되지 아니함을 규정한다. 반면, 무한책임사원은 성년후견개시가 퇴사원인이다(상법 제269조, 제218조 제4호). 이는 유한책임사원의 사망을 퇴사원인으로 하지 않은 것(제283조)과 마찬가지로 유한책임사원은 회사에 자본적 기여를 할 뿐이고 개성이 중요시 되지 않기 때문이다.[1]

Ⅱ. 유한책임사원에 대한 성년후견개시

유한책임사원이 성년후견개시 심판을 받은 경우에도 계속 사원의 지위를 유지한다. 피성년후견인은 원칙적으로 행위능력을 상실하므로, 성년후견이 개시된 유한책임사원의 권리행사 및 의무이행은 법정대리인인 성년후견인이 하여야 한다(민법 제938조 제1항).[2] 상법 제284조는 임의규정이므로 정관으로 제284조와 다르게 정할 수 있다.[3]

1 최기원, 신회사법론(제14판), 박영사(2012), 1063; 이철송, 회사법강의(제26판), 박영사(2018) 190; 송옥렬, 상법강의(제9판), 홍문사(2019), 1305.

2 주석 민법, 친족(4), 한국사법행정학회(2016), 46, 90-91(김주수/김상용).

3 서돈각/김태주, 주석 회사법(상), 육법사(1984), 336.

제 285 조 [해산, 계속]

① 합자회사는 무한책임사원 또는 유한책임사원의 전원이 퇴사한 때에는 해산된다.

② 전항의 경우에 잔존한 무한책임사원 또는 유한책임사원은 전원의 동의로 새로 유한책임사원 또는 무한책임사원을 가입시켜서 회사를 계속할 수 있다.

③ 제213조와 제229조 제3항의 규정은 전항의 경우에 준용한다.

[관련조문] 상법 제194조 제1항, 제2항, 제204조, 제213조, 제222조, 제225조, 제227조~제229조, 제241조 제1항, 제269조.

[참고문헌] 김건식 외 2인, 회사법(제3판), 박영사(2018); 이철송, 회사법강의(제26판), 박영사(2018); 정동윤, 상법(상)(제6판), 법문사(2012); 주석 상법, 회사편(1)(제5판), 한국사법행정학회(2014); 최기원, 신회사법론(제14판), 박영사(2012); 이영선, "일부 사원의 동의에 의한 합자회사 계속의 요건 및 효과의 발생시점", 대법원판례해설 제113호, 법원도서관(2018);竹內昭夫 編, 新版 注釋會社法(1), 有斐閣(1985).

Ⅰ. 의의 및 입법취지

합자회사의 해산 및 계속에 대하여도 합명회사에 관한 규정이 일반적으로 준용된다(상법 제269조). 그러나 무한책임사원만으로 구성된 일원적 회사인 합명회사와는 달리 합자회사는 무한책임사원과 유한책임사원으로 구성된 이원적 조직이므로, 본조는 이러한 차이를 반영하여 보충적 규정을 마련하고 있다.

Ⅱ. 합자회사의 해산

해산이란 회사의 법인격의 소멸을 가져오는 원인이 되는 법률사실을 말한다. 그러나 해산에 의하여 회사의 법인격이 곧 소멸하는 것은 아니고 기존의 법률관계를 마무리하는 청산절차가 종결되어야 비로소 법인격이 소멸한다. 합자회사의 해산원인과 그 절차는 합명회사의 경우와 같다(상법 제269조, 제227조, 제228조). 따라서 합자회사의 해산원인도 ①존립기간의 만료 기타 정관으로 정한 사유의 발생, ②총사원의 동의, ③사원이 1인으로 된 때, ④합병, ⑤파산, ⑥법원의 명령 또는 판결이다. 해산판결의 사유 및 청구권자에 관하여도 합명회사에 관한 규정이 준용되므로, 합자회사의 각 사원은 부득이한 사유가 있는 때에는 법원에 합자회사의 해산을 청구할 수 있다(제269조, 제241조 제1항).

여기에 추가하여 상법 제285조에서는 합자회사에 특유한 해산원인으로 무한책임사원 전원 또는 유한책임사원 전원의 퇴사를 규정하는바(제285조 제1항), 2인 이상의 사원이 존재하더라도 어느 한 종류의 사원이 전원 퇴사한 때에는 합자회사의 해산원인이 되는 것이다. 위의 "사원이 1인으로 된 때"는 결국 무한책임사원 전원이나 유한책임사원 전원이 퇴사한 경우와 같게 될 것이다.

유한책임사원의 전원이 퇴사한 때에는 무한책임사원이 그 퇴사와 해산의 등기를 하면 되고, 무한책임사원 전원이 퇴사한 때에는 그 퇴사와 해산의 등기는 유한책임사원이 퇴사한 무한책임사원에게 청구하여 하도록 할 수 밖에 없다.[1]

Ⅲ. 합자회사의 계속

1. 회사계속의 의의

회사의 계속이란 해산한 회사가 해산 전의 상태로 복귀하여 해산 전의 회사와 동일성을 유지하면서 존립 중인 회사로서의 존재를 계속하는 것을 의미한다. 즉, 해산에 의하여 청산 또는 파산의 목적범위 내로 축소된 회사의 권리능력이 회사의 계속에 의하여 그 범위가 해산 전의 상태로 완전히 회복됨으로써 해산 전의 회사와 동일한 회사가 되어 권리의무의 이전이 생기지 않는다.[2] 회사의 해산 후에 사원들의 전부 또는 일부가 회사의 존속을 원하는 경우에 회사의 계속을 인정하는 것이 기업유지의 이념에 부합하기 때문에 상법은 합자회사의 경우에도 회사의 계속에 관한 합명회사의 규정을 준용하고 있다(상법 제269조, 제229조).

2. 회사계속의 요건

가. 존립기간의 만료 기타 정관으로 정한 사유의 발생 또는 총사원의 동의로 해산한 경우

이때는 사원의 전원 또는 일부의 동의로 회사를 계속할 수 있다(상법 제269조, 제228조 제1항, 제227조 제1호, 제2호). 일부의 동의란 다수결로 정함을 뜻하는 것이 아니라, 동의하는 사원만으로 회사를 계속한다는 의미이다. 일부의 동의로 계속할

1 주석 상법, 회사편(1)(제5판), 한국사법행정학회(2014), 440(양명조).
2 최기원, 신회사법론(제14판), 박영사(2012), 110.

경우에는 최소한 2인 이상의 동의가 있음을 의미한다.[3] 동의하지 않은 사원은 퇴사한 것으로 간주하게 되고(제269조, 제229조 제1항), 퇴사한 사원에 대해서는 지분의 환급(제269조, 제222조), 퇴사원의 책임(제269조, 제225조), 기타 퇴사의 규정이 준용된다.

합자회사가 정관으로 정한 존립기간의 만료로 해산한 경우 사원의 전부 또는 일부의 동의로 회사를 계속할 때에는 존립기간에 관한 정관의 규정을 변경 또는 폐지하는 것이 필요하다. 대법원은 "특별한 사정이 없는 한 합자회사가 정관을 변경함에는 총사원의 동의가 있어야 할 것이나(상법 제269조, 제204조), 합자회사가 존립기간의 만료로 해산한 후 사원의 일부만 회사계속에 동의하였다면 그 사원들의 동의로 정관의 규정을 변경하거나 폐지할 수 있다."고 판시하였다.[4]

나. 사원의 주관적 하자로 회사의 설립무효 또는 설립취소 판결이 확정된 경우

사원의 주관적 하자로 인하여 회사의 설립무효 또는 설립취소의 판결이 확정되고 해산에 준하여 청산이 된 경우에는 설립의 무효·취소의 원인이 없는 사원 전원의 동의에 의해 회사를 계속할 수 있는데 그 경우 설립의 무효·취소원인이 있는 사원은 퇴사한 것으로 본다(상법 제269조, 제194조 제1항, 제2항).[5] 무한책임사원 전원 또는 유한책임사원 전원에 무효·취소원인이 있는 경우에는, 무한책임사원 전원 또는 유한책임사원 전원이 퇴사한 경우(제285조 제2항)와 같이 무효·취소원인이 없는 사원 전원의 동의로, 없어진 종류의 무한책임사원 또는 유한책임사원을 새로 가입시켜 회사를 계속할 수 있다. 무효·취소원인이 없는 사원이 1인에 불과한 경우에도 다른 종류의 사원을 새로 가입시켜 회사를 계속할 수 있다.[6]

다. 무한책임사원 또는 유한책임사원 전원이 퇴사한 경우

이는 합자회사 특유의 해산원인으로 이때에는 잔존한 유한책임사원 전원 또는 무한책임사원 전원의 동의로 없어진 종류의 사원을 새로 가입시켜 회사를 계속할 수 있다(제285조 제2항, 제1항). 잔존한 동종사원 중 계속에 반대하는 사원이 있다면 상법 제229조 제1항의 규정을 준용하여 퇴사한 것으로 다루면 될 것이다.[7]

3 이철송, 회사법강의(제26판), 박영사(2018), 142.

4 대법원 2017. 8. 23. 선고 2015다70341 판결.

5 주석 상법, 회사편(1)(제5판), 한국사법행정학회(2014), 440(양명조), 이철송, 회사법강의(제26판), 박영사(2018), 143, 최기원, 신회사법론(제14판), 박영사(2012), 112.

6 竹內昭夫 編, 新版 注釋會社法(1), 有斐閣(1985), 657.

7 주석 상법, 회사편(1)(제5판), 한국사법행정학회(2014), 441(양명조) 주3).

또한 새로운 사원을 가입시키지 않고 총사원의 동의로서 사원의 지위를 무한책임사원 또는 유한책임사원으로 변경함으로써 사원의 종류를 이원화하여 회사를 계속할 수도 있다.[8] 유한책임사원 전원이 퇴사한 경우는 제285조에 따라 유한책임사원을 가입시켜 회사를 계속할 수 있는 외에 제286조 제2항에 따라 무한책임사원 전원의 동의로 합명회사로 조직을 변경할 수도 있다.

합명회사의 해산원인이 준용되는 "사원이 1인으로 된 때"에도 잔존한 사원과 다른 종류의 사원을 새로 가입시켜 회사를 계속할 수 있다(상법 제269조, 제229조 제2항, 제227조 제3호).

합자회사의 무한책임사원 전원 또는 유한책임사원 전원이 퇴사하여 잔존사원 전원의 동의로 다른 종류의 사원을 새로 가입시켜 회사를 계속하게 된 경우, 신입사원은 그 가입 전에 생긴 회사채무에 대하여 퇴사한 사원의 종류에 따라 유한책임사원으로서 또는 무한책임사원으로서 책임을 져야 한다(상법 제285조 제3항, 제213조).[9] 위와 같이 합자회사를 계속하는 경우, 이미 회사의 해산등기가 되어 있는 때에는 본점소재지에서는 2주간 내에 또 지점소재지에서는 3주간 내에 회사계속의 등기를 하여야 한다(제285조 제3항, 제229조 제3항).

3. 회사계속의 시기

잔여재산분배가 개시된 후에도 회사의 계속이 가능한지에 관하여 견해의 대립이 있다. 잔여재산을 분배한 후에는 사실상 계속이 곤란할 뿐만 아니라 이 경우 회사계속을 하는 것이 회사를 신설하는 것보다 기업유지상 실익이 크다고도 할 수 없으므로 잔여재산분배가 개시된 때에는 회사계속이 허용될 수 없다는 견해가 있다.[10] 반면 상법에서 회사계속의 시기를 제한하고 있지 않고, 무한책임을 지는 사원이 있으므로 잔여재산 분배 후에도 회사계속에 지장이 없으며 기업유지이념에도 부합한다는 이유로 잔여재산 분배가 개시된 후에도 청산종결의 등기 전까지는 회사계속을 인정하여야 한다는 견해도 있다.[11]

8 최기원, 신회사법론(제14판), 박영사(2012), 112.

9 김건식 외 2인, 회사법(제3판), 박영사(2018), 938.

10 이철송, 회사법강의(제26판), 박영사(2018), 144; 최기원, 신회사법론(제14판), 박영사(2012), 113(주식회사에 관하여 우리의 경우는 독일 주식법 제274조 제1항과 같은 명문 규정은 없지만 회사계속의 결의는 주주에게 잔여재산을 분배하기 전에만 가능하다고 보아야 한다는 견해. 왜냐하면 주식회사에 있어서 출자의 환급은 금지되기 때문임).

11 주석 상법, 회사편(1)(제5판), 한국사법행정학회(2014), 299(정동윤); 정동윤, 상법(상)(제6판), 법문사(2012), 818.

4. 회사계속의 효과

사원들의 전부 또는 일부의 동의만 있으면 바로 회사계속의 효과가 발생하게 된다. 대법원은 "회사계속 동의 여부에 대한 사원 전부의 의사가 동시에 분명하게 표시되어야만 회사계속이 가능한 것은 아니므로, 일부 사원이 회사계속에 동의하였다면 나머지 사원들의 동의 여부가 불분명하더라도 회사계속의 효과는 발생한다."고 판시하였다.[12]

해산한 회사는 해산 전의 상태로 복귀하고, 해산한 회사와 계속 후의 회사는 동일성을 가진다. 청산의 목적범위 내로 축소되었던 권리능력은 완전한 권리능력으로 회복되고, 청산인은 그 권한을 잃게 되며 해산 전의 업무집행기관 및 대표기간은 원칙적으로 그 권한을 회복한다. 그러나 회사의 계속은 장래에 대하여만 효력이 생기는 것이지 소급적으로 해산의 효과를 배제하는 것은 아니므로 해산 후에 청산인이 한 행위는 그 효력을 잃지 않는다.

12 대법원 2017. 8. 23. 선고 2015다70341 판결.

제 286 조 [조직변경]

① 합자회사는 사원전원의 동의로 그 조직을 합명회사로 변경하여 계속할 수 있다.

② 유한책임사원전원이 퇴사한 경우에도 무한책임사원은 그 전원의 동의로 합명회사로 변경하여 계속할 수 있다.

③ 전2항의 경우에는 본점소재지에서는 2주간내, 지점소재지에서는 3주간내에 합자회사에 있어서는 해산등기를, 합명회사에 있어서는 설립등기를 하여야 한다.

[관련조문] 상법 제242조, 제604조 제1항, 제607조 제1항, 제285조, 부동산등기법 제52조 제1호, 상업등기법 제66조.

[참고문헌] 김건식 외 2인, 회사법(제3판), 박영사(2018); 서돈각/김태주, 주석 회사법(상), 육법사(1984); 이기수/최병규, 회사법(제10판), 박영사(2015); 이철송, 회사법강의(제26판), 박영사(2018).

Ⅰ. 의의 및 입법취지

상법 제286조는 합자회사의 조직변경 및 그 등기에 관하여 규정하고 있다. 회사의 조직변경이란 회사가 그 법인격의 동일성을 유지하면서 다른 종류의 회사로 전환되는 것을 말한다. 변경 전의 회사와 변경 후의 회사는 동일인이므로 권리·의무가 승계되는 것이 아니라 같은 회사에 그대로 존속하는 것이다. 따라서 변경 전 회사가 소유하던 부동산은 변경 후 회사 앞으로 이전등기를 할 것이 아니라 명의인표시의 변경등기를 하면 된다(부동산등기법 제52조 제1호).

이는 사업의 전개에 따라 종전의 회사형태가 부적합해질 수도 있으므로 상황변화에 따라 보다 적합한 회사형태로 변환할 기회를 주기위해 허용되는 것인바, 조직변경을 하면 종전의 회사를 해산하고 새로운 회사를 설립할 때의 제비용 지출 및 번거로운 절차를 생략할 수 있다.[1]

상법은 인적회사 상호간, 물적회사 상호간의 조직변경만을 인정하는바(상법 제242조, 제286조, 제604조 제1항, 제607조 제1항), 합자회사는 합명회사로만 조직변경

1 이철송, 회사법강의(제26판), 박영사(2018), 132.

이 허용된다. 합자회사의 조직변경에는 존속 중의 조직변경과 해산 후의 조직변경이 있다.

Ⅱ. 회사존속 중의 조직변경

합자회사는 존속 중에 유한책임사원을 포함한 사원 전원의 동의로 그 조직을 합명회사로 변경할 수 있다(제286조 제1항). 합자회사가 합명회사로 조직변경이 되면 그때까지 유한책임사원이었던 자는 모두 무한책임사원이 되어 그때까지의 회사채무에 대하여 무한책임사원으로서의 책임을 지게 되는바, 유한책임사원이었던 자의 동의를 얻어야 하고, 유한책임사원이었던 자도 업무집행권을 가지게 되므로 무한책임사원의 동의를 얻어야 하는 것이다.[2] 반면 이 경우 회사채권자 보호를 위한 절차는 요구되지 않는다. 왜냐하면 이러한 변경은 회사채권자에게 이익이 될 뿐 전혀 손해될 일이 아니기 때문이다.[3]

이 경우 조직변경 후의 합명회사의 정관을 작성하여야 하는데 이에는 상호를 합명회사로 변경하는 것과 사원의 책임에 관한 존재의 무한·유한의 구별을 삭제하는 것이 최소한 필요하다.

Ⅲ. 회사해산 후의 조직변경

합자회사의 유한책임사원 전원이 퇴사한 경우 해산원인이 되는데(상법 제285조 제1항), 이 경우 잔존한 무한책임사원 전원의 동의로 유한책임사원을 새로이 가입시켜 회사를 계속할 수 있을 뿐만 아니라(제285조 제2항) 무한책임사원 전원의 동의로 그 조직을 변경하여 합명회사로 계속할 수도 있다(제286조 제2항). 후자의 경우에는 조직변경과 회사계속이 함께 이루어지지만 유한책임사원 없이 무한책임사원만 남게 된 경우는 그 실질면에서 합명회사와 다를 바 없으므로 간단한 절차에 의한 변경을 인정한 것이다. 회사의 계속이라고는 하지만 절차상으로는 합자회사는 해산등기, 합명회사는 설립등기를 하게 된다.

2 이기수/최병규, 회사법(제10판), 박영사(2015), 107.
3 김건식 외 2인, 회사법(제3판), 박영사(2018), 937; 서돈각/김태주, 주석 회사법(상), 육법사(1984), 339.

Ⅳ. 조직변경의 등기

합자회사가 합명회사로 그 조직을 변경한 경우에는 본점소재지에서는 2주간 내에, 지점소재지에서는 3주간 내에 합자회사의 해산등기와 합명회사의 설립등기를 하여야 한다(상법 제286조 제3항). 합자회사가 합명회사로서 회사를 계속하거나 합명회사로 조직을 변경한 경우에 하는 해산등기와 설립등기의 신청은 동시에 하여야 한다(상업등기법 제66조). 조직변경 전후의 회사간에 법인격의 동일성이 유지되므로 실질적인 권리의무의 승계는 없으며 해산등기와 설립등기는 단순히 등기기술상의 필요성에 따른 것이다.

제 287 조 [청산인]

합자회사의 청산인은 무한책임사원 과반수의 의결로 선임한다. 이를 선임하지 아니한 때에는 업무집행사원이 청산인이 된다.

[관련조문] 상법 제195조, 제227조 제3호 제6호, 제245조 이하, 제252조~제253조, 제269조, 제273조, 제285조 제1항, 민법 제711조.

[참고문헌] 이기수/최병규, 회사법(제10판), 박영사(2015); 주석 상법, 회사편(1)(제5판), 한국사법행정학회(2014); 최기원, 신회사법론(제14판), 박영사(2012).

Ⅰ. 의의 및 입법취지

합자회사의 해산으로 회사의 존재가 바로 소멸하는 것이 아니고 기존의 법률관계를 정리·결제하기 위하여 필요한 범위 내에서 회사가 존속하는데 이 정리·결제를 위한 절차가 청산이다. 합자회사의 청산에 관하여도 합명회사의 규정이 준용되어 임의청산과 법정청산의 두가지가 인정된다(상법 제269조, 제245조 이하). 다만 합자회사는 유한책임사원이 추가되어 있는 이원적 조직임을 감안하여 제287조에서는 합명회사와 달리 총 사원의 동의가 아니라 무한책임사원 과반수의 의결로 청산인을 선임하도록 규정하고 있다. 청산인이 선임되지 않는 경우에는 업무집행사원이 청산인이 되는바, 이는 합명회사의 경우와 같다. 청산인은 등기사항이다(제269조, 제253조).

합자회사의 청산에 있어서 잔여재산의 분배는 정관에 다른 정함이 없으면 유한책임사원과 무한책임사원의 구별없이 그 출자가액에 따라 하게 된다(상법 제269조, 제195조, 민법 제711조). 청산 중에는 유한책임사원도 청산인이 아닌 무한책임사원과 다름없이(즉, 상법 제277조 의 제한을 받지 않고) 청산에 관한 감시권을 가진다고 할 것이다.[1]

Ⅱ. 무한책임사원의 선임에 의한 청산인

합자회사의 청산인은 무한책임사원의 과반수의 결의로 선임한다(제287조 제1

1 竹內昭夫 編, 新版 注釋會社法(1), 有斐閣(1985), 665.

문). 상법이 이러한 선임청산인을 원칙으로 하고 있는 것은 청산사무의 수행에는 특별한 능력이 필요하며 무한책임사원이나 업무집행사원이라 하여 적임자가 아닐 수 있기 때문에 그 적임자의 선정을 회사 내의 의사결정에 맡긴 것이라고 설명된다.[2] 청산인으로 선임될 수 있는 자는 무한책임사원에 한하지 아니하며, 유한책임사원은 물론 회사 외부의 자라도 무방하다.[3] 선임청산인은 회사와의 임용계약에 의하여 취임하며 회사와는 위임관계에 있게 된다.

Ⅲ. 법정청산인

합자회사의 무한책임사원이 청산인을 선임하지 않는 때에는 업무집행사원이 청산인이 된다(상법 제287조 제2문). 이를 법정청산인 또는 당연청산인이라고 한다. 합자회사의 업무집행권은 무한책임사원에게 속하므로(제273조) 원칙적으로 무한책임사원이 법정청산인이 된다. 그러나 정관의 규정 등으로 유한책임사원에게 업무집행권이 부여된 경우에는 업무집행권을 가지는 유한책임사원도 법정청산인이 될 수 있으나 대표권은 없다고 본다.[4] 업무집행사원은 그 지위로 인하여 법률상 당연히 청산인으로 되기 때문에 법정청산인을 사임하는 것은 불가능하다.[5]

Ⅳ. 법원의 선임에 의한 청산인

사원이 1인이 되어 해산한 때(상법 제227조 제3호)와 법원의 명령 또는 판결로 해산한 때(제227조 제6호)에는 법원이 청산인을 선임한다(제269조, 제252조). 또한 무한책임사원 전원의 퇴사로 회사가 해산하는 경우(제285조 제1항) 제287조에 의한 청산인이 없거나 가처분에 의하여 직무를 집행할 수 없는 때에도 이해관계인은 법원에 청산인 선임을 청구할 수 있다고 본다. 이 경우 잔존사원의 채권자도 청산인 선임의 청구권자인 이해관계인에 포함된다.[6] 그 밖에 법원이 선임한 청산인에 관한 선임청구권자, 선임절차, 선임자격, 회사와 청산인의 관계 등에 관해서는 합명회사의 관련규정이 그대로 준용된다.

2 주석 상법, 회사편(1)(제5판), 한국사법행정학회(2014), 444(양명조).
3 최기원, 신회사법론(제14판), 박영사(2012), 1067; 이기수/최병규, 회사법(제10판), 박영사(2015), 857.
4 최기원, 신회사법론(제14판), 박영사(2012), 1067; 이기수/최병규, 회사법(제10판), 박영사(2015), 857.
5 竹內昭夫 編, 新版 注釋會社法(1), 有斐閣(1985), 343.
6 김건식 외 2인, 회사법(제3판), 박영사(2018), 938.

찾아보기

사항색인

(ㄱ)

(ㄴ)

(ㄷ)

(ㅁ)

(ㅂ)

(ㅅ)

(ㅇ)

(ㅈ)

(ㅊ)

(ㅋ)

(ㅌ)

(ㅍ)

(E)

판례색인

(日)

주석 상법 회사(Ⅰ)

1977 년 6 월 20 일 제 1 판 1 쇄 발행
1992 년 2 월 20 일 제 2 판 1 쇄 발행
1999 년 3 월 10 일 제 3 판 1 쇄 발행
2003 년 4 월 30 일 제 4 판 1 쇄 발행
2014 년 12 월 31 일 제 5 판 1 쇄 발행
2021 년 6 월 1 일 제 6 판 1 쇄 인쇄
2021 년 6 월 15 일 제 6 판 1 쇄 발행

편집대표 권 순 일

발 행 인 이 종 균

발 행 처 韓國司法行政學會

서울특별시 서대문구 경기대로 57 석당빌딩 5 층
전 화 (02) 362-2045~8
팩 스 (02) 312-2070
등 록 1965 년 8 월 27 일 9-94

정가 79,000 원

ISBN 978-89-8109-827-8
세 트 978-89-8109-826-1

※ 낙장·파본은 교환하여 드립니다

www.law.or.kr(홈페이지) www.lexcom.co.kr (도서쇼핑몰)